佛山简史

FOSHAN JIANSHI

罗一星 主编

SPM 南方传媒
广东人民出版社
·广州·

图书在版编目（CIP）数据

佛山简史 / 罗一星主编. —广州：广东人民出版社，2024.5
ISBN 978-7-218-17138-8

Ⅰ.①佛… Ⅱ.①罗… Ⅲ.①佛山—地方史 Ⅳ.①K296.53

中国国家版本馆CIP数据核字（2023）第229307号

FOSHAN JIANSHI
佛山简史

罗一星 主编

出 版 人：肖风华

策划编辑：梁 茵
责任编辑：胡 萍
责任技编：吴彦斌

出版发行：广东人民出版社
地 址：广州市越秀区大沙头四马路 10 号（邮政编码：510199）
电 话：（020）85716809（总编室）
传 真：（020）83289585
网 址：http://www.gdpph.com
印 刷：珠海市豪迈实业有限公司
开 本：787 毫米 × 1092 毫米 1/16
印 张：49.5 **字 数：**785 千
版 次：2024 年 5 月第 1 版
印 次：2024 年 5 月第 1 次印刷
定 价：188.00 元

如发现印装质量问题，影响阅读，请与出版社（020-85716849）联系调换。
售书热线：（020）87716172

封面背景图出自道光《佛山忠义乡志》佛山八景全图之“汾流古道”

主　编：罗一星

编著者：陈忠烈、彭俊瑜（撰写第一章第二节一、六；第四章第一节四；第五章第三节、第四节；第八章第一节、第二节四、五、六、七）

高瞻、高原（撰写第十章第一节、第三节、第四节、第五节）

罗一星（撰写第一章第一节、第二节二、三、四、五；第二章；第三章；第四章第一节一、二、三；第五章第一节、第二节；第六章；第七章；第八章第二节一、二、三，第三节、第四节、第五节、第六节；第九章；第十章第二节）

钟佩仪、陈萍参加了资料整理工作。

序言

——佛山：面向海洋文明的桥头堡

罗一星

佛山人文的历史，可以追溯到约6000年前西樵山石器工场的古越先民。秦王朝统一岭南后，中原汉族人民开始进入岭南，与越杂处。此后经过一次又一次中原汉族移民的南迁和民族融合，古越族基本同化于汉族。佛山历史上曾经发生了三次人口大迁徙。对佛山历史影响最大的一次人口大迁徙发生在两宋之际，史称“珠玑巷南迁”。中原汉族移民带来了手工业技术和传统民间信俗，定居于佛山地区，与古越先民融合而成现代意义的佛山人。他们同操粤地方言、同沐中华文化、共享独特的粤菜美食传统，并相互融合，世世代代一起建设共同的家园。

佛山城市的历史，从1449年佛山保卫战走来，至今已走过570余个春秋。作为广货制造的龙头城市之一，佛山以五百年的红炉风物而闻名天下，成为明清时期各省商人“走广”的首选地，佛山也因此成为明清时期中国南方地区最大的“制造之都”。明清时期，佛山状元、会元辈出，以湛若水、方献夫、霍韬等为首的南海士大夫群体，以西樵山为平台，讲求经义、探求名理，弘扬白沙心学，并以其理学造诣和为官实践，深刻影响了中国的儒家文化。五百年来，西樵山一直作为中华士子见贤思齐的文化名山而存在。正如明代学者方豪所言：“西樵者，天下之西樵，非岭南之西樵也。”[①]佛山也由

① （明）方豪：《棠陵文集》卷三《西樵书院记》，《四库全书存目丛书》集部第64册，齐鲁书社1997年版，第374页。

此成为“气标两广”的人文之邦。作为广府文化的发祥地之一，佛山创立的真武神民间信俗仪典和粤剧十行角色体系等文化成果以及众多非物质文化遗产，支撑和丰富了岭南文化宝库。用一句话来形容，佛山历史就是岭南文明史上的“和璧隋珠”①。

佛山城市文明的发展，离不开与世界不同文明体的碰撞与融合。“未有佛山，先有塔坡”的谚语，浓缩了“佛山”得名的故事。东晋时佛教东传，有西域僧达昆（毗）耶舍到塔坡冈结茅讲经，不久西还。唐贞观二年（628），乡人见塔坡冈夜放金光，掘得铜佛像三尊，遂以此地为佛家之选，建寺崇奉，名其乡为“佛山”②。明代户部尚书李待问书写的“凤形涌出三尊地，龙势生成一洞天”的祖庙门联，就概括出佛山乃是一方依托佛教与道教共生的风水宝地。此后，“佛山”作为一方水土的初名，衍生出佛山渡、佛山村、佛山镇、佛山市等地名，千百年来与这座城市相依相伴，且生且大。

佛山制造历来不是满足于自给自足，而是为了更大的海内外市场。约6000年前大量半成品新石器从西樵山工场起航，供应珠江三角洲先民，同时漂洋过海输出海外。西樵山石器制造业影响了印度以东整个南亚和东南亚地区，西樵山双肩石器，成为南岛语族的标形器之一。③宋代奇石窑生产的陶器大量出口，史载由广州港发往南洋诸国的贸易海船，“货多陶器，大小相套，无少隙地”④。近50年来，南洋诸国考古发现了不少被称为“广东器”或“广东罐”的陶器，追根溯源，都来自佛山奇石窑。

中国作为四大铸造文明古国之一，铸造技术在古代和中世纪曾长期处于领先地位。而明清佛山铸造业，支撑着中国作为东方铸造文明大国地位的世

---

① 和璧隋珠：和氏璧，春秋时珠宝匠卞和发现的璞玉。这块玉叫“和氏璧”。隋侯珠，战国时姬姓的隋侯救蛇，蛇吐出一颗夜明珠报答他，这颗珍珠就是“隋珠”。《韩非子·解老》：“和氏之璧，不饰以五采；隋侯之珠，不饰以银黄；其质至美，物不足以饰之。”和氏璧与隋侯珠是中国珠宝玉石文化中最重要的代表作。古有“得隋侯之珠与和氏璧者富可敌国”之说。

② （清）吴荣光主修，冼沂总纂：道光《佛山忠义乡志》卷二《祀典》，道光十年（1830）刻本。以下引用该书均只注明书名及卷次。本书引注同一文献处理方式均同此，后不赘述。

③ 邱立诚：《佛山先秦考古与岭南文明》，广东人民出版社2021年版，第59页。

④ （宋）朱彧：《萍洲可谈》卷二，中华书局2007年版，第133页。

代辉煌。明代郑和下西洋，广锅作为国家礼品馈赠南洋诸国首领。在日本和琉球，大广锅备受追捧，一口大锅价银一两。南洋诸国使节，凡进贡明朝京师，回到广东，就到佛山购买广锅。清代雍正年间，各国洋船每年到广东货买广锅75万口。而光绪年间佛山每年出口新加坡、美国旧金山的广锅也达50万口。英语“WOK”（同粤语“镬”的发音）一词，就形成于旧金山港市，并收入英语词典。清代石湾陶瓷也出口大宗商品，光绪年间石湾窑每年出口陶瓷值银100余万银圆。东南亚人民对石湾陶器喜爱有加，如荷属东印度居民就以石湾所制龙凤缸作储藏珍贵器物之用。在东南亚以及中国香港、澳门、台湾庙宇的屋脊上，至今完整保留了近百条石湾制造的陶脊。佛山丝织品也深受外国商人欢迎，屈大均“五丝八丝广缎好，银钱堆满十三行”的诗句，就描述了清代广丝出口的盛况。乾隆年间专为欧洲各国贵族定制绸缎的佛山外贸丝绸供应商，其贸易规模比肩广州十三行行商。

佛山地处江海之滨，自古得海外文明风气之先，由此激发了佛山工匠的技术创新。佛山铁匠的铸铳技术，得益于明永乐征安南（越南古称）时获得的“神机炮”铸造技术；鸦片战争中清军列装海防炮台的八千斤大炮，是佛山铸匠“李陈霍”对荷兰红夷大炮的仿制和创新；而中南各省城防的“新式炮”和“西式炮”，则是佛山铸匠与西式制炮大师丁拱辰的共同研发。佛山铅匠运用化学原理和金属高温烧造技术，创造了18世纪世界唯一的铅锌铜合金——白铅，成为各国商船争购的中国“硬通货”。

19世纪中叶，当西方工业化的浪潮刚刚拍打古老东方海岸时，佛山有识之士就勇当时代的弄潮儿。南海西樵简村人陈启沅早年旅居越南，遍访法国机器缫丝技术。1872年，他回国开办继昌隆缫丝厂，采用机器缫丝，产品丝色洁净，弹性较好，行销欧美。继昌隆是中国历史上最早采用机器生产、由民族资本经营的缫丝厂，陈启沅因此被誉为“中国近代民族工业先行者”。此后佛山机器缫丝业迅速发展，至20世纪20年代，佛山地区机器缫丝厂已占全省缫丝厂总数的80%以上，使佛山及其周边地区的成千上万桑户农家融入国际生丝市场。

20世纪初，南海澜石人简照南与简玉阶兄弟，面对英美烟草产品对中国市场的冲击，萌发了实业救国的思想。1905年，他们在香港创办广东南洋烟草公司，后改名为南洋兄弟烟草股份有限公司，并在上海设立总厂，在香港、广州、佛山、武汉设立分厂，有工人万余名。所产红双喜、飞马、白鹤牌卷烟享誉海内外，成为我国近现代最具影响力的民族资本卷烟企业之一，兄弟两人也由此成为一代爱国实业家。

詹天佑是清末南海人，他于11岁入选中国首批官派留美幼童赴美，毕业于耶鲁大学铁路工程专业。回国后为国服务，全权负责修建北京至张家口的京张铁路。他与筑路员工一起，战胜天险，用四年时间建成京张铁路。京张铁路是中国独立自主建成的第一条铁路干线，詹天佑也成为学成归国并作出贡献的中国工程师楷模。

在开眼看世界的中国先贤中，南海人康有为和曾在佛山书院读书的梁启超是杰出领跑者。康有为早年在西樵山三湖书院读书，已为变法维新进行理论准备。甲午战争，中国败于日本，举国震动。以康有为及其弟子梁启超为代表的维新变法者登上了历史舞台。1898年，在光绪皇帝的支持下，康有为等维新派进行了“百日维新”变法。虽然变法最后失败，但康有为、梁启超等维新派革故鼎新的勇气和精神，永载史册。

一部《佛山简史》，是佛山乃至珠江三角洲的开发史，是佛山冲刺“四大名镇”之一的光辉历程，是佛山人民浴血抗击外国侵略者的真实记录，也是佛山从传统型城市向近现代工商城市迈进的坚实足迹。因而，它是佛山人民创造的所有物质财富和精神财富的历史总结和精彩呈现。

大鹏一日同风起，扶摇直上九万里。今天的佛山民营制造业龙头企业，传承了昔日荣光，以“世界500强”的业绩和规模，带领众多中小企业共同扛起中国制造的一片江山，继续创造着制造业的奇迹。今天的佛山，是粤港澳大湾区的重要节点城市，在2019年跨入中国GDP万亿城市行列，经济总量名列全国前茅，成为广东省内第三大经济中坚城市。同时，佛山市于2022年8月印发了《佛山市争当传承岭南广府文脉领头羊三年行动方案（2022—2024年）》，吹响了打造广府文化高地的号角，这标志着佛山人民接续打造“制造大市”和“文化大市”的长期使命，正迈向新里程。可以预见，一个经济富庶、文化昌盛的新佛山正快步走来。

唯书有华，秀于百卉。这部《佛山简史》，是广州市东方实录研究院自2021年接受佛山市文化广电旅游体育局委托，由罗一星院长任主编，组织专家撰写而成。全书以现在佛山市五区为撰写对象，既突出了佛山镇在中国社会经济史中的重要地位，系统勾勒了佛山与南海周边乡村的历史发展脉络；也覆盖了四区主要历史发展轨迹，包括顺德、高明、三水在明代先后立县的过程及其主要社会经济成就。全书章节简明扼要、设计合理，文字通俗易懂、图片精美；适合党政机关、文博单位、大专院校以及历史爱好者阅读。

（作者系历史学博士、广州市东方实录研究院原院长、知名佛山史专家，著有《明清佛山经济发展与社会变迁》《帝国铁都：1127—1900年的佛山》等专著）

目录

CONTENTS

第一章

古代佛山生态与古越文化

孔子云："知（智）者乐水，仁者乐山。"黑格尔言："水性使人通，山性使人塞；水势使人合，山势使人离。"讲的就是自然性质与人的禀赋气质的关系。生态环境是人类生活的地理空间，是人类赖以生存的自然基础，又是对人类社会长期起作用的重要因素。

佛山自古以来水道纵横，河涌交错。水乡泽国的生态环境，决定了佛山社会的经济特点及其文化特征。佛山最早的居民是古越人，是他们拉开了佛山文明进程的历史帷幕；也是他们一代又一代与南来汉人的不断融合，演绎出丰富多彩的岭南历史文化。

第一节　古代佛山生态的演变与发展

（距今6000—1500年）

在古老广袤的中国大陆上，珠江三角洲属于年轻而炽热的土地。珠江三角洲具有地势平坦、土地肥沃、物产丰富的特点，其地理特征与长江三角洲颇为相似，都是大河冲积平原。今天的佛山市位于珠江三角洲中北部，正处在珠江三角洲核心区，其得天独厚的地理优势，来自珠江水系千万年的孕育发展。

一、滨海泽国：珠江三角洲的诞生演进

大自然的历史总比人类的历史更长。今天的珠江三角洲是中国第二大水乡泽国，是地势低平、河涌纵横、水网交织、冈丘错落的冲积平原。珠江三角洲是在“喜马拉雅运动”和三次海进海退的过程中发育起来。这一过程大约开始于3000万年前，基本完成于6000年前。①

距今3000万年的第三纪发生的“喜马拉雅运动”时期，珠江三角洲所处大地构造也发生了复杂的地块断裂和上升。在平原上出现了不少断陷盆地，如今天的三水盆地、高明盆地、东莞盆地、珠江地堑、东江地堑等，既有高大山丘，也有低平洼地。而沿着各大断裂线发育出三江干流河谷，如三水—九江断裂线发育出西江干流，珠江、东江断裂线发育出东江干流，白泥—沙湾断裂线发育出北江干流。而在这三江干流河谷上，又叠加出北东走向的三列岭地，这三列岭地成为平行河谷的“门槛”。北江和西江切过这些岭地从8个缺口入海。这形成虎门、崖门、磨刀门、蕉门、洪奇沥、横门、虎跳门、鸡啼门“八大门”。冲开缺口之后堆积成扇状的三角洲平原，就是“冲缺三角洲”。西、北、东三江原是各自发育，6000年前发生的历史最高海面的海

---

① 陈文彪等：《珠江河口开发研究》，中国水利水电出版社2013年版，第222页；李平日等：《珠江三角洲六千年来的发展模式》，载《泥沙研究》1982年第3期。

进，西江干流河口大概在今顺德区甘竹滩附近，与北江片河网逐渐互通。与此同时，多个冲缺三角洲也逐渐互相复合，使珠江三角洲不断向海推进，发育形成。[①]

在距今约1.4亿年至4700万年的白垩纪至古近纪早始新世时期，三水盆地是个内陆湖盆地，在长达1亿年左右的不同时期生活着各种动植物，包括恐龙、大象、鳄鱼等大型动物。目前，三水盆地的古生物化石已发现脊椎动物化石、无脊椎动物化石、微体化石、植物化石、藻类化石五大类20多个门类化石，信息十分丰富。地质资料表明，思贤滘附近地区曾是一个沉积盆地，沉积物厚40余米，在表层20余米近代冲积物之下有厚约10米的淤泥层，是较老的淡水湖泊的沉积物，由西、北、绥三江汇流后淤积而成。人称地质时期的思贤滘地区为“丰乐湖”或“思贤海”。[②]马王堆汉墓出土帛画显示，约2100年前的番禺位于南海之滨，番禺以南地区当时还是茫茫南海，而西江可以由西向东直达番禺城下。

图1-1-1　三水盆地恐龙蛋化石（一窝），晚白垩世（三水区博物馆藏）

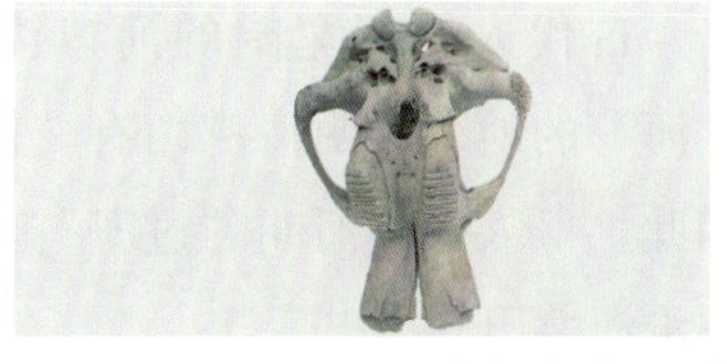
图1-1-2　新石器时代象上颚骨（南海区博物馆藏）

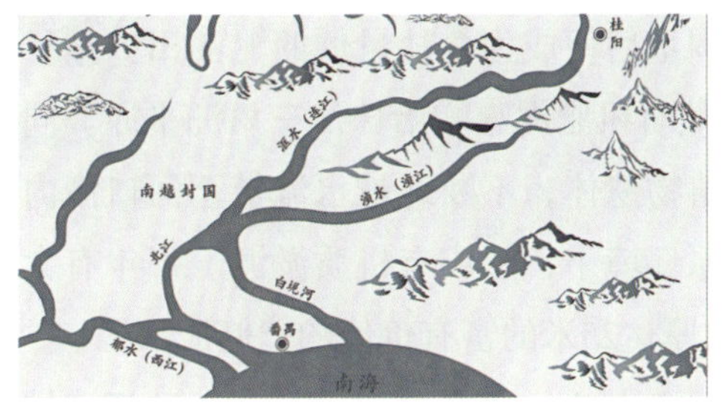

图1-1-3　汉代西北江流域图（根据马王堆三号汉墓出土帛画绘制）

① 参阅中山大学地理系《珠江三角洲研究丛书》编辑委员会编：《珠江三角洲自然资源与演变过程》，中山大学出版社1988年版；乔彭年：《珠江三角洲河道演变》，广东科技出版社2020年版。

② 《珠江三角洲自然资源与演变过程》，第95—96页。

秦汉时期，南海潮水可达珠江三角洲北部的官窑水和白坭河。在三水西南的地质钻孔剖面中含有咸水种化石硅藻；在佛山鲤鱼沙，距今约2000年的沉积层中，含有42.8%的咸水种化石硅藻。佛山、盐步等地钻探发现蚝壳，佛山石湾附近的石头村、龙江的锦屏山、九江的奇山等地有海蚀遗迹，西樵山有石器，故此线以南基本上属海湾状态。[①]在南海、顺德属地的地层中，普遍有泥炭层、腐木层的分布，故有“顺德木龙，番禺壳龙”的俗谚。

图1-1-4　西汉砗磲。砗磲是分布于印度洋和西太平洋的大型贝类。勒流龙眼永安岗出土（顺德区博物馆藏）

图1-1-5　唐宋古鳄遗骸。勒流公生围唐宋遗址出土（顺德区博物馆藏）

古代人们把宽阔的河口湾称为“海”。西江下游出海口有30多个叫“海”的地名，明清佛山有“栅下海口”，顺德区至今仍有“西海”地名。因此，粤人把过河叫“过海”。各地“海”的地名与称谓，见证了珠江三角洲沧海桑田的历史变迁。

珠江三角洲泥层深厚，土壤肥沃。珠江三角洲的沙田是全新世时期几经海进海退形成的海陆交互相沉积，由西江、北江、东江的泥沙冲积而成。由于径流量大、沉积物成土年限短，故围垦后便成为含盐量低的泥油田。据科学测定，珠江水系每年挟带近1亿吨天然有机肥泥惠赠给珠江三角洲平原。同时，从上游来的泥沙中混杂丰富的动植物遗体，不断地被水流带至河口湾内大量沉积。这些生物有机质在水下还原环境中，形成有机质淤泥。每年有大量天然有机肥泥洒落在这里，形成平均厚达25米的富有价值的“储肥层”。

珠江输水量是黄河的7倍，其中以西江最多，年平均输沙量约占珠江流域总输沙量的90%，且含有丰富的有机物，故三角洲居民誉之为“西江麸”[②]。

---

① 陈文彪等著：《珠江河口开发研究》，中国水利水电出版社2013年版。

② 佛山地区革委会《珠江三角洲农业志》编写组（1963—1976）编：《珠江三角洲农业志》，广东人民出版社2020年版，第10页。

珠江三角洲大片沙田就在“西江麸”基础上生成。史称：“东粤之雄，莫先于穗石之岑也；南海之饶，莫过于禅山之浔也。”[①]又称：“佛山当八府之冲，西樵为群峰所萃，南邑奥区也。”[②]大片生成的沙田，成为珠江三角洲居民的重要资源，同时，也成为佛山宗族赖以发展的经济基础。

珠江三角洲广袤平原上有众多岛丘突起，表现为丘陵、台地、残丘地貌类型，面积约占三角洲总面积的五分之一。西樵山、五桂山、圭峰山都是过去的海岛。佛山镇中部的塔坡冈、佛山镇西南部的王借冈，也是原来海中隆起的岛丘。佛山城郊最高点的王借冈海拔仅51米，但异峰突起，历来是抵御西江潦水、分杀水势的中流砥柱。星罗棋布的岛丘，使水道分八个口门出海，“三江汇合、八口分流”，成为珠江三角洲的地貌特征。

二、舟行天下：岭南重要交通门户的形成条件

河流是地球生物圈的重要组成部分，亦是与人类生存息息相关的生态系统。珠江三角洲河道具有放射状分汊、延伸发展的特点。珠江水系一进入三角洲地区，河道就呈分汊状向南散布，愈向下游分汊愈多，河道迂回曲折，干道时分时合，纵横交错。

6000年来珠江三角洲河道出现过四次大发展阶段：第一次距今约6000年，北江在紫洞为顶点放射出今佛山水道、东平水道、顺德水道和吉利涌等为主干的河网。第二次距今4000—5000年，分别在今佛山、澜石和龙江等地放射出多条纵向大河汊和众多横向河涌。第三次距今约2000年，北江在紫泥附近为顶点，发展出今沙湾水道、蕉门水道和洪奇沥为主干的河网；西江在甘竹附近为顶点，形成以今容桂水道、西江干流及其中间的南沙涌、凫洲水道、古镇水道和荷塘水为主干的河网。第四次是14世纪以来至今，形成的更为发达的河网系统。同样，在东江三角洲河道，也是类似的放射状分汊、延伸发展的河网系统。[③]

由于河网发育充分，珠江三角洲有主要水道近100条，纵横汊河上千条。

---

① 道光《佛山忠义乡志》卷十一《艺文志下》。

② （清）袁昶：《广东便览》卷一《广州府序》，光绪三十一年（1905）刻本，第9页。

③ 乔彭年：《珠江三角洲河道演变》，广东科技出版社2020年版，第76页。

催生出珠江三角洲村镇相连、水水相通的水运交通网。而珠江出海口又为一系列东北至西南走向的滨海岛屿群落所包围，将水收束分流，从八大门出海，这有利于河海两大系统的相互联系。这种密布、交错的河网状况，为海外航运交通和商业贸易的低成本发展创造了有利条件。

西江古称郁水，又称溳水、牂牁江。它源远流长，其主流南盘江发源于云南沾益州马雄山，流经贵州蔗香会北盘江后称红水河。红水河与北来的柳江在石龙汇合后称黔江。黔江东流至桂平，与南来的郁江汇合后称浔江。再到广西、广东交界处的梧州，与桂江汇合后称西江。西江流至三水思贤滘，与北江汇合，进入三角洲，形成纵横交错的水网。秦汉时期，西江主流出羚羊峡后，就逐渐进入宽阔的南海。《汉书·地理志》记载，郁水（今西江）“东至四会入海”。[①]汉代四会属南海郡，范围包括今天的新会、三水、四会、广宁、怀集等地。“东至四会入海”，非指今天四会所在。[②]西江河道在此分为两支，一支往东直趋番禺城下，一支向南汇流入海。古籍记载，宋时（13世纪）西江流经思贤滘及现今的北江下游河段可直抵广州。唐宋以来，大量泥沙在西、北、绥三江汇合处堆积，使北江河道加速淤浅，河床抬高，阻挡了西江与北江的水体交换，形成了今日宽约500米、长约1500米的思贤滘。思贤滘的出现，使西江通往广州的主航道不断南移。

图1-1-6 今日思贤滘——西江、北江、绥江三江汇流处（李志海摄）

① （清）陈澧：《汉书地理志水道图说》卷六。

② 此段参阅叶显恩主编：《广东航运史》（古代部分），人民交通出版社1989年版，第29—30页。

北江自古是岭南与中原相联系的南北交通要道，从北到南有白坭水、芦苞涌、西南涌通往广州；西江自古也可直趋西南涌入广州。随着思贤滘的形成，北江干流陆续淤浅，至省通道不断南移。隋唐时期白坭水淤浅，改由芦苞涌经官窑而达广州。两宋时期，芦苞涌淤浅，北江至省通道南移西南涌，西江至省通道仍可东趋西南涌至广州。元代以来，西南涌也相继淤浅，西、北两江至省主航道南移至佛山涌。凡循西、北两江南下之船，必先到佛山，再达广州，使佛山涌成为西、北两江到广州的主航道。史称“粤地滨海，佛山据省会上游，潮汐所至。西北两江由佛出省河入海，以数里之地而受数千里或千里之水”[①]。根据珠江三角洲成沙范围示意图（至960年止）[②]，宋代佛山正处在离出海口不远的大沙洲上，是当地海舶必经之要冲。康熙《南海县志》记载：“考北江抵省故道，初由胥江、芦苞趋石门，尚未与郁水合。迨芦苞淤塞，下由西南潭趋石门，始会郁水合流；后西南潭口再淤，今由小塘、紫洞（佛山涌）入王借冈、沙口，趋佛山、神安，南往三山入海。”[③]

图1-1-7　今日北江芦苞段（罗一星摄）

图1-1-8　今日芦苞涌（罗一星摄）

大自然给佛山最大的恩惠，是一千年前西、北两江通往广州城主航道的逐步南移，并在宋元时期定位在佛山涌。佛山涌取代芦苞涌和西南涌的历史地理变迁过程，也是佛山崛起的历史过程。自宋以还，官窑涌、石门水、西南涌先后淤涸，佛山涌取而代之。

佛山涌是北江下游的主要河汊之一，也是北江通往佛山、广州的重要航

① 冼宝榦总纂：民国《佛山忠义乡志》卷二《水利志》，民国十二年（1923）刻本。

② 《秦、汉、隋、唐、五代珠三角成沙范围示意图》，载《珠江三角洲农业志》，广东人民出版社2020年版，第63页。

③ 康熙《南海县志》卷一《舆地志·山川》。

道。全长约26公里。[①]佛山涌始于北江下游沙口，向东20里达佛山，再经10余里至盐步，然后分为两支：一支流向东北10余里至广州石围塘，名花地涌；一支流向东南10余里接平洲水道口，又10里与陈村水道三山口相接，再5里至广州南石头大尾。河宽50米左右。此涌为会城（广州）通西江的最短航线。凡循北江南下之船，也必先到佛山，再达广州。这样，佛山就处在南北交通的要冲位置上。因此，佛山涌是否通畅，成为关系佛山经济兴衰的一大关键。佛山涌自新涌口入佛山镇是最重要的河段之一，此段河道周环佛山镇三面，然后至栅下文塔入海，袤长2830丈，宽自13丈至三四丈不等。“士大夫以为文脉，商贾以为财源。而藉余滈以灌田亩，通舟楫以便行旅，其尤彰明较著者也。”[②]佛山地扼西、北两江之冲，“上溯湞水，可抵神京，通陕洛以及荆吴诸省”[③]，西接肇梧，通川广云贵；下连顺（德）新（会），通江门、澳门；东达番（禺）东（莞），通石龙、惠州。佛山涌全长33公里，从沙口到广州芳村，因流经佛山镇而得名。“汾江船满客匆匆，若个西来若个东”的诗句，就是康乾盛世佛山镇汾江河段商业繁荣兴旺的写照。佛山涌作为至省通道地位的确立，为佛山的崛起创造了历史机遇。

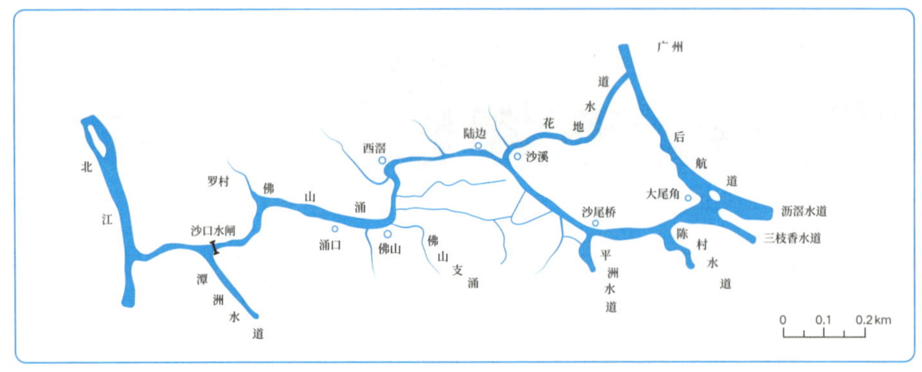

图1-1-9　佛山涌水系示意图（张波绘制）

---

① 乔彭年：《珠江三角洲河道演变》，广东科技出版社2020年版，第122页。

② 道光六年（1826）吴荣光《清浚佛山涌港记》，载佛山市图书馆整理，冼宝榦编纂：民国《佛山忠义乡志（校注本）》卷二《水利志》，岳麓书社2017年版，第84—85页。

③ （清）朱相朋：《建茶亭记》，载（清）陈炎宗总纂：乾隆《佛山忠义乡志》卷十《艺文志》，乾隆十七年（1752）刻本。

图1-1-10　今日佛山涌，水通广州（罗一星摄）

“先有官窑，后有佛山”的古老俗谣，正说明了佛山取代官窑，成为主要交通要冲的历史变迁过程。这一得天独厚的地理位置，为佛山成为岭南中心市场创造了有利条件，从而确立了其作为重要交通门户的地位。

三、基塘密布：集约式生态农业的诞生资源

珠江三角洲网河分布、纵横交错、互相连通，具有平原网河地貌特征的土地面积约占总面积的80.60%，占据主体地位。其中分散着众多的水基地（约占17.2%）和低洼积水地（约占6.2%）。水基地是开发桑基鱼塘、蔗基鱼塘、果基鱼塘的基础资源；低洼积水地则是开发沙田的优质资源。这是珠江河口区地貌特征的一大特色，在我国大江大河的河口区中是独一无二的。①

珠江三角洲气候属副热带海洋季风气候，位于北回归线以南，冬季极短，阳光充足，全年平均气温为21—22摄氏度，7月平均为28—29摄氏度。年平均霜日仅1—3天。由于受海洋性气候影响，除山区外，大部分地区空气中水蒸气较多，热能消散较慢。珠江三角洲雨量充沛，年平均雨量1600—2000毫米以上。冬季吹东北风，夏季吹东南风。全年以东风为主，年平均风速为每秒2.2—3.6米。这种温热多雨气候有利于农作物生长成熟。但珠江三角洲夏秋间常受台风袭击。如台风袭击珠江口以西时，其台风移向多对准河口，与潮流方向一致。

① 参阅陈文彪、陈上群等：《珠江河口治理开发研究》，中国水利水电出版社2013年版，第13—14页。

在汛期往往因为台风涌潮顶托，加重洪水威胁。[①]而洪水威胁的存在，则是产生独特的珠江三角洲农业经营方式的重要原因。为了抗御洪水侵犯，三角洲人民很早就利用筑堤围来垦辟农田。一般而论，堤是顺河道水流方向修筑的单向大堤防；围是圈筑成封闭状的小堤围。但小围可发展为沿河大堤防，而大堤防亦可延伸到各支流小河的支堤，使堤防又闭合为围，可见两者的发展实是相辅相成。故三角洲人民往往将堤与围混称，亦有称基围者。

佛山就处在珠江三角洲中北部围田区内，辖区内堤围拱立。早在北宋咸平年间（998—1003），在佛山涌对岸就有罗格围建立。当时“堤高不满三尺”，元英宗在位期间（1320—1323），又扩大范围及加高培厚。当时堤长6000余丈，围内居民16乡，捍田面积400余顷[②]。北宋徽宗年间（1101—1125），在南海县境内建立了最大的基围——桑园围。该围经历代加修，到乾隆五十九年（1794）基围长达14772丈，捍田面积1842顷[③]。南宋年间，佛山人民修建了存院围，史称：“佛山内外基围以存院围为命脉，故老相传，此围始建于南宋时代，围内四十余乡，田园数百万亩。”[④]这些堤围的修筑，改善了佛山及其周围地区的农业生产环境，为佛山经济发展创造了条件。

特别要指出的是，与围田区形成相联系的是农业经营方式的改变。如上所述，珠江三角洲平原内原就有不少被称为“塱”“涡”的积水低洼地。没有筑堤之前，水来漫顶，水退难消，为洪涝久积之地，无法开发利用。筑堤之后，阻挡了来水，为利用这些低涝地提供了条件。加之长距离地修筑堤围、挖土培基，在基围附近又形成了新的大片低洼地，如何利用这些低洼地，成为一个重大经济问题。于是，在最早围田区内，人们创造出一种独特的土地经营方式——基塘。人们将低洼地深挖为塘，并将余土培高塘基，塘内养鱼，基上栽果，称为“果基鱼塘”。由“果基鱼塘”生产出的塘鱼、荔枝、甘蔗等商业性农产品，为当地居民带来了比传统农业大得多的经济效益。

---

① 《珠江三角洲农业志》，第12页。

② 《珠江三角洲农业志》，第131页；《罗格围围志》，载广东省南海县水电局编：《南海县水利志》，内部资料，1989年，第91页。

③ （清）冯栻宗：《重辑桑园围志》卷一《奏议·引言》，光绪十五年（1889）刻本。

④ 民国《佛山忠义乡志》卷二《水利志》。

第二节　西樵山新石器文化与古越文化
（距今7000—3000年）

在珠江三角洲发现的新石器文化遗存，距今7000—5000年前，主要分布在今佛山市南海区、禅城区、三水区和港澳地区，其中以西樵山遗址为典型。遗址形态以贝丘遗址、沙丘遗址为多。属于古越人遗存。当时使用打制和局部磨光石器，通体磨光不多。主要生产工具是石斧、石锛。石锛中以双肩型占相当数量。主要生活用具是粗砂陶，圜底的釜是主要炊具。古越人的经济生活以渔猎、捕捞业为主，社会形态处于发达或繁荣的母系氏族社会。

一、佛山地区贝丘遗址

贝丘遗址是一种分布于海滨临江的文化遗存，其上限年代到新石器时代中期，下限年代一般至唐宋。今佛山市南海区、禅城区、顺德区、高明区、三水区都发现有贝丘遗址。

根据地理学家和考古学家研究，珠江三角洲贝丘遗址可以分为河岸型、河潮型、海湾型三种。河岸型贝丘遗址分布于三角洲上游，成陆年代较早的今广州市及佛山市南海区、三水区等地的贝丘遗址属于此型。河潮型贝丘遗址相对集中于河岸型地区的下游，但两者在分布地段上没有明显界限。海湾型贝丘遗址主要分布在今三角洲中部的边缘地带，成陆时间较晚的佛山市顺德区、高明区及鹤山市、江门市境内，当时都是古海湾。

这三类遗址当年的居住者，都是以渔猎捕捞经济为主的氏族和部落。前两类贝丘遗址离海较远，其捕捞和采集对象以淡水或半咸水贝类、鱼类为主。海湾型贝丘遗址离海近，捕捞和采集对象以半咸水及广盐性贝类、鱼类为主。[①]

---

① 杨式挺、邱立诚等：《广东先秦考古》，广东人民出版社2015年版，第213—214页。

在佛山市内发现的古遗址中有大量贝丘遗址，其年代分布上至新石器时代，下至唐宋。根据赵荦截止于2014年的统计，中国大陆地区有贝丘遗址428处，有将近六成分布在两广地区，其中广西有81处，广东有159处（占大陆总数近四成）。广东的贝丘遗址大多分布在珠江三角洲，佛山市内就有76处，[①]珠江三角洲一带贝丘遗址分布在东、北、西江下游及其支流两岸和珠江口周围的冲积平原和湖沼地带中，[②]佛山的贝丘遗址大多就集中在西樵山四周的湖沼地带。新石器时代佛山的贝丘遗址在时间上可以分为两大期，分期标准主要是根据文化发展程度和类型来确定的，以距今4000年为界，早期遗存的上限达到距今6000多年，多夹砂绳纹陶，不见几何印纹陶；晚期下限距今3000年左右，以几何印纹陶为特征。[③]

佛山地区主要贝丘遗址有南海西樵区百东、联新、崇南、河岗、观音庙口等。按照贝丘遗址上采集到的主要贝类生息环境来看，佛山市内的贝丘遗址全部为河口段型，即以河蚬（生活在淡水、咸淡水交汇处）为主，夹杂着文蛤、牡蛎等生活在潮间带的贝类，[④]这说明先民们生活的环境是在海滨线附近。地理学研究也显示了这一点，距今6000年前后，西、北江三角洲的海滨线大约在南海九江—灶岗—西樵山东麓—大岸—罗村镇务岗—寨边村—河宕—深村—梁边—奇槎—雅瑶—坦边—颍水—广州新市葵涌一线，到了距今4000年前后则推进到了顺德的龙江、都宁、西海和番禺的紫坭、沙湾、市桥、石楼、莲花山、化龙、广州东郊南岗一带。[⑤]随着西、北江三角洲由西北往东南扩张，海滨线逐渐从西北向东南转移，西北部地区变得越来越不利于水族生存，人类的捕捞活动只有往东南移动，不同年代的贝丘遗址分布也随之变化。在西、北江三角洲上游地区，即九江—佛山（今禅城区祖庙附近）—广州一线以西、以北所发现的贝丘遗址都为春秋以前的，春秋以后的遗址迄今尚未发现；此线以东、以

① 赵荦：《中国沿海先秦贝丘遗址研究》，复旦大学博士学位论文，2014年，第63—75页、附表1。

② 莫稚：《广东珠江三角洲贝丘遗址》，载《南粤文物考古集（1955—2002）》，文物出版社2003年版，第181页。

③ 李平日等：《珠江三角洲一万年来环境演变》，海洋出版社1991年版，第84页。

④ 珠江三角洲史前遗址调查组：《珠江三角洲史前遗址调查》，载《考古学研究》2000年10月31日。

⑤ 《珠江三角洲一万年来环境演变》，第70、73页。

南的三角洲中部地区则有秦汉乃至隋唐时期的贝丘，如顺德的沙宫村、龙眼村、碧梧村、龙潭村发现有西汉时期的贝丘，更远者如勒流、杏坛等地区还发现有西汉以后的贝丘。[①]

贝类，从新石器时代到今天都是珠江三角洲人民喜爱的食物。贝丘遗址中发现了一些打开贝壳的工具，外观一如今日人们使用的工具。珠江三角洲由西北向东南发育，随着年代推移，贝丘遗址分布从西北向东南移动是自然而然的事情。例如，顺德左滩的麻祖岗发现了距今约3500年的贝丘遗址，是顺德境内目前发现的最早有人类活动的地方，该处贝丘遗址就处于年代较早的西樵山附近贝丘遗址群的西南边。贝丘聚落的建筑形态是多种交织、干栏与陆筑并存的，同一个聚落在不同时期内也可能有不同的建筑形式。例如，三水银洲贝丘遗址的早中晚三期遗存就分别发现了有墙基槽的地面式建筑、坡地干栏建筑和有榫卯结构的滨水干栏建筑，[②]这些建筑似乎有根据渔船生活的空间感进行建筑的倾向，或许体现了海洋文化与农耕文化的空间旨趣的不同。[③]

总体而言，佛山贝丘遗址的居民过着以渔猎和采集业为主、农业和畜牧业为辅的经济生活。

新石器时代晚期，石湾先民已开始制作陶器，他们开创了石湾的制陶历史，制作了美观大方的印纹陶和磨光黑陶。1976年，在石湾大雾岗东边的山脚下不到1000平方米的范围内发现的六七处新石器时期贝丘遗址，与石湾大雾岗以东的大墩、桥头、塘头显冈以及石湾以西的王借冈等地的新石器晚期贝丘遗址相联，呈现出同一系统的印纹陶文化。其印纹陶器，纹饰尤为丰富，有曲折纹、编织纹、叶脉纹和云雷纹等20多种，拍印技术相当精细，而且器形形制多样，多采用轮制成型。硬陶大量出现，烧成温度在1100℃以上。[④]

---

① 《珠江三角洲一万年来环境演变》，第87页。

② 曹劲：《先秦两汉岭南建筑研究》，科学出版社2008年版，第129页。

③ 《先秦两汉岭南建筑研究》，第131—132页。

④ 纪文瑾：《石湾窑研究》，广东人民出版社2017年版，第16—17页。

二、西樵山文化[①]（距今7000—3000年）

西樵山原是一座为海水所包围的古火山丘，位于今南海西樵山镇官山上。其东麓的火石岗等地有质坚而脆的燧石和硅质灰岩，其西麓的虎头岩等地有霏细岩层分布，均适用于打制石器。自1958年发现西樵山第一处石器遗址，至1981年，已发现西樵山石器的地点100多处。[②]因其地点之多、制品之丰富，以及双肩石器形式之多样而典型，西樵山石器遗址被考古学界确认为华南新石器时代以制作双肩石器为主的大型石器制造场，也是我国新石器时代著名的石器制造场。[③]

半个多世纪以来，历经两三代考古专业者的研究，学界对西樵山新石器遗址的年代逐渐有了科学认知。西樵山石器文化分早期与晚期，西樵山早期石器文化大致在新石器时代的中期，距今7000—5000年；西樵山晚期石器文化大致在新石器时代的晚期，距今5000—3000年。也就是说距今7000年前，珠江三角洲各地原住民就纷纷来西樵山采石制器。这一打制石器的活动持续了数千年，直到青铜时代。

西樵山遗址制作的石器可分为细石器和双肩石器两大类型。细石器是用从石核母体剥离下来的细长石片加工而成的各种工具，如切割器、刮削器、尖状器、雕刻器、小石镞之类，它们需要镶嵌或捆绑在骨制、角制或木竹制的柄上才能使用。这些工具制作是为早期渔猎经济和生活所需要。华南地区的百越民族有断发文身的习俗，西樵山先民使用的细石器有一种雕刻器是用

---

① 西樵山文化：最早由贾兰坡先生在1960年发表的《未来希望》一文中提出“西樵山文化”一词。1965年，香港中文大学郑德坤教授在他的《中国史前学的新发现》（*New Light Prehistoric China*）一书中使用了“西樵山文化”（His-chiao shan culture）一词。1976年，由郭沫若主编的《中国史稿》第一分册上提到“以西樵山为代表的文化”。1981年，曾骐在中国考古学会第三次年会发表论文《西樵山石器和“西樵山文化”》。西樵山文化，遂为考古学界和历史学界所认可。

② 杨式挺：《试论西樵山文化·附表》，载《考古学报》1985年第1期。

③ 何纪生：《广东南海县西樵山遗址》，载《考古》1983年第12期；冯孟钦、卢筱洪：《广东南海市西樵山佛子庙遗址的发掘》，载《考古》1999年第7期；杨式挺：《西樵山遗址和“西樵山文化”探讨》，载暨南大学历史系古代史教研室编：《中国古代史论文集》（第一辑），内部资料，1981年；杨式挺：《试论西樵山文化》，载《考古学报》1985年第1期；杨式挺：《广东新石器时代文化及相关问题的探讨》，载《史前研究》1986年第1、2期合刊。

来进行文身的。民族志资料显示，从东南亚地区迁徙至新西兰的毛利人至今仍有文身习惯，他们使用的实物中就有用于文身的小石刀刃片，作为刻刀使用。[①]迄今为止，在西樵山遗址共采集细石器和石制品5万件以上。经碳-14测定，细石器平均值的绝对年代为距今6300年左右。

双肩石器因其柄部两侧似人的双肩而得名。它是华南地区富有特色的史前生产工具。经碳-14测定，典型双肩石器的平均值为距今5230年左右。这表明细石器类型年代早于双肩石器类型。[②]西樵山遗址历次采集和发掘的双肩石器有3000件以上。这类石器远较细石器为大，适于砍伐树木和用于农业生产。器形有双肩石斧、石锛。其制作过程是先开采霏细岩石片，打制出呈“凸”形的雏形坯件，再打琢、修整、磨光（特别是刃部）。

图1-2-1　新石器时代双肩石器成品（南海区博物馆藏）

图1-2-2　新石器时代石锛（南海区博物馆藏）

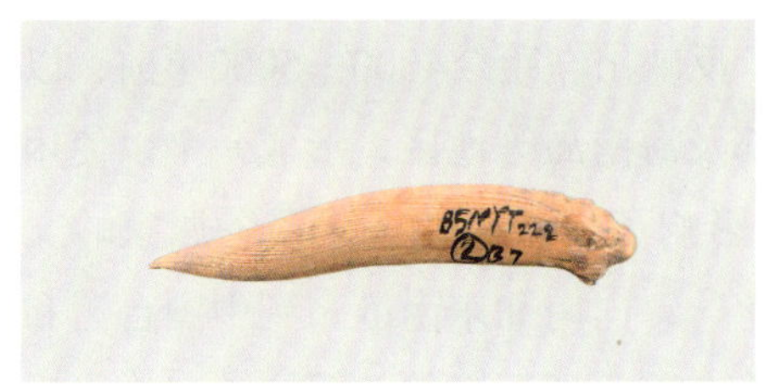

图1-2-3　新石器时代骨锥（南海区博物馆藏）

图1-2-4　新石器时代陶片，鱿鱼岗出土（南海区博物馆藏）

西樵山石器遗址最具历史意义和人文价值的是：

第一，西樵山石器遗址最普遍的石器是打制和磨制的双肩石斧、石锛和石铲，不仅数量最多，而且样式最为丰富。双肩石器的制造使人们生活状

① 《佛山先秦考古与岭南文明》，第40页。

② 曾骐、李松生：《1986—1987年西樵山考古的新收获》，载《中山大学学报（哲学社会科学版）》1988年第3期。

态发生质的飞跃：首先，促进了农业发展。农耕文明是人类从蒙昧迈入文明的重要进程。双肩石铲使耕土更为容易，珠三角地区因此逐步发展为适宜稻作的富庶之区。其次，双肩石斧和石锛的使用，也使住房修建变得简单。考古学家发现西樵山文化时代的居民居住形式（如同徐怀远《南越志》所载的“栅居”），是一种木骨泥墙、结栅为墙的房屋。这是岭南地区房屋建造进步的标志。①

第二，西樵山石器遗址是细石器时期的大型工艺制作场，是珠江三角洲地区农具和生活用具的生产和供应中心。西樵山遗址有工艺制造者的活动面，发现的细石器材料规整、规范且成批生产。在数以万计的细石片中，废屑与残废品占很大比例。这说明工场产品生产按规定标准大量打制，不合格的残废品则就地抛弃。双肩石器不仅是农业工具，而且是行销四远的生产资料商品。西樵山石器遗址发现的石器多数是半成品，通体磨光双肩石器并不多见。原因是它主要以半成品形式发运珠江三角洲以至更遥远地区的原始居民点，再由各原始居民点作进一步磨光加工后使用。西江高要、肇庆、封开及东江增城、博罗、东莞以至香港等地的霏细岩双肩石器可能是通过交换方式获得。而在广西南宁、合浦、钦州、灵山等地也发现类似西樵山遗址的双肩石器达477件。②

西樵山发现的种类众多的双肩石器，反映出在距今4000—5000年前，以西樵山为中心包括广东中部、西部、南部及海南岛等地区，形成一个以使用双肩石器为特征的文化分布区。它向北影响了石峡文化、大溪—屈家岭文化；向西演变为桂南地区的“大石铲文化”；向南和东南散布到中国台湾和菲律宾。它和闽、赣、浙一带的有段石锛有着千丝万缕的关系，一起构成后来这个地区旗帜鲜明的“百越文化”的文化特征。百越文化中的青铜斧、锛、钺都可以在西樵山文化的石器材料中找到雏形。西樵山蕴藏有丰富的石料和石器，石器制造场经历时间长，双肩石器类型较多，不仅有双肩石器的原始形态，也有产生双肩石器的母型。可以认为，从新石器时代晚期开始到青铜时代，分布远及东南亚一带和中国台湾的双肩石器孕育和产生的故乡在

---

① 《佛山先秦考古与岭南文明》，第58—59页。

② 彭书琳等：《试论广西的有肩石器》，载广东省文物考古研究所、封开县博物馆等编：《纪念黄岩洞遗址发现三十周年论文集》，广东旅游出版社1991年版。

我国南部的珠江三角洲。[①]

从人类文明进程的视角看，西樵山文化是新石器时代珠江三角洲及其周边地区人类的创造性发明，反映了当时人类经济生活、生产技术以及艺术审美意识。它是珠江流域文明的前奏和延续，是珠江流域从野蛮通向文明的灯塔。西樵山文化也是我国原始文化中面向海洋，并产生深远影响的海洋文明的重要篇章，它与东南亚和环太平洋地区的史前文化有着密切的文化交融关系。由此，西樵山新石器文化被称为“珠江文明的灯塔”[②]。

三、古椰贝丘遗址（距今5800—5000年）

古椰贝丘遗址是佛山市内8处全国重点文物保护单位中唯一一个古人类遗址。[③]位于广东省佛山市高明区荷城街道古耶村鲤鱼岗一带，地处珠江干流西江西岸。古椰贝丘遗址是岭南目前发现的诸多贝丘遗址中最为完整、最为典型、挖掘最为科学细致的重要遗址，代表了一种新的考古学文化类型。古椰贝丘遗址的主要内涵为新石器时代晚期5000—5800年之前的史前人类生产、生活遗存，在考古学编年方面起到承上启下的作用，具有很高的科研价值。

1985年，高明县博物馆进行第二次全国文物普查时发现古椰贝丘遗址。[④]1995年，由广东省文物考古研究所、北京大学考古系、中国社会科学院考古研究所、暨南大学历史系等开展的“珠江三角洲古文化与古环境研究”课题调研时，进行过调查。2006年，广东省文物考古研究所派出专业考古队对遗址进行了发掘。鲤鱼岗顶高程11.97米，岗下是西江及其分流的秀丽河等冲积而成的水稻田、湿地和鱼塘，水田高程2.5米。文物本体面积34177.6平方米（约51.32亩），核心保护区面积74656.14平方米（约111.98亩），文化层平均厚度0.55米，含大量贝壳堆积。

---

① 《广东先秦考古》，第361页。

② 曾骐：《珠江文明的灯塔——南海西樵山古遗址》，广西师范大学出版社2012年版；《佛山先秦考古与岭南文明》，第60页。

③ 佛山的8处全国重点文物保护单位分别是：古椰贝丘遗址、佛山祖庙、东华里古建筑群、南风古灶（高灶陶窑）、康有为故居、清晖园、顺德糖厂早期建筑、西樵山采石场遗址。

④ 《佛山先秦考古与岭南文明》，第130页。

古椰贝丘遗址的文化堆积共有8层，出土的人工制品中以陶器为主，多为夹砂陶，器形以釜为主。泥质陶则多为圈足盘、钵等。石器出土数量较多，器形主要有斧、凿、锛等，与西樵山石器有很多相同点。由于古椰贝丘遗址层位关系清楚，有陶器共生，为西樵山石器的断代提供了重要依据。遗址还发现了少量的骨蚌器，如骨簪、玦、凿、蚌玦等小型工具和饰品，反映了当时人的生活水平已达到一定程度，有更多精力发展精神上的需求。特别的是，人工制品中还首次发现了一定数量有加工和使用痕迹的木制工具，木桨的存在使我们确信船或独木舟的具备，“越人善作舟”在这里得到了实证。①

古椰贝丘遗址还出土了大量的动植物遗存。植物遗存为各种植物种子，研究人员随手捡拾到86个样品和4000颗完整的种子。初步统计，这些植物种子分属于20个科的25个种。含量最多的是橄榄，数量超过1500颗；其次是豆腐柴属，数量超过1000颗；其他含量较多的还有破布木、南酸枣、杜英属等；含量较少的有小葫芦、栝楼等可食用遗存。在古椰贝丘遗址的出土石器表层残留物淀粉粒中提取到250多颗植物种子，含量最多的是壳斗科，大部分淀粉粒可以进一步确定到石栎属、栎属、青冈属和锥属。除了壳斗科外，残留物中还包含了禾本科、块根块茎类植物的淀粉粒。分析的结果证实了壳斗科植物和块根块茎类植物果实是古椰贝丘遗址先民重要的植物性食物来源。②

动物遗存方面，可分为水生动物和陆生动物。水生动物有龟、鳖类和硬骨鱼类，其中鲶鱼科和鲈鱼科等少量种属可辨；陆生动物有野猪、鹿、牛、狗和亚洲象等。这些水生动物和陆生动物与肇庆茅岗遗址、佛山河宕遗址等所出土的大多相同，陆生动物多属家养。③遗址出土的贝壳研究发现咸水与淡水贝壳同时存在，说明当时遗址居民生活在咸淡水交界的海岸线附近。④整体而言，遗址附近的水域主要为淡水和咸淡水，是典型的三角洲河口环境。随着时间的推移，无论是可鉴定标本数还是最小个体数，淡水鱼的数量都在逐渐减少，半咸水/咸水鱼都在增加。这种变化很可能反映了遗址周边水域的淡

① 《佛山先秦考古与岭南文明》，第140页。

② 《佛山先秦考古与岭南文明》，第141—142页。

③ 《佛山先秦考古与岭南文明》，第151页。

④ 《佛山先秦考古与岭南文明》，第142页。

水环境有所减少，咸淡水环境有所增加。造成这种现象的原因很可能是当时发生了小规模的海进事件。①

遗址中有柱洞、灰坑等，属于房址一类的遗迹。②

古椰贝丘遗址各文化层具有相同文化特征，陶器的演变基本是连续的。刻画的各种纹饰是其具有代表意义的纹样。古椰贝丘遗址的细石器，可以说是西樵山细石器发展的下限。双肩石器则是西樵山双肩石器在此地的传播和发展的结果，其中相当部分属于西樵山石器。

古椰贝丘遗址的发现，对于探讨西江、北江、东江古文化遗存之间的相互关系和完善本地区古文化谱系有着重要意义。其出土的大量动植物等有机遗存，保存极好，这对于全方位了解珠江三角洲地区古代社会经济、自然环境等内容提供了难得的实物资料。考古学者将其命名为“古椰文化”，并认为香港西贡沙下遗址、马湾岛东湾仔北遗址一期、涌浪遗址、赤鱲角虎地遗址、过路湾遗址、南丫岛深湾遗址及台山电厂新村遗址、珠海草堂湾遗址一期等遗址，可以划归古椰文化。③

图1-2-5　全国重点文物保护单位——古椰贝丘遗址（高明区博物馆提供）

图1-2-6　古椰贝丘遗址出土双肩石锛（高明区博物馆藏）

① 佘翀、崔勇：《广东高明古椰遗址出土鱼类骨骼的鉴定与研究》，载《南方文物》2023年第2期。

② 《佛山先秦考古与岭南文明》，第131页。

③ 李岩、崔勇：《古椰贝丘遗存初识——兼谈香港沙下等相关遗存》，载《湖南考古辑刊》（13），2018年，第226—250页。

图1-2-7　古椰贝丘遗址出土陶釜（高明区博物馆藏）

图1-2-8　古椰贝丘遗址出土木桨（高明区博物馆藏）

四、河宕文化（距今5500—5000年）

河宕遗址是1977年发现的古越族先民部落遗址，位于佛山市禅城区石湾镇以北的大帽岗（今帽岗路）。河宕遗址发掘面积776平方米，清理同时期墓葬77座，是佛山地区发掘同时期墓葬最多的一处。发现陶器、陶片4万余片，其中印纹陶片有46种，说明河宕人擅长制作几何印纹陶器等手工业品。还出土石器、玉骨角牙器以及贝类、陆生动物和水生动物等，墓葬中还有一批保存比较完整的人骨架，对研究广东地区，尤其是珠江三角洲的史前文化至为重要，因此被命名为“河宕文化”。①

河宕遗址具有重要的人文价值：一是河宕陶器出土主要器形是釜、圈足罐、黑皮圈足盘等，使我们看到了百越族最具传统的文化特征——釜文化。这与太湖、钱塘江流域的越人炊器以釜为特点的传统是一致的，也与黄河流域、长江流域中上游地区的“鬲文化”有明显区别。河宕陶器纹样是各种云雷纹、叶脉纹、规整曲折纹、双线方格凸块纹等，较其他地区出土陶器纹样清晰粗大。尤其是陶器上的44种刻画符号（陶文），反映了文字出现之前古越人的文明发展水平。二是石器中的双肩石器，部分是西樵山的霏细岩石料，说明河宕遗址受到西樵山文化的强烈影响。三是墓葬中多具人骨有拔牙习俗，这种习俗是探讨河宕遗址族群与其他族群关系的重要资料。

① 《佛山先秦考古与岭南文明》，第176、199页。

河宕遗址的制陶业较为发达。经佛山陶瓷研究所检验，河宕陶器中不仅出现了烧成温度达1100℃的硬陶，而且制陶采用了“陶车”轮制拉坯成型的技术，河宕村出土了113件陶纺轮。[1]河宕遗址发掘出陶器的主要器形是釜、圈足器和圜底器等。陶器纹饰多为复合纹，纹饰丰富多彩，颇富变化。磨光陶占有一定比例，还有少量彩陶。白陶、砂陶、软陶、硬陶同时并存。[2]

图1-2-9　河宕出土陶纺轮（佛山市博物馆提供）

图1-2-10　河宕旧墟出土象牙饰物（佛山市博物馆藏）

图1-2-11　河宕旧墟夹砂陶钵（佛山市博物馆藏）

图1-2-12　河宕旧墟出土骨镞（佛山市博物馆藏）

河宕遗址是岭南地区几何形印纹陶发达时期的典型遗址。[3]河宕遗址已经发现六七十件陶片（器）上有陶符，主要刻画在矮圈足上。南方地区的陶符

① 佛山市石湾陶瓷研究所：《对河宕和狮子桥遗址出土陶片的一些看法》，载广东省博物馆、佛山市博物馆编著：《佛山河宕遗址：1977年冬至1978年夏发掘报告》，广东人民出版社2006年版，第172页。

② 《广东先秦考古》，第689—690页。

③ 彭适凡：《中国南方古代印纹陶》，文物出版社1987年版，第190页。

（包括吴城文化陶符），是古代百越先祖使用的处于萌芽状态的文字。它既是一种有特色的物质文化，又蕴藏着绚丽多彩的精神文化。河宕遗址陶器的发现，把佛山制陶的历史提前了2000多年。而在出土陶器上的44种刻画符号（陶文），则是佛山先人象形字和指事字的早期萌芽。[①]岭南地区的刻画陶符是随着夏商王朝势力向南推进而出现于岭南的，作为一种文字功能，它在推动岭南社会文明的进步方面起了不可低估的作用。随着秦汉王朝推行文字统一的政策，陶文最后消失于岭南。如今在湖南江永县发现的女书，则是先秦中国刻画符号保存的一面镜子。[②]

河宕遗址居民的成年男性平均身高为166.13厘米，成年女性平均身高为153.66厘米，属于蒙古人种的南部边缘类型[③]。考古学家发现河宕人凿齿出现率高达82.6%。成年男女个体都施行了人工拔牙（凿齿），所拔牙齿的齿位主要是上颌两侧门齿。拔牙风俗从22—25岁开始，说明拔牙已成为氏族的一种习俗或仪礼。[④]据考古学家研究，拔牙习俗在中石器时代世界海洋性地区如东亚、东南亚和东非、大洋洲，以及环太平洋海岛广泛流行。中国古代濮、僚等系民族及其后裔也见行此俗。河宕的拔牙习俗可以追溯到约7000年前的山东大汶口文化。[⑤]从山东半岛沿海滨向江苏、福建传播，而到岭南。据调查，这种习俗在20世纪40年代的贵州普定、织金仡佬族中仍有保留。[⑥]

民俗学家认为拔牙有四种特殊含义：第一种成人拔牙，是一种“氏族成丁仪式”；第二种婚姻拔牙，表示获得婚媾资格；第三种美饰拔牙，是一种

---

① 《佛山先秦考古与岭南文明》，第221页。

② 《佛山先秦考古与岭南文明》，第224页。

③ 韩康信等：《广东佛山河宕新石器时代晚期墓葬人骨》，载《人类学学报》1982年第1期。

④ 杨式挺：《略论我国古代的拔牙风俗》，载《广西民族研究》2005年第3期。

⑤ 杨式挺：《略论我国东部沿海史前居民的拔牙习俗》，载车越乔主编：《越文化实勘研究论文集》（一），中华书局2005年版；韩康信、潘其风：《广东佛山河宕新石器时代晚期墓葬人骨》，载《人类学学报》1982年第1期；广东省博物馆等编著：《佛山河宕遗址发掘报告》，广东人民出版社2006年版，第176页。

⑥ 田曙岚：《试论濮、僚与仡佬族的起源及其相互间的关系》，载贵州省民族研究所编：《民族研究参考资料（第一集）》，内部资料，1980年。

美的追求；第四种服丧拔牙，表示悼念死者。[①]在人生每个重要阶段，古人把上颌齿、中门齿或左右侧门齿依次拔掉，以此纪念人生。可见古越人的拔牙如同断发文身，既是一种信仰仪式，亦是图腾标志在人体的一种表现。古文献《山海经》《淮南子》里，就有“（后）羿与凿齿战于寿华之野”的记载。[②]可见，“凿齿”成为南方部族的明显标志。

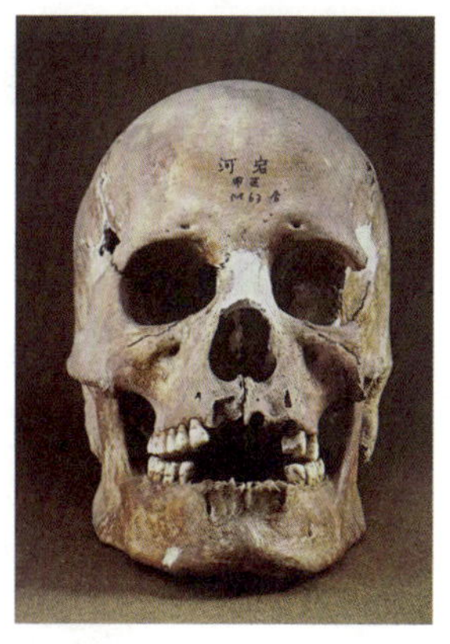
图1-2-13　河宕出土人头骨（佛山市博物馆藏）

河宕遗址还发现此时家畜饲养业已经兴起。在河宕出土的陆栖和水生动物骨头达3500多块，种类有猪、牛、狗、鹿、猕猴、象、鸟、马来鳄以及鱼类、鳖类、蚬、蚌、牡蛎、螺等。[③]经鉴定，发现有猪、牛、狗等动物的骨骼和牙床，还有幼年家猪的牙床。这些都说明距今3500—4000年之际，佛山地区人类已饲养猪、狗、牛等家畜。[④]此时河宕人的居住形式已经出现了干栏式地面建筑。[⑤]

由此可见，从距今4000年以来，岭南地区古越先民与吴越、中原、荆楚地区先民逐渐形成了一个文化交互作用圈。一方面，各族群文化开始趋同；另一方面，各族群仍保持着自己的特色和发展道路。这体现在岭南区域内文化多样性与统一性的共存。这些文化多样性，成为后来岭南地区民族成分多样性的基础。[⑥]

历代佛山先人的共同开发和创造，为今天的佛山留下了丰富的资源和财富。

---

① ［日］春成秀尔：《拔牙的意义》，转引自黄现璠等：《壮族通史》，广西人民出版社1988年版，第21页。

② 杨式挺：《略论我国东部沿海史前居民的拔牙习俗》，载车越乔主编：《越文化实勘研究论文集》（一），中华书局2005年版；韩康信、潘其风：《广东佛山河宕新石器时代晚期墓葬人骨》，载《人类学学报》1982年第1期；广东省博物馆等编著：《佛山河宕遗址发掘报告》，广东人民出版社2006年版，第176页。

③ 杨式挺等：《谈谈佛山河宕的重要发现》，载文物编辑委员会编：《文物集刊（3）》，文物出版社1981年版。

④ 杨式挺：《试论西樵山文化》，载《考古学报》1985年第1期。

⑤ 龙岩：《高要茅岗古代木构干栏式建筑》，载《广东文博》1990年第2期。

⑥ 《广东先秦考古》，第701页。

五、银洲贝丘遗址（距今4100—3500年）

银洲贝丘遗址位于今三水区白坭镇周村东南的银洲村豆兵岗，地处西江与北江交汇处。面积为3.5万平方米。1991年底至1995年4月，经国家文物局批准，广东省文物考古研究所、北京大学考古系、三水县博物馆组织联合考古队，对银洲贝丘遗址进行了4次挖掘。

银洲贝丘遗址文化层共有4层，遗址有房址、灰坑和墓葬。房址有4座，清理面积东西长6.3米，南北宽2.4米，活动面平整坚实。东部有1个用石块垒成的半圆形灶坑，南部有1个椭圆形储物坑。房址周边有18个柱洞。在遗址中部还集中发现100多个圆形和椭圆形柱洞，口径最大者超过50厘米。从分布看，这些柱洞多为基本等距和对称的长方形。考古推测至少存在2个建筑单位（房址）。同时发现有坑穴70多个，有圆形、椭圆形和长方形的储物窖穴，也有不规则形似为垃圾坑的坑穴。清理墓葬40多座，出土大量随葬品。

出土器物主要有陶器釜、罐、豆、纺轮等。石器有锛、镞、环等种类和板岩、砂岩、页岩、霏细岩等材质，其中霏细岩石器取材于西樵山。玉器有白玉玦、青玉玦，玉质细腻。此外，还有骨镞、串珠和木饰等。玉器的出现，说明银洲贝丘遗址的居民的审美观念达到相当水平。更为重要的是，玉器也是礼器，是墓主人拥有权力的标志。

三水银洲贝丘遗址的早中晚3期遗存都分别发现了有墙基槽的地面式建筑、坡地干栏建筑和有榫卯结构的滨水干栏建筑，[①]居住面积较大，建筑体较为复杂。房址内有灶坑和储物坑，且墓地排列有序，表明这里是族群聚落地。

总体而言，银洲贝丘遗址是新石器时代晚期至商代初期，珠江三角洲西江流域较大型的史前古人类聚落形态的代表遗址。[②]

---

① 《先秦两汉岭南建筑研究》，第129页。

② 《佛山先秦考古与岭南文明》，第155—156页。

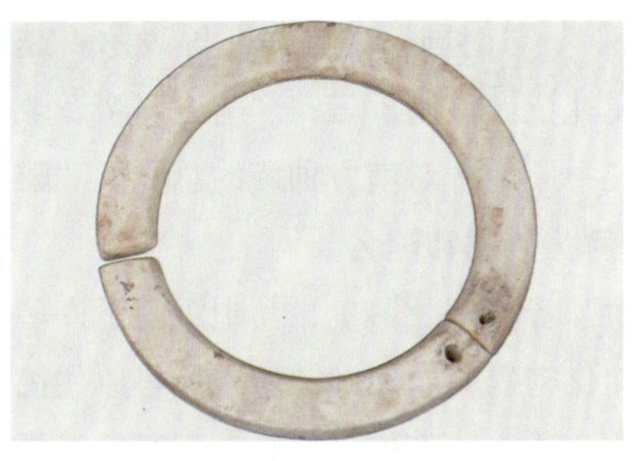

图1-2-14　银洲贝丘遗址出土新石器时代白玉玦（三水区博物馆藏）

图1-2-15　银洲贝丘遗址出土新石器时代青玉锛（三水区博物馆藏）

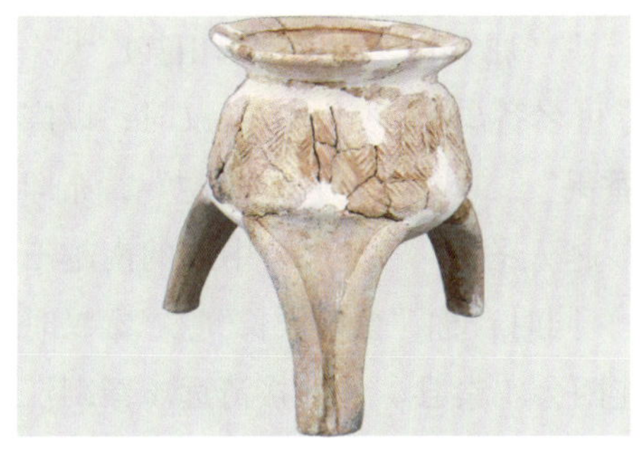

图1-2-16　银洲贝丘遗址出土新石器时代三足陶鼎（三水区博物馆藏）

图1-2-17　银洲贝丘遗址出土新石器时代石矛（三水区博物馆藏）

六、地名与粤语：佛山先民的汉越文化交融

中国上古部族大致可分为华夏、东夷、苗蛮三大集团。经过数千年的征战、融合、迁徙、定居，逐渐形成多元一体的中华民族。南方古越族渊源于苗蛮集团，原居住地在湖南、江西北部。[①]尧让天下于舜，三苗不服，与舜帝发生战争，“有苗之民叛，入南海，为三苗国”。[②]宋人罗泌说：“知所谓百越矣，是芈姓之越也。”他又说：“自岭而南，唐虞三代为百越之国，亦谓南越雕题之重（按：即种）。”[③]百越是南越，与浙江、福建的越族不同。

① 《史记》卷六十五《孙子吴起列传第五》，中华书局1959年版。

② （晋）郭璞注：《山海经第六·海外南经》，上海古籍出版社2015年版，第239页。

③ （宋）罗泌：《路史》，转引自曾昭璇：《岭南史地与民俗》，广东人民出版社1994年版，第20—25页。

春秋之世，“南夷”“仓吾”“南瓯”“南国”“南海”等表示百越民族的铭文，频见于中原的青铜器上。《礼记·王制》云：“南方曰蛮，雕题、交趾，有不火食者。”“蛮”乃古代中原地区对南方种族的总称。“雕题”“交趾”，既可理解为民俗，亦可理解为族属和国名。[①]

佛山至今保存了大量僮语地名（“僮”音同“壮”），其中沉淀了许多佛山先民文化的重要信息，是解开本土文化密码的金钥匙。两广最早原住民应为僮人，即古越人，中原文献中的乌浒（浦）、俚僚、瓯骆、百粤等就是指居住在两广地区的古越人部落，他们也被称为“土民”。

番禺是古越人土语。《广东新语》说：“禺之名，惟广州有之。……故谚有云‘北人不识番禺，南人不识盩厔’。”[②]屈大均认为，“禺山甚广大，处处皆可名禺山也”，“则白云、罗浮皆可名番禺也”，“故秦汉时，以广州之地总称番禺”。[③]曾昭璇教授解读“番禺”二字为壮语的“布越”，布即人，越即俚人的族称。“番禺”可译为“越人的村”。[④]来自中原的南越王赵佗也认同古越文化，他建立“南越国”，同时自称“蛮夷大长”。[⑤]秦汉时的番禺县境东达罗浮山，南至九龙，西连四会（秦县），北接清远（秦洌江县），管辖区域相当于珠江三角洲地区，当然也包括了现在的佛山地区。

越人为何被称为“僮”？一说是因为僮与种字通用，中原冠族称蛮夷为“种人”，是蛇种、犬种之意，所以一些文献中傜和僮都是反犬旁，蛋内有虫字。另一说僮人亦叫僮牯（古）佬，实为牂牁僚（用粤语读为同音）。牂牁是以植物系舟之意，越人善作舟，牂牁江就是粤江（珠江的旧称），即《禹贡》中的黑水。牂也有羊之意，羊鸣为芈（咩），芈和姜（神农之姓、南方之君）是一个不可割裂的系统。由此推断，僮人实为炎帝序列的后裔。[⑥]光绪《高明县志》中有万历年间肇庆知府王泮所撰《北港通港设窦记》言“南为大江，即牂牁之水”，清代佛山人吴奎光的《正埠酒楼歌》有“阅

---

① 参阅《岭南史地与民俗》，第20—25页。

② “盩厔”，音同“周至”。陕西省有周至县。

③ （清）屈大均撰：《广东新语》卷三“三山”条，中华书局1985年版，第78—79页。

④ 《岭南史地与民俗》，第9页。

⑤ 蒋祖缘、方志钦主编：《简明广东史》，广东人民出版社1987年版，第64页。

⑥ 《粤江流域人民史》，载《壮学丛书》编委会编：《徐松石民族学文集》（上卷），广西师范大学出版社2005年版，第78—83页。

十八省之人物，接一万里之牂牁”的诗句，可见称西江为牂牁之水是明清官员和士人的地理通识。

佛山地名有一个很大的特点是常用倒装，这是南方特色。倒装地名广泛分布在两广、川、滇、黔、湘。顺德的冲鹤和三水的塘悦便是此类。粤语中薯莨（良峒出产的薯）、鱼生、豆角、鸡公、人客、腐乳、粉丝、芥蓝均属此类。这点也被中原汉语所吸收，如饼干、都梁等名。[①]

具体用字而言，“六”字（lueg）是典型的壮语地名，凡是用六而不能做数目解释的都是壮名，六、陆、禄、渌、逯、鹿、罗、乐、骆、落、弄、龙、陇基本是相通的，是山谷、山地的意思。“罗”也有部分“那”（田）、“僚”和姓氏罗的意思。“良”字（leung）是壮语和泰语的黄字，岭南黄族是势力较大的、开化较早的僮人，被称为僚良人（lao leung），陆梁、骆龙等都为此意。“大良”即为其中一支，有一部分用“梁”字，有一部分意译为黄、王、旺字，也有一部分译为龙或隆字。“高”字（kao）是壮语中白的意思，两广高字地名往往是僮人白族的居住地。[②]在南海西樵的鱿鱼岗贝丘遗址附近有禄舟（岗）、高舟（岗）、凰岗等地名，很显然这是一群渔猎吃贝壳、善于舟行的黄族、白族僮人留下的痕迹。“乌”字是黑的意思，越人旧称乌浒即为黑族之意，浒和浦二音相连，故合浦就是黑浦。两广有许多乌和黑字地名，例如顺德乌州，还有许多姓乌的人，大概与此有关。[③]“那”字意为田，有时译为“南”和“罗”字，番禺有都那，新会有那伏，珠海有那洲，佛山市里有非常多“南村”地名都不能按方位解，应为田地的意思。“都”字起源于南方，在女娲的时代已有“都良”的称谓。“都”在两广也很常见，如顺德有都宁、高明有都权、新会有都会等，与“多”“峒（洞）”字通用，南海有黄洞、鹿洞等，大约是村峒古时称为都，近时只称为峒了。“思”字意为村寨，与“仙”字通用，南海有仙岗等地名。“古”字意为山岵，与果、高、歌、过和部分九字通用，南海的古灶、顺德的古楼、三水的古塘、高明的古椰、中山的古镇、鹤山的古劳

① 《粤江流域人民史》，载《徐松石民族学文集》（上卷），第130—134页。

② 《泰族僮族粤族考》，载《徐松石民族学文集》（上卷），第354页。

③ 《泰族僮族粤族考》，载《徐松石民族学文集》（上卷），第353—354页。

均属此类。[①]其余如“兰（栏、榄）”指屋，“布（波、磨、报、卜）”指泉，“墰（淡、潭、屯、蓞等）”指水潭或黑色，“利（壘等）”指畲地，“梭”指沙，“楞”指伏流，“夏（荷）”指茅草，“呑”指石头，“吉”指冻，“播”指坡，“驮（沱、陀、打、汰）”指河，“伏（法、扶、福、富）”指对面，“博（百、剥、北）”指隘口，“渠”指水塘、水池，“燕（荫、晓、眼）”指荒草。僮人也有以鸡鸭为村名的，明以前佛山镇居民就有“鸡、田、老、布”之姓，显然明代写下此条史料之人是懂得壮语含义并将之翻译的，壮语“鸭”音为毕（笔），番禺有笔村。[②]以上通用的字若用粤语读则很容易理解它们何以通用。

另一个有趣的例子是闻名已久的食品——顺德大良“蹦砂”，粤语“蹦砂”的读音就是蝴蝶的意思，这也是傜语和壮语中蝴蝶的读音。时至今日，佛山许多老人仍然将蝴蝶形状的东西称为“蹦砂”（音），以虫字旁书写更加暗示了此点。

① 《粤江流域人民史》，载《徐松石民族学文集》（上卷），第136—140页。

② 《粤江流域人民史》，载《徐松石民族学文集》（上卷），第143—145页。

第二章

文明交融：岭南开发与佛山得名

佛山文明是岭南文明大厦的重要基石，它的每一步发展，都与岭南文明的进步发展相联系；而岭南文明的进步发展，又与中原文明有着千丝万缕的联系。秦汉时期郡县制在岭南的建立和“中县人”在岭南地区的定居，是岭南地区汉越文化融合发展的重要历史时期。

佛山属海滨之州，较早接触海外文明之风。魏晋南北朝时期的印度佛教的东传，在佛山这块“海州”之地播撒了不同文明信仰的种子。

第一节　秦汉南越国与佛山先民

（前204—265年）

一、秦汉治理岭南与西江航道开发[①]

公元前223年，秦始皇60万军队攻灭楚国，随即“南征百越之君”[②]。一开始，秦军的入境，激起岭南越人的强烈抵抗。秦军不适应当地的丛林战，在某场夜战中遭到惨败，几乎全军覆没。秦军接着派出任嚣、赵佗率50万大军增援，他们避免孤军冒进，步步为营，筑城守险，沿着先秦人入粤的3条商路南进：一路过大庾岭，下浈水；一路过骑田岭，下连江；一路过萌渚岭，下贺江。终于会师番禺（今广州市）。任嚣、赵佗在战略上采取“发诸尝逋亡人、赘婿、贾人”随大军行进，每占领一地便将部分移民留驻此处，懂得“和集越人”，因而很快就扭转了整个岭南地区的战局，取得这场统一战争的基本胜利。而大批随军商贾在岭南的经营，也为军队粮饷的及时补给创造了条件。

秦随即在岭南设置桂林、象、南海三郡。今广东省大部属南海郡，下辖番禺、四会、龙川、博罗4县，郡治在番禺；海南岛及南路一带属象郡；粤西的一部分属桂林郡。这是岭南历史上第一次划分行政区。今天的佛山地区当时是南海郡的属地。

秦代实行以郡县制为基础的中央集权制，在地方，由郡守、郡尉和监御史分掌政务、军事和监察；县设令或长。但岭南新置三郡是“初郡”，官制尚不完备：任嚣首任南海郡尉，赵佗首任龙川县令。

中央集权的郡县制在岭南地区的推广，使境内深居溪洞的各部越人结束

---

① 本节西江航道的开发参阅《广东航运史》（古代部分），第19—32页。

② 《史记》卷七十三《白起王翦列传第十三》，第2341页。

了长期以来各自为政的混乱局面，逐渐转变成为郡县编民，并且同南下定居的“中县人”（即中原人）一道，共同创造绚丽多姿的岭南文化。从这个意义上说，秦统一岭南以及南海等郡的首置，揭开了广东古代史上重要篇章。[①]

秦军攻入岭南时，为保证军队粮草供应，委派“监”史禄在海阳山（今广西兴安县境）主持开凿了1条长达60里、宽约2丈的水道，叫作灵渠。这条引湘江入漓水的人工运河，沟通了长江与珠江两大水系，不仅保证了当时军事上的运输，而且从秦汉到隋唐一直是中原入粤的重要渠道。

世代滨水生活的磨炼，越人练就一身擅于“涉游刺舟”的本领。为了便利水中活动，越人断发文身，短绻不绔；越人装束是适应水上生活而出现的。珠江三角洲地区出土的霏细岩石器，主要来自西樵山石器制作场。新石器时代的西樵山面向南海，地处河涌密布的水网地带，对外联系只靠水路，石器制品自然通过河涌运往各地。青铜器时代，大量出土的篾刀，除编织竹器，还适于编制竹排、木筏。随着生产的进步，船身浅窄、运量微小、易于翻侧的独木舟，已经不适应水上捕捞与运输的需要，舫便应运而兴。所谓舫，就是将两只独木舟的船舷互相连接，以使船体宽大，增强稳定性。这双舟连成的舫大大增强了抗御风浪的能力[②]。应该说这是当时生产力比较低下的情况下出现的技术进步。

水运是经济和文化交流的媒介。早在新石器时代，越族先民就沿着北江、越过五岭与岭北各地乃至中原地区进行交往。世世代代的水运实践，使越族先民积累起丰富的航行经验，也享有“越人善用舟”[③]的美誉。商周时期，北方先进的青铜文化，沿着水路南下，与岭南越族文化相结合，产生出具有广东地区特点的青铜文化。特别在器形、纹饰上反映与长江流域的楚、西江上游的滇、夜郎和东南沿海的越族有着密切的关系。如角钟、罍、盉、缶、鉴、盘、壶、剑、矛、削等器物与楚器风格相近，斧、钺、戚与滇、夜郎相似，圆球形器又与浙江绍兴出土的相一致，他们之间有着一条无形的纽

① 参阅《简明广东史》，第60—61页。

② 梁钊韬在《西瓯族源初探》（《学术研究》1978年第1期）一文中指出，1976年广西贵县罗泊湾西汉初期墓出土铜鼓一面，鼓身绘有双身船纹图形，形式与现太平洋诸岛氏族，如汤加、萨摩亚岛使用的双身独立舟极相似。

③ 《广东新语》卷八《操舟》，第476页。

带联系着，这就是越族先民利用东、北、西三江河道越过五岭而与北方进行交往的水运航道。

内河水运中，西江是当时同外地进行交往的主要内河干线。自从秦始皇责令史禄开凿灵渠之后，从西江经桂江、过灵渠进湘江，继而与中原地区交通。这是封建朝廷控制南越的重要通道。据司马迁的《史记·货殖列传》记载："程郑，山东迁虏也，亦冶铸，贾椎髻之民。富埒卓氏，俱居临邛。"这里是说，程郑是从山东迁居蜀郡临邛经营冶铁业的富商，铁产品卖给的"椎髻之民"，就是越人。因越人有"椎髻"之俗，故有此称。由此可知，当南越王赵佗与汉王朝通关市，输入铁器和马、牛、羊等物时，有的铁器是从蜀郡经西江输入的。又据《汉书·西南夷两粤传》记载：枸酱本是四川特产，建元六年（前135）时，蜀郡商人私自贩运至夜郎（今贵州）。夜郎有牂牁江（西江）流过，枸酱就是从夜郎顺牂牁江而下运到番禺城下。[①]至少在西汉初年，西江已是通云贵高原和巴蜀的水运要道之一。

二、南越国与百越先民（和辑百越）

秦朝末年，北方爆发陈胜、吴广领导的农民起义，岭南人心浮动，龙川县令赵佗乘势崛起。他接替去世的任嚣为南海郡尉，派兵封锁横浦（大庾岭）、阳山（今阳山县境）和惶谿（连江口）3个关口，断绝南北交通；接着用武力合并桂林郡和象郡。公元前206年，赵佗在境内"中县人"的支持下建立了以番禺为王都、地方千里的南越国，自称为南越武王。

公元前196年，汉高祖刘邦消灭项羽集团后，顾及当时"中国劳苦"，采用宽抚之策，"释佗弗诛"[②]。遂派汉使陆贾到番禺正式封赵佗为南越王。汉朝开放边境贸易，换取南越的贡品，而对南越国体制未作任何改变，对其施政也未加限制，初步维护了国家的团结统一。

---

① 《史记》卷一百一十六《西南夷列传第五十六》载："建元六年（前135），大行王恢击东越。东越杀王郢以报。恢因兵威使番阳令唐蒙风指晓南越。南越食蒙蜀枸酱。蒙问所从来，曰：'道西北牂牁，牂牁江广数里，出番禺城下。'蒙归至长安，问蜀贾人，贾人曰：'独蜀出枸酱，多持窃出市夜郎。夜郎者，临牂牁江，江广百余步，足以行船。南越以财物役属夜郎，西至桐师，然亦不能臣使也。'"《史记》卷一百一十六，中华书局1959年版，第2994页。

② 《史记》卷一百一十三《南越列传第五十三》，第2976页。

在赵佗当政的70年间，南越国施行秦汉的多项制度，赵佗在番禺筑起“朝汉台”，以示不忘汉室。赵佗特别注意糅合越族文化，尊重越人的社会习惯，推行了保证岭南和平安定的施政措施。在人才方面，南越国任职的各级官吏中，有很多“中县人”及其后裔，越人也不少；在南越军队中，原来是秦朝士卒，后来补充了大量的越人。甚至这些官兵死后，其葬仪也反映了汉越文化的融会：在广州发现的按地位区分的汉人和越人共葬的墓群中的陪葬品，中原汉式与当地越式的器皿兼而有之。[①]在经济方面，南越国大量换取中原的“金铁田器”、牲口和农耕技术，以开发荒芜的岭南。甚至因为后来吕雉有几年禁止“金铁田器”向南越输出，而不惜发兵攻边。在文化方面，赵佗深知南越社会经济的进步有赖于汉越间的文化交流，所以愿作藩臣，同时赵佗在接见汉使时，“弃冠带”，穿越装；回书汉文帝时自称“蛮夷大长”。这些，表明了赵佗是一位善于汲取越族文化和团结越人的政治家。

刘邦曾如此评价赵佗功绩：“南海尉它（同‘佗’）居南方长治之，甚有文理，中县人以故不耗减，粤人相攻击之俗益止，俱赖其力。”[②]南越国的这些措施，使黄河流域文化在岭南得到传播，也使境内各族间的隔阂开始消除，人民和睦相处，岭南社会的文明进步由此跨越了“蛮荒”时期。

公元前111年，汉武帝派出十万楼船水师，从西北两路向番禺挺进：一路伏波将军路博德部“出桂阳，下湟水”；一路楼船将军杨仆部“出豫章，下横浦”[③]。不久汉军攻陷番禺，平定岭南。接着，汉王朝将南越地区重新划分为南海、苍梧、郁林、合浦、交趾、九真、日南、儋耳、珠崖9个郡（后两郡在海南岛）。

南越归汉是岭南的重大历史事件。在政治上，9个郡的开设使岭南郡县制终于稳定下来。这个行政制度后来在岭南实行了2000多年，功始于秦而成于汉。在经济上，中原的铁农具和牛耕技术大量输入，南方的土特产和某些外国产品（如象牙、犀角、宝石、水果等）成批北运，有利于封建社会经济

---

① 麦英豪、黎金：《汉代的番禺——广州秦汉考古举要》，载《广州地方史文集》第一辑，第7页。

② 《汉书》卷一下《高帝纪第一下》，中华书局1962年版，第一册，第73页。

③ 《汉书》卷九十五《西南夷两粤朝鲜传第六十五》，第十一册，第3857页。汉时桂阳郡治在今湖南郴州，管辖11个县。湟水即连县、连江线；汉时豫章郡治在今江西南昌，管辖范围超出今江西全省。横浦即大庾岭、浈水线。

的发展。在文化上，南北人民加强接触，有利于岭南人民汲取中原地区的文明、改造蒙昧落后的风俗。据考古发现，西汉中期以后，广州地区墓葬的越式陶器和铜器基本绝迹，说明其文化面貌同中原各地渐趋一致。①东汉末，交阯部改为交州，拥有军政大权，成了郡上一级的政府，地方行政架构也从郡县2级变为州、郡、县3级：州设刺史（权重的叫“牧”），郡设太守，县仍设令或长。南海郡管辖今粤中、粤东地区，较秦代增置了3个县——揭阳、中宿（今清远）和增城。

今天的佛山地区是南海郡的核心区域。秦汉之际，在今天的佛山、南海平洲、顺德陈村一带地方，出现了连片平原，已经成为佛山先民安居乐业、生老病死的家园。据考古发现，佛山禅城澜石的深村、鼓颡岗、大松岗、八仙岗以及南海平洲谭家山、盐步北村口山坡先后发掘战国晚期至东汉的墓葬100多座（其中以东汉墓为多）。顺德陈村的西淋山、三水金本竹丝岗也发现了东汉墓。古汉墓的随葬品有井、船、水田等模型。大量带有南方风格的艺术陶器被发现：一类是壶、罐、瓶、簋、鼎、釜、盘、豆、奁、盂、案、杯等多种器皿，有素胎、施青釉或青黄釉；纹饰有刻画、拍印等形式的弦纹、带戳印方格纹、水波纹、篦纹等多种。还有一类是房子的模型，包括后院场景和生动的内部细节，如男人在稻田里工作，以及井、灶、仓、船、屋、牛、羊、猪、狗、鸡、鸭、鹅和男女陶俑。②石湾澜石汉墓和三水金本竹丝岗出土的陶俑毫不逊色于其他地方汉俑。

图2-1-1　汉代陶屋（南海区博物馆藏）

图2-1-2　汉代陶灶（南海区博物馆藏）

图2-1-3　东汉陶井（南海区博物馆藏）

① 麦英豪、黎金：《汉代的番禺——广州秦汉考古举要》，载《广州地方史文集》第一辑，第18页。

② 黄晓蕙：《浴火凤凰美在千秋——佛山市博物馆藏陶瓷综述》，载《佛山市博物馆藏陶瓷》，文物出版社2012年版，第5页；三水区文体旅游局、三水博物馆编：《森城遗珍——三水博物馆馆藏文物精品集》，内部资料，第31—54页。

图2-1-4　汉代陶青釉三足釜（南海区博物馆藏）

图2-1-5　东汉双耳三足陶鼎（三水区博物馆藏）

图2-1-6　东汉四耳陶罐（三水区博物馆藏）

此外，汉代墓葬陶器的胎质、煅烧和成型手法等所显示的特征，与日后奇石窑、石湾窑的传统风格颇为接近。这说明此时制陶技术的发展与奇石窑、石湾窑的形成有某种渊源，“由此可揭示广州、佛山等地现实主义的陶塑艺术至少已有2000年的历史”[①]。

三、秦汉移民：佛山历史上第一次人口大迁徙

秦汉时期，佛山迎来了历史上第一次“中县”[②]人口大迁徙。这些南迁的中县人“与越杂处”，陆续定居岭南。

秦王朝把岭南作为强制迁徙中原“罪徒”的一个基地，目的是疏散六国反秦势力，充实“初郡”和“初县”人口。终秦一代，南迁的中原人共有3批：第一批，秦始皇三十三年（前214），“发诸尝逋亡人、赘婿、贾人略取陆梁地为桂林、象郡、南海，以適遣戍”[③]。这批人数习惯说法是50万，其中最多的是贾人，包括父母、祖父母入过商籍的。第二批，“適治狱吏不直者，筑长城及南越地”[④]。第三批，赵佗“求女无夫家者三万人，以为士卒衣补，秦皇帝可其万五千人”[⑤]，这批女子同留戍岭南的秦军官兵结合成个体小家庭，是一支不可忽视的社会力量。

① 曾广亿、张维持：《石湾窑之研究及有关问题的讨论》，载《中国古陶瓷研究专辑》1983年第1辑。

② 据《汉书》卷一下《高帝纪第一下》载：前时秦徙中县之民至南方三郡。中县，指中原各县。

③ 《史记》卷六《秦始皇本纪》，第253页。

④ 《史记》卷六《秦始皇本纪》，第253页。

⑤ 《汉书》卷四十四《淮南衡山济北王传第十四》。

西汉以后，中原人的南迁有多种方式：一是汉军留戍落籍，二是贵族官僚的流放，三是人民避乱。两汉时，在今广东省境内的几个郡的人口都有增加。以南海郡为例，汉元始二年（2），为94253人，汉永和五年（140）为250282人，增加156029人，增长约166%。[①]这除去当地净增这一因素外，多少反映了汉代的迁徙规模。

秦汉四百年间陆续南迁的中原人民，带来了铁制农具、生产技术（牛耕、制砖瓦等）和多方面的科学文化知识。他们在长期“与越杂处”的过程中，对南海等郡的早期开发，对当时社会经济和文化的发展起了关键性作用。落籍于南海等郡的中原迁民和驻军，同百越人民友好相处，使岭南日益成为继楚之后的又一个民族融合地区。

四、铁器牛耕的使用

先秦时岭南大地原始森林覆盖，犀牛野象出没，而越族人深居溪洞，人烟稀少，又缺乏铁器工具，因此境内密林深谷的真正垦辟，是从秦代开始。秦代置郡以后，输入铁器渠道畅通。汉代桂阳郡粤北诸县，从同郡的有冶铁业的耒阳县获得铁器；番禺由于是南方都会，也较易得到铁器供应。这同目前地下出土的情况是一致的：广东出土秦汉铁器368件，地点多在今广州、佛山、清远、韶关等地。[②]

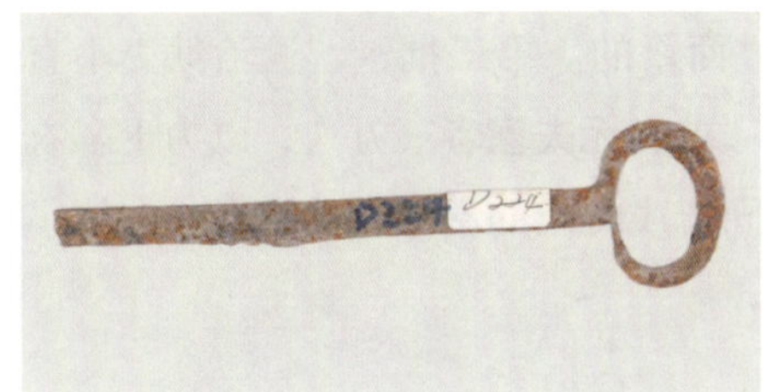

图2-1-7　杏坛逢简碧梧村出土西汉铁环首刀，通长14.6厘米，宽0.9厘米，呈扁平型（顺德区博物馆藏）

图2-1-8　杏坛逢简碧梧村出土西汉铁凿，长22.8厘米，宽1.2厘米，尾部呈靴状，凿身呈直角三角形（顺德区博物馆藏）

① 据《汉书·地理志》《后汉书·郡国志》数字统计。

② 杨式挺：《关于广东早期铁器的若干问题》，载《考古》1977年第2期。

在农业生产方面，西汉后期，番禺城以西的“江浦”（即西樵山一带）有外乡人有组织地开垦耕种。[①]西汉后期起，番禺的水网地带已经出现牛耕。广东省博物馆收藏佛山出土的东汉墓明器就有陶牛。还有一块水田模型，有“V”形犁头，另有陶俑一手扶犁，一手赶牛耕作（详见下文）。由此可见，中原传入的铁器牛耕技术在今佛山地区不是个别现象。

再从出土汉墓多有炭化稻谷、仓囷模型以及猪、牛、羊、鸡、鸭俑这一情况看，南海郡遍植水稻，兼养家禽家畜。条件较好的番禺城郊（包括今佛山地区）等地，水稻生产不但使用铁器牛耕，而且注意排灌，重视施肥，从汉墓明器联系到东汉番禺人杨孚《异物志》所说的“夏冬又熟”来看，已经有一年两熟稻[②]。当时南海郡的谷物已比邻郡更为充裕，东汉和帝时，一群骚动的饥民在苍梧被官兵捕获，交趾部刺史杨扶派出使节“就粟南海”，以寝其事。[③]

除水稻外，还培植荔枝、龙眼、柑橘、香蕉等名果以及甘蔗、椰子、槟榔、橄榄和花木。从西汉初到东汉中期300多年，持续不断地将荔枝、龙眼以贡品形式北运中原。南海郡设立专门掌管岁贡果品的“圃羞官”，还曾把果树苗送到长安移植。[④]甘蔗的种植“远近皆有”，而且品种甚好，“围数寸，长丈余”；“迮取汁如饴饧，名之曰糖”，再加工煎曝，制成叫作“石蜜”的糖制品”。[⑤]此外，陆贾所著《南越行纪》提到的“耶悉茗”花和茉莉花，是从海外移植来的，南海郡人爱其芳香，竞相培植，女子喜欢采作头饰。南海等郡的农业经济已初步呈现出具有南方特色的多样性。

秦汉以来，佛山先民使用陶器十分普遍，数量和种类也很多。据考古发现，佛山澜石的深村、鼓颡岗、大松岗、八仙岗以及平洲谭家山、盐步北村

---

① 《简明广东史》，第70—71页。

② 佛山出土的汉代水田模型，一面是用牛犁田，一面是在四周有排水沟和肥堆的田面上插秧，反映夏种情景。另外，广州汉墓的陶屋模型，从干栏到多层楼阁，都有专门圈养牲口的地方和厕所，以便收集家肥。

③ （清）阮元修，陈昌齐等纂：道光《广东通志》卷二十三，道光二年（1822）刻本。

④ （明）黄佐纂修：嘉靖《广东通志》卷三《事纪》一，嘉靖四十年（1561）刻本。

⑤ 杨孚：《异物志》（清·曾钊辑本），中华书局1985年版，第14页。

口山坡先后发掘汉代的墓葬100多座（其中以东汉墓为多）。陈村的西淋山也有两个东汉墓，随葬品有井、船、水田等模型。[①]“东汉带犊陶卧牛”是其中的佼佼者，细泥红陶，质坚光滑。母牛呈侧卧状，面对初生牛犊，用舌头在舐吻小牛嘴脸，舐犊情深的温馨场面让人印象深刻。这些陶器的类别、器形、装饰和制作工艺呈现了前所未见的样貌，反映出佛山先民生活中曾大量使用日用型陶器，陶器与社会生活息息相关，制陶技术在不断进步。在石湾小雾岗、澜石大松岗、八仙岗等地汉墓中出土的大量陶器，还说明用于陪葬的汉代陶器空前发达。[②]

特别值得一提的是，在石湾澜石14号墓出土了1件东汉水田附船模型。

图2-1-9　佛山澜石汉墓出土水田附船模型（广东省博物馆藏）

该模型田埂分为六方，每方有一俑在劳动。第一方有一斗笠俑，戴斗笠，双手作扶犁耕田状，左边地上放一“V”形犁；第二方有一执镰俑，作躬身收割状；第三方有一磨镰俑，坐在田埂上作磨镰状，田里有割好的禾堆；第四方有一扶犁俑，俑的前方有“V”形犁，左侧有两个圆形肥堆；第五方有一插秧俑，作插秧间歇直腰休息状，方地上有表示秧苗的篦点纹；第六方有一小孩俑和三个禾堆，作脱粒状，在三个禾堆间有一条小船用跳板连接，船身被两道坐板隔成前、中、后三个仓，中仓内有一圆形小篮，船的两头翘起，呈新月形。[③]东汉水田附船模型生动反映了东汉时

① 黄晓蕙：《浴火凤凰，美在千秋——佛山市博物馆藏陶瓷综述》，载《佛山市博物馆藏陶瓷》，第5页。

② 曾广亿：《广东出土古陶瓷及有关问题研究》，载《粤港出土古陶瓷文集》，岭南美术出版社，2012年版，第21页。

③ 徐恒彬：《广东佛山市郊澜石东汉墓发掘报告》，载《考古》1964年第9期。

期珠江三角洲农业生产情景，将农夫犁田、堆肥、插秧、磨镰、割稻、打稻（脱粒）的生产全过程表现出来，并且是收与种同时进行。这充分说明当时双季稻稻作、牛耕铁犁先进耕作技术已经广泛实行。这件文物的出土，受到全国的考古界、史学界，尤其是农史研究界的重视，在国内有着重大的意义，被确认为国家一级文物。[①]这些都说明汉代佛山先民的经济形态已进入农耕文明社会。

第二节　晋唐佛教东传与佛山得名

（265—917年）

东汉赤壁之战后，已经三代立足江东的吴国，为了长治江南，采取向西占领荆州、向南夺取交州的攻略。东汉建安十五年（210），孙权任命步骘为交州刺史，进军岭南。步骘从湘桂水道南进，袭杀荆州刘表的部将苍梧太守吴巨，夺得苍梧郡。迫使盘踞交趾、九真、合浦、南海四郡的陈士燮家族宣布归附东吴。步骘考察了番禺城，认为此城“宜为都邑”。建安二十二年（217），步骘把交州州治从广信（今广东封开和广西梧州一带）东迁至番禺，“绥和百越，遂用宁集”[②]。

吴黄武五年（226），交趾太守陈士燮去世，其子陈士徽意欲叛吴自立。吕岱上表孙权建议分拆南海三郡设置交州，海东四郡另外虚置广州，吕岱自任为广州刺史。岭南至此纳入东吴政权直接控制之下，这是广州作为政区设立之始。吕岱也因功封为番禺侯。后来孙权又将岭南七郡合并为交州，仍令吕岱为交州刺史。吴元兴元年（264），东吴为便于治理，又把南海、苍梧、郁林、合浦四个郡（今两广大部分地区）从交州划归广州管辖，州治番禺；而交州则辖交趾、九真、日南、儋耳、珠崖五郡，州治龙编（今越南

---

① 黄晓蕙：《浴火凤凰，美在千秋——佛山市博物馆藏陶瓷综述》，载《佛山市博物馆藏陶瓷》，第5—6页。

② （北魏）郦道元：《水经注·泿水篇》。

河内）。[①]作为广州的核心区——今天的佛山地区，从此与“广州”“广州府”“广字头”结下了不解之缘。

一、未有佛山，先有塔坡

“佛山”之得名，相传源于东晋。关于佛山得名的故事最早见于乾隆五十三年（1788）渤海居士叶汝兰撰写的《重修佛山经堂碑记》，其记称：“相传晋代有西域僧至此结茅讲经，僧寻西还，其徒因构室而居，号曰经堂。地据省会上游五十里，仅南海县属一小乡耳。当乡初聚时，乡人尝夜见其地有光烛天，乃掘得古佛三尊，并有碣曰：塔坡寺佛。遂以供之经堂，建塔崇奉，因名其乡曰佛山。”[②]由此我们知道了佛山得名的故事梗概。

佛山故老有“未有佛山，先有塔坡”的俗谚，说明“塔坡”地名比“佛山”地名更早。探寻两者之间的关系，牵出了一段中西交通和文化交流的史话。魏晋南北朝时期是佛教传入中国的重要时期，“南朝四百八十寺，多少楼台烟雨中”，就是南朝京师佛教繁盛之写照。汉唐时佛教传入中国有两路，一路从西域到长安，一路从海路到广州。广州作为当时中西交通的重要口岸，接纳了不少来自印度的高僧。东晋隆安元年（397），罽宾国（古代西域国名）85岁僧人昙摩耶舍（法明）到广州白沙寺讲佛法，有门徒85人（内有女尼），时人称为“大毗婆沙”。六朝时广州等地兴建佛寺87所[③]，其中广州城19所、始兴郡11所、罗浮山4所。同时也出现了写进经传的本地僧人。佛教的传入，增进了古代中印两国人民的友谊，扩展了我国人民的视野，丰富了文学艺术的内容[④]，并且带来了逻辑学。

也就在此时，有一位名叫达昆耶舍的高僧来到佛山。道光《佛山忠义乡志》记载：东晋隆安二年（398），有达毗耶舍三藏法师来到塔坡冈结茅讲

---

① 广州的设置，即交广分治始于226年（吴黄武五年），但只实行一年就取消，至264年才成为定制。

② （清）叶汝兰：乾隆五十三年《重修佛山经堂碑记》，载道光《佛山忠义乡志》卷二《祀典》；又载广东省社会科学院历史研究所中国古代史研究室、中山大学历史系中国古代史教研室、广东省佛山市博物馆编：《明清佛山碑刻文献经济资料》，广东人民出版社1987年版，第89页。

③ 据《大藏经·传记部》诸传统计。

④ 据《广东出土晋至唐文物》：南朝广东墓葬瓷器，器身开始流行饰莲花纹。这便是佛教艺术题材之一。

经，其经堂建在塔坡冈前的“海洲”之上。“海洲”就是四面环水的沙洲。信众们从四面八方的水乡划船前来，听达毗耶舍讲经。说明当时此地人居聚落还未形成，塔坡冈只是一个有利于船只靠泊的小岗丘。后至唐贞观二年（628），乡人见塔坡冈夜放金光，掘地得铜佛三尊和圆顶石碑一块，碑上书：“塔坡寺佛。”下有联云：“胜地骤开，一千年前，青山我是佛；莲花极顶，五百载后，说法起何人。”[①]乡人十分诧异，于是虔诚地把铜佛和石碣供奉于经堂，并建塔崇奉。同时又在塔坡古刹刻石榜一块，横书“佛山”二字，旁书“贞观二年”四字。

这块刻有“贞观二年佛山”六字的石榜，直到民国三十六年（1947）仍保存在普君墟卖箩巷。[②]“佛山”石榜现由广东省博物馆作为国家一级文物收藏，虽然字迹被岁月侵蚀，但唐人刚劲笔力犹可辨认。这就是佛山地名的起源。

图2-2-1　“佛山”石榜（广东省博物馆藏）

此外，塔坡庙前佛山初地的水井，也是佛山镇所有公共水井中最古老的水井。民国《佛山忠义乡志》载：“计通镇有公井六十一口，以塔坡庙前佛山初地一井最古。”[③]今天的塔坡古井，仍然以甘洌清凉的井水滋润着佛山众街坊。

图2-2-2　塔坡井

图2-2-3　塔坡古迹

① 道光《佛山忠义乡志》卷二《祀典》。
② 《南海日报》1947年10月12日。
③ 民国《佛山忠义乡志（校注本）》卷二《水利志》，第102页。

地望观念的存在，既是居民聚落发展到一定阶段的产物，又是吸引居民聚落不断发展的一个重要因素。用“佛山”代替“塔坡”，表明了佛山先民希望把佛山与魏晋佛教东来之事联系起来的良好愿望。因为佛教东来的薪火已经点燃，此后不久，岭南出了禅宗惠能，中国佛教脱离印度佛教自成一派，并兴盛于中国南方地区。而后佛山也有了“禅山”“禅城”等新名字。

随着地方的出名，地望的文化内涵越发需要丰富，地望的文化认同也越发需要加持。三部《佛山忠义乡志》不断续写并丰富着佛教东来的悠久故事：乾隆《佛山忠义乡志》记载了塔坡古寺的存在；道光《佛山忠义乡志》增记了塔坡寺对联、石碣和西域僧达毗耶舍的详细内容；民国《佛山忠义乡志》则记载了镌刻在金石器物上的“佛山”图文。佛山先人为佛山地名的光大所作出的文化贡献，值得今天所有佛山人的尊重。

二、大庾岭道开凿与北江航运[①]

粤北是湘赣入岭南的门户，适宜于南下的中原人定居。唐天宝年间（742—755），韶州、连州的户数分别为31000户和32210户，绝对数仅次于广州（42235户），而平均密度则远远过之[②]。粤北此时已是岭南道东部垦辟定居的重要地区之一。

北江自秦汉时期起在广东对外水运中的地位逐渐上升。西江固然可以与中原交通往来，但水程遥远；北江滩险重重，然可大幅缩短路程。湞水一路，因当年大庾岭道未开，除军事行动外，商贸入粤多取骑田岭山道，从桂阳（今广东连州）下湟水入北江顺水而下，也可由郴县下武水进北江南来。湟水、武水二路中，尤以湟水一路为最重要。当年“赵佗分兵绝秦新道”，说的也是这条通道。武水一路，虽有六泷之险，但它是桂阳郡治所（今湖南郴州）至曲江县之间的捷径。所以，自东汉起，便屡加疏凿。建武二年（26年）桂阳郡太守卫飒首开此道，“飒乃凿山通道五百余里，列亭传，置邮驿。于是役省劳息，奸吏杜绝。流民稍还，渐成聚邑。”[③]从桂阳郡治所（今

① 本节参阅《广东航运史》（古代部分），第32—53页。

② 《旧唐书·地理志》：韶州6县，连州3县，广州辖13县。

③ 范晔：《后汉书》卷一〇六《循吏·卫飒》，中华本二十四史，第2459页。

湖南郴州）到今之曲江、英德、清远市区等地，自当顺武水而下北江。“凿山通道五百余里”，显然是指开凿武水、北江通道。继卫飒之后疏凿北江的是周昕。他是汉桓帝（147—167年在位）时期桂阳郡太守，任内开凿了武水六泷。事见《汉桂阳太守周府君碑》，该碑铭文曰：“郡又与南海接比，商旅所臻。自瀑亭至于曲江，一由此水。……（开凿之后）小溪乃平直，大道克通利，抱布贸丝，交易而至。”[①]从这两则史料看，周昕和卫飒都曾开凿过武水，卫飒的目的在于方便官府的公差来往，省民之劳役；周昕则着意于利便商旅往返，以收物货流通之效。周昕与卫飒相距100余年，疏凿武水的动机和效果却各有不同。于此反映出水运的内容从政治性向经济性转化，标志着时代的进步。

东晋南朝时，北江航道成为广东与岭北商货运输的主要水道。广东英德、曲江南朝墓中出土的波斯萨珊王朝银币[②]，是外国商旅和外国货物经由北江水道北上中原的见证。而珠江三角洲的“土产品”，也通过北江源源不断运往江南。据《晋书·谢安传》记载：谢安有位同乡，因罢官从中宿（今广东清远）回到京师（今江苏南京）。谢安问其有何归资？答曰：“有蒲扇五万。”[③]作为归资而持带的五万把葵扇，显然是从珠江下游地区购集，通过北江水运而去的。

唐代粤北最重大的一项工程是新开大庾岭通道。大庾岭即梅岭，北连赣江上源章水，南接北江东源浈水，山上原有小路（即小梅关），是秦汉用兵番禺的必经之途。但此路崎岖，人畜难行。“人苦峻极……以载则曾不容轨，以运则负之以背”，已不能适应南北交通和广州海外贸易日渐发展的需要。唐开元四年（716）十一月，曲江县人、时任唐朝廷内供奉的张九龄，利用农闲召集民夫开凿大庾岭新道（即大梅关），并在路旁植松，使公私贩运大为改观，“转输以之化劳，高深为之失险。于是乎镰耳贯胸之类，殊琛绝

---

① 嘉靖《广东通志》卷四十三《艺文志》下。

② 《广东英德连阳南齐和隋唐古墓的发掘》，载《考古》1961年第3期；《广东曲江南华寺古墓发掘简报》，载《考古》1983年第3期。

③ 《晋书》卷七九《谢安传》记载：“乡人有罢中宿者还，诣（谢）安，安问归资。答曰：‘有蒲扇五万’。”

陬之人，有宿有息，如京如坻”[①]。这条交通孔道的开凿，不仅有利于粤北的开发，而且惠及整个岭南地区。正如明代大学士丘濬所言：“兹路既开，然后五岭以南人才出矣，财货通矣，中原之声教日近矣，遐陬之风俗日变矣。”[②]

经过秦汉到南北朝近千年的文明开化，岭南地区的政治、经济和文化取得长足发展。隋唐之际，统治者着力于加大对岭南地区的控制力，稳定当地政局，采取了因地制宜的特殊政策，确保了有唐一代岭南在安定和平的环境中发展。佛山地区在此时成陆速度加快，大片沙坦浮露，居民定居点增多。

三、唐代佛山的手工业

随着岭南地区的开发，与定居生活密切相关的手工业也迅速发展起来。唐代佛山地区的手工业以陶瓷生产为主，呈现窑址增多、器形丰富的特点。唐代广东主要流行馒头窑，这种窑型是受北方馒头窑影响发展而来。馒头窑体积小，直径仅2米，在还原气氛中烧制陶瓷，火温900—1100℃。器物釉色有青、酱褐、酱黄3种，多半截釉，素面（无纹饰）。器物有碗、碟、杯、罐、执壶等，因受佛教影响，器身也有贴附坐佛或莲花瓣纹的。因火候未超过1100℃，陶瓷硬度不高，汲水性强，烧制技术未达到熟练阶段。[③]龙窑也有发现，但出现在唐代晚期。

20世纪50—70年代，考古工作者先后在南海官窑、南海奇石村、佛山石湾、高明大岗山、三水洞口发现唐代陶瓷生产遗址。

1973年，在南海官窑发现一处已受毁坏的南朝青釉瓷窑遗址。1972年，考古工作者发现了“奇石村古窑”，“其中3座龙窑窑底叠压着11座已受毁坏

---

① （唐）张九龄：《开大庾岭路序》，收入刘斯翰校注：《曲江集》，广东人民出版社1986年版，第608页。

② （明）丘濬：《唐文献公开大庾岭路碑阴记》，收入（清）屈大均辑、陈广恩点校：《广东文选（上）》，广东人民出版社2008年版，第570页。遐陬，读音xiá zōu，意思为边远一隅。

③ 曾广亿：《广东唐宋陶瓷工艺特点》，载《广东唐宋窑址出土陶瓷》，香港大学冯平山博物馆，1985年。

的平面为半椭圆形唐代小型馒头窑”。[①]1962年，广东省博物馆对大帽岗古窑址做了一次调查探掘，在该山冈西部近冈顶处发现宋窑堆积层，它还压在唐代窑址上面。[②]大帽岗是石湾地区最高的山冈，蕴藏着丰富的制陶原料，地形很适宜建造陶窑。在大帽岗发现了唐宋陶瓷堆积层及大量器物，并发现了宋窑之下压叠着唐代窑址。大帽岗古窑遗址堆积层分3层，第三层是被压叠的唐代古窑遗物堆积层，内含遗物有青釉和酱黄釉半陶瓷器碎片，种类有施釉不到底的平底碗、碟、盆、罐、壶、坛和窑渣、垫饼等。[③]2009年在石湾劳动小区水浸区（即美陶花园工地）东南坡断面，也发现一个唐代馒头窑烧结的土层。[④]

图2-2-4　唐代大岗山窑址（高明区博物馆提供）

从窑炉规模和器物釉色看，石湾大帽岗和奇石村两处窑址的出土陶器都呈现出民窑生产的基本特质。两处遗址的唐代古窑遗物堆积层，出土的陶器均为半陶瓷器，坯胎一般比较厚重、胎质松弛、火候较低、硬度不强。日常生活陶器产品种类极为简单，有碗、碟、盆和丧葬用的高身陶坛、三足炉等，釉色主要施青釉、酱黄釉。以青釉为主，釉层开片和不开片的均有，唐代青釉平底碗，内外均施半截釉；酱黄釉陶器数量较少，釉剥落严重

① 曾广亿：《佛山石湾陶业历史及有关问题探讨》，载《粤港出土古陶瓷文集》，第44—45页。

② 佛山市博物馆：《广东石湾古窑址的调查》，载《考古》1978年第3期。

③ 曾广亿、古运泉、宋良壁：《佛山石湾、阳江石湾古窑关系初探》，载《石湾陶展》，香港冯平山博物馆，1979年，第121页。

④ 王建玲：《石湾窑新发现及其意义》，载《佛山科学技术学院学报（社会科学版）》2011年第2期。

甚至脱尽。一般来说，灰白胎施青釉、灰胎施酱黄釉。

1963年在石湾大帽岗第三层发掘出陶坛，陶坛又称“魂坛”，它的装饰是器肩捏塑着我国传统的神龙及贴附人物环坛一周，并附有用手捏成的水波纹。其用途是拿来盛装骨灰。魂坛是唐代岭南盛行火葬的重要物证，也是唐代岭南陶瓷雕塑艺术的典型器物。[①]还有一件酱黄釉兽头陶塑残片，器表刻有“大唐调露元年”。实属罕见的唐代陶塑。[②]另外还发现了两件被推断为唐代制品的陶塑：“酱釉陶塑蟾蜍”，背部花纹刻画细腻、繁复，口中含有铜钱一枚；“素身卧羊”，为瓷质，线条简练逼真。[③]

1957—1987年，广东省博物馆会同高明县文物普查办公室，先后两次对大岗山窑址进行发掘，共清理窑址两座，高明大岗山龙窑是长条斜坡式，一座残长9.55米，宽2.64—2.8米；另一座残长9.13米。[④]出土遗物1047件，器形有碗、碟、盘、缸、盆、罐、釜、壶、炉、砚灯、瓷环、器盖等。瓷器胎均呈青灰色，以施青绿釉为主，也有少量酱釉，釉均不到底，碗、碟、盘类内底多留有方形垫泥或垫烧痕迹。

从出土器物观察，不少瓷器饼足略凹成假圈足，具有唐代晚期的作风，其年代当为唐代中晚期。龙窑在广东是宋代的常见瓷窑，唐代龙窑发掘还属首次。从窑的结构看，高明大岗山唐代龙窑与广东宋代龙窑结构大致相同，但有一些区别。火膛作横长方形，火膛前壁下部砌有通风口。这种做法，与1977年发掘的大埔县清代间子窑相似，为研究广东龙窑如何向阶级窑发展提供了重要的资料。高明县龙窑窑底铺泥，或用泥简单捏成垫座垫烧瓷器，窑底坡度为13°或25°。宋代龙窑窑底铺沙，垫座规整，使用匣钵装烧瓷器，窑底坡度为18°至22°，使之灵活先进和合适。唐宋窑之间的差异，反映了广东唐代龙窑尚未达到成熟的阶段。[⑤]

---

① 申家仁：《岭南陶瓷史》，广东高等教育出版社2003年版，第89页。

② 曾广亿：《广东陶瓷窑址考古概要》，载《粤港出土古陶瓷文集》，第88页。

③ 王建玲：《石湾窑新发现及其意义》，载《佛山科学技术学院学报（社会科学版）》2011年第2期。

④ 曾广亿：《广东陶瓷窑址考古概要》，载《粤港出土古陶瓷文集》，第88页。

⑤ 广东省博物馆、高明县文物普查办公室：《广东高明唐代窑址发掘简报》，载《考古》1993年第9期。

图2-2-5　唐青釉垫饼（高明区博物馆藏）

图2-2-6　唐青釉双耳罐（高明区博物馆藏）

第三节　南汉国文明与佛山开发
（917—971年）

唐末、五代时期，中央王朝统治力下降，战乱频仍。地处偏远的岭南地区群雄乘势而起，占据封州[①]的刘谦积极发展自身势力。其子刘隐继任后东征西战，迅速拓展了势力范围。取得唐王朝授予“清海节度使、加同平章事”的官爵，遂成一方诸侯。907年，后梁朱全忠废唐帝，建立梁，仍封刘隐为“清海节度使”。刘隐尊奉梁为正朔，不断向其朝贡。自此专擅岭南一方，为南汉建国打下基础。

一、南汉国京畿之地

917年，刘龑在广州称帝，建元乾亨，国号大越。翌年十一月，改国号汉，史称南汉[②]。南汉因循唐制，地方行政制度制定为方镇、州、县三级建制。同时仿唐时设有长安、洛阳两都之制，以广州为兴王府，作为首都，

① 封州辖境包括今广东郁南、封开县及广西贺州上游地区，治所在今封开县封川镇。

② 陈欣：《南汉国史》，广东人民出版社2010年版，第117页。

“分南海县地为咸宁、常康二县，以为京邑”[①]；以循州之兴宁县置齐昌府，以为陪都。首都或陪都所在地有“府”的建置，府重于州。迁循州治龙川县；新置祯州（今惠州）、常乐州（今广西博白）、英州（今英德）、雄州（今南雄）和敬州（后改梅州）。今天的佛山地区当时划为京畿地区，属咸宁县管辖。

二、南汉官营手工业工场的所在地

南汉开国即设立兴王府，“析南海郡为常康、咸宁二县，及永丰、重合二场”[②]。这条“析二县设二场”的记载仅见于《太平寰宇记》，大多数南汉史籍仅提“常康、咸宁二县”的设立，而未提“永丰、重合二场”的设立。

永丰场和重合场既是南汉官营手工业品的集中生产场所，就有一定的区划范围。或依水为界，或设置围墙或围栏，与外界区隔。场内通常有若干数量的登记在册的专业匠户供官府收税和驱使。“场”设管理官员，称为“知场务”官[③]，又或称为“管监”，实行独立行政管理。沿袭了唐代“管监”职能。管监的管理权辖都有一定的炉户数量和区划范围。这一官职和职能，从唐迄宋没有变化。南汉设立的永丰场、重合场二场还有其特殊之处：永丰场、重合场二场的行政级别与常康、咸宁二县行政级别平级，属于南汉国时期的县级经济职能特区。所以说南汉的永丰场、重合场二场，既是重要的行政区划的税赋管理机构，又是官营手工业工场。[④]

南汉王朝设立重合场和永丰场的目的，是为刘氏统治集团营造宫殿陵庙生产特殊产品和高端日用品。重合场或为刘氏王朝的高端陶瓷生产基地，永丰场或为刘氏王朝的大型建筑用铁铸产品生产基地，两场的选址均应在河道宽敞的交通便利之处，尤其要靠近广州城，以便利于成品运输和宫殿建造。唐时北江、西江至广州城的要道是芦苞涌和西南涌，据考古发现，始于晚唐、盛于五代、北宋的西村窑、文头岭窑就在芦苞涌下游的广州西村和西

---

① 《宋会要辑稿·方域》七之一二，第7430页。

② （宋）乐史：《太平寰宇记》卷一五七《岭南道·广州》，中华书局2007年版，第3012页。

③ （清）吴兰修撰：《南汉金石志》卷一《乾亨寺铜钟款》，中华书局1985年版。

④ 罗一星：《帝国铁都：1127—1900年的佛山》，上海古籍出版社2021年版，第21—22页。

南涌畔的镇龙墟（即今南海区和顺逢涌），文头岭窑后就循宋例称为“官窑”[①]。阿曼曾出土了南汉彩绘瓷盘，印尼中央博物馆收藏了南汉双系盖罐，诸如此类，说明南汉官窑有瓷器外销南海诸国及西亚。[②]2003年，广州考古工作人员在番禺小谷围岛的抢救性考古发掘中，对南汉德、康二陵进行清理时发现青釉陶屋的残片。在墓道器物箱内清理出272件青瓷罐和釉陶罐，这是广州历史上第一次发现如此众多的五代瓷器，而且都是南汉皇帝的宫中用品，为官窑所制，胎质坚硬，釉色青中闪灰，晶莹透亮，是五代青瓷中的上品，为研究五代十国陶瓷器提供了珍贵的实物资料。[③]

南汉时期铸铁产品均是超大型的建筑构件和铁塔，永丰场当然应该设立在主要河道旁边，以利于粗重矿石和大型铁器的输送。目前，永丰场的场址尚缺少考古研究报告证明。故老传闻有永丰场在佛山之说，而在芦苞涌边的里水村，却早有铸冶业存在。佛山冶铁家族细巷李氏的始迁祖李广成在迁入佛山前，三代居住于里水，其族谱记载：“吾家广成公得铸冶之法于里水。”[④]李广成是永乐时人，宣德年间从里水迁居佛山，遂为佛山李氏始迁祖。李氏世擅冶铸之业，后来成为佛山三大望族“李陈霍”之首。里水村在今佛山市南海区里水镇，地处西南涌与芦苞涌汇合处，靠近广州城西，附近有南汉的官办陶瓷生产场所官窑。

北江与西江到广州的主要河道，在唐宋时期有一个从北到南逐步淤浅的过程。南汉时期主要河道依靠芦苞涌，此时河道宽深。随着宋以后珠江三角洲的快速成陆，芦苞涌逐渐淤浅；北宋时主要河道依靠西南涌，随着宋以后西南涌也逐步淤浅，主要河道转到佛山涌。与此相联系的，就是冶铸业生产基地从靠近广州北部河道，转到靠近广州南部河道的产业转移过程。明以前，里水铸冶业的存在与永丰场的设立有一定历史联系，里水铸冶业的早期存在，是佛山铸冶业承接发展的前站。南汉官营永丰场的存在发展，为后来佛山民营冶铸业的兴起和发展积累了专业人才，打下了产业基础。

---

① 南宋时期，江南扬州一带转为宫廷烧制瓷器的窑口，承袭北宋风格，生产的陶瓷规整对称、高雅大气、一丝不苟，供御拣选。在当时俗称“官窑”。

② 杨少祥：《广东唐至宋代陶瓷对外贸易略述》，载《广东唐宋窑址出土陶瓷》，1985年。

③ 冯永驱等：《广州发掘南汉高祖刘龑康陵》，载《中国文物报》2003年11月21日。

④ （明）李待问：《李氏族谱》卷五《世德纪·广成公传》，崇祯十五年（1642）刻本。

三、南汉冶铸业成就与佛山冶铸

岭南地区的冶铁业渊源长久，早在南越国时期已有冶铸业发展。而南汉国时期（917—971）则是岭南古代冶铸业发展的第一个高峰时期，在南汉国短短的54年时间里，岭南冶铸业取得令人惊叹的成就。南汉国通过战争拓展了广大疆域，时人称南汉“东抵闽越，西尽荆楚，北阻彭蠡之波，南负沧溟之险，盖举五岭而有之，犀象珠玉之富甲于天下”[①]。在南汉疆域覆盖下的两广地区、湘南郴桂地区和交趾，都富产金、银、铜、铁、铅等矿产。刘隐“总百蛮五岭之殷”，将华南偌大区域的政治经济统一起来，使散在的矿藏点开发与集中的铸造点结合成为可能。大量来自各地的铜、铁、银版运输至广州冶铸，为岭南冶铸业的发展带来了极好机会。岭南铁矿场均属于浮浅矿藏，开发较易。所生产的生铁品次较高，其中的“梧铁”还以超凡质量闻名天下。南汉时期铁矿开采遍布两广山林洞区，北至郴桂、南达交趾、东临潮惠、西接容贺，处处炉铁，州州转输。开创了岭南历史上金属大生产的高峰时期。

南汉国时期停止向中原王朝进贡，大量财富积聚岭南。刘氏王朝大兴营建，宫殿构造务求宏敞，器物制造追求奇巧，这必然刺激冶铸业的发展。乾和年间（943—957），南汉中宗刘晟营建乾和殿，一反中国传统宫室营造以木石为柱的构造，大胆采用十二根铸铁柱子作为栋梁之材，“铸铁柱十二以筑”[②]，每根铁柱“周七尺五寸，高丈二尺”[③]。即柱围约2.5米，柱高约4米。仅此一项工程，就需铸造800吨以上铁铸件，其规模不仅在岭南历史上，就是在中国古代建筑史上，也是空前绝后的铁木工程。乾和殿在南汉灭亡时被烧毁，仍有四根铁柱在宋元符二年（1099）被宋经略安抚使柯述移作帅府正厅的支柱[④]。元代时该厅历经至元三十年（1293）和大德四年（1300）两次重修，四根铁柱仍然作为“广东宣慰使司都元帅府”公厅的顶梁柱使用，上匾称“帅

---

① （清）袁泳锡、觉罗祥瑞修：同治《连州志》卷七《人物·黄损》，同治九年（1870）刻本。

② （宋）方信儒：《南海百咏》，光绪八年（1882）刻本。

③ （清）梁廷枏：《南汉书》卷四《中宗本纪》，广东人民出版社1981年版，第21页。

④ （清）李福泰修，（清）史澄等纂：同治《番禺县志》卷二十八《金石略一·铁柱》，同治十年（1871）刻本。

正堂”[①]。这些铁柱在铸成200多年后仍作为广东官府主要建筑构件，的确经久耐用。

南汉时期一共用铁铸了三座七层千佛塔，即广州光孝寺的东、西千佛塔和敬州修慧寺千佛塔，这是我国现存较古老和较具重量级的三大铁塔。三塔均为四方状，每面铸有250尊佛像，合共1000尊佛像。[②]以上三座千佛铁塔先后铸成的时间为公元963年、965年和967年，每次铸造时间仅隔两年，由此可以推断三座千佛塔铸造的材料来源、工艺设计、形制大小，甚至工匠人员，都极有可能是相同的。

图2-3-1　光孝寺西铁塔，铸于南汉大宝六年（963）。原塔高七层，现存的三层共有小佛像580尊。是中国现存最早的铁塔（罗一星摄）

图2-3-2　光孝寺东铁塔。铸于南汉大宝十年（967）。为四角七级仿楼阁式，总高7.69米。全塔共有大佛像1024尊。有很高的艺术价值

① 《旧志诸司公廨·经略安抚司》，载广州市地方志编辑委员会办公室编：（元）大德《南海志》卷十，广东人民出版社1991年版，第96—97页。

② （清）黄遵宪：《南汉千佛铁塔铭诗序》，载《南汉金石志补征·金石补遗》，第160页。

南汉国时期所铸的铜铁梵钟不仅数量多而且重量大。当时凡寺庙必有梵钟，其中有铜钟也有铁钟。而且钟体越造越大，千斤之钟已然多见。

以铸造技术而论，广州光孝寺东、西两铁塔和乾和殿大铁柱是用“群炉合铸”的方法完成的。所谓“群炉合铸”，是在铸造大型器件时，用多个化铁炉同时熔化，逐炉依次浇铸以一次完成铸件。据20世纪80年代佛山球墨铸铁研究所多位铸造技术专家考察东、西塔后指出，如此高大的古塔精致铸件，必须是以泥模失蜡“塔铸”方式，按由下而上的次序逐层浇铸，每层的接口需作技术处理，并插入铁钉作前后浇铸的熔合媒介，以确保铸件牢固可靠。东、西两铁塔就是采用“塔铸”法铸成。①以此观之，敬州修慧寺千佛塔也应以同样方法铸成。

翁方纲曾对南汉宝林禅院铜钟文阴款评说：“凡铸金之文，阳识易成，阴款难镌，三代铜器用阴款，秦汉则多用阳识，此文乃是阴款，尤为难得！”②可见，南汉阴款铸造金文技术渊源于夏商周三代，这一技术在秦汉的中原地区已近失传，而在岭南得以传承并发扬光大，的确难能可贵。

南汉时期铸造产品的塑像技术精确度较高，佛像、瑞兽像以及人像均可铸出相似度极高的铜铁塑像。南汉国主刘𬬮父子曾令工匠铸造自己的铜像，铸出品不像真人者即杀工匠，史称“昔𬬮及二子各范铜为像，少不肖，即杀冶工，凡再三乃成。今尚在天庆观中东庑”③。面对挑战自己生命底线的铸像活，最后的成功者们依靠的绝不是勇气，而是高超的塑像技术。南汉时期的佛像和人像铸造采用商周青铜时代的“脱蜡铸造法”，人物形象生动传神。这一技术后来为岭南铸造业所传承，如宋端拱二年（989）铸造的禅宗六祖慧能铜像和明景泰年间（1450—1456）铸造的北帝铜像，都传承于此技术。④南汉铸造匠人籍贯来自南北两地。从乾亨寺铜款看，有来自河北、河南的齐姓兄弟，如“齐公延”“齐公握”；也有岭南本地的诸姓“区煜”“邓

① 陈志杰：《持续辉煌的佛山铸造技艺》，载朱培建编著：《佛山明清冶铸》，广东人民出版社2016年版，第264页。

② 《南汉金石志补征》卷一《宝林禅院铜钟款》，第45页。

③ 《南海百咏》，转引自（清）梁廷枬辑，陈鸿均、黄兆辉补征：《南汉丛录补征》卷二，广东人民出版社2010年版，第345页。

④ 六祖铜像高1.8米，重约1吨，现存广州六榕寺；北帝铜像重约两吨半，高九尺五寸（3.04米），取“九五之尊”之意，现存佛山祖庙，是国内现存最大的明代铜铸北帝像。

珠”“阮仁兴”“梁道崇”等匠人。南汉国勃兴的冶铸业吸引了各地匠人前来南汉服务。另外，从众缘弟子的姓氏也能看到岭南土著“冼”姓和“区”姓子民的乐助活动[①]。

从公元904年刘隐被唐封为清海节度使、拥兵自重乃至朝廷命官不敢到岭南上任时起，[②]至公元971年南汉灭国时止，南汉政权对工商制造和海舶贸易的重视程度为历代各朝和各地方政权所无。短短67年，使岭南的财富积累达到了前所未有的高度。尤其对岭南冶铸业发展而言，这是岭南历史上冶铁业发展的第一个高峰时期，也是中国传统手工艺创造性发展的时代。其间创造了几个中国之最，它们是：中国古代最大的建筑铸铁主柱构件——乾和殿十二根铸铁主柱；中国现存最大的古铁塔——光孝寺东、西两铁塔；传承了中国最古老的铸造技术——脱蜡铸造法。而这些技术积淀，为明清佛山冶铁业的崛起奠定了良好基础。

四、南汉状元简文会

南汉立国初期，刘龑承袭了唐代的一些典章制度。先是设置百官，刘龑任命外省名士赵光裔为兵部尚书，杨洞潜为侍郎，李殷衡为礼部侍郎，倪曙为工部侍郎，皆同平章事。其后，又设立了中书令、左右仆射、太尉、太师、开府仪同三司、中书（门下）侍郎、翰林（集贤殿）学士、尚书左右丞、著作郎等官称。宦官统归内侍省；武官有元帅、都统、都护、招讨使、指挥使、团练使、观军容使；地方官则有节度使、观察使、刺史、县令等。其中虽杂有汉晋时代的官号，但大体上是沿用唐代的官制。而所任赵光裔等一班士人，辅助刘龑内修吏治、外睦四邻，使南汉“二十余年，府库充实，边境无虞”[③]。南汉后期，全境共辖60州、214县，拥有170263户[④]。

---

① 《南汉金石志补征》卷一《贺县乾亨寺钟款》，第53—55页。

② 据吴仁臣《十国春秋》记载：（唐）天祐元年（904）十二月，朝廷以兵部尚书崔远为清海节度使。远至江陵，闻岭南多盗，且畏隐不受代，不敢前，朝廷招远还。隐遣使以重赂结朱全忠，乃奏以隐为清海节度使。

③ （宋）司马光：《资治通鉴》卷二八二《后晋纪三》。

④ （清）梁廷枏：《南汉书》卷六《本纪第六·后主纪二》，载李默等点校：《岭南史志三种》，广东人民出版社2011年版，第288页。

从乾亨四年（920）春三月起，南汉开科取士。《南汉书》载：乾亨四年春三月，“立学校，设铨选，开贡举，岁放进士、明经十余人，如唐制”[①]。这是南汉为扩大地方士人入仕途参政的重要举措。南汉所取的进士在政务上或学术上均有所建树的，有咸宁县人简文会（状元）、番禺县人钟允章和曲江县人胡宾王等佼佼者。

咸宁县人简文会，是今佛山市禅城区石湾镇街道黎涌村人。简文会“幼即颖异，锐意绩学，喜读书，工为诗章”。乾亨四年（920），南汉仿唐代科举制度“首开进士科”。简文会考中庚辰科进士，随即参加殿试。南汉高祖刘龑亲自“擢文会第一”。简文会成为南汉第一位科举状元，也是佛山历代士子中第一位题名榜首的状元。简文会在南汉朝廷为官，经历高祖和中宗两朝，“累官尚书左丞”[②]。

942年，南汉晋王刘晟弑殇帝刘玢，是为中宗。中宗严刑峻法，屠戮宗亲。每醉则施暴，滥杀无辜，左右侍者莫可制之。简文会“性尤耿介”，对中宗的胡作非为甚是气愤，遂上书谏严厉谴责。中宗并无悔意，还以简文会忤逆旨意的罪名贬其官为“正州刺史”（祯州，今惠州）。简文会径赴上任。史称：简文会在正州“洁己爱民，一切利弊，靡不尽心规画……循声大著”。不久简文会卒于官任。后人敬仰简文会的功名和品格，称其“所居乡曰魁冈堡，里第旁有井，人号状元井”。[③]值得一提的是，明代黎涌也出了一位状元伦文叙。伦家与简家共饮一井水，故此“一井两状元”的佳话流传至今。明代立都堡，黎涌所在名为“魁冈堡”。而现今佛山城南经过黎涌的“魁奇路”，以其10公里长的雄伟身姿，跨越佛山涌一路往北，似乎表达着佛山士子世代接续“大魁天下”的良好愿望。

图2-3-3　简文会画像（南海区博物馆提供）

① 《南汉书》卷二《本纪第二·高祖纪一》，载《岭南史志三种》，第268页。
② 《南汉书》卷十一《列传第五·简文会传》，载《岭南史志三种》，第318页。
③ 《南汉书》卷十一《列传第五·简文会传》，载《岭南史志三种》，第318页。

第三章

宋元佛山经济与社会

宋初至元末的近400年间，佛山境内发生了几件对当地社会经济方面影响深远的大事：珠玑巷移民南迁及其定居，佛山手工业的起步发展，陶瓷生产与外销，中原神明（北帝、陶师）及其祭祀仪式的落地生根，佛山古九社人居聚落的形成。这几件大事基本奠定了佛山的社会结构、生产生活方式及文化信仰模式。

第一节　北方移民南迁与佛山社会

（971—1270年）

宋开宝四年（971），宋太祖赵匡胤派大将潘美征南汉。二月，攻克兴王府（广州）。五月，南汉主刘鋹及其臣属被宋军押解至汴京（今开封）。南汉国灭亡。

宋代实行的地方行政制度为路、州（府、军）、县三级。今岭南境设广南东路14州（府）和广南西路7州（军），共61县。广南东路辖广州、循州、梅州、潮州、惠州、连州、南雄州、韶州、英州（宁宗时升英德府）、封州、端州（徽宗时升肇庆府）、新州、康州（高宗时升德庆府）和南恩州（阳江）；广南西路辖化州、高州、雷州、琼州、昌化军（后改南宁军，原儋州）、万安军、朱崖军（后改吉阳军，原振州）和今广西全区等地。①今佛山地区属广州管辖。

一、珠玑巷南迁移民：佛山历史上第二次人口大迁徙

宋代，居住在我国北方的少数民族，先后建立辽、金、元等政权。辽军多次南下攻宋。金灭辽后，开始向北宋用兵。宋钦宗即位第二年（1127），金灭亡北宋后继续向南宋发动进攻。元崛起并灭金后，于南宋景炎元年（1276）攻陷南宋京城临安（今杭州）。长期的战争给中原以至江南地区造成严重破坏，人民大量流亡。广南两路（指今广东、广西境）相对安定的社会环境和大量尚未垦种的可耕地吸引了渴望安居乐业的各地士民，因此，两宋南移人口的规模超过汉、晋和南朝。

自张九龄开凿新通道以后，翻越大庾岭过浈水南下的路径，已取代湘桂走廊和骑田岭道而成为入粤主要通道。北宋曲江县人余靖云“今天子都大

① 《简明广东史》，第133页。

梁，浮江淮而得大庾，故浈水最便”；又云“故之峤南虽三道，下浈水者十七八焉”。[①]而地当要冲的南雄州（今南雄）保昌县沙水村珠玑巷，便成了各地官民南下广州的栖息地和中转站。宋代，思贤滘的形成使西江和北江下游大片沙坦浮露，而可耕地的开发需要大量人口，也吸引外来人口。北宋元丰年间（1078—1085），广州有143261户，约占同期广东境（含海南）21州军总户数（575937户）的25%。到南宋淳熙年间（1174—1189），广州人户已达185718户。较元丰时多了42452户。[②]其中就包括了许多从珠玑巷南迁的佛山先民。

图3-1-1　南雄珠玑古巷

当“元兵扰攘”之时，逗留于保昌的南迁难民以若干个“姓”“族”（即家族）联合向州县申请文引（类似户口迁移证，俗称“路引”），集体乘竹筏南渡，到广州各县“辟处以结庐，辟地以种食”[③]，更有来不及准备路引就仓皇登程的。其中，珠江三角洲流传较广的是罗贵率众南迁的故事。罗贵，字天爵，贡生。原是江西豫章（今南昌）人，官宦人家出身，随父迁居南雄珠玑巷。南宋绍兴元年（1131）正月十五日，罗贵获得南雄府准许97人南迁的文引，即率领众人南迁。既是合法迁移，官府一路放行，并安排定居。罗贵一众砍竹为排，乘流漂泊。然而水路弯曲、险滩处处，每遇风雨和潦水，就会发生排散人溺的意外事故，伤亡甚多。（南海九江镇沙口至今留

① 《简明广东史》，第135页。

② 《简明广东史》，第135—136页。

③ 黄慈博：《珠玑巷民族南迁记》，内部资料，1985年，第29页。

存有“破排角”的地名，就是当年九江关氏南迁时排破登岸、人员溺亡的发生地）罗贵一众历尽艰辛，耗时两个月抵达冈州大良都古蓢甲蓢底村（今新会大良溪一带）。罗贵前往冈州县衙报到，知县李丛芳审阅了罗贵提交的文引，立即准许各姓登记造册，以定户籍，批给众人良田、山地等。[①]罗贵在南迁过程中表现出来的号召力和执行力，深得新移民群体信任。宋代后来被元代鼎革，元代不久又被明代鼎革，明代编立图甲，无论来自何处，官府都承认他们迁移的合法性，准许落籍。后来珠三角流传下来“唔嚟问阿贵”的粤语俗谚，意思就是“不用问阿贵”。其蕴含的历史语言就是：“我们都是从南雄珠玑巷迁来的合法移民，无须再问！”“不用问阿贵”流行于明代以后，说明了明代时岭南原住民和各地官府对新移民的包容态度，也反映了珠江三角洲开发与人口迁徙的历史过程。而珠玑巷也成为南迁氏族的标志性始迁地，成为珠三角人民世代相传的集体记忆。

根据佛山各族谱资料的记载，两宋之际从中原和东南氏族经过南雄珠玑巷南迁的佛山氏族有：南海佛山霍氏（祖籍山西平阳），南宋建炎元年（1127）南迁；郡马梁氏，建炎年间（1127—1130）南迁；石梁梁氏（祖籍山东东平），南宋绍兴二十六年（1156）南迁；石湾太原霍氏（祖籍山西太原），咸淳九年（1273）南迁；鹤园陈氏（祖籍福建），咸淳九年（1273）南迁；鹤园（练园），冼氏咸淳末南迁；石巷冼氏和白勘冼氏，咸淳年间（1265—1274）南迁；江夏黄氏（祖籍福建邵武），咸淳年间（1265—1274）南迁。此后，在宋元之际从珠玑巷南迁的氏族还有金鱼塘陈氏（祖籍福建沙县）、朝市梁氏等氏族。据调查，南宋咸淳九年（1273），随南雄珠玑巷罗贵等南迁石湾一带的有霍、梁、林、陈、廖、洪、黎、冯、苏、何、潘、黄、伍、罗氏等十多姓窑工，后来在此建立窑址。[②]这些掌握先进制陶技术的北方制陶劳动力不断南下，成为石湾生产日用陶瓷的生力军，推动石湾向大规模陶瓷商品化生产和销售中心迈进。

宋代“珠玑巷南迁”的人口大迁徙活动，大约持续了230年。而宋代南迁民山陕籍和江南籍人口比重的增大，对珠江三角洲的开发具有重大意义：

---

① 《珠玑巷民族南迁记》，第29页。

② 王建玲：《石湾窑新发现及其意义》，载《佛山科学技术学院学报（社会科学版）》2011年第2期。

第一，富有水田耕作经验的江南移民，是垦辟珠江下游水乡、修筑基塘的生力军。第二，南迁的山西、陕西籍移民成为佛山地区高温烧造手工业的主力军。山西平阳本是隋唐冶铁发达之所，霍州也是知名陶瓷之乡。熟知高温烧造技术的山西籍冶铸、制瓷手工工匠的迁入，是明清佛山冶铁和石湾陶瓷取得迅速进展的重要力量。第三，南迁的官绅入籍后，重视子弟教育，创办书院，也促进了佛山地方文化的发展。

二、宋代佛山地区的水利建设与农业生产

唐代以前，珠江三角洲的沉积过程比较缓慢，成陆面积还不大，而且虽经历代开发，但居民点和耕地仍然集中于背山面水的丘陵和淤高的老沙地，海边的新生沙坦和岛丘多未垦殖，西北部河网低洼地也未得到利用。唐代以后，由于西北江改道，加快了出海口的堆积，海岸逐渐推移到（新会）鲤鱼冲、西安、（香山）港口、黄角以及（东莞）漳澎、道滘一线，加速了今珠江三角洲的形成过程，扩展了可耕地；同时，宋代人口的南移又进一步增加了垦辟的劳动力。

宋代珠江三角洲的垦辟成效显著，主要表现在荒丘、沙坦的垦耕和堤围的兴筑。按族谱和地方志乘，南迁之民“辟地以种食”的现象在濒海诸县十分常见，这使海边新生沙坦多成耕地，沿海岛丘也有改观。如神宗时（1068—1085）迁入南海县大塱的冼有识等4人，“披荆斩棘，用启山林……实为开村之祖”[①]。上文提到的南宋率众从保昌迁新会蓢底村的罗贵一家十四口，定居后开辟田地，报税“新收山塘田地共二十一亩二分二厘一毫，（秋粮正耗）纳米六斗四升三合二勺四抄”，并有“草屋三间，草牛二头”。[②]由于珠江三角洲的低洼沼泽地容易被洪水淹没，因此堤围的兴筑非常重要。而江南地区自唐以来就积累了开发长江下游“圩田”的经验，“南渡后水田之利富于中原，故水利大兴”[③]，富有水田耕作经验的江南籍移民，定居珠江三

① 冼宝榦：《岭南冼氏宗谱》，宣统二年（1910）续修，广东省立中山图书馆藏。

② 《珠玑巷民族南迁记》，第31—32页。

③ （元）脱脱等撰：《宋史》卷一七三《食货志·食货上一·农田》，中华书局1985年版，第4182页。

角洲后，成为垦辟珠江下游水乡、修筑基塘的生力军。

宋真宗时期（998—1022），佛山先民修建的南海县罗格围（今南庄一带），是文献记载佛山地区最早的堤围。堤长6050丈，捍田面积400顷。[①]据《罗格官洲围志》记载："我围位居西、北江下游，始建自宋真宗年代……而当时河床阔旷，潦势不甚猖狂，故堤高不满三尺。"[②]据调查，佛山宋代古堤的高度仅有四至五尺（1.3—1.7米），这是由当时"河床阔旷，潦势不甚猖狂"的水文环境所决定的。

宋徽宗时期（1101—1125），佛山先民在西樵山下修建了桑园围东、西基和吉赞横基，形成一个大规模的开口围。西围自飞鹅翼（今属三水区）起至甘竹牛山（今属顺德区）交界止，东围自吉赞晾罟墩（今属南海区西樵）起至龙江河澎围尾（今属顺德区）止，长12000余丈，捍护良田1500顷。为广属中基围最大者。[③]这是明清时期桑园围的前身。

宋代佛山先民还在桂华（今佛山市郊）修建了存院围，存院围"北依佛山涌，南靠澜石水"，是佛山镇抵御西潦的一大屏障。存院围保障七堡（大富堡、佛山堡、土炉堡、张槎堡、大江堡、魁冈堡、深村堡），大富堡当其要冲，故又名大富围（大富北围、大富南围）。大富北围自王借冈西起，至沙口绕而北，由新涌口孖窦入佛山镇，至汾流街口止；大富南围自王借冈东起，至莲塘窦绕而南，至石硝止。[④]两围堤长共2334丈，捍田面积40顷。[⑤]

宋末时，在南海县北部的芦苞涌南岸修建了榕塞西围，在北江左岸永宁村头修建了永安围，与芦苞隔江相对。此外，在桂州扶宁一带，也修建了扶宁堤。[⑥]

佛山地区的堤围主要集中在西北江下游及其支流高明河两岸。最北的堤围在北江沿岸，如上述芦苞西面对岸的永安围和南面的榕塞西围（今属三水

---

① 《珠江三角洲农业志》，第126页。

② 转引自《珠江三角洲农业志》，第131页。

③ 《珠江三角洲农业志》，第128页。

④ 民国《佛山忠义乡志（校注本）》卷首之二《舆地图说》，卷二《水利志》，第29页、第91页。

⑤ 《珠江三角洲农业志》，第127页。

⑥ 《珠江三角洲农业志》，第126—127页。

区）；最南的堤围在甘竹、桂州、小布（今属顺德区）。

堤围的兴筑有利于固定河床，防洪保收，从而加速了三角洲腹地的开发。当时，南海县成围不久的低地如西樵、九江、罗格、桂华等乡，南宋时增辟了不少村落，“九江自宋度宗朝始渐有田庐”①；“是时沿水而居，（罗格）几同泽国……兴筑基堤，袤长十余里，堤内沙洲数百顷遂成沃壤”②。芦苞涌在宋以后也发展出“胥江街”大墟市。

随着垦辟和水利的兴办，耕地面积的逐步扩大③，宋代广南东路稻谷总产大有提高，开始有粮食储备和稻米输出。仁宗（1023—1063）时，广南东路拨米2.2万石赈济广南西路；南宋时几任皇帝高宗、孝宗、宁宗都曾明令“广米”纲运临安（今杭州）。绍兴年间，广东转运判官周纲“籴米十五万石”至临安（今杭州）。因为既无扰民，也无“陈腐”，朝廷给予周纲官升一级的嘉奖。④岭南水果如荔枝等，宋代以前多归皇家贵族享用。宋代则广为种植，“闽粤荔枝食天下，其余被于四夷”⑤，柑橘也有外销，“广南可耕之地少，民多种柑桔［橘］以图利”⑥。产于琼州的槟榔贸易，“岁过闽、广者不知其几。非槟榔之利，不能为此一州也”⑦。槟榔贸易，后来成为明清时期佛山内贸市场的大宗业务。

宋代人口南迁和农业生产的提高，加速了广东土地私有化的进程。珠江三角洲土地买卖盛行，私人拥有大量土地的地主阶层形成。例如，度宗时（1265—1274）迁于南海芦竹的潘元章，“置田二百余亩”，使诸子“各

① （清）冯栻宗：《九江儒林乡志序》，载（清）冯栻宗修，（清）黎璿纂：光绪《九江儒林乡志》卷首，光绪九年（1883）刻本。

② 冼宝榦：《岭南冼氏宗谱》，宣统二年（1910）刻本，广东省立中山图书馆藏。

③ （元）马端临：《文献通考》卷四《田赋考四·历代田赋之制》，中华书局2011年版，第106页。

④ 《宋史》卷一百七十五《食货志·和籴》，第4248页。

⑤ （宋）曾巩：《曾巩集》卷三十五《奏状·福州拟贡荔枝状》，中华书局1984年版，第497页。

⑥ （宋）庄绰：《鸡肋编》卷下《养柑蚁》，中华书局1983年版，第112页。

⑦ （宋）祝穆：《方舆揽胜》卷四十三《广西路·海外四州·琼州·风俗》，中华书局2003年版，第770页。

就田庄”[①]；其后不久，南海退职巡检罗文凤“广置田庄三百顷”[②]。端宗时（1276—1277），南海陈村（今属顺德区）的区仕衡每年收田租竟达8万石[③]。可见，当地土地开发也加速了个人财富的积累。

南宋以后，除了地主大量兼并土地之外，各个姓氏团体，特别是南迁户，为了维护族内的血缘关系与土地产权，往往设立本族公堂，拨出一定数量的田地作为祭祀祖先之用的蒸尝田，立为族中永业公产。他们沿袭周礼，世代由宗子主持祭祀仪式和活动。这些公产田，日后或由子孙捐献，或由公堂购买，或由冒占侵夺，面积不断扩大，由此产生出集族权、产权于一身的公堂地主。公堂地主的存在发展，后来成为明清时期珠江三角洲的重要社会势力。

三、北宋岭南冶铁业与铸造技术

宋代是中国传统手工业发展的高峰时期，宋王朝又是高度重视官营“坑冶之利”的王朝，在其存在发展的约300年间，官府对全国金属矿区的开采进行了全面布局与开发，并依托东南富矿地区的出品，充盈了皇室内藏库和官府的左藏库，也增强了北宋时期的综合国力。岭南地区的坑冶业和冶铸业在北宋时期一直占有重要地位。北宋宣和六年（1124）徽宗下诏称：“坑冶之利，二广为最。”[④]这是宋徽宗对熙宁、元丰年间以来全国坑冶业的判断，也是朝廷对岭南过往坑冶业的肯定。

北宋元丰年间（1078—1085），岭南地区所开发坑冶场所覆盖了岭南全境。历年两广坑冶的产量数占全国产量的比重甚大。根据《宋史·食货志·食货下七》“坑冶”条记载：崇宁四年（1105），岑水场比常年产量增加66.1万斤，当时全国铜产量不过400万—500万斤；政和三年（1113），广东产铁289万斤，这一数量，相当于元丰年间全国铁产量550万斤的52%和治平年间全国铁产量820万斤的35%。可见岭南的冶铁业在全国占有举足轻重的地

① 《潘式典堂族谱》卷一《始迁事略》，同治六年（1867）刻本。

② 道光《广东通志》卷二七〇《经政略》十三。

③ 蒋祖缘、方志钦主编：《简明广东史》（特选本），广东人民出版社2008年版，第153页。

④ 《宋史》卷一八五《食货下（七）》，“坑冶”，第3036页。

位。[①]在铁矿质量上，宋代广南路所出铁矿均被称为佳铁。尤其是梧州和融州的铁矿更为上乘，有“天下美材”之誉。[②]

图3-1-2 中国禅宗六祖慧能铜像。现藏六榕寺（罗一星摄）

在冶炼技术上，宋代广东岑水场创造的“胆水浸铜法”成为宋代各场效仿的标准。岑水场的技术工人也为朝廷所关注。绍圣元年（1094），因“陕民不习烹采”，陕西坑冶久废不发，户部尚书蔡京奏请招募岑水场“南方善工”诣陕西经画，“择地兴冶”。[③]为此，朝廷派遣许天启专门督管陕西坑冶事。朝廷如此兴师动众，说明广东冶铸工人技术领先于陕西等北方地区。据周去非《岭外代答》记载：“梧州生铁，在镕则如流水然，以之铸器，则薄几类纸，无穿破。凡器既轻，且耐久。诸郡铁工煅铜，得梧州铁杂淋之，则为至刚，信天下之美材也。”[④]铸器薄如纸，轻且耐久，这是极高的铸器评价。宋端拱二年（989），岭南铸造了禅宗六祖慧能的铜座像，高1.8米，重约1吨。宋代岭南的这些铸造技术，在明代佛山所铸的北帝座像和“广锅”上得到传承并发扬光大。

宋代岭南地区坑冶的发展，带旺了国内外的铸冶产品的贸易。两宋期间，大量金属产品通过贺江越骑田岭下湘江北上，或是通过浈水出大庾岭下赣水东行，北江船运大量增加。元丰二年（1079），宋神宗诏令东南诸路“增置漕舟”，将陆路纲运“并从水运”。北宋末，江西饶州专供“往来搬运岭南铜、铅等物料……应付上供纲运”的官船就有280艘。[⑤]洪咨夔《大冶

① 《帝国铁都：1127—1900年的佛山》，第29页。

② （宋）周去非著，杨武泉校注：《岭外代答校注》卷六《器用门》一〇三《梧州铁器》，中华书局1999年版，第216页。

③ 《宋史》卷一八五《食货下（七）》，“坑冶”，第3033页。

④ 《岭外代答校注》卷六《器用门》一〇三《梧州铁器》，第216页。

⑤ 《宋会要辑稿·食货》。

赋》对此这样讴歌："铁往铜来，锡至铅续。川浮舳舻之衔尾，陆走车担之镪属。出峤岭，下荆蜀，绝彭蠡洞庭而星驰，沂重淮大江而电逐。"[①]所谓"出峤岭"，即指翻越横亘南岭地区的五岭（越城岭、都庞岭、萌渚岭、骑田岭和大庾岭）。在这条"铁往铜来，锡至铅续"的金属大通道中，佛山扮演了生产节点的角色。在今禅城区的核心区，处处都留存了当时铸造后废弃泥模的建筑物和堆积地。

图3-1-3　冼氏宗祠全景。始建于宋代，位于禅城区普君北路（佛山市博物馆提供）

图3-1-4　铸镬泥模垒砌的宋代冼氏宗祠墙壁（佛山市博物馆提供）

图3-1-5　禅城区黄巷泥模墙（佛山市博物馆提供）

图3-1-6　铸镬泥模垒砌的圆形窖穴（佛山市博物馆提供）

① 转引自华觉明：《中国古代金属技术——铜和铁造就的文明》，大象出版社1999年版，第581页。

四、宋代佛山陶业：文头岭窑、奇石窑、石湾窑

宋代是佛山地区陶业发展的关键时期。首先是窑炉技术从唐代的半倒焰式馒头窑改变为平焰式的龙窑，火候达1250℃至1300℃，并且使用观察炉温的“试温标”（又叫“试片”“火照”），个别地区还开始使用平焰与半倒焰相结合的阶级窑。宋代“广瓷”从产品种类、生产规模、工艺水平以及外销的情况看，在我国陶瓷史上占有一定的地位。此时在南汉时期作为官营手工业存在的文头岭窑（俗称官窑），以其不凡器物留下美名；而后起的奇石窑，则以其大型日用陶罐出口而蜚声海外。与此同时，得天时、地利、人和的石湾窑，正蓄势待发。

2021年9月，广东省文物考古研究院联同佛山市博物馆、佛山祖庙博物馆和南海区博物馆，组成考古队，对南海区狮山镇奇石窑和里水镇文头岭窑开展区域性考古调查，通过此次调查及抢救性发掘，明确了奇石窑的大片分布范围，即在东平河东岸奇石村大小山冈延绵数公里不止，甚至延及佛山石湾地区王借冈、大帽冈一带，与后期兴起的石湾窑范围稍有重叠。两宋时期文头岭窑和奇石窑产品已畅销海外，国内外学术界也早知其名，因而文头岭窑和奇石窑共同代表着佛山南海区内宋代窑场，并以此有别于在明清盛名的石湾窑。①三处窑址在时间上、地理上、器形釉色上存在明显的承续关系。

（一）文头岭窑

文头岭窑在今佛山市南海区里水镇逢涌村文头岭南端，包括瑶头村所在西南涌南北两岸山冈，窑场覆盖大片地区，范围约1万平方米，堆积很厚。相传此处窑址就是南汉国主刘龑所建，官府经营，故称官窑。该窑主要生产彩绘瓷，兼烧青釉、酱黄釉、酱黑釉素面瓷及玩具、葬具等。彩绘瓷的器形有盆、罐、碟、盒、军持、执壶和腰鼓等。彩料有铁锈色、赭黑色和红褐色釉料三种，一般都是釉下彩。纹饰内容以折枝、缠枝花卉及草叶、弦纹等为主。画面深浅相映，线条熟练。罐、盒器表一般彩绘卷草、菊花或兰草，寥

① 广东省文物考古研究院：《佛山市南海区考古工作取得重大成果——明确“南海Ⅰ号”沉船部分陶瓷器的广东产地》，载《中国文物报》2022年7月1日。

寥数笔，姿态如生，颇有写意之妙。[①]

图3-1-7　唐宋文头岭窑址（南海区博物馆提供）

图3-1-8　宋代文头岭出土酱黄釉直口带流把壶（佛山市博物馆藏）

图3-1-9　宋代文头岭窑出土青釉碗（南海区博物馆藏）

宋代文头岭窑属民窑，兼烧内销外贸产品。内销器类包括生活用品和魂坛等随葬品，瓦片、瓦当、滴水等建筑用材，珠三角等地区多有出土。文头岭窑早年出土有褐彩军持，近年出土有特色的杯形口执壶等，都是外销特征明显的器形。考古发掘中出现器物类型和装饰技术，与西村窑有一定关联，如腰鼓，其共同特点是器身中部呈圆筒形，两端呈深腹喇叭形，空心，蒙绑鼓皮使用，其长度为50—60厘米。这类器形仅见于广州西村窑和南海文头岭窑。西村窑烧制的有青釉素身腰鼓、青釉彩绘腰鼓、褐釉彩绘腰鼓三种。文头岭窑烧制的则仅见青釉彩绘腰鼓（彩绘铁锈色弦纹与缠枝菊叶纹），器形新颖，数量极少。[②]可能存在西村窑向文头岭窑的技术演化与产业转移。但西村窑主要模仿北方色彩，文头岭窑开始有自主创作成分。

根据考古发现，文头岭龙窑的窑炉结构是斜坡式障焰柱分室龙窑，坡度较小，没有匣钵，互相套合装烧，产量很大。窑炉采用南海地区窑址特有的圆柱形窑砖。使用大量简易手捏条形支柱和垫块支钉烧造。文头岭窑生产更重产量，以满足外销市场。文头岭窑生产以盆罐类器形为主，如南宋大罐和魂坛等，个体厚重，釉色以青绿和酱色为多。其生产的“南海Ⅰ号”同类酱釉大罐，罐身多见姓氏宅号酒香等字款（20世纪80年代故宫博物院在此也采集到印花纹的标本）。此类酱釉大罐特征明显，与福建地区磁灶窑等窑口同

① 曾广亿：《粤港出土古陶瓷文集》，第155、246页。

② 曾广亿：《粤港出土古陶瓷文集》，第172—173页。

类大罐容易区分。[1]

（二）奇石窑

奇石村面临北江，依山傍水，流经石湾的北江支流东平河，即在奇石村南约1公里处入口。从水道至石湾约15公里。考古工作者发现奇石村古窑址范围很大，从村北的虎石山起至南面东平河口约3公里的沿河小山冈，几乎都有古窑发现。20世纪70年代开挖环山沟水利灌渠工程时，发现不少地段陶瓷残片堆积有七八米之深。足见该窑在当年的生产规模之大。[2]古窑址主要集中在虎石山、大庙岗、桂林园、石头岗、新丰顶、岗园山、旁岗山、高岗山、崩岗山9个山冈。共露出20多座北宋时期的长条形斜坡式龙窑。其中，有3座龙窑底叠压着11座已受毁坏的、平面为半椭圆形的唐代小型馒头窑。[3]2019年，考古学者对奇石窑西门村龙窑再做发掘调查，发现此处是平焰式斜坡龙窑，窑床放置排列整齐、多次利用的大垫饼。窑炉用的皆是南海地区窑址特有的圆柱形窑砖。装烧方式基本不用匣钵，量大为主，器物互相套装，使用大量简易手捏条形支柱和垫块支钉。奇石窑出土器类较为丰富，盆罐类多。但盆类个体轻薄，大小形状丰富，酱釉器为主，青釉次之。出土物还有碗、盘、罐、坛等器物残片，其装饰有印花、刻花、彩绘3种，并发现少量窑变釉瓷器碎片。奇石窑生产“南海Ⅰ号”同类酱釉大罐，罐肩有刻印字款和印花纹年号吉语的，此类酱釉大罐特征明显，与福建地区磁灶窑等窑口同类大罐也容易区分。[4]其中，青黄釉、酱黄釉四系大罐肩部有戳印的印记款有表示地名的，如“奇石”[5]；有表示北宋年号和干支纪年的，如“政和六年”“嘉祐□”“己巳年”“庚午年”等，这反映出当年烧窑的绝对年代；[6]还有表示姓氏的，如“潘宅”“陈家□”“太原□”“□宅”等[7]；表示工匠姓名的，如

---

① 参阅广东省文物考古研究院：《佛山市南海区考古工作取得重大成果——明确“南海Ⅰ号”沉船部分陶瓷器的广东产地》，载《中国文物报》2022年7月1日。

② 佛山市博物馆：《广东石湾古窑址调查》，载《考古》1978年第3期。

③ 曾广亿：《广东陶瓷窑址考古概要》，载《粤港出土古陶瓷文集》，第45页。

④ 广东省文物考古研究院：《佛山市南海区考古工作取得重大成果——明确“南海Ⅰ号”沉船部分陶瓷器的广东产地》，载《中国文物报》2022年7月1日。

⑤ 黄晓惠：《佛山奇石古窑及相关的几个问题》，载《南方文物》2016年第2期。

⑥ 黄晓慧：《广东佛山石湾窑的形成发展及繁盛成因探析》，载《四川文物》2005年第6期。

⑦ 佛山市博物馆：《广东石湾古窑址的调查》，载《考古》1978年第3期。

“张可”“安祖”“潘南”“潘安”等[①]；此外，还有表示内容物类别的，如“清香”等。戳印有各种款式，有的外面还套上图案花纹装饰。

图3-1-10　唐宋奇石窑址（南海区博物馆提供）

图3-1-11　奇石出土酱黄釉小罐（佛山市博物馆藏）

图3-1-12　奇石出土的带“奇石”戳印陶罐残片（佛山市博物馆藏）

图3-1-13　奇石出土的带“潘宅”戳印陶罐残片（佛山市博物馆藏）

奇石窑是我国陶瓷史上较早使用戳印标记款的窑口之一，戳印的使用是商品经济发展到一定程度的产物，戳印便于商品辨认和交换，将铭款戳印在罐肩部的耳与耳之间，便于运载过程中查看；戳印又是制造者对产品质量保证与承诺的符号，大量戳印的使用，有助于提高奇石窑的商品竞争力。这也说明奇石窑生产的商品是面向广大民用品市场的。

从以上不同的戳印标记款来看，奇石窑的生产是由不同族姓经营的，资金雄厚者拥有几条窑，如在金斗岗上几条龙窑并排在一起；资金较少的便拥

① 佛山市陶瓷工贸集团公司编：《佛山市陶瓷工业志》，广东科技出版社1991年版，第41页。

有一条窑，如在朗下岗只有1条龙窑，生产规模较小。[①]奇石窑按产品品种有不同的分工：从釉色上有烧青釉、酱褐釉、青烧3种窑灶；从器形上有烧碗碟类、壶罐盆类、瓮埕类3种窑灶；从装饰上有烧印花、刻花、素面3种窑灶，如金斗岗窑场专造碗碟类；朗下岗窑场专造印花青釉壶罐类：瓦渣岗窑场专造素面的盆类。这种由不同族姓专业烧造产品的分工，既有利于组织生产和管理，又有利于技术的熟练和产品质量的提高。[②]这种以产品种类分工、按族姓组织生产的经营方式，还深刻影响了明代石湾陶瓷业的生产模式。

特别值得一提的是，奇石古窑经历了从唐代使用馒头窑到宋代使用龙窑的窑灶技术大进步的过程。唐代使用的“馒头窑”，体积小，直径仅2米，为“半倒焰式”，在还原气氛中烧制陶瓷，火温只能达到900—1100℃。北宋龙窑体积较大，长30—40米，宽1.2—1.5米，窑的中部最高1.7米，窑灶的中间每隔2—2.5米竖以圆柱支撑着窑顶。整个窑灶内的容积为136—150立方米，每窑1次可装烧中等日用器皿，如碗、盘等器件三四千件。[③]从考古挖掘统计，奇石窑中宋代龙窑址并列在一起约占三分之一。[④]若按1座龙窑1次可烧碗、盘三四千件算，20多座龙窑1次便可烧制碗、盘10余万件。

宋代奇石窑产品种类比唐代丰富，仅碗的品种就有敞口浅腹、凸唇深腹、敛口的，圈足也有大小高低之分。釉色也比唐代多，除有青釉、青黄釉、酱黄釉外，还有黑釉、酱釉、淡青釉等。施釉方法也有了提高，不仅将釉施于器表，还荡于器的内壁。宋代器物胎厚薄一致，表面光滑，底足平稳，旋削技术比唐代成熟。由此可见，唐代奇石窑虽有发展，但至宋代，由于窑灶的革新，烧制技术的进步，产品质量不断提高，生产规模迅速扩大。

文头岭窑区和奇石窑区的生产时间大体在北宋中期到元代后期，1976年的调查采集到了带有“嘉祐”铭印款的罐片，时代至少可上溯到北宋中期仁宗朝，沉没于1323年的韩国新安海底沉船中出水的一些器物大体可以认定为

---

① 《佛山市陶瓷工业志》，第41页。

② 《佛山市陶瓷工业志》，第41—42页。

③ 邹华：《石湾古灶之旅》，载《炎黄之光》2002年第10期。

④ 《佛山市陶瓷工业志》，第41—42页。

奇石窑或文头岭窑的产品，时间可以确定为元至治三年（1323）。[①]两窑区域性分工较为明确，内销外贸市场方向和贸易线路也较为清楚。[②]因此，文头岭窑和奇石窑成为当时广东生产贸易陶瓷的中心基地之一。

（三）石湾窑

石湾窑在东平河边，与佛山涌相接。距奇石窑约15公里。石湾古窑以大帽岗窑址为代表。大帽岗是石湾镇内最高的山冈，蕴藏了大量岗砂，附近也有丰富的陶泥，地形适宜建窑。从目前佛山市博物馆收藏出土的陶瓷器物看，唐以前器形主要是碗、盘、钵、罐、瓶、魂坛等日用品或葬丧冥具，釉色以青釉、青黄釉、酱黄釉为主。1957—1962年，考古工作者在大帽岗发现了唐宋陶瓷堆积层及大量器物，并发现了宋窑之下压叠着唐代窑址。[③]上层的宋代窑址遗物堆积层出土有长方形窑砖，有的侧面粘了很厚的墨绿色琉璃，不少陶瓷器与匣钵粘连在一起而成为废品。釉色有青黄黑、酱黑、酱黄等。器形有碗、盘、盏、壶、罐、盒、埕、盆、兽头陶塑和堆贴水波纹坛等。窑具有匣钵、擂盆、擂柞、渣饼、垫环、试片等。下层的唐代窑址遗物堆积层出土有青釉和酱黄釉的碗、盘、魂坛、炉等，均施半釉，胎体厚重，胎质粗松。釉面有开片和不开片。[④]

2009年9月，石湾望楼岗窑址发现了大量南宋至明代的日用陶器，其中以南宋和元代最多，与传世的石湾日用陶器相似度极高，釉色多以黑釉、酱釉为主，器形是当时人们生活的日用必需品，如碗、碟、茶壶、灯盏、酒埕、缸等占有很大比例，大致分为四大类：饮食用品有碗、杯子、擂盆、罐、壶、盘、埕、盆、钵；文房用具有水盂、水注；生活用具有香炉、花瓶、粉盒、灯盏、印章盒等；制陶用具有模印、匣钵、饼印等。经过广东省文物鉴定站对望楼岗窑址出土陶器样品做热释光测定，证明了石湾美陶花园工地

① 秦大树：《海上贸易的关键性器具——储物罐研究的重大推进》，载《中国文物报》2022年7月1日。

② 广东省文物考古研究院：《佛山市南海区考古工作取得重大成果——明确“南海Ⅰ号”沉船部分陶瓷器的广东产地》，载《中国文物报》2022年7月1日。

③ 佛山市博物馆：《广东石湾古窑址的调查》，载《考古》1978年第3期。

④ 黄晓慧：《广东佛山石湾窑的形成发展及繁盛成因探析》，载《四川文物》2005年第6期。

（石湾望楼岗窑址）大部分出土的相对年代为南宋至元代。[①]

在石湾海口龟山也发现有宋元窑址。此处原为明清时期石湾窑上窑窑址集中的地方，在龟山西面断层的中层为宋元窑址及遗物堆积层，上面很多窑具窑砖，下面很多日用陶器的陶片，有些制作及器形较讲究，而盆类则稍为粗糙，胎质细结纯净，白与灰白色为主，火候较高，胎薄均匀，成型技术成熟；下层为山冈土层，出土一个魂坛（宋代）。这表明，该处一带是南宋后发展扩大起来的宋元日用陶器生产基地。[②]

1976年，石湾镇史编写组对石湾古窑址进行调查，再次对大帽岗窑址作探掘，发现所出土的碗、盘、罐等与石湾、澜石唐墓所出器物，无论釉色、胎质、造型都极其一致。石湾窑的窑场设在山冈的坡地上，旁边开出一块平整地，作为制坯的作场，并设有泥料子存放场地、原料加工场、晒坯场地等。而废品堆积场则在窑灶的旁边，顺着山势倾倒。窑场紧靠东平河边，山冈脚就是天然的成品和原料装卸码头。这种布局与设施完全适合于当时陶瓷大规模生产的需要。因此，宋代石湾陶业也颇具规模。

随后，石湾镇史编写组再对奇石窑进行调查。将大帽岗出土物与奇石窑出土物作类比，从胎质、釉色、烧造方法来看，两者十分一致，其中碗、盘、擂盆两窑几乎难以分辨。因此，可以说奇石窑和大帽岗都是唐宋时期的窑址，但奇石窑的烧造时间要比大帽岗长。此外，奇石窑的青釉、青黄釉、酱褐釉、黑釉的原料是草木灰和泥浆，这几种釉色，石湾窑一直沿用到现在。盆的形制，尤其是擂盆的造型，也是一直沿用到现在。奇石窑制作有耳器物的手法也和石湾窑的手法一模一样。可见，大帽岗和奇石窑有非常紧密的联系。1978年，石湾窑的北宋代窑址出土了大量在日本被称为吕宋壶的残片，证实了所谓的吕宋壶即中国南方石湾窑所生产。[③]1964年，石湾澜石鼓颡岗宋墓出土一件石湾窑彩绘人物瓶。

这件高身小口人物瓶，是描写古代士大夫豪饮的醉态，器肩与器腹下描绘折枝花卉一周；器腹四开光外，描绘荡漾的海水；开光内描绘四个人

---

① 王建玲：《石湾窑新发现及其意义》，载《佛山科学技术学院学报（社会科学版）》2011年第2期。

② 《石湾窑研究》，第28页。

③ 黄晓慧：《佛山奇石古窑及相关的几个问题》，载《南方文物》2016年第2期。

物，环腹一周，人物脸部饱满丰润，身穿长袍，均作趺坐式，动作表情均不相同，有手提酒杯待饮的，有手枕酒坛沉思的，有两手扶地酒意醺醺的，有两手拱起醉脸酣睡的，生动传神，惟妙惟肖，显示了北宋民间绘画的传统风格，十分难得。[①]宋代石湾陶塑还有一件宋兽头陶塑[②]，这件兽头陶塑两眼圆睁、高鼻张口、额饰明珠、口角露出獠牙，用夸张的手法进行艺术处理。宋兽头陶雕是早期石湾窑陶塑中罕有的精品，代表了宋代石湾窑陶器的表现能力和创新精神。

综上所述，在唐宋时期，以南海北部的文头岭窑（官窑）为起点，沿北江南行10公里，就到小塘的奇石窑，从奇石窑沿东平河东南行15公里，就到石湾的大帽岗。三个古窑址都毗邻北江和东平河，水路交通十分便利。而在三个古窑址河边连绵不断的小山冈上，有密集的古窑址和大量被弃置的唐宋陶瓷片，这些陶瓷片以青黄釉和酱褐釉居多。由此可以想见，当年以奇石窑为中心，形成了包括石湾窑和文头岭（官窑）三处，绵延三十里窑场林立的陶瓷生产经济带。

文头岭窑出土的彩绘执壶、瓷鼓、釉下褐彩青瓷等，从文物器类和装饰方法等观察，与西村窑比较，两者有不少共性，文头岭窑与西村窑应该有先后承袭关系。奇石窑虽然与西村窑共性相对较少，但两者的盆类器形及其印花风格等也存在一定的联系。广州地区作为宋代政治文化中心，窑业向外迁移扩散也很有可能。当西村窑还处在模仿北方窑口阶段时，南海文头岭窑和奇石窑就有了比较明确的本土化器形和纹饰，有比较清楚的时代发展进程。佛山市南海地区发现的奇石窑彩绘陶瓶、石湾小望楼岗出土的陶瓶彩绘风格，与深圳南头宋元墓出土的梅瓶、湛江海域出水的陶瓶、越南地区的彩绘军持，以及雷州窑和越南地区出土的褐彩瓷罐彩绘风格，都有千丝万缕的联系。这证明了广东窑业技术在宋代曾长期向海外交流与传播。[③]

---

① 曾广亿：《佛山石湾美陶的历史渊源与发展》，载《粤港出土古陶瓷文集》，第73页。

② 1964年佛山石湾澜石鼓颡岗宋墓出土。

③ 广东省文物考古研究院：《佛山市南海区考古工作取得重大成果——明确“南海Ⅰ号”沉船部分陶瓷器的广东产地》，载《中国文物报》2022年7月1日。

五、宋代佛山陶瓷的外销

从北宋嘉祐年间起[①]，文头岭窑和奇石窑产品就大量出口海外各国，产品包括了日用碗盘类食具。据国外考古材料所知，在阿曼索哈地区曾经出土过不少中国古陶瓷，其中有完整的南海五代官窑彩绘盆。可见，南海五代官窑产品也曾经远销海外。[②]文头岭窑外销器类主要是各式大小盆罐、执壶军持等，面向东南亚及印度洋沿岸国家。外销性质非常明确。

其中，有一种最重要的外销品种类——储物罐产量最大。从文头岭发掘的出土器物看，储物罐在所有产品中的占比超过50%。[③]储物罐有不同规格和不同釉色，奇石窑酱釉和青釉“四耳罐”“四系坛”等大型储物罐，以尺寸在40—60厘米的中号的罐子为多。四系罐在古代常常用来盛放珍贵的物品，比如香料、茶叶、酒、糖、中药等商品，或用作陶瓷套叠并存放在罐中方便运输，尤为适销于南洋诸国。宋代朱彧《萍洲可谈》记载了广州港海舶出口的情况：“船舶深阔各数十丈，商人分占贮货……货多陶器，大小相套。无少隙地。”朱彧还说当时广州富人投资海舶贸易，利润超过一倍。[④]

此类酱釉大罐特征明显，广泛发现于中国南海海域到东南亚海域沉船船货中，以及中国广州、中国香港、新加坡等古代海上丝绸之路贸易港口遗址上。

1987年发现的“南海Ⅰ号”南宋沉船，船货构成丰富多样。其中，陶瓷器几乎囊括了当时南方主要窑口与瓷器种类，多产自浙江、江西、福建以及广东本地窑口。现统计发掘文物已逾18万件套，其中瓷器约16万件套，铁器

---

① 1976年奇石窑调查采集到“嘉祐□□□”（1056—1063）铭印款的罐片，时代可上溯至北宋仁宗朝。

② 曾广亿：《粤港出土古陶瓷文集》，第574页。

③ 秦大树：《海上贸易的关键性器具——储物罐研究的重大推进》，载《中国文物报》2022年7月1日。

④ （宋）朱彧：《萍洲可谈》卷二，中华书局2007年版，第133页。近年在海南陵水海滩和珠江口发现的唐宋陶瓷，有些青瓷碗作10个一捆堆放，有些小四耳罐和陶碗放在大四耳罐内，证实了“大小相套”的说法。

凝结物124吨。[①]2022年，南越王博物院、广东省文物考古研究院联合北京大学考古文博学院，对“南海Ⅰ号”南宋沉船和南越国宫署遗址宋代地层相关标本进行了便携式XRF产地分析。从考古类型学角度来看，至少有两种釉质釉色和胎质胎色的产品，成分分析结果可明确证实其产地为广东佛山南海奇石窑或文头岭窑；同时，又与南越国宫署遗址宋代地层出土的同类产品关系密切。“南海Ⅰ号”酱釉大罐无论是器形、釉质釉色、胎质胎色，还是印刻字符的制作技法等，与南越国宫署遗址出土的宋代标本都非常相近。尤其是“南海Ⅰ号”沉船出水相关大罐有自铭“酒墱”“玉液春”或各姓氏宅号的戳印等信息，与南越国宫署遗址发现的宋代广州州衙附属建筑基址出土同铭“酒墱”等大罐高度一致。可见，宋代广州地方官府或私营作坊曾在奇石窑和文头岭窑等窑口大量订制装酒容器，而佛山南海诸窑址生产的酱釉大罐也曾大量向广州输送。运到广州灌装“公使酒库”或家族作坊生产的官酒或私酒，并通过官府馈赠或贸易形式装载在“南海Ⅰ号”的横隔舱中随船出洋，最后同船沉没于东川岛海域。[②]2002年，香港考古学者在九龙钻石山发掘宋代奇石窑陶片603片，釉色有酱黄釉、酱黑釉、酱褐釉、青釉四种。器形有双耳执壶、盆、擂钵和四耳罐四种。[③]在香港九龙大磡村也发现宋绍兴九年（1139）奇石窑罐子碎片，在九龙宋皇台圣山遗址、大

图3-1-14　“南海Ⅰ号”沉船出水陶瓷——四系罐（广东海上丝绸之路博物馆藏）

① 肖达顺：《南海瑰宝再续伟航——百年百大考古发现之广东“南海Ⅰ号”沉船》，载《广东文物考古》2021年11月4日。

② 吴寒筠、李灶新、肖达顺、崔剑锋：《广州南越国宫署遗址和“南海Ⅰ号”沉船出土酱釉器产地分析》，载《文博学刊》2022年第2期。

③ 曾广亿：《香港九龙出土古外销陶瓷考略》，载《粤港出土古陶瓷文集》，第560—562页。

屿山、西贡、屯门和元朗等地都有许多奇石窑碎片的考古发现。[①]

至今，海外的博物馆，例如荷兰公主陶瓷博物馆、菲律宾国立博物馆、美国佛利尔亚洲艺术博物馆和马来西亚沙捞越博物馆等，都收藏有许多这样的“广东罐”，记录了奇石窑产品出口海外地区的文明之迹。日本学者三上次男早在20世纪60年代，就在他的著作《陶瓷之路》中谈道：在中东苏丹国境红海沿岸——11世纪中叶至14世纪中叶（1058—1368）红海一带最繁荣之港口——爱扎布（Aidhab）港，发现印有“清香”铭的黑褐釉罐的碎片。三上次男认为此罐可能在广州（府）一带生产，用来盛载香料。2005年，故宫博物院古陶瓷中心举办“古窑址标本展”，在广东奇石窑陶瓷标本展柜内，展示了一片以阳文纵书戳印、凸面单线长方形框的“清香”酱釉带横耳罐碎片，用楷书体作模，字体工整。该标本采自故宫博物院老一辈陶瓷专家在20世纪50年代对全国各地古窑址的调查，为研究奇石窑生产“清香”罐的历史提供了重要物证。

中国香港、台湾学者和日本学者对东南亚称为“广东罐”的储物罐做了长期研究，并分析了“广东罐”与奇石窑的联系。[②]1947—1967年，在印尼苏门答腊东北部的12—14世纪中国城（Kota Cina）遗址发掘出大量罐表带有戳印纹饰的陶罐片；在菲律宾、马来西亚刁曼岛和日本福冈大宰府等地也发现罐表上带有戳印纹饰的“广东器”；在马来西亚沙捞越博物馆还收藏有“潘宅”印铭的中国陶罐。通过分类研究，专家们认为，这些沙捞越出土的罐子应产自11—12世纪的广东奇石窑，原因是这类罐有宋代广东奇石窑釉陶罐的风格，例如不均匀的酱釉或青黄釉、四横耳配以刻画波浪纹、戳印花卉装饰配以文字，这些风格特点在中国其他窑址尚未发现。[③]特别是奇石窑和文头岭窑有戳印文字“清香”的青黄釉和酱褐釉四横系大罐，备受学者关注。由于这种罐在日本的传世品和东亚、东南亚各地的遗址以及沉船中多有出土，故

---

① 《香港中文大学考古学者黄慧怡：南海Ⅰ号部分罐子“是南海奇石窑产品”，我能率先发现这些关联，离不开广东文博界支持》，载《收藏周刊》2022年7月17日。

② 对储物罐进行研究的学者有：香港中文大学考古学者黄慧怡；日本学者渡边基、德川义宣、西田宏子、三上次男、长谷部乐尔、森本朝子；中国台湾学者谢明良等。

③ 黄慧怡：《新加坡福康宁遗址出土14世纪“广东罐”上的戳印纹饰与沉船货物盛载容器的几个问题》，载上海中国航海博物馆编：《航海——文明之迹》，上海古籍出版社2011年版，第88页。

被日本学界称为“清香”罐。而20世纪50年代故宫博物院在文头岭窑址调查时也采集到带“清香”铭的残片。20世纪50、60、70年代曾对奇石窑开展过考古工作，近年来又对奇石窑进行了调查，特别是1976年，佛山石湾镇史编写组和中山大学历史系开展了较为详细的考古调查。对奇石窑的调查结果，给长时间苦苦寻找“清香”罐产地的学界带来惊喜。①

2002年3月，日本古陶瓷学者长谷部乐尔、森本朝子等人分别到佛山市博物馆观摩馆藏奇石窑标本。他们认为，奇石窑的青黄釉或酱黄釉有戳印纹的四系罐在北宋时外销至日本，日本皇室用来装茶叶，称为“茶壶”，十分珍贵。据长谷介绍，这类壶在印度尼西亚的多个博物馆有藏，在爪哇岛，大个储物罐已成为具有礼制性意义的器物，被当作财富的象征，并成为重要的收藏品。在菲律宾也有出土或传世品。②在日本，当茶叶饮用走向仪式化的时候，作为盛放茶叶的这类罐也受到特别关注。四系罐在日本被用作与茶道相关的器具，用于陈设，备受珍视，被赋予了很高的价值。2014年，美国国立亚洲艺术博物馆从日本巨资购入一件名为“千种（Chigusa）”的茶叶罐，这件罐从镰仓时代（1185—1333）就运销日本，受到极大珍重。购入“千种”以后，该馆举办了专门展览，并出版了图录。

由上可见，作为佛山宋代重要陶瓷生产基地，文头岭窑和奇石窑产品畅销海外，远达日本、菲律宾、印尼、阿曼等国家和地区。而大量戳印有纪年、姓氏、地名、吉祥语印记款的残片标本，不仅让海外近几十年出土的类似陶片找到了生产窑口，也让许多早年收藏在海外博物馆中的大型陶瓷容器找到了中国佛山奇石窑这个优渥“娘家”。2022年，对酱釉大罐产地的联合研究，则将佛山南海奇石窑址、文头岭窑址、广州南越国宫署遗址和“南海Ⅰ号”沉船四处标本关联起来，确证了器物产地—消费过程—贸易线路间的联动关系，也确证了南海区窑场的产品进入海上贸易体系，成为提供大量储物罐需求的主要产区。

储物罐的生产一直以广东地区为主，新会官冲窑、高明大岗山窑衰落以后，佛山窑业兴起，接续生产大小不等、造型各异的储物罐。这是广东地区

① 秦大树：《海上贸易的关键性器具——储物罐研究的重大推进》，载《中国文物报》2022年7月1日。

② 黄晓慧：《佛山奇石古窑及相关的几个问题》，载《南方文物》2016年第2期。

陶业长期高度参与海上贸易的重要证据。在奇石窑和文头岭窑衰落以后，后续兴起的石湾窑，也继续生产这类储物罐。非洲肯尼亚出水的清康熙三十六年（1697）蒙巴萨沉船（*Mombasa Wreck*）中带“盛桥”铭的罐，就是石湾窑的产品；沉没于道光二年（1822）的泰兴号沉船中也出水了石湾窑的储物罐。①

第二节　元代广东治理与佛山社区形成
（1271—1368年）

元代是岭南地区从两宋间的社会急剧变化到重建民生、社会安定的过渡阶段，也是佛山人居聚落出现、佛山社区开始形成的重要时期。此时文献上第一次出现了“佛山渡”的记载，以九社为中心的人居聚落也在此时形成。此后，“佛山”作为行政区划的母名，与佛山地区相生相伴，且行且大。

一、元代对广东的治理

公元1272年，元世祖忽必烈定都大都（今北京）。公元1273年，元军大举南下，南宋德祐二年、元至元十三年（1276）二月，元军攻陷临安（今杭州），宋恭帝投降。五月，宋益王赵昰在陈宜中、陆秀夫、张世杰等人拥戴下即帝位于福州，改元“景炎”。封其弟赵昺为卫王，组织行朝继续抗元。史称“二王行朝”。其后进入广东路潮州、惠州，又于次年四月进驻东莞县官富场和浅湾（今香港九龙城附近、荃湾），然后漂泊于珠江口和粤西海面。南宋景炎三年（1278）四月，赵昰在硇洲（今广东湛江市硇洲岛）病死，赵昺继立，改元“祥兴”。六月，迁新会崖山。史称“崖山行朝”。

① 秦大树：《海上贸易的关键性器具——储物罐研究的重大推进》，载《中国文物报》2022年7月1日。

此时行朝尚有官兵20多万人，由陆秀夫、张世杰主持，在海边建造行宫和水寨。与此同时，广东诸州府军民开展了长达3年的抗元战争。东莞县民熊飞领乡兵转战粤中（今佛山地区）和粤北，战死于韶州；潮州知州马发坚守孤城9个月，城破遇难；右丞相文天祥，另率一军在闽、赣、粤流动作战，败而不馁，最后在海丰县北五坡岭被俘，从潮阳随船押赴崖山。过零丁洋时（1278年）作诗“人生自古谁无死，留取丹心照汗青”。南宋祥兴二年、元至元十六年（1279）二月，元军都元帅张弘范所部攻破孤悬海边的崖山。陆秀夫抱少帝赵昺赴水，一时从死者数以万计。张世杰夺舰而走，后遇飓风溺死。文天祥从广州被押解至大都（今北京），3年后就义于柴市。

二王行朝是南宋朝廷的延续。这个集团没有力挽狂澜的胆略和精诚团结的精神，又远离人民大众，失败是不可避免的。但其成员如文天祥、陆秀夫、张世杰和各地军民，为反抗蒙古贵族的压迫所表现的舍生忘死、英勇赴义的高风亮节，千古流芳。①

元于1279年统一中国后，实行了一系列不同于两宋的行政区划建置和社会经济改革政策。

首先，元代以行省制为中心的行政体系，对后世行政区划体制产生了重大影响。元代中央的行政中枢称中书省。中书省总领11个行中书省：河南江北行省、陕西行省、四川行省、甘肃行省、云南行省、江浙行省、江西行省、湖广行省、辽阳行省、岭北行省、征东行省。②元一改宋制，重新划分了行中书省的地理疆域，广东地区属江西行省管辖；广西地区属湖广行省管辖。③宋初两广地区先是划为岭南道，元丰年间在全国设置四京十五路，两广地区又划为广南路。④元代把两广分拆，设立广东宣慰司，长官是宣慰使。元代职官制度，行省左丞相奉钱两百贯，行省宣慰使奉钱八十七贯五钱。⑤两者官职待遇差别很大。可见，元代划省后，广东地区在全国的行政地位比宋代

① 此节参阅《简明广东史》（特选本），第166—167页。

② 参阅张步天：《元代地方行政区制度》，载《益阳师专学报（哲学社会科学版）》1987年第3期。

③ 参阅许正文：《论我国省制的沿革与发展》，载《陕西师范大学学报（哲学社会科学版）》1999年第1期。

④（宋）王存：《元丰九域志》卷第一，中华书局2011年版。

⑤（明）宋濂：《元史》卷九十六《食货四·俸秩》，中华书局1999年版，第1632页。

时下降。

元代的地方行政制度分省、路、府（州、军）、县四级。另有“道”，是省以下、路府之上的承转机构。省有行中书省（总政务）、行枢密院（军事）、行御史台（监察）。今广东省境被分为广东道和海北海南道。广东道领14个路（州），即宋代广东路辖区，属江西行省；海北海南道领雷州路、化州路、高州路、乾宁军（后改琼州路）、南宁军、万安军和吉阳军（另有今属广西的钦州路、廉州路）即宋代属广西路的7个州军，属湖广行省。广州路领一司七县（南海县、番禺县、东莞县、新会县、香山县、增城县、录事司[①]、清远县）。[②]今天的佛山地区属广东道广州路南海县管辖。

其次，元王朝是第一个在全国范围把社作为一种地方基层行政组织的王朝。元代的村社制度，就是以自然村为基础，在一定户数规定下建立起来的称为“社”的基层行政机构编制。至元七年（1270），元世祖（忽必烈）颁布立社法令，开始在北方内地农村推行村社制。凡五十家立为一社，不以是何诸色人等并行入社。令社众推举年高、通晓农事、有兼丁者立为社长。如一村五十家以上，只为一社，增至百家者，另设社长一员。如一村不及五十家者，与附近村相并为一社。若地远人稀之村，准许各村自为一社，或三村或五村并为一社，村内选立社长。[③]灭南宋后，元朝廷又将村社制推行到江南地区，乃至全国普遍实行。当时除腹里地区外的11个行省中，有史料明确记载实行社制的就有岭北、辽阳、河南、陕西、江浙、江西、湖广7个行省。[④]如上所述，元代时广东地区属江西行省管辖，广东地区当然也在实行村社制的范围内。从至元七年到至元三十一年（1270—1294），是元代在全国推行村社制的重要时期，这对全国农村社会的稳定发展起到了积极的作用，岭南地区自不例外。佛山九社就建立于此时。

再次，允许民营开采矿冶。元初重视北方的官冶开采，《元史》记载，

---

① 《元史》卷九十一《百官七》记载：录事司，秩正八品。凡路、府所治，置一司，以掌城中户民之事。

② 大德《南海志》卷十，第10页。

③ 《元典章》卷二十三《劝农立社事理》。

④ 参阅杨讷：《元代农村社制研究》，载《历史研究》1965年第4期；仝晰纲：《元代的村社制度》，载《山东师大学报（社会科学版）》1996年第6期。

早在元太宗丙申年（1236）就在河东（今山西西南地区）开发铁冶，立炉于西京州县，由官府拨给760冶户进行煽炼。次年，又立炉于交城（今山西中部地区），仍由官府拨1000冶户进行煽炼。同时，又在河北顺德立炉，在北京等地拨6000冶户煽炼。至元五年（1268），元世祖忽必烈始立“洞冶总管府”，至元十三年（1276）又设立“平阳等路提举司”，对河东铁冶进行管理。其后废置不常。至大元年（1308），复立济南提举司，所隶有宝成监、通和监、昆吾监、元国监、富国监5个冶铁监。[①]可见，元代在北方实行官营冶铁，而对南方各行省的铁冶，则允许民营，以课税为主。至元二十八年（1291），“罢广州匠人提举司”[②]，放松了对匠人的管制，匠人可以民籍身份经营冶铁。至元二十三年（1286），“韶州路曲江县银场听民煽炼，每年输银三千两”[③]。当时全国铁课，“独江浙、江西、湖广之课为最多”。出品则有生黄铁、生青铁、青瓜铁、简铁等品质不同的铁产品。[④]江西在铁课最多行省之列，其中当然也包括了广东的铁课。此外，元代允许铁器出口，“唯铁不禁”[⑤]，这是元代与历代王朝的不同之处。这无疑会刺激濒海省份如广东、福建的冶铁生产和出口。元代岭南铸造的铁锅已

图3-2-1　南华寺千僧锅，至元四年铸

图3-2-2　元代佛山制造的铜壶滴漏（复制品）（广东省博物馆提供）

---

① 《元史》卷九十四《食货二·岁课》，第1579—1580页。
② （清）阮元：道光《广东通志·前事略》，载《岭南史志三种》，第149页。
③ 《元史》卷九十四《食货二·岁课》，第1579页。
④ 《元史》卷九十四《食货二·岁课》，第1580页。
⑤ 《元史》卷九十四《食货二·市舶》，第1592页。

初露头角，现存曲江南华寺的千僧锅，就是元惠宗至元四年（1338）铁铸大锅，锅高160厘米，直径209厘米，一次能煮数百斤大米，可供千僧饭食。该锅高大厚重，原铸有文字，因日久锈蚀。元代佛山铸造的铜壶滴漏，也是大型铜铸件。

元代虽然短短几十年，却对广东产生了三点重要影响：

第一，元代以行省制为中心的行政区划制度，把广东归隶于江西行省，降低了广东的行政地位，同时也相应降低了广东承担的铁课和总赋税。元代广东坑冶开采场所大大少于宋代，见于官方的记载仅有韶州，而且韶州铁课也归于江西行省铁课总额。这与宋代元丰年间“坑冶之利，两广为最”的全国铁课突出地位相去甚远。由此也给了广东一个难得的休养生息的机会。元代政治中心的北移，客观上减少了王朝对广东的政治压力和经济掠夺。“山高皇帝远”的粤谚，描述了此时粤民的生存环境和得意心态。

第二，元代村社制度的有效实行，把原先散布在珠江三角洲的南迁居民和原住民整合为一体，形成有机结合的群体聚落和信仰空间，有利于产业集群的发展，从而为更大范围的农村社会整合提供了基础。

第三，元代重北方官营铁冶而轻南方民营铁冶的制度安排，以及允许民营资本进入冶铁业和各类金属采矿业，同时放松铁器出口海外的对外贸易政策，鼓励了民营资本对冶铁和采矿业的投资经营。而铁器集中和大量出口，也迅速拉动了岭南地区冶铁业的发展速度。此外，官营冶铁业的发展及其关闭，转移出熟练冶铁人才，也为民营冶铁业的诞生培养准备了大量技术人才。

值得一提的是，宋代长期执行禁民参与的严管政策，使得民间商人资本游离于铁冶领域之外，从而客观上压制了岭南地区铁冶发展的可能空间；而元代政治中心的北移、行政区划的重设、村社制的实行、民营铁冶的准入，以及铁器出口政策的开放，则从政治环境、经济环境和社会环境上提供了岭南地区铁冶发展的重大机会和广阔空间，为明以后岭南铁冶业特别是佛山铁冶业的崛起打开了大门。

二、南迁移民在佛山的定居

社区是一个群体，它由彼此联系具有共同利益或纽带、具有共同地域的一群人所组成，其成员之间的关系是建立在地域的基础上。社区又是实现一种文化的社会组织分类和职能的最小单元，是创造其历史传统文化和风俗遗产并传播到将来的最小群体。

自北宋末年以来，随赵宋朝廷南迁而出现的岭南移民潮，将大量北方人口带至佛山一地，这些南迁人口及其随身背负来的神明和祖先牌位，给佛山这块地处海滨的化外之地，带来了中原姓氏群体和正统祭祀文化。宋元丰年间（1078—1085），佛山龙翥祠建立，其不久便成为佛山社区最初的祭祀中心。外来氏族在感情上依托于佛山社区这一地理空间，很快学会了如何利用佛山土地资源，并且懂得如何尊重佛山土著居民对环境的改造成果。这些成果包括物质方面，如道路、农田、灌溉系统、寺庙、社坛等；也包括习俗和信仰，如火葬、尚鬼习俗等。而佛山土著居民也从北方来的氏族身上学到了手工业技术，学到了祭祀文化及宗族观念等。经过若干年发展，最初仅由其生存空间联系在一起的来自各地的氏族最终与土著居民相融合，形成一个包括不同血缘氏族的居住群体，形成一个以佛山村为中心包括周边各村的佛山社区，同时形成一个以龙翥祠为中心的九社祭祀圈。

在北方移民迁入之前，佛山就有土著四大姓——鸡、田、老、布等族姓存在。鹤园《冼氏家谱》记载：“马廊，其先布里，佛山旧族称鸡、田、老、布，此其一也。”[①]布里在佛山中部（鹤园铺），可知佛山旧族布氏曾在此聚居。明以后，布里为鹤园冼氏所占，改称马廊。其他诸姓也日渐式微。乾隆年间还记载了鸡、布、老三姓，而无田氏记载。[②]到了民国初年，鸡氏剩男子2人，布氏和老氏也仅有30余人。[③]关于“土著四大姓”的传说，文献的记载太少，从整个珠江三角洲社会文化发展历史趋向看，佛山“土著四大姓”的式微，也是中原氏族南迁后文化融合的结果。据佛山族谱资料记载，

① 鹤园《冼氏家谱》卷四之三《家庙谱》。

② 乾隆《佛山忠义乡志》卷六《乡俗志·氏族》。

③ 佛山市地方志办公室，佛山市计划生育办公室合编：《佛山市人口志》，广东科技出版社1990年版，第30页。

外来氏族来到佛山初期，曾接受了本地风俗传统。例如，岭南有火葬等习俗，《南海佛山霍氏族谱》记载“其时（宋元时）粤俗皆火葬，上世坟垅同瘗于此。后迁葬石湾”[①]。可见，山西迁来的霍氏也接受了岭南火葬的习俗。而土著居民也认同了中原文化，尤其是认同了南迁氏族的官宦背景和“南雄珠玑巷”的来源标志，也认同了南迁氏族带来的神明信仰及其祭祀仪式。于是，出现岭南土著攀附中原大姓，自称亦来自珠玑巷，乃至于改姓的现象。因此，鸡、田、老、布“土著四大姓”的式微，与其人口融合到新迁入其他大姓的过程相联系。

外来移民迁入佛山主要有两个来源：一是中原和东南移民经过南雄珠玑巷南迁。宋元以后，外省氏族渡岭南来的浪潮一波接一波，他们携家带小，乘舟顺北江而下，寻觅那理想的永久生息地，不少氏族经过多次选择后才最后定居佛山。然而，不管他们曾在哪里定居过，“南雄珠玑巷”始终是他们祖居地的认同标志。二是本省高凉地区的居民。岭南自古为百越之地，百越先民很早就生息繁衍在这块土地上。南朝时驰骋岭南并归附隋朝的冼夫人，就是高凉地区冼氏部落的首领。唐宋以还，随着珠江三角洲地区的逐渐成陆，冼氏子孙也迁徙到这块富饶的土地上，如今散布珠江三角洲各地的冼氏聚居村落很多，诸如冼村、冼边、冼涌等地名随处可见。

据族谱记载，最早迁入佛山的氏族是原居山西平阳的霍氏，霍氏始祖正一郎公，据说是宋靖康间人，为该族南迁始祖。《南海佛山霍氏族谱》记载：宋靖康间（1127），正一郎公舟车南下南雄州沙水村珠玑巷，遂定厥居。娶原配周氏，生四子。随后“游于南海，携家舟次佛山”。只见其地“佳气葱葱，周原芜芜。询之乡人，知为汾水”。正一郎公恍然惊喜曰：“我当初离开家乡时，霍神就告知有此地。诚可谓天作地藏，非偶然也。”于是“筑室佛山之三月冈，即今早市，实为发源地焉”。[②]其后霍氏宗支繁衍，三世后分为六房，分居于佛山鹤园、大路头、霍畔坊、桄榔树、古洛

① （清）霍承恩：《南海佛山霍氏族谱》卷九《十五世祖乐天公家传》，道光九年（1829）刻本；《宋始迁祖正一郎太府君家传》。

② 《南海佛山霍氏族谱》卷九《十五世祖乐天公家传》；《宋始迁祖正一郎太府君家传》。

北、祖堂南和古洛西等地。并由此分支东莞及全省各地。[①]明清时期，佛山霍氏成为佛山人口较多的大族。

东头冼氏系百越著姓高凉冼氏之后，南宋时向东迁移。据《岭南冼氏宗谱》记载：东头冼氏“一世祖讳发详，字昌图，号活涯，宋处士。南宋绍定五年（1232）由高凉（今高州府吴川县）迁居佛山镇东头铺”。东头在佛山之东，乃佛山八景之一“东林拥翠”所在，前临栅溪，远衔西樵，实据形胜，“活涯公肇居此地，斩棘披荆，于是湖山有主”。到四世始开始分房，北房祖可善立七甲冼益进户，二房祖伯善立八甲冼永兴户，南房祖德善立一甲冼舜孔户和六甲冼承泰户。[②]冼氏占据的东头，林木森森，乃佛山最好的形胜地之一。

随后在宋咸淳年间，迁入佛山的氏族陆续增多。例如鹤园陈氏，祖籍福建。宋咸淳九年（1273），陈氏有宋诰授奉政大夫、光禄寺少卿，加二级贡士陈佛正，“由南雄珠玑巷迁居南海季华乡鹤园社荫善坊，聚族而居，遂开图籍”。[③]

石巷冼氏和白勘冼氏亦在宋咸淳年间迁入佛山，据《岭南冼氏宗谱》载：石巷冼氏，“一世祖讳斌，字伯广，号槎溪，宋咸淳间由南雄珠玑巷迁居佛山镇”[④]。白勘冼氏，“一世祖讳伯达，宋三六宣义官。咸淳间由南雄珠玑巷迁居佛山白勘”[⑤]。

还有江夏黄氏，祖籍福建邵武。宋时有黄益谦者，进士出身，职授御史大夫，升右司郎中兼理都尉事，赠朝奉大夫。年老致仕，乞归故里，“因金人入寇，分道侵逼，郡人叛乱，遂自南雄珠玑巷沙水村与邝氏夫人携三子避居羊城”。世平后，择村乡善者就居，于是，“迁于南海属之季华乡表冈墟

① 《南海佛山霍氏族谱》卷二。

② 《岭南冼氏宗谱》卷三之六《分房谱·东头房》。

③ 陈万豫总纂，陈春发等序：《南海鹤园陈氏族谱》卷二《始迁宗派图》，民国八年（1919）刻本，广东省立中山图书馆藏；又据同谱谱序载：“始迁祖佛正公与金鱼房了翁公、水便房水村公系属昆仲，前宋时代由闽至粤之梅岭，择居于佛山巨镇，渐次蕃衍，各自鼎建祠宇，遂名为三大房。”再据同谱卷一《氏族考》：鹤园陈氏、金鱼堂陈氏、水便陈氏均共认皆出唐苍梧太守子然公之后。

④ 《岭南冼氏宗谱》卷三之十七《分房谱·石巷房》。

⑤ 《岭南冼氏宗谱》卷三之十八《分房谱·白勘房》。

涌边坊而居，买田数处，分三子”，“随田附籍”。[①]

元时迁入佛山的氏族有郡马梁氏、朝市梁氏、金鱼塘陈氏和纲华陈氏。

郡马梁氏始祖在宋建炎年间由南雄郡出任程乡县尉，后卜居南海西雍乡。五世祖时有梁节者“尚宋亲王郡主越氏，为郡马”，故其族称“郡马梁”。梁节二子六世祖梁熹，在元至正十二年（1352）始“迁居佛山冈头”[②]。明正德名宦梁焯出于此族。

朝市梁氏有六世祖梁宪，生于南宋嘉熙二年（1238），终于元大德七年（1303），为宋进士，奉直大夫，官居广州别驾，由番禺县北亭乡迁居南海县佛山镇朝早（市），“为佛山房始祖”。[③]明代佛山二十二老之一梁广、清代著名中药商人梁仲弘出自此族。

金鱼塘陈氏原居福建南剑州沙县，元至正二十三年（1363），有陈君德者中举，授湖广道州学正，迁国子监学录，擢礼部仪制司主事。因其父陈敬之于元至元十八年（1281）以贤良授南雄府始兴县尹，陈君德遂流寓于保昌之珠玑巷。到元泰定四年（1327），君德“始迁居南海季华乡之田边，遂就地设金鱼堂以讲学，一时公卿大夫远近景从，群称为颍川先生。至明朝定鼎，开籍南海”。[④]清乾隆解元、翰林院编修陈炎宗出于此族。

纲华陈氏原居增城县沙贝乡，九世祖陈夔，号宣义，系元至正二十年（1360）广州府学庠生，恩赐冠带寿官。元至正二十一年（1361），陈夔“负木主移家佛山锦澜石榴坊纲华巷，自是忠厚开基，扩产饶裕。始占籍南海佛山堡。日积月盈，置有田园共八顷零”[⑤]。

鹤园（练园）冼氏，“一世祖衍深，号鄹庵，宋儒士，度宗咸淳末由南雄珠玑巷迁广州，居南海县扶南堡，是为一世祖”。四世祖君泰为元代元帅府廉访司令史。由扶南堡迁居广州乾濠尾儒家巷。到五世时有冼显佑，号五原，明处士，“洪武初由广城儒家巷迁居佛山鹤园里。……是为本房始迁

---

① （明）黄尧臣：《黄氏族谱》卷一，手抄本。

② 《象峰梁公忠贤谱志录》，载郡马《梁氏家谱》，手抄本，不分卷，光绪十一年（1885）重辑本；《元处士尧叟梁公安人张氏周氏墓志》。

③ 《梁氏家谱》，手抄本，不分卷。

④ （清）陈其晖纂修：《南海金鱼堂陈氏族谱》卷八上《列传一·陈君德》，光绪二十三年（1897）刻本。

⑤ （清）陈组南纂修：《佛山纲华陈氏族谱》，同治元年（1862）手抄本，不分卷。

祖”[①]。明嘉靖名宦冼桂奇出于此族。

栅下区氏，原籍登州，洪武年间，始祖区南堂“始迁居佛山栅下，是为佛山区氏始祖”[②]。

细巷李氏，祖籍陇西。大概在宋末迁粤。[③]元时已有李廷玉居住南海里水。约在明宣德年间，有李广成“迁佛山细巷，为始迁”[④]。由于李氏不是明初开图建籍时迁入，故李氏迁入佛山后很长一段时间被视为侨寓之户。明崇祯户部尚书李待问出于此族。

汾水冼氏，“一世祖讳少荣。字仕能，明处士。弘治间由本邑扶南堡迁居佛山汾水铺。……是为始迁之祖”[⑤]。

表3-2-1　宋、元、明外来氏族定居佛山表

姓氏	原籍	始迁年代	始迁祖	开立户籍	资料来源
霍	山西平阳	宋靖康时期（1126—1127）	正一郎		南海佛山霍氏族谱（道光刻本）
东头冼	广东吴川	宋绍定五年（1232）	冼发祥	冼舜孔117图1甲 冼绳祖117图5甲 冼承泰117图6甲 冼益进117图7甲 冼永兴119图8甲	岭南冼氏宗谱（民国刻本）
石巷冼	南雄珠玑	宋咸淳年间（1265—1274）	冼斌	冼众为119图2甲	岭南冼氏宗谱（民国刻本）
白勘冼	南雄珠玑	宋咸淳年间（1265—1274）	冼伯达	冼复起21图4甲	岭南冼氏宗谱（民国刻本）

① 《岭南冼氏宗谱》卷三之二十《分房谱·练园房》。

② 区灌：《佛山栅下区氏族谱》之《序》《正谱》，民国十八年（1929）刻本。

③ （明）李待问：《李氏族谱》卷一《姓氏考》［崇祯十五年（1642）刻本］称：“廷玉公以上司□论缺焉，溯之于不可知之人，而泽已湮矣。”

④ 《李氏族谱》卷一《世系纪》。

⑤ 《岭南冼氏宗谱》卷三之二十六《分房谱·汾水房》。

（续上表）

姓氏	原籍	始迁年代	始迁祖	开立户籍	资料来源
鹤园陈	福建	宋咸淳年间（1265—1274）	陈佛正	陈进20图5甲	南海鹤园陈氏族谱（民国刻本）
江夏黄	福建邵武	宋	黄益谦		江夏黄氏族谱（手抄本）
朝市梁	番禺北亭	元初	梁宪	梁永标20图	梁氏家谱（手抄本）
郡马梁（冈头）	南雄	元至正十二年（1352）	梁熹		佛山梁氏诸祖传录（手抄本）
金鱼堂陈	福建沙县	元泰定四年（1327）	陈君德	陈祥118图	南海金鱼堂陈氏族谱（光绪刻本）
纲华陈	增城沙贝	元至正年间（1341—1368）	陈夔	陈嵩（里长）、陈文佳118图4甲	佛山纲华陈氏族谱（手抄本）
鹤园（练园）冼	南雄珠玑	明洪武年间（1368—1398）	冼显佑	冼翼、冼贵同、冼光裕119替10甲	鹤园冼氏家谱（民国刻本）
栅下区	登州	明洪武年间（1368—1398）	区南堂	区效汾115图	栅下区氏族谱（民国刻本）
细巷李	陇西	明宣德年间（1426—1435）	李广成	李大宗114图	李氏族谱（崇祯刻本）
汾水冼	南海扶南	明弘治年间（1488—1505）	冼少荣	冼贵同114图9甲	岭南冼氏宗谱（民国刻本）

除上述氏族外，至迟在明初迁入佛山的氏族还有莲花地黄氏（佛山名族）、庞氏、伦氏、简氏、谭氏、何氏、黎氏、杨氏、关氏、岑氏、高氏、潘氏、赵氏、招氏、彭氏、邱氏等。[①]

① 乾隆《佛山忠义乡志》卷六《乡俗志·氏族》，卷三《图甲》。

三、元代佛山的堤围

元代佛山地区修筑堤围比宋代扩大，主要集中于珠江三角洲西北边缘的西江和高明河两岸。修筑工程目的是在未有堤的地方增筑堤围，或连接宋代以来修筑的分散堤围，如在南海桑园围之上筑大路围。同时对低矮的宋堤加厚加高，如南海罗格围。

在珠江三角洲西北边缘，元延祐年间（1314—1320）在西江南流右岸（今属三水区）修建了蚬塘围，堤长1100丈，捍田400顷；至正元年（1341），在西江南流左岸修建了豁陵围，堤长2756丈，捍田83.4顷；至正元年（1341），在西江南流左岸修建了大路围（镇南围、平田围），堤长6840丈，捍田48顷；与此同时，在西江南流右岸，还修建了白泥围、雄旗围、蔡坑围。

在高明河两岸，人们在元至正年间（1341—1368）创建了一系列水利工程：首先是云岩陂、坟前陂、石陂、大陂和波泔村前风车总陂等陂塘的修建。其次是堤围，元至正年间在高明河北岸修建了秀丽围，堤长2500余丈，捍田360顷；同时又建了南岸四围，四围合计堤长5500余丈，捍田193顷[①]。特别是在此时修筑的大沙堤（围），堤长890丈，捍田500顷。“大沙堤，治东十里，形如悬胆。……元至正间各乡民黄泽、邓德达等集众创筑，包上仓、清泰、杨梅、罗塘、田心五都钱粮税田五百余顷，包一十余村中、下则水患税田一百余顷，又作蓄水之地。”[②]

元代广州路（包括今佛山地区）一共筑堤11处，34条，共长50526丈，护田233200亩。[③]

元代佛山地区堤围数量多而规模小，最大者属大沙围（今属高明）护田5万余亩。但筑堤技术却有进步：堤身高度在1丈至1丈5尺之间，是宋堤的3倍以上；秀丽围除了筑有石窦六穴外，还在围内设间基，这是根据秀丽围高低不平的地势特点，分筑小围，综合解决排灌问题。元代在处理崩堤决口方面

---

① 《珠江三角洲农业志》，第135—137页。

② （清）邹兆麟修，（清）蔡逢恩纂：光绪《高明县志》卷十《水利志》，光绪二十年（1894）刻本。

③ 《简明广东史》（特选本），第170页。

开始使用石方，并采用多种修复办法。如榕塞围（今属三水区），元时曾崩基两次，其中一次宗家潭决口宽度约400尺，人们使用大石垫底，并绕过决口之内，另筑新堤与原堤相连。又卢文滔潭决口约250尺，复堤时先放海沙垫底，然后填土，再绕外坡筑新堤与原堤相连。[①]

开始使用石方筑堤，这对加固堤防具有重大意义。这些堤围在水患未算严重的元代能够保障围区的农业生产，同时有利于固定河床，加速水流出海，因而促进了下游平原的浮露。

四、佛山渡与四乡津渡

为了巩固元代在广东的统治，元初时广东道宣慰使塔剌海哈曾对广州路水陆交通加以整治，官设“水旱站一十余所，水铺一十五起”[②]。正如元大德《南海志》所言：“圣朝混一区宇，舟车所至，人力所通，日月所照，霜露所坠，莫非王土，莫非王臣，故水马站遍天下。广为杨州尽处，去京师万余里。然叶舟风递，驲骑星驰，不十余日可至。”[③]元代在南海县属北江航道设立水站三处：“官窑站，船一十只；西南站，船五只；胥江站，船一十只。”水马站的开设，缩短了广州与元大都间的旅程。

随后创办了广州往返各县的定期班船，叫作“长河渡”：共有50条航线，基本包括了珠江三角洲主要地点。根据元大德《南海志》记载，其中直达今天佛山地区的长河渡有：从番禺县（广州城东）开出的佛山渡、靖康渡、官山渡；从南海县（广州城西）开出的丹灶渡、奇石渡、张槎渡、龙江渡、鲤水渡、马宁渡、江尾渡、兰石渡、深村渡、橄榄渡、大湾渡、罗村渡、石屈渡、何村渡。[④]元代广州路的水陆交通，是以广州为核心，向四周放射开来。今佛山地区的长河渡占广州路长河渡的34%。长河渡的创设，是广州与“四乡”间航运交通之滥觞。

此外，在水网区的各处埗头，也遍设供行人过河的“横水渡”。当时

① 《珠江三角洲农业志》，第141页。
② 道光《广东通志》卷二四一。
③ 大德《南海志》卷十，第83页。
④ 大德《南海志》卷十，第88—89页。

在今佛山地区设立的横水渡有：宁口渡、西岸渡、官窖渡、和顺渡、灵洲渡、佛山渡、仁寿渡、冼屈岸渡、牛眠冈渡、三江渡、胥江渡、蒋岸渡、流潮渡、横冈渡、深村渡、石头岸渡、叠滘渡、南津沙滘渡、丰江渡、分界渡、禾步骆村渡、上滘渡、西南渡、河清郎凿渡、葛岸渡、江尾渡、西海白塔渡、大江渡、何村渡、藤涌兰石渡、平地渡、古灶渡、东村榕洲渡、冼村渡、木铎渡、罗格登洲渡、石屈渡、下黎渡、九江甘竹渡、张槎渡、冯赤口渡、山南白坎渡、何村渡、白鹭洲渡、鹿子洲子渡、大沙渡。[①]以上横水渡占广州路横水渡总数的60%。横水渡的大量设置，说明佛山地区人居聚落点致为稠密。而“横水渡”这个名称，遂从元代沿用至今。

元大德《南海志》关于“佛山渡”的两处记载，是有关佛山地名的最早文字记载。从元末开始，出现了“季华乡”的称谓。根据族谱材料，元末佛山迁入的氏族均称该地为“南海县季华乡”[②]。这说明至迟在元代，佛山聚落已经形成。

五、九社与龙翥祠

“九社”，是佛山最古老里社，均建于元至元十年至至元三十年（1273—1293）的二十年之间。[③]

“乡之旧社凡九处，称古九社。”它们是：“古洛社、宝山社、富里社、弼头社、六村社、细巷社、东头社、万寿社、报恩社。”[④]社者何谓？一谓，社，土神也。又谓，社者，报土功也。社有社坛，祀五方土地之神。史称“粤祀社最盛，虽数家之村莫不祀事”。[⑤]在佛山亦然，乡志称：“里各祀

① 大德《南海志》卷十，第89—90页。

② 《南海金鱼堂陈氏族谱》卷八上《列传一·陈君德》；《南海鹤园陈氏族谱》卷二《始迁宗派图·佛正》。

③ 《帝国铁都：1127—1900年的佛山》，第41—42页。

④ 乾隆《佛山忠义乡志》卷一《乡域志》。

⑤ （清）黄芝撰：《粤小记》卷四《祀社》，道光十二年（1832）刻本。

社，此民间报赛之常。”[①]但佛山之社似具有更多功能。嘉靖时冼桂奇说：“古洛之西故有社焉。里中缙绅父老每四时伏腊事毕则申社约，为诗会。”[②]可见，古洛社除春祈秋报之外，还有申社约、集诗会等功能。

中国农村自古就有结社的传统。社本是乡村民众敬神祭祖的地方，也是村民进行娱乐和庆典活动的场所。因为社具有聚众的意义，所以一些民间组织便以社具名。虽然社的名称出现很早，但元朝廷是第一个在全国范围内把社作为一种地方基层行政组织的王朝。

从至元七年到至元三十一年（1270—1294），是元代在全国推行村社制的重要时期，佛山九社当在此时建立。报恩社原称缸瓦社，据《缸瓦社纪》记载，缸瓦社在明以前已建立，洪武初年始在新址重建社坛，迎迁社老于此。正统后改名报恩社。报恩社在九社中排序第九，也可以推知其他八社的始建年代当在九社之前。[③]根据元世祖全国立社的地方基层行政组织制度安排和上述缸瓦社建立年代判断，佛山九社均应建于元代至元十年至至元三十年（1273—1293）的二十年之间。

龙翥祠，是真武庙最初的名称。佛山真武庙在景泰以前名“龙翥祠”，景泰以后赐封“灵应祠”。所谓真武庙、北帝庙、祖庙、祖堂均是乡人的俗称。据《龙翥祠重浚锦香池水道记》载：“此乡有神曰真武玄帝，保障区宇，有功于民，不可具述。……祠初名曰龙翥。”[④]根据现有文献资料考订，龙翥祠建于宋元丰年间（1078—1085）。据《南海佛山霍氏族谱》记载：佛山霍氏自宋靖康年间南迁佛山早市，其后霍氏宗支繁衍，三世后分为六房散居于佛山祖堂南、古洛北、古洛西、鹤园、大路头、霍畔坊和桄榔树等地。[⑤]李待问《重修灵应祠记》亦云：“其庙号祖堂，以其岿然为诸庙首。”[⑥]“祖堂南”，即祖庙之南边。霍氏第三代人分居于“祖堂南”时应为南宋淳熙二年（1175）。又据正统三年（1438）《庆真堂重修记》载：“自前元以来，

---

① 乾隆《佛山忠义乡志》卷一《乡域志》。

② 《粤小记》卷三。

③ 《缸瓦社纪》，载《岭南冼氏宗谱》。

④ 迹删鹫：《咸陟堂集》卷五，载《明清佛山碑刻文献经济资料》，第26页。

⑤ 《南海佛山霍氏族谱》卷九《十五世祖乐天公家传》；《宋始迁祖正一郎太府君家传》。

⑥ （明）李待问：《重修灵应祠记》，载《明清佛山碑刻文献经济资料》，第15页。

三月三恭遇帝诞，本庙奉醮宴贺，其为会首者，不惟本乡善士，抑有四远之君子相与竭力，以赞其成。是日也，会中执事者动以千计，皆散销金旗花，供具酒食，笙歌喧阗，车马杂沓，看者骈肩累迹。里巷壅塞，无有争竞者。岂非致中和之效乎。大德之间，庙前有榕树二株被风吹颓，乡人聚以二百余众，扶立不动。是夜忽闻风雨声，次早树起而端然。”[①]以上材料都详细地记述了元代真武庙的各种活动，每当三月三北帝诞日，“车马杂沓”“里巷壅塞”。如果真武庙没有一定时间的发展，没有素著灵响的名声，不可能有“四远之君子相与竭力，以赞其成”之盛况。

此时龙翥祠所奉之神有“北极真武玄天上帝塑像及观音、龙树诸像”[②]，“惟真武为最灵”[③]。“龙树”是释迦牟尼的大弟子，是佛教祭祀的神明。北帝和观音共祀一堂，蕴含乡人对父母双亲的感情寄托。正如陈炎宗所言：“神于天神为最尊，而在佛山则不啻亲也。乡人目灵应祠为祖堂，是直以神为大父母也。”[④]可见，此时的龙翥祠是一个亦庙亦祠的祭祀建筑。这一传统深刻影响了后来祖庙的祭祀性质。在以家长制家庭为单位的社会类型里，血缘群体对去世祖先灵魂的感情态度，往往成为神灵崇拜的起点。以“祖堂”“祖庙”来称呼神庙，正是这种联系和情感的表现。因此，早先的祖堂之于佛山人，犹如祖先灵魂藏幽之所，祖先恩惠普施之地。人们对神明的感情是一种亲切的感情，神明之间没有严格界限，佛、道之神共处一室，人们也不以为怪。总之，一切都是朴素自然的感情产物。

那么，龙翥祠与九社是何种关系？

明洪武元年（1376），九社发布了共同祭祀龙翥祠真武玄天上帝的宣言，称为“九社公启”。启称：

> 天下神明，各有庇佑。唯我真武玄天上帝，乃佛山通乡所赖，今始供奉于龙箸（翥）祠内。凡我九社之民，均沾神庥。故而人人乐捐，家

---

① 正统三年□□□《庆真堂重修记》，载道光《佛山忠义乡志》卷十二《金石志上》。

② 景泰二年《佛山真武祖庙灵应记》，载《明清佛山碑刻文献经济资料》，第3页。

③ （明）唐璧：《重建祖庙碑记》，载道光《佛山忠义乡志》卷十二《金石志上》。

④ 乾隆《佛山忠义乡志》卷六《乡俗志》。

家尊奉，世代传承，荐享不辍。[①]

九社公启，是佛山第一次把真武玄天上帝提到社区共同保护神的地位，并规定了“凡我九社之民”均有“人人乐捐，家家尊奉，世代传承，荐享不辍”的义务。

九社并非并列存在，而有一个社区地位排序。“吾佛凡九社，一古洛、次宝山，而富里、弼头、六村又次之，细巷、东头，万寿又次之，其殿则报恩焉。”[②]民国《佛山忠义乡志》有九社不完全的排序记载：祖庙铺古洛社，忠义第一社；东头铺东头社，忠义第四社；栅下铺君臣社，忠义第六社；锦澜铺，报恩第九社。[③]

九社的排序，是龙翥祠北帝神巡游优先权的排序。在九社中排列第一的古洛社，位于龙翥祠之右，“每岁灵应（龙翥）祠神巡游各社，此伊始也”[④]。然后按序巡游，次宝山、三富里，再弼头、六村、细巷、东头、万寿，最后游至排序第九的报恩社，“其殿则报恩焉”。从地图上看，这种差序格局的形成似乎与龙翥祠同各社距离并无直接关系，如报恩社就离祖庙很近，却排在最末一位。这种北帝巡游优先权的享有与氏族入住佛山时间先后有关。因为在古洛社、宝山社周围村落有最早迁入的隔塘霍氏居住，隔塘霍氏第三代人分居的“祖堂南”“古洛西”就在古洛社地域内，也就是冼桂奇所言“古洛之西故有社”。而在佛山古镇黄巷口至隔塘大街之间的霍氏聚居地，亦有一处明代麒麟照壁石刻，该地原称“忠义第一社”，也称“麒麟社”。[⑤]其石壁上的麒麟形象古朴淡雅，奕奕有神，为麒麟社的社徽。在东头社则有较早迁入的东头冼氏居住，冼氏并以东头为其宗族的地望。霍氏、冼氏都是在宋代先后迁入佛山的氏族，立社较早。因此，北帝巡游时古洛社排序第一，宝山社排序第二，富里社排序第三，报恩社原称缸瓦社，平黄萧养之乱后改名报恩社，“乡之父老序乡社，列为第九社”。

---

① 洪武元年（1368）《九社公启》。

② 霍超士、霍巨源：《重修忠义第一社纪》，载《南海佛山霍氏族谱》卷十一。

③ 民国《佛山忠义乡志》卷八《祠祀志二·里社》。

④ 霍超士、霍巨源：《重修忠义第一社纪》，载《南海佛山霍氏族谱》卷十一。

⑤ 民国《佛山忠义乡志》卷八《祠祀志二·里社》。

图3-2-3　明麒麟照壁石刻，为“忠义第一社”即麒麟社的社徽（佛山市祖庙博物馆藏）

图3-2-4　富里古社碑（九社之第三社）（佛山市祖庙博物馆藏）

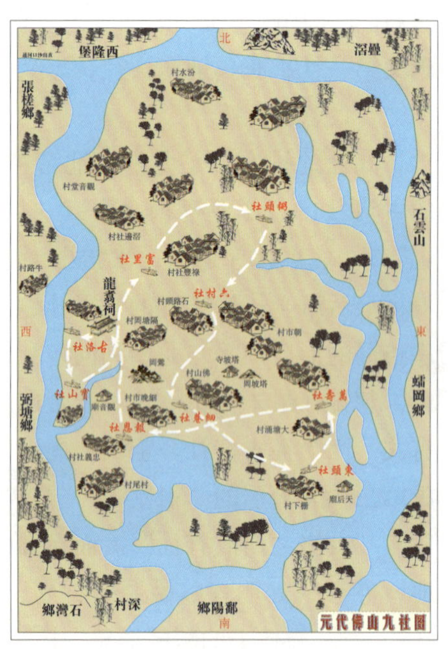

图3-2-5　元代九社北帝游神路线图（张波绘制）

九社环绕着龙翥祠的东南一带分布，其范围大概包括了龙翥祠东南一线至佛山涌边的地区，占清代佛山镇二分之一以上。由此可见，九社和龙翥祠，组成了佛山最早的北帝祭祀圈，组成了有着共同信仰空间的社区。并由这“九社”开始，踏上了佛山北帝信仰空间拓展的征程。龙翥祠的存在，是佛山以九社为基础的社区存在发展之重要因素，它从地域空间上整合了九社，从精神空间上保护着九社，也从文化传统上积淀着成为更大范围、更高层次社区祭祀中心的习俗。

六、元代石湾陶业与霍氏文灶

元代是佛山陶瓷生产承前启后的重要时期。石湾窑继文头岭窑、奇石窑之后，一举成为岭南陶瓷生产的聚集地。

元代，石湾窑中心窑区开始由大雾岗的制陶基地，向镇区内的石湾海口（明清时为石湾窑区的上窑）及更靠近东平河的镇区迁移。石湾大雾岗上除唐宋窑址外，再没有发现后续的宋元窑址。据20世纪80年代文物普查，其主要原因在于，原在陶师祖庙前的可通往东平河的三丫涌，是制陶业原材料、产品直接的水上出入要道，到宋末元初时已逐渐淤浅。随着这条最为便利的运输要道堵塞，大雾岗唐宋制陶基地，遂有一个逐渐向石湾海口（明清时为石湾窑区的上窑）及更靠近东平河的镇区迁移的过程。据石湾沙冈张氏家谱记载，聚居于大雾岗制陶基地不远的沙冈张氏，十二世祖张琏（生元泰定三年，终明洪武二十年），在元末明初购置了来祥冈“山地寮场”和“晒地”，建立窑场制陶。①十三世祖张复永（生元至正二十七年，终明永乐二十二年）“因业陶，遂迁于上约海口”②。从石湾海口龟山宋元窑址及其堆积层来看，元代石湾日用陶生产尚有一定规模。③

元代的奇石窑仍然在生产，产品出口海外，而下游的石湾窑此时逐渐发展起来。石湾地处河网交错之区，唐代以后形成11条河涌，其中有9条河涌由西北至东南依次汇入东平河，形成“九龙出洞二龙归”之势。东平河水通西、北两江，有利于大规模的商品运输。石湾岗丘连绵，陶泥丰富。大大小小的山冈有99座，具有丰富的陶泥资源和合适的建窑坡地。石湾陶土中掺入适量岗砂，其受火度则可适当提高，岗砂为构成石湾陶坯之必需原料。石湾岗砂，产自大帽岗、小帽岗、宝塔岗、千秋岗等30个山冈，其特点是起色金黄，烧成则白，是石湾缸瓦的优质材料。

唐宋时石湾已有陶瓷生产，但规模不大。两宋之际，中原南迁之民到石湾者众多。据调查，石湾居民数量较大的姓氏有陈、林、霍、梁、张、杨、

---

① 陈志杰主编：《丙戌重修沙冈张氏家谱》，内部资料，2006年，第2、50页。

② 《丙戌重修沙冈张氏家谱》，第824—825页。

③ 《石湾窑研究》，第37页。

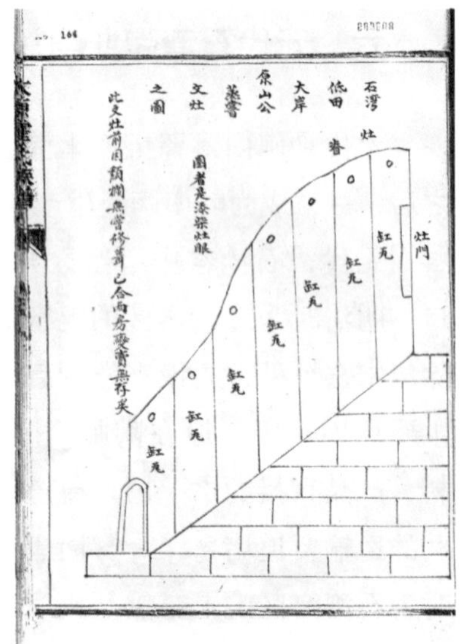

图3-2-6　文灶火眼图（摘自石湾《太原霍氏族谱》）

潘、罗、廖、黎、苏、何、伍、黄、庞、冯、封17姓。考他们的族谱，大多来自南雄珠玑巷。其中的霍氏三世祖原山公在元代建造了“文灶”，再历经数代拥有8条龙窑，霍氏成为望族；罗氏在老鼠岗、何氏在章岗都建有窑址。[①]

元代石湾窑普遍使用大型龙窑烧造陶瓷，煅烧技术有了明显的进步。而龙窑建造技术也得到重视和传承。霍氏南宋时从山西太原府迁来石湾，定居石湾镇冈，人称“镇冈霍”，自号“太原霍”。山西霍州是霍氏的祖居地，也是霍州窑的诞生地。南迁的霍氏在石湾建造了龙窑——文灶。《石湾太原霍氏族谱》记载：霍氏三世祖原山公（元时人），在石湾莘村冈建造了一条龙窑，命名“文灶”，为其霍氏祖传产业。文灶东西长十六丈七尺（55.67米），南北宽二丈五尺（8.33米）。该族谱还保留了当时绘制的文灶图，尺寸、斜度、火眼位置，清晰勾画。“文灶”是石湾有文字记载的第一条龙窑。不仅证实了元代石湾普遍使用大型龙窑的事实，而且保留了龙窑建造技术和煅烧技术的家族传承，从而为明清时期石湾制陶业的进一步发展打下基础。

20世纪60年代，在佛山石湾和澜石鼓颡岗等元代墓群中出土了大量石湾窑元代陶器，其中有“至正二年”（1342）、“至正九年”（1349）黑釉大陶坛；[②]在广州南越国宫署遗址也出土了元代石湾窑奇石村窑址的酱黑釉陶执壶；2009年，石湾望楼岗窑址也出土了元代陶器，有瓶、擂碗、壶等日用陶器器形，填补了部分出土器形的空白。元代的石湾窑产品仍以日用陶瓷产品为主，其产品种类是碗、碟、大盆和砂盆。特点是碗碟类产品的陶泥经过精炼，胎质细结，呈白色，火候稍高；釉色仍以青黄、酱黄和黑釉为主，容易

① 《石湾窑研究》，第30页。

② 曾广亿：《佛山鼓颡岗宋元明墓记略》，载《考古》1964年第10期。

剥落，而大盆、砂盆类则与唐宋时期的较为接近。①

2009年，佛山市博物馆在石湾“鸡仔岗”下的原石湾劳动小区水浸区（即美陶花园工地）出土了大量黑白釉陶器，除少量唐宋器皿外，以南宋和元代为最多，釉色多以黑釉、酱釉为主，器形是当时人们生活的日用必需品，如碗、碟、茶壶、灯盏、酒埕、缸等占有很大比例。其中，从事黑釉生产作坊的釉色和器形纯熟老练，器皿造型各式各样，釉色光亮润泽，灰白胎、较厚重，多件黑釉陶器有铭文或有作坊标志，可以看出已进入规模化生产并掌握了较高的制陶技艺，与现代石湾日用陶相差无几。石湾窑黄白釉高足杯与宋代霍州窑白釉高足杯比对，器形有着明显的传承关系，均为喇叭足、敞口、收腹，只是胎质和釉色有所不同，前者为灰白胎、青白釉；后者为红土胎、黄白釉，时间大约为南宋至元初。通过石湾窑与霍州窑等的宋代器形、釉、胎等对比，可以明显看出石湾窑与中原陶瓷在风格和技艺上一脉相承。②

七、元代佛山陶瓷的外销

1984年和1988年，考古学家在新加坡福康宁遗址发现901片14世纪的“广东罐”陶瓷碎片。大部分带有戳印文字的罐片都是小碎片，直径多不超过10厘米。考古学家根据罐表不同装饰分为两类：一类罐表有戳印花卉纹饰，小口圆腹，多使用半透明酱釉和黑釉，高度37.4—39.5厘米；另一类罐表有戳印印章铭记，罐身修长、溜肩，高度37.2—40.2厘米，使用酱釉和酱黑釉，罐子上的印章多为长方形或方形带一至四个中文字款。通过对这批陶罐的戳印纹饰进行分析，考古学家认为第二类陶罐产自广东奇石窑。参考它们与其他共同出土元代陶瓷器的共存关系（如浙江龙泉青瓷、福建德化白瓷、青白枢府瓷、景德镇青花瓷），这批广东罐罐铭的年代应属14世纪，与福康宁遗址的年代同期。福康宁遗址是新加坡第一个国王Sri Tri Buana（1269—1317）及其亲属的墓园，称为“新加坡山”，得到当地人的敬畏和崇拜。马来人不会随

① 《石湾窑研究》，第37—39页。

② 王建玲：《石湾窑新发现及其意义》，载《佛山科学技术学院学报（社会科学版）》2011年第2期。

便闯入。[1]这表明奇石窑产品受到新加坡皇室的青睐，并被大量使用于皇家墓园。

新安沉船是1323年在韩国全罗南道新安郡前海沉没的元代沉船。1976年，韩国成功打捞，新安沉船重量达200吨以上，出水文物达24000余件。[2]青瓷占比60%，数量为12300余件。[3]主要来自龙泉窑等南方窑口。其中有一批四系罐，丰肩、短颈，高度约40厘米。《大元帆影：韩国新安沉船出水文物精华》收录的3件均属此类型。如黑褐釉银锭形“进宝”铭四系大罐，肩部有支烧痕。[4]日本森达也先生认为是广东佛山石湾窑产品。[5]

此外，2002年在香港九龙钻石山出土元代石湾窑酱色釉陶片20件，器形有碗、罐、钵、盆四类，其中有酱黑釉四耳罐和酱黄釉陶盆。[6]

以上表明，元代的佛山诸窑，在14世纪东亚和东南亚陶瓷的海上贸易中扮演了积极角色。

第三节　宋元佛山的教育文化

宋代重视文化教育，州县学有了较大的发展。仁宗下令州县立学，神宗颁布《学令》，徽宗一度设诸路提举学事司。于是“学校之设遍天下，而海内文治彬彬矣”。[7]宋代广东地方官多以兴学为要务，鼓励建立学校。仁宗

① 黄慧怡：《新加坡福康宁遗址出土14世纪“广东罐”上的戳印纹饰与沉船货物盛载容器的几个问题》，载《航海——文明之迹》，第80—133页。

② 金英美：《新安沉船：韩国海域里的“中国制造”》，载《美成在久》2018年第1期。

③ 丁雨：《南宋至元代中国青白瓷外销情况管窥》，载《古代文明（辑刊）》，2021年。

④ 郭学雷：《从新安沉船出水瓷器看元朝及日本镰仓时代茶文化的变迁——以新安沉船发现黑釉瓷及相关遗物为中心》，载《华夏考古》2020年第6期。

⑤ 森达也：《中国の壶・甕——宋がら明代の輸出陶磁を中心に》，载《古陶の谱——中世のやきもの——六古窯とその周辺》，MIHO MUSEUM，2010年，第57页。

⑥ 曾广亿：《香港九龙出土古外销陶瓷考略》，载《粤港出土古陶瓷文集》，第566页。

⑦ 《宋史・选举志》。

时广州已建州学，到南宋时各州州学、过半县学相继创立。同时，南迁的官绅为了教育族中子弟，开始创办书院，聘请有影响的士人讲学。据道光《广东通志》和光绪《广州府志》诸书统计，宋代广东共有州县学63所、书院41所，其中较多的是广州、惠州。元代初年，在广州、南雄、曲江、琼山等州县还设立蒙古学，以儒者为学正，教蒙古人、色目人学汉字，兼有把汉文表章译成蒙古文的职能。

一、宋代广东科举与状元张镇孙

宋代广东科举开始兴盛，上送太学或参加礼部考试的贡士，最多时广、潮等州每次23人，琼州13人。时人有“岭外科举尤重于中州”之说。[①]据道光《广东通志·选举表》载，广东中进士者，唐代38人、宋代573人、元代32人。因此，宋以后有较多的广东士人进入仕途。宋元时期广东教育发展很不平衡，无论是办学还是科举，广州均居首位，潮、惠、韶、端、连诸州次之，其他州相差很远。

南海人张镇孙，就是通过学校和科举出仕的佼佼者。张镇孙（1235—1278），字鼎卿，号粤溪，南海熹涌乡（今属佛山市顺德区伦教熹涌村）人。张镇孙出生于官宦世家，曾祖原是四川遂宁人，曾任南海县知政，晚年住在广州城南通泰里（今广州市人民南路状元坊）。祖父张机，官朝奉郎（正六品）。父亲张祥泰官朝散大夫（从五品），著有诗文集多种。张镇孙自幼勤奋好学，14岁参加南海县试，名列第一。此后屡试不第，坚持刻苦攻读。南宋咸淳七年（1271）张镇孙36岁时，赴临安（今杭州）会试。殿试时写了洋洋七千字的《廷对策》，一举夺魁，成为当科状元。明代岭南著名学者黄佐在他的《广州人物传》中，就收录了张镇孙的《廷对策》。张镇孙志行高洁，得罪了当朝权贵贾似道，被外放婺州（今浙江金华）通判。

南宋德祐元年（1275），元军大举南下进逼临安，张镇孙带着年迈双亲从婺州回到广东。翌年元兵攻陷临安（今杭州），“二王行朝”在广东海面继

① 《岭外代答校注》卷四《法制门》七八《试场》。

续抗元。此时广州已为元军占领。而广州一带义士和南宋军队重新集结，拥戴张镇孙为帅。张镇孙与都统凌震将重新整编各路人马，分成东、西两路截击元军。景炎元年（1276）十二月，宋端宗在惠州甲子门（今属广东陆丰）召见张镇孙，任命他为龙图阁待制、广东制置使兼经略安抚使，统辖广东军政大权。张镇孙临危受命，重整军威。次年四月，张镇孙率众一举收复广州。

景炎二年（1277）十一月，元兵会合向广州反扑。张镇孙率战船与元军在珠江河上激战，因城池再度陷落而被俘。景炎三年（1278）三月，张镇孙被元兵押解至燕京（今北京），行至大庾岭，凛然自尽殉国，终年43岁。由侄儿张正奉柩归葬广州永泰里（今三元里）祖坟。其陵墓后于清兵围攻广州时被毁。南宋流亡政权承认他是死节大臣，一代名臣文天祥也赋诗追悼他为殉国忠臣。张镇孙著有文集《见面亭集》10卷、《四书析义》、《名臣言行录》，可惜已亡佚。

粤谚相传，“河南人见面，广州出状元”。宋代珠江河面十分宽阔，有“小海”之称，站在珠江两岸看不清对方面目。官府在江边建了座“见面亭”，“企望能辨眉目”。据说张镇孙中状元那一年，珠江水涸，人可步行至对岸。张镇孙以《见面亭集》为其著作名，就是纪念此事。

张镇孙中状元后，其族人在其住所通泰里街口建了一座状元牌坊，街名也改称“状元坊”，沿用至今。（牌坊毁于明末战火，近年广州市越秀区政府重建）张镇孙后人于明初迁居广州河南（今同福中路南侧至海珠涌之间），将新开的井叫状元井，至今井已无存，街巷仍称状元井。明天顺八年（1464），张镇孙之八世孙张戬在家乡熹涌（今属顺德区伦教熹涌村）建状元祠，清雍正五年（1727）奉旨重修。[①]

二、理学在广东的传播

理学是掺杂着佛学和道教思想的儒学，由北宋周敦颐创立。周敦颐（1017—1073），字茂叔，号濂溪，道县人，是宋代官方理学的开山祖师。

① 佛山炎黄文化研究室、佛山市政协文教体卫委员会编：《佛山历史人物录》第一卷，花城出版社2004年版，第5—7页。

周敦颐曾任郴州和桂阳县令、代理邵州知州，边讲学边做官。宋熙宁元年（1068），周敦颐升任广南东路转运判官；次年，54岁的周敦颐擢升广南东路提点刑狱，巡遍了岭南山山水水，与广东结下四年不解之缘。后改任南康军知军，于是把家安置在庐山莲花峰下，屋前有条溪水，遂以老家的“濂溪”命名。著有《太极图说》《通书》《爱莲说》等。《爱莲说》问世后，影响深广，它以莲花的形象丰富和深化了中国人的精神品质。其中“予独爱莲之出淤泥而不染”的名句，“凡塾师童子辈传诵者多”。周敦颐在广东时曾由南海葛岸到过氹仔（今属澳门半岛）。

周敦颐去世两年后，继任提点刑狱唐仪之在周敦颐办公官署和起居处——广州武安街春风桥北，建起广东第一个濂溪书院。南宋时广南东路各州所建的濂溪书院就成为传授理学的重要场所。高宗时博罗主簿罗从彦、孝宗时德庆知府刘爚、宁宗时广州知州廖德明、元泰定时香山县尹左祥都是程朱学派的门人，他们都在任所推广理学。孝宗时南海简克己游历湖湘师事程朱派学者张栻，南海人陈去华北游陆九渊之门，这些放弃科举的士人都把理学作为思想信条加以实践。同朱熹、张栻辈一样，广东的理学家也主要靠注释“四书”“五经”来阐发自己的思想。据道光《广东通志·艺文略》载，宋元广南的理学著作不下三四十部。

清代广东最大的濂溪书院在广州城内小马站，由广东十一个县四十四房周氏后人捐资，于嘉庆二十五年（1820）重建，并由每房轮值管理。其中佛山地区有三十一房，涉及几十个自然村。今顺德区杏坛光辉村曾以保存广东明代最大的濂溪书院为感召，召集周氏杏坛始迁祖元胜公后人，在周氏大宗祠举行纪念先祖周敦颐的隆重典礼，全国各省濂溪后裔一千多人参加盛会。

孔孟述而不作，之后汉儒每多效仿。至北宋周敦颐首起阐发，打破了儒学史上的千年静默。

濂溪之后，邵雍、张载、二程（程颢、程颐）、朱熹、陆九渊各派随之而起，形成“圣学大昌”之势，这对明代理学在佛山的崛起和传播有直接的推动作用。[①]

---

① 本节参考《简明广东史》（特选本），第173—174页；任百强：《理学开山祖周敦颐》，载佛山炎黄文化研究室、佛山市政协文教体卫委员会编：《佛山历史人物录》第二卷，花城出版社2009年版，第5—7页。

三、方志的编纂与大德《南海志》

岭南地方志书，隋代有“地图”，唐代有“图经”，宋元则有州县志和图经，而且成书较多。这同地方经济文化的发展，尤其是印刷术的发明有密切关系。

宋元志书由熟悉风土人情的当地文人撰写，由州县长官监修。宋神宗时，广东路经略使、广州知州王靖编纂《广东会要》4卷。《南海志》则有宋嘉定本、淳祐本和元大德本3种，其中宋宁宗时广东路经略使、广州知州陈岘编纂《南海志》12卷；元成宗时番禺人陈大震编纂《南海志》20卷[①]。每次编修间隔40—50年，开创了每隔若干年修一部志书的传统。然而，宋元时期所修的佛山地区59部志书，仅存大德《南海志》（残本）一部。

陈大震（1228—1307），字希声，南宋番禺（今广州）人。南宋宝祐元年（1253）进士，历官博罗主簿、长乐知县、广济县令、权知雷州、朝奉大夫。南宋灭亡后归乡。元至元十八年（1281），元朝廷拟授予陈大震司农卿、广东儒学提举的官职，但他无意仕元，“以疾力辞”。陈大震于元大德年间（1297—1307）参与了《南海志》的编纂工作。平生还著有文集数十卷。现今除《南海志》留有残本外，其他著述多已散佚。陈大震卒年80，入祀府学以及乡贤祠，为后代学子所瞻仰。[②]

《大德南海志》，原名《南海志》，因其成书于元大德八年（1304），故有此名。“本书记载先录事司，次及七县，是虽名《南海志》，而实则广州一路之志也。”[③]这是目前可见的广州（含当时所领七县）旧志的最早刻本。原书20卷，已散佚。残存5卷（卷六至十）：其中卷六记户口、土贡、税赋；卷七记物产、舶货；卷八记社稷坛壝、城濠；卷九记学校；卷十记兵防、水马站、河渡、局务仓库、廨宇、郡圃。凡所举废，由宋及元。卷七之后还附有“诸蕃国”名表。由于这5卷涉及元代广州（包括今佛山地区）的

---

① 宋元时期的《南海志》，是广州州志，包括了南海县。与明代以后编修的《南海县志》不同。

② （清）郝玉麟等监修，（清）鲁曾煜等编纂：雍正《广东通志》卷四十四《陈大震传》，雍正九年（1731）刻本。

③ 《宝礼堂宋本书录·原书录·跋》。

赋税、物产、教育及海上贸易等诸多领域，极具史学价值，对研究宋元时期珠江三角洲具有重要文献价值。卷七之《舶货》后附“诸蕃国”名，更是研究当时海外交通的珍贵史料。大德《南海志》也是记载“佛山”的最早文献史籍，对佛山历史的研究具有特殊意义。大德《南海志》刻本今藏于北京图书馆。近代藏书家潘宗周于1939年刊印的《宝礼堂宋本书录》中录有，近现代著名学者郭沫若亦有专题研究著作，今已汇编付梓。

四、区适子与《三字经》[①]

《三字经》与《百家姓》《千字文》，并称我国国学三大启蒙读物。《三字经》通俗易懂，朗朗上口，为童子启蒙诵读第一本。其书出自宋元之间，自明代开始在民间流传。然而在很长时间里，世人并不能确指《三字经》作者是谁。[②]

文献中最早记载《三字经》作者的，是岭南著名学者黄佐。他早在明嘉靖年间就指出：“今训蒙《三字经》，（区）适所撰也。”黄佐在其编撰的《广州人物志》记载：“区适，字正叔，南海人。……适以宦家子，抱道不仕。或劝之觅官，适曰：吾南人，操南音，安能与达鲁花赤相俯仰耶！……故老相传，今训蒙《三字经》，适所撰也。文殊驯雅，童子多习诵之。与周兴嗣《千字文》并行云。”[③]万历《顺德县志》也有同样的记载：“故老传今，《三字经》，适子所撰也，童蒙多诵之。”[④]屈大均《广东新语》则专辟“三字经”条目言：“其童蒙所诵《三字经》，乃宋末区适子所撰。适子，顺德登洲人，字正叔，入元，抗节不仕。或问之，曰：吾南人操南音，安能

---

① 本节参阅李健明：《〈三字经〉与区适子》，载《佛山历史人物录》第二卷，第12—14页。

② 关于《三字经》的作者主要有两说：一说宋南海区适子，最早见于明嘉靖黄佐《广州人物志》；一说宋庆元王应麟，最早见于康熙五年《三字经训诂》序，它如南海黎贞说和出自历代多人之手说，不属主流。

③ （明）黄佐纂修：嘉靖《广州人物志》卷十《元登洲先生区公适》。

④ （明）叶初春修：万历《顺德县志》卷七《人物志第七》之一《区适子》，万历十三年（1585）刻本。

与达鲁花赤俯仰耶？”[①]此后，清代岭南诸大儒，如两广总督阮元、岭南藏书大家伍崇曜、探花李文田等编纂的省志和书籍皆有论及《三字经》为区适子所撰者。广东省立中山图书馆藏有一本清《三字经句释》，封面左侧标明：区适子先生手著、王应麟先生注释、李文田先生编辑。在香港大学图书馆也藏有一本《解元三字经》，作者落款是“欧适子”。《三字经》为区适子所撰，在明清时期的岭南已为文人所皆知。而对世人关于《三字经》作者是王应麟的误传，著名文人欧大任于明万历所撰《平阳区氏家谱》里明确指出：“《三字经》撰作人为宋王应麟，非也！”[②]

区适子，南海登洲［明景泰三年（1452）后属顺德陈村］人，南宋端平元年（1234）出生于官宦之家。父玓，曾任宋德庆参军，“廉介有声”。退休后回到家乡，睦邻和宗，深得乡人敬佩。区适子是长子，幼时“俊爽能文辞，经史皆通大旨”；长成“以博学洽闻称，学者多从之游”。所居登洲原称鮀洲，因为区适子自称“登洲先生”，乡人引以为荣，改名登洲。区适子著有《登洲诗集》《登洲文集》《绮业集》等，惜均毁于战乱，唯有《三字经》广为流传。区适子卒于元至治三年（1323），享年87岁，葬于南海大江堡白石园岗。区适子育有六子，其中区鲁卿继承家学，颇有积蓄。遇年岁失收，先后捐出400余石粮食，煮粥赈济灾民。[③]

《三字经》千字，以白描笔法和三字句式，深入浅出地传播中华传统文化的基本知识和道德规范，包括学习态度、封建伦常、日常事物、历史知识和勤奋人物等内容。其中以叙史部分最有特色，只用三百余字，就把纵横交错的历史事件和人物，按顺序勾勒出来。三字句式合乎了人们诵读的口语习惯，正如张舜徽指出：“近世《三字经》，缀以韵语，尤易上口矣。”初入学的儿童，在抑扬顿挫的诵读中快乐地接受了文化的启蒙。

《三字经》对中华文明乃至世界文明意义重大，从明代开始，就出现了不少《三字经》外文译本。据考证，最早的译本是罗明坚（Michel Ruggieri）

① 《广东新语》卷十一《文语》，第329页。

② 李健明：《〈三字经〉作者细考》，载《学术研究》2007年第8期。

③ 万历《顺德县志》卷七《人物志第七》之一《区适子》。

1582年的拉丁译本；[1]清代有罗索欣（I. Razsokhin）的俄文译本，美国传教士裨治文（Elijah Coleman Bridgman）、英国传教士马礼逊（Robert Morrison）的英译本等。还出现了一些外文仿制本，如英国传教士麦都思（Walter Henry Medhurst）撰写的基督教仿本《三字经》，日本大桥若水编写的《本朝三字经》。江户时代起，日本私塾就用《三字经》教学。国外一些大学把《三字经》作为东方语系汉语专业的初级读物，并关注其在伦理道德教育方面的意义。1989年7月，新加坡汾阳公会组织青年读《三字经》；1990年，新加坡教育出版社出版了该书的英文本，同年参加法兰克福书展，被联合国教科文组织选入“儿童道德丛书”。[2]在越南，《三字经》的版本众多，传播方式多样，对越南社会产生了深远的影响。[3]由此可见，《三字经》在世界范围内得到广泛传播。

五、粤语方言的初步形成

粤语方言主要流行于广府地区，它的形成，有一个漫长的过程。秦汉时大批“中县人”因谪徙或经商定居番禺，“与越杂处”，久之便出现了有别于中原汉语的粤语。汉惠帝时，番禺人张买入仕，“能为越讴，时切谏讽”[4]；至今广州话所特有的“睇”（音tai，看之义）字，在西汉扬雄所编《方言》中已有注释：“（眄）……南楚之外曰睇。”这些便是汉代粤语已经萌芽的例子。其后经历东晋、南朝以至宋元，南下广州的人口大增，操粤语的人更多，逐渐形成了一个以广州音为准、流行于粤中和粤西的方言。

粤语首先是保留了较多的古汉语成分。在语音上都有入声（广州音三个、客家音和潮州音各两个），又有p、t、k、m的辅音韵尾；在词汇上，多

① 参见阮俊强：《接受、改编、创新：〈三字经〉在古代越南考论》，载《域外汉籍研究集刊》第十一辑，2015年，第383页。

② 参见刘宏起：《〈三字经〉简论》，载《江苏教育学院学报（社会科学版）》1995年第1期，第85—87页。

③ 本节参阅李良品：《〈三字经〉的成书过程与作者归属考略》，载《社会科学家》2004年第5期；李健明：《〈三字经〉作者细考》，载《学术研究》2007年第8期；任晓霏、邓燕玲：《〈三字经〉在越南的传播与影响》，载《国际汉学》2020年第2期。

④ 道光《广东通志》卷二六八。

古代单音节词，如食、企、知、禾、饭、翼、乌、白等，有些复音词词素位置同北方方言相反，如紧要（要紧）、欢喜（喜欢）、人客（客人）、菜干（干菜）等；在语法上，含双宾语的句式，其语序排列为“主语+谓语+直接宾语（事或物）+间接宾语（人）”，两个宾语的次序正好同北方方言颠倒。这些不同于现代汉语之处，表明广东三种重要方言脱胎于秦汉或晋唐的古汉语。其次是同当代壮侗语有相似之处。其中一点是表示动物性别的词素置于动物名称之后，诸如公牛作“牛公（牯）”、母牛作“牛（母、嫌）”、公鸡作“鸡公”、母鸡作“鸡乸（婆、项、母、嫒、嫲）”。[①]这些例子反映了广东三种主要方言在形成和发展过程中都深受壮侗族（古代百越）早期语言的影响。

① 袁家骅等：《汉语方言概要》（第二版），文字改革出版社1983年版，第177—212页。

第四章

明代佛山的崛起

明代是佛山社会经济的重要发展时期，在这一时期里，佛山建立了农业和手工业的稳固经济基础。种养结合的桑基鱼塘和果基鱼塘方式，逐渐取代单一的稻作牛耕方式，成为佛山地区主要的农业方式。冶铁业的勃兴和陶瓷业的发展，为佛山城市发展奠定了雄厚经济基础；而明中叶黄萧养之乱则从外部迫压了佛山社区内部的聚合，催化了佛山镇铺区制度和顺德县的设立，从而促进了佛山都市雏形的形成。随着高明县和三水县的先后设立，原来南海县相对落后的边远地区也融入了核心区社会经济的发展步伐。明中叶后佛山功名人物迭出，加强了佛山宗族组织的整合发展，提高了佛山在岭南的社会地位。同时，手工业的快速发展和都市化也引发了各种社会矛盾。社会矛盾的激化，最终导致新兴士绅集团对佛山都市社会的全面整合，从而使佛山镇走向制度化发展道路。

第一节　明初佛山都堡制与居民定籍

（1368—1398年）

明洪武元年（1368）正月，朱元璋在应天（今南京）即皇帝位，定国号大明，建元洪武，正式建立明王朝。同年春，派遣征南将军廖永忠、副将军朱亮祖从福建海道进军广东。元朝廷官军或降或逃，广东很快归附明王朝统治。明洪武二年（1369），明政府改广东道为广东等处行中书省，并将海北海南道归属广东。广东成为明朝的十三行省之一，其辖境直至清代都没有变动。

洪武九年（1376），朝廷改行中书省为承宣布政使司（习惯上仍称省），把行中书省长官总揽的大权，由布政司、按察司、都司分管，彼此互不统辖。实行三司分治，权归中央，听命于朝廷。这是明代加强中央集权制的重大政治措施。永乐年间，遣官巡抚广东；景泰三年（1452），设两广总督。总督与巡抚初设时不是正式官名，后来逐渐变成封疆大吏，地方文武官吏都受其节制。

明代改路为府，广东设10府1直隶州，统辖8州75县；广州府辖1州15县。今天的佛山地区属广州府南海县管辖。

明初的南海县范围较大，东至番禺、南至海滨、北至清远、西至四会及高要。如今的佛山五区范围，基本上就在明初南海县范围内。明中叶后，陆续割出南海县部分地区新设三县：明景泰四年（1453）割出海滨地区设立顺德县；明成化十一年（1475）割出与高要接壤的西南部地区设立高明县；明嘉靖五年（1526），割出与清远、四会接壤的北部地区设立三水县。新县的设立，加速了佛山城乡社会经济与文化的进步发展。

一、明代南海县的都堡设置

明代广州府推行乡—都—堡，下设里（图）甲管理架构，都堡作为地域单元的名称。明清“都”的设置在广东是最为普遍的，几乎所有的县均有

“都”的层级，广州府下辖县部分在城设同层级的“坊”外，在乡村全设有“都”作为乡以下或同级的地域划分单元。“都”的边界基本是稳定的，甚至名称也是稳定的。

明代南海县设十五坊（城区）、七乡六都六十四堡。

七乡为：西上乡、丰湖乡、金紫乡、兴贤乡、儒林乡、梯云乡、季华乡。

六都为：金利都（属西上乡），三江都（属丰湖金紫乡），黄鼎都（属兴贤乡），鼎安都（属儒林乡），泌冲都（属梯云乡），西淋都（属季华乡）。

六十四堡为：恩洲、草场、丰冈、麻奢、黄冈、桃子、白石、华宁、苏山、金紫、骆村、大榄、绿潭、大富、兴贤、西隆、大江、张槎、土坊、登俊、丰宁、沙堤、大圃、丰华、上冲、上围、伏隆、磻溪、丹桂、百滘、简村、海舟、先村、九江、河清、镇涌、大同、沙头、云津、登云、金瓯、龙津头、鳌头、吉利、扶南、盐步、山南、梯云、大通、黄竹岐、大历、沙丸、泌冲、平地、叠滘、季华、夏教、蠕冈、平洲、魁冈、溶洲、林岳、深村、佛山。[①]

其中的“南海县季华乡西淋都佛山堡”就在今佛山市禅城区。

二、里甲制度与佛山堡定籍

外来氏族大批地涌入佛山定居，迅速地增加了佛山的人口，为明初组建佛山堡、创编图籍创造了条件。正如乡志所载：“宋南渡后，中原文物流入岭南，有迁至佛山者。明初编立图甲，先到诸族得占籍为地著。”[②]

明洪武三年（1370），籍天下户口及置户帖，继乃排里甲、编黄册。明代佛山堡内开八图，编八十甲，外来氏族在此时纷纷立户注籍，成为合法居民。例如东头冼氏，明初“注南海县五斗口司西淋都佛山堡一百十七图一甲冼舜孔户，五甲冼绳祖户，六甲冼承泰户、冼益进户民籍；一百十九图八甲冼永兴户屯田军籍”[③]。石巷冼氏“著（注）南海县五斗口分司西淋都佛山堡

---

① （明）刘廷元修，（明）王学曾纂：万历《南海县志》卷一《舆地志·都里》，万历三十七年（1609）刻本。

② 民国《佛山忠义乡志》卷九《氏族志》。

③ 《岭南冼氏宗谱》卷三之六《分房谱·东头房》。

图4-1-1　明代九社十五村图（张波绘制）

百十九图二甲民籍，立冼众为户”[①]。白勘冼氏“注南海县五斗口司西淋都佛山堡二十一图四甲冼复起户民籍”[②]。鹤园陈氏注籍“广东广州府南海县五斗口司西淋都佛山堡忠义乡二十图五甲鹤园社里户陈进”[③]。纲华陈氏也于“大明洪武初年始开图籍，办纳粮务，承有第四甲一百一十八图甲长，户名陈文佳”[④]。金鱼堂陈氏亦“隶籍广州之南海县属佛山堡季华乡，即今忠义乡，编户曰陈祥”[⑤]。鹤园冼氏在六世分三房，长房立冼翼户，二房立冼贵同户，三房立冼光裕户。[⑥]栅下区氏立区效汾户。[⑦]细巷李氏立“李广宗”户。[⑧]汾水冼氏亦附“南海县五斗口司西淋都佛山堡一百十四图九甲冼贵同户民籍”[⑨]。朝市梁氏则立“梁永标”户。[⑩]

现根据乾隆《佛山忠义乡志》卷三《图甲》将以上各氏族在明初八图中所立甲户的情况表列如下[⑪]：

---

① 《岭南冼氏宗谱》卷三之十七《分房谱·石巷房》。

② 《岭南冼氏宗谱》卷三之十八《分房谱·白勘房》。

③ 《南海鹤园陈氏族谱》卷四《杂录》。

④ 《佛山纲华陈氏族谱·户役记》，手抄本，不分卷。

⑤ 《南海金鱼堂陈氏族谱》卷一上《氏族考》。

⑥ 《鹤园冼氏家谱》卷三《宗支谱》。

⑦ 《栅下区氏族谱》。

⑧ 《李氏族谱》卷七《书田》。

⑨ 《岭南冼氏宗谱》卷三之二十六《分房谱·汾水房》。

⑩ 《梁氏家谱·康熙四年广州府禁私抽示》。

⑪ 清代继承明代里甲制，户名亦继承下来，根据明万历二十八年（1600）的《图甲各户税务总纪》中佛山堡第一百一十八图十甲总户的记载，与乾隆志十甲首户名完全相符，可见明初至清乾隆基本不变，另据《南海佛山霍氏族谱》卷三记载，霍日高为康熙时人，那么，表中二十图三甲首户名霍日高，亦有可能在康熙时才立户。明清更改甲户之名并不是容易之举，因此该表仍然大致上反映了明初立籍的情况。

表4-1-1　明清佛山八图表（八十甲共八百八十四户）

二十图	二十一图	一百一十四图	一百一十五图
梁万履	区广德	简世荣	陈大同
梁相	黄应同	霍大同	布永诚
霍日高（佛山霍）	陈继斌	李风	何永泰
霍贵	冼复起（白勘冼）	梁尧芳	区效汾（栅下区）
陈进（鹤园陈）	伦建兴	高兆建	陈以言
梁承裔	何戊长	梁宗盛	霍芳
卢承德	梁英	李大宗（细巷李）	冼世和
岑永泰	梁永兴	陈世丰	黄永同
梁修进	伦天相	冼贵同（汾水冼）	霍定
梁永标（早市梁）	霍光祚	梁宗蕃	霍永兴
一百一十六图	**一百一十七图**	**一百一十八图**	**一百一十九图**
何厚贵	冼舜孔（东头冼）	陈祥（金鱼堂陈）	何继祖
陈兆廷	霍豪	霍逢泰	冼众为（石巷冼）
简永同	梁进	陈忠	梁陈里
黄振钟	霍维新	梁永福（澳口梁）	梁维盛
黄河清	冼绳祖（东头冼）	何祖大	冼贵同（鹤园冼）
霍维新	冼成泰（东头冼）	梁永祯	冼翼（鹤园冼）
陈五连	冼益进（东头冼）	区舜华	霍万钟
梁世祖	霍宪祖	陈必进	冼永兴（东头冼）
陈泰	何万胜	梁伟	霍大同
冼绍祖	梁成	罗元兆	冼光裕（鹤园冼）

“明制，以堡统图。以图统甲，岁推里长一人，输粮京师，得以朝觐，有授官者。”[①]按明代黄册制度规定，“以一百一十户为里。推丁粮多者十户为长。余百户为十甲。甲十户，名全图”[②]。佛山堡八图共有880户，若按每户5人计，当时佛山堡有4000—5000人。明初八图拥有多少土地？万历二十八年（1600）佛山堡八图共有土地二百四十八顷三亩[③]。万历距洪武200

① 《鹤园冼氏家谱》卷六之二《人物谱·二十世香周公传》。

② 参阅梁方仲：《明代黄册考》，载《梁方仲经济史论文集》，中华书局1987年版，第268页。

③ 《佛山纲华陈氏族谱》，手抄本，不分卷。

余年，其间土地应该大部分已建为铺屋。明初佛山八图拥有500顷以上土地之数应该是可以接受的。

佛山堡的建立，从地域上规定了佛山发展的空间范围，而佛山八图的建立，则从官府方面给予外来居民以入住权的认可，使动荡不安的南迁氏族的定居和土地开发得到法律上的保障。外来氏族从此甩掉了“异乡人”帽子，以本地居民的新姿态在佛山堡这一新空间下昂首阔步，大展身手。

三、佛山堡十五村的乡族权力结构

虽然明代图甲制集户籍制度、赋役制度及基层社会组织制度于一体，是明代乡族社会的主要社会制度，但是，图甲制还不能代替乡族制度。因为图与社区不是一回事，图与社区不相吻合。以110户的标准编成的图，势必打破原有自然村落的地理范围，打破原有社区的地理划分。图是建立在户的基础上，社区是建立在地域的基础上，两者不可互相代替。

“佛山其先则分村，其后则分铺”，“但未脱村称”。[①]明代佛山堡有十五村，它们是佛山村、汾水村、村尾村、栅下村、朝市村、禄丰社村、大塘涌村、牛路村、隔塘冈村、观音堂村、山紫村、细晚市村、石路头村、忠义社村和窖边社村[②]。

这15个村庄构成佛山社区，具有共同的地理环境。从理论上说，具有共同地域的各村庄，势必会有一些关系共同利益的公共事务，诸如兴修水利、保障村落安全、处理村际纠纷等，因此在十五村之上产生一个权力机构就有其必要性。明初佛山还存在着乡村权力系统，这就是以“乡判”“乡老”为核心的乡村（族）权力系统。

“乡”，无论是作为地理概念还是行政建制的含义，均起源很早。汉代建制，“大率十里一亭，亭有长；十亭一乡，乡有三老”[③]。岭南古为百越之地，乡里组织古制犹存。元时佛山有“季华乡”之称，明代设立图甲制，仍然同时并称。例如：《南海金鱼堂陈氏族谱》卷一上《氏族考》称：“我祖

① 《粤东简氏大同谱》卷九《家传谱·世传》。

② 万历《南海县志》卷一《舆地志·都里》。

③ （明）顾炎武：《日知录》卷八《乡亭之职》。

君德乃隶籍广州之南海县属佛山堡季华乡。即今忠义乡。”乡设有乡判和乡老。如宣德年间，“乡判霍佛儿、乡耆梁文缙，以庙前逼狭，无以壮观，将己财合买洛水氹民地三亩五分，其税收入霍、梁二户，就地凿灌花池”[①]。再如景泰四年（1453），当耆民伦逸安请呈封典北帝庙后，广东官府委经历张应臣新临复勘，“乡判霍佛儿，乡耆冼浩通呈状，果系神功持助，各无异词”[②]。上述两处提到“乡判”霍佛儿，从名称看，乡判应有判决乡事的权力。从时间看，霍佛儿从宣德到景泰均任乡判一职，似无任期所限。梁文缙生于洪武间[③]，到正统十四年（1449）时可能已去世，遂由冼灏通接替乡老一职，鹤园《冼氏家谱》对此亦有记载：六世祖冼灏通者，“天性孝友，伟仪望，美髭髯，高行谊，平生未尝言人过，人称为宽大长者。是时人罕事诗书，公顾独好文学，敦礼让。四方达人高士闻其风，莫不与之游。由是鹤园冼氏为著姓，月松公名盖乡中矣。……（正统己巳）官司访公有异才，以为乡长，捍御听便宜行事”[④]。又据《岭南冼氏宗谱》记载：“正统间，黄萧养作乱……乡人梁广等结团堵御，推冼灏通为乡长。”[⑤]细巷李氏五世祖李端，也曾为“乡老”。其谱载李端“平生重然诺，慎取予，以德义闻于乡，为邑三老，乡人呼之李老，而不名。里闬所不平，皆求直于李老，每为之解纷已争而不责报”[⑥]。可见“乡老”的职责是解纷息争。“乡老”的权力首先来自乡人对其“德义才能”的崇敬，其次来自父老推举和官府认可。例如，冼灏通“独好文学”，在当时“罕事诗书”的乡人中，无疑是格调高标、知书达理的才子。加上其又是为人宽厚的“宽大长者”，自然受到乡人崇敬，被父老推为乡长。

最能说明明代佛山乡族权力特征的是东头冼氏对佛山社区权力的主持。佛山冼氏共五房，来源不同。其中石巷、白勘、鹤园、汾水诸冼皆自南雄

---

① 《庙志·祀产序》，载民国《佛山忠义乡志》卷八《祠祀志一》。

② 礼部景泰四年二月十四日，《四百二十四号勘合》，载民国《佛山忠义乡志》卷八《祠祀志一》。

③ 《梁氏家谱·梅庄公传》。

④ 《鹤园冼氏宗谱》卷六之二《人物谱·六世月松公传》。

⑤ 《岭南冼氏宗谱》卷四之一《列传谱·敕封忠义官鸿猷公传》。

⑥ 《李氏族谱》卷五《世德纪·慎斋公传》。

来，唯东头冼“自吴川来，其开房最早”[①]。东头冼氏始迁祖冼发祥自南宋绍定五年（1232）迁入佛山后，自“五世而科名崛起，六世家业益隆，田连阡陌，富甲一镇，既广购田宅，故多立户籍以升科”[②]。在上列外来氏族中，明初东头冼氏立户最多，第117图10甲总户中，有4甲总户是东头冼氏，第119图亦有1甲总户为东头冼氏。又据《图甲各户税务总纪》记载，第117图有田十九顷二十一亩[③]，而东头冼氏在该图有4个甲总户，几占其半，以如此富厚的土地财产做后盾，东头冼氏在佛山乡范围内的社区中占有重要地位是可想而知的。东头冼氏直到明中叶还保留着明初乡族权力结构。明中叶以前，佛山尚无客栈，东头冼氏有七世祖冼林佑，字天锡，“性豪爽，有孟尝风”[④]，“行旅过佛山者，莫不求倚仗，故座客尝满。门悬大鼓，有事凡三擂，则乡人环集听命。如是者以为常。一日设席延（宴）客，客酒酣，举鼓三擂。乡人麇聚，客愕然。（冼）林佑细道其故，始知此鼓不能乱动。林佑乃治酒留众，欢饮而散”[⑤]。“门悬大鼓，有事凡三擂”，显系百越先民鸣铜鼓为号的遗风。且“此鼓不能乱动”亦表明了此鼓所代表的权威象征意义。一听鼓声，“乡人环集听命”，可见冼林佑在乡民中享有很高的权力和威信。从史料分析，冼林佑的权力，一方面来自他所在东头冼氏所拥有的财富。另一方面来自他个人的品格，他性格豪爽，常备酒宴客，而当客人的误擂使乡人麇聚后，他又“治酒留众，欢饮而散”。这些都表明冼林佑具有吸引人的独特品格。这种品格对加强集体赞同有诱因作用。乡民在感受到首领的好处后，就会互相交流他们对首领的赞同以及他们要对他尽义务的感情。这种互相交流所形成的一致意见，会表现成群体压力，促使乡民服从统治者的指令，下次凡有擂鼓，又会“环集听命”。从而加强了首领的控制权力，使首领的权威合法化。

社会心理学家在实验中证明：在一个社会系统中，控制信息流动的人实际上控制着整个系统。冼林佑在与外乡人的交往中，控制了大量信息，实际

① 《岭南冼氏宗谱》卷三之六《分房谱·东头房》。
② 《岭南冼氏宗谱》卷三之六《分房谱·东头房》。
③ 《佛山纲华陈氏族谱》，手抄本，不分卷。
④ 《岭南冼氏宗谱》卷七《备征谱·轶事》。
⑤ 民国《佛山忠义乡志》卷十四《人物志》。

上控制了佛山社区。由此可见，在明代的佛山，在图甲制之外还存在着一个乡族权力系统，这一乡族权力系统超乎于图甲系统之上，在佛山社区范围内存在运作，它是建立在地缘关系纽带上的权力组织。其结构为乡—村（族）二级结构。佛山人从这一古老的乡族权力制度中继承了“乡族自治”的传统。

四、明代佛山堤围修筑与土地开发

经过自宋元以来数代人水利工程修建经验的积累，明代佛山的农田水利建设进入大规模兴建时期。此时人们对农田水利建设的重要性有了更深刻的认识。随着明初人口的增加[①]，开展大型水利工程也成为可能。广东地势北高南低、逐渐倾斜，有山地、丘陵、平原、台地。由于地形的差别，明代广东形成“平田用陂塘，高田用堰坝，低田用圩岸（即堤围）”[②]的农田水利工程布局的特点。

珠江三角洲平原地势低平，河渠纵横，水是佛山地区环境的主角。明人说：“广、肇患于水溢”，“其民胥赖堤防以生”。反映出平原地区堤围建设与民生攸关。明代珠江三角洲人民共筑堤围181条，总长度达220400丈[③]，比宋元两代的筑堤116550丈，还要多出103800余丈。这个数字反映出明代以270余年的时间，做出了比宋元400余年多出近一倍的水利工程。从堤围的分布来看，西、北江三角洲堤围占当时筑堤总长度的96.9%，东江三角洲堤围只在东江堤之下，石龙附近的沙坦筑了一条三村圩，以抗御东江的洪水。[④]

明代珠江三角洲堤围建筑主要分布于西江干流及其支流新兴江、粉洞水，绥江及其支流青岐水，北江干流及其支流芦苞涌、西南涌、官窑涌以及石门水道沿岸。潭洲水道至顺德支流附近和东江沿岸也有少数新建堤围。主要分布在以下流域地区：

一是西江干流羚羊峡下游和绥江、西江、北江交汇地区。

---

① 洪武十四年（1381），广东的人口数已达3171950人。

② 嘉靖《广东通志》卷二十六。

③ 《珠江三角洲农业志》，第155页。

④ 《珠江三角洲农业志》，第156页。

重要的有四会、三水两县间的大兴围和灶岗围。由于明代在这一地区修筑了不少堤围，使这一带沿河两岸堤围密布，连低洼沼泽地带也不例外。这一带堤围以明初修筑的为多。

二是北江干流及其支流一带地区。

主要有三水县的鸦鹊围、高丰围、古灶围等；南海县的良凿围、箩箕尻围、茶步围、波湾围、河塱围、良安围等；顺德县的南顺东、西围、白驹围等。这些堤围中有相当部分没有确切记载修筑年代。如嘉庆《三水县志》记载："胥江司分管围基六道，乐塘围、上梅布围、下梅布围、长洲社围、清塘围、永丰围，以上各围在县治之北，旧名长岗围，自芦苞直至大塘上。至明季崩溃。"①乐塘围位于三水芦苞之北，在此围之下，还有上下梅坊围、长洲社围、清塘围等。根据上述记载，旧名长岗围即今六合围。明代佛山地区修了不少圩岸，圩岸即堤。各县圩岸分布的地方，就是在北江各支流的两岸。这些堤围的修筑，在明嘉靖年间的《广东通志》（1561）编纂之前则已经完成了。因此可以认为：自北江干流及其支流沿岸的堤围最迟也筑于明中叶。

同为北江下游的三水县，境内北江沿岸堤围的三水段明代已经成围。明代在胥江一带有来自外省和本省的宗族迁来围垦，修筑了长岗六堤中的清塘、乐塘等圩岸和独树、南岸、土塘、乌石等土围。当时的宗族已经争相将北江沿岸的土地围起来。②这表明三水北江段沙田开发很盛。同时，在芦苞涌以南的古堤围，包括成于宋末的榕塞围，万历以前成围的魁冈、大良、沙江堤（沙头）③都已经见于记载。北江右岸的永安围也为宋代堤围④，这表明明代以前三水境内北江两岸就已修筑了堤围，固定了河道。万历《广东通志》记载的大朗、三江、大良、木绵围、魁冈等属于后世所称的13围都是西南涌河段上的堤围，说明西南涌两岸的堤围在明中叶以前建成。三水县西江下游左岸的堤围都建于元明时期。万历《广东通志》上记载的豁陵堤、大路、蚬

---

① （清）汪云任等修：嘉庆《三水县志》卷八《水利志》，嘉庆二十四年（1819）刻本。

② 罗一星：《资源控制与地方认同——明以来芦苞宗族组织的构建和发展》，载《中国社会经济史研究》2007年第1期。

③ （明）郭棐纂：万历《广东通志》卷十六《广州府水利》，万历三十年（1602）刻本。

④ 三水县地方志编纂委员会办公室、三水县水利电力局编：《三水县水利志》，内部资料，1992年，第85页。

塘、白坭、徐步、雄旗等都是这一河段的堤围。万历以前成围的三水县西部青岐镇伸向思贤滘的灶岗围[①]，与明代成围的墩头、茶岗、王公等围组成今瑞岗围的前身。[②]

三是甘竹滩附近地区。

顺德甘竹滩西江干流两岸，分布于西岸有高鹤县古劳围、新会县天河围和粉洞水两岸的堤围。这些堤围多筑于明初至明中叶。分布于甘竹滩东南的堤围有：顺德龙山大成围、大洲围，龙江的鸡公围，古望和光华两村的马营围等。这些堤围大都筑于明末，是当时向珠三角扩展修筑的最南面的堤围。

四是围垦范围主要集中在香山县北部和新会县南部地区。

明代，珠三角沿海地带出现大量浮露的沙坦。据清嘉庆二十二年（1817）《桑园围志》载："迨元至明，下流香山、新会等处淤积沙坦，圈筑围田。"由此可见，中山和新会两县沿海地带出现的沙坦较多。沿海新形成的陆地土地肥沃，产粮多，因而成为当时封建豪势的争夺对象。清康熙三十九年（1700）《广东新语》记录了这一情况：在香山北部的西海十八沙，他们"买沙田者争取沙裙，以沙裙易生浮沙，有以百亩而生致数百亩者"，因而"以沙田而富"。清康熙十三年（1674）《香山县志》载，明初香山"潬（坦）田多，为顺德、新会暨番南士夫豪民所夺，谓之寄庄户，粮至万余石"[③]。这些新形成的沙坦海拔较低，受咸潮的威胁较大，必须修筑小围，阻挡海水入侵才能进行垦殖。所以当时对于新出现的沙坦，如顺德南部的五沙、香山北部的西海十六沙等，进行"圈筑围田"，使"工筑日盛"，或有"种芦积泥"[④]，加速沙坦成田。这表明当时人们对沿海地带新形成的陆地极为敏感，这些陆地是无主地，谁先占领谁就拥有产权。所以只要滨海有沙坦浮露，立即就会有人进行垦殖。

（一）明代南海县的屯田与堤围修筑

明初重视屯田，在南海县南部设立屯田卫所18处，由广州左、右卫分

---

① 万历《广东通志》卷十六《广州府水利》。

② 《三水县水利志》，第82页。

③ （清）申良翰修，欧阳羽文纂：《香山县志》，康熙十二年（1673）刻本。

④ （原注）《广东通志》1561年版："石岐海，由城西北接浮圩，海中多洲潬（坦），种芦积泥成田。"

管。广州左卫管金斗、龙潭、吉乡3处；广州右卫管桂洲、扶宁、外东村、大黄圃二、北潮、谭义、周易、扶闾、外塘、上涌、江村、塘利、龙潭、高赞、江尾15处。“洪武八年（1375）设官四十二员，旗军千六百九十三。”[①]当时顺德县还未从南海县析出，这些屯田所在地为当时南海县的海滨线附近。明初设立屯田卫所18处的事实，在《顺德县志》中也有详细记载。[②]清代将屯赋划归香山县大黄圃，其地就在顺德县桂洲旁边，仍归广州右卫管辖。[③]因此屯田卫所所在地，人口来源具有多元性。军屯聚落与原有乡村聚落容易发生土地开发纠纷。明初时开始围垦南海南部沙田并报税登记在册的一些宗族，受到屯田官兵占夺，后来通过官司得到保护。杏坛上地村松涧何公祠碑刻记载“壬戌岁（1442），增也暨祖香山土名潭土淋屋洲田一顷二十亩。正统年间，高赞屯官兵占夺，成化五年、十九年节诉蒙断。开垦香山等处浮生，陆续供报”[④]，说的就是屯田官兵占夺民田的事实。

珠江三角洲成陆是一个从点到面的漫长过程，佛山地区作为珠江三角洲的腹地，其发育成陆过程并非一蹴而就。明初时南海县南部还是一片泽国中的群岛，水道要比今天更多更宽阔，在大片水域中散布着星星点点的人居聚落。明代大儒湛若水云：“西樵顶上有八村，皆以业茶为生，如桃园洞中。诸村皆围其外，四方海岛又围其外。”[⑤]即从西樵山往下望，群村围绕，群村之外又有星罗棋布的海岛环绕。这些海岛是指当时宽广水面上浮露高地的聚落。此时九江、龙山、龙江附近的甘竹滩还是出海口，西江在思贤滘和北江短暂交汇后南流，一泄如注，毫无阻碍。嘉靖年间香山人黄佐编纂《香山县志》时也把“黄旗角、潭洲、大黄圃、小黄圃、古镇”称为“海中村”，即茫茫大海上的孤岛。[⑥]

---

① （明）郭棐：《粤大记》卷三十《政事类·屯田》。

② （清）郭汝诚修：咸丰《顺德县志》卷七《屯田》，咸丰三年（1853）刻本。

③ 万历《顺德县志》卷三《赋役·田赋》。

④ 《何氏家庙记》（弘治十五年），载《顺德碑刻集》，广东人民出版社2012年版，第11—12页。

⑤ （明）湛若水：《甘泉先生续编大全》卷二十四《书付天真上人游西樵》，台北“中央研究院”中国文哲研究所，2017年。

⑥ （明）邓迁修，（明）黄佐纂：嘉靖《香山县志》卷一《风土志·坊都》，嘉靖二十七年（1548）刻本。

与之相联系的，修建堤围往往从私基开始。西樵山附近的旧村背冈而居，居住在高地是因为周围都是水，村民们日常以船艇出入。为保护村落房舍，当地居民在枯水季节依靠高地自发修筑小型堤围，俗称“私基”或“秋拦基”。随着人口增长和土地开发，各村社的私基逐步联合成为小围，开垦出成片的围田“塱”（往往在低洼处，有洪水则容易被淹没），如今粤语仍有“后便冈”“开便塱”的说法。这些村落典型的基本格局为：屋后靠冈，屋前是涌，涌外是塱，塱外筑基，基外是大涌，大涌通外海。南海县南部较早定居的许多村落都类似这种情况。

明初位于西北江三角洲起点的南海县北部清塘、乐塘、独树岗、南岸、土塘等地的居民筑起了土堤，到万历年间，《广东通志》已有关于榕塞围、魁冈、大良、沙江堤、白坭、蚬塘、徐步等堤围的记载，这些堤围分布在北江两岸、西江下游左岸等地。[①]明洪武二十七年（1394），九江乡人陈博文主持了堵塞倒流港的工程，将桑园围变成了闭口围，并联围筑闸，在关键位置建立闸窦，控制水流。陈博文主持修建的鸡公围原是土围，到了万历四十七年（1619），人们将土围建成石堤，强固了基围。这使龙山、龙江、甘竹等顺德乡村的农业受益最大。据嘉庆版《龙山乡志》记载：顺德龙山、龙江人“追思其德亦莫不曰：此陈氏子之赐也”，为了纪念陈博文的功绩，人们专门在龙山大墟设立他的牌位，每年都要祭祀他，追念他的功德。桑园围倒流港的筑塞，不仅防止了潮水的倒灌，更重要的是堤围的高度从0.3丈增加到0.5丈以上，人们就能永久性地从高冈向低地迁居。原来，宋代建桑园围之后，仅0.3丈的土围，在潮水大涨时不能围护田土。所以当潮水到来时，人们还需要从低地平原的住所迁回在高冈上的住所，这显然影响了蚕桑业的发展。待到倒流港筑塞之后，这种情况才得到了彻底解决。

嘉靖《广州志》对当时南海县的堤围有如下记载：

南海县鼎安都十三处：大同堡圩岸二（凡一千四百五十丈，障田三百一十五顷）；鳌头堡圩岸二（凡六百五十四丈，障田九十二顷

① 罗一星：《资源控制与地方认同——明以来芦苞宗族组织的构建和发展》，载《中国社会经济史研究》2007年第1期；万历《广东通志》卷十六《广州府水利》。

零）；龙津头堡圩岸（凡四千七百七丈，障田二百五十顷五十一亩）；河清堡圩岸（一千三百八十丈）；镇涌堡圩岸（一千一百五十丈）；九江堡圩岸（九百九十九丈，障田三百一十九顷九十八亩）；海州堡圩岸（一千一百一十三丈，障田一百九十顷）；先村堡圩岸三（凡二千三百二十一丈，障田一百八十一顷九十六亩）；金瓯堡圩岸三（凡一千一十丈，障田一百四十二顷零）；丹桂堡圩岸（九百八十，障田一百六十余顷）；伏龙堡圩岸（一千二百五丈，障田一百四十五顷）；登云堡圩岸（五千九百丈，障田二百二十九顷八亩零）。

其中属于后来桑园围各堡的堤围丈尺和护田数量的总数分别达到了31448丈和438891顷，[①]这个数字十分惊人，说明南海县呈现出全面定居开发的趋势。

（二）明代顺德县的堤围修筑

万历《顺德县志》的编撰者言：“凡田平用塘陂，高用堰坝，下则圩岸，是谓三农。邑鲜高田，故圩岸独多云。”[②]这里是说顺德整体比较低洼，所以多采用修筑圩岸（堤围）捍卫土地的方法。

《龙山乡志》记载：“考宋元以前（龙）山外皆海，潦水岁为患，民依高阜而居，未盛也。越明代修筑诸堤，于是海变桑田，烟户始众。至今沃壤千顷，水贯其中，四面民居环绕，至数万家，鸡犬鼓柝之声相闻。”[③]明代桑园围一带的人口和耕地的发展，以一个“盛”字作出解释。

嘉靖《广州志》对当时顺德县的堤围有如下记载：

顺德县：葛岸堡圩岸，八百余丈，围田四百顷。鹭州堡圩岸，三千六百余丈，围田二百一十余顷。平步堡上下圩岸，三千七百余丈，围田一百余顷。甘竹堡陂堰，阔六十丈，周七百五十六丈余，围

① 徐爽：《明清珠江三角洲基围水利管理机制研究——以西樵桑园围为中心》，广西师范大学出版社2015年版，第51页。

② 万历《顺德县志》卷一《地里·圩岸》。

③ 嘉庆《龙山乡志》卷首《龙山图说》，载《中国地方志集成·乡镇志专辑》总第31册，江苏古籍出版社1992年版。

田二十余顷。简村堡圩岸，六百八十一丈，障田一百一十顷。云津堡圩岸，七千三百一十八丈，障田一千三百二十余顷。百滘堡圩岸，四千五百三十丈，障田五百二十四顷零。龙山堡圩岸，六百丈，障田三百八十四顷四十六亩零。龙江堡圩岸，八百三十丈，障田二百余顷。沙头堡圩岸，一千九百四十九丈，障田五百一十余顷。吉利堡圩岸，六千四十七丈，障田一百八十八顷零。①

根据万历《顺德县志》记载：明代万历年间顺德境内有堤围16条，比前代新增14991丈。建于万历年间古塑的马营围，长达1673丈。而根据民国《顺德县志》记载明崇祯年间（1628—1644）顺德境内还进行了大成围、大洲围的建设。

顺德西北部的龙江、龙山等地因“明代修筑诸堤，于是海变桑田，烟户始众”②，两龙附近的甘竹左滩贝丘遗址是珠江三角洲较早有人类活动痕迹的地方，两龙也是在黄萧养之乱中支持朝廷平乱的地区。民用民修者基本集中于顺德北部。其中“龙江水围八百余丈，接南海等县九江等堡共一万三千余丈，田七十余顷”，“平步上下二水围，接南海溶洲三千七百余丈，田百余顷”。顺德其他地方，如登州、岳步、鹭洲、葛岸、龙江、龙山、水藤、平步等以及大良县城，也有修筑水围（土堤）的记载。

明代顺德其他地方的水利建设，也为县境内的蚕桑业发展打下了基础。就如咸丰《顺德县志》所言，这些堤围“为东南近数十乡障”，而这些堤围，在清代都是“内包桑基鱼塘”，在明代就已经如此。

（三）高明河水利工程

高明地处西、北江下游，连接皂幕山，地理环境比较特殊。其东部诸地与西江沟通，环境类似对岸的南海西樵一带，水利重点是防西江之潦。其北部、西部、南部则为山区，与新兴、鹤山等接壤，受山洪和干旱困扰，重点在于储水防旱。据《高明县志》记载：

① （明）黄佐纂修：嘉靖《广州志》卷十五《沟洫》，嘉靖六年（1527）刻本。

② 嘉庆《龙山乡志》卷首《龙山图说》。

高明民务耕锄，土地硗瘠，城以西十余都，皆枕山为田，雨水东泻而下，不患水也而患旱。经旬不雨，则地赤苗槁矣。城以东十余都，皆濒海为田，固患旱也，亦且患水。连雨数日，西江泛涨，各堤内满不泄，恒受淹浸甚，或冲决圩堤，则禾稼室庐尽为鱼鳖之区。[①]

要适应高明复杂的生态环境，在水利建设上需要陂塘与堤围并举，所谓“邑水利有二，曰陂，曰堤。陂备旱，堤备潦，皆民食攸关”[②]，就是指此。据《高明县志》记载，元至正年间创建的陂塘有云岩陂、坟前陂、石陂、大陂和波汫村前风车总陂，明代创建的陂塘则有罗塘陂、茅冈陂、荔枝陂、桥头冈陂、唐际村头陂等。如罗塘陂，“在县东南杨梅都，明永乐间乡民筑，凿石为圳，水流二十里，灌田一百五十余顷”。[③]还有嘉靖年间高明县乡民修建的“荔枝坡（陂），凿石为窦，引水灌田”。[④]

相对于陂，修建堤围则工程浩大，“堤之劳费百倍于陂，且利害尤巨焉。有岁修，有抢救，向悉派自民间”。宋元明时期，高明河左岸的十三围渐次修筑。十三围内有4条围建于宋，其余均成围于元代至正年间，这些堤围的特点是随河势修筑，由各村族管理和维护。明成化年间筑停步堤1700丈，捍田60顷。筑停步堤以后，高明河左岸十三围的雏形已经形成。[⑤]

高明大沙堤和秀丽围的修筑，是明代佛山民间自发组织修筑堤围的典型案例。[⑥]

大沙堤，位于高明中部，同时面对着西、北江水涌入和两面山洪夹击，既要防江潦又要防山洪，这也是高明许多堤围的特色。大沙堤最早由元至正年间乡民黄泽、邓德达等集众创筑，捍田5万余亩。明永乐四年（1406）工部批准修筑大沙堤工程，广州府委派官员李有亮持福字290号勘合（明代官府法定凭证），与邓德达（创建人之一、堤长）一起，发动了起倩、文储、禄栏

---

① 光绪《高明县志》卷十《水利志》。

② 光绪《高明县志》卷十《水利志》。

③ （清）屠英修，（清）江藩纂：光绪《肇庆府志》卷四引《大清一统志》，光绪二年（1876）刻本。

④ 光绪《高明县志》卷十《水利志》。

⑤ 高明水利局等：《高明县水利志》，内部资料，1989年，第46页。

⑥ 光绪《高明县志》卷十《水利志》。

等都和本堤民户的青壮年，完成了堤坝的修筑堵塞，共修砌木窦两个，消除了内部水灾。永乐六年（1408），堤坝崩溃，南海县派员督促本堤范围的编户去修筑填补。永乐十三年（1415），乡民请求公平出力，广州府委派官员现场查看田地的种类和数量，计算修补堤坝各自出工的数量。永乐十七年（1419），堤长邓德达根据各户承担的田赋摊派费用，买石板修筑一个石窦，替换了原来的木窦。宣德九年（1434），邓德达年事已高，乡民李卯告知县衙接任堤长。李卯丈量十村的所有田亩，按中等、下等量力编制了各户应承担的修筑基围任务。将任务分为四甲，每年各自修补修筑。这是大沙围自修筑以来第一次实行“分基维护”的制度。嘉靖四年（1525），大沙围崩基，高明（1465年设县）知县陈坡督工修筑，自后修筑，均推举一位“大总理”监督四甲派人修筑堤围。后有乡官杨孟芳、杨宗粤各修筑石窦一个。至此，全围总共先后修建了三个石窦，堤围内的水灾消失。嘉靖年间严允忠、严允达及乡官区益接续担任总理，征集人手修补堤围和水窦。万历十四年（1586），众乡民到岭西兵巡道保举乡官罗焕章总理修堤围之事。罗焕章实施“丈量堤基、照田起夫、通堤补筑”的办法完成修筑堤围任务。在基围上立石作界，并把该制度刊印成书交给各甲收执，作为日后参照之本。万历年间，乡官区大伦请求两院发官银六百两买桩修水窦，高明知县陈京璧委托典史林桥监督工程。[①]此外，明代曾任大沙堤“大总理”者，还有嘉靖年间的罗洪、罗俨遇，天启年间的严耀初、严体坤、严宏绪、何迥常，崇祯年间的罗守昌等。

秀丽围在高明县治东面四十里的西江边，隔岸与南海县相望。元至正年间，由当时还属于南海县的清溪、罗俊、阮埇等都的乡民区敬之、区源清等人集众修筑。该围附近村落居民都是从南海镇涌、太平沙、九江、三水清塘、顺德龙山、龙江和鹤山古劳等地迁入。[②]明成化元年（1465）高明设县后，历年都有修筑基围，并在基围内挖土造湖蓄养鱼苗，鱼苗所入，用于筑堤。弘治年间南海人钟剑、岑芳影占（以虚假契约侵占）基塘和鱼苗。乡民关成等上呈广东巡按王哲，官府判定归还秀丽围所有。每年集众认缴佃银，由圩长管理账目，银两用在里排、圩甲修砌基围、水窦等费用。不久废止。

① 光绪《高明县志》卷十《水利志》。

② 《高明地名志》。

嘉靖年间，续有圩长区永盛、何国琛、何文修集众重建秀丽围的水利工程。嘉靖三十九年（1560），乡民关中仁等申请广东官府递年全部免除杂役，四都之民赖以苏困。万历年间，督府周嘉恒、许宏纲，巡按田生金、王命璿前后发银钱修筑完善巩固。高明人民感激他们，建了两座祠纪念他们，一座在石州堤上，一座在龟峰塔旁边，名报德祠，官民每年春秋祭祀不辍。[①]

明代高明县大沙堤和秀丽围的修筑，是以民间出资、民督民办为主；以官府出银、官督民办为辅。筑堤组织的首领明初称“堤长”或“圩长”，明中叶后称“大总理”。大沙堤在宣德九年（1434）创立了“均工筑基，分基维护”的原则；万历十四年（1586）建立了“丈量堤基、照田起夫、通堤补筑”的制度，换句话说，就是按照每户赋役筹集资金和人力、全堤统筹修筑的制度。明确的人力、物料、资金来源和管理人员的制度设置，使得筑堤工程能够长期进行，从而加强了西江沿岸各堡之间的组织联系。这种日趋成熟的修筑组织和维护方式，开了高明河流域组织修筑水利工程的先河。与此同时，大沙堤和秀丽围已经受到官府的重点关注和资金支持。

桑园围东南的倒流港，原是宋代建围时留下的一个水口，没有设闸堵水，任其自然宣泄。到了明代，地理条件有了变化，因为出水口外河床高积，每遇洪水暴涨时，不仅围内积水无法排出，且西江洪水反会倒流逆灌而入，使水位抬高，淹浸庐舍禾稼，洪涝灾害日见加重。为了解决这一严重问题，洪武二十九年（1396），南海县组织堵塞倒流港工程，但倒流港“洪流激湍，人力难施”，施工难度较大。后来，总结以往堵口合龙的经验，创造了载石沉船截流堵口的方法，于是“取大船，实以石，沉于港口”，使“水势渐杀”，终于堵住了倒流港这个水口。[②]这些治水经验说明，明代筑围技术比前代又有了新的提高。

通过不断修筑大大小小的基围水利工程，佛山人民将群岛密布的大海湾改造成了大大小小的放射形汊道三角洲，这些放射形汊道三角洲在清代进一步复合扩张成更大的珠江三角洲陆地。而支撑着珠江三角洲陆地面积健康发

---

① 光绪《高明县志》卷十《水利志》。

② （原注）《桑园围志》1889年版：“明洪武二十九年，九江陈处士博民，塞倒流港，倒流港……洪流激湍，人力难施，公取大船，实以石，沉于港口，水势渐杀，遂由甘竹滩筑堤越天河，抵横江，络绎数十里。”

展的这些大小不一的基围水利工程，也构成清中叶桑园围等大型水利工程合围的基础。

明初时南海县农民一年衣食花销均依靠种茶和蚕桑。到了明万历九年（1581），根据《广东通志》记载，南海县鱼塘面积达48326亩，顺德县为40084亩，三水县10250亩，高明县7810亩。另据近人李本立的研究，顺德县于明景泰年间已广植桑树，至明崇祯十五年（1642），全县植桑面积已达58094亩。①

鱼和桑的收入，在农民总收入中占比日益提高，逐渐成为农民的主要收入来源。

第二节　明代佛山手工业的发展（1368—1640年）

自古范土铸金，陶冶并立。明代是冶铁业、陶瓷业在佛山聚集、发展，并成为两大支柱性产业的发展时期。其手工业生产规模、技术成就和产品质量，都领先于国内同行，享誉东亚和东南亚。佛山五百年的红炉风物，于此时兴起。

一、佛山冶铁业的兴起

“盖天下产铁之区，莫良于粤，而冶铁之工，莫良于佛山。”②明代，是佛山冶铁业崛起、发展乃至名播天下的时期，是佛山铁器闪亮登场、畅销九边塞外、远贩东西二洋的时期，也是佛山冶铁业独特的官督民办经营方式的形成时期。

（一）民营矿冶业的发展与官府管理政策

矿冶业的发展是冶铸业发展的前提条件。佛山冶铁业的兴起，是与明代

① 李本立：《顺德蚕丝业的历史》，载《广东文史资料》第十五辑。

② 张心泰：《粤游小识》卷四，光绪庚子（1900）梦梅仙馆藏板，第9页。

铁矿业由官营向民营的转变相联系的。“广东铁冶，自宋以前言英、韶，自国朝以下言潮、惠。”[1]北宋初年，广东有英州冶、梅州务和连州场等官营冶铁场。明洪武初年，广东阳山县官冶仍很兴盛，据《永乐大典》记载：“洪武六年（1373），蒙省府为讲究铁冶事，随地之利，分置炉冶一十五处，签点坑夫一千名，博士一十名。每岁烧办生铁七十余万斤解官。”[2]

洪武二十八年（1395），明王朝“诏罢各处铁冶，令民得自采炼，而岁给课程，每三十分取其二”[3]。于是从洪武末年起，广东铁冶从英、韶二州转向潮、惠二郡，由民间开发。“其后利入稍多”，官府在惠州车坡亭、潮州广济桥、揭阳北窖门设点收税。

正德末年，广东官府实行“盐铁一体”税收政策，在广州城外设立税厂（场），委派“提举佐贰官”一员管理。规定广东各地铁商贩卖生熟铁锭，必须先到广州税厂（场）告请“官票”，官票上写明期限，限期售卖。嘉靖《广东通志初稿》记载：

> 凡铁商告给票入山贩买，回至河下盘验，生铁万斤收价银二两，其立限复往查验，大约如盐法。有欲以生铁往佛山堡鼓铸成锭熟而后卖者，听其所卖。地方府县审有官票者，生铁万斤税银八钱，熟铁万斤税银一两二钱，俱以充二广军费，提举司铁价每季类解布政司转其半解部。[4]

这是在两广范围内第一次对所属大炉炼出铁块运往佛山发卖的政策指引，“有欲以生铁往佛山堡鼓铸成锭熟而后卖者，听其所卖”。这就是由佛山炉户一体制造铁锅农具。如在别处铸造，就属私铸，在稽禁之例，同私盐罪治之。从洪武初年的“官置炉冶”“签点坑夫”“尽数解官”，到正德以后的“设厂秤税”“给票贩运”“听其所卖”，都表明广东官府公开承认“不领于有司”的私营冶铁业的开发和运销的事实，标志着广东铁矿业由官营到私营的重大转变。这一转变，刺激了民间开采矿冶的积极性，此后，广

① （明）戴璟修：《广东通志初稿》卷三十《铁冶》，嘉靖十四年（1535）刻本。
② （明）高拱：《永乐大典》卷一一九〇七《广州府》三《土产》，光绪本。
③ 《明实录·太祖实录》卷二四二。
④ 《广东通志初稿》卷三十《铁冶》。

东“铁冶则岁办以为常”[①]。嘉靖年间，平均每年课税5817两[②]，按上述每万斤生铁课税二两银计算，每年有接近2000万斤的生铁（1939万斤）。最高的嘉靖十年（1531），课银8294两，应有生铁2764万斤。明代私营矿冶业的发展，为佛山冶铸业的发展创造了前提条件。

（二）佛山堡与佛山冶

佛山最早的冶铁点，据说是在新涌边的旧佛山八景之一的“孤村铸炼”。[③]孤村铸炼，在大墟沙塘（大墟沙塘坊）。佛山涌原流经沙塘，便于装卸铁板和成品。孤村因此成为佛山最早的冶铁点。清人杜伯棠《孤村铸炼》诗云：

> 大造为炉妙莫论，良工铸炼在孤村。
> 宝光万丈相摩荡，紫气千重互吐吞。
> 剑戟销来争战息，鼎钟认得姓名存。
> 太平无复干戈事，野老携锄向隰原。[④]

杜伯棠《孤村铸炼》诗所描述的，就是在佛山开炉铸铁的最初历史。

图4-2-1　孤村铸炼——佛山旧八景之一

① 嘉靖《广东通志》卷二十五《民物志六》。

② 嘉靖《广东通志初稿》卷三十《铁冶》，记载了从嘉靖元年到十三年（1522—1534）的铁课额，最低为嘉靖五年（1526），银三千六百零四两八钱；最高为嘉靖十年（1531），银八千二百九十四两零一钱四分；平均为银五千八百一十七两。

③ 乾隆《佛山忠义乡志》卷三《乡事志》。

④ （清）杜伯棠：《孤村铸炼》，载道光《佛山忠义乡志》卷十一《艺文志下》。

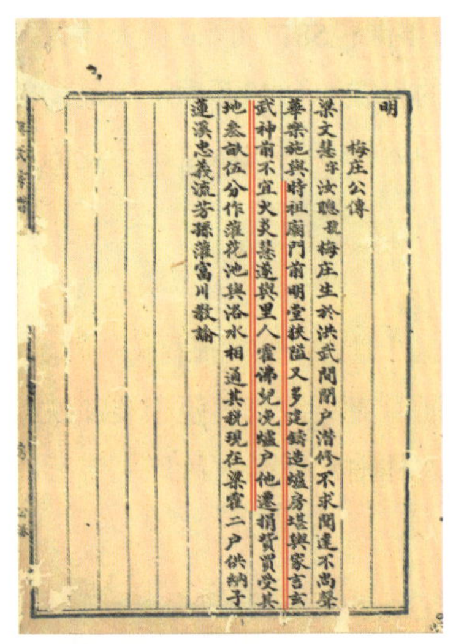
明

梅庄公傳

梁文慧字汝聰號梅庄生於洪武間閉户潛修不求聞達不尚繁華崇施與時祖廟門前明堂狹隘又多建鑄造爐房堪輿家言玄武神前不宜火炎慧遂與里人霍佛兒浼爐户他遷捐貲買受其地叁畝伍分作灌花池與洛水相通其稅現在梁霍二户供納于蓮溪忠義流芳孫灌富川教諭

图4-2-2 佛山梁氏家谱记载了明初祖庙门前开炉铸造之事

图4-2-3 祖庙泥模岗（佛山市祖庙博物馆提供）

永乐以后，“孤村铸炼”的南面祖庙一带出现新的铸造片区。《梁氏家谱》言：

> 时（宣德四年，1429）祖庙门前，明堂狭隘，又多建铸造炉房。堪舆家言：玄武神前，不宜火炎。慧（梁文慧）遂与里人霍佛儿浼炉户他迁。①

这条材料告诉我们，当时祖庙门前，诸炉并冶，火光冲天，呈现出一派铸铁生产特有的热闹景象。

此时的佛山冶铁业以铸铁为主，主要产品是铁锅、农具、钟鼎、军器等。其中，以铁锅产量最大。当时有“佛山商务以锅业为最”之说②。随着铁产品和产量的增多，出现了一些从事铁器贸易的巨商和冶铁炉户。正统年间，鹤园冼氏六世祖冼灏通以“贾锅”为业，主持了佛山铁锅贸易，“各省巨商闻公信谊，咸投其家……毋后期也，乃人人又益喜，辄厚谢之。公以故家饶于

① （清）梁礼昭：《梁氏家谱》之《诸祖传录》，佛山市博物馆藏线装本。

② 《鹤园冼氏家谱》卷六之二《人物谱·六世月松公传》。

财”[①]。其家“有负郭田三百余亩，别业亦不下百亩，故时冼氏子姓虽未通籍而已称右族，实自公恢拓”[②]。像冼灏通这样的巨商和冶铁炉户，当不在少数。例如，正统十四年（1449）黄萧养之乱，梁广等22个乡绅“出资制器械拒之”。他们用的武器是“大铳飞枪”，“火枪一发，中之即毙”。[③]“又熔铁水浇焚皮帐。”[④]这22个乡绅（冼灏通父子是其中二人）都是“藏蓄颇厚”的“大家巨室”[⑤]。由此可见，当时已出现了冶铁大户，并且早已掌握了制造大件军器的技术。至此，佛山便以“工擅炉冶之巧”闻名于世。[⑥]

广东现存最早的明代铜钟，是明洪武十一年（1378）朱亮祖铸的重达1万斤的大铜钟。现存广州五仙观，钟铭为：“大明国洪武十一年岁次戊午孟春

图4-2-4　万斤大铜钟。明洪武十一年（1378）朱亮祖铸。直径2.1米，高3.4米，号称“岭南第一钟”（广州五仙观藏）

图4-2-5　大铜钟，明成化二十二年（1486）佛山铸造。重达1700斤（佛山祖庙博物馆藏）

① 《鹤园冼氏家谱》卷六之二《人物谱·六世月松公传》。
② 《鹤园冼氏家谱》卷六之二《人物谱·七世兰渚公传》。
③ （明）陈贽：《祖庙灵应记》，载乾隆《佛山忠义乡志》卷十《艺文志》。
④ （明）揭稽：《奏请激劝忠义疏》，载乾隆《佛山忠义乡志》卷十《艺文志》。这时用的是一种小型化铁炉——行炉，《武经总要》卷十二载：“行炉熔铁汁舁行于城上，以泼敌人。”
⑤ （明）陈贽：《祖庙灵应记》，载乾隆《佛山忠义乡志》卷十《艺文志》。
⑥ （明）陈贽：《祖庙灵应记》，载乾隆《佛山忠义乡志》卷十《艺文志》。

十八日辛卯，广东等处承宣布政使司铸。”[①]此铜钟铸造早于北京大钟寺的永乐大钟50年，可列入华夏名钟。该钟是否是佛山铸造尚无从考证，但明代佛山工匠铸造美术重器纹饰之精巧却是不遑多让。

天顺七年（1463）铸造的连州迁义乡福聚堂铁钟，钟铭为“请到江西客商刘立龙前往广州府佛山铸买洪钟一口，入于福聚堂”[②]。20世纪70年代，该钟仍存于广东连县保安公社。现存祖庙大殿铸于成化二十二年（1486）的大铜钟，重达1700斤，造型古朴。钟身有“广东广州府南海县西淋都佛山堡合乡善信，舍财买铜壹千柒百斤，铸造洪钟壹口，在于本乡灵应祠永远供奉”铭文。明清两代，每当祖庙举行祭祀典礼，便有木槌撞击此钟，声音洪亮，传扬悠远。[③]

成化年间，陈白沙（著名岭南大儒，1428—1500）曾委托佛山炉户铸造了3个大钟，并亲自撰写钟铭：一是陈氏家庙钟，其钟铭称：“其质重，其声迟，其动静有时，永以为神之依。”二是丁氏祠堂钟，其钟铭称：“出佛山冶，入济阳堂。厥声镗镗，震于无疆。”三是新会县衙门谯楼钟，其钟铭并序称：“费而不伤，坏而有成。同百里之声，存万世之经。作民不信，视此钟铭。——钟始造模而丁侯卒。惜侯之志不及！成此铭，亡后有继之者何以考？故录之。”[④]以上3个钟，均是成化年间佛山建模铸造。反映出钟体大、钟声响的特色。

佛山最早的铸造重器，是景泰年间（1450—1456）铸造并安放在祖庙正殿神龛的真武大帝铜像，重约5000斤，高9尺5寸（3.04米），取“九五之尊”之意。是国内现存最大的明代铜铸北帝像。其造型为：北帝端坐于高背龙头大椅上，头顶圆光，面带微笑，和蔼慈祥，身着文官彩袍，双手摆放于两膝上，一副赐福善神的形象。北帝的表情自然生动，衣饰花纹的描绘精细流畅。制造者极力把北帝塑造成帝王的模样，就连神像摆放的手势，也与台北故宫藏明永乐皇帝的画像十分近似，民间广泛流传有“真武神，永乐像”的

① 伍庆禄、陈鸿钧：《广东金石图志》，线装书局2015年版，第201页。
② 《明清佛山佛山碑刻文献经济资料》，第504页。
③ 肖海明、王海娜等编：《佛山祖庙》，广东人民出版社2016年版，第16页。
④ （明）陈献章：《白沙子全集》卷四《铭》，万历四十年（1612）刻本，第41页。

俗谚。[①]

嘉靖十九年（1540），佛山制镜行为祖庙制作了大铜镜，直径1.33米，周长4.14米，形制巨大，质地纯净，镜面光滑平整，宝光可鉴。乡志载该镜“铜质坚光，为庙中重器”[②]。嘉靖二十六年（1547），佛山铸造了观音铜像。现存祖庙博物馆。

图4-2-6　明景泰年间铸造的真武大帝铜像，重约5000斤（祖庙博物馆藏）

20世纪50年代，祖庙享殿还保存有铸于万历十六年（1588）的两米多高的大铁鼎[③]。万历三十五年（1607），南海县知县刘廷元在佛山铸造了一口重1200余斤的铜钟，送到广州长寿庵供奉。此钟现存广东省博物馆。此外，在佛山市博物馆、中山市博物馆、郁南县博物馆、广西贺州市博物馆均保存有明代万历、天启年间（1573—1627）佛山炉户铸造的各种铁钟和神像。

图4-2-7　大铜镜，明嘉靖十九年（1540）佛山制镜行制作，直径1.33米，周长4.14米，为祖庙重器（祖庙博物馆藏）

凭借精良的产品质量，此时佛山的铁器在国内有广阔销路。明中叶霍与瑕说：“富国强兵之术以盐铁为首务。两广铁货所都，七省需焉。每岁浙、直、湖、湘客人，腰缠过梅岭者数十万，皆置铁货而北。”[④]当时在南雄梅岭道上，“南货过北者，悉皆盐铁粗重之类……日有数千（驮）”[⑤]。霍与瑕所言“七省”，应指浙、直、湖、湘、赣、粤东、粤西；按今天行政划分包括浙江、山东、河北、河南、江苏、安徽、湖

① 罗一星、肖海明：《佛山北帝文化与社会》，广东人民出版社2017年版，第219—220页。

② 民国《佛山忠义乡志》卷十六《金石志》。

③ 佛山铸造厂编：《佛山冶铸史集》。

④（明）霍与瑕：《霍勉斋集》卷十二《上吴自湖翁大司马书》，载《明清佛山碑刻文献经济资料》，第295页。

⑤（明）顾炎武：《天下郡国利病书·江西》，第82页。

南、湖北、江西、广东、广西11省区。而各省客商每年共带有“数十万”巨资来购买铁器，由此可见当时佛山铁器贸易之盛况。

冶铁业的发展，同时也改变着佛山居民的职业构成。明初佛山堡八图居民原多以农耕为业。到成化、弘治年间发生了明显变化，大学士丘濬曾到过佛山东溪梁氏园林，丘濬《东溪记》记载：“南海之佛山去城七十里，其居民大率以铁冶为业。”[①]当时佛山有居民“三千余家”[②]，可以想见，从事冶铁的民户是很多的。

图4-2-8 嘉靖二十六年（1547）铸造的观音铜像（佛山祖庙博物馆藏）

事实上，八图氏族在明代大多参加到开发冶铁业的热潮中。除上述鹤园冼氏外，此时还有以下家族从事冶铁业：细巷李氏、东头冼氏、佛山霍氏、江夏黄氏、纲华陈氏、金鱼堂陈氏、石头霍氏、石湾霍氏等。

图4-2-9 明万历三十五年（1607）佛山铸大铜钟重1200斤（广东省博物馆藏）

细巷李氏始迁祖李广成在宣德年间迁居佛山，就从事铸冶之业。刊刻于崇祯十五年（1642）的《李氏族谱》记载：“吾家广成公得铸冶之法于里水，由是世擅其业。”其后辈六世祖李善清，七世祖李世昌、李潭，八世祖李壮、李上林、李白、李国臣、李羹干等，均从事冶铁业。其中八世祖李壮在冶铁业上大有所成，家号素封，李待问说“吾家之昌厥宗也，自祖父同野公”，就是指此公[③]。

东头冼氏七世祖冼林佑，也从事采矿业。约在嘉靖年间，“公有矿山在高州，每岁必至

① （明）丘濬：《丘文庄公集》卷七《东溪记》。

② （明）陈贽：《佛山真武祖庙灵应记》，载《明清佛山碑刻文献经济资料》，第3页。

③ 《李氏族谱》卷五《世德纪》之《广成公传》《靖山公传》《古松公传》《季泉公传》《祖考同野公传》。

课租。一夕自高州回，泊清远白庙峡，舟载多金，有山贼数十围劫，公财尽失。贼甫舍舟缘岸上。倏有勇士发矢殪数贼，贼弃赃逸。勇士拾遗物献公，查点一无所失，公叩勇士姓名，始知为门下客”[①]。“舟载多金”，可见从事矿业其利甚厚。在冼林佑的经营下，“有明一代，东头冼族最称豪富。好治园林，林内引溪为湖，亭台馆榭十数，所在几与鹤园比美”[②]。

佛山霍氏在嘉靖至万历年间有十三世霍实、霍畴、十四世霍权艺，十五世霍从规等从事“冶铸”之业。其中，霍权艺“攻苦茹淡，为兄弟先，不敢告劳也。已而家计大饶”，并操办了诸弟的婚娶之事[③]。

江夏黄氏亦是冶铸世家，专门从事铸冶车模业。万历年间，黄龙文“勤务正业，以铸冶车模为生”。其子黄妙科“以下模为业，致积有千金，置大屋一间，小屋四间，田十八亩，亦无娇容奢华之心”。铸锅使用上下泥模浇注而成，下模面需要用车板打磨光滑，因此车模师傅是铸锅业中的技术人才。黄氏子孙世代从事车模铸锅业，直至清中叶时止。[④]

纲华陈氏在万历年间十六世有陈尚荣，“生质强健出人，仪表威武，力能举百多钧，忍分居乡，业擅炉冶，扩产饶裕。人皆仰为生尉墀”[⑤]。

金鱼堂陈氏八世陈阳庶，亦是万历年间的“炒铁大商”和铸镬炉户[⑥]。

石头霍氏本居住于离佛山五里的石头乡。明正德九年（1514）霍韬成会元，官至吏部右侍郎时，石头霍氏就积极从事佛山冶铁业生产，所至之处无往不利。正如其子霍与瑕所言，“先文敏尚书当其为吏部时，气焰烜赫，若佛山铁炭，若苍梧木植，若诸县盐鹾，稍一启口，立致富羡”[⑦]。

嘉靖年间，离佛山十里的石湾霍氏也从事铁版的买卖，囤积居奇，以图牟利。其家训称：“凡人家积钱，不如积货，所积亦有其方。难收易坏者不可积；人家用少者不可积。如佛山铁版无坏，石湾之缸瓦无坏之类者，可积

---

① 《岭南冼氏宗谱》卷七《备征谱·名迹》。

② 《岭南冼氏宗谱》卷七《备征谱·名迹》。

③ 《南海佛山霍氏族谱》卷三《长房》，卷九《大明十三世祖诰赠奉政大夫庐州府同知平居公墓志铭》，卷十一《十四世行素公墓志铭》。

④ （明）黄尧臣：《以寿太祖小谱》，载《江夏黄氏族谱》，嘉庆十八年（1813）刻本。

⑤ 《十六世结松公传》，载《佛山纲华陈氏族谱》派世表，手抄本，不分卷。

⑥ 《南海金鱼堂陈氏族谱》卷七上《税寿房》图二。

⑦ （明）霍与瑕：《霍勉斋集》卷二十二《碑铭·寿官石屏梁公偕配安人何氏墓碑铭》。

也。”[①]

明代佛山各宗族竞相从事冶铁业的生产和贸易，给他们带来了个人财富和集体财富，不少人因此成为富商巨贾，不少宗族亦借此光大了门楣。对明代佛山的大多数居民来说，冶铁业改变了他们的职业构成，加快了他们从农村人口向城镇人口转变的步伐。冶铁业也成为佛山宗族发展的重要经济基础，并在佛山都市化过程中起着特别重要的作用。

除了佛山各宗族之外，明末时也有外地商人到佛山从事冶铁业生产。崇祯年间，新会潮连乡人卢克敬“以贩珠致巨富，财雄一乡”。其侄卢从慧，“讲求治生，业铜铁于佛山。善计然术，驯至小康”[②]。虽然此时外地商人经营冶铁业者尚属少数，但他们与本地各宗族共同组成了佛山的冶铁大军。

二、佛山冶铁炉户及其经营方式

（一）佛山炉户的基本形态

“炉”与“户”本有不同含义。“炉”是冶铁业基本生产单位，如同店铺的一个“店”。“户”是承担赋役的基本单位。如同图甲制中“民户”的一个“户”。“炉”与“户”合称，说明佛山“炉户”既是一个基本生产单位，又是一个基本赋役单位。明代佛山设置“炉”的地方叫“炉房”，文人学士称之为“冶肆”。如同商铺的商号一样，佛山炉户均冠以芳名，如“万名炉”“隆盛炉”等[③]。历史悠久的炉又冠以“老”字，如“万聚老炉”“信昌老炉”等[④]。

图4-2-10　清代佛山化铁炉，高79厘米，内径65厘米（广东省博物馆藏）

---

① 《太原霍氏崇本堂族谱》前后家训卷三，线装手书本，佛山市博物馆藏。

② 卢子骏：《新会潮连芦鞭卢氏族谱》卷二十四《家传谱》，民国三十八年（1949）铅印本。

③ 康熙四十六年（1707）铁钟铭文和嘉庆二十一年（1816）龙纹兽足大铁鼎铭文。前者存西樵简村，后者存佛山祖庙。

④ 嘉庆十九年（1814）四足大铁方鼎铭文和“海隅水赖”铁鼎铭文。均存佛山祖庙。

佛山的某种畅销产品就常常与某炉号相联系，如铁钟就以“隆盛炉”出品为上，铁鼎就以“信昌老炉”出品称佳，铁炮就以“李陈霍”称雄。“炉户”亦可用于指称炉主。必须说明的是，这里所说的“炉”的概念与化铁炉的概念是两码事。“万名炉”是生产单位，化铁炉则是生产工具。一个“炉户”可拥有多个化铁炉。现存广东省博物馆的清代化铁炉，高79厘米，内径65厘米。

炉座小，炉户多，正是佛山冶铁业的一大特点。崇祯年间，广州府推官颜俊彦曾说：“审得佛山炉户，计数万家。”[①]可知佛山炉户数量之多。过去学术界有明代佛山建有大型官营“佛山铁厂”之成说，这是不符合历史实际的[②]。

（二）佛山炉户的民籍身份

佛山“炉户”多为原明初佛山八图的民户，其从事冶铁业后均未脱离原来民籍。有些在冶铁业上发财后又转而购买土地，立户升科，再注民籍。据唐文基先生研究，明代铺户似有商籍和民籍的双重户籍。[③]但在佛山尚未发现炉户注商籍、匠籍的材料。正是民籍的出身条件，使佛山炉户始终处于一种比较自由的地位。从族谱材料看，佛山八图各族就业冶铁或改业它适均无限制。这种身份的自由，是与佛山冶铁业私营形态相一致的。

（三）佛山炉户的组织和义务

依明制，城市铺户要替封建政府买办各种必需品。官府将铺户编成排甲，铺户轮流买办支应，名曰“当行”。当行时间，有一月一轮者、一岁一换者。各级官府在向铺户和买时，须出具官票，各衙门所需商品不一，需由不同铺行买办。为了对口，明政府将各铺行分隶各衙门应役。地方各府州县亦同样如此。[④]明代佛山冶铁炉户分为“炒铸七行”。有关“炒铸七行”的活动记载最早出现在明代天启二年（1622），当时发生了“炒铸七行工匠纠众鼓噪”事件[⑤]。“炒铸七行”是铸锅行、铸造铁灶行、炒炼熟铁打造军器行、

① （明）颜俊彦：《盟水斋存牍》（二刻）卷二《息讼霍见东等杖》，北京大学善本图书馆藏明崇祯刻本。

② 罗一星：《关于明清“佛山铁厂”的几点质疑》，载《学术研究》1984年第1期。

③ 唐文基：《明代的铺户及其买办制度》，载《历史研究》1983年第5期。

④ 唐文基：《明代的铺户及其买办制度》，载《历史研究》1983年第5期。

⑤ 乾隆《佛山忠义乡志》卷三《乡事志》。

打拔铁线行、打造铁锁行、打造农具杂器行和打造铁钉行[①]。以锅行为首，产量巨大。炒铸七行均负有答应上供义务，据碑刻记载："本堡食力贫民，皆业炉冶。""分别班行遵应公务，但铸锅炉户答应铁锅，铸造铁灶答应铁灶，炒炼熟铁炉户答应打造军器熟铁，打拔铁线之家答应铁线、御用扭丝灶链，打造铁锁胚炉答应御用灶链、担头圈、钩罐耳，打造笼较农具杂器之炉答应御用煎盆镬、抽水罐，小□□，卖铁钉答应铁钉。自古亘规，各依货卖答应，毫无紊乱。"[②]这里说的"自古亘规"，当指明永乐、宣德年间郑和下西洋时期形成的答应上供制度（郑和下西洋的广锅外贸详情见第四章第五节）。显然此时的行是依据产品形态而设，除"铁锅"之外，还有"军器熟铁""御用扭丝灶链""御用灶链""御用煎盆镬"等御用铁器。而当时各行尚无会馆[③]，一应公务均由包当组织。包当凭官府发给之银票在该行各家取办，给以官价之银钱，包当实际就是牙人。一般而言，包当不得跨行取办。但包当与同行之人并无共同利益。正因为没有共同利益，"籍票混敛"之事才会经常发生。包当借势，甚至还可跨行混敛。以"食力贫民"为主体的佛山炉户实际承担着"军器"和多种御用铁器的生产。这些特殊产品的生产，要求很高质量和很短时限。这对佛山炉户来说是很重的负担。例如崇祯年间，户部要补造锅铫，檄下广东官府催办。广州府推官颜俊彦认为："目前之铸造困难，将来之运解更苦。用是委官多方求脱，炉户亦人人谋卸。"后来广东官府多方筹觅，才有炉户梁秀兰肯"领银买铁承服"[④]。又如崇祯年间，广东官府修造战船，需要取办大量铁钉，先向佛山铁钉铺户取办，不足，又向佛山炉户取办。"省下公务取铁钉，答应自十斤以上至数百斤。铺

---

① 该七行中的"打造铁钉行"应为"卖铁钉行"，亦即铁钉铺户，而不是铁钉炉户。佛山铁钉生产于千家万户。《盟水斋存牍》（二刻）卷二《息讼霍见东等杖》载："审得佛山炉户计数万家。省下公务取铁钉，答应自十斤以上至数百斤，铺行不堪赔累。议炉户帮贴。"可知佛山钉行答应公务向为铺户承办。至崇祯年间炉户始"帮贴"公务。而崇祯八年《广州府南海县饬禁横敛以便公务事碑》列举炒铸七行，六行均指称由炉户答应，唯"卖铁钉答应铁钉"。可知，炒铸七行的铁钉行指的是卖铁钉行。

② 崇祯八年《广州府南海县饬禁横敛以便公务事碑》，载《明清佛山碑刻经济文献资料》，第13—14页。

③ 据崇祯八年《广州府南海县饬禁横敛以便公务事碑》记载：崇祯五年，官府发给铁线行的禁示张贴于祖庙，可见各行当时还未有会馆性质的公共场所。

④ 《盟水斋存牍》（二刻）卷一《诬指接济刘韬等二杖四徒》。

行不堪赔累，议炉户帮贴。”引出一场“帮贴致讼”的官司[①]。可见，答应上供负担颇重，这是一方面。另一方面，正因为答应上供任务繁重，佛山便具有了不可替代的重要地位，广东地方大员深知，通过承办佛山炉户生产的贡锅及各类精巧的御用品，有可能会得到朝廷重视和关照；而部限品完成与否，也直接关系到官员考成等级。这一政治原因，使得广东官府对佛山炉户发展总持有一种支持、鼓励态度。

（四）官准专利：佛山炉户的专享制度

对明清佛山炉户具有长期影响的“官准专利制度”，起始于正德年间。所谓“官准专利制度”，就是明代官府在两广实施盐铁一体的税收制度。正德十一年（1516），两广总督陈金为筹措两广军费，首先提出要在佛山堡设立税厂。[②]他认为：明代两广公用全资盐利，盐税取之于商乃一二，官商两便。广东盐利外以铁税为大。往时利多不归公府，于是陈金“乃集群议立厂佛山堡征收，而公用始有所资”[③]。

陈金“立厂佛山堡征收”铁税，以资两广“公用”的动议，三年后由广东巡抚周南实施，[④]据嘉靖《广东通志初稿》记载：

> 正德末议者谓盐铁一体：今盐课提举司告纳军饷，给票填指地方，往复查验甚严，铁课不宜独异。宜于广城外批验所旁置厂，委提举佐贰官一员专掌其事。凡铁商告给票入山贩买，回至河下盘验，生铁万斤收价银二两。其立限复往查验，大约如盐法。有欲以生铁往佛山堡鼓铸成锭熟而后卖者，听其所卖。地方府县审有官票者，生铁万斤税银八钱，熟铁万斤税银一两二钱，俱以充二广军费。提举司铁价每季类解布政司转其半解部……不分生熟铁，每万斤加纳银一两，其余悉罢之。[⑤]

① 《盟水斋存牍》（二刻）卷二《息讼霍见东等杖》。

② 嘉靖《广东通志初稿》卷三十《铁冶》；（清）阮元等总修，（清）伍长华等纂修：《两广盐法志》卷三十五《铁志》，道光十六年（1836）刻本。

③ 《国朝献征录》卷五十四《都察院一》，第1982页。

④ 雍正《广东通志》卷二十二《贡赋》。

⑤ 《广东通志初稿》卷三十《铁冶》。

制度规定：凡铁商入山贩铁，官府给票，登记在案，回至广城批验所盘验，每万斤生铁纳税二两，大约如盐法。税后生铁运往佛山堡铸造还是别处，“听其所卖”。这是官准专利政策之滥觞。

此后，凡遇佛山冶铁炉户的纷争以及扰害炉户的“行蠹”等现象，广东地方官府总是迅速制裁，如崇祯五年（1632）有“包当铁钉李以仪、伦九贤等”凭借官票在铁钉行、铁线行、铁锁行三行“混行概敛”，也即跨行混敛。佛山铺户与炉户控县，南海县官府认为“近因置造船器，钉之费倍于线、锁。然皆现给官银、悉照民价收买，未始亏损（李）以仪等也。而以仪等尚分外需索”，为“剪劈奸弊，将仪等杖惩”，并出示晓谕。[①]这些，都给佛山炉户的发展提供了特殊的环境和官方背书。

总之，在明代，我们看到广东官府对佛山炉户实行了比较特殊的政策。佛山炉户虽非“官营”，但却是“官准”。从生铁原料及铁器产品市场看，佛山炉户此时已实际上取得了铁器铸造生产独占权。佛山炉户这一特殊历史地位，为清代“官准专利”政策的明确实行创造了先例。

（五）佛山炉户的经营方式

明代佛山炉户，均属于私营手工业。至于经营形式，主要有两种：一种是家庭小作坊，另一种是家族大作坊。

1. 家庭小作坊

家庭小作坊是以家长为首，率领兄弟子侄从事冶铁的生产单位。在明代，佛山以这种经营方式为主。弘治年间，李善清“朴而尚行，兄弟同冶为业，怡怡如也”[②]。嘉靖年间，李潭“自以为世执铸功，家以此道进贻，诸昆从辅之翼之，常曰：‘吾十指上汗血犹鲜，汝辈奚容俨官人榜样。’故积伯公、翠伯公之底厥成立，皆其力也”[③]。同时期霍实“弱冠治炉冶，拮据为勤，阅历寒暑，虽劳苦莫之辞也，已俶起家”[④]。还有，同时期霍福田率其子霍权艺、孙霍从规等从事“冶铸”[⑤]。

① 《广州府南海县饬禁横敛以便公务事碑》，载《明清佛山碑刻文献经济资料》，第13页。

② 《李氏族谱》卷五《世德纪·靖山公传》。

③ 《李氏族谱》卷五《世德纪·季泉公传》。

④ 《南海佛山霍氏族谱》卷九《大明十三世祖诰赠奉政大夫庐州府同知平居公墓志铭》。

⑤ 《南海佛山霍氏族谱》卷十一《十四世祖行素公墓志铭》。

家庭小作坊自然离不开家庭成员的协作分工，通常由父兄组织，子弟出力。作坊主也是劳动者，并且操心出力比他人更多。“十指上汗血犹鲜”，“虽劳苦莫之辞也”，就是他们瘁心操劳的描述。这种作坊规模不大，为五至十人。从各种族谱中可知，李善清作坊有兄弟七人，李潭作坊也有兄弟子侄七人[①]，黄妙科作坊则只有四至五人[②]。家庭小作坊劳动所得为兄弟子侄共享。李挺干兄弟“所办悉归同釜，衣无常主，儿无常父，有长枕大被之风”[③]。为父为兄的家长还要“代治诸弟婚娶”[④]。随着兄弟子侄的成家，家庭作坊也常常分为数个，各自经营。李有实有四子，晚年分家，“析其业为四，均诸子”[⑤]。又如黄妙科的作坊后来也分成四个作坊，三个儿子和自己各得一个[⑥]。因此，家庭小作坊规模和资金积累十分有限。

家庭小作坊投资不多，关键在于要有掌握独立操作的手艺人。因此，投建者多是学成出师的手艺人。资金来源也多是佣工的工值。嘉靖三十年至万历三十七年（1551—1609），“镜源公（李上林），少力贫，赁佣为食，既而躬自鼓铸，性忠实，平心率物，器无饰窳，价无饰售，而资因以大拓”[⑦]。由于家庭小作坊资金微薄，追加匪易，因此很易破产，时兴时灭。后来的小作坊常常不是原来小作坊的延续发展。如李善清作坊，后因平息族人与街坊无赖子的讼事，“公亦出金钱餍无赖子意，事才得解，而公之家罄矣”[⑧]。由上可知，佛山冶铁业家庭小作坊成员多由亲属组成，他们之间的关系是依靠宗法维系，家长具有绝对权威。兄弟子侄的劳作，完全遵奉于家长的“指授”进行[⑨]。甚至子侄作坊赚了钱，还得提供给父辈作坊。如黄妙科孙子黄玉韵，“生业以车模及铸冶，兴隆积有千金，建大屋一所，置良田三亩八分，其有余银尽交祖父铸冶所用，迨后资本缺乏，并无悔恨，诚恐祖父不安故

① 《李氏族谱》卷五《世德纪》。
② 《以寿太祖小谱》，载《江夏黄氏族谱》。
③ 《李氏族谱》卷五《世德纪》。
④ 《李氏族谱》卷五《世德纪》。
⑤ 《李氏族谱》卷五《世德纪·超南公传》。
⑥ 《以寿太祖小谱》，载《江夏黄氏族谱》。
⑦ 《李氏族谱》卷五《世德纪·镜源公传》。
⑧ 《李氏族谱》卷五《世德纪·靖山公传》。
⑨ 《李氏族谱》卷五《世德纪·见南公传》。

也”[①]。甘冒破产之虞，也要履行孝义，黄玉韵堪称江夏黄氏的贤孙。

由于家庭小作坊生产量有限，无法大批购入生铁等原材料，其产品亦只能小批上市。因此，家庭小作坊原料购买和产品销售往往要通过牙商，牙商居于小作坊与市场之间，小作坊主就不得不受其剥削。明代佛山盛行赊购方式，无论是原料还是产品，需求方均需先付银订货。家庭小作坊需要铁版，则先向铁商订货。例如嘉靖年间，小作坊主霍实（1522—1596）先交了订银买铁，结果被牙侩欺骗。“有侩者市铁负公几至百金。侩病将卒，人为其子危，言公必讼，公……竟置之。”[②]又如，小作坊主黄广仁交银与铁商钟瑞芝、陈二明“订期交铁”，前后共订契约“四纸”，共银三百一十两一钱。后二铁商拖欠铁块，黄广仁控宪，获得赔偿。[③]可见，小作坊主在经营上常受商人和牙侩的盘剥欺诈。另一方面，商人需要铁锅等物品，亦需先向冶铁作坊交银订货。例如，崇祯年间，外省商人苏茂业，“以贩锅来广，凭店郭奉宇交银二百三十四两七钱七分与霍来鸣、何华生。华生陆续交明。来鸣尚欠五十二两三钱，赤贫无措，将别项铁器家伙物件央亲抵偿。已立收数付执，乃茂业执物细度，不免虚抬太过，不甘控宪。”[④]霍来鸣、何华生显然是经营家庭小作坊，他们从行店郭奉宇处得到苏茂业的订银，但其中霍来鸣“赤贫无措”，无法生产出足够的铁锅，引起一场官司。

在佛山还出现一种专向家庭小作坊发放本银的大商人。崇祯年间，何太衡“家资巨万，视弃数十金不啻九牛一毛。……而领其本者，殆遍佛山炉户”[⑤]。家庭小作坊从何太衡处领得银本，开展生产。产品出售后，再还回银两。如梁超寰、陈葵庵就在后来“倾银还何太衡”。还银当然是本息一起还，因此何太衡显然是高利贷商人。但是，对于本少乃至无本的家庭小作坊来说，领本不失为开展生产的一个重要资金来源。

家庭小作坊功能彼此独立，如同蚯蚓的环节在功能上彼此独立，被截断一个环节，不仅不会使整体丧失重要机能，而且可以立刻再生。家庭小作坊

① 《以寿太祖小谱·十四世祖和平公行略》，载《江夏黄氏族谱》。
② 《南海佛山霍氏族谱》卷九《大明十三世祖诰赠奉政大夫庐州府同知平居公墓志铭》。
③ 《盟水斋存牍》（一刻）卷四《讼债钟瑞芝等杖》。
④ 《盟水斋存牍》（一刻）卷四《讼债苏茂业等杖》。
⑤ 《盟水斋存牍》（二刻）卷一《勘合·人命何太衡简朴之等繇详署府》。

是同质单位，由于分工不明显，自身规模上很难扩大，一个家庭小作坊如果劳力增多，势必再分成几个家庭小作坊。因此，其发展呈现出同质单位增殖的发展模式，规模不大，数量极多。然而，正是利用这一群体优势，家庭小作坊在明代创造出佛山铁冶名扬天下的成就，创造出至今仍令许多学者大惑不解的奇迹。

2. 家族大作坊

家族大作坊是由族中长老、富商、士绅创立的作坊，规模较大，常常出自佛山大姓望族。这种作坊内部分工明确。作坊主脱离劳动，只负责经营筹划，或者请别人代为经理。劳动者或由子弟，或由“家僮”充当。正统年间，鹤园冼氏已有这种冶铁大作坊。由独占当时“锅业”鳌头的冼灏通主持，“公命诸弟侄经营其事惟谨”，满足了“各省巨商”的需求[①]。其子冼靖继承父业“督家僮营生……其家日以饶，正统己巳黄贼作乱攻其乡，公率子弟为兵，树栅液铁，以拒以战”[②]。从“公率子弟为兵（军器）”“液铁”来看，其作坊颇具规模。又从“诸弟侄经理其事”“督家僮营生”看，一线劳动者是在家族中地位甚低的“家僮”。显然，冼氏家族大作坊带有家庭仆役制的色彩。家族大作坊的主人，本身多是在任或致仕归乡官僚，霍韬是明嘉靖显宦，官至吏部右侍郎和礼部尚书，正德年间石头霍氏也有这种冶铁作坊，据《霍渭厓家训》记载：“凡石湾窑冶，佛山炭铁，登州木植，可以便民同利者，司货者掌之。年一人司窑冶，一个司炭铁，一人司木植，岁入利市，报于司货者，司货者岁终咨禀家长，以知功最。”[③]石头霍氏经营“佛山炭铁”的作坊，是霍氏宗族尝产的一部分，每年由家长任命“司货者掌之”，而年终又由司货者把“岁入利市”咨禀家长。这说明家长完全脱离于劳动过程。细巷李氏是佛山冶铁业主要家族，嘉靖年间，八世祖李壮自幼“治段氏业，精心淬虑，手口卒瘏，遂大拓其室”。其后，他扩大作坊规模，“迩时子姓繁夥，阖室而爨六十余人，治家谨严，即再从弟侄授之以

① 《鹤园冼氏家谱》卷六之二《六世月松公传》。

② 《鹤园冼氏家谱》卷五《明处士兰渚公墓碣铭》。

③ （明）霍韬：《霍渭厓家训》卷一《货殖第三》，载《涵芬楼秘笈》第二函，第二集，商务印书馆1916—1926年版。

事而督其成，有悍于诲者挞之流血”[①]。至明末清初时，这个家族已能铸造大炮。乡志载：“丙戌（1646）海寇披猖，（李）敬问树栅铸石狡，简练乡勇，以扞村堡。”[②]有能力铸炮，说明其作坊规模不小。

由于财雄势大，家族大作坊能够冲破牙行的中间盘剥，他们一方面直接与外省商人面对面贸易，比如冼灏通与各省巨商的贸易就在家中进行。另一方面可直接插手矿山开发，东头冼氏冼林佑，就曾亲自到高州经营矿山[③]。家族大作坊还往往设有自己的专用码头，如石头霍氏，自嘉靖以来就一直占有汾水码头地[④]。

家族大作坊内分工明确，常有专人负责推销产品。上述鹤园冼氏的冼灏通就亲自负责推销，而督其子侄经营生产。又如细巷李氏八世祖李白，“奉同野公（李壮）指授，往来樟江、清源（临清），千里外如出一手”。樟江指漳河，清源即山东临清，其市场已达大江南北。李壮也亲自出马。“出入樟江，一时名辈咸乐与之游，海内莫不知有同野公。”[⑤]

资本雄厚，分工明确，既可大规模生产，又可远距离推销，这是家族大作坊与家庭小作坊区别的标志。当然，家庭小作坊也可积累发展成家族大作坊，如李壮的大作坊就是从李广成的家庭小作坊发展而来，可见两者既有联系又有区别。

家族大作坊数量不多，但地位重要。如上所述，明代官府有大量的军器和御用物品在佛山生产。崇祯年间，广州府每年打造军器需银六千三百八十两七钱八分二厘[⑥]。而对于官府来说，由少数家族大作坊来承办军器生产，远比由众多的家庭小作坊承办易于监督控制。因此，家族大作坊成为承办上供的首选对象。它们与明代官府有着特别密切的关系。例如崇祯年间，户部要补造锅铫，部限甚逼，檄如雨下，佛山炉户梁秀兰领银票往惠州买铁，铁皆成版，每块成两百余斤。梁秀兰“借票私带逾额”，为广海兵船以“接济”

① 《祖考同野公传》，载《李氏族谱》卷五。
② 乾隆《佛山忠义乡志》卷八《人物志》。
③ 《岭南冼氏宗谱》卷七《备征谱·名迹》。
④ （明）霍韬：《霍文敏公全集》卷七下《书·家书》。
⑤ 《见南公传》《祖考同野公传》，载《李氏族谱》卷五。
⑥ 公移《详造三限军器银两》，载《盟水斋存牍》卷一。

之罪名拘留。广州府推官颜俊彦判斥兵船为“此时白日为昏，几同劫盗”[①]。梁秀兰能承领补造锅铫之事，远去惠州买铁，并逾额私带，很有可能是家族大作坊经营。

明末清初南海陈子升说：“佛山地接省会，向来二三巨族为愚民率，其货利惟铸铁而已。”[②]这二三巨族不是别人，就是以上冼、霍、李、陈。“冼氏为南海望族”[③]；陈氏“世泽绵长，邑称巨族”。二三巨族主持冶铁，是佛山冶铁业的又一特点。明代中前期，主要是鹤园冼氏主持着佛山冶铁业。石头霍氏当时也有很大势力。明中叶后，李氏、佛山霍氏和陈氏在冶铁业中崭露头角，随着鹤园冼氏和石头霍氏的衰落，大概在明末时，李氏跃居第一，形成了李、陈、霍主持冶铁业的新局面。在康熙三十二年（1693）《饬禁私抽设牙碑》中有“佛山乡铸锅炉户李、陈、霍”的称谓，现存的道光年间佛山造大炮上又常有“炮匠李、陈、霍”的铭文[④]。这种约定俗成的传统称谓，反映的就是明清时期巨族主持地方冶铁的事实。

综上所述，明代佛山冶铁业的发展，呈现出如下发展模式：以大量私营炉户同质单位增长为基础，以官准专利为依托，以家庭和家族作坊经营方式为途径，以大姓主持产业为特征的岭南区域冶铁生产综合体。

可以说，这一发展模式在当时国内是不多见的。

三、明代佛山冶铁业的历史地位

佛山冶铁业以其光辉的历史和精良的制品奠定了自己在中国南部冶铁中心地位。明代，佛山冶铁业无论从兴盛时间、总体规模、产品种类还是市场范围来说，在南方地区都堪推首位。以全国而论，当时虽然有陕西柳子镇、汉中、遵化和山西平阳等地铁冶，但佛山铁货仍然销到北方边镇和江浙荆

① 《诬指接济刘韬等》，载《盟水斋存牍》（二刻）卷一。

② 《陈子升上某明府书》，载（清）戴肇辰主修，（清）史澄等总纂：光绪《广州府志》卷十五《舆地略七·风俗》，光绪五年（1879）粤秀书院刻本。

③ 《岭南冼氏宗谱》卷首。

④ 现存广州博物馆道光二十一年、二十二年佛山造城防炮，一千斤、二千斤、三千斤、四千斤，共四尊炮身之铭文。

楚，可见佛山铁制品具有极强竞争力，显示出很高商品化程度。它成为当时中国少有的几大冶铁中心之一。

如此兴盛的佛山冶铁业，西方人竟知道得极少。西方人荷梅尔说：中国“没有专司拉丝的行业”，“因此，他们不能拉拔铁丝，他们在这方面的唯一成就，就是用他们的冷拔模把进口铁丝再拉拔一二次使之变细”。[①]这种论断是与事实相违的。荷梅尔的论断，说明西方人对中国古代生产力发展的认识还是比较隔膜的。李约瑟就曾指出，“在近代，人们（指西方人）把中国的文明看成是竹的和木的”，“如果进行其范围超过晚近三百年更为广泛的历史考察，则情形就正好相反。从公元五世纪到十七世纪，在此期间，正是中国人而不是欧洲人，能得到他们所企求的那么多铸铁，并惯于用先进方法来制钢，这些方法直到很久，欧洲人仍完全不知道”。[②]李约瑟的评判，是相当公正的！

明代佛山冶铁业，是珠江三角洲经济重要组成部分。它对明代岭南地区经济发展有如下影响和作用。

第一，冶铁业促进了农业生产发展。有明一代，珠江三角洲正处在大力开发沙田阶段，佛山农具杂器行大量铸造精良的“农具杂器”[③]，如犁、耙、锄等铁器，是当时开发沙田、荒地的主要农具。明代广东耕地有大幅度增加，以洪武二十年（1387）耕地面积为二万三千零七十五（千亩），指数为一百计算，到万历二十八年（1600），就有三万二千三百五十六（千亩），指数为一百四十。[④]而且大量新沙田，在当时尚未统计在内。与此同时，每年挟“数十万”巨资而来，“皆置铁货面北”的外省商人，其中必有许多人置买了佛山铁制农具。明中叶是我国封建社会耕地增长迅速时期，万历时全国

① Rudolf. P. Hommel：*China at Work*，转引自《科技史论文集》第3辑，华觉明：《中国古代钢铁技术的特色及其形成》，注60。

② 李约瑟：*The Developmeat Of lron and Steel Technology in China*，转引自《科技史论文集》第三辑。

③ 明崇祯八年《广州府南海县饬禁横敛以便公务事碑》，载《明清佛山碑刻文献经济资料》，第13页。

④ 司徒尚纪：《明清和民国时代广东人口和耕地的历史变化》，载《中山大学研究生学刊（社会科学版）》1980年第2期。

耕地达七百万顷以上，比明初增长了近一倍[①]。这里面，自然也有佛山冶铁业一份功劳。

第二，冶铁业促进了其他手工业部门生产发展。徐光启《农政全书》记载了纺车制法："轧车制高二尺五寸……立二小柱，柱中横铁轴一，粗如指。"[②]可知纺车需要铁轴。明代，佛山冶铁业一直有纺织机接驳件生产，为珠江三角洲地区纺织业发展提供了条件。佛山冶铁业与广东采矿业是相辅相成的两个生产部门，采矿业是冶铁业发展的先决条件，而冶铁业对生铁的大量需求，反过来又促进了采矿业发展。在明代，后起的广铁誉满天下。李时珍《本草纲目》记载："秦晋淮楚湖南闽广诸山中皆产铁，以广铁为良。"[③]唐顺之说：生铁"出自广者精，出自福者粗，故售广铁则加价，福铁则减价"[④]。屈大均记载的广东炼铁炉，其规模在全国首屈一指[⑤]。此外，冶铁业还促进炼钢技术发展。唐顺之《武编》记述"灌钢"制法："熟钢无出处，以生铁合熟铁炼成；或以熟铁片夹广铁锅涂泥入火而团之。"[⑥]这里说用熟铁片夹着广锅片，然后涂泥熔炼。广锅片薄而坚，是"团钢"好原料。当时两湖客商买佛山铁锅，有很大一部分是放弃其使用价值，转而打成碎片炼钢，因此装运时随便乱扔。至今南海县仍有一句俗谚："湖南佬买锅——楷来掟（扔）。"广锅之所以销路广大，这也是其中之因。再者，对陶业技术革新也起了推动作用，古称"范土铸金，陶冶并立"，二者在技术上有许多相联系的地方。佛山陶业，分布在离市区西南方六公里的石湾村。这里有丰富的陶泥资源和合适的建窑岗地。早在唐代，石湾就开始了陶器生产。但其陶器烧造的较大发展，却在明代。元代时石湾太原霍氏三世祖原山公建立"烧作缸瓦窑一座"，"窑名文灶"。其子孙世代借此窑烧造缸瓦，直至康熙五十九年（1720）仍不废。[⑦]明正德年间，石湾镇冈霍氏建造了既节省燃料

---

① 田培栋：《明代耕地面积的考察》，载山西社会科学研究所编：《中国社会经济史论丛》第二辑。

②（明）徐光启：《农政全书》卷三十五。

③（明）李时珍：《本草纲目·金石部》卷八《铁》。

④（明）唐顺之：《唐荆川纂辑武编》卷前五《铁》。

⑤《广东新语》卷十五《货语》。

⑥《唐荆川纂辑武编》卷前五《铁》。

⑦《太原霍氏崇本堂族谱》卷四《文灶图论》。

又能控制窑温的“南风灶”[①]，取代了旧式的龙窑。实现了一系列技术突破，烧制出鲜艳夺目的彩釉陶瓷，使石湾陶瓷迅速成为岭南人民喜爱的商品。从此，“石湾瓦，甲天下”[②]之誉不胫而走。此外，佛山冶铁业大量生产的船用方钉，对广州造船业发展，也起了很大促进作用。

第三，冶铁业扩大了商品经济范围。手工业是中世纪市民财富的物质基础。佛山冶铁业则是佛山城市繁荣兴旺的物质基础。冶铁业，是佛山最重要的手工业。冶铁业的大业主，是佛山最富有家族。他们的货币流转额相当巨大，并拥有佛山最大的几个码头。如石头霍氏，从明嘉靖到清雍正年间一直占着佛山最大的汾水正埠码头[③]。佛山栅下天后庙码头是佛山第二大码头，崇祯元年（1628），时任漕运总督的李待问为新落成的栅下天妃庙作记称：“南海佛山忠义乡栅下里，古有天妃宫以增形胜。岁时遐迩虔祷，车击肩摩。……而余兄好问方解幕政，休沐里中，遂与诸铁商陈震祥、周文炜等议为鼎新之计，醵金五百有奇。庀材鸠工，扩其地，易其制，一大创之工。……则吾乡所梯山航海，出入商贾，涉历宦途，以至于耕凿歌咏，其徼惠岂浅鲜哉！”[④]可见栅下天后庙码头系细巷李氏和众铁商所建，亦必为铁业巨贾所拥有。冶铁工人队伍庞大，又附属行业如柴、炭、沙泥；木糠等经营者多，占了居民的多数，加上吸引了各省贩销铁货的商人，因此佛山镇工商人口增长迅速。另一方面，以冶铁业为主的工商业比经营农业更易于获利，这就诱使本镇的地租所有者把货币资本投向工商业。早在宣德年间，纲华陈氏的陈伟禄就在其祖先八顷多土地收入基础上“治贾、治农、拮据胼胝，克勤克俭。数载之间，家业焕然而起”。万历年间，其后代陈润澜甚至倾产以承“西省盐商”[⑤]，明天启年间，霍从贤也变儒服而游于贾，谙计然之术，遂至产饶裕。于是族人贷款从商纷至沓来。[⑥]由于商业利润刺激，开始发生弃田租铺现象，万历年间，有人“将其田（5亩）筑造铺店”出租，“租利甚丰”。[⑦]大量人口向工商业集中，又使口粮

① 参阅《南风灶调查提纲》，见佛山博物馆编：《石湾资料汇编》。

② 《明诗综》卷一〇〇《杂谣歌辞·广州谚》。

③ 刘庶：《官埠碑记》，载乾隆《佛山忠义乡志》卷十一。

④ 崇祯元年《栅下天妃庙记》，载道光《佛山忠义乡志》卷十二《金石志上》。

⑤ 《户役纪》《世德纪》《泰荣公传》，载《佛山纲华陈氏族谱》，手抄本，不分卷。

⑥ 《南海佛山霍氏族谱》卷九。

⑦ 《梁氏家谱·介轩公传》。

仰给予广西、湖南等地，由此扩大了商业交往，城乡差别、工农差别便日渐明显。随着后来各行各业兴起，佛山成为一个典型的工商业城镇。同时，佛山冶铁业也还辐射到周边广大地区。在佛山附近的乡村，铁钉制造家庭作坊甚为发达；在南海九江、新会潮连都已掌握铸炮技术[①]；新会的鸟枪，堪称精良。这些地区冶铁技术发展是与佛山分不开的。

第四，增强了防卫实力。明代佛山有“打造军器行”[②]，生产大粤铳、红夷大炮和各类弹药附件等[③]，这些军器，绝大部分解送官府，设置于海防。在中国古代兵器史上留下了光辉篇章。而佛山自铸自用的军器，也在保卫佛山、抗击海寇的战斗中发挥了重要作用。佛山铸铁师傅还应明朝廷征调，与葡萄牙设计师一起北上辽东铸炮，参与明朝抗清战争。

明代的佛山冶铁业，不愧是中国古代冶铁史上的一枝独秀之花，也是明代发展着的珠江三角洲经济的重要组成部分。它的存在发展，为佛山宗族发展和佛山都市化进程奠定了重要经济基础。

四、明代佛山陶瓷业的发展

明代广东的陶瓷业有了很大的发展，窑址遍及全省各地，石湾是陶瓷主要产地之一。石湾陶瓷业的迅速发展，始于明正德年间（1506—1521）的窑灶改革。元代石湾窑使用的龙窑，结构比较简单，只有两排火眼投入柴草，窑内温度不均，次品和废品较多。正德年间，石湾霍氏（镇冈霍氏）建造了龙窑“南风灶”。“南风灶”是在元代霍氏“文灶”的基础上进行改造而建成的，它把龙窑两旁火眼改为五排，并将火眼改在窑顶，使窑内各部火候均匀，且便于控制烧窑的温度。同时，龙窑的长度也从过去的30米增加到40米。这一改革，既增加了窑洞的产品容量，又减少了废次品率，从而促进了陶瓷生产的发展。

---

① 卢子骏纂修：《潮连乡志》卷五《卢伯良传》，民国三十五年（1946）铅印本。

② 崇祯八年《广州府南海县饬禁横敛以便公务事俾》，载《明清佛山碑刻文献经济资料》，第13页。

③ 蒋祖缘：《试谈明清时期佛山的军器生产》，载《明清广东社会经济形态研究》，广东人民出版社1985年版，第132页。

图4-2-11　南风灶，建于正德年间（1506—1521），现存佛山市石湾街道（罗一星摄）

明代以前，石湾的工商业还没有集中，古代窑场分散于周围几十里的乡村。明代以后，生产规模逐渐扩大，生产技术需要相互配合，各处民窑慢慢集中起来。正德年间，在南风灶之旁，霍氏又建造了龙窑“高灶”。该陶窑因地处高庙（祭祀北帝）之后，故称“高灶”。是明代石湾窑炉改革后基本定型的龙窑。窑体以砂砖结砌，窑口向南，窑体总长32米。原属“水巷大盘行”的专业陶窑，以烧制大盆类产品为主。2001年6月，南风古灶、高灶陶窑公布为全国重点文物保护单位。

此后，林氏、海口陈氏等氏族也分别建造了自己的龙窑。石湾镇遂成为广东的一个综合性陶瓷生产基地。

此时，石湾生产的陶瓷产品主要有日用陶瓷、美术陶瓷、建筑陶瓷、手工业陶瓷及丧葬陶器五大类。各类陶瓷驰名中外，深受人们的喜爱。石湾自元代出现窑变釉之后，明代有了更大的发展，陶艺家们利用石湾本地的陶土资源，制成多种多样的釉药，烧成多姿多彩的颜色，有数十种之多。还出现了专门烧制美术陶瓷的工场，如嘉靖、万历年间的“祖唐居”等，善仿我国各大名窑产品，而釉色上既有仿又有创造，使石湾美术陶瓷逐渐成为我国独

图4-2-12　高灶，建于明正德年间（1506—1521）。原属石湾“水巷大盘行”的专业陶窑

具特色的工艺美术品而享誉海内外。

明代中叶以后，石湾陶瓷业进入一个空前兴旺的发展时期，为了适应生产发展的需要，石湾陶业组织也在明天启年间出现了八个行业①。由于陶瓷生产规模和陶工队伍日益扩大，高要、四会、东莞、三水等地民工纷纷到石湾来做工，各地在石湾还设立会馆。石湾当时有“小金山”之称。同时，陶瓷行业还奉祀虞帝为“陶师”（即陶瓷业的祖师），并于明嘉靖七年（1528）在丰宁寺旁重建一座宽敞的陶师庙，每年举行春秋二祭。陶师庙周围还设有商店摊档，陶工及石湾人民多在此聚集，使此处异常热闹。“明石湾窑三彩鳌鱼吻”是现存最早的石湾陶塑瓦脊装饰构件，这件珍贵的文物是明万历年间佛山霍韬祠堂脊饰两端的装饰物，该鳌鱼吻分头、身两部分，接口处为子母口，下巴着地，尾巴上翘，头部似狮子，张口露齿，突眼弯角，身体浑圆，遍体鱼鳞，通体施黄、绿、紫三色，色彩斑斓，有强烈的装饰效果。经国家文物鉴定委员会鉴定为一级文物，是广州博物馆的镇馆宝物

① 李景康：《石湾陶业考》，载《广东文物》下册，卷十，广东人民出版社2013年版。

之一。[①]

古代知识分子注意到石湾陶器釉色的绚丽斑斓："石湾陶器上釉者，明时曾出良工，仿制宋钧红、蓝窑变各色，而以蓝釉中映露紫彩者最为浓丽，粤人呼之翠毛蓝，以其色甚似翠羽也。窑变及玫瑰紫色亦好，石榴红次之，今世上流传广窑之艳异者，即此类物也。"[②]"钧窑之釉，扪之甚平，而内现粗纹垂垂而直下者，谓之泪痕；屈曲蟠折者，谓之蚯蚓走泥印，是钧窑之特点也。广窑之釉，扪之甚平，而中现蓝斑，大者谓之霞片，小者谓之星点，是广窑之特色也。钧窑以紫胜，广窑以蓝胜。"[③]

明代石湾窑，以日用陶器为大宗产品。天启年间石湾窑"初分八行"，属于盛具的有埕行、大盆行、黑釉行；炊具有边钵行（饭煲）、横耳行（粥煲）、猪煲行；食具有钵行，还有杂项的白釉行。特别是可能从元代起就大量外销到海外的埕、瓮、坛、罐之类，具有浓厚的民族风格，在东南亚和荷属东印度（今印度尼西亚）一带极受欢迎，当地人将其作为贮藏珍贵衣物之用。

石湾窑从明代开始生产琉璃瓦，为清代琉璃花脊的成熟奠定了基础。此外，石湾窑还大批生产丧葬类陶器，出土的黑釉陶坛数量不少，其中盖内墨书："洪武八年""天顺七年""成化壬寅年"。

明代，石湾窑开始产生有名号的工匠或店家，"祖唐居""升名""可松"等都是明代石湾窑有名的店家名号，他们都善于仿制名窑名器，又有自己的创造。

"祖唐居"的陶瓷产品的施釉常以唐三彩为模本而生产，这似乎也是"祖唐居"名称的由来。"祖唐居"产品也多仿铜器造型，它的器形比较丰富，且以造型的严谨、纹饰的精巧成为"祖唐居"制品的重要特征。它们除了继承"唐三彩"的黄、白、褐三彩外，在色釉的调配、施釉过程中交错重叠，因坯土含铁量的差异而呈现出深浅变化，衬托在色釉的底层也就出现了丰富多彩的变异。因此，石湾陶塑仿制名窑器物不是简单地重复及模仿，而是有所创造和发展。现存故宫博物院的"明石湾窑祖唐居款黄釉菊瓣盘"、

① 纪文瑾：《石湾陶塑史》，广东人民出版社2019年版，第23—24页。

② 刘子芬：《竹园陶说》六《广窑》。

③ 许之衡：《饮流斋说瓷》，山东画报出版社2010年版，第51页。

图4-2-13　明代蓝钧釉贯耳瓶，苏可松制（广东石湾陶瓷博物馆藏）

广东民间工艺博物馆的“明代祖唐居款黄釉双兽头耳三足炉”均是“祖唐居”的产品。

石湾窑明代名家苏可松，擅长器皿创作，多仿商周铜器之精华。其代表作翠毛釉筒炉有“甲子乙亥可松制”年款，是明天启四年（1624）石湾窑成熟烧造特色釉色的典型作品。[①]其创作的另一件作品蓝钧釉贯耳瓶，也体现了可松造型结构严谨、器形饱满的风格。

明代石湾窑人物陶塑题材多为人们膜拜的偶像——城隍、土地、门官、菩萨神仙、道佛之类。陶塑作品体现了石湾陶塑早期艺术手法：粗线条、大块面，手法简练，全身及脸部均施釉，衣纹用简括的平行双线勾出。优秀作品体现出形容高古、手法简练、民间味浓的石湾陶塑特质。

故宫博物院收藏的“明石湾窑月白釉弥勒佛”就是这类手法的作品。尽管其头大身短，不合比例，衣纹十分简单，不拘泥于肢体真实的折叠变化，只简单交代其盘屈伸展之态，但其脸部却神态毕肖，十分生动有趣。“‘南石’款素胎弥勒佛”捏塑而成，身穿袈裟，大肚露胸，席地而坐，作趺坐式，低额大耳，两眼凝神前方，开口做微笑状，神态慈祥，右手执串珠，扶手于右膝盖之上，左手贴于左膝，整个器形线条简朴流畅，背部刻“南石”款，显示出明代石湾窑陶塑具有线条起伏平缓、简练概括，美学气质单纯而宁静的气质。[②]

明代，农业商品经济的发展，促进了手工业生产的高度发展和出口贸易。早在正德、嘉靖年间，葡萄牙人定居澳门，官方已经半公开、公开允许中外贸易。隆庆元年（1567）开放海禁，福建沿海各埠对外贸易开始活跃，更推动了广东与南洋各国的商品贸易，石湾陶瓷也大量生产和出口。“石湾之陶遍二广，旁及海外之国。谚曰：石湾缸瓦，胜于天下。”[③]

① 《石湾窑研究》，第47—48页。

② 《石湾窑研究》，第49页。

③ 《广东新语》卷十六《器语》，第458页。

第三节　明代佛山城市雏形

（1368—1456年）

一、明初佛山堡

社区基本平面分布结构是由最先形成的交通路线走向决定。在岭南地区西北东三江流域范围内，社区发展常常与最早的河流呈平行走向，以后随着人口与各项设施发展和积累，社区便沿河岸逐渐形成。而两条河流交汇之处，常常是一个社区形成的最早核心地点。这是岭南区域独特的地理和人文特征。[①]

明代佛山堡是个被佛山涌和新涌所包围的陆地，理论上说，四周皆可起舟泊岸。然而，更有利的水文条件是，佛山涌有许多支流伸入堡内，其中有三条最重要：一为新涌南段，新涌在茶亭处分为两支，一支向北伸入堡内，再从栅下龙母庙出海。此为佛山旧八景"南浦客舟"所在。[②]这支新涌南段水，在龙母庙附近又有一支伸入堡内，叫大塘涌，深入白勘头。二为西边的旗带水，从山紫村附近分支经过祖庙前，深入莺冈脚的新涌支流。[③]"长四百六十余丈，纡回衺袅，九折而达于海。"[④]三为北边的潘涌，系从北面的汾水伸入大墟附近的支流。[⑤]这几条支流两岸，依次成为佛山社区发展的最早核心地点。

明代以前，佛山社区首先在南部栅下发展。据《岭南冼氏宗谱》记载："明以前镇内商务萃于栅下，水通香、顺各邑，白勘为白糖商船停泊之处，

① 罗一星：《试论清代前期岭南市场中心地的分布特点》，载《广州研究》1988年第9期。
② 参阅乾隆《佛山忠义乡志》卷首十九《佛山总图》。
③ 参阅乾隆《佛山忠义乡志》卷首十九《佛山总图》。
④ 雍正三年《修浚旗带水记》，载道光《佛山忠义乡志》卷十二《金石志上》。
⑤ 据访问佛山老人欧瑞芝记录。

俨然一都会也。”[①]佛山“土著四大姓”鸡、田、老、布，据说就居住在栅下大塘涌一带。[②]明初时，围绕着龙翥祠，在旗带水两岸，也形成了一个社区核心地带，这里有祭祀中心，有店铺，有九社之第一社和居民区，还有炉户在此开炉冶铁[③]。此后，在潘涌两岸，外省与本省各地的商人开始在此建铺营生，在今公正市豆豉巷至汾水一带形成新的商业中心。嘉靖《广东通志》记载佛山堡墟市，只有“分水头”墟[④]。又据《岭南冼氏宗谱》载：“汾水在佛山镇，去汾流古渡数十武，市肆云连，舳舻相接，亦商务中枢地也。始迁祖仕能公自本邑扶南堡卜居是地。”[⑤]但当时佛山商业区划不甚明显，因河涌深入镇内，处处可起卸货物。各省商人可直接进入镇内作坊进行交易。如上述正统年间的冼灏通为锅业巨贾，各省巨商咸投其鹤园社家中贸易。又如正德、嘉靖年间的冼林佑，亦是各省客商直接到东头社其家中交易。随着镇内河涌的不断淤浅，商业点才逐渐向汾江主流北移。

在栅下、龙翥祠、汾水这三个核心地点周围，形成了它的外围区，外围区由居民住宅区、作坊区、庐墓区、田塘区所组成。明代佛山人口不多，居民区呈现为园林住宅和民居聚集区两种形态。明初一些大家巨族竞相建立园林，引流凿池，占地颇广，例如鹤园冼氏有鹤园，“家有鹤园五十亩绕池馆诸胜”[⑥]。东头冼氏有东林，“林内引溪为湖，亭台馆榭十数，所有几与鹤园比美”[⑦]。明代佛山园林以位于锦澜铺的梁氏东溪最有名气，因为曾请到大学士丘濬到访。道光《忠义乡志》载：“东溪，在锦润辅，梁永叔筑，琼山邱文庄为作《东溪记》。”[⑧]丘濬《东溪记》称“其居之东临溪水，无间寒暑，朝暮饱食，辄着屐踏晴沙，循清流，且行且歌”[⑨]。除了园林外，大多数姓氏聚族而居，在佛山堡内形成一个个以水隔离的民居聚集群落。

---

① 《岭南冼氏宗谱》卷三之十八《分房谱·白勘房》（白勘房在佛山真明铺线香街）。

② 据访问佛山老人欧瑞芝记录。

③ 《梅庄公传》，载郡马《梁氏家谱》。

④ 嘉靖《广东通志》卷二十五《民物志》六《墟市》。

⑤ 《岭南冼氏宗谱》卷三之二十六《分房谱·汾水房》。

⑥ 《岭南冼氏宗谱》卷三之二十《分房谱·练园房·里居》。

⑦ 《岭南冼氏宗谱》卷七《备征谱·名迹》。

⑧ 道光《佛山忠义乡志》卷一《乡域志·山川》。

⑨ （明）丘濬：《东溪记》，载乾隆《佛山忠义乡志》卷十《艺文志》。

作坊区分布较广，佛山冶铁炉一般傍涌而建，大炉房有自己的码头。由于佛山堡内河涌较多，故炉房所在星罗棋布。20世纪70年代，佛山挖防空洞、搞基建时，发现地下数米处均有大量铸冶后废弃的泥模、铁渣等物。其分布地点沿今祖庙—莺冈—普君墟—经堂古寺一线以南至涌边的广阔地区，成片状分布。[①]

庐墓区多分布在明以前迁入姓氏的聚居地周围，如金鱼堂陈氏始祖墓，就在旗带水附近宝鸭墩处[②]。鹤园陈氏与隔塘霍氏祖先庐墓亦在两氏族居住地之间。[③]

田塘区则大量存在于各聚居点周围。明以前，佛山田园广阔，置地极易。如纲华陈氏陈宣义，从元至正年间到明洪武初年，二十年间“置有田园共八顷零”[④]。东头冼氏六世祖在明初时能使“家业益隆，田连阡陌，富甲一镇”[⑤]。又据乾隆《佛山忠义乡志》载：“乡田皆两熟，谷美亦甲他处。但习农者寡，获时多倩（请）外乡人。”[⑥]乾隆时尚且如此，明代乡田当亦更多。即使在栅下核心地点周围，亦有不少农田，据《栅下区氏族谱》记载，平政桥外有“良田二十四顷四十二亩”[⑦]。此外，在堡内处处可见桑地与鱼塘。例如，在金鱼堂始祖庐墓宝鸭墩周围，就有谭氏桑地、梁氏桑地、李氏鱼塘、区氏鱼塘等。[⑧]

明初佛山堡空间结构大致呈现出如下特点：一是有栅下、祖庙和汾水三个核心地点。这三个核心地点都具有商业中心的功能。而祖庙区则还具有祭祀中心的功能。它们是佛山城市的最初胚体。二是外围区由民居区、作坊区、庐墓区和田塘区组成，保持着农村的基本面貌。

这就是佛山堡在明初刚刚向都市化起步迈进的基本空间结构，是农村—城市续谱的“始祖”阶段，因此保留着较多村庄风貌。

---

① 佛山市博物馆提供。

② 《南海金鱼堂陈氏族谱》卷一下《坟茔绘图附》。

③ 《南海鹤园陈氏族谱》卷一《墓志》。

④ 《佛山纲华陈氏族谱》，手抄本，不分卷。

⑤ 《岭南冼氏宗谱》卷三之六，卷七。

⑥ 乾隆《佛山忠义乡志》卷六《乡俗志》。

⑦ 《佛山栅下区氏族谱》。

⑧ 《南海金鱼堂陈氏族谱》卷一下《坟茔绘图附》。

二、1449年佛山保卫战

正统十四年（1449），珠江三角洲爆发了黄萧养之乱。它对佛山社会的全面冲击及佛山乡民的积极反应，造成了深远历史影响，其结果对佛山都市化进程具有特别重要的意义。

黄萧养是广州府南海县冲鹤堡人。“貌极陋，眇一目”[1]，早先因“盗贼”罪被广东官府关在广州监狱。正统十三年（1448）九月，在狱外同伴接应下，黄萧养率领同狱者集体越狱。逃出城外纠合同党以及无业流民、江海渔疍，“旬月至万人”。黄萧养自立为“东阳王”，并大授官衔，有所谓“安乡伯”“东平侯”“四海侯”者。他们四处劫掠村落，刨挖各氏族祖坟获取财宝，胁迫村民入伙，“弗从辄杀”。如石头村霍氏四世祖霍厚一率其叔祖兄弟“奔七星冈入峒，转徙佛山”，而四世祖霍厚德未出逃，被黄萧养所部“挥刀断髻”[2]。不到几个月，珠江三角洲社会秩序大乱。各类边缘群体如盗寇、渔疍以及流氓纷纷加入，到处打家劫舍，残害良民。

图4-3-1　三十五铺防卫分布图（张波绘制）

恰恰在此时，明朝廷发生了土木堡之变。正统十四年（1449）六月，蒙古瓦剌部首领也先大举进兵明境，明英宗朱祁镇亲率大军出征。八月至

①《粤小记》卷三。

②（明）霍尚守：《石头霍氏族谱》卷一《又序》。

大同闻前线战败决定回师，退至土木堡时被也先率军包围，兵部尚书、户部尚书等66名大臣战死，英宗被俘，举国震惊。这给了黄萧养一个纵其所欲的天赐良机。正统十四年（1449）六月，黄萧养分水陆两路进攻广州[①]，白鹅潭上一时挤满了大大小小的武装水匿船只。然而久攻广州不下。黄萧养“又闻富户多聚于佛山，欲掠之”[②]。八月遂分兵进攻佛山。

佛山堡民高度重视可能被劫掠的危险。早先黄萧养声言欲攻佛山时，佛山父老即赴祖庙叩问北帝神，以卜来否。“神谓贼必来，宜早为备。”[③]当时佛山父老中有“二十二老”首倡大义，号召全堡坚决抵抗。他们是梁广（世居梨巷）、梁懋善（世居黄勘）、霍伯仓（世居隔塘）、梁厚积（世居澳口）、霍佛儿（世居祖堂边）、伦逸森（世居巷心）、梁浚浩（世居水蓼头）、冼灏通（世居鹤园）、梁存庆（世居晚市）、何焘凯（世居栅下）、冼胜禄（世居白勘）、梁敬亲（世居石狮里）、梁裔坚（世居冈头）、伦逸安（世居巷心）、谭熙（世居六村）、梁裔诚（世居冈头）、梁颛（世居冈头）、梁彝頫（世居冈头）、冼光（世居东头）、何文鉴（世居栅下）、霍宗礼（世居山紫村）、陈靖（世居旧早市）[④]，其中的梁广当时已74岁，是“二十二老”中的年长者，他秉性严厉，处事公平，乡里对其历来信服。[⑤]而当时的冶铁大户冼灏通被推举为乡长，其余人个个皆是家资饶裕的“大家巨室”[⑥]。他们各罄家财，甚至拆自己的大屋提供木梁，率领佛山八图子弟，树木栅，浚沟堑，储兵械，一夜之间就做好准备。正所谓同仇敌忾，备战“一夕而具”[⑦]。佛山向无城墙，无险可凭。但四面环水，可竖立木栅。于是佛山乡民沿涌建栅，以栅为城，“周十许里”皆为木墙水城。[⑧]

佛山堡民创造了战时铺区防卫制度，把佛山全境划分为35铺，分区联防。“沿栅设铺，凡三十有五。每铺立长一人，统三百余众。”35铺共万余

---

① 南炳文、汤纲：《明史》上册，上海人民出版社2003年版，第333—334页。

② 《粤小记》卷三。

③ 《佛山真武祖庙灵应记》，载《明清佛山碑刻文献经济资料》，第3页。

④ 民国《佛山忠义乡志》卷八《祠祀志一》。

⑤ 民国《佛山忠义乡志》卷十四《人物志·梁广》。

⑥ 《梁氏家谱》，手抄本，不分卷。

⑦ 《佛山真武祖庙灵应记》，载《明清佛山碑刻文献经济资料》，第3页。

⑧ 《佛山真武祖庙灵应记》，载《明清佛山碑刻文献经济资料》，第3页。

名子弟兵。临战前所有父老子弟聚于祖庙前刑牲歃血，举行誓师大会。是以“军声大振，士气百倍”。[1]不久，黄萧养有几百艘舟船迫至，而邻近村堡之从乱者亦“皆视佛山为奇货”，破之则大获其财。于是四面环而攻之，昼夜不停。

图4-3-2　“灵应祠”木匾额（佛山市祖庙博物馆藏）

为了保卫佛山堡内数万生命以及明初以来佛山社会积累的财富，面对强敌，“二十二老”誓死抵抗，他们各展其能，有的铸铳，有的筹款，有的御战，有的筹划，奇谋迭出，屡战屡胜。佛山本是冶铁重镇，自明初以来就集中了不少冶铁工场，此时这些冶铁大户和工场发挥了主要作用。如冼灏通，“用大铳，实以火药，石弹大如碗，辄击毙之。数开门挑战，战辄胜”[2]。其次子冼靖，“率子弟为兵（军器），树栅液铁以拒以战”[3]。所谓“为兵”和“液铁”，就是融化铁水铸造兵器。其季子冼易，拔剑击杀谕降使者李某。[4]又如霍伯仓，率从弟霍佛儿（“二十二老”之一），从侄霍礼翘，胞弟霍伯球、霍伯厚，“同捐资缮兵甲，以武备用，夤夜撤屋为栅，浚田为涌，与贼血战，杀其伪千户彭文俊等数名，焚获甚众。贼怒，势猖獗，攻益急，公等用飞枪巨铳摧破贼锋”。再如梁浚浩，令少年趁夜色假扮成年武士，昼夜不停地鸣金击鼓巡游村中。黄贼不知虚实，以为佛山时时处处都已严防紧守，“俱不敢攻”[5]。由此争取了宝贵的坚守时间。这个少年假扮成年武士的故事，实乃佛山秋色之滥觞。再如冼胜禄与冼光（“二十二老”之一）共事，“以筹饷为己任，于是万众一心，乡人恃以无恐。坚守六阅月，杀贼数千，公赞画之力居多”[6]。还有梁裔坚，家资颇饶，好任侠，乐施与，“适黄寇作难，悉以家资供乡兵食，协弟裔诚、彝顺、颛

---

① 《南海佛山霍氏族谱》卷九《十世祖褒封忠义官礼翘公家传》；又据《梁氏家谱》云：“有二老背盟，众议逐出，今得二十二老而矣。”

② 《鹤园冼氏家谱》卷六之二《人物谱·列传》。

③ 《鹤园冼氏家谱》卷五之二《坟茔谱·墓域·二房·明处士兰渚公墓碣铭》。

④ 《鹤园冼氏家谱》卷五之二《坟茔谱·墓域·二房·明处士兰渚公墓碣铭》。

⑤ 《佛山忠义乡志》卷十四《人物志五》。

⑥ 《岭南冼氏宗谱》卷四之一《列传谱·敕封忠义官鸿猷公传》。

纠合乡众，并力御贼”。其弟梁颛禀性鲠直，状貌雄伟，臂力过人，“年十八，值黄寇乱，率乡忠义士悉力备御。及战，持丈二红刃刺贼先锋，大呼陷阵，众从之，贼遂溃”[①]。

在“二十二老”的“破家财以资军食，出奇计以陷强敌，并身先乡民，不避锋镝”的感召下，佛山全堡上下团结一心，“凡士农商贾有识力者，靡不听其驱锋冒刃而罔后我”[②]。

祖庙在抗击黄萧养的6个月里，一直是佛山乡民的军事指挥部和精神中枢。当其时，除了佛山人的坚决行动力因素之外，北帝神的精神凝聚力因素也在起作用，这在传统社会里是不容忽视的。在6个月的坚守中，佛山人不仅凭借其精良冶铁技术制造出足能战胜黄萧养的武器；而且凭借对真武神的信仰，鼓起了乡民必胜信心和勇气。从心理层面上说，正是基于对外来侵略的恐惧，加强了佛山堡民对神明的依赖。从社会层面上说，在群体面临生存威胁时，佛山“二十二老”借助神明，整合群体的大权，并运用强力加强内部的凝聚力。也正是在外来力量威胁下，佛山乡民接受了与神明俱在的强力权力结构，接受了当众处决内奸的结果，而没有提出任何不满和挑战；也接受了佛山全堡划分为35铺的防务布局，这为战后佛山社区的重新整合奠定了社会基础。

景泰元年（1450）二月，明王朝派都督同知董兴率江西、两广军前来镇压黄萧养。大洲决战，黄萧养大败，被杀万余人，黄萧养本人也中箭死。[③]佛山之围“一夕散之”[④]。官军至佛山，推冼靖为“乡义”，总协官兵讨伐黄萧养余部。冼靖甄别“良莠”，除主谋者外胁从者均不究问，周围乡村“存活者百数千人”[⑤]。

佛山之战，佛山堡民歼敌“二千余名”，击杀黄萧养部将彭文俊、梁升、李观奴，生擒张嘉积等。[⑥]但本身也遭到严重损失，如霍仲儒等就在战斗时中炮身亡[⑦]；以“二十二老”为首的富家大室也罄尽资财。然而，正是由于

① 郡马《梁氏家谱》之《松堂公传》《翠轩公传》。

② 王棠：《重修流芳祠记》，载道光《佛山忠义乡志》卷十二《金石志上》。

③ 《董兴传》，载《明史》卷一七五。

④ 《佛山真武祖庙灵应记》，载《明清佛山碑刻文献经济资料》，第3页。

⑤ 《鹤园冼氏家谱》卷五之二《坟茔谱·明处士兰渚公墓碣铭》。

⑥ 《奏请激劝忠义疏》，载乾隆《佛山忠义乡志》卷十《艺文志》。

⑦ 乾隆《佛山忠义乡志》卷三《乡事志·霍烈士社》。

佛山堡的坚守，佛山堡成为广州城的奥援，分散了黄萧养的兵力，争取了明官军的反攻时间。佛山人民用自己的勇气和力量，捍卫了佛山社会自明初以来积累的大量财产，保护了千家万户的妇女儿童，为明代保持在岭南地区的统治起到中流砥柱的作用。

三、祖庙地位和铺区制度的确立

抗击黄萧养之乱的胜利，使佛山堡一举成名，引起了广东官府对佛山地方和人民的重视。佛山堡严兵列阵的景象，也让战后视察佛山社区的广东布政使揭稽大为感动，主动为“二十二老”叙功。而佛山堡民也抓住了这个隆祀祖庙和弘扬社区的大好时机，在景泰元年（1450）由耆民伦逸安上奏请求封典，经有司复勘属实后，由广东布政使揭稽上奏朝廷。景泰三年（1452），景泰帝“诏以北帝庙为灵应祠，佛山堡为忠义乡，旌赏忠义士梁广等二十二人”[①]。并御赐了四个匾额、两副对联等敕物，这些匾额、对联至今犹存于祖庙内。如由明代宗朱祁钰写的其中一副对联为：“法界大开真武殿正直从人祷，神光普照兆民家奸邪不尔私。”以皇帝的名义肯定佛山北帝正直无私，并警告兆民不要密藏奸邪。

图4-3-3　敕封“忠义乡”石额（佛山市博物馆藏）

图4-3-4　明代宗朱祁钰赐对联（佛山市祖庙博物馆藏）

景泰四年（1453）明朝廷礼部发给广东官府的四百二十四号勘合称：

① 乾隆《佛山忠义乡志》卷三《乡事志》。

图4-3-5　“国朝祀典”木匾额，景泰二年（1451）立（佛山市祖庙博物馆藏）

图4-3-6　“忠义流芳”牌坊（佛山市祖庙博物馆藏）

图4-3-7　明代“圣域”“谕祭”牌坊（佛山市祖庙博物馆藏）

即发四百二十四号勘合札付，行广东道御史欧阳，承宣布政司参议，合行州县掌印官，每岁供祭品物，春秋离职，亲致祭祀，用酬神贶，毋致隳缺，以负朝廷褒崇之典。如有隳缺，许乡民具呈上司，坐以不恭之罪。及庙宇朽坏，务要本县措置修葺，毋致倒塌。如有不悛事体，仍许乡老申呈有司转行奏，治究不恕。此议合通行，责令府、县立案，以凭查理。庶祀典无穷，须至帖者。[1]

① 民国《佛山忠义乡志》卷八《祠祀志一》之《礼部四二四号勘合》。

礼部四百二十四号勘合，正式把佛山祖庙列入国朝祀典，由广东布政使、广州知府、南海知县等官员主祭[①]。也就是把祖庙列入了明王朝官典，按官方祀典规定礼仪进行祭祀。黄佐嘉靖《广东通志》记载：“南海县，真武灵应祠在佛山堡……祀典。”[②]万历《南海县志》也载“灵应祠在佛山乡，奉玄武上帝，每年春秋致祭”[③]。广州府官员和南海县官员每年要到佛山祖庙进行春秋二祭。列入官祀并受到敕封，这在广东社会并不多见，如同金榜题名，祖庙从此成为佛山人的骄傲，成为佛山社会制裁的象征。人们对祖庙的感情，也从亲近友善变为敬畏恐惧了。从此之后，佛山不再称“季华乡”，而称“忠义乡”，佛山堡民于是在汾水正埠建立了“敕封忠义乡”牌坊。祖庙也不再称“龙翥祠”，而称“灵应祠”。[④]佛山祖庙在佛山人心目中赢得了“灵验”和保民安乡、救民于危难的声誉。祖庙地位就从一般社区香火庙上升为官祀之庙，逐渐向全佛山人的“大父母”位置发展。

明王朝的赐封，大大提高了佛山堡和佛山祖庙在珠江三角洲的地位，也提高了“二十二老”在佛山社区中的地位，佛山堡民对“二十二老”世代感恩戴德。后来堡民在祖庙之右建立了“忠义流芳祠”，春秋祭祀。[⑤]从族谱看，这“二十二老”分属于若干个大族，如梁裔坚、梁裔诚、梁颛、梁彝颖属于郡马梁氏[⑥]；霍伯仓、霍佛儿、霍宗礼属于隔塘霍氏[⑦]；伦逸森、伦逸安属于巷心伦氏[⑧]；冼灏通属于鹤园冼氏；冼光属于东头冼氏；冼胜禄属于白勘冼氏。明中叶后，以上几个大族在佛山城市发展中占有重要地位。

抗击黄萧养之乱，从外部迫使佛山加强了内部凝聚力，战时以祖庙为指挥部的佛山堡铺区制度，把各个分散村落，相连成片，“首尾联络，互相应援”[⑨]，也使各铺内部联系更加紧密。而在佛山周围，沿涌建立的木栅犹如

① 道光《佛山忠义乡志》卷二《祀典·附载前明祝文》。
② 嘉靖《广东通志》卷三十《政事志三·坛庙》。
③ 万历《南海县志》卷三《政事志·坛庙》。
④ 乾隆《佛山忠义乡志》卷二《宫典志》，卷三《乡事志》。
⑤ 乾隆《佛山忠义乡志》卷三《乡事志》。
⑥ 《松堂公传》，载郡马《梁氏族谱》，手抄本，不分卷。
⑦ 《佛山霍氏族谱》卷九《九世祖褒封忠义官隔塘公家传》。
⑧ 民国《佛山忠义乡志》卷八《祠祀志一》。
⑨ 乾隆《佛山忠义乡志》卷一《乡域志》。

一堵城墙，把佛山这个以手工业为主的地域与周围以农耕为主的乡村分隔开来，佛山人与周围乡民不同的经济方式与利益来源亦因这堵“城墙”而得到明确。

佛山保卫战以后，佛山堡民把战时三十五铺重新划分为二十四铺，它们是：汾水铺、潘涌铺、观音堂铺、福德铺、岳庙铺、祖庙铺、山紫铺、丰宁铺、黄伞铺、纪纲铺、石路头铺、真明堂铺、社亭铺、仙涌铺、医灵庙铺、嵝岐铺、耆老铺、明心铺、彩阳堂铺、锦澜铺、桥亭铺、明照铺、栅下铺、东头铺。每铺“可一里有半”[①]。各铺在地域上是相连的。各铺之上有“公会”，由合堡乡绅精英组成，采取“庙议”方式运作，“凡有公会咸至灵应祠，旋聚旋散”[②]。铺下，街、里、社、坊并存发展。各铺一些名称寄托着对工商业的希望。例如，“丰宁铺”——“欲货集而商安”，“纪纲铺”——“盖取市司平价之意”[③]。这表明，随着工商作坊、店铺和手工业居民的增多，各地商贾猬集，打破了原来的自然村落状态，代之以店铺为基础的区域划分是势所必然，而抗击黄萧养不过是这一转变的重大契机。

铺区制度的建立，打破了以同一血缘成员聚居的自然村落，原来由某些姓氏独擅并引以为自豪的地望，如东头、鹤园等现在已扩大其范围，成为一铺之名，成为各姓氏共同拥有的地域。鹤园陈氏就在此后发展起来，而鹤园冼却在此时改称“练园冼”[④]，这就形成了新的邻里关系。原来的血缘群体聚居区这时成为铺中的一个街坊或里社，这种关系与过去村与村之间相对封闭的关系大相径庭。它用“铺”的地理范围和行政区划把人们的社区认同意识提高了一个层次，这就是从“乡里”到“铺民”认同意识的转变。在嘉靖年间，佛山堡民陈图、梁宇、霍珙和冼震熙等就以“佛山堡二十四铺士民”名义凿石立碑[⑤]，这反映了佛山堡民强烈的铺民身份认同意识。

① 乾隆《佛山忠义乡志》卷一《乡域志》。

② 《天启七年乡仕会馆记》，载《明清佛山碑刻文献经济资料》，第10页。

③ 乾隆《佛山忠义乡志》卷一《乡域志》。

④ 《鹤园冼氏家谱》卷三《宗支谱》载：“明正统间六世祖月松公以团练功封忠义官，改称练园。”

⑤ 《世济忠义记》，载《明清佛山碑刻文献经济资料》第5页。

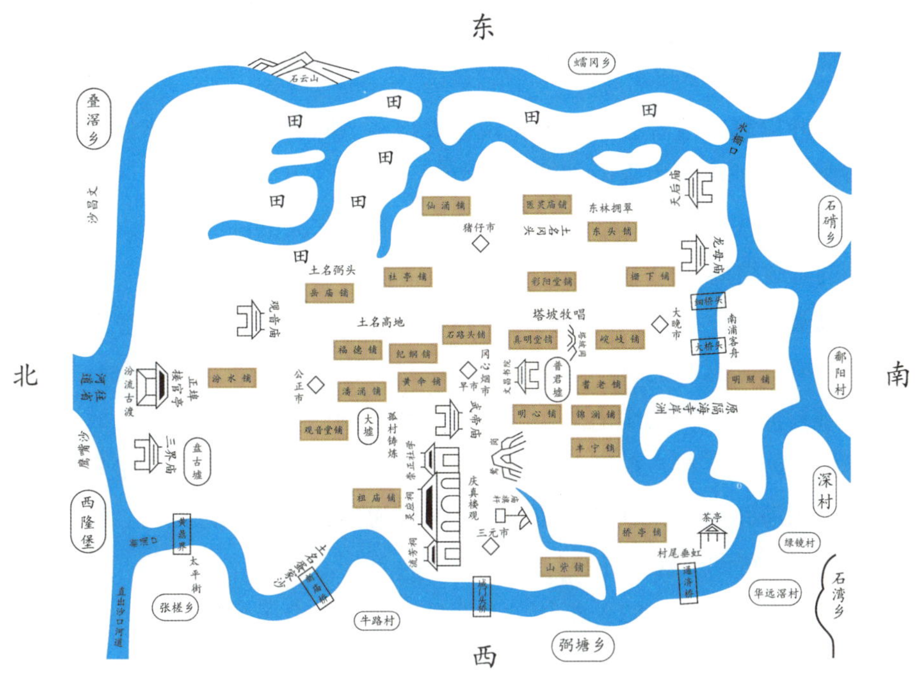

图4-3-8　明代佛山堡二十四铺区划图（张波绘制）

明末清初南海人陈子升（陈子壮胞弟）曾说：“夫治佛山不必置官，即以省会之官治之……其故何也？佛山之人习于城邑。”[①]所谓“习于城邑”，就是指佛山人已经抛弃了乡村中以血缘关系利益出发考虑问题的思维定式，普遍接受了城市中以地缘关系利益为基础解决问题的思维习惯。这种超越周边乡民思维习惯的养成，就得益于铺区制度。

铺区制度的建立，是佛山发展史上的农村—城市续谱的重要阶段，它宣告了明初佛山乡村墟镇状态的结束，标志着佛山城市雏形的形成。佛山堡民在灵应祠建设和二十四铺建设两大事情上，充分表现了对地方社会建设的极大热情与创造性。明王朝官方正统化推行与佛山地方社会发展需要的契合，在景泰年间达成。而祖庙，正扮演了衔接官方权威和民间力量的中枢机构。

① 道光《南海县志》卷八《舆地略四》。

四、顺德县的设立

明中叶以前，南海县的范围比现在大得多。除去广州城西部分，当时南海县范围相当于今天的佛山市五区的总和。明中叶以后，南海县一县独大的格局开始不断被析分，随着顺德县、高明县和三水县的陆续设立，形成了四县分治的行政格局。

顺德县的设立与明正统十四年（1449）发生的黄萧养之乱有密切关系。据咸丰《顺德县志》记载：景泰三年（1452），南海父老罗忠等人上书称："往年贼起冲鹤，实东涌比伍。""（南海）县十一都，五百有二里，惟东涌、马宁、西淋三都，东抵老鸦冈，西至仰船冈，北至五斗口，南至海。至县踔远，大海弥漫，民雕悍，易为乱，愿自为县城大良以统治之。"广东巡抚揭稽上奏，得到朝廷准许。

于是景泰三年（1452）四月二十七日明朝廷把南海县的东涌、马宁、西淋、鼎安四都三十七堡及新会的白藤堡划出，设置顺德县。县名意为"顺天威德"，即要求顺从朝廷的"威德"。同时调拨广州右卫千户所官军，设置顺德千户所守御使。[①]这是明代广东官府顺应民意的行政举措。

顺德立县的西淋都、鼎安，沿袭了南海当时的都名。从顺德立县开始到清末，顺德县所辖的都，边界和数量并未改变。一方面，图甲制是根据都所辖地域来划分的，因为土地买卖的契约等记录凭证，以及图甲制下的轮役制和税收征收的连坐制，需要保持严格的连续性；另一方面，顺德的都的边界划分已经考虑到河流水系等自然地理因素。因此，顺德除将初立县仅辖三堡的鼎安都并入马宁都，从初期的三十八堡增加为四十堡，顺德都堡的地域划分是稳定的。[②]

顺德县设县，与那些住在"至县踔远，大海弥漫"的"边缘"地区、意图亲近王朝的人尽力推动有很大关系。据《顺德县志》介绍，罗忠和罗显庸兄弟都是大良人，在景泰初年平定黄萧养之乱后，罗忠就和罗显庸等人"相

① 咸丰《顺德县志》卷三《舆地略·立县缘起》。

② 周新年：《顺德地方社会与集体空间研究》，华南理工大学博士学位论文，2018年，第458—460页。

度形势，谓大良地环五山，山原如翼，河流若带，宜于此设县”，于是“相与具书”，“偕其乡人郑韶等九十人诣军门”，说服官员帮助他们推动设县。罗忠先讲了这样一番道理：“迩者黄贼之变，起自亡命，擅帝号，攻城邑，溃走王师，祸可谓烈矣。当此时，黄贼鸣嘑，而数境之民风靡应援，譬诸禽兽一个负矢，百群俱奔。……汉人有言：穿窬不禁乃致强盗，强盗不断乃致攻盗，盖成于渐也。此忠等所谓著微之机而治乱之候者也。然欲树长画而伐祸本，则莫若置县。”[①]罗忠认为设立新县非常必要，黄萧养之乱时之所以能迅速召集乌合之众，是因为官府未能在该地区建立有效统治，以至于“近墨者黑”的人们盲从于黄萧养。他认为官府若不能根除动乱根源，任由其发展，也未必不会出现第二个黄萧养。因此，设立新县是保证该地区长治久安的有效之计。

新县治的选址定在哪里？罗忠推荐定在大良。罗忠认为：“今大良，其地远于南海。然西有排榜之峙，东有迎晖之环，前拥华盖，后镇拱北，山原如翼，河流若带，此泽国之形胜也。因其地而置县域以封疆，防以城池，治以官师，联以户口，齐以科教，如此虽复有黄贼之变无能为矣！其树长画伐祸本之道，计无易此。”[②]

罗忠认为大良远离南海县治，在群山之中，水路交通、地理环境优越，在此地建立城池，放置军队，登记户口，举办科举和教育，就可以建立有效统治，使人民靠近王朝，即使有人在此起事也无人呼应，从根本上消灭动乱。这一提议也得到明朝廷的同意。

在县城位置选择上，明朝廷显然考虑了如下因素：正统十四年（1449）黄萧养是在龙眼（今勒流镇龙眼村）起事的，并很快占领了南海县南部的桂洲、大良等地。而南海县北部除广州、佛山爆发战争坚决抵抗外，当时西江两岸的龙山、龙江、沙头、九江等地也是忠于朝廷的地区，各堡人民也同心与之对抗。因此，动乱平息后，明朝廷将叛乱的“中心”（大良周边）设为顺德县的县治，以西江为顺德和南海的界限，忠于朝廷的龙山、龙江、沙头、九江分列两岸，达到“犬牙交互”的钳制效果。

---

① 咸丰《顺德县志》卷二十三《列传三・明二》。

② 咸丰《顺德县志》卷二十三《列传三・明二》。

设立新县和驻防军队的费用巨大，需要有可供支出的财富来源。如果将这些负担分摊到百姓头上，恐怕残伤人民。明中叶及其后，确实发生了人们因为无法承担重役而纷纷逃离户籍体系的现象，所谓“上山为傜，落水为疍”，就是指逃离编户齐民体系的人众。户籍内的人越少，平摊到每个人身上的役就越重，逃离的人就越多，是一个恶性循环，长此以往，可能导致财政体系的崩溃。

当时有地方人士认为动乱后费用无从支出，而刚受到摧残伤害的人民也不宜役使，即议者所谓的“兵荒之费无所出，残伤之民不可役”，这种意见上达了广东官府。而罗忠则向官府表明态度：此是“习琐琐之细，非可与论于大道也。……前事者后之鉴，惜小者大之费，惟执事图之”[①]。

罗忠之所以能如此豪气地斥责因费用巨大而反对立县者，一是因黄萧养的前车之鉴痛彻心扉，再不能因小失大。二是因为他本身就是大良的势豪首领，有能力组织大良富人们捐建新县治的一切所需费用，“凡城池、署庙、祠梁，皆忠等协力捐办，自是民得安衽席，忠等之力也”。具体而言，“县治东南西北周围一千四百八十六步，计地五顷七十一亩，皆忠等所捐税地。所有城池、衙宇、仓库、厨舍、东西、分司、察院、行台、校场、公馆、山川、社稷、厉坛、寺观、桥梁、津坝材料砖石亦忠等捐筑”。[②]

而且在成化元年（1465），“（广西）大藤贼扰乱，官军需饷，忠不避艰阻运粟三百石至军前以济”，粟三百石本身不是一笔小数目，且要运输到指定地点，非巨富有势力之家不能为。罗忠的付出，得到官府的奖赏，得授“承事郎”。朝廷夸赞他“其好义出于天性如此”。[③]另外两位与罗忠一起上书的罗显庸、罗显韶兄弟也出力甚多，罗显庸“读书负奇气，以文章经济自任立县之议，规画形胜多出于其手”，且“力襄筑垣浚豪之役”。罗显韶在景泰初年官府清算黄萧养余党（参加过起事的人）时，帮助甄别了被诬陷并即将正法的乡民陈琛等，并发出“耘盗本以安民，乃用诬而枉诛戮何哉？”的声音，和官府交涉，力争得以释放乡民。他的妻家被黄萧养灭门，当乡豪们争相瓜分被灭门之家的财产，要分一部分给他时，他不接受，认为“乘人

① 咸丰《顺德县志》卷二十三《列传三·明二》。

② 咸丰《顺德县志》卷五《建置略二·坛庙》。

③ 咸丰《顺德县志》卷二十三《列传三·明二》。

哀而利取，吾不为也！”顺德县第一任县令周亶建县有功，居官称廉平，死后因为贫穷而无法返乡，罗显韶赙赠他十金，乡民也踊跃帮助，丧仪才能返乡，大家都称显韶为“东涧义士”。[①]顺德县城大良内有一座崇报祠，是明代万历年间知县倪尚忠所建，所祀的是开县罗忠等90人，该祠历代均有重修。[②]

顺德县城在明景泰三年（1452）立县并未设立城墙，而是“竖栅为木城”[③]。景泰五年（1454）“因而垣之”，开始筑矮墙。天顺八年（1464），“筑土城”。成化元年（1465），“易以砖石，高丈有五尺，厚如之，周六百五十有五丈，雉堞凡二千四百五十。城楼四，敌楼四，警楼三十。建有镇东、定西、阜南、拱北四门”。从明中叶后至清康熙，顺德县城经多次修复。

景泰四年（1453）顺德县户口记载，为156图，24915户，70591口。若按标准一图110户，可编226图，说明在正图外存在一定的畸零带管户，加上军户等达7755户，平均每图在正图外近50户。万历十年（1582）为26671户，其中民户15504户，军户10806户，匠户103户，官户12户，递运户46户，僧户8户，寄庄户188户。上等户37户，中等户704户，下等户16530户，绝户9023户。口共64740，男46436，女18312。成丁36556，不成丁9880。[④]

中国传统王朝设置郡县的目的，就是将城墙包围的县城作为政治治理和军事弹压的地方据点。万历《顺德县志》载，立县初“置守城夫一百二十、报效民壮四百余，有所居之”。后弘治年间革民壮，正德年间革城夫，万历年间“充饷编四百九十六名，分成无定所”。[⑤]

顺德县建县的过程，可以用“王朝许可，民间筹办”来概括，即官府提供了合法性，民间提供了人力、财力和物力。

建立顺德县后，王朝统治进一步伸展到了以前未能达到的“边缘”地

① 咸丰《顺德县志》卷二十三《列传三·明二》。

② 民国《顺德县志》卷十五《金石略》。

③ 咸丰《顺德县志》卷四《城池》。

④ 万历《顺德县志》卷三《赋役志》。

⑤ 《（万历）顺德县志》卷之二《建置志》，载广东省地方志办公室辑：《广东地方志集成·广州府部（一五）》。

区，到了康熙四十二年（1703）知县楼俨重修崇报祠时，顺德已是“东粤壮县，科甲蝉联，户口殷富”。[①]其中罗忠等顺德开县的“在城有九图九十户”，“稽建造缘由，而韪忠等之功为莫巨也”“忠等实有山川社稷之勤”，九十户的名字被刻在三进的崇报祠后座，官府令九图子孙与顺德县士人在春秋祭祀他们。[②]

与此同时，开县九图九十户除了得到官府褒奖的荣誉外，还享有控制土地的权利。据民国《顺德县志》收录《凤城识小录补编》记载：九图向有五处沙田的沙骨（沙骨即某种地权），五沙分别是长沙、欧沙、洗沙、中心沙、带都沙（又名带刀沙）。从景泰三年（1452）到乾隆二十八年（1763），五沙每年租银凑抵顺德县官府需役并贴补当地里长公事的经费。万历年后赋役增多，于是九图每甲各推选一名甲长，按年轮值，专门管理催收甲内钱粮之事。乾隆二十八年，九图乡绅罗礼琮、龙应时等人吁请县令高坤向上陈情，得以免除重赋，永远照行。于是九图就将五沙租银奖励九图子弟的科举袍金；同治之后，除了酌情留有子弟中举的奖金之外，剩余部分都在腊月按照翰林和侍卫每人四份、文武进士每人二份、举人每人一份的比例送出。此银只有在崇报祠内供奉先祖神牌的本人一脉血亲后代领取。[③]

可见，以崇报祠为中心，九图九十户控制了五沙沙田，每年的收入颇为丰厚，曾有人意图冒领。九图九十户的后代在明末清初开始成长为顺德县的大宗族，后来控制了东海十六沙等沙田。

顺德县的建立，是明王朝权力真正渗入珠江三角洲基层的开端，是明中叶后王朝行政区划进一步细化大趋势在珠江三角洲的体现，也是顺德地方社会发展成熟的转折点。设县时造成当地社会上下分层，但也为日后各类人群的生存发展提供了社会资源。

---

① 咸丰《顺德县志》卷五《建置略二·坛庙》之《康熙四十二年知县楼俨重修崇报祠记》。

② 咸丰《顺德县志》卷五《建置略二·坛庙》。

③ 民国《顺德县志》卷二十四《杂志》。

第四节　明代广锅的国内贸易

（1368—1640年）

铁锅是农耕文明的成果，是实现定居火食的重要器具。在古代，铁锅这一耐用消费品在提升生活素质与社会稳定方面具有非凡的作用和意义。广锅非始于明代，然作为铸铁炊具的代表商品，广锅在明代始为天下所知。作为明廷的制边利器，广锅的“官锅”身份在九边塞外炙手可热；作为铁锅的第一品牌，广锅在京城两倍于它锅的价格，曾成为瓦剌也先策动“土木之变”的借口之一；作为隆庆和议的核心内容，“广锅互市”促成了俺答封贡的实现和维护，并得到张居正和隆庆皇帝、万历皇帝的重视和支持。终明一代，“广锅”贸易总是与边事联系，广锅也因此在明代政治军事舞台上扮演了重要角色。明代的九边，是在北方防线边墙南侧建立的九个军事重镇，自东往西依次是辽东镇、蓟州镇、宣府镇、大同镇、山西镇、延绥镇、宁夏镇、固原镇、甘肃镇。自永乐以来，东三边的辽东镇和蓟州镇长期和平互市；隆庆封贡后，中三边和西三边长城沿线数千里的广大区域，也结束战乱、走向和平，实现了明蒙双方互惠互利发展社会经济的重大转折。九边息戎，万民同乐。在这一历史转折过程中，广锅扮演了重要角色。

一、“走广”与广锅生产

明代的“走广”，就是各省商人到广东贩销佛山镇生产的广货和外洋进口的洋货的大流通活动。明人小说《蒋兴哥重会珍珠衫》云，湖广襄阳府枣阳县，有一人姓蒋名德，小字兴哥；父亲蒋世泽，原随丈人罗公，走广东做买卖，因丧了妻室，遗下兴哥，年方九岁，蒋世泽割爱不下，又不肯舍广东这条路，无奈，便带了兴哥同行。一路上只说是内侄罗小官人，原来罗家走广东，已经三代，这些客店牙行，闻知罗家小官人，哪个不喜。[1]据梁嘉彬先

① 《今古奇观》卷四《蒋兴哥重会珍珠衫》。

生研究，“据该小说所载可推知，此事在明英宗重祚天顺二年（1458），广东当时已有集天下商贾之势”[①]。嘉靖时人郑若曾也说：“浙人多诈，窃买丝绵、水银、生铜、药材，一切通番之货，抵广变卖。复易广货归浙，本谓交通，而巧立名目曰‘走广’。”[②]走广，就是明代广货（包括洋货）与各省货物的大流通活动，集中了当时的商人流、货物流和资金流。

广锅，是明代官方对广东铁锅的称谓。广锅出自原广东省佛山镇民间冶铁炉户。旧佛山镇在明代属广州府南海县管辖，与省城广州同属广州府辖区内，故佛山镇产品销往省外市场均冠以“广”字，以别产地。如广锅、广窑、广缎、广纱、广扣等。其狭义指广州府出品，广义则指广东省出品。广锅在广东本地称佛山铁镬或铁镬，粤语音WOK。佛山铁镬行，“向为本乡特有工业，官准专利，制作精良，他处不及”[③]。

明代佛山冶铁业有“炒铸七行”，即铸锅行、铸铁灶行、熟铁行、铁线行、铁锁行、农具杂器行和铁钉行[④]。以锅行为首，产量巨大。宣德年间就有“佛山商务以锅业为最”[⑤]的记载。炒铸七行均负有答应上供的义务，“分别班行，遵应公务。……自古亘规，各依货卖答应，毫无紊乱。”[⑥]除“铁锅”之外，还有“军器熟铁”“御用扭丝灶链”“御用灶链”“御用煎盆镬”等。在生产技术上，明代佛山承接了三代以来的铸造技术，创造了独特的“红模铸造法”。用这种工艺制造的薄型铸件，金相组织十分细结均匀，表面光洁度极高，而成品率常达百分之百[⑦]。轻薄坚韧、加热快速，不易碎裂，使佛山生产的铁锅独具一格，品相极佳。“鬻于江楚间，人能辨之”[⑧]。有明一代，内官监需要的御锅、兵部需要的军锅和工部需要的官锅，均长期在佛

① 转引自梁嘉彬：《广东十三行考》，广东人民出版社2009年版，第62页。

② （明）郑若曾撰：《筹海图编》卷十二，嘉靖四十一年（1562）刊本。

③ 民国《佛山忠义乡志》卷六《实业志》。

④ 见本书第四章第二节《明代佛山手工业的发展（1368—1640年）》。

⑤ 《鹤园冼氏家谱》卷六之二《六世月松公传》。

⑥ 崇祯八年《广州府南海县饬禁横敛以便公务事碑》，载《明清佛山碑刻文献经济资料》，第13—14页。

⑦ 《天工开物和佛山铸造技术的发展》，载《中山大学学报（自然科学版）》1975年第1期。

⑧ 《广东新语》卷十五《货语》。

山采办。[①]此外，广锅还适用于草原放牧迁徙，驮在马背上随其颠簸而无损，因此深得北方少数民族喜爱。

明代佛山民间炉户生产的广锅，以其最优的性能质量和最高的价格，在明代铁锅高端消费群中完成了心智上的占有。从而确立了广锅在明代耐用消费品中铁锅第一品牌的地位，决定了其成为明代国家抚赏品的坚实基础。

明代广锅具有极好的器用价值：

广锅是明代宫廷御器。明代由内官监负责采办广锅，答应朝廷及各官膳房使用。旧例规定，凡“合用生铁锅灶、砂铫、罐盘等件”，“系该监（内官监）伺候各官及膳房答应用者。遇有缺乏，具提到部（工部），复行广东铸造，陆续解部，转送该监。隆庆五年（1571）内，以广东解进愆期，暂令本部召买送用，原非旧例”。[②]就是说广锅原由内官监采办，隆庆五年后暂令工部“召买送用”。

广锅是明代山陵祭祀用器物。明代，北京的宛平县是明皇陵所在地，明历代皇帝到此谒陵祭祀，凡“一年五祭”。宛平县负责“造办祭礼供膳”，“各陵坟煮牲柴炭”，筹办各种炊具桌椅。[③]隆庆六年（1572），穆宗敬皇帝大行礼，在宛平县负责筹办的物件中，有“二尺广锅四口，银三钱六分”和“二尺六寸铁锅四口，蒸笼灶全，价三钱六分”的记载。[④]

广锅还是明代军队的军锅。明军“结队法，以五五二十五为一队，立一队长主之”。“每队共置铜锅或铁广锅一口，不论操演调发、行止宿食，兵不得离队，队不得离哨，哨不得离营。”[⑤]由兵部采办。

而满足千家万户快速煎炒、均匀烹煮美食的要求，则是广锅的最大器用价值。

二、广锅北运与临清锅市街

明代永乐皇帝定都北京，浚修大运河。疏通了运河自临清至济宁北段的

---

① （明）何士晋：《工部厂库须知》卷九，明万历刻本，人民出版社2013年版；《兵录》卷一、卷二，明崇祯刻本。

② 《工部厂库须知》卷九，第292—293页。

③ （明）沈榜：《宛署杂记》第十四卷《以字》，北京古籍出版社1980年版，第130页。

④ 《宛署杂记》第十四卷《以字》，第139页。

⑤ 《兵录》卷一、卷二。

会通河（汶河），从此杭州至北京全线贯通，大运河成为商人南北贩运大宗商品的首选通道。永乐二十一年（1423）山东巡按陈济言："淮安、济宁、东昌、临清、德州、直沽，商贩所聚。今都北平，百货倍往时。"[①]这为广锅的大流通提供了历史条件和机遇。

明代以广锅为代表的广货往国内市场的北行销路，是从佛山出发，循北江而上，溯浈水至南雄起水，陆运过大庾岭（梅关）。此路从北宋起就是广铁北运的繁忙通衢，明万历佛山人霍与瑕说："富国强兵之术以盐铁为首务。两广铁货所都，七省需焉。每岁浙、直、湖、湘客人腰缠过梅岭者数十万，皆置铁货而北。"[②]顾炎武也指出当时在南雄梅岭道上，"南货过北者，悉皆盐铁粗重之类……日有数千（驮）"[③]。铁货过岭后至南安下赣水，经樟树镇到达九江，经安庆、芜湖，顺江到达南京；[④]再从苏州进入京杭大运河北上，经淮安到临清。

明代淮安作为京杭大运河的交通中枢，鼎盛一时。淮安河下镇是淮盐和百货的集散地。《西游记》作者吴承恩（1500—1582），自幼居住在淮安河下镇，目睹了满载广锅的货船运至淮安湾泊卸货、并继续北上临清囤聚的盛况，因此在《西游记》第七十五回留下了孙悟空挟带广锅钻入妖魔肚子，要把妖魔煮成杂碎的精彩对话。

临清古称清源，地处京杭大运河江北中段、北京与南京之间，又扼踞会通河与卫河交汇之处，成为"南北往来交汇咽喉之地"[⑤]。史称："在昔明清两代，奠都燕京，岁漕江南北米粮数百万石，悉由此河输至京师。每岁漕船数十帮（俗称四十八帮）往返过境，不仅南北货物可以附载而至，达官富商亦皆取道于此。"[⑥]临清一城，"四方商贾辏集多于民居者十倍，诚繁华之

① 《明史·食货志》之《食货五·商税》。

② （明）霍与瑕：《霍勉斋集》卷十二《上吴自湖翁大司马书》，载《明清佛山碑刻文献经济资料》，第295页。

③ （明）顾炎武：《天下郡国利病书·江西》，第82页。

④ 参考范金民：《明清时期江南与福建广东的经济联系》，载《福建师范大学学报（哲学社会科学版）》2004年第1期。

⑤ （明）王直：《临清建城记》，载（康熙）《临清州志》卷四《艺文》，康熙十二年（1673）刻本。

⑥ 民国《临清县志》卷六《疆域志五·河渠·汶河之利病》，民国二十三年（1934）铅印本。

图4-4-1　位于淮安的明清两代漕运总督衙门（罗一星摄）

图4-4-2　淮安河下古镇的吴承恩故居（罗一星摄）

图4-4-3　明清两代临清运河钞关（罗一星摄）

图4-4-4　世界遗产——中国大运河之会通闸（始于元代）（罗一星摄）

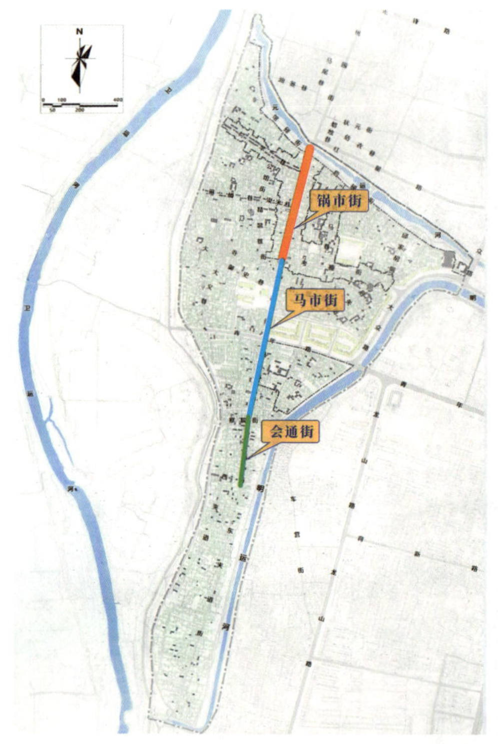

图4-4-5 明清临清中洲街区图（张波绘制）

图4-4-6 临清中洲运河历史文化街区——锅市街入口处（罗一星摄）

图4-4-7 明代锅市街历史介绍路牌（罗一星摄）

地，贸易之所，天下之都会，京师所倚重者也”①。明代，在临清建立钞关，由户部和工部分司征收商税。②明万历年间，临清钞关所收船钞商税每年达八万三千余两，居全国八大钞关之首。③明代也在临清建立临清仓、广积仓等三大仓贮备粮米，每岁二十万石。④

铁锅是耐用消费品，销流范围至广。临清是在明定都北京后因漕粮运输和百货上供而兴起的中心市场，大宗铁锅在此转输华北、西北和辽东各市场。临清城内最有名的街市为“锅市街”，位于商业街区的主要干道，遂成为全城最为繁盛之区。明代临清建有土城和砖城，商业中心在土城中洲街

① 穆孔晖：《蓄锐亭记》，载民国《临清县志》卷十六《艺文志二·传记》。

② 民国《临清县志》卷八《经济志三·附钞关》。

③ 八大钞关为：崇文门、河西务、临清、浒墅、淮安、扬州、北新、九江。八关商税总额三十四万余两，临清一关即占四分之一。参见《续文献通考》卷十八；赵世卿：《关税亏减疏》，载《皇明经世文编》卷四一一。

④ 民国《临清县志》卷十六《艺文志二·传记阁闳·修理三仓记》。

市，“中洲一带街衢洞达，灯火万家，蔚然为全市繁盛中心”[①]。“其南北干街，自天桥至东夹道南端三里余为商业最盛之区。计分三段，名称各异。北段为锅市街，中为马市街，南段为会通街。”[②]

临清锅市街北起运河，南至马市街，长460余米，有商铺数百家[③]，因作为各省铁锅的贸易市场而得名于明代。宣府、大同、辽东、宁夏各互市所用的铁锅及其他铁器都在临清采买转运。例如隆庆五年（1571），宣大总督王崇古派出军官与商贾同往商品丰富的临清、张家湾、河西务等地购货，为开办宣府和大同互市筹办物质[④]。万历年间辽东指挥使吴应科等动官银1200两“往临清等处置买锅布段袄”[⑤]。临清锅市街有广锅、无锡锅、潞锅（西路锅）[⑥]和淮锅等贸易，俨然成为中国北方的铁锅中心市场。

明代临清锅市街也是佛山锅商驰骋的中心市场。万历年间，佛山细巷李氏（明清时期佛山冶铁三大族之一）的八世祖李白，曾代表其家族贩运广锅至临清，李白“奉同野公（李壮、冶铁富商）指授，往来樟（漳）江，清源，千里外如出一手”[⑦]。漳江又称漳河，发源于山西太行山腹地，下游作为河北与河南两省界河，到河北省馆陶县合流于卫河，称漳卫河、卫运河；清源是临清的古称。李白遵照其父李壮的指示，依托临清为基地，开拓晋冀鲁豫的广锅市场。李壮也亲自出马，“出入樟（漳）江，一时名辈咸乐与之游，海内莫不知有同野公”[⑧]。广锅在临清分为三途行销：一途渡海销往辽东开原，并在开原分流至女真族的山林地区，路途远达三千里；一途继续循会通河、通州，北上京师囤销，同时分销甘凉、西番等地，路途亦远达三千里；一途向北，销往大同镇、宣府镇、蓟州镇，嘉靖年间宣府镇开有“广锅

① 民国《临清县志》卷七《建置志一·城池》。

② 民国《临清县志》卷七《建置志七·街市》。

③ 据民国《临清县志》卷五《大事记》载：“道光元年（1821）秋九月，州境锅市街火，延烧铺房二百余间。”

④ 《万历武功录》，第95页。

⑤ 《抚赏夷人用银物清册》（万历年间），载《明代辽东档案汇编》下，第840—841页。

⑥ 参阅许檀：《明清时期的临清商业》，载《中国经济史研究》1986年第2期。

⑦ 《李氏族谱》卷五《世德纪·见南公传》。

⑧ 《李氏族谱》卷五《世德纪·祖考同野公传》。

店”商铺。[①]隆庆五年（1571），“宣大沿边山程险远，铁锅鲜至。亦多用广锅”[②]。可见广锅在偏远的北方市镇颇受民众喜爱。

凭借精良的产品质量和多样性的产品系列，广锅的市场价格明显高于当时销行北方市场的其他铁锅品牌，正统十四年（1449），北京市场广锅每口值绢两匹，其他锅仅值绢一匹。[③]隆庆五年（1571），宣大总督王崇古有“潞锅用久破裂，仅得二斤，比之广锅，价贱三倍”之论。[④]

清承明制，对广锅益加推崇。《钦定大清会典》明确记载了广锅及其他铁锅的价格，相同口径者，广锅的价格是其他铁锅（潞锅、淮锅、无锡锅）的两三倍[⑤]。正如明末清初人屈大均所言，“故凡佛山之镬贵，坚也”[⑥]。

由上可见，明代佛山民间炉户生产的广锅，通过多水系运道和多节点市场的分销，完成了南北万里空间内大宗商品的长途贩卖和市场占有。又以其最优的性能质量和最高的价格，确立了广锅在明代耐用消费品中的铁锅第一品牌的地位，决定了其成为明代国家抚赏品的坚实基础。

三、广锅与辽东互市

1368年，朱元璋推翻元王朝，建立明王朝。但洪武初年，孛儿只斤黄金家族尚在北遁，其势力并未消亡。因此，明代洪武、永乐两朝都把北方作为前线战区重点布局，悉心经营。在辽东经略中，广锅扮演了重要角色。[⑦]

明代设立外夷卫所、朝贡和马市，构成了辽东经略的主要内容，而“官买官给”，则是官方主导辽东马市的圭臬。“凡马到市，官买之，余听诸人

---

① 嘉靖《宣府镇志》卷二十，转引自［美］赵冈：《论中国历史上的市镇》，载《中国社会经济研究史》1992年第2期。

② （明）王崇古：《为遵奉明旨经画北虏封贡未妥事宜疏》，《皇明经世文编》卷之三一七。

③ （明）李贤：《古穰杂录》，中华书局1985年版，第18—28页。

④ （明）王崇古：《酌许虏王请乞四事疏》，载《王鉴川集》三，《皇明经世文编》卷之三一八。

⑤ 《钦定大清会典事例》卷六八八《工部》。

⑥ 《广东新语》卷十五《货语·铁》。

⑦ 本节引用的明代原档资料，多有“夷”“虏”等歧视性字眼，但为明晰讨论对象，均保持原文字句不做改动。敬祈谅解。

为市”。[①]永乐四年（1406），明朝廷设立开原城南、开原城东、广宁三处马市[②]。从永乐到万历年间，明代沿辽东边墙先后开设了十四处马市或木市，成为汉族与女真、蒙古等族之间互通有无的重要场所。其中尤以广宁、开原、抚顺三市规模较大，存在时间较长，素有“辽东三大马市”之称。[③]开原马市设置“马市官”一名，[④]其主要职责是“抚待关防”，即给女真、蒙古入市买卖人发放抚赏银两和抚赏品。官市马价例由明政府订立，然后按马价实行“以物易物”的交易。因此，开原马市在辽东一枝独秀，被女真人视为“金路”。

明初，辽东边外的蒙古、女真族聚居区以游牧射猎为主。游牧经济体生产出品为肉类皮革，既无布帛粮米，更无锅釜犁铧等铁器。因此，对农业经济体有强烈的依存关系。女真社会因农业发展、采猎战争的需要，向“以铁物为贵”。[⑤]明代开始“贸大明铁自造”[⑥]。蒙古族素来所需“锅釜针线之具，缯絮米菽之用，咸仰给汉”[⑦]。明代在洪武、永乐年间实行厚往薄来的怀柔政策，永乐五犁北庭，女真诸卫也有随征者。因此，明初对女真的铁器贸易较为宽松，即女真所言的“往年受朝廷厚遇”。[⑧]明代辽东马市铁锅贸易的存在发展，为广锅入市提供了广阔市场。

（一）广锅是辽东马市充市商品

明代宣大总督王崇古在奏议隆庆互市时说：“及查得辽东开元（原）、建（广）宁之市，以广锅入市。盖广锅生铁不受炼炒，行之已久。此可仿行。及查得宣、大沿边山程险远，铁锅鲜至，亦多用广锅。即当容照辽左三

---

① 《明宣宗实录》卷一一三《宣德九年十月丁巳》。

② 孙倩点校：《辽东志》卷三《兵食志·边略》，科学出版社2016年版，第146—147页。

③ 参阅佟东主编、丛沛远著：《中国东北史》第四卷，“第10章”，吉林文史出版社1987年版，第1064—1065页。

④ （明）李辅纂修、韩钢点校：《全辽志》卷三《职官志》，科学出版社2016年版，第211页。

⑤ 《朝鲜王朝实录·中宗》卷二七《十二年三月癸未》。

⑥ 《朝鲜王朝实录·成宗》卷二五五《十四年十一月丁己》。

⑦ （明）瞿九思：《万历武功录》卷九《俺答传》，载《明代蒙古汉籍史料汇编》第四辑，内蒙古大学出版社2007年版。

⑧ 《明宪宗实录》卷一七三《成化十三年十二月乙巳》。

卫例，以广锅容入市易。商夷攸便也。”[①]当时吏部左侍郎张四维也说：“昨部覆已拟如开原例，市用广锅。”[②]可知广锅在辽东入市是朝廷允许的成例，其他各边亦可仿行。

辽东互市，每只铁锅无论大小均抽三分税，这对广锅这种高价值、多尺寸、多品种品牌十分有利，仅以小广锅每锅市场价六钱计算，三分银占锅价5%；而比广锅价贱一倍的其他各路铁锅，三分银则占锅价10%。显然，价格低的铁锅承担不起每锅三分银的高额税收，会逐渐退出市场，这也是广锅后来独步辽东大地的重要原因。明后期铁锅抽分的提高，成为辽东马市税额的重要来源。[③]广锅作为辽东马市的主要充市商品，成为辽东马市税银收入的重要组成部分，支撑着辽东马市的循环运作与发展。

（二）辽东官府的广锅采办

为满足马市对官锅的需求，“供给抚待夷人事”[④]，有明一代，辽东官府都通过海运从山东临清大量采购统一规格、数量保证、质量上乘的广锅，运回开原作为官方抚赏品储存发放。因为先行使用了公帑官银，这部分广锅又称为“官锅”。官锅不进入市场交易，不标示价格，只作为朝廷抚赏品在马市上对女真、蒙古人发放。

明初官方海运军需品，“粮米由海运经登州趋旅顺，直抵开原。开原城西有老米湾，即其卸泊处也”[⑤]。这条海运通道，也是铁锅布匹的主要运道。马市官办货物的采购，往往远自临清，甚至江南。辽东官府“例岁委一官，往苏杭等处易买缎布皮张以为市马之用”[⑥]。而往临清采购广锅更成惯例，万历年间辽东指挥吴应科等“比例请动官银……领往临清等处置买锅布段袄”，得到巡抚都御史发放勘合，准许动支抽分银一千二百两。[⑦]从“比例请动官银”看，“预买锅布段袄以备抚夷事”是有例可循之事。连差旅费

---

① （明）王崇古：《为遵奉明旨经画北虏封贡未妥事宜疏》，载（明）陈子龙：《明经世文编》卷之三一七《王鉴川集》二。

② （明）张四维：《与鉴川王公论贡市书》（第九书），载《条麓堂集》卷十七，第530页。

③ 罗一星：《明代广锅与辽东马市》，载《中国社会经济史研究》2019年第1期。

④ 《马市抽分与抚赏夷人用银物清册》，载《明代辽东档案汇编》下，第819页。

⑤ 《全辽志》卷五《艺文上·经略》，第479页。

⑥ （明）侯先春：《侯给谏疏》卷一《安边二十四议》，载《明经世文编》卷四二八。

⑦ 《抚赏夷人用银物清册》（万历年间），载《明代辽东档案汇编（下）》，第840—841页。

一百四十八两四钱一分五厘七毫，也是比例请动官银支用。

临清锅市街上的广锅，原系民锅。自被辽东官员购买后，就视同官锅，进入官运体制，运输有递运所运军，仓储俱入官库，一应水脚运费、保管费、专员差旅费均由官府支出，抚赏完成，呈报核销。辽东官府还配置了专用锅车，接驳船运起岸后的陆路运输，万历五年（1577）六月十八日，有某递运所“付开原锅车一十九辆”记载；又有初九日安排“锅车二十四辆”的记载。[①]

辽东马市上的官锅，就是免除了运费、税费的超值商品。正是广锅作为官锅抚赏，满足了女真对铁锅的所有期待：快热、坚韧，精美、多样化。因此，拥有广锅成为女真首领阶层身份地位的标志。

（三）广锅是辽东马市主要抚赏品

辽东马市自设立之初就制定了抚赏制度。对朵颜、海西、建州三卫凡到马市互市者，无论是否头目每名均抚赏或零赏“锅一口”，成为常例。《明代辽东档案汇编（下）》收录了十四份《抚赏夷人用银物清册》档案残件，共存载了八十次的开原互市抚赏官锅的具体情况，时间覆盖了嘉靖二十九年（1550）至万历十二年（1584）。根据清册整理出开原马市抚赏的共同特点如下：第一，抚赏对象，官锅抚赏的对象主要是“买卖夷人”，他们多是各外夷卫所首领本人，还有传事、通事等。第二，抚赏事由主要是“互易”，少量是“告讨”。第三，进入关市，开原马市有新安关、镇北关和广顺关，即开原“三关”。第四，抚赏官锅的数量没有定数，前少后多。如嘉靖二十九年（1550）八月，“买卖夷人”八哈木等九十五人前来易换，仅抚赏官中锅一口[②]；而万历六年（1578）某日某次，曾抚赏官锅八百二十八口[③]。抚赏官锅数与易换商品数量和价值有正比关系，这首先反映了明中叶后貂皮贸易的发展，其次反映了明中叶后女真家居火食的家庭大量增加。

从开原马市库存清册数目可见，所有抚赏品中，官锅数量居于榜首，可见其极受欢迎。其中，万历五年（1577）有二季度、四季度库存官锅数，

---

① 《□□递运所为具报应付“高丽”“夷人”递送囚犯等车辆轿扛夫役数目清册（二份）》（万历五年六月），载《明代辽东档案汇编（下）》，第683—684页。

② 《□□□指挥佥事完仁呈报马市抽分与抚赏“夷人”用银物清册》（五份）（嘉靖二十九年八月），载《明代辽东档案汇编（下）》，第727页。

③ 《马市抽分与抚赏“夷人”用银物清册》（万历六年），载《明代辽东档案汇编（下）》，第806页。

平均季度库存官锅数四千零九十七口；概算之开原马市全年抚赏官锅数约有一万五千口。这仅仅是官市抚赏用的广锅数量，若加上民市交易部分（即每锅抽银三分者），广锅在开原马市每年充市数量应超过两万口。加上广宁、抚顺等十四处马市，[①]万历年间，广锅每年在辽东马市的充市数量不可小觑。上述说明，以广锅为主的铁锅是辽东马市的主要互市商品。铁锅与缎布组成被称为“锅布”的双宝，支撑着辽东马市两百余年的长期运作。

（四）广锅是“锅貂互易”主角之一

中国东北是貂皮的重要产地之一，史载：“貂皮自开原东北数千里而远……必取道海西，行夷遮道分其利，然后入中国。”[②]貂蝉原是明代朝服梁冠上的尊贵饰品。洪武二十六年（1393）定文武官冠服，其中“加笼巾貂蝉”者只有公、侯、伯和驸马享有。[③]成化年间，明宫廷貂皮使用增加，开始放宽贡品标准。明代中后期，经济发展，貂皮在朝野上下流行，貂皮也作为皇帝赏赐朝臣的礼品。《万历野获编》记载：京师冬月习惯用貂蝉暖耳，每到大寒，皇帝普赐貂蝉给内外大臣。大臣们次日俱戴着上朝致谢。[④]《酌中志》记载万历宫廷“每年贩来貂皮约一万余张，狐皮约六万余张”[⑤]。明代官僚行贿纳贿，也以紫貂为重要馈赠品。[⑥]可见明朝廷内外“贵貂”之风盛行。朝野上下对貂皮的巨大消费需求，推动着成化以后明王朝与女真貂皮贸易的规模化、常态化发展。为了换取好貂皮，并体现明王朝厚往薄来的怀柔之仁，官府就要给予好锅，而广锅就是能让女真、蒙古及各少数民族满意的标的商品。

在开原马市，随成化以后貂皮贸易的兴起，商品结构也从“马匹—粮食”转到“貂参—锅布”为主。万历年间，开原马市的官锅抚赏与貂皮入市同时增加。官锅方面：据辽东档案清册记载，万历四年（1576）十二月，一

---

① 《明代辽东都司州、卫、关、马市一览表》（三），载《明代辽东档案汇编·附录》，第1236页。

② 《万历武功录》卷之十一《东三边二·卜寨、那林孛罗列传》，第250页。

③ 万历《明会典》卷六一《礼部十九·冠服二》。

④ 《万历野获编》卷九《貂帽腰舆条》。

⑤ （明）刘若愚：《酌中志》卷十六，北京出版社2018年版，第131页。

⑥ “延儒就逮，将所居楼阁三楹尽行焚毁。盖生平宝藏咸集于此，紫貂帐以十计，清河参有一只，重十两。”文秉：《烈皇小识》卷八，上海书店1982年版，第215页。

次就抚赏“买卖夷人都督猛骨孛罗”官锅218口。[①]万历六年（1578）正月初十，“买卖夷人狗儿扯镇等”1520人前来易换，抚赏官锅543口[②]；又如万历六年（1578）某日，“买卖夷人往吉那等”650人前来易换，抚赏官锅404口[③]；最多的万历六年某日某次，一次抚赏“买卖夷人（缺名）”官锅达828口。[④]貂参方面：仅据万历十二年（1584）三月《马市抽分抚赏“夷人”用银物清册》的不完全记载，该月有“买卖夷人”18批次进入开原马市，共易换貂皮5128张，参2094斤。其中最多的一次易换貂皮1803张，参169斤。[⑤]

“锅貂互易”是在万历年间（1573—1619）开原三关三市形成之后繁荣起来的。开原马市的繁荣，逐渐取代了京城的朝贡贸易地位，使开原马市由永乐时期朝贡贸易体系的补充，变成为万历时期貂皮贸易的中心所在。马市贸易比朝贡贸易更能深入社会各阶层生活，因而具有更重要的经济意义。至此，一个以开原为中心市场，覆盖女真深处、连接蒙古草原、旁及朝鲜的贸易网络已然形成。

（五）广锅与清皇室祭器

广锅与清代皇室的联结，与努尔哈赤家族的推崇有极大关系。努尔哈赤家族三代从商。祖父觉昌安，又名叫场，是明授建州都指挥使王杲部属，王杲是在锅貂互易中垄断商路起家的女真首领。叫场负责为王杲打理马市换易事宜，是带领女真部属出入马市，并在马市官方登记的头目，也是开原和抚顺马市的常客。叫场对广锅的商品价值自然了如指掌。努尔哈赤的父亲塔克世是祖父叫场的帮手，努尔哈赤自幼生长在马市互易之家。万历十七年（1589）获明授都督佥事之职，并于万历十八年（1590）四月第一次进京朝

---

① 《辽海卫指挥佥事高良弼呈报马市抽分与抚赏“夷人”用银物清册》（万历四年十二月），载《明代辽东档案汇编（下）》，第834—835页。

② 《□□□指挥同知戴良栋呈报马市抽分与抚赏“夷人”用银物清册》（万历四—六年），载《明代辽东档案汇编（下）》，第795页。

③ 《马市抽分与抚赏“夷人”用银物清册》（万历六年），载《明代辽东档案汇编（下）》，第806页。

④ 《马市抽分与抚赏“夷人”用银物清册》（万历六年），载《明代辽东档案汇编（下）》，第806页。

⑤ 《马市抽分与抚赏“夷人”用银物清册》（万历十二年三月），载《明代辽东档案汇编（下）》，第816—830页。

贡，积累了贡事和互易商品的经验。他逐步将建州女真所属的500道明朝廷所发敕书集中于己，一举夺得抚顺马市的貂皮贸易控制权。最后灭亡叶赫部，将明政府颁发给女真各部的1499道敕书全部归入囊中。“太祖（努尔哈赤）自吞南关，尽并乌龙江上诸部，独擅人参、松子、海珠、貂皮之利，日益富强，威制群雄”①。

广锅在辽东各马市上的亮丽表现及女真首领们的使用经验，在努尔哈赤祖孙三代心目中占据了较高位置。永陵、福陵、昭陵，合称“盛京三陵”。永陵始建于明万历二十六年（1598），是清皇族的祖陵，供奉努尔哈赤六世祖猛哥帖木儿、曾祖福满、祖父觉昌安、父亲塔克世及伯父礼敦、叔父塔察篇古以及他们的福晋。福陵始建于后金天聪三年（1629），是清太祖努尔哈赤与皇后叶赫那拉·孟古的陵墓，也是清代命名的第一座皇陵。昭陵始建于清崇德八年（1643），是清太宗皇太极及其皇后的陵墓，在盛京三陵中规模最大，结构最完整。盛京三陵建陵伊始，规例即定祭祀礼器采用广锅。永陵、福陵、昭陵合称“盛京三陵”。建陵伊始，规例即定祭祀礼器采用广锅。

皇太极于崇祯二年（后金天聪三年，1629）始建清宁宫，在清宁宫东次间建神堂，其北灶台即安放两大“煮肉接口广锅”，合清宫萨满教祭祀常献猪羊二牲之礼。②崇祯四年（后金天聪五年，1631）开始在清宁宫祭祀。③盛京三陵和清宁宫祭祀礼制是清皇室祭祀走向正规化的标志。

入关以后，北京坤宁宫的祭祀礼制即按照盛京三陵和清宁宫祭祀礼制实行。《钦定满洲祭神祭天典礼》规定：每当祭祀，皇帝面北而坐，内外藩王、贝勒、辅臣、六部正卿等各蟒袍补服入坤宁宫。西向神幢行一叩首礼，再向皇帝行一叩首礼，然后以南为上，合班席坐。膳房大臣捧御用俎盘跪进胙肉，以脾、体为贵；司俎官以臂、肩、腰、骼各盘列于诸臣座前。皇帝亲自用御刀割肉，诸臣亦各以分肉铜盘各自脔割。皇后则于东暖阁率贵妃以下受胙分尝。同时还要向慈宁宫的太后、太妃们恭进糕酒。食毕赐茶，诸臣各行一叩首礼。候皇帝还宫，诸臣依次退，马、牛、缎布、金银各交还所

① （明）彭孙贻：《山中闻见录》卷二，载《清入关前史料选辑》第三辑，中国人民大学出版社1991年版，第9页。

② 《钦定满洲祭神祭天典礼》卷五。

③ 参阅白洪希：《盛京清宁宫萨满祭祀考辨》，载《故宫博物院院刊》1997年5月。

图4-4-8　福陵隆恩殿，供奉努尔哈赤（罗一星摄）

图4-4-9　昭陵隆恩殿，始建于崇德八年(1643)，供奉皇太极（罗一星摄）

图4-4-10　沈阳清宁宫，始建于崇祯二年（后金天聪三年，1629）（罗一星摄）

图4-4-11　沈阳清宁宫神堂南炕东侧红漆组案（罗一星摄）

图4-4-12　沈阳清宁宫北灶台的接口广锅（罗一星摄）

图4-4-13　北京坤宁宫内灶台与广锅（故宫博物院藏）

司。当晚，诸臣将各自受赐的糕肉携归府邸[1]坤宁宫祭神祭天，所用供品数量很大。据清《钦定总管内务府现行则例》记载：仅白猪一项，每年祭祀五百十八口。因广锅起热快，锅体大，遂为清宫首选祭祀重器，清入关后，制定了清宫采办广锅的制度，内务府和工部，连同广东官府，历年在南海县佛山镇采办广锅，其采办制度施行了两百多年。

四、广锅与宣大马市

明代边事，“北狄、鞑靼最大”[2]。明代以前，漠北蒙古部族的游牧生活原本衣食非常简单，“爨无釜，衣无帛”[3]。明代以来，漠北蒙古部族牧民逐渐“食兼黍谷”，[4]无论粟食或“和肉煮糜”，都需要锅釜等炊具，因此明代蒙古人对汉区农业文明区域生产的铁制锅釜和纺织布帛十分艳羡，得之则视为奇货。正如瓦剌首领脱脱不花所言：“吾侪服用，多资大明。”[5]

（一）“土木之变”与“禁售广锅”

正统六年（1441），也先开始以瓦剌太师的身份出现。也先对先辈得到明朝廷丰厚赏赐的历史引以为荣（祖父马哈木和父亲脱欢均被明朝廷封为顺宁王）。他执政以后，迅速增多对明贡马的次数和增大贡马规模。

从正统十年（1445）开始，瓦剌贡使的筵宴饮食费与收罗铁器逐渐增多，这使大同地方官不堪其扰。当时明廷用于也先贡使团的总费用甚巨。英宗对也先贡使的宽松政策，使得也先更加诛求无厌。也先使团的骄纵，终于在正统十四年（1449）引爆了其与明廷的冲突。

正统十四年（1449）七月，瓦剌也先大举入侵，明九边全线告危。英宗草率亲征，却在土木堡大败，被俘北狩，举国震惊。史称“土木之变”。据《明实录》等史籍记载，也先纵马南侵的直接诱因，是贡使人数太多，中

① （清）允禄等奉敕撰：《钦定满洲祭神祭天典礼》卷一，载（清）纪昀总纂：《景印文渊阁四库全书》第657册，台湾商务印书馆清乾隆刊本缩印本，第631—632页。

② 万历《明会典》卷一〇七《礼部六五·朝贡三·北狄》。

③ 《万历武功录》，第79页。

④ （明）尹耕：《塞语·虏情》，丛书集成本。

⑤ 《明英宗实录》卷一六〇《正统十二年十一月丁未》。

官作梗，明朝廷加以限制引起的。但随驾扈从、脱难回京的李贤在《古穰杂录》中记载了土木之变和英宗返京的全过程，透露出“禁售广锅”也是其中原因。《古穰杂录》详细记载了明廷特使杨善前往漠北接英宗时与也先的一段对话，[①]从中可以窥见引发也先大举入侵的直接诱因有三：一是贡使人数和活动受限；二是明廷不卖广锅；三是缎匹被剪。显然也先认为不卖广锅是明朝廷的决策，对此，杨善解释说“此铁锅出在广东，到京师万余里。一锅卖绢二匹”，这是远道而来的广锅价高一倍的缘故；再说“使臣去买止与一匹，以此争闹”，这是北人不识广锅价值的误会；由此出现“卖锅者闭门不卖”的结果。“皇帝如何得知？譬如南朝人问使臣买马，价少便不肯卖，岂是官人分付他来？”这就把京师锅市闭门不卖广锅给瓦剌贡使的原因，说成是锅商与使臣价格没谈拢，与官府无涉。

明廷是否有对瓦剌“禁售广锅”的规定不得而知，但瓦剌使臣嫌广锅价贵一倍却是事实。正统年间，广锅在全国供不应求。当时佛山大锅商冼灏通的家谱记载：“佛山商务以锅业为最，各省巨商闻公（冼灏通）信谊，咸投其家。公命诸弟侄经理其事惟谨。商客人人得以充其货，毋后期也。乃人人又益喜，辄厚谢之。公以故家饶于财。”[②]大锅商冼灏通坐享广锅卖方市场的厚利，可见一斑。

（二）隆庆封贡与广锅互市

俺答汗（1507—1582），蒙古土默特部的重要首领，蒙语称阿勒坦汗，明人称俺答。其部落原先游牧于今内蒙古呼和浩特一带，嘉靖年间在与蒙古诸部落的争战中逐渐崛起，东逐察哈尔于辽东，西驱瓦剌于甘凉，控制了东起宣大、西至河套、北抵戈壁、南临长城的广袤草原。

明隆庆四年（1570）十月初九日，俺答的爱孙把汉那吉投奔明朝廷。俺答闻变，率骑数万临边索孙。明宣大总督王崇古敏锐抓住时机，在张居正、高拱等内阁权臣支持下，以军事和谈判两手并举，主导谈判、积极备战，以最短时间完成了把汉那吉与叛逆赵全等汉人头目的交换；半年内完成了俺答封贡的条款谈判；一年内系列互市成功举办。史称“隆庆封贡”。在隆庆封贡的过程中，广锅扮演了极其重要的历史角色。

---

① 《古穰杂录》，第18—28页。

② 《鹤园冼氏家谱》卷六之二《月松公传》。

广锅互市，是隆庆封贡中“王封”和“釜鬵”两大中心议题之一。隆庆五年（1571），明朝廷围绕着俺答封贡和广锅互市进行了激烈辩论。王崇古作为首事边臣先后上奏，其中多封奏疏论述了广锅互市的理由，提出了广锅互市的长远规划。

隆庆五年（1571）二月初八日，王崇古上《确议封贡事宜疏》，对俺答封贡的锡封号官职、贡额、贡期贡道、立互市、抚赏之费、归降、审经权、戒狡饰提出详细规划。这就是著名的“崇古八议”。其疏言称：照辽东开原广宁互市之规，蒙古族“以金银、牛马、皮张、马尾等物”，明王朝商民以“缎绸、布匹、锅釜等物”择日开市。在此期间，王崇古与张居正、高拱有多封书札往来，[①]王崇古与其外甥、时任吏部左侍郎的张四维也有更频密书札往来，张四维告知崇古：“昨部覆已拟如开原例，市用广锅，旋复中变。甥与诸老言：锅是虏中日用所急，恐求之不已，况广锅京中甚多。或他物听民自用，唯锅官买与为市，禁民私市可也。”[②]由此可知，张四维为广锅互市也在廷议时极力说服朝廷诸老。

随后，王崇古就给王印信、朝贡入京、广锅互市、亲属抚赏等事又上《酌许虏王请乞四事疏》，该奏疏中的“请铁锅互市”事，详述了广锅互市的理由、广锅炒炼的结果、蒙古牧民对铁锅的珍视，以及广锅与潞锅的比较，堪称明代广锅最详细的官方记述。[③]王崇古在该奏疏中称“广锅轻而不受炒炼”，“蓟辽例以广锅充市”，并汇报了奉旨炒炼广锅的结果：广锅十斤，得铁五斤；潞锅十斤，仅得三斤，若潞锅用久破裂，仅得二斤，比之广锅价贱三倍。王崇古提出的“如蓟辽例，以广锅充市”奏疏，[④]得到张居正的坚决支持。张居正“尤破群策，乃于文华殿面请，诏行之”。张居正同时就广锅互市授意王崇古：“铁锅乃虏所急者。顷部议禁不与市，将来必求索无已。此事新郑（高拱）亦极论。今闻广锅毁则不可复为兵。宜稍市之，来岁

① 《皇明经世文编》卷三〇二《高文襄公文集二》；（明）张居正：《答王鉴川计贡市利害》，载《皇明经世文编》卷三二六《张文忠公文集三（疏、书）》。

② （明）张四维：《与鉴川王公论贡市书》（第9书），载《条麓堂集》卷十七，第530页。

③ （明）王崇古：《酌许虏王请乞四事疏》，载《皇明经世文编》卷三一八《王鉴川文集三》。

④ （明）王崇古：《酌许虏卜请乞四事疏》，载《皇明经世文编》卷三一八《王鉴川文集三》。

责令如数更换。”[①]随后又在书札告知王崇古，持反对意见的“饶疏已寝不上，一切惟公所裁”[②]。关键时刻还是张居正力挺王崇古，表明了张居正支持广锅互市的态度。

“隆庆封贡”的主要内容，就是在王崇古所议的封贡“八事”的基础上形成的。其中除了贡使进京外，其他均付诸实施。而蒙古方面，俺答也全盘接受了明朝廷的方案。

（三）宣府、大同、山西的广锅互市

得到张居正的来札和朝廷的准许，王崇古“决策市广锅”[③]的勇气陡增。随即提出开设得胜堡市、张家口市、水泉营市、独石堡市四市场的布局规划。[④]入市商品包括铁锅等商品，“始入市时，我缯布、针线、梳篦、铁锅，皆各以其式直，著为令”[⑤]。王崇古还派出军官与商贾同往商品丰富的临清、张家湾、河西务等地购贩铁锅等货[⑥]。广锅轻薄、起热快、柔而坚，适合马驮迁徙，蒙古牧民的选择是最好的答案。

至此，“中三边”（宣府、大同和山西3个镇处在明9个军事防御重镇的中间，史称“中三边”）封贡互市万事俱备。隆庆五年（1571）五月，俺答遣使奉表称臣，贡名马30匹。穆宗册封俺答为顺义王，赐吉能都督同知官，余以次拜指挥、千百户秩，凡49人，并赐衣币。[⑦]隆庆五年（1571）五月二十八日至六月十四日，得胜堡开市；七月初三至十四日，新平市开市；六月十三日至二十六日，张家口开市；八月初四至十九日，水泉营开市。4个互市既成，官市马7030匹，私市马骡牛羊22000只，抚赏费3842两。诸市平安无扰。[⑧]不久，在大同附近的守口开市。至此“中三边”先后开设互市5

① （明）张居正：《与王鉴川计四事四要》，载《皇明经世文编》卷三二六《张文忠公文集三》。

② （明）张居正：《答蓟辽总督王鉴川》，载《皇明经世文编》卷三二六《张文忠公文集三》。

③ 《万历武功录》，第95页。

④ 《万历武功录》，第92页。

⑤ 《万历武功录》，第85页。

⑥ 《万历武功录》，第95页。

⑦ 《万历武功录》，第89页、第93页。

⑧ 《明穆宗实录》卷六一《隆庆五年九月癸未》；《万历武功录》，第94—96页。

个。“岁以为常，市各二日，每岁又有小市。”贡市蒙古族人年年增加，万历二年（1574）增至557名。俺答死，其长子黄台吉继位顺义王，嗣封龙虎将军。[①]万历元年（1573），为解决贫苦牧民的小量物品交换，又在大同等边关各处分别设立小市，“庶虏中贵贱贫富，各遂安生”。[②]

五、广锅与陕西、甘肃、宁夏的互市

“中三边”互市的消息，刺激了“西三边”（明初，在陕西行省北部沿边设置了延绥、宁夏、甘肃三镇，史称“西三边”）外的吉能。吉能，是俺答长侄，在同辈中春秋独高。其父吉囊是俺答长兄。原据西北塞外之地，每逢黄河结冰，即为患张掖、酒泉，威胁云中、上谷。边人畏之。[③]王崇古认为：“吉能，亲俺答叔，势相依倚，许俺答不许吉能，是锢其首而舒其臂也。”[④]于是上《为遵奉明旨经画北虏封贡未妥事宜疏》，提出“如辽东开原、建（广）宁以广锅为市，或可仿行陕西”的奏议。其疏称：

> （吉能）其所需于中国者，段布锅釜之类，视东虏皆同。而不容互市，诸酋岂甘心伏首听命不抢不市已耶？……及查得辽东开元（原）、建（广）宁之市，以广锅入市。盖广锅生铁不受炼炒，行之已久。此可仿行。及查得宣、大沿边山程险远，铁锅鲜至，亦多用广锅。即当容照辽左三卫例，以广锅容入市易。商夷攸便也。其陕西之市，亦须速行彼处定议容市，以免西虏东市之扰，此互市之当议者二也。[⑤]

王崇古该疏将“中三边”与“西三边”通盘考虑，“以免西虏东市之

① 万历《明会典》卷一〇七《礼部六五·朝贡三·顺义王》。

② （明）王崇古：《酌许虏工请乞四事疏》，载《皇明经世文编》卷三一八。

③ 《万历武功录》，第352页。

④ （明）王崇古：《为遵奉明旨经画北虏封贡未妥事宜疏》，载《皇明经世文编》卷三一七《王鉴川文集二（疏）》。

⑤ （明）王崇古：《为遵奉明旨经画北虏封贡未妥事宜疏》，载《皇明经世文编》卷三一七《王鉴川文集二（疏）》。

扰”。该疏上奏后，“章下兵部：请行陕西总督戴才勘议可否？其广锅行督抚亲验。户部复：抚赏动支主客兵岁赏如崇古议。上俱从之”[①]。从“其广锅行督抚亲验”来看，陕西之市也有广锅入市。《万历武功录》对此也有记载：王崇古“并请于朝，许其开市入贡。酌延绥、宁夏，悉如宣、大例。报可。赐吉能都督同知官，余以次拜指挥、千百户秩，凡四十九人，并赐衣币”[②]。

朝廷准贡后，王崇古即召切尽黄台吉等人赴清水营市颁给敕书。[③]隆庆五年（1571）后，“西三边”先后开设的互市一共有六个：“在延绥者一，曰红山寺堡；在宁夏者三，曰清水营、曰中卫、曰平虏卫；在甘肃者二，曰洪水扁都口、曰高沟寨。岁以为常，市各二日，每岁又有小市。”[④]万历三年（1575）十二月，明朝廷又在庄浪岔口堡、烨尖墩开设小市。[⑤]

明蒙互市的实现，给双方带来了切实的好处。从隆庆五年开始不断有序发展，宣府、大同、山西互市，四年之中马匹成交数量增加了两倍多。八年后，宣大总督方逢时总结说：“八年以来，九边之外，以生齿则日繁，以修守则日固，以兵马则日练，以刍饷则日积，以田野则日辟，以商贾则日通。穷边僻堡阽危残喘之民，始知有生生之乐，此今日边事可知而可言者也。”[⑥]史称：“诚所谓贸迁有无，胡越一家。故东西延袤五千余里无烽火警，行人不持弓矢，近疆水陆屯田悉垦治如内地，墩台哨望之卒以渐撤去，所省粮饷岁不下数十万石。”[⑦]至此，明边实现了社会稳定、经济发展、财政收支盈余的重大变化。

---

① 《明穆宗实录》卷五五《隆庆五年三月庚寅》。

② 《万历武功录》，第93页。

③ 《万历武功录》，第368—369页。

④ 《万历大明会典》卷一〇七《礼部六十五·朝贡三·顺义王》。

⑤ 《万历武功录》，第171页。

⑥ （明）方逢时：《陈虏情以永大计疏》，载《大隐楼集》，辽宁人民出版社2009年版，第295页。

⑦ （明）焦竑：《通贡传》，载薄音湖、王雄编辑、点校：《明代蒙古汉籍史料汇编》第二辑，内蒙古大学出版社2000年版，第441页。

六、广锅的历史角色和社会价值

（一）广锅充市成为考验明朝廷决策者智慧的中心议题

与辽东马市广锅有长期大量供应，并组成了锅布—貂参商品结构不同，在“中三边”和“西三边”，广锅始终是蒙古和哈密贵族长期追求而不能大量满足的紧缺商品。蒙古部族共同求市广锅的长期努力，成为明中期边事的重要主题，直接影响着明嘉靖、隆庆、万历等朝的边疆政治军事决策，考验着边镇督抚和朝廷重臣的政治智慧和治理体系。进士出身的总督王崇古等，在广锅充市的问题上，积极策划，坚持己见，主动担当；内阁首辅张居正、张四维等，审时度势，力排众议，促成皇帝决策。而张居正、王崇古“分而市之”的考量和事功，兼具了原则性和灵活性，改变了明世宗封关闭市的僵化边关政策，尤为难能可贵。

事实证明，广锅一旦入市，九边即归安宁。有明一代，广锅与边事总是这样联系在一起，难分难解。

（二）广锅在九边占有广阔的市场空间

隆庆五年（1571）以前，广锅在北方市场的贸易，是以节点辐射的市场格局进行。即以临清中心市场辐射辽东、北京、宣府和蓟州以及山西等地。隆庆封贡实现互市后，广锅在北方市场的贸易，呈现从点到面的市场格局的演进。从隆庆五年开始，明朝廷在“中三边”和“西三边”先后开设大市11处，[①]随着贸易的发展，大同镇逐渐成为明蒙交易的中心市场。明末人谢肇淛云：“九边如大同，其繁华富庶不下江南。而妇女之美丽、什物之精好，皆边塞之所无者。市款既久，未经兵火故也。”[②]由此可见，明代九边大、小20余个互市的开设，为广锅打开了从大东北到大西北的广阔市场。

（三）广锅充市提升了马市的商品价值

明代广锅作为具有一定规模的高税商品（每锅抽三分），成为辽东马市有效的交换手段，成就了东北沿边墙14个重要马市的长期运作，丰富了各

---

① 万历《明会典》卷一〇七《礼部六五·朝贡三·顺义王》。

② （明）谢肇淛：《五杂俎》卷四，山东人民出版社2018年版，第140页。

族人民的商品生活，使辽东马市成为汉族与女真、蒙古等族之间互通有无的重要场所，史称“当是之时，从开原而抚河、宽甸，皆有关市，诸夷颇称宁懿”[①]。而辽东马市200余年间的存在发展，则成为明王朝在东北治理体系的经济基础。从主要商品结构来看，嘉靖以后辽东马市形成的锅布—貂参商品结构，组成了明代辽东马市最富价值的商品部分。

（四）广锅是明代朝贡体制的重要支撑

广锅与江南布缯共同组成了明代朝贡贸易体系的两大官物内容，同样是代表明代官府最高制作水准的国家商品。广锅属于明朝历代禁止出口的稀缺性产品，明代时大多数周边经济体和南海诸国都不具备铁锅的铸造生产条件，品质最好的广锅自然成为周边经济体争市的对象。求贡市、易锅布是各首领长期争取的目标，终生不懈。明代拥有了广锅，就拥有了边关话语权：臣服于我，广锅可稍市之；犯边抢掠，则停贡闭市。广锅作为羁縻政策的利器，嵌入明代体制中运作，广锅也因此成为明代朝贡和边防体系的重要支撑。

（五）广锅具有双重角色：既是市场商品又是朝廷抚赏品

广锅本身是民营企业的产品，靠质量在市场竞争中立于不败之地。在市场体系里，广锅具有所有商品所具有的属性，价格随运输成本不断提升。万里行程之外，价贵于它锅两倍以上。然而，广锅在北方九边市场的互市依托于官营体制。官营体制具有对九边互市的绝对管理力量（军队）和雄厚的市场运作资金（市本）。明代边镇官府承担着市场维护、招商入市、货源组织等市场管理事务。明代对九边督抚赋予的极大人财事权，成为督抚发挥互市创意的重要源泉。“官买与为市”，因朝贡而开设互市，因互市而需要广锅供应，成为明朝廷和地方官府运作的重要事务。开原、广宁的广锅互市经验，也成为隆庆和议后明朝廷和各边镇积极效仿推行的“成例”，在“中三边”和“西三边”开花结果。广锅依托朝贡体制，走上了民间商人不愿涉足的边远市场，完成了市场销售的最后里程，也成为明代铁锅最有竞争力的品牌。

在辽东和宣大作为抚赏品的广锅，部分超出了市场商品的范畴，不能完全视作市场商品。抚赏品是明代朝贡体系的回赏礼品，承担着服务于明代国

---

① （明）李化龙：《议义州木市疏》，载《明经世文编》卷四二二。

家体制的功能，具有超越商品本身价值的官方优势。宣大总督方逢时曾说："盖国家悯念边庭数百万生灵岁被鱼肉，故捐此数万金听阃外支用，不问出入，为生灵请命尔。"[①]能参与到"为生灵请命"的国家大事中，广锅就被赋予了更多的社会价值。

（六）广锅是和平与文明的物质媒介

广锅的价值首先在于是国家和平的物质媒介。铁锅曾是女真、蒙古部落抢夺的对象，俺答未贡时，"往年抢掠所得铁器，岁以数千计"[②]。"不市则抢"，曾是蒙古、女真对明朝廷限制市锅政策的过激反应。然而，一旦停战开市，以广锅充市并做抚赏，双方就专注于贡事和市事。诗云："夷货即入华货随，译使相通作行赅。华得夷货更生殖，夷得华货即欢忭。"[③]隆庆、万历年间，东北农业生产迅速发展，西北民族间的和平友好也成为主流。史称"东自四海冶，西尽甘州，延袤五千里，无烽火警"[④]。无怪乎方逢时慨叹："既贡且市，则无征战矣。"[⑤]可见广锅充市乃是实现九边息戎的重要原因和物质基础。

广锅的价值还在于社会生活与文化层面。作为明代最好的商品之一，广锅的充分供应，能提升女真族和蒙古族社会文明和家庭生活的水准。有了广锅，使得"胡中衣食居室悉如汉制"；[⑥]有了广锅，遑论煎炒烹炸，就是米粟"和肉煮糜"，都带来了无穷的饮食乐趣和健康生活；有了广锅，还完善了清宫廷烹猪蒸糕的祭天祭祖文化。

所有这些，都推进了边区少数民族的文明进程，为社会稳定和国家和平带来福祉。广锅的出现和销流，总是伴随着和平与互市。因此，广锅是消弭掠夺和战争的有效工具，是和平生活和文明进步的物质媒介。

---

① （明）方逢时：《与户部王尚书论查盘书（二首）》，载《大隐楼集》，第217页。

② （明）方逢时：《上内阁张太岳论虏情书》，载《大隐楼集》，第211页。

③ （明）李贡：《广宁马市观夷人交易》，载《全辽志》卷六《艺文下》，第520页。

④ （明）张居正：《张太岳集》，中国书店2019年版，第377页。

⑤ （明）方逢时：《陈虏情以永大计疏》，载《大隐楼集》，第297页。

⑥ 《万历武功录》卷八，第110页。

第五节　明代广锅的海外贸易

（1368—1640年）

明初洪武、永乐和宣德三朝，广锅作为明王朝馈赠海外诸国的重要礼品，并随郑和下西洋的宝船到达南亚、中亚诸国贸易，奠定了广锅在南海诸国王室及首领群体中的国家品牌地位。明代前期，缺少铁器铸造的南海诸国首领对中国铁器的追求，强化了明代朝贡体系的核心聚合作用。

一、洪武朝始用铁釜赏赉诸国贡使

明王朝定鼎，洪武帝即遣使四出诏谕，诸番贡献毕至，前所未有。当时的东亚诸国，唯中国和朝鲜有成熟的铸铁技术。因此，南海诸国对中国铁器十分青睐。例如，铁锅在日本“虽自有而不大，大者至为难得，每一锅价银一两”[①]。琉球“其国不贵纨绮，惟贵磁器、铁釜。自是赏赉多用诸物”[②]。明廷知道诸国贵铁，赏赉南海诸国王室的礼品就多用铁釜（铁锅），“自是赏赉多用诸物”，就是指此。洪武七年（1374）冬，琉球国中山王察度之弟泰期入贡。明太祖朱元璋“命刑部侍郎李浩赍赐文绮、陶、铁器，且以陶器七万、铁器千，就其国市马”[③]。洪武七年十二月，“刑部侍郎李浩使琉球，以文绮百、绮纱罗各五十，陶器六万九千五百，铁釜九百九十，市马”[④]。明朝廷在弘治年间制定的《给赐番夷通例》，包括了17种给赐品的折还物价，其中就有“铁锅三尺阔面，每口一百五十贯”折还物价的规定。[⑤]

① （明）郑若曾：《筹海图编》卷二下《倭好》。

② 《明史》卷三二三《琉球传》。

③ 《明史》卷三二三《琉球传》。

④ （明）谈迁：《国榷》卷五《洪武七年十二月壬子》，中华书局1988年版。

⑤ 万历《明会典》卷一一三《礼部》七一《给赐》四《给赐番夷通例》。

明初，琉球朝贡的贡道，是由广东至京师。[①]《明会典》规定："占城国、琉球国、爪哇国、暹罗国，筵宴二次；使臣回还至广东，布政司茶饭管待一次。"[②]以此观之，上述明代使节李浩出使琉球所携铁釜，最有可能是地处贡道的广东佛山所出产。

二、"郑和下西洋"对广锅的采办

永乐三年（1405）六月十五日，永乐皇帝派遣郑和等"赍敕往谕西洋诸国"[③]，拉开了人类文明史上一次规模宏大的国家对话和贸易活动的序幕。以后的28年（1405—1433），郑和率领庞大的武装宝船队七下西洋，纵横亚非海域，与30多个国家、地区开展了大规模的双向商品贸易。而在郑和宝船数以千万的贵重商品中，来自广东佛山镇的广锅，充当了国家礼品和贸易商品的双重角色，大部分馈赠给南海诸国王室和中亚贵族；小部分通过物物交换的方式进入当地市场，流入百姓人家。[④]

郑和是内官监太监，即内官监的长官。[⑤]明代宦官组织设十二监、四司、八局，号称"二十四衙门"，掌印者为太监，正四品衔，余次为少监、监丞等。明初洪武、永乐两朝，内官监是内官衙门第一监，内官监太监郑和乃明初内官之首，地位显赫。内官监负责下西洋前采办出国馈赠品和贸易品。下西洋的宝船，最大船载5000料，[⑥]主体船载1500—2000料。第一次下西洋共

① 《明世宗实录》卷一一八《嘉靖九年十月辛酉条》载："给事中王希文言，东广地控夷邦，而暹罗、占城、琉球、爪哇、浡泥五国，贡献道经东莞，我祖宗立法，来有定期，舟有定数，比对符验相同，乃为伴送。附搭货物，官给钞买，载在祖训可考也。"

② 正德《明会典》卷一〇三《礼部》六二《膳羞一·筵宴·管待番夷土官筵宴》。

③ 《明太宗实录》卷四三《永乐三年六月己卯》，台北中研院史语所校勘影印本，1962年。

④ 罗一星：《明代广锅的海外贸易》，载《海洋史研究》第十六辑，中国社会科学文献出版社2021年版。

⑤ 《故马公墓志铭》，袁树五：《昆阳马哈只碑跋·附录》，载《郑和研究资料选编》，人民交通出版社1985年版，第30页。

⑥ 《大明都知监太监洪公寿藏铭》记载洪保于"永乐纪元……充副使，统领军士，乘大福等号五千料巨舶，赍捧诏敕使西洋各番国，抚谕远人"。引自祁海宁：《论洪保寿藏铭的出土与大号宝船研究的几个问题》，载《航海——文明之迹》，第178页。

有海船208艘。七次下西洋，每次船队均为一两百艘。[①]需要大量采办精好华美、可供赏赐的物品，其中就有铁锅一项。明宣德皇帝在郑和第七次下西洋的敕书中提到“照数放支”的物品有“并原下西洋官员买到磁［瓷］器、铁锅人情物件”等。[②]明代由“内官监”掌管内府“合用生铁锅灶、砂铫、罐盘等件”的供应。凡“生铁锅灶”等件，[③]明代旧例：每逢内府需要铁锅时，是由内官监具提工部，由工部复行广东铸造上供。广东上供产品陆续解运工部后，再转送内官监。[④]

广东地处南海之滨，河海相连。明代定籍，百姓乐业。尤以商品性手工业发展迅速，广货盈市。而明初也限定南海诸国贡道必须由广东进出。史称：“永乐改元，遣使四出诏谕，诸番贡献毕至，奇货重宝，前所未有，乃命内臣监镇市舶，设公馆于广州城南水滨。公馆建于郡西仙湖。”[⑤]永乐元年（1403）八月，明朝设浙江、福建、广东市舶提举司，始命内臣齐喜提督广东市舶。[⑥]更为重要的是，郑和下西洋有两次从广东出发，即第二次和第六次是直接从广东扬帆出海。[⑦]明万历三十年《广东通志》记载：永乐五年（1407）九月“命太监郑和使西洋诸国，首从广东往占城国起”。这次出使从广东启航，所经国家有占城、爪哇、暹罗、苏门答腊、南巫里、古里、柯枝、锡兰等。[⑧]既是主要贡路，又有内官驻此，郑和宝船队当把广东作为大量挑选产品的供应基地之一。民国《佛山忠义乡志》是晚清进士冼宝幹编纂，其书对佛山乡情记述之多、考证之细在诸佛山志之上。冼宝幹曾对佛山开镇如此论述：“明永乐间，遣三保太监下西洋，岛夷多受封爵，番舶始及，诸货宝南北互输，以佛山为枢纽，商务益盛。范蠡以陶居天下之中，改姓朱

---

① 参阅郑鹤声、郑一均：《略论郑和下西洋的船》，载《郑和下西洋研究文选（1905—2005）》，海洋出版社2005年版，第631—642页。

② （明）巩珍：《西洋番国志》卷首《敕书》。

③ （明）何士晋：《工部厂库须知》卷九，人民出版社2013年版，202—293页。

④ 《工部厂库须知》卷九，202—293页。

⑤ 《古今图书集成·方舆汇编·边裔典》第八十九卷《南方诸国总部》。

⑥ 《国榷》卷一三《永乐元年八月丁巳》。

⑦ 李庆新：《再议郑和下西洋：以两次从广东启航为中心》，载《广东社会科学》2003年第2期。

⑧ 万历《广东通志》卷四《藩省志》。

氏，三致千金，世号陶朱公。以佛地方之，殆无以异。”[①]显然，冼宝榦把佛山兴盛的原因直接与郑和下西洋相联系。

佛山在宣德年间出现了闻名全国的大锅商冼灏通，又有“佛山商务以锅业为最”[②]的记载。而明代佛山的“炒铸七行”有“自古亘规，各依货卖答应，毫无紊乱”[③]。这里说的“自古亘规”，当指明初，尤其是永乐年间郑和下西洋时期形成的答应上供制度。郑和下西洋的赏赐物品极求精好华美，对这类赏赐用品，《明会典》规定：“该衙门成造，务要精好。如有不堪，听礼部具实参奏重治。”[④]各衙门不惜工本，力求精致，以“足称御用”。明代，佛山承接了三代以来的铸造技术，创造了独特的“红模铸造法”。用这种工艺制造的薄型铸件，金相组织十分细结均匀，表面光洁度极高，而成品率常达百分之百。[⑤]轻薄坚韧、加热快速，使佛山生产的铁锅独具一格，品相极佳。“鬻于江楚间，人能辨之。”[⑥]有明一代，内官监需要的御锅、兵部需要的军锅和工部需要的官锅，均长期在佛山采办。[⑦]所有这些，均符合郑和下西洋对赏赐品的高规格要求。

郑和下西洋之后，南海诸国王室到广东求购广锅前后相续。据《明实录》记载：宣德四年（1429）五月，爪哇国使臣亚烈麻抹等来朝，明廷赏赐爪哇国王及妃彩币表里、纻丝袭衣等物，使臣将还国，请求礼部“欲以所赍之物于广东易铁”[⑧]。明初，严禁麻铁与废铁出洋，爪哇国也无铸造技术，因此“于广东易铁”，应理解为换易铁器（包括铁锅、铁线、铁钉和铁钟），当指爪哇国使臣亚烈麻抹等以朝廷赏赐物品于广东佛山交换铁锅。虽然此次明宣宗未能准许于广东易铁，但爪哇国历任使节并未放弃请求。景泰三年（1452）五月，爪哇国王巴剌武派遣陪臣亚烈麦尚耿率使团来朝贡，景泰帝

① 《民国佛山忠义乡志》卷十四《人物志八》。

② 《鹤园冼氏家谱》卷六之二《六世月松公传》。

③ 《广州府南海县饬禁横敛以便公务事碑》（崇祯八年），载《明清佛山碑刻文献经济资料》，第13—14页。

④ 万历《明会典》卷一一三《礼部》七一《给赐》四《给赐番夷通例》。

⑤ 《天工开物和佛山铸造技术的发展》，载《中山大学学报（自然科学版）》1975年第1期。

⑥ 《广东新语》卷十五《货语·铁语》，第409页。

⑦ （明）何士晋：《工部厂库须知》卷九；《兵录》卷一、卷二。

⑧ 《明宣宗实录》卷五四《宣德四年五月壬戌》。

赐宴款待，并赐爪哇国王及妃彩币表里、纻丝袭衣等物，又赐使臣等人冠帽、钑花、金银带有差。然使臣亚烈麦尚耿仍上奏言："乞以赐物于广东地方贸易油、麻钉、铁锅、碗、磁器之类。"景泰皇帝"俱从之"。[①]从上述爪哇使臣和首领多次请求明皇帝把朝廷厚赐的彩币、纻丝到广东交换铁钉、铁锅等物，可见爪哇国对广锅情有独钟。与明朝廷交换锅釜等铁器的南海诸国还有：渤泥、苏禄、吉里地闷、沙瑶、呐哔啴、麻逸、三岛、榜葛剌、天方等国。[②]因为郑和下西洋的馈赠和推广，广锅在南海诸国王室中享有很高声誉。

三、澳门口岸时期的广锅贸易

从明嘉靖八年（1529）到清康熙二十四年（1685）开海，是澳门口岸贸易的繁荣时代。佛郎机人、中国海商（郑芝龙等）、广州藩商（沈上达等）轮番参与了澳门与东西洋的贸易。而佛山铁锅在贸易商品中始终占有一席之地。

嘉靖八年（1529）十月，提督两广侍郎林富上疏言开放澳门贸易事，得到明廷准许，广东仍通番舶，漳州私市禁之。[③]澳门贸易由始发展，吸引了南海诸国相继前来澳门贸易。如满剌加"其自贩于中国者，则直达广东香山澳，接迹不绝云"[④]。百花国亦"附舶香山、濠镜澳贸易"[⑤]。贸易商品中以铁锅利润最厚，当时吕宋为争夺铁器之利曾大规模屠杀华人。并派人"入香山澳侦之"。[⑥]澳门作为中西贸易的自由港市[⑦]，成为明末清初刺激广东走私发展的重要基地。据明人周玄暐《泾林续记》记载："广属香山，为海

① 《明英宗实录》卷二一六《景泰三年五月癸巳》《景泰三年五月丁未》。

② 参阅郑鹤声、郑一均：《郑和下西洋资料汇编（增编本）》上、中，海洋出版社2005年版。

③ 《国榷》卷五四《嘉靖八年十月己巳》。

④ 《明史》卷三二五《满剌加传》。

⑤ （明）茅瑞征：《皇明象胥录》四《百花》，明崇祯刻本，北平图书馆善本丛书第一集。

⑥ 《国榷》卷七九《万历三十一年十月甲子》。

⑦ 参阅余思伟：《论澳门国际贸易港的兴起、早期发展及明王朝的管辖》，载《明清广东社会经济研究》，广东人民出版社1987年版。

舶出入襟喉。每一舶至，常持万金，并海外珍异诸物，多有至数万者。先报本县，申达藩司，令（市）舶提举同县官盘验，各有长例。而额外隐漏，所得不资。其报官纳税者，不过十之一二而已。”[①]郑芝龙早年在澳门学会经商，后侨居日本长崎平户，购置商舶，往来台湾、厦门和澳门，兴贩暹罗、交趾和三佛齐。崇祯六年至十一年（1633—1638），郑芝龙及其部属船队每年运往台湾的货物多达200—300艘，主要商品为生丝、绸缎、沙糖和铁锅等产品。[②]其中，当有不少从澳门装载的广锅。崇祯初年，佛山冶铁三大家族之首的细巷李氏的李崇问（户部尚书李待问堂弟）就发起组织佛山的“广韶会馆”，专门从事广锅出口批发，被广东官府认为是“窝顿接济之薮”而查办。[③]

---

① 《泾林续记》，载《功顺堂丛书》，光绪吴县潘氏刻本，第50页。

② 郑广南、郑万青：《17世纪福建郑氏海商崛起及其“海上商业王国”》，载《航海——文明之迹》，第254—256页。

③ 《盟水斋存牍》（二刻）卷二《激变李扩衷二杖》。

第五章

明中叶后佛山社会的变迁

明初年至明中叶，广锅等商品经济深度卷入王朝体制，随着佛山堡、顺德县、九江堡、龙江堡的迅速崛起，佛山人对明代国家正统的观念认同日益广泛。尤其是正德、嘉靖年间，佛山子弟凭优异的科举成绩进入明王朝政治核心后，以其团体的政治优势、文化水平和理学造诣，推动着佛山地区从文化教育、宗族组织、社会人文和地方声望等诸方面都发生了根本变化，使佛山由宋以前的“蛮荒之地”一跃成为“气标两广的人文之邦”。

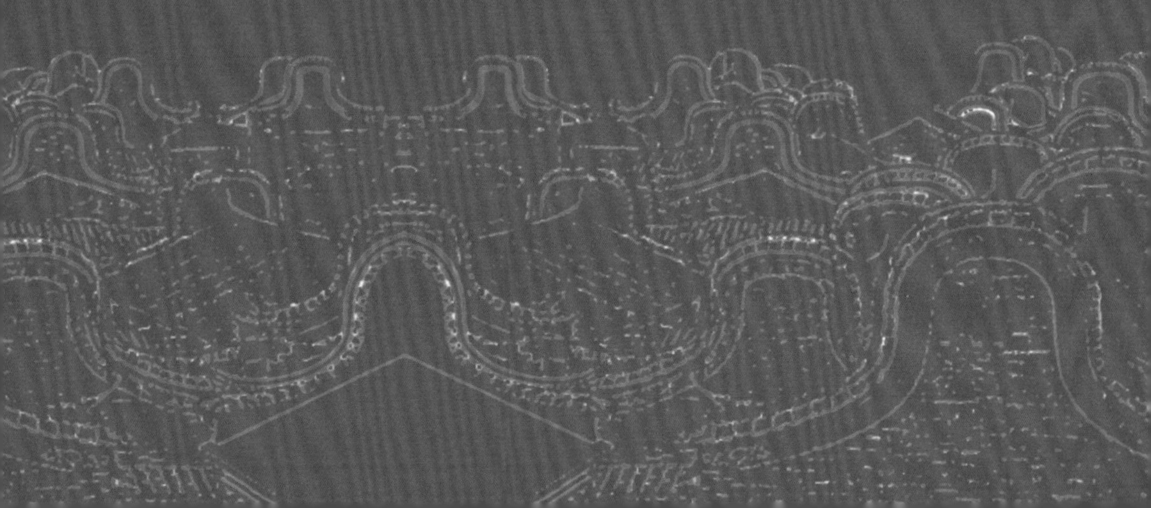

第一节　明代佛山教育组织与科举成就

明代是佛山教育事业起步、科举人才辈出的时期。这个时期的文教系统的迅速发展，为其后佛山社会的文教人才和社会管理人才作了重要积淀。教育组织是指教育制度与教育团体的结合总体。它又是为达到传授知识、培育人才的目的而设立的区分等级、按部就班的教育体制。明代先后立县的顺德县、高明县和三水县，在县治所在地都开办了县学。明代佛山镇不是县治所在，因此没有县学之设。明代佛山的教育组织是家塾、社学和书院，以家塾和社学为主，作为启蒙向导，它们是衔接着县学、府学的教育机构，为明代科举制度输送了大量人才。

一、家塾、社学与书院

家塾是血缘性教育组织，由家族组织创办。明代，佛山镇家塾十分普遍，是当时民间的主要教育机构。家塾多设在祠堂中，塾师多由家族长辈中的文化人担任，也有聘请外姓人任教者。家族子弟均可在家塾中接受教育，一般外姓人不能进入家塾就读。明代的八图土著各姓氏均有自己的家塾。宗族子弟在此接受童子的启蒙教育。有些家塾很有名气，如金鱼堂陈氏就是以家塾“金鱼堂”之名而为其宗族地望[①]。

社学是地缘性的教育组织，由官府创办。明洪武七年（1374）诏天下立社学。民间15岁以下的幼童，遣入社学读书。社师“俱由郡守选经明行修者充之，其教先德行而后文艺”[②]。佛山最早的社学是洪武八年（1375）建立的崇正社学[③]，在佛山堡祖庙建筑群之内。崇正社学规模大，学生多，是佛山堡的教育中心点。黄佐嘉靖《广东通志》记载佛山堡有“择善、主善、明善、

① 《南海金鱼堂陈氏族谱》卷八上《列传一·陈君德》。

② （明）冼桂奇：《四社学记》，载乾隆《佛山忠义乡志》卷十《艺文志》。

③ 民国《佛山忠义乡志》卷五《教育志二》。

养善”四社学[1]。而进士冼桂奇在嘉靖二十年（1541）所写的《四社学记》中称佛山堡四社学为“崇正、厚俗、蒙养和敦本”。后来，佛山堡社学续有发展，崇祯《南海县志》记载当时佛山堡有敦本、立善、崇正、厚俗、忠义和报恩等社学[2]。冼桂奇就曾在社学就读，据其《四社学记》说：“吾乡故有社学四焉。盖督学庄渠魏公所毁淫祠改建者也。……余时尚少，列诸生，歌诗习礼。今犹能记忆其盛。”[3]在佛山堡附近的弼唐乡（今佛山市禅城区张槎街道办事处弼唐村）的永新社学，始建于明正德十六年（1521）。该处所原为寺庙，广东提学副使魏校推行“毁淫祠，建社学”时改为社学。永新社学不久为“豪强所拆”。弼唐先生庞嵩［明嘉靖十三年（1534）举人］“不欲人心失古”，遂倡议同乡父老复建了永兴社学。[4]弼唐庞氏八世祖庞嵩曾就读于此。后建筑为强盗所毁，嘉靖十三年庞嵩中举入泮，重建永新社学。

社学规模大，学生多，是地方教育的中心点。有实力的大家族也乐于参与建立。例如嘉靖四年（1525）十月，霍韬在家乡建立石头书院（社学）。石头书院建在霍氏大宗祠之左。前堂教乡族童子，后堂教18岁以上的乡族子弟[5]。霍韬亲自确定了社学的教育取向，除学文化外，很重要一点是“习农事”，以使子弟勤勉做人。霍韬认为：“家之兴，由子侄多贤，家之败，由子侄多不肖。子侄贤、不肖，莫大于勤惰奢俭。”[6]霍韬规定：“凡社学师，须考社学生务农力本，居家孝弟，以纪行实。乡间骄贵子弟，耻力田，勿强。本家子侄兄弟，入社学，耻力田，耻本分生理，初犯责二十，再犯责三十，三犯斥出，不许入社学，及陪祠堂祀事。”[7]后来，霍韬在京师听说“乡官之家骄侈益甚，衣服饮食逾礼制”，遂进一步把“习农”扩大为所有社学生的入学基本要求。其家书称：“传与乡间父老知之，社学生如不习农事，不许入社学，以坏风化。家中子侄不肯力农，不许入祠堂，以警顽惰，

① 嘉靖《广东通志》卷三七《礼乐志二·社学·南海县》。

② （明）朱光熙修，（明）庞景忠等纂：崇祯《南海县志》卷七《礼乐志·社学》，清抄本。

③ 《四社学记》，载乾隆《佛山忠义乡志》卷十《艺文志》。

④ 康熙三十九年《重建永新社学碑》。

⑤ 《霍文敏公全集》，载《石头录》卷二。

⑥ 《霍渭厓家训》卷一《子侄第十一》。

⑦ 《霍渭厓家训》卷一《附录·汇训上·第十三》。

此法却要着实遵守，社学时时申明，不许沮格。”[1]以后又将上述意见订出社学告示贴于社学[2]。社学设有“掌事者”，管理学田，“每年两季收租”，由“乡老出纳”支给“教师廪饩”。此外，社学还有赈济乡中贫民的义务，其《社学事例》就有“支乡民贫者谷，酌量支给，明白立数”条。

书院作为教育组织，可以追溯到唐明皇建丽正书院置文学之士之举。宋代书院续有发展，有白鹿、石鼓、应天、岳麓四大书院。顺德立县后，为政者大兴文教之风。明弘治二年至九年（1489—1496），顺德知县吴廷举创建凤山书院。凤山书院位于大良凤山山麓，依山面水，环境极佳。书院教习四书五经、诗词歌赋，凤山书院为顺德县士子开设了科举应试的正规场所，输送了一批批赴省乡试和赴京会试的本土人才。

图5-1-1　凤山书院（顺德区博物馆提供）

明嘉靖初年南海士大夫纷纷在西樵山各处建书院讲学，湛若水创建了大科书院和云谷书院，方献夫创建了石泉书院，霍韬创建了四峰书院，时称“西樵四大书院”（详见本书第五章第一节四）。佛山镇内最早的书院是李待问在崇祯十五年（1642）创建的文昌书院，设在明心铺，中祀梓潼帝神，

① 《霍文敏公全集》卷七下《家书》。

② 《霍渭厓家训》之《附录·社学规矩》。

“一以培风气之不足，一以作士类之维新”①，文昌书院是明代佛山镇内唯一的书院。

二、“五里四会元”与状元伦文叙

有明一代，佛山人才辈出，科甲鼎盛。在佛山及其周边的一隅之地，连连涌现出状元、会元和名宦大吏。明末新会人卢子骏说：“吾粤之科第仕宦，所为美谈者，则伦文叙、以琼、以训、以诜，所谓‘父子四元’也；梁储、霍韬、伦文叙、伦以训，所谓‘五里四会元’也；戴缙、霍韬、潘浚、陈绍儒、方献夫、李待问、何维柏、陈子壮，所谓‘七里八尚书’也。”②此外，在佛山镇内，还有进入广东先贤祠的正德年间兵部主事梁焯和嘉靖年间的刑部主事冼桂奇；在佛山附近的弼塘乡和叠窖乡，嘉靖年间又出了理学大家庞嵩和名宦庞尚鹏（明推行一条鞭法的主要人物）。③史称：佛山镇“在昔有明之盛，甲第笼踔，一时士大夫之籍斯土者列邸而居，甍连数里。昔人所谓南海盛衣冠之气者，不信然欤”④。

“五里四会元”是指：成化十四年（1478）世居南海石硝的梁储登会元；弘治十二年（1499）世居南海黎涌的伦文叙登会元、中状元；正德九年（1514）世居南海石头的霍韬登会元；正德十二年（1517）

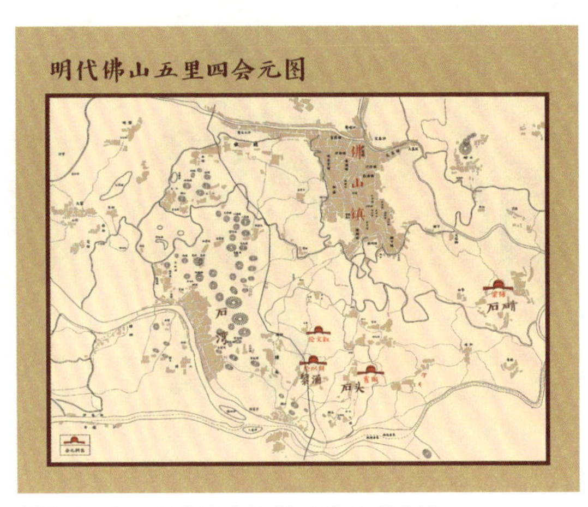

图5-1-2　五里四会元图（张波绘制）

① 《文昌书院记》，载乾隆《佛山忠义乡志》卷十《艺文志》。

② 《潮连乡志》卷七《杂录略·科第仕宦》。

③ 乾隆《佛山忠义乡志》卷四《选举志》；又据道光十年禅山怡文堂刻《佛山街略》（原书藏大英图书馆）记载：“镇东五里为石头霍公尚书故居；再二里为状元伦文叙、会元伦以训父子故居；（胜门汛）外三里弼塘理学庞公故居；（平政）桥外五里是少师梁阁老故居。”

④ （清）宋玮：《修复旗带水记》（雍正三年），载乾隆《佛山忠义乡志》卷十《艺文志》。

世居南海黎涌的伦以训登会元。因为石硝、黎涌、石头三村相距不出五里，而在十八年内出了四个会元，以地望论之，这是明代佛山地区乃至岭南地区皆引以为豪的科举盛事。

而以家庭论之，世居黎涌的伦氏最为突出，父子四人先后中式。弘治十二年（1499），世居黎涌的伦文叙登中式会元，殿试第一登状元，官授翰林院修撰、侍讲。其次子伦以训正德十二年（1517）登会元，殿试第二登榜眼，官授南京国子监祭酒；长子伦以谅正德十四年（1519）中广东解元，正德十五年（1520）登进士；季子伦以诜嘉靖十七年（1538）登进士。因此，伦文叙及其子有"父子四元双进士"之誉。海内科名之盛无出其右，正德皇帝称其为"文章四海无双士，翰苑中原第一家"。原在黎涌南伦世祠有"中原第一家"的石匾，现存佛山市规划城建档案馆。

图5-1-3　伦文叙画像（佛山市博物馆提供）

图5-1-4　伦文叙长子伦以谅画像（佛山市博物馆提供）

图5-1-5　伦文叙二子伦以训画像（佛山市博物馆提供）

图5-1-6　伦文叙三子伦以诜画像（佛山市博物馆提供）

图5-1-7　"中原第一家"石额（佛山市规划城建档案馆藏）

伦文叙考取状元的故事，被历代文人编成各种版本和艺术形式，在珠江三角洲民间流传，激励着明清两代佛山士子纷纷走上考取科举功名、成为国家栋梁之才的道路。

三、南海士大夫集团的兴起

（一）何谓“南海士大夫集团”

“南海士大夫集团”是指明中叶崛起的南海籍官僚群体。他们以科举出仕，以宦绩成名，继而相连成势，互抱为团。在京城里，他们曾主持或参与制定国典国策；在任职地，他们曾施行重大经济改革措施（如一条鞭法）；而在家乡，他们大多亲手整合宗族组织，制定宗族制度，成为明中叶后广东宗族发展的重要推动力量。

明代弘治、正德和嘉靖年间，随着珠江三角洲经济的发展和社会的稳定，在佛山及其周围的南海境内，接连涌现出科举鼎甲人物和权倾朝野的名宦大吏。成化十四年（1478），世居石硝的梁储[①]会试第一，登会元，官至内阁首辅，太子太师，文渊阁、华盖殿大学士。[②]弘治十二年（1499）世居黎涌的伦文叙状元及第，官至翰林院修撰、经筵讲官、翰林侍讲。弘治十八年（1505），世居丹灶的方献夫成进士，官至吏部左侍郎、礼部尚书、太子太保。[③]正德九年（1514），世居石头的霍韬登会元，官至太子少保、礼部尚书协掌詹事府事。[④]正德九年（1514），世居佛山冈头的梁焯成进士，官至兵部职方司员外郎。[⑤]正德十二年（1517），世居黎涌的伦以训（状元伦文叙次子）登会元，官至编修、经筵讲官、南京国子监祭酒。正德十五年（1520），世居黎涌的伦以谅（状元伦文叙长子）成进士，官至山西道御史。其弟伦以诜（状元伦文叙季子）亦成进士，官至礼部主事、南京兵部郎

---

① 梁储家乡石硝原属南海县，离佛山仅五里。景泰三年（1452）平黄萧养之乱后始析为顺德县。梁储与南海籍士大夫关系紧密，是他们仕途上的座主。

② 《明史》卷一九〇《列传第七十八》。

③ 《明史》卷一九六《列传第八十四》。

④ 《明史》卷一九七《列传第八十五》。

⑤ 郡马《梁氏族谱》，手抄本，不分卷。

中。嘉靖十三年（1534），世居弼唐的庞嵩成举人，官至应天通判、南京刑部郎中。[①]嘉靖十四年（1535），世居佛山鹤园的冼桂奇登进士，官至南京刑部主事。[②]嘉靖十四年（1535），世居丹灶的何维柏登进士，官授御史，吏部左、右侍郎，南京礼部尚书。[③]嘉靖三十二年（1553），世居叠滘的庞尚鹏登进士，官至浙江巡按、福建巡抚、左副都御史。[④]这批官僚，就是"南海士大夫集团"的主要成员。

兹将他们的出身、官秩及活动情况列表如下：

表5-1-1　明代南海士大夫活动表[⑤]

姓名	地望	科举	活动年份	历任官职	品级	资料来源
梁储	石硝	会元	成化十四年至正德十年（1478—1515）	吏部尚书、太子太师、华盖殿大学士	正一	《明史》卷一九〇
伦文叙	黎涌	状元	弘治十二年至正德八年（1499—1513）	翰林院修撰、经筵讲官、翰林侍讲	正六	光绪《广州府志》卷一一五
伦以谅	黎涌	进士	正德十五年（1520）至嘉靖年间	庶吉士、山西道御史、吏部主事	正六	同上
伦以训	黎涌	会元	正德十二年至嘉靖十五年（1517—1536）	编修、经筵讲官、南京国子监祭酒	从四	同上
伦以诜	黎涌	进士	正德至嘉靖年间	礼部主事、南京兵部郎中	正五	同上
方献夫	丹灶	进士	弘治十八年至嘉靖二十四年（1505—1545）	吏部左侍郎、礼部尚书、太子太保	正一	《明史》卷一九六

① 《明史》卷二八一《列传第一百六十九》。

② 《鹤园冼氏家谱》卷四之一《宗庙谱》。

③ 《明史》卷二一〇《列传第九十八》。

④ 《明史》卷二二七《列传第一百一十五》。

⑤ 品级，参阅陈茂同：《历代职官沿革史》之《明代中央官制简表》，华东师范大学出版社1988年版，第487页。

（续上表）

霍韬	石头	会元	正德九年至嘉靖十九年（1514—1540）	吏部左侍郎、礼部尚书、太子少保	从一	《明史》卷一九七
梁焯	佛山冈头	进士	正德九年至嘉靖七年（1514—1528）	兵部职方司员外郎	从五	郡马《梁氏族谱》
冼桂奇	佛山鹤园	进士	嘉靖十四年至嘉靖三十三年（1535—1554）	南京刑部主事		《岭南冼氏宗谱》
庞嵩	弼唐	举人	嘉靖十三年（1534）至嘉靖末年	应天通判、南京刑部郎中		《明史》卷二八一
何维柏	丹灶	进士	嘉靖十四年（1535）至万历初年	吏部左、右侍郎，南京礼部尚书	正二	《明史》卷二一〇
庞尚鹏	叠滘	进士	嘉靖三十二年（1553）至万历年间	浙江巡抚、福建巡抚、左副都御史	正三	《明史》卷二二七

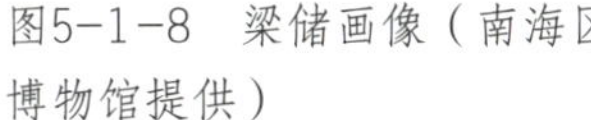
图5-1-8　梁储画像（南海区博物馆提供）

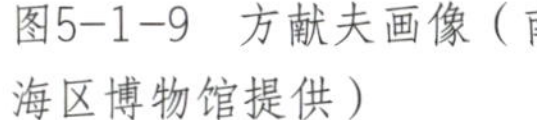
图5-1-9　方献夫画像（南海区博物馆提供）

图5-1-10　霍韬画像（石头霍氏大宗祠藏）

从上表反映出南海士大夫都是在北京或南京任职的京官，品秩极高，如梁储、霍韬、方献夫为一品，所谓“秩隆宗伯，保相东宫”就是指此[①]。与当时任职广东的各级官吏比较，他们无疑是位尊秩隆的。其次，他们中的多

① 霍际斯：《重修霍氏族谱序》，载《石头霍氏族谱》卷一《原序》。

人曾任吏部尚书，如梁储任吏部尚书时，曾任正德朝内阁首辅，正德皇帝驾崩，梁储专门到湖北安陆接朱厚熜进京继位帝位。又如霍韬任吏部左侍郎时，嘉靖皇帝“久不置尚书，以韬掌部事”[①]，当时入广官吏均由他们亲自点拨或参与考成提拔。因此，广东地方官吏因感恩戴德而效忠他们的不乏其人。从上表还反映出，南海士大夫主要活动年代集中在嘉靖年间，而嘉靖年间正是佛山各宗族纷纷创制立规、走上宗族整合的年代。两者在时间上的吻合，使我们有理由认为南海士大夫是推动广东宗族组织发展的重要力量。

（二）南海士大夫集团的群体力量

与单独的仕宦不同，南海士大夫集团有很强的群体力量。其群体力量主要来源于三个方面：

首先，是政治上得到皇帝的宠幸。1521年，正德皇帝死。因武宗无子，遂由兴献王之子朱厚熜继位，次年改元“嘉靖”。嘉靖皇帝由藩王而入承皇位，立即碰到如何崇祀其父兴献王的问题。当时以杨廷和、毛澄为首的公卿百官认为应“以孝宗为考”，以“兴献王及妃为皇叔父母”。[②]对这种“移易”父母的办法，嘉靖帝当即表示不满，要求另议。此时观政进士张璁上《大礼疏》，提出符合嘉靖帝想法的主张：“今日之礼，宜别为兴献王立庙京师，使得隆尊亲之孝，且使母以子贵，尊与父同。”[③]嘉靖如获至宝，立即下令“尊父为兴献皇帝，母兴献皇后，祖母为康寿皇太后”，可是，杨廷和等拒不从命。[④]由此引发了严重影响明代政局的“大礼议”。

南海士大夫在这场“大礼议”之争中，始终支持嘉靖皇帝，并取得嘉靖皇帝的信任。

嘉靖元年（1522），方献夫进《大礼》二论；霍韬也“私为大礼议”与礼部尚书毛澄论驳，前后三次，“极辩是非”。见毛澄不为所动，霍韬遂于嘉靖元年十月上疏，嘉靖皇帝“得疏喜甚”。但这引起朝中诸臣的不满，“攻者四起”。方献夫和霍韬受挫于朝中诸臣，郁郁不得志，不久便谢病归

① 《明史》卷一九七《列传第八十五》。

② （清）谷应泰撰：《明史纪事本末》卷五十。

③ 《明史纪事本末》卷五十。

④ 《明史纪事本末》卷五十。

乡，隐居于西樵山读书讲学。[①]

嘉靖六年（1527），嘉靖帝修《明伦大典》，同召方献夫和霍韬至京师。此后，随着明世宗尊崇生父典礼的逐步付诸实现，两人也步步高升，恩宠有加。嘉靖五年（1526），在太庙之左建成世庙，崇祀明世宗生父。嘉靖十五年（1536），改称"献皇帝庙"。嘉靖十七年（1538）九月，尊世宗生父为睿宗，附于大庙。[②]与此同步，嘉靖六年九月，方献夫起为礼部右侍郎，不久升礼部尚书。《明伦大典》成，加太子太保。[③]霍韬则于嘉靖七年四月进礼部右侍郎，同年六月《大礼》成，起为礼部尚书，掌詹事府事。霍韬为证明自己并非沽名钓誉之辈，固辞不拜。[④]嘉靖十二年（1533），霍韬为吏部左、右侍郎。不久，为南京礼部尚书。嘉靖十八年（1539），升为太子少保、礼部尚书协掌詹事府事。霍韬"风度端凝"，以古风自处。嘉靖帝对他有所忌惮，每起居有失，即问宦官：霍韬知否？"其见重如此"[⑤]。可知，霍韬当时已位居势要。

"大礼议"作为一个契机，南海士大夫参与了国典大礼的制订，取得了嘉靖皇帝的信任。他们"荷帝眷"，宠遇优渥，跻身于当朝显贵之列。而且他们均曾任吏部要职，选士点官，控握仕宦要途，入广的官吏无不由他们提拔。凭借这种突出的政治地位，南海士大夫在地方上有极大的影响力。例如，方献夫居家时，"引体自尊，监司谒见，辄称疾不报。家人姻党横于郡中，乡人屡讦告，佥事龚大稔听之"。后来广东佥事龚大稔因事落职，怀疑方献夫所为。他遂上疏列陈方献夫和霍韬居乡不法事。"献夫疏辩"，龚大稔"反被逮削籍"[⑥]。再如，正德时内阁首辅梁储，其子梁次摅为锦衣百户，"居家与富人杨端争民田，端杀田主，次摅遂灭端家二百余人。事发，武宗以储故，仅发边卫立功。后还职，累冒功至广东都指挥佥事"[⑦]。皇帝的偏袒庇护，成为南海士大夫集团的首要权力来源。

---

① 《明史》卷一九七《列传第八十五》。

② 《明史纪事本末》卷五十。

③ 《明史》卷一九六《方献夫传》。

④ 《明史》卷一九七《霍韬传》。

⑤ 道光《南海县志》卷三十六《列传五》。

⑥ 《明史》卷一九六《方献夫传》，卷一九七《霍韬传》。

⑦ 《明史》卷一九〇《列传第七十八》。

其次，是经济上享有优免特权。明代法律明确规定了官绅的免役特权。洪武年间规定，现任官员之家，“悉免其徭役”；致仕官员，“复其家，终身无所与”；生员，本身免役，户内优免二丁。明中叶后发展为“论品免田”。正德年间规定，京官三品以上免田四顷，五品以上三顷，七品以上二顷，九品以上一顷，外官递减。嘉靖二十四年（1545）又定《优免则例》，京官一品优免役粮三十石、人丁三十丁，以下递减。至九品优免役粮六石、人丁六丁；外官减半；举、监、生员优免粮二石、丁二人；致仕优免本品的十分之七。[①]按照以上规定，当时免粮三十石即可免田一千亩[②]。南海士大夫任官品级都很高，从表5-1-1可见，梁储、方献夫为正一品。霍韬为从一品，他们三位均可免田一千亩。何维柏为正二品，可免田八百亩。庞尚鹏为正三品，可免田六百亩。这里的优免田粮，实际上在法律意义上是指“免役”。明代役法，“以民为役，以田制役”。役的编佥来自两个方面：一是田产，二是人丁。对于品官来说，他们本身及其家人部分或全部的田产人丁俱免，这意味着，人是有特权之人，田是有特权之田。这种特权，主要体现在家乡，而不是在京城。我们知道，霍韬一登会元后，乡人即有到藩司请脱“解户”者，藩司曰：“尔取霍会元帖子来，与尔解户。”[③]这说明地方官府对新科会元之家享有的优免特权是立即承办的。品官得到优免之户称为“官户”，亦称“通籍”。霍韬说：“士既通籍，朝廷治之，尊无二上也。”[④]一个宗族若有一个家庭被“通籍”，举族皆称右族，子弟亦可享有受教育的特权，这在明代的族谱屡有记载。如霍韬的四子霍与玦十七岁随任赴京，嘉靖十九年（1540）以官籍入顺天府庠，应北京乡试[⑤]。由此可见，南海士大夫各自所在宗族在嘉靖年间的纷纷通籍，为南海士大夫集团建立了强大的经济后盾。

（三）南海士大夫集团的内部关系

南海士大夫集团的形成具有三个条件：一是出身相同，同为科举出身的名官；二是籍贯相同，同为南海县人士；三是时代相同，同时生活在正德、

---

① 张显清：《明代官绅优免和庶民“中户”的徭役负担》，载《历史研究》1986年第2期。

② 彭雨新：《明清赋役改革与官绅地主阶层的逆流》，载《中国经济史研究》1989年第1期。

③ 《霍文敏公全集》，载《石头录》卷一。

④ 《广东新语》卷九《事语·文敏父子》。

⑤ 《石头霍氏族谱》卷一《七世三房》。

嘉靖年间。这三个条件的同时具备，使得南海士大夫集团不仅仅是一般的士大夫时相往来、诗文唱和的文化团体，更是荣辱与共的特殊利益集团。他们之间有着十分紧密的关系。

首先，他们之间往往通过儿女婚配互相联系在一起。仅以霍韬为例，他与方献夫、伦以琼、湛若水、冼桂奇结为儿女亲家。而霍韬次子霍与瑕的丈人梁琦（曾当里役），又与伦文叙等结为亲家。霍与瑕说："封御史时庵者，公丈人也；御史铁峰，公舅也；伦状元迂冈（文叙），解元右溪（以谅），会元白山（以训），公亲家也；亚魁陈柒，公婿也。"[①]若再推而广之，霍韬之侄霍若裕娶湛若水侄孙女；其族十一世孙霍廷祚继娶了庞尚鹏的孙女[②]。

社会整合主要是通过一个系统中各个部分的价值交流来实现的。南海士大夫集团内各血缘群体之间的婚配正常性交换，促进了南海士大夫集团的整合。通过联姻，南海士大夫之间建立了盘根错节的"姻党"关系。他们利益相连，关系亲密。从此，士大夫们在地方上的活动再不是仅仅代表个人利益，而是代表了他与之联姻的各个家族的利益，代表了整个集团。

其次，他们之间往往互祭祖先之墓。梁焯与霍韬为正德甲戌同进士出身，又共好研讨理学。正德十年（1515），梁焯父死，霍韬撰墓志（时霍韬登会元后，归家完婚，未授官，自称龙岩道人霍渭先），湛若水撰《祭松溪公文》，参与致奠的还有梁储等人，梁储自称"柱国少傅大学士族侄储"。可见梁储认冈头梁氏为同宗。嘉靖四年（1525），霍韬、伦以谅等10名京官和1个举人一行人共祭梁焯的3个祖先，撰有《祭三公墓文》[③]。霍韬父母的墓，在正德、嘉靖年间，是两广士大夫致奠的热点。据不完全统计，从正德十二年至嘉靖十年（1517—1531），先后有84人次到西樵山致奠，上有南京户部尚书陈金，下有广东都司都指挥佥事陆桓等。而南海士大夫亦不甘人后，嘉靖十年（1531），伦以谅就"谨祭于诰封太淑人霍母梁氏之灵"，并撰有祭文[④]。冼桂奇父亲于嘉靖五年（1526）死，冼桂奇于嘉靖十四年

① 《霍勉斋集》卷二十二《碑铭·寿官石屏梁公偕配安人何氏墓碑铭》。

② 《石头霍氏族谱》卷一《八世三房》。

③ 郡马《梁氏族谱》，手抄本，不分卷。

④ 嘉靖十年《致奠西庄霍先生诰封太淑人霍母梁氏》碑拓片，存佛山市博物馆。

（1535）成进士后，重修父墓，湛若水为之撰《履斋公墓表》，广东巡按洪垣为之撰《履斋公墓志铭》。除了祭奠祖先之外，南海士大夫之间的祭奠更加虔诚，也更加频繁。如霍韬在嘉靖十一年（1532）准备入朝前，用了几天时间祭奠已故好友。“十一月四日祭殿元伦迂冈（伦文叙）祠，五日祭少师梁厚斋（梁储）祠”，“十一月七日祭梁日孚（梁焯）墓”，然后才北上就官。[①]又如冼桂奇于嘉靖三十三年（1554）死时，庞尚鹏为之撰《少汾公墓表》[②]。霍韬之子霍与瑕为之撰《祭冼少汾主政文》[③]。通过互相祭奠庐墓，南海士大夫之间建立起一种特殊的感情。这就是各士大夫及其家庭的生死同存、荣辱与共的群体感情，这使得他们之间的互相依托更加紧密。

四、南海士大夫与西樵理学

明代，广东地区最有影响的思想家是陈献章和湛若水。陈献章，字公甫，世居新会白沙乡，遂以白沙为号。正统十二年（1447）举人。曾游太学，作诗一篇，世人“以为真儒复出，由是名震京师”。官授翰林院检讨，然其志不在官，归乡讲学。其学以静为主，“于静中养出端倪”。他说：“静坐久之，然后见吾心之体隐然呈露，日用应酬随吾所欲，如马之卸勒也。”其学洒然而独得，论者以为“活孟子”。[④]

湛若水是陈献章的高徒，号甘泉。自弘治五年（1492）举于乡后，师从陈献章十余年，“不乐仕进”。后从母命入南京国子监，弘治十八年（1505）会试登第二，授翰林院编修。当时王守仁在吏部讲学，湛若水“与相应和”。其后，各立宗旨，“守仁以致良知为宗，若水以随处体验天理为宗”。一时学

图5-1-11　湛若水画像

① 《霍文敏公全集》，载《石头录》卷五。

② 《岭南冼氏宗谱》卷三之二十《分房谱·练园房》。

③ 《岭南冼氏宗谱》卷六之三《显扬谱·祭文》。

④ 《明史》卷二八三《列传第一百七十一》。

者遂分“王”“湛”两学[①]。不久丁母忧，入西樵山守庐三年，筑舍讲学，士子来学者甚众。正德年间致仕归家的方献夫和霍韬也相继入西樵山与湛若水切磋砥砺，日研经书，讲学授徒。当时，湛若水创建了大科书院和云谷书院，方献夫创建石泉书院，霍韬创建四峰书院[②]，正如方献夫所言：西樵山中“三院鼎峙，予三人常来往，讲学期间，藏修十余年”[③]。其时，方献夫给王阳明的信中亦说：“西樵山中近来士类渐集，亦颇知向方……甘泉大有倡率讲明之意。近构学舍数十于山，以延学者，将来必有成就，此亦一盛事也。”[④]王守仁听说此事曾喜称：“英贤之生，同时共地，良不易得，乘此机会，毋虚岁月，是所望也。”[⑤]嘉靖初年，湛若水复入朝，任礼部侍郎，历南京吏、礼、兵三部尚书。[⑥]这种与方献夫、霍韬大致相同的隐学和仕宦的经历，大大加强了湛若水和南海士大夫集团双方的认同感。后来，湛若水的活动基本是与南海士大夫在一起就说明了这一点。

大概在此时，霍韬撰著了《诗经注解》《象山学辩》《程朱训释》等书，后刊行于世。[⑦]由于推崇理学，方献夫、霍韬两人又联手打击佛教。嘉靖六年（1527）十二月，方献夫上疏拆寺变卖，此前霍韬曾上同样奏疏，因而得到嘉靖皇帝的支持。“方西樵（献夫）为礼部，上言畿内尼姑有伤风化，欲将少者发散改嫁，老者依亲居住，其庵寺拆毁变卖。上曰：霍韬曾言，‘僧道盛，上政之衰也’。所言良是。遂诏毁京师尼姑寺六百余所。”[⑧]

除方、霍外，梁焯、庞嵩、何维柏、冼桂奇等人也崇尚理学。梁焯成进士后，与揭阳薛侃一道“过赣，从业阳明讲道，留心理学，得穷理致知之旨，悟居敬坐静之功”，并录有《阳明先生问答传习录》传世。[⑨]世称：

---

① 《明史》卷二八三《列传第一百七十一》。

② 湛若水建大科书院和云谷书院，方献夫建石泉书院，霍韬建四峰书院，人称“西樵山四大书院”。

③ （明）方献夫：《石泉书院记》，载《西樵遗稿》卷六。

④ 《西樵遗稿》卷八《书·柬王阳明》。

⑤ 《霍文敏公全集》，载《石头录》卷一。

⑥ 《明史》卷二八三《列传第一百七十一》。

⑦ 《霍文敏公全集》，载《石头录》卷首。

⑧ 《霍文敏公全集》，载《石头录》卷四。

⑨ 郡马《梁氏族谱》，手抄本，不分卷。

"岭南有王氏学，盖自梁薛始云。"[①]庞嵩早年曾游学王守仁门下，"淹通五经"，以后"复从湛若水游"。[②]湛若水曾说："北有吕泾野，南有庞弼唐，江门之绪不坠也。"[③]庞嵩成为南海有名的理学大师，"从游者云集"[④]。何维柏未登第前"尝慕西樵泉石之胜，负笈读书其中，时湛文简、霍文敏亦山栖，与语多所默契"[⑤]。其时何维柏常常求学于"甘泉（湛若水）、渭臣（霍韬）两先生斋中"，致仕后创立天山书院，讲学期间，"阐发陈白沙绪论，四方从游者甚众"[⑥]。每与冼桂奇等人"坐论讲究"，交流治《易》所得。[⑦]冼桂奇未登第前"师事湛甘泉"。致仕归家，"复从甘泉游，所至筑精舍讲学"[⑧]。遂"以一代理学为世儒宗"[⑨]。

南海士大夫对理学的追求，形成了一个研讨理学的学术圈子，这个圈子的存在，吸引了当时当政的两广官员。例如，广东巡按御史洪垣，嘉靖十一年（1532）进士，湛若水在京师讲学时，"垣受业其门"[⑩]。后出按广东，经常到西樵山求学[⑪]。这样，南海士大夫实际上就凭借其理学的学问，在精神上占据了优越的地位，具有了超越平常京官的精神力量，使两广地方官员无不顶礼膜拜。

五、南海士大夫集团对宗族组织建设的影响

南海士大夫集团从两个层面上推动了宗族组织的发展。

第一个层面是提高了宗族的声望。明王朝有追赠之例，以官员本身的官

---

① 道光《南海县志》卷三十六《列传五》。
② 《明史》卷二八一《列传第一百六十九》。
③ 道光《南海县志》卷三十六《列传五》。
④ 《南海佛山霍氏族谱》卷九《十三世祖隐居爱泉公家传》。
⑤ 《天山草堂遗稿》卷首，附录《广府志》。
⑥ 《天山草堂遗稿》卷首《徐信符识》。
⑦ 《南海佛山霍氏族谱》卷九《十二世祖直隶凤阳府霍丘县知县晴汾公传》。
⑧ 《鹤园冼氏家谱》卷四之一《宗庙谱》。
⑨ 《鹤园冼氏家谱·冼宝榦序》
⑩ 《明史》卷二〇八《列传第九十六》。
⑪ 《霍文敏公全集·家书》。

职追赠其祖先，依品级不同追赠世代亦有所区别，“唯一品始及三代”[①]。正德、嘉靖年间，南海士大夫的诸祖先中受赠者不乏其人。例如梁储，其曾祖梁楚材、祖梁直清、父梁顺，皆赠“特进光禄大夫、左柱国少师兼太子太师、吏部尚书、华盖殿大学士”；其曾祖母黎氏、祖母周氏、母黄氏皆赠“一品夫人”。[②]又如方献夫，曾祖方势宏、祖方用中、父方遂皆赠“光禄大夫，柱国太子太保、吏部尚书兼武英殿大学士”；曾祖母罗氏、祖母杜氏、母黄氏皆赠“一品夫人”。[③]又如霍韬，其祖父霍厚一、父霍华皆赠“太子少保、礼部尚书、詹事府知事”[④]。再如庞尚鹏、何维柏之父母，均追赠如其官。追赠制度的存在，将士大夫本身的荣耀扩大到其祖先身上，也就是扩大到其宗族上。凡属追赠祖先派下的子孙均可同沾光泽，共享荣耀。这也就是祖先一受到追赠，该宗族必要大修茔墓和祠堂的缘故。宗族子孙可以透过修墓建祠将朝廷的追赠公诸于世，从而使同一血缘群体的每个成员在社区中获得尊严，赢得声望。

第二个层面是重构了宗族的制度。南海士大夫集团对宗族的重构，莫过于霍韬对石头霍氏的一系列整合措施（下节单独介绍）。其次是庞嵩的“小宗祠之制”和庞尚鹏的《庞氏家训》。

先谈庞嵩的“小宗祠之制”[⑤]。庞嵩把祖先神主分为未祧和已祧两类，未祧主包括始祖、有功德而不迁者、宗子以上四代之主和支子有德有功者。未祧主宗子一系，置于正堂中龛，支子有功德者置于正堂左、右龛。已祧主即宗子四代之主，所谓“亲尽则祧”。祧主藏于两旁夹室。每年元旦将已祧、未祧之主迎出同祭，祭毕会食。这一规制，上祀始祖，下祀父祖，旁及支子，既无繁缛之嫌，也无失礼之处，因此很快各姓氏便群起而效之。所谓“小姓单家，族人不满百者，亦有数所”，就是这一范式推广的结果。屈大均对此赞同称：“此诚简而易，淡而可久者也，吾族将举行之。”[⑥]珠江三角

① 《方氏族谱》之《方谱震翰·诰命》。
② 《郁洲遗稿》卷首。
③ 《方氏族谱》之《方谱震翰·诰命》。
④ 《西樵遗稿》卷七《墓志铭》。
⑤ 《广东新语》卷十七《宫语·祖祠》。
⑥ 《广东新语》卷十七《宫语·祖祠》。

洲有句谚语——“顺德祠堂，南海神庙”，说的就是顺德祠堂很多，随处可见。祠堂多，主要是支祠多。可见庞嵩“小宗祠之制”影响之大。

再谈《庞氏家训》：该书为庞尚鹏罢官归乡后所著。全书分为“务本业”“考岁用”“遵礼度”“禁奢靡”“严约束”“崇厚德”“慎典守”“端好尚”“训蒙歌”“女诫”10大类69款。论理论事，简明扼要，举凡士农工商各业、家礼、祠规、子弟冠婚、处身待客无不包括。试举几例如下：

孝友勤俭四字，最为立身第一义，必真知力行，奉此心为严师，就事质成。反躬体验，考古人前言往行，而审其所从，必思有所持循，无为流俗所蔽。

学贵变化气质，岂有猎章句、干利禄哉。如轻浮则矫之以严重，褊急则矫之以宽宏，暴戾则矫之以和厚，迂迟则矫之以敏迅，随其性之所偏，而约之使归于正，乃见学问之功大。以古人为鉴，莫先于读书。

民家常业，不出农商，通查男妇仆几人，某堪稼穑，某堪商贾，每年工食衣服，某若干，某若干，各考其勤，能果否相称。

累世乡居，悉有定业。子孙不许移家，住省城三年后，不知有农桑，十年后不知有宗族，骄奢游惰，习俗移人，鲜有能自拔者。

每月初十、二十五二日，凡本房尊长卑幼，俱于日入时为会。各述所闻，或善恶之当鉴戒，或勤惰之当勤勉，或义所当为，或事所当已者，彼此据己见次第言之，各倾耳而听，就事反观，勉加点检，此即德业相劝、过失相规之意。

蒸尝房屋、田地、池塘，不许分析及变卖，有故违者，声大义攻之，摈斥不许入祠堂。

从总体上看，《庞氏家训》主要是对族人行为的种种训诫，但也涉及生业和家计等经济领域。正如庞尚鹏自己所言：“予家训首著士行，余多食货农商语，皆就人家日用之常，而开示涂辙，使各有所持循。”①

① 庞尚鹏：《庞氏家训》，载《岭南遗书》第三集，见《丛书集成初编（社会科学类）》，商务印书馆1939年版。

《庞氏家训》出笼后，立即受到乡里的推崇。《家训》中“尊礼度”类有四款“已入乡约通行”。而在当时和以后的珠江三角洲，各姓氏要修家训，必推崇庞尚鹏的《庞氏家训》。康熙年间，石湾霍氏霍殿邦在《家箴附引》中说道：“自来说家训者，必曰庞公。夫惺庵庞公之作家训也。大而纲常伦理，小而事物世故，靡不有训。理有大而必明，事虽小而必悉，根乎人情，允宜土俗，孝子慈孙，率履不越，是以世泽维新，家声丕振，在南海遂称右族。”[①]由此可见，《庞氏家训》乃为当时以后各宗族模仿的家训范本。它及其模仿本的“通行”，对珠江三角洲宗族制度的建立发展，无疑发生了重要的影响。

综上所述，南海士大夫集团的兴起和发展，带来了南海氏族优免田粮赋役的特权，为各宗族开发沙田建立经济基础提供了前提条件；带来了官僚士绅的荣誉和声望，提高了各宗族在社区中的地位；带来了明王朝品官立庙建祠的实践，为各宗族祠堂建设创造了榜样；带来了宋明理学关于宗族制度的伦理规范，为各宗族内部整合在思想上提供了价值标准。

第二节　明代佛山宗族组织的发展

宗族是一个有确认的共同祖先、统一的祭祀仪式、共同的财产，并可分为族、房、支等组织系统的继嗣团体。确认的血统、统一的仪式、共同的财产和族、房、支的组织系统，是宗族与其他形式的血缘组织区别开来的重要因素。[②]

中国的宗族组织和宗族制度不是一蹴而就的，它有一个长期的发展过程，这一发展过程在各地又因历史条件、自然环境的不同而呈现出不同的发展途径和组织形态。岭南的开发晚于中原和江南，其南迁居民的定居时间较

① 《太原霍氏崇本堂族谱》卷三《康熙十二年霍殿邦〈太原霍氏仲房家箴附引〉》。

② 参阅JamsWatson（詹姆士·华琛）：《中国宗族再研究：历史研究中的人类学观点》，载《中国季刊》第92期（1982年12月），第18—19页。

之福建、江西亦相对较短。根据族谱记载，明初在佛山地区定居的姓氏往往只经历数代，人口很少。当时凡有祭祖活动，多在寝室内举行，“庶民祭于寝”就是指此。大多数姓氏是在嘉靖年间开始建祠立庙的。《佛山忠义乡志》称：“明世宗采大学士夏言议，许民间皆得联宗立庙。于是宗祠遍天下，吾佛诸祠亦多建自此时。”①建立宗祠，在明中叶成为佛山地区宗族组织和制度发展的重要社会现象。佛山人曾说：“家族制度奚所肇乎？自族中尊祖，祖各有祠始。盖明禋祀以致孝享，聚宗族而修伦常，舍祠莫属。”②“舍祠莫属”，强调了祠堂之于宗族制度的重要性。屈大均《广东新语》对岭南祠堂曾有详细记载：

> 岭南之著姓右族，于广州为盛。广之世，于乡为盛。其土沃而人繁，或一乡一姓，或一乡二三姓，自唐宋以来蝉连而居，安其土，乐其谣俗，鲜有迁徙他邦者。其大小宗祖祢皆有祠，代为堂构，以壮丽相高。每千人之族，祠数十所。小姓单家，族人不满百者，亦有祠数所。其曰大宗祠者，始祖之庙也。庶人而有始祖之庙，追远也，收族也；追远，孝也；收族，仁也；匪谮也，匪谄也。岁冬至，举宗行礼，主鬯者必推宗子或支子祭告，则其祝文必云：裔孙某，谨因宗子某，敢昭告于某祖、某考，不敢专也。其族长以朔望读祖训于祠，养老尊贤、赏善罚恶之典，一出于祠。祭田之入有羡，则以均分。其子姓贵富，则又为祖祢增置祭田，名曰蒸尝，世世相守。③

屈大均在这里把岭南（主要是广州府）的祖祠建立情况和祠堂功能作了较详细的介绍。“代为堂构，以壮丽相高”，说明了岭南宗族热衷于建造祖祠。“庶人而有始祖之庙，追远也，收族也”，有祠而子姓以为归一家，说明了宗祠的重要作用。而“冬至，举宗行礼”，“族长以朔望读祖训于祠”，“养老尊贤、赏善罚恶之典，一出于祠”，“祭田之入有羡，则以均分”，则说明了宗祠同时具有的各种功能。由此可见，祠堂成为宗族组织的

① 民国《佛山忠义乡志》卷九《氏族祠堂》。
② 乾隆《佛山忠义乡志》卷一《乡域志》。
③ 《广东新语》卷十七《宫语·祖祠》。

主要标志物。

通过考察宗祠、族产、族谱等宗族制度体现形式的变化过程，我们可以探测到佛山地区宗族发展及其社会变迁的模式。

一、霍韬重构宗族组织模式

霍韬对石头霍氏的重构，是南海士大夫集团整合宗族的突出范例。

（一）霍韬其人

霍韬，字渭先，出身于石头霍氏。霍氏何时迁入石头定居，是由秦时随秦始皇徙中原民五十万实粤，还是在南宋避狄难由南雄珠玑巷来？霍韬认为均“无所稽”[①]。唯知二世祖霍椿林，在洪武年间“业焙鸭蛋，得利什百，遂起家。人称曰‘霍鸭氏’，文士易称曰‘凫鹜氏’。妣，大都黄氏，顺德巨族也，妣归宁辄数十女妇从，时宅居南向有高屋一座，人曰高屋霍氏云”[②]。可知二世祖是一个从事孵养小鸭而发家的养殖专业户。三世祖霍概堂是个酒徒，“性放达好酒，以酒疾早丧”。到四世祖时兄弟始分家，长霍厚德，次佚名，三霍厚一，即霍韬祖父。适逢黄萧养之乱，霍厚德被杀，霍厚一出逃佛山，乱后归家，“家业萧条”，于是重操养殖世业，“惟畜牝牛二、牝豕三，岁时孳生，月入牛豕之孩，遂以起家”。五世霍华，乃霍韬父亲，分家后遂以农耕为业，其家“素贫”，田亩不多，与霍韬兄弟五人“田不满四十亩”[③]。霍韬自幼亦务农耕。可见石头霍氏在此前仍处于代代分家析产的发展阶段，还没有发展成为一个完备的宗族组织形态。

霍韬十九岁始入乡塾，然其“性颖悟，倍于常人，所授书过目即成诵，逾年而五经皆熟”。苦读十载方出战棘闱。正德八年（1513）乡试第二，正德九年（1514）会试第一。科场报捷后，引例归乡完婚，遂隐于西樵山读书，与先期在此讲学的湛若水和方献夫往来切磋，学问日进，臻至“经史淹洽”[④]。正德十六年（1521）出任兵部主事。其时霍韬为“大礼议”三驳礼部尚书毛澄，

① 《石头霍氏族谱》卷一《原序》。

② 《石头霍氏族谱》卷一《又序》。

③ 《霍文敏公全集》，载《石头录》卷一。

④ 《明史》卷一九七《列传第八十五》。

朝臣们咸指霍韬为邪说。霍韬不得志，遂于嘉靖二年（1523）五月谢病归乡。从这时起，霍韬开始了重构石头霍氏宗族的一系列行动。他设立了族产（包括田地、工商业），创建了大宗祠；开办了社学书院，制订了《家训》；修建了祖先茔墓，并修撰了先世德义[①]；举凡宗族的重大标志物，都由他一手创立。因此，霍韬与石头霍氏是研究佛山宗族形成的重要典型。

宗族组织和制度的规定，可以追溯到“宋儒重宗法”的世代。相传朱熹所著的《家礼》规范了家族组织和祠堂祀典；范仲淹所设义庄开创了宗族共有财产先河，而苏洵的苏氏谱和欧阳修的欧氏谱，则被视为后世族谱的范本。[②]然而，“见于遗经”的理论倡导，毕竟不同于“达诸天下”的整合实践。如果以宋儒的“重宗法”理论作为宗族整合目的，那么霍韬的整合方式就是宗族整合的具体途径和手段。在明代岭南和珠江三角洲，用什么样的途径（手段）、凭借什么条件来整合宗族？这就是霍韬及石头霍氏所代表的历史意义。

（二）霍韬对石头霍氏的整合

早在霍韬未中举前，就有志于整合宗族。“公未第时，有志合已分之爨。”[③]曾作《蒙规》三篇[④]，以训育后学。及大登科后，尤其是霍韬曾在礼部与夏言共事，嘉靖皇帝采纳夏言奏议准许民间联宗立庙之大事，霍韬当为建言者之一。随着荣禄加身，霍韬合族的愿望越来越强烈，齐家的目标也越来越高。正如霍韬自己所言，石头霍氏要“做第一等人事，做第一等人物，占第一等地步，使乡邦称为忠厚家，称为谨慎家，称为清白家，称为勤俭家，称为谦逊家”[⑤]。奔着这个目标，霍韬开始了一系列整合宗族的行动，由此所形成的石头霍氏整合途径，后世称之为“霍韬模式”。

霍韬对石头霍氏的整合，有其特殊方式和途径。

---

① 石头霍氏当时人口较少，只有五世，霍韬只修撰“先世德义”，而不称为族谱，其实与族谱人物传无异，均载《石头霍氏族谱》卷一《原序》。

② 参阅王思治：《宗族制度浅论》，中国社会科学院历史研究所清史研究室编：《清史论丛》第4辑，中华书局1982年版。

③ 《霍文敏公全集》，载《石头录》卷二。

④ 《霍文敏公全集》，载《石头录》卷一。

⑤ 《霍文敏公全集》卷七下《家书·第十二》。

1. 利用优免特权，大量积聚族产

根据明代官员优免则例，霍韬在正德十六年（1521）任兵部主事时，就可享有优免五百亩土地的特权，以后不断升迁，优免特权亦随之扩大，至嘉靖年间任礼部尚书时，优免土地达到千亩，这为霍韬创建族产提供了良好条件。

霍韬族产大致包括田地和工商业两种形态。

田地来源有二：一是寺田，二是沙田。其积聚族田的主要途径是减价承买。嘉靖初年，魏校为广东提学副使[①]，甫到广东，即“大毁寺观淫祠，以为书院社学，使诸童生三时分肄歌诗习礼演乐。禁止火葬。令僧尼还俗，巫觋勿祠鬼，男子皆编为渡夫，一时风俗丕变”[②]。魏提学“毁淫祠”运动处理了大批寺田。这为南海士大夫扩充田产提供了机会，当时有“寺田尽归权要”之说[③]。趁此机会，霍韬承买了三百亩寺田。其田价一定很低。所以霍韬一死，广东地方官府就把该田增价重新发卖。霍与瑕兄弟不得不增价买回。[④]

沙田，是霍韬积聚族田的最重要来源。霍韬说：“顺德、香山多争沙田，盖沙田皆海中浮涨之土，原无税业。语曰，一兔在野，众共逐焉；积兔在市，过而不问。有主之与无主也。沙田，野兔之类也。争沙田，逐兔之类也。”[⑤]霍韬主张，“凡断沙田者，稽其籍果曾报税，案籍给之，无籍没官卖”，“沙田已报税者可为永业”。[⑥]与此同时，石头霍氏增置了香山沙、九江沙、塞塘沙、龙畔沙、西竺坦、平步田等大批沙田。霍韬本人对经营沙田十分关心，即使远在京师任职，也常寄家书与家中兄弟商量沙田诸事。[⑦]

石头霍氏增加族田的主要方式仍是购买，但其购买的价格当然很低。正如霍韬在朝廷查办内阁首辅杨廷和减价买田后，给兄弟的家书所透露的：“我家买田凡减价者，与璞（霍韬儿子）皆与访实召原主给领原价，勿贻后患。就无后患，亦折子孙，承受不得。”[⑧]可见“低价承买”是石头霍氏增置

① 《明史》卷二八二《列传第一百七十》。
② 《广东新语》卷九《事语·贤督学》，第286页。
③ 《霍文敏公全集》卷六下《书〈与林汝恒〉》。
④ 《石头霍氏族谱》卷一《祠祀）。
⑤ 《渭厓文集》，载光绪《广州府志》卷十五《舆地略七》。
⑥ 《渭厓文集》卷十。
⑦ 《霍文敏公全集》卷七下《家书》。
⑧ 《渭厓文集》卷七。

族田的主要途径。

石头霍氏究竟购置了多少土地？史无明载，但其大宗祠事例有“支粮差”“支军饷”条；社学事例和四峰书院事例亦有“粮差”“军饷”条，可知这些土地添置均已超出霍韬应享有的优免权，也就是千亩之外。

工商业是石头霍氏族产的另一大形态。霍韬之子霍与瑕曾称：“先文敏尚书当其为吏部时，气焰烜赫，若佛山铁炭，若苍梧木植，若诸县盐鹾，稍一启口，立致富羡。”[①]霍韬对族人经营工商业有明确规定，《霍氏家训·货殖第三》云：

> 凡石湾窑冶，佛山炭铁，登州木植，可以便民同利者，司货者掌之。年一人司窑冶，一人司炭铁，一人司木植，岁入利市，报于司货者。司货者岁终，咨禀家长，以知功最。司窑冶者，犹兼治田，非谓只司窑冶而已。盖本可以兼末，事末不可废本故也。司木司铁亦然。

霍韬主张“本可以兼末，事末不可废本”的“本末兼事”理念，族产中工商类经营采取专人管理方式，每年由“司货者掌之”，分派三人各司“窑冶”“炭铁”和“木植”，“岁终咨禀家长，以知功最”。可知霍氏工商业所有权归于家长，经营权在于司货者，而一族有三人专门经营工商业，其规模不可低估。除上述陶窑、冶铁、木材三大行业外，霍氏还经营银矿、盐鹾。[②]此外，霍氏在佛山汾水头地亦经营各项买卖和建房“与人赁住”[③]。

以大量田地和当地主要工商业为其形态的石头霍氏族产，在霍韬时达到其鼎盛时期，成为宗族整合的重要基础。正如《石头霍氏族谱》所云：于是“祭祀有田，赡族有田，社学有田，乡厉有田，彬彬乎备矣”[④]。

2. 依托品官庙制，创建霍氏大宗祠

宋元以前，庶民之家不得建祠立庙。南宋朱熹说：“庶民祭于寝，士大

① 《霍勉斋集》卷二十二《碑铭·寿官石屏梁公偕配安人何氏墓碑铭》。

② 《霍文敏公全集》卷七下《家书·与郭冢山书》。

③ 《霍文敏公全集》卷七下《家书》载：“汾水头地只可做房与人赁住，本家却不可在此抽地头钱物及假借人声势做各项买卖，必招大祸。”

④ 《石头霍氏族谱》卷一《原序》。

夫祭于庙”，“庶人无庙，可立影堂”。[①]所谓“祭于寝”和“立影堂”，指的是在住房正厅内设龛供祖。[②]由于等级限制，宗祠家庙在宋代尚不普遍，明代实行品官立庙制，成化十一年（1475）规定：“令一品至九品各立一庙。”[③]其品官庙制，“权仿儒家礼祠堂之制，奉高、曾、祖、祢四世之主”[④]，这就是说只有品官才有资格增设家庙，而追祭祖先也仅有四代，可知明中叶前仍限制颇严。故此时建立宗祠家庙者主要是品官之家。

嘉靖四年（1525）正月，霍韬创建石头霍氏大宗祠，“奉始、高、曾、祖、孝、妣主”。据《石头录》记载，霍韬对其兄曰：“君子将营宫室，宗庙为先。”“乃创大宗祠。中为始、高、曾、祖神位，而以各房伯叔之祖附之。……霍氏之合祀各祖于宗祠，自公始也。”[⑤]

大宗祠建立后，霍韬立家长一人“总摄家事”，立宗子一人“惟主祭祀”[⑥]，霍韬认为“凡立家长，惟视材贤，不拘年齿，若宗子贤，即立宗子为家长。宗子不贤，别立家长”[⑦]。当时所立的家长是霍韬胞兄霍隆[⑧]。大宗祠有田产，“每年两季收租”。其开支除了春秋两祭、元旦祭品和朔望香灯以及修葺祠堂、宗事年谷、族人冠婚丧葬外，还有“支族人贫者谷”一项[⑨]，可知大宗祠有赈济贫穷族人的功能。而不到四十亩田产的族人即可获得一年十石赈济，其赈济标准之高，当时在其他宗族并不多见，这说明石头霍氏已无真正穷人。

霍韬创建大宗祠，奉始、高、曾、祖、考五代祖先神位入祀，改变了各个家庭祭祀祖先不出三代之外的祭祀状况，重新确认了始迁祖，这样，就把原来已经各自衍化分散出来的六代家庭重新统一在始迁祖血统范围内，在各

① （明）朱熹：《朱文正家礼》，载《正衡》卷一《通礼注》。

② 参阅叶显恩：《明清徽州农村社会与佃仆制》，安徽人民出版社1983年版，第161页。

③ 《明宪宗实录》卷一三七《成化十一年正月丙子》。

④ 万历《明会典》卷九五《品官家庙》。

⑤ 《霍文敏公全集》，载《石头录》卷二。

⑥ 《霍文敏公全集》，载《石头录》卷二。

⑦ 《霍渭厓家训》之《家训提纲》。

⑧ 《霍文敏公全集》卷七下，给霍大厓（霍隆）的家书告诫说：“凡事须推己度人……乃做得家长也。”可知家长为霍隆。

⑨ 《霍渭厓家训》附录《祠堂事例第一》。

图5-2-1　石头霍氏大宗祠建筑群，始建于1525年

图5-2-2　霍文敏公家庙——睦敬堂（罗一星摄）

图5-2-3　嘉靖皇帝给霍韬的诰命（石头霍氏大宗祠藏，罗一星摄）

个家庭的小家长之上，还有一个代表整个家庭利益的大家长存在。由此，石头霍氏就从组织上重构了宗族形态。

3. 创制"考功"和"会膳"制度

霍韬的齐家收族，并不满足于大宗祠堂和家长的设立，为了达到真正同居共财的目的，以"古风自处"的霍韬还制定了"考功"制度和"会膳"制度。

石头霍氏"考功"制度与"计口耕田"相联系。

如上所述，霍韬在居家期间就增置了大量田产。当时石头霍氏无论男女老幼，均人人授田以食。"凡家中，计男女口凡几何，大口种田二亩，小口种田一亩。……岁入别一仓储，资家众口食。"[①]只要是霍氏族人，就不愁粮米。但除了满足霍氏族人"口食"田地以外，还有大量田地需人经营。霍韬规定，"凡子侄，人耕田三十亩"，"年二十五受田，五十出田"。凡耕

① 《霍渭厓家训》卷一《田圃第一》。

三十亩者，有童子一人，大仆一人，相牛一具，还有谷种十五石，公粪五十担，粪资钱千文，莳秧钱四百。收获时，还“季给人功三十”。此外，如子侄“力不任耕，或志在大，不屑耕，听自雇人代耕”[①]。这种“计口耕田”既与族人温饱无关，又有优厚条件，显然是经营权的分配，每个宗族壮丁可获得三十亩田地经营权。就是说每个壮丁都可以成为拥有三十亩族田的经营小地主。作为宗族大地主的霍氏大宗祠，为了配合扶植和鼓励族人成功地经营土地，于是制定了“考功”制度。

《霍渭厓家训》规定：“凡耕田三十亩，岁收，亩入十石为上功，七石为中功，五石为下功，灾不在此限。乡俗以五升为斗。”其雇人代耕者，亦“考功最”（最，等级）。[②]对于从事货殖者，“凡岁报功最，以田五亩，银三十两为上最；田二亩，银十五两为中最；田一亩，银五两为下最。”为了考最的公正，还规定，“凡聚妇有私货，报于公堂籍记之，仍发私储以自经营。俟岁终报功最”。[③]

对考功者制定了赏罚标准。“凡岁报功最，田过五亩、银过三十两者，计其积余，十赏分之一，为其私。俾益其婚嫁之奁。如报田十亩，以五亩为正绩。余五亩，赏五分。报银百两，以三十两为正绩，余七十两，赏七两。”正绩是定额，族人有必须完成定额的义务，而对超额部分，实行十分之一奖赏。这既有利于调动族人经营热情，又有利于宗族财产再积聚。

每逢三年，有一次“大考”。“凡三年大考功最，将货实大陈于堂，以核验虚伪。凡一年不上功最，罚十荆，二年不上功最者，罚二十荆，三年不功最，告于祖考，斥之出。”[④]此外，对几种可免予考最的族人特别作出规定：“凡考最，前十年有最，后十年无最，免罚。凡年五十，免考功最；未娶不考最；生员四十以下不考最；举人品官，不考货最。凡务实力农，志无他图，只考农租最；不考货最。凡家长不考最。每岁取多最一人赏分之才，为家长准。生员赏分视下最，举人视中最，官视上最。”官吏和读书人在宗族中受到鼓励，并享有特权。

---

① 《霍渭厓家训》卷一《田圃第一》。

② 《霍渭厓家训》卷一《田圃第一》。

③ 《霍渭厓家训》卷一《货殖第三》。

④ 《霍渭厓家训》卷一《货殖第三》。

那么，“考功”制度如何执行，由什么人来执行呢？根据《家训》规定，其“考功”制度执行人可以分为两个层次。下面层次是“田纲领”和“司货”；上面层次是家长。司货者的职责是：“凡年终租入，岁费赢余，别储一库。司货者掌之，会计之，以知家之虚实。”诸如窑冶、铁炭、木植等“可以便民同利者，司货者掌之……岁入利市，报于司货者。司货者岁终咨禀家长，以知功最”[①]。

家长“总摄家事”，下辖“田纲领”和“司货”，同时负责考察他们的勤惰。[②]每年元旦，家长要主持在大宗祠堂举行的“岁报功最”仪式。届时，“设祖考神位中堂，家长侧立，众兄弟以次序立两廊，以次升堂。各报岁功。报毕，趋两廊序立”。凡报上最者，家长举酒祝于祖考。凡报超额者，计其赢余赏给十分之一，凡报中最、下最，无罚无赏。“若无田一亩，无银一两，名曰无庸。司货者执无庸者跪之堂下。”告于祖考请罪。如三年皆为“无庸”，则“荆二十”，“不得私蓄仆婢”[③]，与此同时，纲领田事者也要“申明会计，乃付下年纲领田事收掌”[④]。

霍韬大概从吏部“考成法”中得到启发，制定了如此规范化的宗族“考功”制度。“考功”制度的制定和执行，对推动族人积极从事经济事业，壮大石头霍氏经济力量，无疑产生了重大影响。

“会膳”是霍韬制定的又一重大宗族制度。所谓会膳，是指合族男女每逢朔望（初一、十五）集中到大宗祠同餐共膳。石头霍氏会膳制度与“计口支谷自爨”相联系，如上所述，石头霍氏每年均按人口预留田地，“岁入另一仓储，资家众口食”。平时霍氏“凡家众，俱按月支谷，俾自爨”。但这对于拥有大批田产而又极想把宗族整合成更有内聚力宗族的霍韬来说，是不无遗憾的。嘉靖四年（1525）大宗祠建成后，霍韬就与族人商议“聚爨”之事。同年十二月十日祭告“建室聚爨”。嘉靖五年（1526）初“筑合爨厨”。二月六日就举行“合爨”仪式。[⑤]是日，霍韬率男女老幼聚于大宗祠，

① 《霍渭厓家训》卷一《货殖第三》。
② 《霍渭厓家训》卷一《仓厢第二》。
③ 《霍渭厓家训》卷一《货殖第三》。
④ 《霍渭厓家训》卷一《仓厢第二》。
⑤ 《霍文敏公全集》，载《石头录》卷三。

并宣读了《合爨祭告家庙文》[①]。

“合爨”和“会膳”是宗族进行伦理道德教育的方式，是价值观内化的最好机会。对于没有文化或少有文化的族人，尤其是对妇女，具有相当大震慑力。我们知道，元旦“考功”唯有壮丁参加，春秋两祭也只有男丁参加，平时妇女也不能擅入祠堂。而在“合爨”时，所有妇女都参与了宗族聚会，并受到严肃的道德规范教育。所以“合爨”是在更大范围内整合宗族制度，不可简单地视为单纯联络族人感情的喜庆宴会。[②]

会膳是以“教敬”“教勤”“教俭”为目的。所有参加会膳的人都要严格遵守一系列谒拜、坐立、进食的礼仪，男女有别，长幼有序。稍有违反规制，侍候在旁的“礼生”就会禀告家长，家长告于祠堂。让违规者“跪于堂下，膳毕乃退”。会膳中还设置“旌善”“纪过”两簿，凡子孙六岁以上皆书之。有善有过皆让“礼生”扬于众知之。四季以副本寄京给霍韬查考，三年通考。有过，若三年不改者斥出，不许会膳。会膳中对五六十岁以上老人有特殊优待，如不书旌善纪过簿，不参拜家长，可饮酒并间食猪鸡鸭等。通观整个会膳的过程，族人是沉浸在儒家伦理道德观的熏陶中。与此同时，对于平时无法品尝到肉味的年幼族人，在会膳中享受祖先恩泽，也会培养起尊祖敬宗的宗族认同观念。

霍韬对“会膳”之举着力尤多，不仅率先捐己业为倡，“自公爨后所置产业悉与同祖先兄弟子孙共之”[③]。而且亲自绘制了“合爨之图”，其构成依据男女有别、长幼有序的原则，内有“六十以上膳所”“四十以上膳所”“四十以下膳所”“家众卑幼膳所”，还有“女膳”另处一区，内设“六十”“四十”“婢妾”“家众”四所，两旁各有“男街”“女街”。[④]整个布局十分规整肃穆，可谓用心良苦。一种更深刻的道德必须不仅以群体压力和长期利益为基础，而且主要以内化的规范标准为基础。会膳，就是一种内化族人规范标准的活动。从霍韬合爨祭文和会膳规定看，其内容没有儒家伦理的阐释，而是直接对不良行为的禁止。通过长期不断熏陶，使其行为

① 《霍文敏公全集》卷六上《祭文》。

② 《霍渭厓家训》卷一《膳食第七》。

③ 《霍文敏公全集》，载《石头录》卷二。

④ 《霍渭厓家训》卷首《合爨图说》。

标准得到合族男女认同。会膳涵盖了所有族人，包括老人和妇幼，它扩大了族人参与宗族活动的范围，也扩大了舆论制裁范围，通过会膳培养出来的合族公论，在宗族范围内，以敬祖、亲族等行为规范对族人施加长期影响。而且，会膳又是一种在短期内反复举行的仪式，每月两次，一年二十四次的频率，使会膳超过任何一种大规模宗族活动，成为反复影响族人心态和伦理观念的重要活动。因此，会膳在整合宗族方面具有特殊作用。

当然，“会膳”和“计口耕田”毕竟是霍韬的理想模式，它与霍韬本人儒学修养和齐家收族抱负相联系，带有浓烈追求古代“同居共财”大家庭的色彩。对于没有受过儒家正统观念教育的大多数族人来说，这种规定过分细致的制度难以长期执行。因此，当霍韬在嘉靖六年（1527）复出京师后，在嘉靖十三年（1534）左右，石头霍氏“计口耕田”和“会膳”就停止不办了。故而霍韬在给其兄霍隆家书说：“今无可虑，只计口耕田，予极不乐；又会膳不举，极不乐。”[①]显然是族长霍隆没有把“会膳”和“计口耕田”坚持下去，引起霍韬不满。然而，霍韬整合宗族长期尝试和努力，使石头霍氏在南海士大夫圈子内产生了标杆式的影响。

4. 重视功名不替，创立社学书院

霍韬毕生以隐学穷经自高，因此对宗族子弟的教育也十分重视。嘉靖年间，霍韬创立了两个书院：一个是建于石头乡的石头书院，一个是建于西樵山的四峰书院。前者是合乡子弟就读的书院[②]，类似社学；后者是霍氏子弟，尤其是霍韬与诸兄弟子弟的书院。

四峰书院旧址原为宝峰寺。嘉靖初，督学广东的魏校大毁淫祠，西樵山宝峰僧以奸情追牒，官府欲毁该寺，当时已有邑人黄少卿承买。霍韬“以寺在西庄公（韬之父）墓左，与兄弟备价求得之。至是移家居焉”[③]。故而四峰书院后来有五年时间，每年支给僧人还俗者谷每人二十石[④]。嘉靖九年（1530），霍韬因母丧告忧归家，遂于西樵山中营建四峰书院，嘉靖十一年

① 《霍文敏公全集》卷七下《家书》，该书写于嘉靖十三年以后。

② 《霍渭厓家训》卷一《附录·社学事例第二》，均称“社学”；《石头霍氏族谱》卷一《原序·霍尚守序》亦称：文敏公“建社学，定家训”。

③ 《霍文敏公全集》，载《石头录》卷二。

④ 《霍渭厓家训》卷一《附录·四峰书院事例第三》。

（1532）建成。《岭海名胜记》载："四峰书院：在宝林洞，霍文敏公嘉靖初谢病，始建精舍，中有崇礼堂，前为环翠楼，后为卧云楼，总名曰四峰书院，以舍外四峰环列也。"[①]嘉靖十一年（1532）正月十八日，霍氏子侄入西樵，霍韬相继延请郭肇翰、罗一中、刘模、梁大畜等人为师。霍韬也亲自督教。以其先年所书《蒙规》三篇和《汇训》教诸子侄。十日一试举业；"朔望师生肃揖，考订疑义，为剖析大略"；课余则令诸子"耘菜灌园"[②]。

霍韬上京后，专委其四弟霍尹先长住四峰书院，负责保安和管理诸子侄。"公（霍韬）出山后，尹先居四峰精舍三十年如一日"[③]。

四峰书院，是纯属霍韬兄弟子侄的书院，霍韬一直坚持这一原则，上京后还来信谈道："来年可请一好先生教四峰诸生，别处闲人不许入住，学规要照旧。"[④]

四峰书院置有专柜，收贮大宗祠和社学每年的开支盈余[⑤]，《祠堂事例第一》和《社学事例第一》均有"置一柜在四峰书院收贮，年终查报备荒"的记载。四峰书院有权开支此项收入，"或置田，或贮柜，或赈饥，明白立数，备查"[⑥]。霍韬晚年曾要诸兄弟将先年"减价买田"的欠价如数补回，其中提道："只查山中书院递年所收租银，将两年所积就可补足。"[⑦]可见，四峰书院还是霍氏所有公共财产收入的中枢。

社学和书院的存在，为霍氏子弟求取科名铺好了道路。霍韬共有九子，除了早殇的四子和五子外，其余均为生员，非附生即廪生，其中二子与瑕登进士，历官浙江慈溪知县、兵部职方司员外郎、广西左江按察司佥事，著有《霍勉斋集》行世。七子与瓔和九子与瑺为举人，与瑺历官江西分宜县知县、广西王府审理。[⑧]霍韬兄弟霍隆、霍佑、霍任共有子十人，其中也有四人

① （明）郭棐编，王元林注：《岭海名胜记校注》，三秦出版社2012年版，第626页。

② 《霍文敏公全集》，载《石头录》卷五。

③ 《霍文敏公全集》，载《石头录》卷五。

④ 《霍文敏公全集》卷七下《家书》。

⑤ 《霍文敏公全集》卷七下《家书》。

⑥ 《霍文敏公全集》卷一《附录·四峰书院事例第三》。

⑦ 《霍文敏公全集》卷七下《家书》。

⑧ 《石头霍氏族谱》卷一《七世三房》。

为附生。[①]到他们的孙子辈时，霍隆也有两个孙子分别为文武举人[②]。而霍与瑕的孙子、曾孙和重孙均为举人[③]。石头霍氏子弟能纷纷登科中举人，离不开他们童生阶段社学和书院的良好基础教育。

5. 制定家训家规，提倡经济齐家

霍韬在嘉靖九年（1530）制定一卷十四篇的《家训》[④]。霍韬家训的一大特点是通篇谈论经济。十四篇家训中有十篇以生业和家计为题。如此大篇幅用于教训子侄的经济行为和家计管理，无非是要激励子侄参与整个宗族财产的积极性，并提高他们经营财产的能力。"考功"制度的制定就是配合这一经济目的。霍韬深知，官吏之家，"曾几何时，或升外任，或休致，或物故，则亦平人之家耳"[⑤]。只有子侄协力同心，共营经济，才可保身家于久远。所以霍韬在家训中强调："不力田，不治圃"会"坐与衰期"，而"聚百口以联居，仰资于人岂可也？冠婚丧祭，义礼供需，非货财不给"。故要从事"货殖"[⑥]。霍韬主张"本末兼事"观，他认为"人家养生，农圃为重"，但也同时认为"居家生理，食货为急"。他提倡"本可以兼末，事末不可废本"的经济观。联系到在当时海禁森严的情况下，从霍韬"东南番皆由广人贡，因而贸易互为利市焉，中国不可拒之以自困"的主张[⑦]来看，霍韬的经济思想是比较开通的。

无论是经济齐家的努力还是"本末兼事"的经济观念，对族人无疑都是增田拓产的有力依托。

综上所述，石头霍氏在霍韬经营下，达到了很高整合程度。从正德十年到嘉靖十一年（1515—1532），短短十七年间，石头霍氏举凡宗祠、族产、书院、家训等宗族标志物均一一建立起来。其族产之丰厚、制度之周详、经营之有度、教育之成功，岿然居南海各宗族之首，甚至使相邻的黎涌伦

① 《石头霍氏族谱》卷一《六世三房》。
② 《石头霍氏族谱》卷一《八世三房》。
③ 《石头霍氏族谱》卷一《八世三房》《九世三房》《十世三房》。
④ 《霍渭厓家训》。
⑤ 《霍文敏公全集》卷六下《书〈与林汝恒〉》。
⑥ 《霍渭厓家训》卷一《田圃第一》《货殖第三》。
⑦ 《广东新语》卷十五《货语·诸番贡物》，第431页。

氏、石硝梁氏都难以望其项背。正如石头霍氏族谱所称："吾石头宗视诸宗为著，宫保文敏公实昌大之。……嘉靖四年（1525），文敏公始建宗祠祀始高曾祖，而以群祖配之，于是修茔墓，建社学，定家训，祭祀有田，赡族有田，社学有田，乡厉有田，彬彬乎备矣。"[①]

霍韬对石头霍氏的整合历程说明：具有显宦名臣和理学宿儒双重身份的人物，对宗族整合有特别强大的力量，他们可以在短期内使同一血缘的分散家庭整合成完整意义的宗族，并使之具有显赫的社会地位，成为"功名望族"。

明中叶以后，产生于石头乡的霍韬模式已不仅仅属于霍韬和石头霍氏，它代表了明中叶佛山强宗右族形成和发展的道路，成为以后珠江三角洲强宗右族整合与发展的共同范式。

二、佛山镇内宗族重构与发展

在"霍韬模式"影响下，佛山镇内各主要氏族也纷纷走上整合与重新整合宗族的道路。其中重要的推动力量是士大夫为首的功名人物。

（一）郡马梁氏

郡马梁氏始迁祖在北宋建炎年间（1127—1130）迁居南海县西雍乡（明景泰年间划归顺德县），南宋嘉定三年（1210），五世祖时有梁节者封为宋宗室荣王郡马，赐田在南海登州弼滘。六世时有梁熹迁居佛山冈头，遂分为西雍、佛山两房。由于郡马之故，梁氏较早就建有祠堂。正德九年（1514），佛山房十三世梁焯（1483—1528）中进士，官授兵部职方司员外郎，后迁礼部主客清吏司主事。明正德十六年（1521），梁焯考评最优，获授承德郎衔。梁焯当年即建牌坊纪念此事。牌坊为歇山顶四柱三间三楼式，枋额正面刻"褒宠"二字，背面刻正德皇帝所发考评最优敕书。梁焯为南宋理宗郡马梁节的后代，牌坊原为佛山镇仙涌铺郡马梁祠牌坊。不久闻弟卒，梁焯告归省母，立即开始了重整宗族的行动。梁焯拿出俸资与族人议修祖先庐墓，族人响应，于是合蒸尝羡余，"市石鸠工修之，自县尉（始迁祖）至

① 《石头霍氏族谱》卷一《原序》。

于七世一新”[①]。梁焯并请同年霍韬、亲家伦以琼、翰林院编修黄佐撰写始祖墓志铭和祭文[②]。与此同时，梁焯亦有修族谱之举。梁焯的修祖墓和修族谱均追至岭南始迁祖县尉公，而不仅仅是佛山始迁祖梁熹，这就把宗族整合的范围扩大为顺德西雍和佛山两房。正如霍韬所言：“焯聚其族人，修其谱系，饰其坟墓，稽其可考者也。是故由县尉传至郡马五世矣，由焯溯至郡马八世矣，由县尉至焯十三世矣。故夫梁之族类庶矣。”[③]约在嘉靖初年，梁焯创建了“郡马梁大宗祠”。道光《佛山忠义乡志》记载：“郡马梁大宗祠，明嘉靖巡抚李岳为宋郡马梁节立，王守仁题永思堂额。”[④]与此同时，梁焯又在郡马祠前卜地建敕书亭，左则文塔相辉，右则书塾相接，“巍然在望，遐迩咸钦”[⑤]。梁焯长子梁冕刚于万历十八年（1590）将蚬涌沙二十九亩零四分沙田送作大宗尝田，该田到万历四十四年（1616）因子母相生，已成税田二百一十余亩。自后“历久相传，将及三百载矣”。[⑥]

图5-2-4　郡马世祠

图5-2-5　郡马梁氏牌坊，始建于明正德十六年（1521）。通面宽7.12米。枋额正面刻“褒宠”二字，背面刻正德皇帝敕书（现存佛山市祖庙博物馆）

梁焯父子的作为，光大了梁

① 郡马《梁氏家谱》之《始祖墓志》，手抄本，不分卷。
② 郡马《梁氏家谱》之《祭三公墓文》，手抄本，不分卷。
③（明）霍韬：《宋郡马梁公墓志》，载郡马《梁氏家谱》，手抄本，不分卷。
④ 道光《佛山忠义乡志》卷五《乡俗志·家庙》。
⑤ 梁少亿：《敕书亭序》，载郡马《梁氏家谱》，手抄本，不分卷。
⑥《蚬涌沙始末缘由备览》，载郡马《梁氏家谱》，手抄本，不分卷。

氏宗门。“郡马梁”从此在佛山扬名。后来的佛山人，亦只知有“郡马梁”，而不知其原为“冈头梁”。

梁焯后又起为礼部主事，颇有政声，告归养病后，梁焯与湛若水相善，时相研讨，情谊弥笃。梁焯父梁宗达亡故，湛若水作《祭松溪公文》以悼[①]。梁焯家居，“不通贵游，藩使应容庵三造庐，乃得一见”。可知其甚为清高，然地方官对其却优遇有加，“嘉靖，隆庆两朝，褒录忠贤，抚按司道，屡旌其门”。霍韬平生很少夸人，然“独重焯”。当梁焯在嘉靖十三年（1534）亡故时，霍韬“以旧地不藏”，遂为其“卜迁旧穴之上”[②]。以后“每经焯墓，必祭之”[③]。万历四十七年（1619），佛山堡排耆保约霍仕进、陈显、霍豪、聂台、梁继祖等联名呈请广州官府将梁焯入祀乡贤祠，得到批准。同年六月初九日，入祠致祭[④]。可见，梁焯在佛山堡民中和地方官府中享有很高声望，郡马梁氏在佛山社区中占有重要地位。

（二）鹤园冼氏

鹤园冼氏是佛山著名的姓氏，正统年间，其六世祖冼灏通曾为乡长，因率领乡民抗击黄萧养而著闻。到七世祖时始分家，立三户。长子冼昱，立冼翼户；次子冼靖，立冼贵同户；三子冼易，立冼光裕户。[⑤]此时鹤园冼氏男丁尚少，至八世时男丁共六人，各户两人。然而到嘉靖年间，第十一世时，男丁达到三十六人（长房十六，次房七、季房十三）[⑥]。此时冼氏子孙聚处而居，也已形成三大房系，但还未统之于族。

嘉靖十四年（1535），十世祖冼桂奇（字奕倩，号少汾）考中进士，官授比部屯田工曹，“即议建大宗祠堂，立宗信（其大兄冼桂魁子）为宗子”[⑦]，但因当时“族人俱贫”，而冼桂奇“历官未半载”，暂未举行。不久，京师“吏部郎缺员”，霍韬欲引荐冼桂奇补缺，冼桂奇欲往南京就官，遂上书霍韬曰：“金陵佳丽，素协夙怀，南部少事，病体安之，苟可以仕，

① （明）湛若水：《祭松溪公文》，载郡马《梁氏家谱》，手抄本，不分卷。
② 《乡贤梁氏封茔图》，载郡马《梁氏家谱》，手抄本，不分卷。
③ 《理学》，载郡马《梁氏家谱》，手抄本，不分卷。
④ 《兵部忠贤象峰梁公宗祀乡贤录》，载郡马《梁氏家谱》，手抄本，不分卷。
⑤ 《鹤园冼氏家谱》卷三《宗支谱》。
⑥ 《鹤园冼氏家谱》卷三之二《宗支谱·世系寻源表》。
⑦ 《岭南冼氏宗谱》卷二之二十《分房谱·练园房·家庙照帖》。

不必皆吏部也。”霍韬便改补其为南京刑部主事。冼桂奇迎母就养，与海内贤士大夫相结纳，校书谈道。不久，请告南归。与湛若水同游江西赣州、武夷，继入罗浮山，曾与方献夫、湛若水结庐于此。桂奇长兄桂魁闻甘泉之风，“亦欣然从之”[①]。时人称：“江门之学，甘泉子得其传。乡先达冼少汾受业于甘子，渊源最近。……自是江门学派，衍于佛山。”[②]冼桂奇无志于仕途，遂疏请终养。在其家鹤园故址“构重楼，开名园，编竹为亭，累石为山，引水为池”。湛若水为之撰有《鹤园记》。当时广东巡按洪垣，参政项欧东均与桂奇“意气相期”，常移舟访公，“盘桓弥日，鲈羹饭之，尽饮而别”。冼桂奇又与霍韬结为亲家，其次子冼梦竹为府庠生，“娶霍氏，即礼部尚书霍韬文敏公之女”[③]。

冼桂奇家居期间，对鹤园冼氏整合主要做了三件事：一是修建大宗祠，二是立宗法、行家训，三是修族谱。嘉靖二十九年（1550）正月，冼桂奇“自蠲己地一段，土名古洛，该税一亩零”，作为建大宗祠堂地。遂于正月吉日“兴工起盖寝室头门二座六间，匾曰‘敦本堂’，门帖曰‘春祀秋尝’”。并于大门前起盖大牌坊，周以石栏，匾曰“冼氏家庙”，湛甘泉书额门帖曰：“江山新俎豆，松桂旧门闾。”左右门楼对峙，“左匾曰敦爱门，右匾曰起敬门”，“祠内堂寝翼翼，厥制甚备”。在家庙前还建有坊表，上书“振家世德”“弈世恩荣”，系广东监察御史戴璟为褒旌忠义冼灏通所题。[④]同时，冼桂奇“仍拨土名鸡洲田，税十五亩零，以供祀事，候有余力再增之”[⑤]。

与大宗祠建立同时，冼桂奇还制定了宗法和家训，宗法为：立宗子一人，设族正二人。宗子“以主始祖之祀，以统族人之心”，并掌管“前项祠宇田地”，使之“永为公同奉祀之物”。至于大宗祠地的“税备粮役”，冼桂奇也规定“俱于祭祀余租办纳，毋至独累”宗子。当时冼桂奇确立其长兄

---

① 《鹤园冼氏家谱》卷六之二《人物谱·十世古洛公传》。

② 民国《佛山忠义乡志》卷十五《艺文志一》。

③ （明）庞尚鹏：《明故承德郎南京刑部江西清吏司主事少汾冼公墓表》，载《鹤园冼氏家谱》卷五之二《坟茔谱》。

④ 《鹤园冼氏家谱》卷四之二《宗庙谱·坊表》。

⑤ 《岭南冼氏宗谱》卷三之二十《分房谱·练园房·家庙照帖》，卷四之一《宗庙谱·重修大宗祠堂记》。

之子冼宗信为宗子。家长的职责是辅助宗子行使权力。冼桂奇立其两子冼梦松、冼梦竹为族正。冼桂奇还规定："若有族人贤者，能自量其力，增修田祠及有躬行孝弟忠信，为宗族乡党称重者，许具呈奖功。""若故违圣谕，阻宗法、坏家训者，除记过外，不改，亦许具呈究问如律。"[①]家训乃仿参政项欧东的项氏之训所述，"而随俗稍损益之，以为久远可行之计"[②]。

建大宗祠并立宗法家训后，冼桂奇"恐其后子姓族众或争也，托官府以重其守"，遂于嘉靖三十一年（1552）请广东布政司岭南道左参政项欧东发给"家庙照帖"。项欧东与冼桂奇一向"意气相期"，对冼桂奇建大宗祠，立宗法，并以自己所订"项氏之训"为范本制定家训之举，大为赞赏称："此其孝友之风，足为则于乡党；敬宗之实，有大益于朝廷矣。使家家皆能如此，官刑不几于措乎？"立即批准："给帖付宗子宗信执照，以祀其祖，以统其宗，故违者许宗子及梦松、梦竹秀才具呈于官，以凭重治其罪。梦松、梦竹学成行，立即许为族正，以辅宗子。庶无负主政创始之初心，本道激扬之意也。"[③]

与此同时，冼桂奇还赈济族人，"族属有贫不能葬者，捐地殡之，穷不能娶者，捐财助之"[④]。

此外，冼桂奇还修撰了《冼氏族谱》。据《鹤园冼氏家谱》的作者冼宝榦说："我族之有谱也，自十世祖少汾公始。少汾公以一代理学为世儒宗，所撰诸谱牒皆原本宗法，非寻常载记之比。距今垂四百年矣。"[⑤]又说："我族人物在明为盛，诸传皆少汾公手撰。国史方志班班可考。"[⑥]可知冼桂奇曾修撰冼氏族谱，其修撰的人物传，多为国史、方志所转录。鹤园冼氏九世祖以上的人物传应出自冼桂奇之手，即包括始迁祖、冼灏通、冼靖等著名人物的传记。由于历代的续修，我们对冼桂奇的旧谱已不复能辨。但是，冼桂奇整合宗族的努力，却留载在后人修撰的族谱中，历四百余年而不易。

---

① 《岭南冼氏家谱》卷三之二十《分房谱·练园房·家庙照帖》。

② 《岭南冼氏家谱》卷三之二十《分房谱·练园房·家庙照帖》。

③ 《岭南冼氏家谱》卷三之二十《分房谱·练园房·家庙照帖》。

④ 《鹤园冼氏家谱》卷六之二《人物谱·列传·刑部主政少汾冼公行状》。

⑤ 《鹤园冼氏家谱·序·冼宝榦序》。

⑥ 《鹤园冼氏家谱》卷八《备征谱》。

（三）金鱼堂陈氏

金鱼堂陈氏在佛山诸姓氏中可能是最早建立大宗祠堂和修撰族谱的。这与其族人世代业儒有关，金鱼堂陈氏始迁祖陈君德在元泰定四年（1327）迁居佛山，设堂讲学，人称“颍川先生”。二世祖陈厚为肇庆府岁贡，举明经，补授同知。三世祖有陈克修为黄冈县典史，敕封征仕郎南直滁州通判。[①]据民国《佛山忠义乡志》载：“陈氏大宗祠，在耆老铺金鱼塘，建自明代，祀宋始祖谏议大夫了翁公。陈白沙题额，有‘刚毅直臣’匾；方孝孺题榜，曰‘敬睦堂’。”[②]

陈氏大宗祠大概建于成化年间五世祖陈康长之手。陈康长当时任族长，并主持了族谱的编修。金鱼堂陈氏整合于五世祖陈康长，不是偶然的。据族谱记载：陈康长“好读书作诗，于古今佳句无不记忆，孝友尤笃”。又与彭谊“为管鲍交”[③]，时相切磋。请陈白沙题其大宗祠匾，也表明了其要倡明白沙之学的愿望。故而陈氏收族之后，与南海士大夫有功名的家族交往日益密切。如六世有陈湛，娶梁储（内阁首辅）之女，其兄陈澜娶冈头孝廉梁建中之女[④]，八世陈应龙（恩赐把总）娶冈头主事梁焯之女，陈应凤娶隔塘同知霍良翰之女，陈文祀娶红花梁知县之女，陈意改娶弼头知县冼谟之女[⑤]。

而七世陈席珍（以吏员考授捷胜仓大使，升任南京扬州府经历）更以追求理学为旨，其谱传称：

> 时弼唐庞公讲学罗浮，公执弟子礼，多年及门，推为畏友……（公）余暇日闭户读书，寻绎至理，凡有所得，辄欣然忘食。自是理学益粹。……及致仕归里，杜门不出，时以花鸟自娱，谓心性妙悟触物随发，信可乐也。里中慕道而来者接踵。公觉牖自任，未尝自高涯岸，故理学亦少行于乡。其自处素喜纯朴，纨袴之习不设于身体。衣粗茹素晏如也。子弟沐公至训，皆谨饬可风，家政由是肃然，乡俗亦因而返朴。

---

① 《南海金鱼堂陈氏族谱》卷二上《始迁祖派下》。
② 民国《佛山忠义乡志》卷九《氏族志》。
③ 《南海金鱼堂陈氏族谱》卷一上《旧序·原辑金鱼堂陈氏族谱序》。
④ 《南海金鱼堂陈氏族谱》卷二上《静恒房宗派图》。
⑤ 《南海金鱼堂陈氏族谱》卷二上《正轩房宗派图》。

以年五十七而终，痛惜者不绝于道。[①]

图5-2-6　金鱼堂陈氏地界碑（佛山市规划城建档案馆藏）

陈席珍追求理学，得益于庞嵩。继而又讲学乡族中，这对陈氏族人的影响甚为重要，“故理学亦行于乡”。陈席珍长子陈观光（由肇庆府库吏考授正八品职官）娶祖堂霍氏知县霍球女；次子陈观化，娶庞嵩之女[②]。此时陈氏虽属吏员之家（均为吏员授官，非科举正途），但对功名和理学之家的攀缘和追求十分积极。这也说明了南海士大夫所代表的功名和理学对整合宗族的作用。

不仅如此，我们还可从宗族发展上看到这点。万历十七年（1589），陈氏八世陈建中中举人。同年，陈建中就总修《陈氏族谱》，并请县庠生七世陈用和廪生九世陈万几参校[③]。谱共二卷，修出后，陈建中携谱赴京会试，不第，遂请会试总裁、内阁大臣许国为之作序[④]。陈建中的长子陈善芳，娶叠滘卢梦阳布政侄女；次子陈善道，娶霍文敏公孙女。

可见，无论是陈氏创始阶段，还是再整合阶段，都与该族科举人物相联系。而科举人物功名越高，攀附亲家族望也就越隆。

（四）细巷李氏

细巷李氏整合与崛起过程，极能说明功名人物对宗族和社区的作用。

细巷李氏是较晚迁入佛山的氏族。宣德年间，其始迁祖李广成挟冶铁之技从里水迁居佛山，遂世代以冶铁为业。与在明初已定籍的氏族相比，李氏当时属于“侨迹”。其谱称三世李广成“所业止取给衣食，不为赢余。故虽侨迹而乡之人信之爱之，无异辞”[⑤]。但是侨寓氏族人寡势单，又无合法

① 《南海金鱼堂陈氏族谱》卷八上《列传一》。
② 《南海金鱼堂陈氏族谱》卷三上《廷芳房图》一《第四支》。
③ 《南海金鱼堂陈氏族谱》卷九上《著述略》，卷二上《静恒房宗派图》。
④ 《南海金鱼堂陈氏族谱》卷首《序》。
⑤ 《李氏族谱》卷五《世德纪·广成公传》。

身份，到六世时，李氏就备受“邻豪”所欺。六世李善清晚年“以杯酒交恶于无赖子，属有瞰死里门者，因以非命持之，急率党啖门奋梃。阖室鼎沸，相顾骇窜。公卑词厚饷，不惜以身饵，倾室中之藏，不足，益以祀产，叩援豪贵之庭。豪贵受，平怵以法。公亦出金钱餍无赖子意，事才得解，而公之家罄矣”[①]。邻豪以人命欲械斗，李氏“阖室鼎沸，相顾骇窜”，卒以重资贿豪贵和无赖子才得平息，李氏地位之卑微可想而知。七世李世昌“天性谆笃，居无忤物，里中以长者称。邻豪有暴兴者以公愿多所齮龁，公怡然受之”[②]。所谓“怡然受之”，无异忍气吞声。八世时李氏出了冶铁富户李壮，凭借财力，李壮在万历十八年（1590）建立了其父李世昌的家庙，匾曰“报本堂”[③]，在三代血亲范围内整合了族人[④]。但仍不免受欺负。“居与势邻，势每假事凭陵，公绝不与较，仍以德报。公家人子为势所役死，势怵，公以释憾也，请人丐置不问。公曰：‘死，渠分。余忍借为兵端，无令委沟壑可耳。’事竟，势持金十镒为谢，率却之。势私相喜曰：‘不自意盛德之为容也。’”[⑤]以德报怨，其德确令人羡佩，而其情则令人怜悯。当一个家庭（族）没有功名人物时，富裕反成为招妒目标，如李壮就“以资故挂人眉睫，前后两遭非意”。第一次因未满足某贵人向其借贷要求，贵人诬告其“诡赋”，官府法办其左右之人。李壮“抱牒廷控，凡五上，当事随悟其非辜，事得白”。第二次是万历七年（1579）海寇窃发，李壮有知津亭埠头，收租于停靠诸疍。有兵卒“缚蛋诬为盗”，牵连李壮。李壮与亲友请求“贤绅”，贤绅挺身保护，兵卒乃放弃。[⑥]。李壮的从弟李上林也是冶铁致富之家，“族少年偶为里豪所哄，讼之官，因而株连者众，父老有不陵则竞之叹，遂不可解，终讼三年，费皆取办于公”[⑦]。李壮和李上林为“张族之举，

---

① 《李氏族谱》卷五《世德纪·靖山公传》。

② 《李氏族谱》卷五《古松公传》。

③ 《李氏族谱》卷五《祖考同野公传》载：“（公）念曾祖蠲享无所，为之捐地任费成庙貌。仍区画顺轩公、古松公祀业，若而亩，至今诏祝有所。”民国《佛山忠义乡志》卷九《乡俗志·氏族》。

④ 李氏自五世开始分四家，李壮曾祖李忠为三子，至此是为三房。

⑤ 《李氏族谱》卷五《世德纪·同野公传》。

⑥ 《李氏族谱》卷五《我容公传》。

⑦ 《李氏族谱》卷五《镜源公传》。

任怨任费”，亦难能可贵。

为了改变屡受邻豪欺压和赋役沉重的状况，李壮让其子李畅为椽吏[1]，并课其子孙读书。于是九世、十世时，子孙始有入府学、县学者。到十世时科名迭出，例如李孝问恩贡、科贡各一次，李孝问热衷理学，羡崇庞尚鹏，他说：“前辈余惟服庞惺庵。”[2]其堂弟李升问万历癸卯中举，官授刑部员外郎。其胞弟李待问万历癸卯举人，次年联捷进士，累官至户部尚书。又其堂弟李应问，天启甲子举人[3]。还有署丞好问、征问、丞问，主事象同[4]。可谓科名鹊起，仕宦成群。

李待问成进士后，立即着手大宗祠的修建。在此之前，始迁祖“公祀之礼阙如，荐寝而已”。李待问之父李畅早就想“合一族之子姓”之资建祠，李待问登第后，与“诸有力者责阅出息，长其尺寸”，共建大宗祠。大宗祠在天启六年（1626）建成，祀明始迁祖广成公。刑部尚书胡应台题额榜曰：敦睦堂[5]。李大宗祠内建有牌坊一座，额题“秩猷垂裕”。牌坊为四柱三间三楼式木石混合结构（该牌坊现为佛山祖庙大门）。祠成后，李待问出资两百四十二金，合以其父百金，作为蒸尝生息。李待问自户部尚书任上罢归后，又“复捐资以益之，合之得一顷九十八亩”。李待问怕日后“户籍滋混”，遂“开李广宗一户，载其税亩”。从此李氏一族，“一岁之内，祭有尝期，礼有尝式，献有尝品，品有尝数。有余者贮之以备不常之需”。此外，李待问“又置书田八十五亩零，以作子孙之力学者，愿循循勿矢也”。除建大宗祠外，李待问于天启六年（1626）建“赠户部尚书李公祠”（匾曰“永思堂”），祀其父亲李畅[6]。祠内建有四柱三间三楼式牌坊一座，枋额“天申世命”；二进大厅匾额“诰敕五道”，三进大厅称“永思堂”。三间面阔八米六，深四米二，占地面积三十六平方米。绿釉琉璃庑殿顶，三层如意斗拱承托，顶有龙珠、鳌鱼及陶塑花鸟瓦脊等装饰；牌坊台基、抱鼓石及

---

[1] 《李氏族谱》卷五《先考岐庵府君传》载：“时条鞭未行，受徭者立破产，同野公患之，督为椽，非其好也。”

[2] 《李氏族谱》卷五《葵孺公传》；乾隆《佛山忠义乡志》卷四《选举志》。

[3] 乾隆《佛山忠义乡志》卷四《选举志》。

[4] 乾隆《佛山忠义乡志》卷六《乡俗志·氏族》。

[5] 民国《佛山忠义乡志》卷九《乡俗志·氏族》。

[6] 民国《佛山忠义乡志》卷九《乡俗志·氏族》。

柱子用灰沉积岩，雕刻纹饰简练古朴；梁、枋、驼墩及斗拱等均以硬木制作。李待问殚力尽心，经营几十年而后成。两祠同立于进士里（栅下陇西里），人称“孖祠堂”，实一时之盛举。

图5-2-7　李氏大宗祠牌坊，始建于明天启六年（1626）。原在进士里。1960年由佛山市博物馆迁建于祖庙现址，该牌坊以其古雅瑰丽的造型，成为全国重点文物保护单位祖庙景区的标志，也成为佛山市的标志

图5-2-8　明赠户部尚书李公祠牌坊（李待问父亲李畅祠），建于明天启六年（1626）。原在佛山镇进士里（今禅城区祖庙街道辖区），1959年配合城市建设，牌坊移建于中山公园秀丽湖

与此同时，李待问修撰了《李氏族谱》。《李氏族谱》始修于天启三年（1623），完成于崇祯十五年（1642），谱成之后，李待问抚谱感叹曰：“今日者，聚族而居，不出里门，而子姓咸萃，喜相庆，忧相吊，雍雍如也。是卒是懋，龈龈如也。”[①]

① 《李氏族谱》卷首《序》。

李待问整合宗族的努力，使李氏在佛山的地位迅速上升。例如，李应问归里后，“里有无赖子藉死人为囮横索闾里，公挺身往，以义折之，量予金帛。无赖子惭去，闾里以白金为寿（酬）。公谢弗顾也”[①]。从过去本族的被人欺侮，到卵翼闾里，李氏在社区中的地位已今非昔比。

崇祯四年（1631），李待问升为户部尚书，成为晚明佛山堡内第一个官至尚书的仕宦，李氏在整个佛山堡内社会地位更扶摇直上。当时广州府推官颜俊彦曾称：“李宦名节自持，门庭肃然，通国所知也。”[②]可知李氏在地方官心中地位之突出。而后来乾隆年间修佛山志氏族篇时，陈炎宗把李族列为第一，同时举出其历代功名人物[③]，也就是对李氏科名人物辈出的首肯。

与此同时，李氏与之联姻宗族的地位也相应提高。李待问本人娶叠滘副都御史庞尚鹏侄端思女。李待问有二女，长女适南刑部尚书潘浚四子潘士松；次女适礼部侍郎陈子壮次子陈上廷[④]。陈子壮后亦为南明永历朝兵部尚书，可谓“尚书门第”。同族的李征问之女嫁庞尚鹏曾孙嗣烨。[⑤]

（五）隔塘霍氏

隔塘霍氏是最早迁居佛山的中原氏族。霍氏家族在明代以冶铸起家，聚居隔塘大街（原称霍畔坊），其街道遂以其先辈霍伯仓（“二十二老”之一）之号“隔塘”命名。

隔塘霍氏家庙始建于明万历三十三年（1605），清中后期重修，属家族祠堂。坐北向南略偏东，广三路，中路为三间四进，面阔11.17米，进深49.89米，面积558平方米。纵向轴线主体建筑分别为头门、二进四柱大厅、三进宅第、四进宅第及附属建筑组成，东西原有青云巷，内有偏间，左右对称，布局规整、整齐美观。现存中路为硬山顶镬耳式封火山墙砖木结构，四进院落四合院式平面布局。头门为当地传统的“回”字门面，水磨青砖墙、花岗岩门夹石，木门、趟栊，门厅东侧有门官土地神龛，梁下有花架。二进为四柱

① 《李氏族谱》卷五《世德纪·郕侯公传》。

② 《盟水斋存牍》（二刻）卷二《激变李扩衷二杖》。

③ 乾隆《佛山忠义乡志》卷六《乡俗志》。

④ 《李氏族谱》卷二《世系纪》十世《畅五子》；民国《佛山忠义乡志》卷十四《人物志十·列女》。

⑤ 《李氏族谱》卷二《世系纪》。

大厅，石柱础，瓜柱式抬梁结构，正面敞开式，宽敞明亮。三、四宅第均为“三间两廊”式住宅建筑，明间后堂均有栏板封隔，次间设两层单间居室。其中四进宅第之后还有半坡屋面的附属建筑，颇为特别。每进两廊皆有侧门口通青云巷。

图5-2-9　隔塘霍氏家庙，始建于明万历三十三年（1605），清中后期重修，属家族祠堂（张雪莲2007年摄）

（六）大墟庞氏

大墟庞氏亦属功名人物整合宗族之列。大墟庞氏的庞景忠于万历三十四年（1606）举于乡，授官湖广京山令，后晋为南京户部主事[①]。《庞氏族谱》记载：“庞景忠，字孝移，万历丙午举于乡。……以母老乞归，屡征不出，地方利病当涂辄从咨榷。万历、崇祯间两聘修邑乘，时苦水寇，辟陆道百里，与尚书李待问捐资，共成其事。而鸡头一桥，忠自营造。至今称庞公桥云。所建大小宗祠，俱置祭业，蒙惠者众。”[②]又据康熙《南海县志》记载：“庞氏大宗祠、小宗祠，俱在佛山村地官里，主政庞景忠建，总督熊文灿题。”[③]

上述佛山主要氏族整合过程说明，一个宗族在社区中的地位主要由功名人物和理学人物所决定。哪个宗族中功名人物多、官位高，哪个宗族就在社区中享有重要地位。否则，就要处于低贱卑微的地位而世代受强族欺侮。富商大贾固然可凭借其财力对族人进行整合，但整合范围在三代之内，达不到

① 光绪《广州府志》卷一一七《列传六》。

② 《庞氏族谱》卷二，民国二十二年（1933）诒思堂藏。

③ 康熙《南海县志》卷二《建置志·家庙》。

始迁祖的范围，这可能与商人本人的整合欲望和在族人中的威望不如功名人物有关。即使是一个宗族在未出功名人物前已进行了整合，待其功名人物出现后，总要伴随一次更深刻、更大范围的整合。一个宗族要想保持自己在社区中的主要地位，就必须代代涌现功名人物，并且要出进士出身的京官，否则，就要为别的宗族所取代。可见功名人物（或理学人物）是整合宗族的有力人物。事实上，要代代出功名是很难做到的，有明一代，佛山堡籍进士加京官的人物只有梁焯、冼桂奇、李待问三人[①]。他们的交替出现，标志着郡马梁氏、鹤园冼氏和细巷李氏在社区地位的交替上升，从而形成一个“功名望族”势力兴衰隆替的周期。这个周期的开始，是以某个宗族功名人物出现为其标志，随着功名人物官秩的提拔，其族的地位就上升发展。这一周期的结束，主要不是以功名人物身故为标志，而是以他族功名人物的出现为标志。新贵家族出现，宣告了遗老家族隐退。于是与新“功名望族”相联系的另一周期重新开始。此伏彼起，推陈出新，从而演出了明代佛山传统社会一幕幕带有浓郁家族色彩的历史剧。

据乾隆《佛山忠义乡志·氏族篇》，以上氏族列在前六名，它们依次为李氏、陈氏、梁氏、冼氏、霍氏和庞氏[②]。有明一代，以上氏族尤其是郡马梁氏、鹤园冼氏和细巷李氏是佛山居民的主要领导力量，决定着佛山城市发展的方向。

功名望族的存在和活动，给佛山社会发展带来了双重影响。一方面，在没有官治组织的情况下，功名望族的地位和权威，代替了官府权威，有效地组织着佛山社会经济的运作，给佛山商民带来了许多特权和利益。由于血缘和地缘关系，佛山商民均乐于听命于功名望族。“二三巨族以愚民率”，形成了佛山在明代的自治状况，对以后佛山发展过程的自治趋向产生了深远影响。另一方面，功名望族活动的效果依赖于官府支持，而官府是否支持，很大程度上要看是否在明王朝提倡的正统范围内行事。由于佛山功名望族自正德至明末百余年的努力，官方正统化在佛山取得明显成功，宋明理学深入佛

① 乾隆《佛山忠义乡志》卷四《选举志》载明代进士共有九人，但其中冼光、杨邦翰、关捷先、冼宪祖不是佛山籍人；或祖籍佛山，后他迁；或登第后迁入佛山，无族人在佛山。而陈善、岑远不是京官。

② 乾隆《佛山忠义乡志》卷六《乡俗志·氏族》。

山社会各个细胞——家族之中，并占有崇高地位，佛山从宋元前蛮荒之地变成了诗礼之邦。因此，明代广东官府对佛山社会经济诸事业也鼎力支持。这一点，不能不给佛山人政治观念留下深刻影响，佛山人从功名望族身上看到官府支持的力量。因而，承认官府地位并积极寻求官府支持，以使佛山诸事业合法化，逐渐成为佛山人的政治觉悟。这一觉悟，为以后佛山政治格局的变化奠定了群众基础。

第三节　商品性农业与乡村墟市的发展

明代佛山的商品性农业主要指桑基鱼塘和果基鱼塘这类基塘农业，基塘农业发展于明代，兴旺于清代。

一、九江鱼花捕捞业

淡水鱼花资源和良好的水利环境改造是基塘农业形成的基础。每年春天鱼群产卵季，鱼卵散落在藻荇之间，状美若花，曰鱼花。鱼花从渊潭出者易养。“渊潭”是指在河的湾环处水流舒缓，浮游生物多，是鱼产卵的适宜场所。西江多渊潭，而其源从滇、黔、交趾而来甚远，故西江鱼花多而肥。正如粤谚所云“下流鱼花上流鱼”，又云“上江鱼放下江花”。

每年农历三月至八月是取鱼花的季节，此时在广西贵港、梧州到封川以下的西江河段成为盛产鱼花之地。早在唐宋，珠江三角洲已经有关于鱼花捕捞业出现的记载，元代池塘养殖业已经广泛存在。[①]到了明代，以捕捞四大家鱼——鲢鱼、鳙鱼、青鱼、草鱼的鱼花成为广东九江的一大产业。《广东新语》记载：

---

① 吴建新：《佛山桑基鱼塘史》，广东人民出版社2019年版，第21—22页。

> 南海有九江村。其人多以耪鱼花为业，曰鱼花户。鱼花产于西江。粤有三江，惟西江多有鱼花。取者上自封川水口，下至罗旁水口，凡八十里，其水微缓，为鱼花所聚。过此则鱼花稀少矣。鱼花之步凡数十，步皆有饷。鱼花户承之，岁纳于朝。①

古代西江是疍家活动的场所，他们掌握了捕捞鱼花、装养鱼花的技术。在弘治以前，九江人也是从西江上的疍家买鱼花回乡养殖。长时间的技术积累，使九江人也掌握了捕捞鱼花、饲养鱼花的技术。明正统年间，许多疍民参加了黄萧养之乱。黄萧养失败后，疍民纷纷逃亡，西江河上鱼花捕捞无人过问。广东官府为了重新抽取渔课岁收，于明弘治十四年（1501），招九江人承包。九江人遂集数千两白银，获得从封川到高明的西江上的大部分鱼花捕捞权，设立鱼花埠八九百处。②

更重要的是，九江人还凭借优质的鱼花养殖技术，垄断了所有鱼埠的鱼花育苗。出现了不少以贩鱼花而致“千石”之富的专业户。据《广东新语》记载：

> 九江之地如棋枰，周回三十余里，其黑脉者堤也，方罫者池塘也。池塘之水，养鱼花者十之七，养大鱼者十之三。养鱼花水浊，养大鱼水清。视其水色，则知所养为何等鱼也。地狭小而鱼占其半，池塘以养鱼，堤以树桑。男贩鱼花，妇女喂爱蚕。其土无余壤，人无敖民，盖风俗之美者也。人之富多以谷估及贩鱼花，史称水居千石鱼陂者此也。③

每年正月，浩浩荡荡的鬻鱼花艇从九江出发，“岁正月，始鬻鱼花，水陆分行，人以万计，筐以数千计。自两粤郡邑，至于豫章、楚、闽。无不之

① 《广东新语》卷二十二《鳞语》，第556页。

② 《高明县志》（1690）记载：“（九江堡民承）自封川至高明五六百里，约鱼埠八九百，每埠分上中下，纳税于府。”

③ 《广东新语》卷二十二《鳞语》，第558页。

也”[①]。九江从此成为华南最大的鱼花养殖基地。九江鱼花养殖基地的形成，不仅给广东而且给珠三角淡水养殖业提供了鱼苗资源，也带动了周边乡村纺织鱼池布（用以取鱼花者）的生产发展。九江也是明代到清代前期蚕区的主要制种地，九江及其周边地区蚕桑业的长期发展，为各类基塘种养结合的商品性农业发展提供了重要的产业基础。[②]

二、基塘区的形成

基塘经营方式是一个重大变革，它把珠江三角洲的农民从单一稻作经营转变为集约式商品性农业经营。同时也改变了农民对待农业生产的态度，使他们精明强干、逐利而作。其后，基塘以不可遏止的势头在围田区内迅速发展，其发展又表现为农业经营的两个变化：一是种植作物由果树到桑树的转变，由于蚕桑和养鱼可以互相促进，蚕屎喂鱼，塘泥肥桑，生态循环。且蚕茧造数多，生丝商品档次高，生产资金周转快，因此，“桑基鱼塘”代替了“果基鱼塘”成为基塘的主要经营方式。二是土地利用的变化，因为“树桑养鱼，其利过于种禾数倍”。[③]这引发了“弃田筑塘，废稻树桑”热潮[④]，即从最初低洼地种桑转变为直接利用稻田种桑。有明一代，基塘区的南海、顺德各乡纷纷锹田筑塘，走上集约化经营道路。明万历年间，九江仍以果基鱼塘为主。到清初顺治年间，仅仅几十年间，果基几乎全被桑基所代替。这种种养结合的集约式农业经营方式具有很大的商品性：一方面，它提供了大量的甘蔗、蚕茧、塘鱼等商品性农产品，扩大了农村的交换对象和范围，直接为手工业生产提供了原材料；另一方面，它又必须有大量的手工产品做保证。例如，丝织业所需蚕茧需要农村养蚕业提供，而榨糖必备的铁锅、桑植所需的刀剪则取自冶铁业。商品性农业经济的发展，促进了手工业同农业的分离，刺激了更多的交易场所和手工业城镇的出现。

---

① 《广东新语》卷二十二《鳞语》，第557页。

② 《佛山桑基鱼塘史》，第21—23、34页。

③ 民国《龙山乡志》卷三《舆地略三·风俗》。

④ 参阅叶显恩、谭棣华：《明清珠江三角洲农业商业化与墟市的发展》，载《广东社会科学》1984年第2期。

今天佛山的基塘区主要包括西、北江下游三角洲的南海区、顺德区；西、北江三角洲上游的高明河平原和北江三角洲的三水小部分地区。基塘区的形成是历史自然地貌和人工地貌结合的过程。仅以今佛山境顺德、南海、三水、高明4个区的桑基面积为例，1925年桑基鱼塘最发达的时期，桑地超过1万顷，占1925年珠江下游流域桑地面积（未算广西）63%。[①]

图5-3-1　桑园围因“桑”得名，图为万亩桑基鱼塘（西樵镇宣传文体旅游办公室提供）

明代佛山地区堤围修筑有很大发展，同时由于各村在修建村基、子围过程中“与水争地”，客观上使得水道变窄，水患加剧。上游三水的洪水来得快去得快，下游顺德南部等地出海宣泄不畅，而处于“不上不下”位置的西樵、九江、龙山、龙江整年内有很长时间都面对较高的水位，在雨季还要面对西樵山的山洪。于是人们创造出挖深鱼塘蓄水、利用池塘调节水位的办法。鱼塘挖深以后，将泥土覆向池塘四周，称为基面。池塘挖得深，恰好符合了蓄水养鱼的要求，于是这种基塘农业很快在西樵、九江、龙山、龙江等地发展起来。而在顺德县城大良周边，顺德县的几任县令都积极建设土堤，以固定周围游衍的水道。成化二年（1466），顺德县令钱溥“大备砖石甃其县城，凿河导流环其县境”[②]，成化年间继任顺德县

① ［美］考活著，黄泽普译：《南中国丝业调查报告书》，岭南农科大学刊行，1925年，第11、23、25页。转引自《佛山桑基鱼塘史》，第14页。

② 《顺德县学新建奎文阁记》，载咸丰《顺德县志》卷二十《金石略二》。

令的吴廷举，“为土隄自县东北达黎村、羊额、伦教二千余丈，又为土隄自喜涌达桂林、龙津、甘溪、都粘三千余丈，于西南又为土隄自马冈达桂洲、容奇五百余丈，其间诸溪皆梁焉”[①]。这为顺德南部日后发展基塘农业提供了良好的基础。

万历《顺德县志》中记载了明中叶左右的基塘农业概况：

> 负郭之田为圃，名曰基，以树果木荔枝最多，茶桑次之，柑橙次之，龙眼则树于宅，亦有树于基者。圃中凿池畜鱼，春则涸之播秧，大者至数十亩。若筑海为池，则以顷计。鱼苗，九江人以布为网，取于端州，回育池中，至春夏交，散卖各乡。果树则出于龙津（现西樵、南庄附近），或接旧枝，或种新核。[②]

“筑海为池”是指在宽广的水道边围垦基塘或者截断河涌为基塘，养鱼之塘的池底塘泥肥沃，春天插秧正逢其时。基塘农业有很多类型，如果基鱼塘、桑基鱼塘、茶基鱼塘，果树也有不同品种，基和塘的比例也是因地制宜，有基三塘七，也有基塘五五对开不等，根据生产生活需要进行调整。如此，形成了灵活丰富的基塘农业的排列组合。

在顺德龙江地区，明正统十四年（1449）黄萧养之乱时猛攻龙江，当地乡绅“遂于东海口错木桩以为阻，次将南畔、新开、石龟等涌口填塞，积水作水城一道。又于沿村鱼塘疏通，作水城二道”，以资防御，这段史实说明，当时龙江乡沿村分布不少用于养鱼的池塘，这些池塘互相毗连，面积和数目很大，稍为“疏通”，即可作“水城”之用。[③]龙江对面的九江的南丫面（闸）在洪武、成化、正德年间均为开与塞发生诉讼，“议塞者防水塞为民害，议开者利其运载便民事”，万历十年（1582）县令决议开。未开之时因为围内水田与养鱼花的基塘并存，支持开的人是因为要每天送饲料来运鱼出外。而到了万历时，因为基塘此时已经占优势，闸之启

① 咸丰《顺德县志》卷二十《金石略二》。“其间诸溪皆梁焉”的“梁”字，据《尔雅·释宫》：堤谓之梁。

② 万历《顺德县志》卷十《杂记·俗产》。

③ 《珠江三角洲农业志》，第254页。

闭有时，因此反对的人少。这个闸的出现说明桑园围尾闾的九江桑基鱼塘已很普通。又有，“闻本乡数十年前颇殷富。自周江夏开闸后，田里每易淹浸，大都少富多贫”[①]，这段话是指万历十年（1582），南海县令周某开了九江最早的惠民窦，适应了当时桑基鱼塘换活水的需要。其实，西、北江三角洲（主要是南海、顺德）的低洼地，无论建房子，还是建果园，都要挖鱼塘以蓄水防涝。广东雨水季节长，地面径流多，如排泄不畅而积水，对果树和房屋都不利。因此，宗族建室宇祠堂，门前亦多挖池塘以之蓄水。如南海冈头邓氏先祖邓伯达自南迁以来，广拓产业，建室宇，凿池塘。如果在鱼塘旁边种上果树，就是果基鱼塘的雏形，这意味着果基鱼塘起源于庭院农业。

基塘也是宗族重要的财产和投资方向，杏坛镇上地村松涧何公祠内有一块立于弘治十五年（1502）的《何氏家庙记》，里面就说道：“祖考何僧奴，显考何志聪，后先无异，显妣梁氏，马齐人，勤俭持家，考增田地塘八十余亩。……外考置东边基塘，税六亩三分。予与本宗人等替换，通作大塘，又凿长塘一口，通税五十六亩。宅前土名状元涌田……所筑围两熟……今计田地塘二十一顷。”[②]当时何氏宗族已经拥有很多的基塘作为尝产。南海叠滘村头村的庞尚鹏留下的《庞氏家训》在“务本业”里也提道：“池塘养鱼，须要供粪草，筑塘墙，（基面）桃李荔枝，培泥铲草。”[③]

隆庆、万历年间开海，南海的对外贸易环境使丝绸的贸易量大增，商品性农业开始出现快速增长。屈大均在清初所述：“广州望县，人多务贾与时逐。以香、糖、果、箱、铁器、藤、蜡、番椒、苏木、蒲葵诸货，北走豫章、吴、浙，西北走长沙、汉口。其黠者南走澳门，至于红毛、日本、琉球、暹罗斛、吕宋，帆踔二洋，倏忽数千万里，以中国珍丽之物相贸易，获大赢利。农者以拙业力苦利微。辄弃耒耜而从之。”[④]这段话被认为是对万历

① 顺治《九江乡志》卷一《涌滘》。

② 《何氏家庙记》（弘治十五年），载《顺德碑刻集》，广东人民出版社2012年版，第11—12页。

③ （明）庞尚鹏：《庞氏家训》，天马出版有限公司，第5—21页。南海区叠北村委会藏。

④ 《广东新语》卷十四《食语》。

年间商品性经济的追述。粤丝畅销，需求增加，南海、顺德的生产（桑基鱼塘）也会出现爆发式的增长，基塘的比例则根据市场扩展而增加。例如，明末清初时南海县九江乡，“乡搤西北下流，地窊。鱼塘十之八，田十之二。故力农本务无几。终岁多殚力鱼水而逐末”，指的就是由于养鱼利润高，所以基塘的比例占到总耕地的八成，乡人都致力于养鱼致富。[①]到了明万历九年（1581），鱼塘面积增加到：顺德县40084亩，南海县41608.5亩，三水县10250亩，高明县7810亩。[②]

三、乡村墟市的发展

基塘农业需要大量手工业生产的工具开展生产活动。例如，挖鱼塘需要铁梆、铁锹；果基和桑基需要锄头、犁、桑刀、果刀等铁农具；养蚕业、缫丝业需要陶器；蚕房、蚕架、蚕窝、缫丝车、转丝车等工具的制造需要铁材料；蚕区水乡必备的艇、渔船需要方钉、铁锚；甘蔗榨糖需要大铁锅、网罟需要铁圈等。这些铁器都在佛山制造，佛山有铸犁大街等街道，是造犁和铁锄的地方。桑基鱼塘的农具还需要大量竹木和藤类为原料，铁农具如铁梆、铁锹、犁头的端部只用硬钢，其余部分用坚硬的木质，荔枝木、海南文木和粤西、粤北山区的硬木都是很好的材料。蚕具则大多为竹木造。竹木原料都可以在顺德、南海或者邻近县份解决。明代前期，珠江三角洲竹木材需要从北江、西江上游山区购入，由此产生了竹木的长途贩运，明代嘉靖以后铁力木之类的硬木则从广西贩来。频繁和大量的交换，催生了墟市的发展。

（一）何谓墟市?

乡村墟市是乡村交换商品的初级市场，源于农村民众剩余生活产品互通有无的交换需要。墟市在北方地区古称草市，岭南称为墟市。农民“日用所需，一皆倚便于墟”，趁墟成为生活所必需的习惯。即所谓“南人曰趁墟，

① 顺治《南海九江乡志》卷二《生业》。

② 乾隆《广州府志》卷十一《贡赋》；光绪《高明县志》卷六《赋役·田赋》。清人记载明代田赋原额的“塘”数，不等同于实际塘数。实际塘数应该大于此数。此数仅作参考。

北人曰赶集”[①]。最初的墟市可以独立存在，与整个市场网络的联系不紧密。商品性农业和手工业的交换的需要，促进了乡村墟市的规模和交易内涵发生发展，墟市辐射范围扩大，交易商品丰富，既有生活资料，更有生产资料，逐渐成为一定地域内经济交换、社会交往和信息交流的中心。它犹如一根纽带，一头与周边农村连接成一个墟市社会，另一头与更大的市场连接成为市场网络的一个中心点。

明代的“墟”和“市”，原先是有区别的。墟有墟期，市则常设。“粤俗以旬日为期，谓之墟；以早晚为期，谓之市。墟有廊，廊有区，货以区聚……市则随地可设，取便买卖而已。故墟重于市，其利亦较市为大。”[②]史载：“粤东省会，市之大者，皆隶南海，思次昆列，百货骈辏，商贾不以期集。若乡保，墟大市小，服食器用之物，求之墟乃备。”[③]可见附城之市，规模较大；四乡之场，墟大市小。《顺德县志》记载：“乡镇贸易之地，百货骈阒，其朝趋而午散，远方咸集者，曰墟；备朝夕之求，供喽飧之用者，曰市。”[④]如明代佛山堡内的三墟六市，即大墟、普居墟、盘古墟和官厅市、公正市、早市、晚市、三元市、朱紫市。这些墟市是周围农民产品交易的场地，例如朱紫市，原名“猪仔市”，买卖小猪。普君墟是明天启七年（1627）因平冈改建店户将塔坡墟迁移于普君庙前，遂改为“普君墟”。清代增设的普君新墟，墟期与原普君墟相同。三墟六市是佛山堡从农村迈入城市前开设的，主要满足居民生活日用品的交换。清代以后依然保留。因此《佛山忠义乡志》称：“墟、市皆不可废。墟期以日利四方，市期以早暮利近地。”[⑤]说明这种小市，无论在地域还是在职能上，和上述的纯粹的农村墟场基本上没有大的差别。[⑥]

明初的“墟”，原没有固定字号商店，“逢市架木覆茅，以为贸易之处”，挑卖酒食者，于肆市两旁张伞招客“席地而饮”。后来随着地方经济

① 民国《佛山忠义乡志》卷一《舆地志·墟市》。

② 民国《佛山忠义乡志》卷一《舆地志·墟市》；光绪《广州府志》卷六十九《建置略六》。

③ 道光《南海县志》卷十三《建置五·墟市》。

④ 民国《顺德县志》卷三《建置志·墟市》。

⑤ 民国《佛山忠义乡志》卷一《舆地志·墟市》。

⑥ 李龙潜：《明清时期广东墟市的类型及其特点》，载《学术研究》1982年第6期。

的发展，为适应民众日常生活需要，以利商品流通，不仅在农村建“市”，也在“墟”上建起固定字号的商店。万历年间，顺德县龙山乡大墟就是搭廊肆作为“聚货交易”之所，扩大规模，设立店铺。[①]万历年间佛山药王庙墟市也建有墟廊。[②]

（二）明代佛山地区各县墟市

据嘉靖《广东通志》记载，嘉靖年间佛山地区各县已有墟市为：

南海县。市八：西门、西石头、撒金巷口、第二桥、大观桥、羊巷口（即新平桥）、太沙角尾、半塘街（以上在广州附城）。墟十一：大历（在大历堡）、横冈（在平地堡）、官窑（在麻奢堡）、大冈（在沙丸堡）、黄竹岐（在黄竹岐堡）、汾水头（在佛山堡）、扶南（在扶南堡）、李村（在海洲堡）、白庙（在上围堡）、鼎安（在鼎安都）、九江（在九江堡）。

顺德县。市四：东门、南门（在南城外）、大良（在西城外）、伏波桥。墟七：容奇、甘竹、白藤、龙江、江尾、龙头、石硝。

三水县。市二：白坭、县前。墟九：胥江寺前、西门寺前、西南下、杨梅、竹丫、鹿步、清塘、白坭、大路。

高明县。市三：县前（在城内）、南门、苏村（阮埇甲）。墟八：榄冈（在上仓步乡）、沙冈、水口（俱在杨梅都）、黎坑（在步停都）、新墟（在清溪都）、合水（在塘华都）、更楼（在朱塘都）、三州（在田心都）。[③]

到万历年间，随着人口和商品经济的发展，各县墟市大量增加。据万历《广东通志》记载：

南海县。市十：大市、西门、西石头、撒金巷口、第二桥、大观桥、沙角尾、半塘街，观山、万安（以上在广州附城）。墟十五：大历、横冈、官窑、大冈、黄竹岐、分水头、扶南、李村、白庙、乔涌、沙边、石冈、湘村、崾头、大同。[④]

---

① 嘉庆《龙山乡志》卷十一《艺文志·记·重修大冈墟武庙武庙碑记》。

② 群马《梁氏族谱》，手抄本，不分卷。

③ 嘉靖《广东通志》卷二五《民物志六·墟市》。

④ 万历《广东通志》卷一六《郡县志三·广州府·坊都》。

顺德县。有市四：东门、南门、北门、碧鉴。墟三十二：鹿门、栅口、石涌、伦教、黎村、黄连、马宁、鼎新、白藤、江尾、龙江、北潮、上下桥、永安、石龙、麻洲、大冈、村头、螺冈、水藤、桃村、马村、冈头、碧江、岳步、潭村、北滘、良滘、荷村、腾涌、永新、陈村。①

三水县。市四：县前、濠口、通广门、白坭。墟十三：西南（旧为西南下）、胥江（旧为胥江寺前）、杨梅（旧为杨梅跟竹丫）、禄步（旧为鹿步）、苍江、小洲、清塘、尧山、沙头、江根、大路、董埭、古灶。②

高明县。市一：县前。墟二十二：东阁（在东门外）、苏村（在阮埇甲）、石奇、清溪新（皆在清溪都，旧称新墟）、罗格（在罗格甲）、榄冈（在上仓步）、沙江（旧称沙冈）、水口、井头（三者俱在杨梅都）、山村（在清泰都）、长冈（在高村都）、黎坑、停步新（二者在停步都）、更楼（在朱塘都）、合水（在塘华都）、新庄、范州、桥根（三者皆在范州都）、三州（在田心都）、斋岭（在文储都）、九湾（在黄村都）、平头（在良村都）。③

明代佛山墟市的建设者（墟主）主要两类：

第一类是以图甲和堡为单位的地方共建者，如龙山大冈墟，原为宋时设立在村头的古墟。洪武二十九年（1396）迁往大冈，为龙山堡四图共建。④但万历年间士绅柯廷芳倡议建设义仓时，再次与四图甲父老重修大冈墟，并先后建了真武庙、四图公馆（乡约）、团练营等公共设施。大冈墟税地登录在柯廷芳户下，但墟场收益归四图共享。相传洪武二十九年迁墟之始，当时主持修筑桑园围的陈博文也给予极大帮助。⑤可见地方士绅在墟市建设中发挥了重要作用，因此龙山堡四图父老岁祀柯廷芳和陈博文。以堡为单位的地方共建单位者则有顺德县乐从墟。⑥

① 万历《广东通志》卷一六《郡县志三·广州府·坊都》。

② 万历《广东通志》卷一六《郡县志三·广州府·坊都》。

③ 万历《广东通志》卷四六《郡县志三十三·肇庆府·坊都》。

④ 嘉庆《龙山乡志》卷十一《艺文志·记·重修大冈墟武庙武庙碑记》。

⑤ 嘉庆《龙山乡志》卷十一《艺文志·记·重修大冈墟武庙武庙碑记》。

⑥ 参阅周新年：《顺德地方社会与集体空间研究》，华南理工大学博士学位论文，2018年。

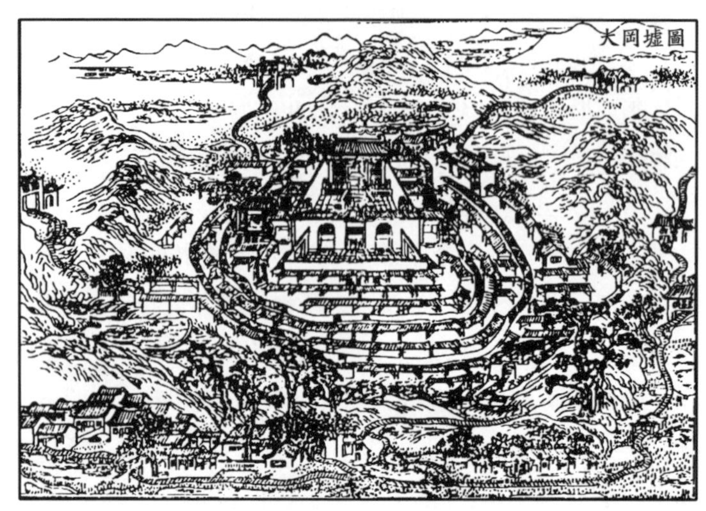

图5-3-2　大冈墟图，根据嘉庆《九江乡志》绘制（张波绘制）

第二类是以宗族为单位的墟市建设者。这是墟市建设的主力军。明代岭南乡村墟市的管理由其创建者负责，乡村墟市的所有税费也均由墟主来征收。自明代嘉靖年后，珠江三角洲的宗族组织逐步发展成为控产组织。投资开办墟市是宗族获利的重要途径，有力宗族通过建设墟廊，收取摊位租金获利。万历《顺德县志》记载："今墟市之大者，豪植之徒以其势力招徕百物，厘而征之。"[①]岭南地区凡属宗族所有的墟市，都作为族产由祠堂值理管理。有的还设有墟主，管理一墟之事。"岭南税事，从来有之，凡舟车所经，贸易所萃，靡不有税。大者属公室，如桥税、番税是也；小者属私家，如各埠各墟是也。各埠各墟，属之宦家，则春元退舍；属之春元，则监生、生员退舍；亦有小墟远于贵显者，即生员可攘而有之。"[②]如佛山红花梁氏，是佛山保卫战"二十二老"之首梁广的后代，明代时其族人控制了三墟六市的猪仔市，并在此建墟廊数座。该墟市后来成为清代著名的丝织工交易市场。每天清晨数千丝织工在此待雇，人称"企市"（粤语，企即站立的意思）。[③]又如佛山著名的普君墟，属金鱼堂陈氏的税地，金鱼堂陈氏长期在此

① 万历《顺德县志》卷一《地理志·墟市》。

② （明）王之甫：《粤剑编》卷二《志时事》。

③ 群马《梁氏族谱》，手抄本，不分卷。

建墟廊收租。[①]

墟市的发展，促进了市镇的繁荣。明前期佛山地区市镇的繁荣主要在南海县，弘治年间大学士丘濬说："岭以南，邑之最大者莫如南海，其最剧者亦莫如南海，生齿所聚，商族所趋，工巧所萃，地利所出，珍货所居，皆他邑所无有者，非独岭以南所无有，虽吴楚之区亦鲜。"[②]这个评价很高。到了明末时，顺德市镇的繁荣后来居上，陈邦彦《金紫阁记》载："广之属邑，顺邑为著，顺之郊龙山为著。盖自五岭以北，达于京师，旁暨吴、楚、秦、蜀、滇、桂，凡通邑大都，泉贝之交，舟车之辏，往往多连骑结驷之游焉。海内习于其名，以为裒然一都会也，不知其乡也。"[③]明末龙山已是"一都会"，呈现出城镇化的繁华景象。

明代时北江支流芦苞涌淤塞，西、北江农产品南下转道佛山镇，再转运广州，佛山镇商业门户的地位此时已确立。随着佛山镇商业的兴起，西、北江农产品、土产就直接在佛山交易。桑基鱼塘生产制造农具用的竹木在佛山分销。商人们在西、北江沿岸建立了运销竹木的网络，如南海九江烟桥村牧野公在四会仓岗墟市贸易，就是佛山商人在广西、粤东北竹木运销网络的经销点。佛山经营竹木柴炭类的行业有杉行、杉碌行、杂木行、柴栏行、炭行、苎麻行、山货行、竹器行、葵篷、篾行等十余类。竹器行用以制作桌椅、筐篮的竹子，来自号称竹乡的广宁、怀集以及四会、罗定等地。藤器行的制品原料来自粤北的韶关、广西，或从南洋进口。炭行所交易的炭来自西、北江。柴栏行产品来自清远、英德、四会、广宁、罗定及广西藤县等处。染网罟需要的薯莨多从粤西的高州等地运来。桑基鱼塘区往山区购买竹木的商人，去途先带去基塘区的商品，回途则买山区竹木土产回佛山镇，如广宁县，"商多南海、顺德、三水、高要人，城垣墟市皆是。懋迁货物如绸缎布匹以及山珍海错与各色服食之需，皆从省会、佛山、西南、陈村各埠运至。非本土所有，故其取值视他处较多"。山区人到佛山等地佣工络绎不绝。[④]

---

① 《南海金鱼堂陈氏族谱》卷十上《祭文》。

② （明）丘濬：《琼台会稿二十四卷》卷十三《送南海吴知县序》，四库文渊阁补配文津阁本。

③ 嘉庆《龙山乡志》卷十一《记》。

④ 《佛山桑基鱼塘史》，第187—191页。

由上可见，经过宋元的技术积累，明代佛山人民逐渐将低洼地改造为基塘农业区，变劣势为优势。商品性农业推动了发达的乡村墟市网络的兴起，而随着明末外贸需求的增加，明初南海县境内墟市在宋元基础上迅速增加，当时除广州外，还有官窑、金利、青岐、芦苞、三水、大通、逢简、九江、平洲以及佛山等，这里成为三角洲境内最富庶的地方，随着市场网络日趋发育成熟，客观上要求有比墟市更大规模的城镇来担负区域性市场经济网络中枢的任务。于是，自明以后，佛山就在这批墟市中脱颖而出，与广州一起成为三角洲的经济轴心，时人并称“省佛”。可见，佛山的兴起，深深地植根于珠江三角洲发达的商品性农业经济基础之上。

以佛山镇为领头羊的大型市镇的崛起，开创了“广佛周期”和岭南区域城市化[①]的先河。

第四节　明中叶佛山行政设置

明景泰三年（1452），顺德县从南海县析出，走上了社会稳定、经济进步的独立发展之路。这给地处南海县边缘、政治统治力量相对薄弱地区的人民，树立了理想范型。明中叶后，广东官府继续将此种郡县治理的模式在南海县北部和南部境内推行。

一、高明县的设立

高明县设立于成化十一年（1475），成化十二年（1476）正式按照明代官方户籍图甲制度进行编户齐民。

（一）高明设县缘由

据《高明县志》记载：高明，古百粤地。宋元以前地属高要县。正统

① 罗一星：《论广佛周期与岭南的城市化》，载《中国社会经济史研究》2009年第3期。

十四年（1449）南海黄萧养越狱作叛，联结高明当地土贼利尖头、邓宗远等人占据杨梅、清泰、上下仓等都，“日肆劫掠”。景泰元年（1450）随黄萧养失败而被明官军擒获。天顺三年（1459）“西贼连结西山傜僮又复流劫”，官府连连剿捕，岁无虚日。因此当地百姓麦茂等恳请都御史吴琮上奏：请将高要县清泰等都，析出设置新县。明朝廷随即准许立县，定新县的县治于原高要县的高明巡检司（青玉山前）所在地，以当地地名“高明”为县名，改原高明巡检司名为太平巡检司。[①]成化十二年（1476）十一月正式颁印，编户一十八都，分三十图。后省祭谭亨呈请复割高要范洲、清溪等都，增二十四都为三十八图，弘治年间又省并大幕二、塘华二、阮埇三等图，最终高明县的编户范围稳定在三十五图，“岭西称望邑云”。[②]

与南海、顺德、三水县都属于广州府不同，高明县属于肇庆府。虽然县志将高明的源流追溯到了百粤（越）时期，历数自秦汉设郡以降的诸多沿革，但设县前能追溯到的记忆只有明代初年设立的高明巡检司，这是“高明”这个名字第一次作为地名出现在官府编制里，正如高明名宦区大相的长子区怀瑞所言“高明虽古平兴清泰县，然前仅一巡司地耳”。[③]

光绪《高明县志》对设县缘由有这样的论述：

> 夫王者，有分土，无分民。建侯树屏，祈以戢境，保民而已。况端州实岭南咽喉，倘荒陬僻壤，负山阻海，距郡多过百里，万一萑苻窃发，如黄萧养之属煽惑黔黎而控制莫支，全粤其克保无虞哉？语曰：鞭虽长而不及马腹，则郡之有县，犹车之有辅，故贵列邑以保障之也。自高明置于有明，而民登衽席，后世因之，故曰：封建非圣王意也，势也，于沿革乎何有哉！[④]

设县的缘由是此地偏远，附近无一行政据点，距省府多过百里。一旦

① 光绪《高明县志》卷十五《前事志》。

② 光绪《高明县志》卷四《沿革表》，卷十五《前事志》。

③ （清）江藩、（清）黄培芳总纂：道光《肇庆府志》卷三《舆地四》，光绪二年（1876）重印本。

④ 光绪《高明县志》卷四《沿革表》。

发生动乱，比如像黄萧养这样的人煽动迷惑了黎民百姓，则周围人民纷纷响应，容易成势，而（官府）却无力控制，“全粤其克保无虞哉？”，所谓“鞭虽长而不及马腹，则郡之有县，犹车之有辅，故贵列邑以保障之也”。自从明代设置了高明县，人民安枕无忧，后世相沿无异。更重要的是，设县可以吸纳人们入编户齐民体系，不仅可以增加财政收入，而且可以根治动乱。

高明本地接山区，傜僮僻处。高明县的设立，促进了明王朝对社会层面的治理。区怀瑞认为：“（高明）接迩新兴、新会，箐径薮盗。置县以来，民始毁砦归农。顾邑以上，刀耕火种，仅给峒炊，山利悉无所出，邑以下皆沮如泽国，沙堤不任捍御，雨一日夜，潦起寻丈，田庐与鱼鳖争命，以故民苦耕趋读，君子秀而有文，小人巧而弄法，亦驱之使然也。富而教之，加意筑塞，其亟图乎！”[①]即在设立高明县之前，山区的人们都住在“砦”里，砦即寨，所谓山居以木栅，无法管控，设县后“民始毁砦归农”，但生产力仍很低下。而住在西江附近的人们则“田庐与鱼鳖争命”，因此区怀瑞发出“富而教之，加意筑塞”的建议。

高明旧有谚语云“将军破脑方成县”。将军，乃山名。山顶圆耸，“正统间乡人结寨其上，平之，至成化果立县”。[②]“结寨”即住在砦里，“平之”暗示着这些“乡人”可能是官府所称的“土贼”。这条谚语蕴含的道理很简单：当王朝的统治意图延伸到以往未能建立有效统治的“边缘地区”时，必然会同原本住在当地的编外人口发生冲突，有部分人如上书设县的麦茂等人一样亲近王朝，还有一部分仍然游离在编户齐民体制外，是统治的不安定因素。高明设县后，讨伐之事不绝于史：“（嘉靖）六年（1527）高明县知县陈坡擒贼于小峒……二十五年（1546）流贼寇高要，高明县知县石铭邀击平之……二十九年（1550）浪贼犯高明……三十二年（1553）浪贼犯高明，参将冯文焯讨不克，次年击走之，三月浪贼犯高明劫大幕都，九月劫太平都，十一月劫田心都，凡虏数百人……［三十四年（1555）］十二月贼寇高明，调土官岑奎戍之。三十五年（1556）提督都御史谈恺讨新兴恩平贼，

① 道光《肇庆府志》卷三《舆地四》。

② 光绪《高明县志》卷十六《灵异》。

平之。新兴诸傜纠合浪贼掠高要、高明、新兴、恩平各邑，巡抚郭文周奏闻诏恺讨之，以兵三万，渐次攻拔诸峒，斩获数千人，余党之在青蓝布平十三村者乞降，许之，乃编十三村为德化都。未几，又叛，流毒四邑。”[①]高明三面皆可入山，贼寇原来出没无常。在此地设立新县后发生了几番较量，秩序才重新达至安定。

（二）高明县治的建设

高明县治的建设并不顺利，高明并没有一个像顺德县罗忠这样包下所有基建所需人、财、物的势豪，而是靠高明历任知县一点一滴地筹办。

嘉靖二十年（1541），江朝宗所撰《新建高明县治记》记载：朝廷批准设县后，掌府事参政黄瑜（当地官员）乃视察青玉冈之地，定县治于兹，筑土为城，但县城还没完工，黄公就调任离开了。成化十四年（1478），两广总督朱英奏请朝廷在高明县设官，南宁人唐简代行高明县令职务，接手筑城。他认为土城非经久之计，就用砖石砌了七百多丈的城墙，开了三个城门以通往来，城外周以壕堑绕护县治。[②]最初建起的高明城只是一个简单土砖结构、拥有三个城门的小邑。

嘉靖三十五年（1556）冬天，高明县知县徐纯（字肖文，福建莆田人）上任后，察俗究蠹，严辑豪右，以果达政，继之以勤，一年后政行讼简。于是设立镇寨、建立保甲制度完善乡保之防，同时招募工人，大兴土石，整治城池、铺筑马路。（城墙）和以前比起来高了五尺，宽了一仞，绕城一周大概有九千一百六十尺，修补了倒塌的地方四百多尺，疏浚堰塞的城壕五百多尺，重修了城楼，建了三个门和二十间屋舍。城池从此变得整齐牢固。并依次完成了县治署所、学宫、名宦、乡贤两祠、谈经别院（学生住所）等建筑；又在城的南北两边建立了社学和乡塾。于是“修坠举阙，饬旧增新，焕然备一邑宏规”。修筑所需的钱财都是从公家取用的，不够用就靠发动捐赠来筹措，“不以扰民，故上不以为费，而下忘其劳，由是有备无患，寇盗衰息。男者得以耕，女者得以织，逋者日以集，居者日以息，商贾阜通，庠序乐业”。[③]

明中叶是王朝权力进入珠江三角洲的重要时期，高明地处冲积平原和低

① 道光《肇庆府志》卷二十二《事纪》。

② 道光《肇庆府志》卷五《建置》。

③ 光绪《高明县志》卷三《建置志》。

山、丘陵的交界处，所谓“六山一水三分田”[①]，设县治于明城，有高明河通往西江，与对岸和上下游的三水、南海、顺德、鹤山等地通过水路联结，又向西深入统辖群山。经过历代地方官（尤其是嘉靖年间的县令徐纯）的苦心经营，具备了一县之风貌。在行政区划上，高明依傍的西江是明清广州府和肇庆府的分界线，同时，高明享有西江水之利，其所在的西江西岸与东岸的南海西樵、九江等地有某种相似之处，两岸之间的西江中心有太平沙作为中介，交流频繁，此为日后沿岸地区繁荣打下基础。

二、三水县的设立

三水县设立于明代嘉靖五年（1526），是佛山地区范围内最晚设置的县。其设立的原因和过程与顺德、高明均不同，在收录于《三水县志》的《立县条议》中可以找到答案。

（一）设县动议

牵头设县的三水县官员级别要比设立顺德县和高明县时的官员级别高得多，牵涉官员的范围也广得多。立县之议是由总督两广军务、右都御史兼巡抚广东姚镆、巡按广东监察御史涂相、左布政使梁材、按察使周宣共同商议提出。设立三水县的原因是此地为冲要之处，“冲”即交通频繁，“要”即关键节点。在还未设置三水县的年代，“南海、高要暨清远道里旷貌，车马络绎其间”，广东的高级官员认为“夫役粻[②]委非添设县治不足以给；河流支僻、宵人出没，非添设县治不足以靖”，即从赋役供给和当地治安的角度考虑，在三水地区设立新县都是十分必要的，于是下令广州府准备设立三水新县的方案。[③]

广州府推官孙益会同肇庆府通判潘鹍、南海县知县周篱、摄高要县篆经历李某接到行文，便亲至三水考察，相地度宜，召集乡老、里排的徐右、陆大受、左汲等人商议，众人都觉得在此地设新县是件好事。筹办四官调研后

① 佛山市高明区地方志编纂委员会编：《高明市志（1981—2002）》，广东人民出版社2010年版，第1页。

② 粻，音zhang，意为粮食。

③ 嘉庆《三水县志》卷二《建置·立县条议》。

便上书条陈设县方案。

首先，设县方案拟定了三水县治地址和县域范围。三水县治地址在白塔村。白塔村位于广州府和肇庆府交界区域，此地北拒清远，西通高要，南接南海，离城各百数十里。民众输纳钱粮因为交通不便而难于搬运，因此拖欠较多。接应官府的差役也因为跋涉艰难而感到负担很重。官司、公务需要逮捕、传唤人员动逾旬月不能了结，每每耽误事情。加上盗贼时常窃发劫掠，公行客商屡被劫害，乡村多民不聊生。缉捕虽严，遍历不及，顾此失彼，莫可谁何。所以在此地添设一个县治，确实能提供诸多好处，所谓“于此设立县治，则道路适均，钱粮便以输纳，人役便于应接，公事便于勾摄，盗贼由此而绝，其出没地方，由此而得以保安”①，此乃地方之大幸，生民之至愿也。而且此地山水环抱，人烟凑集，路当冲要，田土饶旷，实为善地，堪以立县。

选好县治之址后，即确定将以下地方析出划入新县：其割南海县附近三江、西南、胥江三都，杨梅、南岸、南浩、清塘、郭塘、禄步、丰湖、乐塘、高丰、土塘十堡，共三十四图，割高要县附近小洲、镇南、平田、五顶、清塘、龙池、长岐、利琼、白上、白下十都共十七图，彼此连属。以里计之，有五十一里；以人计之，则有一万九千七百八十一丁；以田计之，则有四千三百三十二顷七十二亩九分八厘九毫五丝；以粮计之，则有一万五千六十三石五斗一升五合九勺。

当时巡按广东御史郭周曾提议：“以三水小邑，实当两广之极冲，欲将南海金瓯一十八图、高要之新罗等图添足百里地方，以纾倒悬之急。”但其建议未能采纳实施。

其次，设县方案就设立官员数，该处学额来源和分配等问题提出规划：新设的三水县公务繁重，应设立知县、县丞、主簿、典史各一名，教官三名，分理治化。生员就从新划分的都图领域内在府学上学的人中分拨递补，依次选拔，县内子弟接着递补填充。

再次，设县方案就驿站设置和提供何种服务提出规划。上级官员和公差使者经常经过梧州一带，往来迎送工作繁多且困难。西南驿站就按照旧制

① 嘉庆《三水县志》卷二《建置·立县条议》。

不变，与胥江、松台两个驿站之间距离适均。本县如果遇到上级官员和公差使者等经过此地，只是应付，而对来到此地办事的人，廪给口粮，俱从本县供办。

又次，设县方案提出：交通频繁之处必定要有巡检司保证地方治安，新设三水县调整了旧有巡检司的设置。西南巡司仍如以往一样管束西南一带人民，而高要所属的三水、横石两个巡司，迁移到新县城附近巡查缉捕更加合适，这三个巡司都属于新县管辖。除了巡检司，还提议调拨部分军队到县治镇守，协同维护地方秩序。三水地方荒僻，盗贼出没，县治新设人心未定，官军协守诚不可无，于是就从广州四卫所酌量分拨一部分空闲职役协同新县巡捕官兵防守城镇。

最后，设县方案就建城池、衙门等设施，所需人、财、物从何而出，如何预算报销等问题提出解决方案。因为新建城池需要当地民众供役，所以免除了当地三年的杂差派办料物，以使之可持续发展。城池、衙舍、庙宇的建设固不可缓，建造城池、衙舍一共需用八千六百六十七两五钱银子。工匠的招募、物资的采办都合并在广州、肇庆两府贮赃罚并拆毁“淫祠”款项当中开支；工匠劳役也都是从新划入三水县的都图范围内的编户当中拨用，仍然酌量免除当地三年的杂差派办物料，以缓解民力之困。

在做完这一切计划后，还需要“上督抚台、御史台复会同按察司使周宣、守巡道右参议汪思、佥事祝品、分巡岭西道佥事曹轩，督同潮州府通判刘瓘及连州知州徐相，亲诣重复踏勘地势，攸宜人情允协，乃会同总镇两广地方内官监大监郑、镇守两广地方总兵官征蛮将军抚宁侯朱麒议，佥同上其事于朝”，获得朝廷批准。嘉靖五年（1526），乃立三水县治于白塔村之龙凤冈。①

（二）县治修筑

虽然有相对周密的计划，但同时代的南海名宦、一品大员霍韬一眼就看出当中隐藏的危机，他在论两广事宜时有云：“新设三水县，只便于迎接，然路当四冲，害民实剧，今官司以术笼民未役之，当夫接应，民未告病，再

① 嘉庆《三水县志》卷二《建置·立县条议》。

十年民不堪命云。”[1]新设县时免除当地民众三年杂差派办物料，但三水地区接待各路官员公差的任务实在太繁巨，时间久了百姓必定不堪重负。事实上，三水地处四冲，流动频繁剧烈，人员和财富都难以长期聚集，城池发展的速度比不上高明县，遑论与顺德县相比，这从城池和衙舍的建设可见一斑。

三水县城从嘉靖六年（1527）开始由郡判刘瓘主持建造了二丈五尺厚的基石，上面又砌了一丈五尺高的砖，绕城一周总共六百七十五丈长，南北端之间相距两百零四丈五尺，东西相距也一样。明万历三十六年（1608），知县韩绍忠增砌了城堞，比原来高了三尺，但城墙高了，城墙上的道路就低了，没办法往城外看。崇祯十二年（1639），知县高其昌集结了绅士乡民商议着加土筑高，经申请得到允许后举行。原来城墙上开了四个门，南边的叫熙阜门，北边的叫拱极门，东边的叫宾阳门，西边的叫安定门。崇祯十五年（1642），知县罗仪则关闭了熙阜门，开设了学宫前的文明门，而且城门都有了高低楼层。然全毁于明清之际的战乱。清王朝建立以后，城守吴子良修复了四个城楼门。康熙六年（1667），知县王于宣又重新开放了熙阜门，与文明门并行，只剩门上城楼还没有修复。康熙十年（1671），知县苏嵋捐款重建城楼，规模比原来的城楼更加高大壮观，县城城墙一共有五道城门，十二间屋舍，城墙脚下有两个泄窦：一个在学前门右边，一个在西关塘。[2]

可见，明嘉靖五年（1526）三水建县时只草创了一方狭小的砖土城，崇祯年间才加高。明清之际城池全毁；到了康熙十年（1671）知县苏嵋任上才重建而初具规模。城濠则在明代嘉靖初年尚未顾及，后面也因为种种原因没有完工，到了清代嘉庆修《三水县志》时仍然是个“半成品”。

县城城门和城壕的设置也几经更改。三水县城是南北坐向，所以南门进安丙位直达县署，知县罗仪嫌官道行台昂起右势，把它移到了学前门的己位（东南方），“更得山水之利云”。后来，知县王于宣嫌县署前南门不开则“秀气闭故”，就把这个门重新开放与别的门并行了。城北倚冈，三面皆临陂田，向南一里多则洋洋肄江也，所以在规划建置的时候就没有设置城壕。

---

① 嘉庆《三水县志》卷二《建置・立县条议》。

② 嘉庆《三水县志》卷二《建置・城池》。

到了嘉靖三十六年（1557），知县符良佶才开始召集工匠开凿城壕，想在南边把外面的江水引进来，以便通舟楫，资商便民。后来在讨论过程中，有人担心江流涨潮时城壕不足以抵御，于是停止开凿，今壕址尚存，只在东边连接了魁冈窦来供给灌溉。[①]

比起城池本身的建设，衙舍就更加简陋。县衙是嘉靖五年（1526）在龙凤冈建立的，廊宇、谯楼及大门、仪门、申明、旌善亭都十分简陋，“土阶朴略”。崇祯年间经历了小修小补。康熙四年（1665），知县王于宣各按照原基址易土为砖，建造了堂后规门，里面又建了三间房子，分别题名为崑都政署、喜雨堂和退食处。接下来又建立了福孝堂和春台，在台后建造了三间房子，最后又修补了五间房子，把土地祠移到了西边。到了康熙十二年（1673）知县苏峒任上，才好好规划整治了一番，可见此前之困顿。康熙癸丑年（1673），知县苏峒修复了两旁，并把县仓、旧丰盈仓的基址放在西门内，因为粮食的仓储是非常重要的事务，所以将其附建在这里。之后他又把崑都政署和喜雨堂两个牌匾稍微往宅门前移动了一下，重新题名为清慎勤，三堂被重新题名为凝香堂。他还在衙舍内的东圃建了撷芳亭，种植了花草。“至是而县治整饬，凡具瞻听政俱得其所矣”，景观和听政的地方全都齐备。[②]此外，知县苏峒还倡修了第一本《三水县志》。

所有这些事功，除了嘉庆年间三水县或有一定经济积累外，苏峒作为地方官本身的治理能力不可或缺。可以说，三水县子民颇得苏峒其政之惠。

与顺德和高明不同，三水为西江、北江和绥江的交通要道，历来为北上南下、东来西往的水陆通衢，正所谓“四冲之地”。承担官府的往来差役，也是设立三水县的主要动因。三水县设立后，明代官府将水运大动脉控制在手。清承明制，依然重视三水交通枢纽的地位。清末在三水河口设立海关，广三铁路也以此为终点。

---

① 嘉庆《三水县志》卷二《建置·城池》。

② 嘉庆《三水县志》卷二《建置·县署》。

第六章

明末佛山镇社会与李待问新兴士绅集团

景泰年间佛山都市雏形的形成，促进了教育组织和城市文化生活在不断发育形成。与此同时，体现都市社会特征的社会基本矛盾也在酝酿之中。随着佛山冶铁业的勃兴和发展，以拥有资本、炉房等生产资料的少数大族富户为一方，和以只有简陋生产工具的小炉户及徒手求食的工匠为主体的城市平民为另一方的两极分化日益明显。少数大族富户与大多数城市平民的矛盾是明中叶以来佛山社会的基本矛盾。这一基本矛盾的发展，导致了李待问新兴士绅集团对明末佛山社会的全面整顿和城市管理制度的确立。

第一节 文化生活

明代是佛山镇社区文化逐渐形成和北帝神崇拜迅速发展的时期，这个时期，构建了佛山社区精神系统的基本框架，为后来佛山社会文化的发展作了重要积淀。

一、佛山秋色与社区文化活动

佛山镇社区文化活动具有强烈的地方风格和色彩，其地方风格的形成与佛山社区的历史相联系。明代佛山镇最有影响的文化活动是“出秋色”。“秋色”是佛山特有的民间工艺品的统称，它包括车色、马色、地色、水色、灯色、飘色和景色等。展示以上诸色的游行活动称为“出秋色”，又称“会景”或“秋景”。因秋色自古以佛山为盛，故又称“佛山秋色”。

佛山出秋色起源于正统十四年（1449）佛山堡人抗击黄萧养劫掠之时。民国《佛山忠义乡志》卷十四《梁浚浩传》云：

> 梁浚浩，澳口人。当黄萧养聚众围佛山，时值中秋。使谍者数十辈间行，以调内地。浚浩察知之，乃令诸少年演扮秋景故事，以示暇豫。又制大炮，发声如雷，俾贼闻知。贼果疑惧，不敢窥。贼平后，与诸义士咸得锡冠带，崇祀流芳祠。佛山秋景，实由此始。[①]

乾隆《佛山忠义乡志》卷六《乡俗志》也载：“相传黄萧养寇佛山时，守者令各里杂扮故事，彻夜金鼓震天。贼疑不敢急攻，俄竟遁去，盖兵智也。后因踵之为美事，不可复禁云。”[②]《粤小记》卷三也有同样记载，佛山人“念贼众我寡，必不可胜，乃剪帛制旗帜，饰为童男女，鸣金击鼓游村

---

① 民国《佛山忠义乡志》卷十四《梁浚浩传》。

② 乾隆《佛山忠义乡志》卷六《乡俗志》。

中，昼夜不绝，贼认为习战事，惧不敢攻……今每岁九月乡人饰童男女鼓吹绕村夜行，名曰秋色，是其遗制"[①]。可见，流传至今的佛山及其珠江三角洲的"出秋色"庆会，就起源于明正统年间佛山人在抗击黄萧养时的创造。

从上述三条材料结合族谱资料可知，梁浚浩是"二十二老"之一，系佛山澳口梁氏族人。在抗击黄萧养期间，佛山乡老梁浚浩曾令各里诸少年利用夜色乔装成各式武功人物进行游村活动，即"令诸少年演扮秋景故事"。黄萧养围攻佛山时正值中秋，夜色中只见佛山堡内"关公""赵云"来回巡逡，"车马"杂沓，旌旗猎猎。当时佛山分为三十五铺设防，其"演扮故事"者一定系各铺皆有。又制大爆（爆竹），发声如雷。当时乡人还推出灵应祠的大铁瓶以"诳贼"，"贼遥见，疑为大炮，不敢逼"。[②]以上这些，都是为了"以示暇豫"，故意表明自己早已森严壁垒，"外贼"莫犯。事平后，乡民不忘"二十二老"功德，并纪念这一奇谋。"佛山秋景，实由此始"，一句话点明了为什么传统佛山秋色必在中秋举行的真正原因。明代佛山出秋色活动的细节虽已不得其详，但从"踵之为美事"看，每年的中秋时节佛山都会举行出秋色庆会，并因此将这一民间喜庆活动传承下来。

佛山社区另一具有广泛性的文化活动是酬神演戏。早在元代时，佛山祖庙三月三北帝诞举行"奉醮宴贺"就有"笙歌喧阗"的热闹场面。[③]明成化年间，石湾太原霍氏晚节公家箴亦说："七月七之演戏，世俗相尚，难于禁革。"又说："七月之演戏，良家子弟不宜学习其事，虽学会唱曲，与人观看，便是小辈之流，失于大体。一入散诞，必淫荡其性。"[④]可见明代佛山演戏唱曲已比较流行。已成为难于禁革的"世俗"。不过当时的演戏不是系统的剧种，只能视作小曲演唱，且多唱弋阳腔，与后来的粤剧有所区别。正如麦啸霞所言："明嘉靖年间，广东戏曲用弋阳腔，音韵宗洪武而兼中州，节以鼓板。"[⑤]然而，正是明代佛山居民中酬神演戏的普遍存在与发展，使佛山成为清代粤剧诞生的温床。

---

① 《粤小记》卷三。

② 民国《佛山忠义乡志》卷十六《金石志一》。

③ 《庆真堂重修记》，载乾隆《佛山忠义乡志》卷十《艺文志》。

④ 《太原霍氏崇本堂族谱》卷三《太原霍氏仲房世祖晚节公家箴》。

⑤ 麦啸霞：《广东戏剧史略》，载《广东文物》卷八《人文艺术类》。

二、明代北帝崇拜建构

佛教本在佛山发展最早，佛山之得名就起源于东晋时三藏法师达昆（毗）耶舍尊者在佛山的讲经。后乡人建塔坡寺，成为佛山最早的祭祀中心。但佛教命运多舛，明洪武二十四年（1391），佛山“大毁寺观”，塔坡寺毁于此时。嘉靖元年（1522），广东提学魏校又在全省范围大毁寺观，同时在佛山“毁淫祠改建社学”，佛寺更难以发展。到天启七年（1627）乡人才“追建塔坡古寺，改地于医灵铺之左巷”[①]。总之，有明一代，佛山的佛寺都无法抬头。与之相反的是，北帝神的崇拜却与日俱增。

北帝神崇拜，是佛山社会的重要历史现象，是佛山民间信仰系统的主干。北帝，名玄武，又称真武。“司北方之水，于位为坎，于五行居首，故其神最贵最灵。”[②]历代皇帝对真武神均有赐封和崇祀，宋钦宗靖康元年（1126）加封号为“佑圣助顺真武灵应真君”。元大德七年（1303），加封为“元圣仁威玄天上帝”。明永乐十二年（1414）因开国靖难，神多效灵，故建真武庙于北京。永乐十四年（1416）建武当山宫观，为祭祀真武神之所，以铜为殿，以黄金范真武像。可谓隆祀有加，推崇备至。甚至连主祀之道士九人均封正六品官秩。[③]可见，北帝是当时封建王朝认可的主要神明。这一事实，成为佛山北帝崇拜发展的重要背景。

明代佛山北帝崇拜的发展有两个阶段：一是龙翥祠阶段，一是灵应祠阶段。龙翥祠阶段是纯粹的民间祭祀阶段，灵应祠阶段是官府介入民间祭祀阶段。这两个阶段在神明的塑造和居民对神明的感情上有明显的区别。

从北帝庙始建至明景泰二年（1451），是龙翥祠阶段。这一阶段的特点是民间自发地祭祀，北帝崇拜是建立在亲情基础上的。北帝庙始建于宋元丰年间（1078—1085），然元代以前关于祖庙的史迹已不可考。元代时佛山供奉北帝的庙宇称“龙翥祠”，乡人称之为“祖堂”。每逢三月三恭遇北帝诞时，里巷骈阗、车马杂沓，十分热闹。[④]此时的龙翥祠是一个综合性的祭祀中心，内有多种神明可供祭祀。如景泰二年祖庙所奉之神有“北极真武玄天上

① 乾隆《佛山忠义乡志》卷三《乡事志》。

② 《修浚旗带水记》，载《明清佛山碑刻文献经济资料》，第31页。

③ 转引自宗力、刘群：《中国民间诸神》，河北教育出版社2001年版，第63—66页。

④ 《庆真堂重修记》，载乾隆《佛山忠义乡志》卷十《艺文志》。

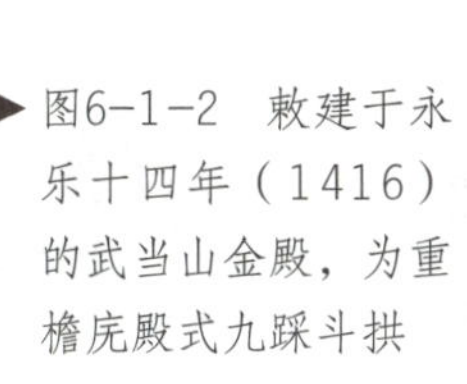

◀图6-1-1　武当山明代金殿真武大帝铜像

▶图6-1-2　敕建于永乐十四年（1416）的武当山金殿，为重檐庑殿式九踩斗拱

帝塑像及观音、龙树诸像”[①]，所谓祖庙“所奉之神不一，惟真武为最灵”[②]就是指此。“龙树”是释迦牟尼的大弟子，是佛教祭祀的神明，可知祖堂确有佛像。北帝和观音也共祀一堂，似又蕴含着对父母双亲的感情寄托。正如陈炎宗所言：“神于天神为最尊，而在佛山则不啻亲也。乡人目灵应祠为祖堂，是直以神为大父母也。”[③]

在以家长制的家庭为单位的社会类型里，血缘群体对去世祖先灵魂的感情态度，往往成为神灵崇拜的起点。以“祖堂”“祖庙”来称呼神庙，正是这种联系和情感的表现。因此，早先的祖堂之于佛山人，犹如祖先灵魂藏幽之所和祖先恩惠普施之地。人们对神明的感情是一种亲切的感情，神明之间没有严格界限，佛、道之神共处一室，人们也不以为怪。这与制度性宗教有很大差别。总之，一切都是朴素自然的感情产物。

明洪武五年（1372），乡老赵仲修重建庙宇。庙宇修好后于小桥浦处见有水奔涌，随即一木跃出于淤泥之中。该木洁净如新，犹如被水洗净一般。于是，赵仲修等“命良工雕刻圣像如故，以奉事之。祈求雨旸时若，百谷丰登，保佑斯民”[④]。

① 景泰二年《佛山真武祖庙灵应记》，载《明清佛山碑刻文献经济资料》，第3页。
② 唐壁：《重建祖庙碑记》，载道光《佛山忠义乡志》卷十二《金石志上》。
③ 乾隆《佛山忠义乡志》卷六《乡俗志》。
④ 《庆真堂重修记》，载道光《佛山忠义乡志》卷十二《金石志上》。

图6-1-3　建于明洪武五年（1372）的祖庙正殿

宣德四年（1429），乡老梁文缙出任主缘重修祖堂，加建了祖庙前殿。梁文缙与乡判霍佛儿劝自明初以来开设在祖庙前的冶铁炉户他迁，正统元年（1436）买地建灌花池，植以菠萝梧桐，以壮风水观瞻。

图6-1-4　建于明宣德四年（1429）的祖庙前殿

围绕着这次重修，生出了不少关于北帝灵应的传说。据说动工之夜，庙前突现一火球，大如车轮，滚于地上，光散满地。然后又突然消失。又说竖柱之日，因化缘之钱物有不洁者，故“神责其缚匠者以言其过”。又说当年九月初一曙色初分之际，庙前现一神旗，风烟飒飒，初浓渐淡，隐隐不见。再说正统二年（1437）六月十七日，在庙梁上显现白蛇一条，蜿蜒于栋梁之间，鸟雀惊喧，观者甚众。凡此种种，乡人皆以为“神光不测之妙”。此外，还有邻境有无知者妄借庙中神伞，以为竞渡之戏，结果发生灾害。乡间发生盗窃，被盗者即刻到北帝神前祷告，偷盗者遂受到报应，不得不将财物归还其主。还有合伙做生意者，发生财物纠纷，双方到北帝神前盟誓，其贪占之人皆有恶报。乡间有被盗者，旦夕来神前祷告，而贼人遂生无妄之灾，将财物以归其主。又有同生理而财物不明者，誓于神，其瞒昧之人皆有恶报。[①]在以上这些传闻的流播中，北帝的形象得到了升华。祖庙开始成为神圣不可犯的处所，北帝神也开始成为正义、公正的代表。人们开始感到，它的“裁决”是无形的，并且是无所不在的。此时人们心中对北帝的感情是一种依赖与敬畏相交织的感情，佛山人开始确信北帝报应是必然无误的。

我们知道，乡老梁文缙和乡判霍佛儿是社区权力的代表，他们为了建立祖庙而大规模地迁徙庙前的铸冶炉户，显然是违反炉户意愿的，从而会引起炉户的不满（后来在天启二年炒铸七行借清复灵应祠地为名，拆毁祠前照壁就是证明）。而利用北帝信仰的威力，增加祖庙的神圣性，是防止炉户抵触情绪的有效办法。可见，在明正统初年，祖庙已开始作为社会控制的象征物而存在。

从明景泰四年（1453）到明末是灵应祠阶段。这一阶段特点是官府介入民间祭祀，人们对北帝的感情由亲切转入畏惧，北帝崇拜进一步发展。

祖庙地位的陡增及其乡人对北帝感情的变化，是从官府介入祭祀开始的。广东官府最早对祖庙祭祀的支持，是正统七年（1442）巡按张善批给灵应祠“往省渡船二只，量取赁租以供北帝庙香火”[②]。但是派官员祭祀北帝，却是在明景泰四年（1451）以后。正统十四年（1449）黄萧养进攻佛山，“二十二老”集合乡人在祖庙问神卜吉，神许则出战，战则屡胜。景泰四年，礼部尚书的四二四号勘合曾详细地记述了北帝“助战”之功：“其贼出战之时，常见一人青袍白马走于栅外；又见飞蚊团结成旗，排阵游于空中；贼以北方扬灰，欲伤民目，霎时则转南风吹之，贼反自击；日夜铃锣不息，民将惫倦，贼攻日甚，西北角栅城几陷，乡老奔叩于神，神卜许其勇敌，民遂迎花瓶，长五尺，诡作大铳状，出诳贼，贼疑不敢攻；又见红鸟一队，飞坠于海，贼遂就擒。”[③]虽然这些大多仍属兵智所为，如“青袍白

① 正统三年《庆真堂重修记》卷十二《金石上》。

② 乾隆《佛山忠义乡志》卷三《乡事志》。

③ 民国《佛山忠义乡志》卷八《祠祀志一》。

马”似为扮色，花瓶诡作大铳，均乃“兵不厌诈”之术，但乡人仍然把这些归之于神功。

“二十二老”的做法，客观上促进和引导人们去信仰北帝。当一个社会群体意识到面临毁灭之时，有必要将生活在一个共同体的成员包容在一个半超自然纽带的网状系统中，以便情感通过它起作用，并把他们联合起来。这时的感情本身已不同于原来的感情，那些获取感情支持的人，原有的无拘无束的友情，自然而然地为敬畏和恐惧的色彩所代替。“二十二老”在祖庙弑其“怀二心者”，并每战必祷神卜吉凶，都达到了强化对神的恐惧敬畏心理的作用，从而加强了内部凝聚力的效果。

抗击黄萧养的事件成为佛山人祖先曾与北帝神通力合作的事实和证据，积淀在后代的观念里。他们相信，北帝是保家安邦的战神，是无往不胜的。既然神能保佑他们的祖先，那么神也能保佑他们自己。这种观念的世代积淀，加强了人们对北帝神的信任感。因此，历代修建灵应祠的不乏其人。每一代人的修建都在某种程度上扩大了灵应祠的规制。

正德八年（1513），灵应祠建牌楼三门，建流芳堂。里人霍时贵增凿锦香池于灌花池右。[①]

景泰年间，佛山人就铸造了现存国内最大的铜铸北帝像，是为“座宫”。同时还铸造了北帝武神铜像，高0.8米，宽0.52米，用于扛抬游神，是

图6-1-5　开凿于明正德八年的祖庙锦香池

① 乾隆《佛山忠义乡志》卷三《乡事志》。

为“行宫”。嘉靖二十六年（1547），铸造了观音铜像。

嘉靖三十一年（1552），道士苏澄辉（时为灵应祠住持）建灵应祠前石照壁，石上刻花龙。[①]照壁成为灵应祠的重要象征物。

图6-1-6　祖庙正殿“紫霄宫”匾额，明户部尚书李待问题（佛山市祖庙博物馆藏）

三、李待问及其家族对祖庙的建造

明末李待问家族对祖庙及其北帝的建设作出了重要贡献。

万历三十二年（1604），刚登进士的李待问与兄经历李好问捐修了灵应祠门楼。额题“端肃门”“崇敬门”。

明天启三年（1623），灵应祠前池加筑拱桥，遂用上一年所拆照壁的石料为之。[②]

明崇祯二年（1629），李待问倡议重修灵应祠鼓楼，三个月即告成。[③]

明崇祯八年（1635），修灵应祠，改塑神像，由李待问胞兄署丞李敬问

图6-1-7　祖庙钟楼和鼓楼（佛山市祖庙博物馆提供）

① 乾隆《佛山忠义乡志》卷三《乡事志》。

② 参阅陈智亮：《祖庙资料汇编》，内部资料，1981年，第22页。

③ 民国《佛山忠义乡志》卷八《祠祀志一》。

捐修。[1]佛山祖庙现存的神像，除了铸造于明代的北帝铜像、观音铜像这些主神铜像之外，其余就是崇祯年间塑造的漆扑神像。至此，佛山祖庙的主神和侍神系统打造完成。

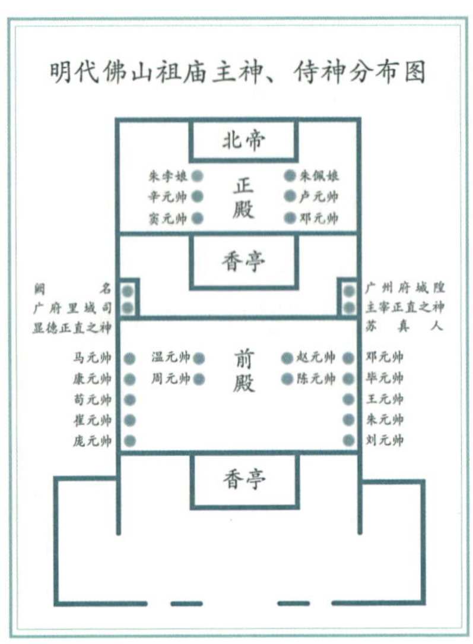

图6-1-8　祖庙主神、侍神系统分布图

崇祯十四年（1641），从户部尚书退休的李待问归乡捐资大修灵应祠，并复筑明天启二年（1622）被工匠拆毁的祠前照壁。[2]榜其殿曰：紫霄宫。[3]以“紫霄宫”命名祖庙正殿，表达了与武当山宫观相比美的愿望。

李待问家族一起行动，修建门楼，改塑神像，鼎新鼓楼。李待问还题灵应祠山门对联：“凤形涌出三尊地，龙势生成一洞天。”[4]

有关这次修缮，在李待问于同年撰写的《重修灵应祠记》碑文中有较详细的记载：

> 因退而敬捐俸金，谋所以为新厥庙貌者。材取其庀，工取其坚，自堂徂基，壮丽宏敞，榜其殿曰紫霄宫。外列牌楼，复以其前为照壁，饬以鸱吻。是役也，董其事者，则有予侄述生、从侄几生。经始于辛巳孟夏，历数月而工始竣。由是而游于庙中者，遂有轮轮奕奕之观焉，而心力亦云竭矣。[5]

李待问家族在明末多次修缮祖庙，虽然与其家族的慈善传统有关，但主要目的还是通过修缮祖庙扩大他们在佛山社区的影响力。对于修缮祖庙，李

① 乾隆《佛山忠义乡志》卷三《乡事志》。
② 乾隆《佛山忠义乡志》卷三《乡事志》。
③ 《重修灵应祠鼓楼记》，载乾隆《佛山忠义乡志》卷十《艺文志》。
④ 乾隆《佛山忠义乡志》卷三《乡事志》。
⑤ 民国《佛山忠义乡志》卷八《祠祀志一》。

图6-1-9　庙正殿“紫霄宫”大神龛，崇祯十四年（1641）李待问题（佛山市祖庙博物馆提供）

图6-1-10　祖庙三门对联“凤形涌出三尊地，龙势生成一洞天”，崇祯年间李待问撰（佛山市祖庙博物馆藏）

待问有自己的解释：“予自幼闻诸父老言，帝之著异于吾乡者不一，独于御黄萧养之乱为最灵，亦最奇。后予服官于朝，垂三十余年，累藉神庥，备员卿辅。”[1]李待问从小就受到真武神灵应的教育，以至登进士第二年就随其兄开始参与祖庙的修缮，延续几十年捐修不倦。

此外，李待问还组织了“长明灯会”，长期供奉北帝香油。宏敞的规制，组织起来的祭祀团体，李氏家族把北帝崇拜推上高峰。与此同时，他们也在祖庙建筑物和北帝身上处处留下了可昭示李氏一族在佛山重要地位的标志物。屈大均曾说：“吾粤多真武宫，以南海佛山镇之祠为大，称曰祖庙。”[2]可见，经过明末李待问家族的扩建，佛山祖庙此时已称雄粤东。

① 民国《佛山忠义乡志》卷八《祠祀志一》。

② 《广东新语》卷六《神语》，第208页。

图6-1-11　佛山祖庙俯瞰，明洪武五年（1372）始建（佛山市祖庙博物馆提供）

纵观明代北帝崇拜在佛山的发展，大致呈现出由简陋到繁缛，由亲近到敬畏的变化过程。在这一变化过程中，官府和士绅的介入祭祀起到了重要的推动作用。明代佛山人对北帝神的建构，奠定了北帝神与祖庙在佛山社区的地位。北帝从此成为佛山社区权威的象征，成为佛山人精神世界的主宰。

第二节　嘉会堂——城市管理中枢

明中叶后佛山镇二三巨族控制了铁、炭、沙等原料的市场和铁制品的销售市场，把持着整个佛山镇的经济命脉。每当灾荒之时或富户巧立名目勒收城市平民之时，矛盾就迅速激化，多次发生小炉户和匠民的鼓噪，甚至酿成动乱。少数大族富户与大多数城市平民的矛盾是明中叶以来佛山镇（堡）社会的基本矛盾。这一基本矛盾的发展，促使了李待问新兴士绅集团对佛山镇地方公共事务的全面介入，演化成明末佛山镇社会的全面整顿和城市管理制度的确立。

一、庙议——士绅管理乡事之始

佛山祖庙在佛山宗族的发展中具有重要意义。有明一代，明王朝都没有在佛山镇设立官府衙门，佛山镇的一应行政诸事统由南海县管理。而南海县衙门设在广州城内，相去佛山五十里。佛山自平黄萧养之乱后，实行了铺区管理制度，把全镇划分为二十四铺，进行分铺区的自我管理。各铺有事由所在铺区的里长、耆老决定。但若有事关全堡、本铺解决不了之事，就会发起“公会”，请全镇里老到灵应祠商量。“凡有公会咸至止灵应祠。旋聚旋散，率无成规。”[①]明代中期前，佛山镇的社会经济通常都由几个巨族共同把持，上述提到的梁氏、冼氏、霍氏等曾先后成为二三巨族的典型代表。没有大族忽视过祖庙在佛山的特殊作用，他们都在力图利用祖庙在佛山人心目中的影响力和祖庙千百年来形成的“庙议”传统实现对佛山的有效管理。例如，梁文缙、霍佛儿、冼灏通都是大族的代表，他们都利用佛山祖庙作为佛山八图各宗族利益和关系的协调者，并通过祖庙掌握了凌驾于各宗族之上的公权力。祖庙也成为维系镇内各宗族的纽带，成为合镇人的大宗祠，成为合镇人的“祖堂”。

庙议起源于何时？没有准确的记载，但景泰年间划定二十四铺应该是一个时间节点。而佛山士绅通过庙议介入本地乡事进行管理，则是由冼桂奇开始的。

冼桂奇，佛山鹤园冼氏人，是“二十二老”之一的冼灏通的后人。嘉靖十四年（1535）进士，官至南京刑部主事，与霍韬是儿女亲家。在南京任官时与王阳明、湛若水过从甚密，研讨理学。嘉靖三十二年（1553），山东淮徐皆大水，岭南尤甚，“道路死者相枕藉，盖因年谷不登，赋役繁多，财力诎乏，人无余蓄”，此灾情波及佛山，立即引起社会不安。“佛山尤地广人众，力田者寡，游手之民充斥道路，欲为乱者十家而七。”在一两人为首的聚众鼓噪下，佛山两日内即聚众数千人。开始以“乞济”为名，沿街要求施赈；后来就“恣所欲而取之”，“夺米抢金，撞门拆屋”。[②]“白昼大都之

① （明）庞景忠：《乡仕会馆记》，载《明清佛山碑刻文献经济资料》，第10页。

② 《鹤园冼氏家谱》卷六《人物谱·列传·十世少汾公传》。

中，斩关而夺之金，倾覆良善，震动官府，而乱势成矣。”①

当时乡居的冼桂奇，义不容辞，奋先乡里，出而平乱，集中各铺长老到祖庙商议对策。并亲自出马对乱民进行劝抚。据碑记称：

> 时则主事冼子桂奇愤同室之斗，不避危险，亲往谕之，诱之以利，惧之以祸，其人亦皆愧服，解其党而去，愿受约束。是日所保全者盖数十姓云。
>
> 于是画为权约，先自出粟煮粥以劝，二十四铺之有恒产者亦各煮粥以周其邻近，遣人分护谷船来市以通交易，阴械为首之最桀骜者一人以惊冥顽，亟诉当路遣官抚谕以安良善，乞粟于公府以继粥之不足。始因淫霖伤稼，躬祷晴于神以慰民望，继因铁虫为灾，复为文驱之。是以一权约立而民罔有背戾者焉。拯数百家之危，活千百人之命而不尸其功者，冼子是也。②

冼桂奇手段老练，恩威并施。他首先对乱民晓以利害，以劝散其党；继则施以恩惠，劝富户出资赈济，以安民心，并“遣人分护谷船来市以通交易”；再之施以严峻，“阴械为首之最桀骜者一人以惊冥顽”，从而保全了“数十姓”富户的身家安全。冼桂奇充分利用其与广东巡按洪垣等人的关系，托赖于广东地方官府，“亟诉当路遣官抚谕以安良善”，又“乞粟于公府以继粥之不足”。与此同时，他又代民祈祷晴天于真武神，“以慰民望”，并严禁横敛私抽以致成灾的“铁虫”，“为文驱之”，以恢复小炉户和诸铁匠的利益。

事后，佛山镇二十四铺士民和张槎乡父老请求官府准许将冼子入祀忠义流芳祠，与“二十二老”同祀。他们认为：“二十二人者能捍外变，摧锋于万里；冼子能靖内乱，宁济于一时。其劳佚久速有不同，而同于共济艰难者也。”③

嘉靖三十二年（1553）的动乱与冼子平乱，在佛山城市发展史上具有重

① 嘉靖三十二年《世济忠义记》，载《明清佛山碑刻文献经济资料》，第7页。
② 嘉靖三十二年《世济忠义记》，载《明清佛山碑刻文献经济资料》，第7页。
③ 嘉靖三十二年《世济忠义记》，载《明清佛山碑刻文献经济资料》，第7页。

要意义。它是明代佛山都市化过程中第一次因内部矛盾而引发的动乱。所谓“同室之斗”，就是指此。它说明几乎在传统城市起步发展的同时，其内部就因贫富分化而积淀着深刻的矛盾，这些矛盾的发展，推动着佛山社会产生超乎于宗族整合之上的社会整合。冼子平乱，说明了功名人物在佛山社会整合中的重要作用。正因为佛山功名人物可以上托官府、下治乡民，在各宗族中有威信，在祖庙“庙议”上占主导地位。所以，佛山从城市起步发展时就一直依靠士绅治理铺民。有明一代，佛山均处于自治状态，官府没有设立任何机构。祖庙，充当了佛山的“官衙”；而功名人物对佛山的有效管理，则自冼桂奇始。

图6-2-1　明嘉靖三十二年（1553）立石的《世济忠义记碑》（佛山市祖庙博物馆藏）

二、大族把持与工匠鼓噪

明代佛山平民的生活境况十分艰苦。以冶铁小炉户为例，“家无担石储”“所业止取给衣食”[①]的比比皆然。冶铁生产属重体力劳动，又长期高温劳作，其辛苦非炉户不知。如万历年间李潭以铸冶为业，“常曰：吾十指上汗血犹鲜，汝辈奚容严官人榜样”[②]，就是炉户含辛茹苦的生动自述。时人甚至有“不可去佛山学习炒铁出铁、铸造铁锅、打铁器、打铜锣等项，此最受热。每闻因火攻心，成伤早夭”[③]的家训。确实，因长期重体力高温劳作，年幼早夭者不少。如万历年间细巷李氏八世祖李国匡，“业作锻炼，萧如也”，其两兄“一蚤世，一赤贫”。[④]“最是辛勤怜铁匠，拥炉挥汗几曾

① 《李氏族谱》卷五《世德纪·东朗公传》。
② 《李氏族谱》卷五《世德纪·季泉公传》。
③ 石湾《霍氏崇本堂族谱》卷三《工有百艺之当做》。
④ 《李氏族谱》卷五《世德纪·敦野公传》。

眠”[1]，描述了佛山铁匠艰辛备尝的景况。

而与普通炉户和工匠境遇不同的是，某些大族把持了佛山的经济命脉。正如明末清初南海人陈子升所说：“佛山地接省会，向来二三巨族为愚民率，其货利惟铸铁而已。”[2]大族的垄断常常是引发工匠鼓噪的主要原因。

宣德年间前，佛山的炉户曾集中在祖庙一带建炉房生产。宣德四年（1429），郡马梁氏的梁文缙（其子梁彝为“二十二老”之一）出任重修祖庙主缘，化财重建，一年而成，庙貌焕然。又听堪舆家之言“玄武神前不宜火炎”，遂于正统元年（1436）与隔塘霍氏（佛山霍氏）的霍佛儿（后为“二十二老”之一）“浼炉户他迁”[3]。为了防止炉户卷土重来并借以扩大祖庙的范围，他们捐己资“买受其地，共三亩五分”，作灌花池与洛水相通。又在余地上植菠萝、梧桐二木，其税由梁、霍二户分承输纳，以“冀千载之下无以侵占，永为本堂风水之壮观也”[4]。作为本地大族的耆老，梁文缙和霍佛儿“浼炉户他迁”的做法当时没有引起什么反抗。但因搬迁，炉户产生损失必然不免，故而积怨由此而生。嘉靖三十一年（1552），道士苏澄辉募捐修建了灵应祠前石照壁，石上刻花龙。[5]不期然在七十年后的天启二年（1622）九月九日，“炒铸七行工匠纠众狂噪，借清复灵应祠地为名，先拆祠前照壁，随毁民庐，奸不可测。知县罗万爵急出示安民，计擒为首者重惩，始各解散”[6]。炒铸七行工匠要“清复灵应祠地”，显然是要求回到原地营生。他们拆毁了表示佛山精神权威的标志物——祖庙照壁，对本地大族极力维护的神圣偶像表示了极大的蔑视。虽然还不知道这次“工匠纠众狂噪”的直接原因，但其滥觞于正统元年（1436）梁文缙、霍佛儿的“浼炉户他迁”，则是可以确指的。

崇祯初年，细巷李氏的李崇问（字扩衷，李待问的堂弟）的“包籴包铸”也曾引起一场“激变”。李崇问原为南海县庠生，后援例入南太学，

① 梅璇枢：《汾江竹枝词》，载道光《佛山忠义乡志》卷十一《艺文志下》。

② 光绪《广州府志》卷十五《舆地略七·陈子升上某明府书》。

③ 浼，托请。

④ 《梁氏家谱》之《梅庄公传》；《庆真堂重修记》，载道光《佛山忠义乡志》卷十二《金石志上》。

⑤ 乾隆《佛山忠义乡志》卷三《乡事志》。

⑥ 乾隆《佛山忠义乡志》卷三《乡事志》。

考勤第一，给假候选生。[1]李崇问归家后即从事商贸。据成书于崇祯五年（1632）的《盟水斋存牍》记载，李崇问凭势射利，假座于佛山广韶会馆，树立“李府”大旗，“包籴包铸”，将四方运来佛山之米、铁版尽收其手，然后向佛山炉户“加勒米价、铁价”。因米价、铁价居高不下，佛山民众大哗，愤而“激变”，聚众将依附李崇问的炉户米户梁国伦、何仲仰、梁良玉三家庐舍捣毁。南海县派兵“谕散”，拘捕了王瑞恒、陈广信二人，指为“飞帖倡乱”。同时也拘捕李崇问，指其“包籴包铸，则激变之因”。案呈广州府，广州府推官颜俊彦素仰李待问名声（崇祯元年李待问时任漕运总督、户部右侍郎），亦深衔李崇问“儒其貌而市其心”，败坏李氏门风之举，同时亦恐乱民再起，于是对李崇问量刑惩办，其判词称“扩衷以宦族不无为群小蚁附，遂称主盟，实亦未尝攘臂其间。量行降罚，薄杖示惩”，并“褫衣巾”，“拆会馆”。对为首乱民王瑞恒、陈广信二人亦不重办，“杖之”而已，以安反侧。[2]

上述两例说明了大族把持经济是工匠“鼓噪”乃至“激变”的原因，明末佛山冶铁工匠的鼓噪比较频繁，据乾隆《佛山忠义乡志》载：崇祯六年（1633），还有一次“哄争”，“耳锅匠并锯柴工与诸炉户哄争，毁陈达逵房屋，拿获责究”[3]。这些鼓噪或哄争，总与破坏建筑物相联系，这是工匠们借以表示不满的手段。工匠的反复鼓噪，表达了普通炉户和工匠对大族把持经济的强烈反抗，使大族把持经济的格局逐渐发生了动摇。

李待问对佛山经济、政治和文化的全面整顿，就在这一背景下发生。

三、李待问与嘉会堂

李待问，万历三十二年（1604）进士，官至户部尚书，为明末佛山镇内士大夫中官品最高者。李待问家族为九社之一的细巷李氏，细巷李氏一族在明末科名鼎盛，万历三十一年（1603），李待问、李升问同时中举，次年李待问登进士，此后至崇祯年间，先后有举人李应问，岁贡李孝问、李象

① 《李氏族谱》卷二《世系纪·李崇问》。
② 《盟水斋存牍》（二刻）卷二《激变李扩衷二杖》。
③ 乾隆《佛山忠义乡志》卷三《乡事志》。

履、李象同、李清问、李象蒙、李象秀、李象颐、李象随、李象家、李象震。[①]三十年内一门而科名辈出。仅岁贡一途，就占明代佛山镇岁贡的百分之二十三。明末佛山镇社区的最高社会地位的群体毫无疑义就是李氏家族，而最有话语权的人物就是李待问。

李待问登进士后，像佛山前辈功名人物一样修建家祠，名李氏大宗祠。现在作为佛山市市徽的佛山祖庙牌坊，就是李待问主持修建的李氏大宗祠“孖祠堂”的牌坊之一。同时修撰《李氏族谱》等，开展一系列整合李氏宗族的措施，使细巷李氏成为明末佛山最有影响力的宗族。如上所述，李待问修建祖庙时就撰写了留存的一块牌匾和两副对联：位于祖庙三门的著名对联“凤形涌出三尊地，龙势生成一洞天”；位于正殿的“紫霄宫”牌匾；正殿对联“北极照临南土，东渐西被，忠义赫奕乎四方，海国长资保障；大明崇极玄功，春禘秋尝，灵应馨传于万祀，佛山普拜凭依”。这些墨宝至今仍然悬挂在祖庙最重要、最显眼的位置，成为北帝文化宝贵遗产的重要组成部分。

从万历年间到崇祯年间，李待问先后建设了佛山地方武装中心、行政管理中心和文化教育中心，而祖庙就是上述三大中心的中枢所在。

第一，李待问建立忠义营，作为佛山地方武装的中心。

李待问整顿佛山的行动首先从建立“忠义营”、加强社会控制开始。佛山忠义营设立于万历三十九年（1611），由李待问亲自策划和组织。当年，时任礼部主客司主事的李待问致南海县令揭文称：“窃照本堡地广人稠，五方咸萃。以商匠杂处，致奸宄之丛生，流劫时闻，夜不安席。”故请求官府为佛山堡“定制拨兵长守，以安地方防守”。南海县令未敢怠慢，立即申详两院司道（广州府、广东布政司、广东巡抚、两广总督），“准拨坐营标兵三十名，统以哨官一员，按季更番防守。每遇汛期，各哨戍兵俱令撤回，本堡独留戍守，永着为例”。广东官府当年就派出营兵到佛山驻守，佛山“合堡士民踊跃欢呼，捐费建立忠义兵营一所”。[②]但是忠义营设立并非一帆风顺，在佛山堡内，有豪右恶少挑衅，“自三十九年（1611）设营以来，每季

---

① 乾隆《佛山忠义乡志》卷四《选举志》。

② （明）李待问：《忠定公履历》，不分卷，清抄本，载《广州大典》第三十一辑《史部传记类》第三册，第667页。

俱是营官领兵，其间尚有豪右恶少逐队逞凶，拨撒欺侮。营官畏避，嗦不敢发声”[①]。在佛山堡外，盗贼之肆甚于豪右，每当营兵更调，盗贼即伺隙而动，团聚劫掠。“即卿官霍同知家遭荼毒，乡民卢少升等众被杀伤”的事情仍有发生。李待问此时仕途顺利，不断升迁，但对忠义营的命运时时关切，先后三揭致广东地方官府，力陈忠义营存在的“营官不力”“频繁换防”“饷银未定”等问题并提出解决方案：（1）忠义营饷银可在本堡盐铁税饷项下支出，“查本堡供办税饷，如盐铁炭渡等项，每岁不下数百金，以本项岁饷坐拨本堡戍兵岁食，何啻倍蓰？”（2）官兵必须长川驻守，不得频繁更换。即将“按季更番防守”改成“永拨戍守，一年一换”。[②]在李待问努力下，广东官府批准了李待问的上述方案并付诸实施。

乾隆《佛山忠义乡志》载：“（万历）四十二年甲寅（1614）设忠义营。李待问以郎中归里，倡议立营，以捍乡土。兵食出自乡之门摊炉煽银一百七十两。”[③]乡志此处记载有误，万历四十二年应该是忠义营饷银正式由佛山本堡税银划拨支出之年，此时忠义营已设立三年。所谓“门摊炉煽银”，是向佛山冶铁炉户摊派征收的税银，由南海县赋役册征收后支出，因此无异于官银。忠义营兵员三十名，设营官一名[④]，统带兵戎；设会计一名，管理兵饷征收开支事宜。当时，忠义营会计由李待问叔父李芝出任，胞兄李孝问协理。[⑤]康熙《南海县志》记载李芝称：“里门设营，料饷多出其经画，乡人帖席，至今赖之。”[⑥]由此可见，忠义营就是佛山地方赋税支持，并由佛山士绅管理的明王朝正规部队——官兵。

崇祯元年（1628），佛山又设团练乡兵，由“员外郎李升问总其事，以郡邑弊请也，各铺有乡夫自此始”[⑦]。忠义营为职业兵员，集中驻扎于山紫

---

① 《忠定公履历》，不分卷，第667—668页。

② 《忠定公履历》，不分卷，第668页。

③ 乾隆《佛山忠义乡志》卷三《乡事志》。

④ 乾隆《佛山忠义乡志》卷三《乡事志》载：“顺治四年（1647），有黄头贼数百袭杀田营官，折毁忠义营。”可见忠义营设有“营官”。

⑤ 《李氏族谱》卷五《葵孺公传》。

⑥ 康熙《南海县志》卷十二《人物》。

⑦ 乾隆《佛山忠义乡志》卷三《乡事志》。

铺，“乡夫”为业余兵员，总数达三百之众，分驻于各铺。[①]营兵与乡夫，两者互为帮援，管理和维持着佛山全镇二十四铺的社会秩序。而两者又均掌握于李氏兄弟之手，李氏对佛山的控制权可想而知。但是，忠义营设立的意义远不止此。有组织的武力并非个人的力量或技能，它标志着社会的管辖权和“公共权威”。忠义营的设立，是广东官府承认李待问等功名人物对佛山拥有管辖权的结果，是制度化的“公共权威”的标志。

第二，李待问建立乡仕会馆（嘉会堂），作为佛山的行政管理中心。

如上所述，天启以前，佛山“凡有公会咸至止灵应祠。旋聚旋散，率无成规”[②]。万历年间，佛山科举人才济济，出外当官者众。这些士绅关心乡里的社会稳定和经济发展，又有从政经历和管理能力，但回乡之后却没有一个相聚议事之处。李待问久历宦海，每见官员通籍藩臬，监司则有公会，以纪姓名，以序名齿；考成荐上、留部谒选，都门皆有会馆，以联梓雅，以纪除授。万历四十二年（1614），李待问曾出资参与了北京的广东会馆重修[③]。永乐年间，北京广东会馆始建于广渠门内、卧佛寺之东，“其堂颜曰：嘉会”。后迁址于达摩厂，其堂仍颜“嘉会”之名。[④]万历这次重建工作，深深触动了李待问，成为李待问后来回乡倡建佛山“乡仕会馆”的动因。天启元年（1621），李待问归乡，其长兄李好问也从福建泉州卫经历解组还乡[⑤]，即与李好问、梁完素商议倡建“乡仕会馆”，以作为佛山合堡士绅“议决乡事”的场所，并使其形成长期制度。恰在此时，冼圭、梁完善也致仕归乡，于是众绅集资在灵应祠右边开扩隙地建乡仕会馆。李待问沿北京广东会馆例，亦沿“乡仕会馆”，其堂名曰“嘉会”，这就是“嘉会堂”的起源。后来，李待问见“嘉会堂”前“门径纡曲，庭除湫隘”，而往来诸先生“冠盖毕集，车驷如簇”，又再次倡议鼎建扩大。于是，天启七年（1627），以上四人与李征问、梁完赤、黎锦湾、陈玉京等八人共协而成。“数月而门庭堂

① 乾隆《佛山忠义乡志》卷七《乡防志》。

② （明）庞景忠：《乡仕会馆记》，载《明清佛山碑刻文献经济资料》，第10页。

③ 万历四十二年《重修深沟岭南会馆碑记》，载白继增、白杰：《北京会馆基础信息研究》，中国商业出版社2014年版，第428—429页。

④ 同治七年《重修广东旧义园》，载《北京岭南文物志》，1954年，第27—28页。

⑤ （明）庞景忠：《乡仕会馆记》，载《明清佛山碑刻文献经济资料》，第10页；《李氏族谱》卷二《世系纪》。

奥焕然改观，规模宏远矣。”[①]

乡仕会馆（嘉会堂）是佛山都市形成以来第一个民间自治管理机构。其主要功能，首先是处理乡事和决定地方公益款项的使用。民国《佛山忠义乡志》载：“迨冼圭、李舜孺诸乡先生致仕归，立嘉会堂以处理乡事。”“故自明以降，乡事由斯会集议决，地方公益其款亦从是拨出。”[②]其次是举行文会，“课乡子弟之俊秀者”。[③]再之是对乡人进行伦理道德教育，“劝诱德业，纠绳愆过，所以风励流俗，维持世教”[④]。乡仕会馆的主要成员，顾名思义是乡中士绅，从天启年间创立人物看，包括科举正途之官（如李待问、庞景忠等）和藩椽吏员（如冼圭、李好问等）。他们在乡仕会馆的聚合作用下形成一个士绅集团，而李待问就是这个佛山士绅集团中的头号人物。乡仕会馆建立后还形成定时开会的制度，“岁有会，会有规”[⑤]。因此，乡仕会馆实际成为明末佛山常设的行政机构。这与明中叶时佛山乡民“凡有公会咸至灵应祠。旋聚旋散”的临时议事机构相比，不啻前进了一大步。祖庙从此作为城市管理中枢的所在，开始了长达数百年间其对佛山城市管理的运作步伐。

第三，李待问治理市场环境和整顿经济秩序，向豪右们展开分利攻势。

“屏逐娼优”“严戢强暴”是李待问整顿秩序的开山斧，接着是整顿冶铁业的度量衡，掌握公秤于一己，“于商逾入而为之约平，于商歉出而为之取足”，公平评估。同时向“豪右”的“炭饷之羡”和“通显”的“沙粒之利”进行分利，以“佐营”的名义，命里役抽收。这样，就把此前由某些大族把持的铁、炭、沙之利统统重新作了分配。不仅如此，李待问还打破了他们垄断冶铁业原料市场的格局，“又鉴昔之苛，而慰藉炉冶”，使佛山冶铁业出现了“炉不受啬，工不受困”而“营获余饶”的局面。[⑥]

事实上，正是李待问为首的新兴士绅集团的需要而不是整个佛山社会的需要在决定着佛山经济报酬的分配曲线。李待问的整顿要被佛山人普遍接受

① （明）庞景忠：《乡仕会馆记》，载《明清佛山碑刻文献经济资料》，第10页。
② 民国《佛山忠义乡志》卷三《建置志》。
③ 民国《佛山忠义乡志》卷十四《人物志七·冼圭》。
④ （明）庞景忠：《乡仕会馆记》，载《明清佛山碑刻文献经济资料》，第10页。
⑤ （明）庞景忠：《乡仕会馆记》，载《明清佛山碑刻文献经济资料》，第10页。
⑥ 梁文贵：《李门世德序》，载道光《佛山忠义乡志》卷十一《艺文志上》。

为公正的和合法的话，那他就必须至少在某种程度上与多数人所具有的公正理念和道德观相一致。因此，尽管李待问为首的新兴士绅集团所采取的措施可能也偏重于李氏自身的利益，但其所作所为还没有超出公众允许的限度范围。李待问的整顿被佛山人承认并将其“世德”载入乡志，这也说明其顺乎了当时的民情，尤其是“慰藉炉冶”之功，对缓和工匠与富户的尖锐矛盾具有不容忽视的作用。李待问族弟李崇问此前曾经“包籴包铸”激起的阶层矛盾，也在佛山镇这一更大的地域范围内消弭。

第四，李待问重修崇正社学，倡建文昌书院，建立佛山文化教育中心。

佛山堡最早的社学是洪武八年（1375）建立的崇正社学[①]，这是一乡的教育中心点。崇正社学后来倒塌，一直无人重修。天启七年（1627），李待问胞兄李升问致仕归乡，即以重修崇正社学为己任[②]，据《李氏族谱》记载，“里中崇正社学倾圮，公独任饰新，一时改观”[③]。建好后，迁大士（观音）于右殿，塑文昌帝像于其中，“数十年颓废之景象一旦轮奂”[④]。李待问还亲自延请老师到社学任教，如霍日新是其中之一，其族谱载：“吾乡大司农李忠定公雅慕公，延公设帐以式多士，一时游其门者咸知名于世。时乡社学圮坏已久，公董其事为社中领袖，率里中人士旬月落成，焕然改观，集诸英隽课艺其中，大有陶铸，公有力焉。”[⑤]

佛山镇最早的书院是李待问在崇祯十五年（1642）创建的文昌书院，在明心铺，中祀梓潼帝神，“一以培风气之不足，一以作士类之维新”[⑥]。文昌书院是明代佛山堡唯一的书院，据碑刻记载，“佛山忠义乡向无文昌专祠，有之，自大司徒李公始。公尝捐百金购学田隙地亩余，以为山川之秀毕萃于此，因创文昌院三楹，设祀业以供春秋伏腊，约费一千三百余两，经始于崇祯壬午秋，落成于癸未之冬”[⑦]。文昌书院的创立，为佛山镇民子弟的入学创造了条件。佛山学子因此对李待问感佩至深。“自公创办书院，文运蒸蔚而

① 民国《佛山忠义乡志》卷五《教育志二》。

② 乾隆《佛山忠义乡志》卷三《乡事志》。

③ 《李氏族谱》卷五《世德纪·康侯公传》。

④ 《修崇正社学记》，载《明清佛山碑刻文献经济资料》，第11页。

⑤ 《南海佛山霍氏族谱》卷九《十四世祖南海邑庠嵩台公传》。

⑥ 乾隆《佛山忠义乡志》卷十《艺文志·文昌书院记》。

⑦ 乾隆《佛山忠义乡志》卷十《艺文志·文昌书院记》。

起，诸士尊之如父师。及捐馆舍，诸士夫失其典型。哭公于书院，奉其像位而祀之”①。明清两代，崇正社学和文昌书院一直是佛山镇教育的中心基地。

第五，修桥筑路，关心地方公共营造。

通济桥是佛山西南通往南海石头、黎涌、石湾、张槎、弼堂、罗林、深村、魁冈和顺德石釖诸乡的要津，嘉靖、隆庆年间先后为石头霍氏的霍与瑕和霍隆修建。万历九年（1581），知县周文卿重修。天启五年（1625），李待问与其兄李征问捐俸重修，以石易木，以期永固，并建亭于桥左，以歇行人。②崇祯七年（1634），李待问与庞景忠同捐修往省大路（原名羊城古路，后称“省佛通衢”），“凡二百里”③。据崇祯《南海县志》记载，该路“由城西渡海南岸，经盐步、佛山、黄鼎、西樵、九江诸乡落，通顺德、新会、三水、香山诸邑”。“知县黄熙胤捐百缗，躬察勘形势高下平坡，为之经始：而鸠工庀材，度支出入则邑尚书李待问，主政庞景忠克底于成”④。此外，李待问还筑铳台、造炮、鼎新铁商聚集的天后庙、筑赤冈塔。总之，在万历末年至崇祯末年，举凡有关佛山的公共营造，无不与李待问的名字联系在一起。

第六，为民请命，免除官府多年征收的“南海定弓虚税”。

所谓“南海定弓虚税”，是指隆庆六年（1572）南海县田地原额一万五千四百余顷，万历九年（1581），南海县知县周文卿行清丈法，查明历年来水冲崩塌而“当事者罔敢报失”者一千八百二十八顷。以原额不足，每亩加派银二分，名为“定弓虚税”，田亩税重，民不堪命。万历十二年（1584），广东官府遂每亩量减三厘六毫，犹征一分六厘四毫。“计南海县加定弓虚税二千二百二十八顷，每岁派银七千七百八十余两。”⑤从万历九年到崇祯三年（1581—1630）征收了半个多世纪，正如李待问所言“但查南海定弓每岁虚赔银七千八百两，受累五十余年”。这使得“南海之民犹苦敲骨

① 乾隆《佛山忠义乡志》卷十《艺文志·文昌书院记》。

② 李待问：《修通济桥纪略》，载《明清佛山碑刻文献经济资料》，第8页。

③ 乾隆《佛山忠义乡志》卷三《乡事志》；卷十《艺文志·文昌书院记》。

④ 崇祯《南海县志》卷一《舆地略·道路》。

⑤ 《盟水斋存牍》卷一《南海定弓虚税详》，第14页。

剜髓以足虚额”。[①]早在万历四十四年（1616），当时以郎中归里的李待问，就曾率众恳请豁免“定弓虚税”，并提出将香山等县新升沙田移抵南海定弓虚税的请求[②]。当时的广东官府未置可否。随着李待问升迁为漕运总督，“南海定弓虚税”的奏疏上达崇祯皇帝。崇祯三年（1630）十一月二十七日，崇祯皇帝下旨：“这南海定弓虚税，依议将各县沙坦陆续抵补，该部知道。”户部钦遵在案，修入赋役全书。[③]至此，南海佛山之民有田亩者，纷纷举手相庆，当然也对李待问感恩戴德。

综上所述，万历末年至崇祯末年这段时间，李待问为首的新兴士绅集团在佛山进行了全面的整合社会的活动，举凡政治上的设立自治管理机构“嘉会堂”；经济上的公平秤、破垄断，以及豁免“南海定弓虚税”；军事上的设立“忠义营”；文化上的创建文昌书院。这些举措无不与李待问的名字相联系。可以这样说，哪里有公益大事，哪里就有李待问等士绅的参与和贡献。佛山镇历史上的这段时期，我们可称为“李待问时代”。李待问本人对佛山乡事的关心，亦超过了前代任何一位功名人物。史称：“自公释重负归里，省会监司干旌在门，必求促膝以请，语次无非为桑梓计久远。”[④]李待问新兴士绅集团所建立的一整套城市管理制度，不仅使佛山镇在明末整合成一个“生齿日繁，四方之舟车日以辐辏”[⑤]的生气勃勃的“大都会”[⑥]，而且对以后佛山城市的发展产生了深远的影响。

如果说明中叶时的“二十二老”是依靠强力把佛山整合为一体，那么明末以李待问为首的新兴士绅集团则是依靠朝廷制度对佛山进行重新整合。佛山祖庙权力从二三巨族向士绅群体的转移，就是以明末李待问的系列改革和建立嘉会堂为标志的。李待问的一系列改革，尤其是嘉会堂的建立，使佛山祖庙的“庙议”传统得以延续，并走上了制度化发展的轨道。佛山祖庙也在新的历史阶段扮演着地域性大宗祠的角色，继续发挥着维系镇内各宗族纽带

---

① 《忠定公履历》，不分卷，第703—704页。

② 乾隆《佛山忠义乡志》卷三《乡事志》。

③ 《忠定公履历》，不分卷，第703—704页。

④ 乾隆《佛山忠义乡志》卷十《艺文志·文昌书院记》。

⑤ （明）李待问：《重修灵应祠记》，载乾隆《佛山忠义乡志》卷十《艺文志》。

⑥ （明）李待问《修通济桥纪略》称：“盖诸乡以佛山为大都会。”见《明清佛山碑刻文献经济资料》，第8页。

的作用。

综上所述，明代佛山社会经济的发展，是一个制度化的过程。从明景泰到明末，我们可以看到铺区制度、炉户制度、家族制度，以及李待问整合后的城市管理制度的相继建立。每一种制度的建立，都在官方正统化的背景下进行，也使佛山的发展迈上一个新的台阶。铺区制度的建立，使佛山从乡村脱胎出来，步入明代重要手工业城镇行列；炉户制度的建立，使佛山冶铁业获得合法铸造的特权，并得以占据了岭南冶铁业的首席地位；家族制度的建立，整合了各个原先分散的血缘群体，并与图甲制相结合，使佛山居民在"忠义乡"的范围内形成极强的群体认同和凝聚力；李待问整顿建立的城市管理制度，则使佛山从明中叶的城市雏形过渡到比较成熟的城市社会。从离散到整合，从世袭到正统，从蛮荒到文明，制度化带来的都是后者。佛山之所以在明末一鸣惊天下，珠江三角洲之所以在明清时期后来居上，都可以在此找到答案。

第三节　明末佛山著名人物：文武状元与岭南三忠

明万历以后，珠江三角洲社会经济进一步发展，尤其是顺德立县以后，商品性农业快速发展，物阜民丰，文教昌盛，人才辈出；与此同时，关外的女真族人崛起壮大，建立后金政权与明王朝相抗衡。广东籍兵部尚书袁崇焕奋勇抗击，取得宁远保卫战的胜利，这极大鼓舞了全国士子的抗清勇气。当清军铁蹄横扫大江南北时，佛山籍士子纷纷披挂战袍，投身南明政权，浴血抗清。

一、万历状元黄士俊

黄士俊（1570—1655），字亮垣。隆庆四年（1570）出生于顺德县杏坛甘竹右滩乡一个书香之家，其祖、父辈都是读书人。黄士俊七岁能文，胸怀大志，且好学上进。入官学读书时，督学对他十分赞赏，并说他将能大魁天下。明万历三十五年（1607），黄士俊参加在北京举行的会试考中进士，廷对第一，夺得状元桂冠，成为顺德建县后第一位状元。

状元及第后，黄士俊担任翰林院修撰。因他满腹经纶，下笔成章，朝中重臣每逢重大典礼，研究重要文献，都倚重于他。黄士俊学问渊博，曾担任皇帝老师，引经据典，顺手拈来，深得皇帝敬重赏识。黄士俊历官国史馆修撰、太子洗马、春坊官，再从詹事府詹事、侍读学士做到玉牒馆总裁、礼部尚书、太子太保、文渊阁大学士，曾与孔贞远、贺逢远三人同当阁臣，成为明代官位最高的一位顺德人。

崇祯三年（1630），黄士俊为贺父亲黄镐百岁大寿，向朝廷申请归家，得到恩准，并送金币和加派驿马送归。黄士俊在家乡建立“熙朝人瑞”牌坊。如今在右滩黄氏大宗祠还陈列着当年朝廷颁赐给他其父的“一品百龄”牌匾。

明朝廷在北京倾覆后，清顺治三年（1646）冬，黄士俊参与苏观生在广州拥立唐王朱聿𨮁，建立南明绍武王朝，得授要职。不久，清军攻陷广州，绍武帝、苏观生殉难。黄士俊投靠清将李成栋，后李成栋反正，归降南明永

图6-3-1　黄士俊造像（南海区博物馆提供）

图6-3-2　顺德右滩黄氏大宗祠（南海区博物馆提供）

历帝，黄士俊再受南明永历朝起用，但同僚都不原谅他，黄士俊只得回乡隐居，“足不下楼数年”，终年八十五岁。黄士俊一生著述颇丰，可惜几乎散失殆尽。现仅存《李方麓去思碑》《鼎建连州治碑记》《前顺德县倪公遗爱碑记》。他于崇祯十七年（1644）书写的“乾坤正气”四字，曾存于大良西山庙内。①

二、武状元朱可贞

朱可贞，字占遇，号子庵，龙江人。在广东武举史上，朱可贞是广东第一位武状元。朱可贞原来是位文笔老辣的生员，他留心兵法，“凡孙吴武略，诸葛心书，皆习之”。朱可贞生得虎背熊腰，臂力过人，能挽强弓，百发百中。但他心底里还是希望通过传统文人最正统的笔墨文章通向丹墀，可惜科场屡试不第，又感于边患频仍，良将无多，于是“慨然改图应武科”。

① 陈泽泓：《广东历史名人传略续集》，广东人民出版社2004年版，第154—157页；李健明：《万历状元黄士俊》，载《佛山历史人物录》第二卷，第36—38页。

天启四年（1624），朱可贞考中武举。随之客居京师，与北方武师切磋砥砺，武艺日精月进。他的刀术舞得银光一片，出神入化；他的箭术能左右开弓，百步穿杨。还曾单刀独骑远走边关，细心察看塞外地形，以备日后保卫家国之需。崇祯元年（1628），朱可贞高中武状元，授锦衣副千户，后封昭将军。把持朝政的魏忠贤奸党有意收罗他，但他不屑与之为伍。因得罪上司，朱可贞被贬谪至广西柳州。后再复职回广东。当时流寇进犯阳江、电白一带，朱可贞挥军布阵，搜捕悍匪，最后攻破敌巢，大获全胜。后调任广西。眼看北方形势严峻，朱可贞多次上表请战，都被束之高阁。终至心灰意冷，辞官归里，作诗练字，正所谓“激昂慷慨之气，一见于题咏”。

朱可贞晚年仍心系北方战场，其同乡黄炳儒在其诗集《丹松斋诗草存》中云：“每西北风云起，辄掀须长啸，有封狼居胥之意。”可见，朱可贞宁静的文字背后，仍透露出纵横沙场的气概。

朱可贞胸无城府，始终坚持气节信义。天启年间，监察御史吴裕中为救熊廷弼而获罪，被皇帝下令“杖毙”，京城亲友因怕牵连都躲避不出，朱可贞念及吴裕中曾在顺德担任县令，颇有德政，再加上这次因忠谏身亡，也就不顾安危，与一位金姓举人联手料理丧事，将吴裕中灵柩运回原籍。人们对这一义举，深为敬佩，直至他去世后，仍念念不忘，交口称赞。

因距今年代久远，加上兵燹天灾，朱可贞散落民间的诗作于今所见不多。相传，当年龙江紫云阁修建时，朱可贞带头捐款，并题“紫云阁”三字，撰《紫云阁赋》：“龙光俨俨兮凤山之献，灵慧昭昭兮龙江敷偏，饮江之润兮，怀允不忘……其龙如翔兮，其凤如翱，翱翔天际兮，皇凤是翼，千春万夏兮，馨闻不息。”以凤凰翱翔九霄暗喻一片雄心，文采灿然，可见朱可贞文武双全。[①]

三、“岭南三忠”之陈子壮、陈邦彦

崇祯十七年（1644）三月，崇祯帝在北京煤山自缢，明王朝覆亡。同

① 李健明：《武状元朱可贞》，载《佛山历史人物录》第二卷，第39—41页；黄昭胜等编著：《广东武术史》，广东人民出版社1989年版，第30—31页。

年，逃难到金陵（南京）的福王朱由崧即位称帝，年号弘光。清顺治二年（1645），清兵破金陵，俘获朱由崧。此时，郑芝龙与福建巡抚张肯堂在福州拥立唐王朱聿键称帝，年号隆武。清军队长驱直入福京，并于长汀俘虏隆武帝。不久，隆武帝绝食殉国，此时唐王朱聿鐭（隆武帝朱聿键之弟）和隆武朝的官员逃到广州。隆武二年（1646）十一月五日，四十一岁的朱聿鐭，按兄终弟及的原则，继位称帝，以次年为绍武元年，史称“绍武政权”。同年十一月十八日，明两广总督丁魁楚、广西巡抚瞿式耜等拥戴桂王朱由榔（万历帝之孙）于肇庆称帝，以次年为永历元年。史称“永历政权”。两个政权互不相容，但都仍以抗清为己任。朱由榔的永历政权坚持了十五年，直到清顺治十八年（1661）才彻底覆亡。在此期间，两广军民前仆后继浴血奋战起到了抗清中流砥柱的作用，而其中陈子壮、陈邦彦、张家玉三人麾下的广东义军更是功不可没。他们在永历帝初立并被清军穷追猛打、岌岌可危之际，以少数兵员，满腔热血，拖住清军在粤的全部兵力达十个月，使清军西进受阻，从而挽救了永历政权。三人后来都壮烈牺牲，被世人尊崇为明末“岭南三忠”。其中陈子壮为南海人、陈邦彦为顺德人。

（一）陈子壮

陈子壮（1596—1647），字集生，号秋涛，南海县泌涌堡沙贝村人。父熙昌，官至吏科给事中，赠太常寺卿。陈子壮幼时聪慧好学，七岁即能诗文，有神童之誉。明万历四十三年（1615）中举，四十七年（1619）登进士一甲第三名（探花），年仅二十三岁，授翰林院编修。天启四年（1624），主持浙江乡试，特拟“历代宦官之祸”作为策论试题。回京复旨后又向天启帝力陈东汉十常侍乱政、唐代甘露之变等历史教训，希望皇帝醒悟，不再宠信宦官。魏忠贤意欲诱以利禄把他罗致门下。乘建新宅第之机，请陈子壮题写“元勋”二字作门匾，遭到陈子壮拒绝。魏忠贤遂罗织罪名参奏陈子壮。天启帝偏信魏忠贤，陈子壮父子同日被罢官，逐回原籍。

崇祯皇帝即位之初，颇想励精图治，诛除阉党，重新起用陈子壮。崇祯四年（1631），升詹事府少詹事兼翰林院侍读学士。崇祯五年（1632），奉旨修玉牒（皇家族谱），之后，再迁礼部右侍郎。其后陈子壮又因皇室擅权，上疏直陈历史上宗室滥权的恶果，望皇帝以史为鉴，收回成命。由此触怒众藩，诬蔑陈子壮离间皇室，被除名下狱，几问死罪。幸得正直同僚冒死进谏获赦。

陈子壮罢官归乡，侍奉老母朱太夫人尽孝子之道。又与胞弟陈子升，友人欧主遇、黎遂球等人在东皋雅集，同时期诗人还有邝露、梁朝钟、陈邦彦、张家玉诸人，他们的诗风格不一，但多以关注民生、鞭挞时弊或表达忠贞报国的壮志为主题。这些诗人们日后都在抗清斗争中先后死难，为岭南诗派平添了豪迈的一页。

罢官期间，陈子壮还受聘到禺山书院讲学。崇祯十七年（1644），皇帝“国乱思良相”，在朝臣交相推荐下，陈子壮再被起用，授职协理詹事府。但他未及赴任，京师已陷落。逃难到金陵（南京）的福王朱由崧即位称帝，年号弘光，下诏任陈子壮为礼部尚书执掌詹事府。陈子壮北上勤王，因不肯与权臣马士英同流合污而受到挤压，不能一展鸿猷。

清顺治二年（1645），清兵破扬州，金陵告急，陈子壮欲向弘光帝面奏御敌之策，并请旨利用长江天险固守，被马士英阻挠不得晋见。他只好往见掌握金陵兵权的郑芝龙和掌握礼部实权的钱谦益，想说服他们御敌救亡，郑、钱两人支吾以对。陈子壮知事不可为，长叹而出。是夜，马士英挟持弘光帝及太后等弃城逃走，翌日清军兵临城下，郑、钱均出降。陈子壮易服脱身追寻弘光帝，途中闻帝及马士英已被清军俘获。太后走避杭州，便往杭州觐见太后，领旨回广东兴兵复国。弘光帝遇害后，本已降清的郑芝龙，又联络福建巡抚张肯堂等在福州拥立唐王朱聿键，年号隆武。封陈子壮为东阁大学士、兵部尚书，命令他与粤督丁魁楚等同办军务。顺治三年（1646），陈子壮回到广州，捐资募军，得两千余众，亲自训练。

顺治三年九月，清军入闽，隆武政权覆亡。而隆武大学士苏观生又于十一月迎立朱聿𨮁于广州并抢先称帝，年号绍武。桂王朱由榔亦立即在肇庆称帝，建年号永历。明降将李成栋率部直下广东，潮州、惠州守将不战而降。清军长驱直入广州，顺治三年十二月，绍武政权覆灭。

广州陷落后，南明兵部主事陈邦彦联络农民军起兵于顺德，监军御史张家玉起兵于东莞，大学士陈子壮联合增城农民军起兵于南海。一时全省各地抗清义军风起云涌，纷纷举事，数十支义军投入陈子壮等三人义旗之下，声势大振。顺治四年（1647）三月，陈邦彦率军围攻广州，李成栋不得不从广西撤兵回救。这时，义军久攻广州不下，李成栋又率军将至，只得退回顺德。清军扑向顺德，义军战败，退守高明。幸得张家玉率义军从东莞出击，清军唯有掉头向东，两军经过几番激战，终因强弱悬殊，义军被迫转往龙门，据守博罗。

顺治四年（1647）七月，陈子壮乘清军在东江受牵制之机，在南海九江誓师，与陈邦彦合兵再攻广州。陈子壮率大量战船强攻广州南门，并烧毁清军大部分船只。但攻城八日仍未得手，清军又已从东江赶回，两军大战白鹅潭，激战中，陈子壮长子陈上庸阵亡。义军终于不敌，陈邦彦撤至三水，陈子壮撤回九江，恰值御史麦而炫领义军攻克高明，迎陈子壮军入驻。此时，三路义军各扼北江、西江、东江咽喉，对广州形成夹击之势，奈何双方兵力悬殊，对清军未造成威胁。九月，李成栋守东击西，主力直扑三水。陈邦彦退占清远，清军穷追不舍，围攻清远城，城破，陈邦彦负伤被俘，不屈殉国。清军回师东江，与张家玉义军鏖战于增城，张家玉壮烈战死。

此时仅余陈子壮坚守高明，孤军抵御清军全力进攻。清军挖地道装炸药爆破城墙，县令朱实莲战死，陈子壮和次子陈上图与麦而炫力尽被擒。李成栋派轿子将陈子壮迎至军中，待以宾礼，子壮身穿明王朝冠服，表示决不投降。后被押往清广东巡抚佟养甲营中，佟欲招降，陈子壮昂然挺立，忠贞不屈，从容就义，其母朱太夫人闻讯亦自缢，随子殉国。

从陈邦彦于顺治三年十二月起兵，到翌年九月陈子壮兵败高明，这三支义军以绝对劣势的兵力牵制住清铁骑达十个月之久，使永历政权获得喘息之机，其后以大明名义控制的区域扩大到云南、贵州、广东、广西、湖南、江西、四川七省，还包括北方山西、陕西、甘肃三省一部以及东南福建和浙江两省的沿海岛屿，出现了南明时期第一次抗清斗争的高潮。虽然历史最终抛弃了南明，但永历政权能够延续十五年，全赖粤中义军在它最危急的时刻顶住了强大的清军。

陈子壮死后，永历帝下诏追赠为太师上柱国、中极殿大学士、吏部兵部尚书，封番禺侯，谥号文忠。在今天九江镇下西村翔南村边，有一道长约八米、宽一米多的石桥，桥顶两旁的石壁刻有“探花桥”三字，是清代嘉庆年间乡绅郑佐扬、陈道中等人为纪念陈子壮而建。[①]

---

① 《简明广东史》，第288—291页。参阅陈国煊：《“岭南三忠”之陈子壮》，载《佛山历史人物录》第二卷，第56—62页。

图6-3-3 九江探花桥。位于南海九江下西翘南，明万历四十七年（1619）陈子壮中探花后，往九江西下探望外祖父时建，清代重建（南海区博物馆提供）

（二）陈邦彦

陈邦彦，字会份（一作会斌、令斌），号岩野，明万历三十一年（1603）生于顺德龙山乡小圃村福地玉尺峰下（今属顺德区龙江镇华西乡莲塘村）。父韶音举家移居县城大良镇北锦岩冈下，以教馆为业。陈邦彦自小跟随父亲读书，性情果敢。十八岁进县学，每期考试都名列前茅。成年后，屡次应试未第。但陈邦彦却不以为意，一心精研《周易》、毛《诗》和经世致用之学。二十多岁在锦岩冈设馆讲学，世称“岩野先生”。远近慕名来求学者每年达数百人，屈大均、薛始亨、罗大宾等都是他的门人。

崇祯十七年（1644），清兵入关，定鼎中原。福王朱由崧在南京建立弘光小朝廷。国难当头，陈邦彦五内俱焚，疾呼：“此时不思报国者，非丈夫也！”随即结束讲学，针对时局，精心撰写了数万言的《中兴政要》，具体开列了三十二条抗敌救国方略，踌躇满志地只身赴南京进呈弘光帝。陈邦彦殚思竭虑撰成的《中兴政要》被弘光帝轻蔑的一句“褐衣徒步一迂儒”而被弃如秕草，而弘光朝也就注定是一个短命的王朝。

弘光朝覆亡后，唐王朱聿键被一批文臣武将拥戴建立隆武朝，并访求贤能，组织抗战。读了陈邦彦的《中兴政要》之后，隆武帝倍加赞赏，并破格封之为监纪推官。稍后，陈邦彦参加广东乡试，中第七名举人。翌年，陈邦彦升兵部职方司主事，监粤兵入江西，协助苏观生防守北线。清军大举入闽，攻下福州。隆武朝的武将郑芝龙公开投敌，隆武帝被俘遇害，隆武朝也步了弘光朝的后尘。此时，陈邦彦主张凭借五岭和韩江天险，抵挡北、东两面来敌，以保广东，建立巩固根据地。苏观生急于回广州拥立新主，置陈邦彦的建议于不顾，下令全军撤防。陈邦彦抵抗北路清军的建议未被采纳，只好一同南撤。隆武帝的胞弟朱聿𨮁从福建逃来广州，被苏观生等人拥立为绍武帝。于是，肇庆、广州咫尺之间，两个小朝廷为争正统而同室操戈，在三水展开了一场内战，暂时获胜的绍武帝还未高兴过来，就被攻入广州的清军杀了，绍武朝短短四十天的历史也画上了句号。

广州陷落后，陈邦彦化名林居士到高明招募义军，并冒险到甘竹滩说服余龙部两千多“绿林”豪强归顺。其间，他来到新会崖门凭吊“宋末三忠”殉国之地，慷慨赋诗《崖门吊古》：“往事苍茫不可寻，东风吹雨昼阴阴。精云拟共湘波怨，遗恨长留越客吟。赖是圣明回汉甸，只今邦计仗南琛。春陵佳气中兴日，借取当年义士心。”诗作中忧愤国事而表明了自己的气节，并对斗争胜利充满信心。之后，陈邦彦派门生马应房与余龙部合兵收复顺德。接着他又相继串联东莞张家玉，南海陈子壮，顺德胡靖、梁斌，新兴梁信灼，新会黄公辅、何世熊，恩平王兴，阳江莫廷兰，东安（今云浮）何仕璋举义，合力牵制清军。清将李成栋被迫放弃追击永历帝，回师东下。陈邦彦得报，派马应房等率水军到顺德黄连乡北拦江截击，奈何寡不敌众，败于敌手。陈邦彦又乘李成栋进攻张家玉部之机，会同高明麦而炫、欧怀昊一举攻下江门。视陈邦彦为心腹大患的巡抚佟养甲，用卑劣手段劫持陈邦彦妾何氏和幼子和尹、虞尹来要挟他归降。陈邦彦在招降书上凛然批复：“妾辱之，子杀之，身为忠臣义不顾妻子！”结果，何氏与两幼子惨被杀害。

顺治四年（1647）七月，陈邦彦与陈子壮合兵攻打广州。不料陈子壮提前两天行动，加上举措失当，造成失利。

撤离广州后，陈邦彦转攻三水，继而攻新会、香山，连战皆捷。后来，南明卫指挥佥事白常灿攻克清远，李成栋率军反扑，白常灿请陈邦彦合兵把守。清军猛攻十日，用火药炸开城墙，蜂拥而入。惨烈的巷战中，陈邦彦次子馨尹死难，他本人亦肩中三刀，鲜血淋漓。悲愤之余，他题诗三首，第一首是："无拳无勇，无饷无兵。联络山海，矢助中兴。天命不佑，祸患是婴。千秋而下，鉴此孤贞！"写毕，一头扎进池水中以图一死报国，谁料却被追兵拉起，他仰天大笑："我就是陈兵科陈邦彦！"

陈邦彦被押到广州后，佟养甲派医生为他治伤，送上佳肴想劝降，陈邦彦不为所动，一笑置之。他以文天祥为榜样，写了《狱中步文丞相韵》诗，谓："泉路若逢文相国，不知双眼可谁青？"在狱中绝食五日。佟养甲眼见劝降无望，于是下令将陈邦彦押往四牌楼（故址在今解放南路）杀害。临刑时，陈邦彦慷慨高唱《狱中五日不食临命歌》："天造兮多艰，臣也江之浒。书生漫谈兵，时哉不我与。我后兮何之？我躬兮独苦。崖山多忠魂，后先照千古！"歌罢，从容就义。

陈邦彦长子陈恭尹在父亲遇难前先期脱险，堪称国难家仇集于一身。在南明永历政权迁返肇庆后，他上表陈情，哭诉满门死节和父亲壮烈情状，闻者无不动容。陈恭尹文章道德，深得乃父遗风。他的诗作沉雄悲凉，豪迈自如，尤以七律成就最高，其代表作如《崖门谒三忠祠》："山水萧萧风又吹，两崖波浪至今悲。一声望帝啼荒殿，十载愁人拜古祠。海水有门分上下，江山无地限华夷！停舟我亦艰难日，畏向苍苔读旧碑。"诗作怀古伤今，寄国亡家破之恨，感情郁勃，格调高卓，历来被人传诵引用。他与父亲的学生屈大均志趣相投，后来二人与梁佩兰被誉为"岭南三大家"。[①]

① 陈泽泓：《广东历史名人传略》，广东人民出版社1998年版；参阅梁景裕：《千古忠魂陈邦彦》，载《佛山历史人物录》第二卷，第63—67页。

第七章

清代佛山商品经济与城市繁盛

清代，是佛山商品生产从单一的冶铁生产到综合性的手工业生产发展的时期，是佛山商人集团崛起、商品经济繁荣的时期，是佛山成为岭南中心市场、与广州成双足鼎立之势的时期，是佛山传统手工业发展到封建社会所能容许发展的高峰时期。这一时期佛山镇的都市空间结构也发生了变化，形成了手工业、商业和住宅区三大区划，二十七铺的区位功能及其综合效益充分发挥，城区人口也达到佛山明清时期的最高峰。

佛山一跃而与汉口、景德、朱仙共享“天下四大镇”之美誉，又与北京、汉口、苏州齐膺“天下四聚”之殊荣，其相当繁荣的城市经济，至今仍令佛山人倍感自豪。可以这样说，清代康雍乾三朝，是佛山最值得骄傲的“黄金时代”。

第一节　中国南部最大手工业制造基地

（1662—1900年）

一、清初广州屠城对佛山的影响

崇祯十七年（1644），清军入关，定都燕京（今北京）。随后西击李自成农民起义军，南平“南明”几个小政权。清军挟勇而至，尽行屠戮。广东曾先后作为南明“绍武”“永历”两政权所在地，遭害亦烈。顺治四年（1647）二月，清军攻入广州。但次年五月，清军两广提督李成栋（原为明徐州总兵）倒戈，擒两广总督佟养甲，归附南明永历皇帝，广东全境又重归南明势力范围。顺治七年（1650），清藩王尚可喜和耿继茂再度率兵南来，围困广州达十个月之久，经过连番苦战，终于破城，于是大肆屠城。真修和尚“募役购薪，聚尸于东门隙地焚之，累骸成阜，行人于二三里外，望如积雪”[①]。当时无辜死难者达几万人之多[②]。广州城西原有十八铺商业街市，也惨遭屠戮，故老至今流传有“血洗十八铺”的传说。

广州被屠，佛山危如累卵。曾有两次藩兵箭在弦上，欲剿佛山。

第一次在顺治七年（1650）十一月，平南王尚可喜两次派人招抚佛山，佛山皆不回应。清军诸将请剿之，尚可喜说：“佛山无城郭，无职官统领，谁敢拒我。其不能出身来应者，杜永和哨船驻防在彼，一有漏泄，身家先丧，情固可原。”诸将仍请剿不已。尚可喜说：“上命吾克粤即镇其地，此地为四方商旅凑集之区，往来贸易百货在是。一经杀戮，市井丘墟，商旅裹足，百货不通，亦非吾等之利，其熟思之。”时人尹源进称：“佛山一镇，数万生灵，全活于王片言之下。”[③]可见当时藩兵汹汹，欲屠佛山之势。而

① （清）钮秀：《觚賸》卷八《粤觚下》。

② 李一奇：《世变小记》，载荷塘恒美坊《李氏族谱》，手抄本。

③ 尹源进：《平南王元功垂范》卷上，第33、34页。

平南王之所以不让剿佛山，是因为留此为“贸易百货”之地，将为“吾等之利”。不为竭泽而渔之举，而留抽丝剥茧之利，可谓老谋深算。

第二次在顺治十一年（1654）十月，当时南明李定国围攻新会县城，两藩兵增援，解新会之围后，大军还师经佛山，藩兵又意欲劫掠，为清两广总督李率泰所禁止。史称：“粤之左有佛山，亦一大都会也。货泉盐铁之所辐辏，舟车之所鳞集，商贾之所往来，诛求科敛，迄无休时。市井豪猾，又能假借权贵以侵渔之利，即诸甲士，虎视眈眈，未尝不谓井肆珍错，可攫而有。公（李率泰）一切禁革，以公旬之役还民，以什一之利还商。当大将军师还，所过空室逃匿。公莅其军以过，率无一士敢哗于市。……佛山商民思公益无已，时为俎豆尸祝以勒贞珉者，不敢后也。”[①]上次剿佛山的动议还有“招抚不应”的政治原因，这次剿佛山的动议完全是出于“井肆珍错，可攫而有”的财富贪欲，幸亏李率泰全力禁止，佛山再次幸免于难。

清初佛山的免受屠戮，对佛山城市经济和城市社会的发展无疑是有益的。经济方面，佛山在广州十八铺商业区被血洗后，接替了广州的大部分功能，这也是佛山在清代前期曾一度超过广州的原因之一。社会方面，佛山社会结构和社会组织得以保存，使佛山社会形态呈现出稳定发展的态势。这也是佛山能作为明清城市社会演变重要典型的原因之一。

在两藩踞粤的三十余年间[②]，两个藩王对广东人民进行了敲骨吸髓般的掠夺，其聚敛之无度，肆虐之狼戾，为岭南历史上所罕见[③]。两藩私设苛捐杂税总机关称为总店（总行）。总店设立的目的是把持行市，垄断取利。其职能有二：一是将前此无税之日用鸡豚蔬果等物，一概抽税，给一印票，方准买卖。一是将已纳落地税之钢铁纱缎棉布药材等物，再抽“藩税”，方许在地头发卖。若不经由总店发卖者，概为私货，必要重加勒索。如不依从，即殴辱鞭仆。佛山素为货泉盐铁辐辏之地，两藩的总店总行在这里进行着大肆的

① 康熙《南海县志》卷十七《艺文志·总督李率泰去思碑记》。

② 顺治七年（1650）至康熙二十年（1681）间，广东为清平南王尚可喜父子和靖南王耿精忠所盘踞。

③ 罗一星：《清初两藩踞粤的横征暴敛及对社会经济的影响》，载《岭南文史》1985年第1期。

掠夺。当时在佛山，两藩就设立了“铁锅总行”等课敛机构[①]。史称：

> 佛山一镇，为五方杂居、商民辐辏之地。向因藩孽棍徒勾通地方土宄播虐，商民吞声蹙额。……有强买害人而反诬抢夺；有债折房屋而遗税累民；有借揭帑本而开张总行；有辖收铁锅而侵占行业；有蠹役串同包当保长、借夫务而择食乡愚；有盐蠹踞为总埠而高抬勒价，灌花侵砂；甚至贩买咸鱼、咸虾、虾蛋、乌榄等物为庶民日用所需者，亦被巡拦截捉勒挂盐斤；又有投营棍蠹、开场放赌棋局乌白而诱诈殷富子弟；下至乞丐、娼优，亦皆扎局，无赖诈害良民，种种奸弊，难以枚举。[②]

当时在佛山镇内横行的旗下之人有田彪、王豹、葛友亮、杨四等人，“在佛山日久，而即有‘拦路虎’之名”。还有徐彦蕃、吕迴宸、陈俊初，“皆投藩剥民之巨棍也”。[③]他们互相勾结，狼狈为奸，诈民敛财，无所不为。佛山镇内稍有家资的居民皆被勒赎勒索。据《庞氏族谱》记载：“时藩焰张甚，虎而冠者怙其势大肆贪喙。举故家世胄，悉以几肉视之，构奇阱陷铨部公于狱，祸且不测。季父与先府君仲父拮据营救，罄资产不足则称贷以益之，卒免铨部公于难，家计愈绌。”[④]又如霍氏的霍惺台，原往荆州为贾，获资并纳妾方氏携归。“康熙丁未，藩旗肆虐，捉公勒赎，赂以万金获免。次年窥公父子他出，复置尸门前塘侧去，谋欲诬陷，家人奔报。方氏督家人追蹑之。方故荆产，通北语，力与抗辩。藩下爪牙群肆咆哮，哗然索命。方氏挥家人缚之，始惧，背尸去。”[⑤]

藩下之人在佛山的肆虐，如同在背之芒，使佛山商民不得安宁，严重影响佛山工商业的正常发展。

康熙二十年（1681）大撤藩府，康熙二十一年（1682）除尚之信苛政，凡广东之大小市利悉还民间，凡私抽重敛诸大累悉行酌免，粤东万民额庆。

---

① （清）李士桢撰：《抚粤政略》卷八《批答·值季官申详一件为发审事》，文海出版社1988年版。

② 《抚粤政略》卷六《文告·禁棍蠹积弊》。

③ 《抚粤政略》卷八《批答·按察司呈详一件为私抽荼毒事》。

④ 同治《庞氏族谱》之《行略·二十世荆门公行略》。

⑤ 《南海佛山霍氏族谱》卷十一《十五世祖候选参军惺台公庶室方氏祠记》。

随后，广东巡抚李士桢将在佛山肆虐的“拦路虎”杨四等四人逮捕法办。[1]巨棍徐彦蕃等“三人各枷号一月在佛山镇”[2]，佛民无不称快。

康熙二十五年（1686），广东官府决定减征省城、佛山二埠的落地税，订出各种商品《酌减则例》。《酌减则例》减税幅度较大，有许多日常所需较广的豆麦、芝麻、砖瓦、磁器、香炉、神像等商品还予以免征，其余减幅均在百分之二十三以上。而免征商品除豆麦、芝麻外，均在佛山、石湾两地生产，这就是说《酌减则例》的颁布实行，有利于佛山的商品贸易和商品生产。尤其是两藩踞粤时期，利用贡舶贸易和走私贸易的聚敛财富，客观上为佛山工商业的发展提供了潜在的海外市场，它使佛山工商业一直在积累发展，从而能在清康熙二十年（1681）撤藩后，迅速脱颖而出，迈上经济发展的新台阶。

二、清代佛山冶铁业的勃兴

入清以来，佛山的冶铁业进入全面发展阶段，以冶铁业为主干，以陶瓷业和纺织业为辅助，带动了金属加工业、造纸业、成药业、颜料业、爆竹业、衣帽业、扎作门神业等诸业的兴旺。

（一）冶铁业率先发展

冶铁业一马当先，率先进入高峰阶段。它的兴旺发达表现在以下几个方面：

第一，冶铁炉户规模扩大、冶铁行业和铁匠大量增加。

从族谱中反映出，此时有以下的家族从事冶铁：细巷李氏、佛山霍氏、金鱼堂陈氏、纲华陈氏、江夏黄氏及麦氏等。从事冶铁而发家致富的例子不少。佛山江夏黄氏，世居佛山最早的冶铁点山紫村，是世代从事“铸冶车模”为生的家族。明万历时黄龙文只是个家庭小作坊主，“甲午年（顺治十一年，1654）后，铸冶日已丰隆”。[3]其子孙纷纷扩大了产业。首先其子黄妙科，“以下模为业，致积有千金，置大屋一间、小屋四间，田十八

① 《抚粤政略》卷八《批答·高通判呈详一件为发审事》。

② 《抚粤政略》卷八《批答·按察司呈详一件为私抽茶毒事》。

③ 《江夏黄氏族谱》。

亩”，开始小有积累。其孙黄金发尝试做产地生铁生意，“就利于新兴、阳春等处，迨后资本缺乏，仍归旧业，铸造兴隆，积有千金”。用所得购买了水月宫码头，为继续发展产业打下基础。雍正、乾隆年间，到其重孙辈时，产业更见拓大。黄玉韵“生业以车模及铸冶兴隆，积有千金”。黄玉阶更冒尖，不仅拥有“锅炉”“锅店”，还有资本开张“当铺”，“自己积有多金，生业当铺，铁锅店，铸锅炉。自建大屋一所，八柱官厅，土府及傍屋等座后”，俨然成为一个大业主。由于有了资本，绕开中间环节，直接与“铁山金印、升印、丽印”三处煽铁大炉购买生铁，后因三处倒灶“而牵累破产”。[①]又如康熙年间，佛山霍氏的霍其赍“负才倜傥，任侠好施，卒后而家存四壁矣”。其仲弟乃“弃儒业，复事先世炉冶，家复饶裕”。[②]可见清代前期，无论原先家境如何，只要从事炉冶，就可饶裕。

这时佛山作为广东冶铁中心的地位已经形成。四远生铁集运佛山。佛山的炉户也把触角伸向四方铁矿产地。上述江夏黄氏的黄金发“就利于新兴、阳春等地”，黄玉阶经营“铁山金印、升印、丽印”，就是投资开发铁矿的营生。康熙年间，金鱼堂陈氏的陈裔珙，也经营英德炉冶，后“卒于英德小水洞铁炉场”[③]。鹤园陈氏的陈文炯，为康熙辛卯科武举人，他也亲自建立了“东安县太平炉”。[④]雍乾年间金鱼堂陈氏的陈发尧，也于“晚年出摄炉务，终于东安铁场”。[⑤]除土著氏族外，四远商人挟资来佛投建炉房者亦逐年增多。如新会潮连人卢从慧，“讲求治生，业铜铁于佛山，善计然术，驯致小康”。[⑥]康熙时南海叠滘人麦宗泰，也在佛山“创立炉冶之艺”。[⑦]还有鹤山人冯绍裘，其先世康熙年间“迁佛山，占籍南海，治铁冶，有锅炉数座”。[⑧]商业资本的进入，使佛山冶铁炉户经营规模不断扩大。

---

① 以上引文均出自《江夏黄氏族谱》。

② 《南海佛山霍氏族谱》卷十一《十九世祖愉忠公元配陈孺人传》。

③ 《南海金鱼塘陈氏族谱》卷三上《廷芳房图2》。

④ 《南海鹤园陈氏族谱》卷一《祖祠》。

⑤ 《南海金鱼塘陈氏族谱》卷二上《静恒房图2》。

⑥ 《新会潮连芦鞭卢氏族谱》卷二十四《家传谱·十五世纵庵公》。

⑦ 麦祝时：（民国十九年）南海叠滘《麦氏族谱》之《念居公传》。

⑧ 民国《佛山忠义乡志》卷十四《人物志·冯绍裘》。

乾隆年间，佛山有“炒铁之炉数十，铸铁之炉百余”。[1]这里的一“炉”就是一个生产单位，也是一个炉户。正如陈炎宗在另一处统计的“计炒炉四十余所”[2]，可知“数十”即数十所，“百余”即百余炉房。至于炉座数，至少等于此数的三五倍，如上述冯绍裘就有“锅炉数座”。在炒铁炉集中的丰宁铺莺冈一带，故老传闻，清代乾隆时有九十九条炒铁炉，当时有“蠕冈银，莺冈铁”之谚称。屈大均《广东新语》对佛山冶铁业有如下记载：

> 诸所铸器，率以佛山为良。……其炒铁，则以生铁团之入炉，火烧透红，乃出而置砧上。一人钳之，二三人锤之，旁十余童子扇之，童子必唱歌不辍，然后可炼熟而为镤也。计炒铁之肆有数十，人有数千，一肆数十砧，一砧有十余人。是为小炉。炉有大小，以铁有生有熟也。故夫冶生铁者，大炉之事也，冶熟铁者，小炉之事也。[3]

这里的“一肆数十砧，一砧有十余人”，就是清初佛山炒铁业其中一个单位的规模。如果我们把一肆算三十砧，一砧算十五人，就有四百五十人。如此大的单位规模，已不是明代时的作坊，可以说具有工场规模。

正因为成百上千个化铁炉“昼夜烹炼”，才使得佛山的“气候于邑中为独热”[4]。清代佛山炉户均冠以芳名，如乾隆年间著名的炉户有“隆盛炉”“万名炉”“万明炉”等。光绪二年（1876）捐签栅下天后庙的炉户就有隆盛炉、合利炉、成全炉、泗成炉、益升炉、茂昌炉、钰铨炉、丽生炉、成泰炉、万安炉、安泰炉、尚记炉、合和炉、万裕炉、顺记炉、合隆炉、生源炉、成合炉、粤胜炉、荣全炉、奕裕炉、□永炉、裕和炉、遂成炉、德成炉、万合炉、源合炉、昌盛炉、利聚炉、利金炉、泰泰炉、安泰炉、义兴炉三十三家炉户；还有熔扭行、双烧烧模、双烧助模、双烧车下、单烧烧挟、单烧陶贤堂、单烧车下行、双烧扭行、大锅助行、大锅车下行十个铸造行头[5]。

① 乾隆《佛山忠义乡志》卷六《乡俗志》。

② （清）陈炎宗：《鼎建佛山炒铁行会馆碑记》，载《南海金鱼堂陈氏族谱》卷九。

③ 《广东新语》卷十五《货语·铁》，第409—410页。

④ 乾隆《佛山忠义乡志》卷六《乡俗志》。

⑤ 《大清光绪二年重修天后庙碑》，载《明清佛山碑刻文献经济资料》，第186—187页。

随着炉房单位规模的扩大，铁工队伍也逐渐壮大起来。佛山一镇，乾隆十五年（1750）炒铁所增至四十余所，估计炒铁行业工人有五千至七千人。铸铁之炉比炒铁之炉大，家数又在其两倍以上。由此观之，铸铁行业工匠当不下两万人。估计乾隆时炒、铸两大行冶铁工匠不下三万人。

第二，生产技术的提高和产品种类的繁多。

首先，铁锅是此时的主要产品。康熙《南海县志》卷七记载南海县物产时称："多铁锅，出佛山。"道光《佛山忠义乡志》也载："乡中打铁者甚多，铸镬锅釜，为乡土产。"①"铸犁烟杂铸锅烟，达旦烟光四望悬"②，就是佛山铸锅炉户林立的写照。

佛山的铁料，来源于罗定、东安（今云浮）等处的优质生铁。史称："诸冶惟罗定大塘基炉铁最良，悉是锴铁，光润而柔，可拔之为线，铸镬亦坚好。"③凭借如此优质的材料，佛山生产的铁锅独具一格，"鬻于江楚间，人能辨之"④。在生产技术上，此时创造了佛山独特的"红模铸造法"，利用泥模材料收缩形成的缝隙进行浇铸。用这种工艺制造的薄型铸件，金相组织十分细结均匀，表面光洁度极高，而成品率常达百分之百。⑤清初人屈大均《广东新语》记载："故凡佛山之锅贵，坚也。……以其薄而光滑，消炼既精，工法又熟也，诸所铸器，率以佛山为良。"⑥因此，清代户部长期在佛山采办"广锅"。⑦

佛山铁镬行出品丰富，据《广东新语》记载："其为镬，大者曰糖围、深七、深六、牛一、牛二；小者有牛三、牛四、牛五；以五为一连曰五口，三为一连曰三口；无耳者曰牛，魁曰清。"⑧大的糖围直锅径约四尺，深尺余，载

① （明）冼沂：《佛山赋》，载道光《佛山忠义乡志》卷十一《艺文志》。

② （清）何若龙：《佛山竹枝词》，载乾隆《佛山忠义乡志》卷十一《艺文志》。

③ 《广东新语》卷十五《货语》，第409页。

④ 《广东新语》卷十五《货语》，第409页。

⑤ 《天工开物和佛山铸造技术的发展》，载《中山大学学报（自然科学版）》1975年第1期。

⑥ 《广东新语》卷十五《货语》，第409页。

⑦ 《广州府南海县饬禁横敛以便公务事碑》（崇祯八年）；（清）黄恩彤等纂：《粤东省例新纂》卷三《户例下》，道光二十六年（1846）刻本。

⑧ 《广东新语》卷十五《货语》，第409页。

汁约七百斤。[①]最小的广锅直径一尺七，清代市场上最畅销的是二尺广锅和三尺广锅。[②]广府人出国到新、旧金山淘金时，带去的也是二尺、三尺广锅。

乾隆《佛山忠义乡志》也载“惟铁锅、铁线，物之成于冶者，则此乡所独。铁锅有牛锅、鼎锅、三口、五口之属，以大小分”[③]。此外佛山还能铸造千僧镬，现存鼎湖山庆云寺内的千僧镬，就是佛山万声炉于乾隆十一年（1746）铸造的[④]。该锅每次可煮三百人饭食。[⑤]

图7-1-1 清铁铸两耳大牛镬（佛山市博物馆提供）

图7-1-2 肇庆鼎湖山庆云寺内的千僧镬，乾隆十一年（1746）佛山万声炉铸造。深0.95米，直径1.95米，容量110万毫升（罗一星摄）

“广锅”由此而名扬天下，畅销全国。在山东临清，乾隆年间“广东铁锅”“辗转运销而来”，成为临清市场上的重要商品之一，临清锅市街亦成了“最为繁盛”之区。[⑥]

其次是铁线、铁钉和土针。佛山铁线行在明代是三大行之一，清代产品进一步细分，“铁线有大缆、二缆、上绣、中绣、花丝之属，以精粗分”[⑦]。其制法，“是以生铁废铁炼成熟铁，再加工拔成线。小者如丝，大者如

① 邹鲁等：《续广东通志》（未成稿）第三十六册《物产六》，民国二十四年（1935）稿本。

② 《粤东省例新纂》卷三《户例下》。

③ 道光《佛山忠义乡志》卷五《乡俗志·物产》。

④ 肇庆星湖管理处编：《鼎湖金石存录》，第46页。

⑤ 刘树霞：《千僧镬寻访记》，载《佛山史志》1990年第2期。

⑥ 参阅许檀：《明清时期的临清商业》，载《中国经济史研究》1986年第2期。

⑦ 道光《佛山忠义乡志》卷五《乡俗志·物产》。

箸。……道咸时为最盛，工人多至千余”[①]。当时国内能生产铁线的地点不多，故而佛山铁线四方争购，“锅贩于吴越荆楚而已，铁线则无处不需。四方贾客各輂运而转鬻之。乡民仰食于二业者（即铁锅、铁线）甚众”[②]。铁钉行是明代三大行之一，为大宗产品。清代佛山铁钉行亦然，然其组织生产方式不同。铁钉“以熟铁枝制成，大小不一。道咸时为最盛，工人多至数千。每日午后附近乡民多挑钉到佛，挑炭铁回乡。即俗称替钉者，不绝于道”[③]。土针，“亦本乡特产，用熟铁制成，价值不一，行销本省各属，咸同以前最盛。家数约二三十，多在鹤园社、花衫街、莺冈等处”[④]。清代前期佛山土针行销极远。例如，开埠之前的天津，以佛山出产的土针（缝衣针）为主的广货在此销量很大（据说当时只有广东工匠才能用手工制造缝衣针的针孔），而针市街亦成为天津的贸易中心[⑤]。

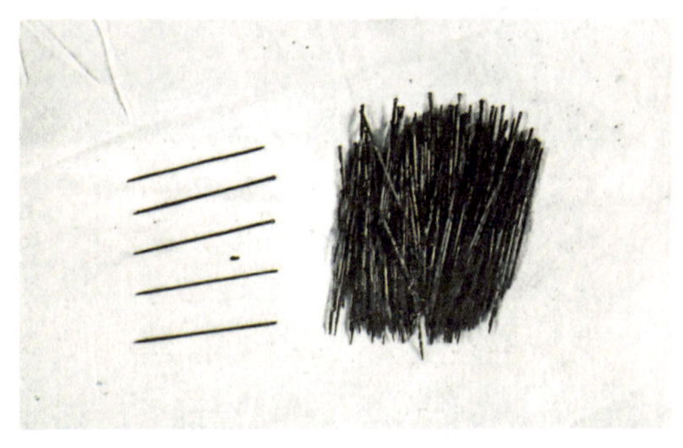

图7-1-3　清代佛山制造的土针，畅销全国

再次是钟鼎，清代佛山铸锅行还“时而兼铸钟鼎军器”[⑥]，“鼎即香炉，有三足、四足、两耳者”[⑦]。钟为神庙吉祥物，又称梵钟。清代两广庙宇的铁钟绝大部分出自佛山。从现存各处博物馆的铁钟铭文看，当时佛山铸造铁钟的炉户有万名炉、隆盛炉、粤胜炉、万聚炉、万明炉等炉户，其中隆盛炉最为著名，粤胜炉、万名炉、万明炉次之，其销流地点多在粤西沿江市镇如

① 民国《佛山忠义乡志》卷六《实业志》。

② 乾隆《佛山忠义乡志》卷六《乡俗志·物产》。

③ 民国《佛山忠义乡志》卷六《实业志》。

④ 民国《佛山忠义乡志》卷六《实业志》。

⑤ 天津社会科学院历史研究所、《天津简史》编写组：《天津简史》，天津人民出版社1987年版，第62页。

⑥ 民国《佛山忠义乡志》卷六《实业志》。

⑦ （明）冼沂：《佛山赋》，载道光《佛山忠义乡志》卷十一《艺文志》。

戎墟、桂平、贺街、柳州；粤东沿海市镇如梅菉、海康、化州和开平、封开、罗定等。这与当时依靠水路运输有关。贺州市博物馆、封开县博物馆、梧州市博物馆均收集了大量佛山铸造的铁钟。

图7-1-4　清代佛山铸造各式铁钟（贺州市博物馆藏）

复次是铁炮。有关佛山铸炮的史料，最早见于明末李待问的“铸炮”的记载，在此前均为铸铳。入清以后，铸炮的记载始频繁出现。顺治二年（1645），李敬问曾因海寇披猖，“铸炮”防卫[①]。嘉庆十四年（1809），因“洋匪滋扰入内河，各乡协力防堵，众议请于扼要口岸捐建炮台”[②]。佛山在此时铸造了一批两千斤至五千斤的大炮，安放各地炮台，炮身上均有“炮匠关明正、麦正聚、利隆盛、梁万盛”字样[③]。虎门海战博物馆保存的佛山在道光年间铸造的六千斤和八千斤海防大炮，炮身上均有“禅山炉户李陈霍等制造”的字样。清代前期佛山冶铁的产品还有铁犁、铁锁、铁灶、铁链、铁锚、铁画、煎锅和接驳木纺机的铸件等。现存广州博物馆的船用大铁锚就是佛山铸造。至于其他一应铁器，佛山无不齐全。

图7-1-5　虎门威远炮台六千斤前装滑膛广炮。1835年佛山炉户李陈霍铸（鸦片战争博物馆藏）

第三，冶铁行业的不断出现和产量的迅速增加。

① 乾隆《佛山忠义乡志》卷八《人物志·孝友》。

② 光绪《广州府志》卷六十四《建置略》。

③ 《明清佛山碑刻文献经济资料》，第507—510页。

明天启二年（1622），就有“炒铸七行”的记载。[①]到清初，行业划分更细。乾隆年间锅行分为大镬头庄行、大镬车下行、大锅搭炭行等；炒铁行分为炒链头庄行、炒链催铁行、炼链钳手行等。[②]此外，陆续出现的新行业还有新钉行、打刀行、打剪铗行、土针行、铸发行、拆铁行等。[③]冶铁行业共达10余个。由各行长期聚居于同一街区而形成的许多带有冶铁色彩的街名，在民国初年还能看到。它们是：铸砧街、铸砧上街、铸犁大街、铸犁横街、铁矢街、铁香炉街、铁门链街、铁廊街、钟巷、针巷、麻钉墟等。[④]

佛山冶铁业的产量，历来无明确记载，但可以从旁推测。清初定有章程：“通省民间日用必需之铁锅农具，必令归佛山一处炉户铸造，所有铁斤运赴佛山发卖。”[⑤]所谓“诸炉之铁冶既成，皆输佛山一埠”[⑥]，就是指此。当然，存在边远地区嘉应州由于交通不便，不运往佛山发卖的情况，但这须经户部同意，执行十分严格。[⑦]据此，我们只要掌握了全省的生铁产量，就可大致推算出佛山的生铁消耗量。雍正十二年（1734），广东总督鄂弥达奏称：“粤省铁炉不下五六十座。”[⑧]当时煽铁大炉的单位年产量是80万—90万斤[⑨]。以每炉90万斤计，60座炉有5400万斤生铁。再以生铁入炉八成半可用于制造器物计，佛山每年约有4590万斤铁可用于铁器出产，而在铸锅过程中1∶1加入其他辅助材料，出来的成品重量是两倍，约有9180万斤，又据《粤海关志》估值例：“铁锅每百斤估银二两，铁丝每百斤估银三十两，铁器每百斤估银一两六钱。”[⑩]我们仅以每100斤2.5两计算产值，那么，9180万斤的产值约有230万两。这个估计是很粗略的，但是，它不会过高。因为直到衰落

① 乾隆《佛山忠义乡志》卷三《乡事志》。

② 乾隆年间《佛镇众行捐款筹办某公事残碑》，载《明清佛山碑刻文献经济资料》，第100页。

③ 民国《佛山忠义乡志》卷六《实业志》。

④ 民国《佛山忠义乡志》卷一《乡域志》。

⑤ 《两广盐法志》卷三十五《铁志》。

⑥ 《广东新语》卷十五《货语》，第409页。

⑦ 《两广盐法志》卷三十五《铁志》。

⑧ （清）鄂弥达：《请开矿采铸疏》，载《皇朝经世文编》卷五十五，第16页。

⑨ 《两广盐法志》卷三十五《铁志》。

⑩ （清）梁廷枏总纂，袁钟仁校注：《粤海关志》卷九《税则二》，广东人民出版社2014年版，第196—199页。

最低点的光绪年间，仅铁锅一行业，岁值仍有30余万两[①]。

佛山冶铁业的发展，不是孤立的现象，它与当时珠江三角洲经济以及全国经济发展是紧密联系在一起的。

首先，它根植于珠江三角洲商品经济的高度发展。珠江三角洲地处热带边缘，特别适宜甘蔗生产。明中叶后，糖蔗种植面积迅速扩展。“番禺、东莞、增城糖居十之四，阳春糖居十之六，而蔗田几与禾田等矣。”因为，“糖之利甚溥，粤人开糖房者多以致富”。[②]“至其煮糖之法系用一灶，坐锅三口。”“锅径约四尺，深尺余，载汁约七百斤。”[③]这种煮糖之锅，俗称“糖围”。每逢开榨季节，“上农一人一寮，每寮三锅”，并常常更换。这个数量相当巨大。因此。佛山锅业把糖围列为各锅之首，而锅行则被视为各行之首。与此同时，珠江三角洲的蚕桑业也在不断发展，逐渐形成明清时期中国蚕桑业的又一中心区。而桑植所需要的工具——“桑剪、桑锯、桑钩、刮桑钯、接桑刀、切叶刀，皆取式铁匠”。[④]还有缫丝时煮茧的锅，也离不开铜铁二物。铁锅，还是古时家庭煮饭的重要炊具。随着珠江三角洲的开发，广东人口有大幅度增加。这样，铁锅的需求量也就很大了。

其次，与广东地区手工业发展相联系。珠江三角洲是水乡泽国，河网纵横，造船业从明中叶以后逐步兴起。“广船视福舡尤大，其坚致亦远过之。”[⑤]“广东黑楼舡、盐舡，北自南雄，南达省会。”[⑥]古代造船的质量取决于船板入钉的疏密。明《龙江船厂志》卷六记“造船之弊”8条，其中就有“入钉稀疏”1条，可见铁钉在古代造船上的作用。明末，广东地方官府在佛山装造“五大战船”，“钉之费倍于线、锁”[⑦]。康熙年间，广东官府又造各种河船682艘[⑧]，铁钉需求又大大增加。清代，广州设有官营造船厂，规模为

① 民国《佛山忠义乡志》卷六《实业志》。

② 《广东新语》卷二十七《草语·蔗》，第689页。

③ 《续广东通志》（未成稿）第三十六册《物产六》。

④ 《蚕桑说·兴桑养蚕缫丝诸器》，载《元俞氏宗本种树书》，第19页。

⑤ 顾炎武：《天郡国利病书》卷二十二。

⑥ （明）宋应星：《天工开物》卷中《舟》。

⑦ 《明崇祯八年广州府南海县饬禁横敛以便公务事碑》，载《明清佛山碑刻文献经济资料》，第13页。

⑧ 道光《广东通志》卷一七九《经政略》二十二《船政》。

全省之冠。这些，无疑都会刺激佛山铁钉业的发展。此外，铁链、铁锚、铁线等船用物品，皆取给于佛山冶铁业。明清盐业生产还处于煎盐阶段，“煎丁灶户，课营煮盐”[①]。“凡煎烧之器，必有锅盘。……大盘八九尺，小者四五尺，俱用铁铸。”[②]“俟有数十石，倾置于锅，凡一灶四锅。”[③]所需煎盆镬数量极大。明末，佛山答应上供的品种中就有“煎盆镬”一项[④]。可见其与盐业也有非常紧密的关系，尤其是广东矿冶业从明至清前期是处于一个直线上升的发展阶段，具体情况见《明清历朝广东生铁产量比较表》。

表7–1–1　明清历朝广东生铁产量比较表

年代	公元	年产量（斤）	增减率%	资料来源
正德末年	约1520年	18000000	/	徐俊鸣：《广东古代几种手工业的分布和发展》
嘉靖十年	1531年	27640000	+53.5	戴璟：嘉靖《广东通志》卷三十《铁冶》
雍正十二年	1734年	54000000	+95.4	雍正十二年鄂弥达和嘉庆二年朱珪疏
嘉庆四年	1799年	22500000	–58.3	李龙潜：《清代前期广东采矿、冶铸业中的资本主义萌芽》

此表说明，雍正十二年（1734）是明清时期广东生铁产量的最高峰。这与佛山冶铁业在康雍乾时达到最高峰是一致的。

（二）清代佛山冶铁业经营方式

清代佛山冶铁业的经营方式，是官准专利制度下民营炉户的集约式经营方式。佛山民营炉户尽享原材料供应之便。佛山所出铁器大部分通过市场分

---

① 白寿彝等：《说秦汉到明末官手工业和封建制度的关系》，载《历史研究》1954年第5期。

② （明）陆容：《菽园杂记》卷十二。

③ （明）顾炎武：《肇域志·江南九·松江府》。

④ 《广州府南海县饬禁横敛以便公务事碑》（崇祯八年），载《明清佛山碑刻文献经济资料》，第13页。

销海内外，小部分提供官府采办。无论民间市场还是官府采办，价格均随行就市。佛山民营炉户的主要资本来源是商人资本的投入。清代佛山冶铁业的经营方式，反映了时代的背景和变迁。

第一，官准专利制度是佛山冶铁业发展的制度保证。

官准专利制度起始于正德年间两广总督陈金为筹措两广军费，由广东巡抚周南实施的盐铁一体税收制度。但明代官府当时制度尚未成形，存在各地生铁“另给票自卖或赴佛山铸冶皆许”的情况[①]。可谓有官准而无专利。四方生铁云集佛山主要是因为佛山有冶工技术精良的条件，正如《两广盐法志》所说，“其铸而成器也，又莫善于佛山，故广州、南雄、韶州、惠州、罗定、连州、怀集之铁均输于佛山”[②]。入清以来，随着佛山冶铁业的发展和技术的提高，对广东官府来说，佛山冶铁业既可以满足封建王朝对贡品和军事订货的质量要求，又可以在此以廉价取办各种官府器物和获得较多的赋税。于是，清代广东官府就正式给予佛山以专利政策。乡志称：“铁镬，向为本乡特有工业，官准专利。”[③]《两广盐法志》记载：

> 商人告运铁斤，每票以十万九千斤为率；不及十万斤，听从商便。如遇告运之时，该商将煽出铁斤若干，照例上纳税规各款银两，先具报单赴运司衙门按卯兑收上库，随将总督印发运票白旗填注，给发商人收执，前往炉场照运，回至省河备造盘册并缴原领旗票。查有逾限，照例追罚。如无逾限，即将所缴盘册转发，经历司盘掣有无多斤，列折呈报；复将总督印发卖票黄旗填注，给商运赴佛山售卖，依限缴销，并札佛山同知查照。……所有铁斤运赴佛山发卖，限半月回销。[④]

这就是清代广东官府实行的“官准专利”制度。“官准专利”规定：两广所属大炉，炼出铁块限期尽数运往佛山发卖，由佛山炉户一体制造铁锅农具。如在当地铸造，就属私铸，在稽禁之例，同私盐罪治之。

---

① 雍正《广东通志》卷二十二《贡赋》。
② 《两广盐法志》卷三十五《铁志》。
③ 民国《佛山忠义乡志》卷六《实业志》。
④ 《两广盐法志》卷三十五《铁志》。

清代广东官府对佛山“官准专利”制度的执行，配套了期票制度。期票制度规定：各地铁块运往佛山，限期往返。由各州县或商人呈两广都转盐运使司发给“运票白旗”。每票以十万九千斤为率，不及十万斤，听从商便。每运一万斤铁，“纳额银五两三钱四分二厘”[①]。清代广东官府统一规定了各地运销期限，并在“运票”上注明。违限二十日以上者，每万斤追重饷银五两。详见下表：

表7-1-2　清代广东冶铁炉往佛山运销铁斤期限表[②]

炉座县属	日期限制	违限罚则
从化	24	1. 照往佛山地方发卖，依限赴销，所有铁斤运赴佛山发卖，限半月回销。商人缴销运卖各旗票，违限五日以上者，例无议罚； 2. 十日以上者，追罚赎银四两二钱，每万斤，追半饷银二两五钱； 3. 二十日以上者，追重饷银五两； 4. 三月以上者，追重饷，仍提该商追究； 5. 半饷、重饷，俱按商人告运铁斤上纳饷银计算
龙门、花县、长宁（新丰）、永安（紫金）、河源	28	
罗定州、东安（云浮）、西宁（郁南）	34	
翁源、乳源、曲江、英德、兴宁	38	
龙川、怀集	45	
嘉应州	50	
平远	60	
贺县、临桂	80	
富川、雒容、思恩	98	

从表中可见，除广东各地产铁点外，广西也有个别县运铁到佛山。商人运铁回至省城河下，备造盘册并缴运票待查。经广东都转盐运使司（简称“运司”，清代负责盐铁运输和销售的管理机构）盘掣有无多运后，则发给“卖票黄旗填注，给商运赴佛山售卖，依限缴销，并札佛山同知查照”。“卖票”上统一印有“照往佛山地方发卖，依限赴销”字样[③]。这样，就切

① 雍正《广东通志》卷二十二《贡赋·铁饷》。

② 《两广盐法志》卷三十五《铁志》。按：此系记载旧志，据《康熙广东通志》，康熙时广东已行旗票制度。其始于明正德年间。

③ 《各属大炉商运铁回省盘掣后给与卖票式》，载《两广盐法志》卷三十五《铁志》。

实有力地保证了佛山冶铁业发展所需的原料。清政府的财政和军事利益促进了佛山冶铁业的发展。由此可见，“官准专利”是佛山冶铁业得以存在发展的一个因素，同时又是佛山冶铁业的一大特点。“官准专利”使佛山炉户的身份地位超越广东其他地方炉户，也使佛山炉户的命运与清王朝体制紧密相连。

第二，商人资本进入制造业。清代佛山作为岭南地区冶铁中心的地位已经形成，不仅四远生铁运集佛山，四远商人也纷纷挟资来佛山投建炉房。上述新会潮连人卢从慧、南海叠滘人麦宗泰、鹤山人冯绍裘都是投建佛山冶铁炉房的外地商人。商人没有手艺，作为作坊主，他们必须完全依靠雇工生产。正如屈大均所言“广州之佛山多冶业，冶者必候其工而求之，极其尊奉。有弗得则不敢自专，专亦弗当”[①]。在冶铁市场，资本方与技术方互相需要，互相结合，如冯绍裘作坊就雇有“匠家”。[②]商人作坊主懂得价值规律，“善计然术”，他们经营有方，一般都能拓大其产业。如冯绍裘“治铁冶，有锅炉数座”[③]。商业资本的进入，使佛山冶铁炉户经营规模不断扩大。清代佛山炒铁工场已经具有“一肆数十砧，一砧有十余人”的单位规模。而佛山铸铁工场一向能快速如期承接官府大批优质铸件工程，其单位规模和资本投入未可低估。

第三，尤其值得一提的是铁钉行包买商经营方式带来的影响，清代佛山镇铁钉生产：由包买商向四乡众多家庭小作坊发放铁条和木炭等原料，然后收回成品铁钉，推向市场销售。家庭小作坊放弃了产品销售功能，只负责加工生产。由此，原来前店后铺家庭小作坊经营者，也开始受雇于商人作坊，放弃自己赖以生存的小炉房。商业资本的进入，不仅使佛山冶铁炉户经营规模不断扩大，而且使佛山原有炉房作坊主和技术工人的角色发生变化，即原来传统社会的作坊主由兼具生产者和销售者的多种功能角色，转变为单一生产者的功能角色，这预示着社会分化悄然而至。

---

① 《广东新语》卷十六《器语》，第458页。

② 民国《佛山忠义乡志》卷十四《人物志·冯绍裘》。

③ 民国《佛山忠义乡志》卷十四《人物志·冯绍裘》。

三、清代佛山陶瓷业发展

石湾的陶瓷业渊源有自。宋代的奇石窑既是中国南方陶瓷出口基地之一，也是石湾窑冶技术人才的最初培养基地。元代时石湾霍氏祖先原山公已建造了文灶等一批龙窑长期生产。明代石湾烧窑技术取得长足进步，建成了南风灶、高灶等一批先进龙窑，出品多为民生日用品，石湾陶器开始著闻两广。

（一）石湾陶业的技术与规模

入清以后，石湾陶业进步更快。据顺治十六年（1659）碑刻记载："南海石湾一隅，前际大江，后枕冈阜……居民以陶为业，聚族皆然。陶成则运于四方。"[①]可知石湾居民此时皆"以陶为业"。屈大均《广东新语》记载："石湾多陶业，陶者亦必候其工而求之。其尊奉之一如冶。故石湾之陶遍二广，旁及海外之国。"[②]《粤中见闻》也记载："南海之石湾善陶，其瓦器有黑白青黄红绿各色，备极工巧，通行二广。"[③]

清代石湾制陶技术日臻成熟。在煅烧技术上，对明代龙窑进行了改革，增加了窑面的投柴火眼的密度，使窑温及氧化控制自如，提高了产品的技术难度及成品率。从清代中后期开始，烧制温度达1100℃，到了民国时期，其烧制温度进一步提高到1200℃。石湾陶塑瓦脊均是高温烧制而成。在成型技术上，除保持传统的轮制工艺外，印制工艺也已得到普及，即以低温烧成、吸水性颇强的素胎模印制泥坯。这种工艺在花盆、白釉、缸、茶煲、边钵等行中已普遍使用，大大提高了工作效率。在釉色研制上，清代已有专业陶釉行，能研制各种基本和特殊釉色，供各行业调配使用。此时釉色的品种已达数十种之多。传统的单色釉和仿钧窑变釉更加丰富多彩；同时，古铜釉、东瓜青、醉红釉、铁锈釉、宝石蓝、茶叶末、蟮皮黄、老僧衣、雨洒蓝和三稔花等均为此时所创制，使产品魅力倍增。[④]

---

① 顺治十六年《三院严革私抽缸瓦饷示约》，载《明清佛山碑刻文献经济资料》，第20页。

② 《广东新语》卷十六《器语》，第458页。

③ （清）范端昂：《粤中见闻》卷十七《物部·瓦缸》，载《明清佛山碑刻文献经济资料》，第320页。

④ 《石湾窑研究》，第55页。

清代石湾有上、中、下三约，“三约中共有缸瓦窑四十余处，皆系本乡之人开设，由来已久，供给通省瓦器之用”[①]。清代石湾所制产品发展为日用、美术、建筑、手工业、丧葬五大类，产品种类繁多。石湾产品通行两广城乡各地，远销东南亚各埠。随着国内外市场的扩大，石湾陶瓷生产规模和陶匠队伍不断扩大。此时，石湾陶业组织也从明天启年间的8行发展为20余行[②]。工匠也大量增加，史称：“石湾六七千户，业陶者十居五六。”[③]。从嘉庆到光绪（1796—1908）100多年间，石湾的陶窑增加了约70条，据民国初年统计，石湾全盛时期陶窑达107座，各行商号近千家，大小寮场作坊千余所。高要、四会、东莞、三水等地的劳动人民纷纷到石湾做工，可见其时制陶业之盛况。[④]

（二）石湾陶业的品类与品牌

清代石湾陶业产品种类繁多，遍及民间生活所需的饮食炊具、家居用具、建筑装饰构件、大型储存容器（用于糖、酒、药等产品）等多个领域，总数不下上千种。清初屈大均《广东新语》称：“凡广州陶器皆出石湾。其为金鱼大缸者，两两相合，出火则俯者为阳，仰者为阴。阴所盛则水浊，阳所盛水清，试之尽然。”[⑤]屈大均特别记载粤谚云“石湾缸瓦，胜于天下”，[⑥]说明清代石湾窑以日用陶为主体的“石湾缸瓦”品牌已经确立。

除了大宗生活与生产用品外，清代石湾陶业还有4个行业生产美术陶瓷，它们是花盆行、古玩行、白釉行、红釉行。每行各有员工2000人以上。

花盆行堂名“陶艺”，以生产园林建筑用的琉璃瓦、装饰构件及陈设艺术瓷为主，主要品种有各类陶塑人物脊、花脊、大花盆、鱼缸、龙鸡缸等。

古玩行又称公仔行，主要产品有案头美术陶，如人物、动物、各类小型陈设器皿、文房用品、点缀盆景的微塑山公（亭台楼阁、小人物、小动物）等。其中，有吴南石堂、黄炳、黄古珍等品牌的佳品传世。黄炳创作的白釉

---

① 嘉庆二十二年《藩宪严禁挖沙印砖碑示》，载《明清佛山碑刻文献经济资料》，第124页。

② 李景康：《石湾陶业考》，载《广东文物》卷十。

③ 道光《南海县志》卷七《舆地略三》。

④ 《石湾窑研究》，第53页。

⑤ 《广东新语》卷十六《器语》，第452页。

⑥ 《广东新语》卷十六《器语》，第458页。

鸭，运用多种胎毛技法制成，鸭头用“点”法，鸭脖用“刻”法，鸭胸混合运用“印”“点”法，鸭翅膀用“铃”“印”法。鸭腹用“划”法，在可忽略的地方还用留白技法。整件作品形象生动、栩栩如生。[①]黄古珍继承黄炳技法，作品以挂瓶、笔筒为多，装饰喜作浮雕，常绘有山水花鸟，并配以诗文或金石字，添上五色彩釉，也使作品活泼清雅。

图7-1-6　清代吴南石堂素胎狻猊耳三足炉（广州陶陶居提供）

图7-1-7　清代黄古珍作花瓶（广东石湾陶瓷博物馆藏）

图7-1-8　清代黄炳作白釉鸭（广东石湾陶瓷博物馆藏）

图7-1-9　清代黄古珍作日神、月神（广东石湾陶瓷博物馆藏）

白釉行主要产品为小件美术陶瓷器皿，如花瓶、水仙盆、痰盂、花壶、枕头、水洗、笔筒等；红釉行以祭祀用礼器为主，多施以酱红釉，产品有香炉、壁炉、烛台、水洗、扑满、尾灯、瑞狮等。

清代器皿类生产已相当普遍，主要生产行业为白釉行（中、小型产品）和花盆行（大型产品）。例如，白釉行就有240多款产品。[②]花盆行主要分布在石湾中、下窑。原属大盆行，是明代晚期形成的新行业之一，清初从大盆行中分出，花盆行生产的园林建筑陶，在制陶业中独树一帜，使石湾窑进入了更为综合性的新阶段，其所取得的艺术成就影响深远，打造了石湾制陶史上的辉煌。清乾隆六年（1741）又与缸行分离而独立成行，花盆行在清代发展成为石湾制陶业最大行业，生产传统建筑或园林用之琉璃瓦、瓦脊、装饰构件、陈设用具等类，产品种类之多也为石湾各制陶行业之冠。共有102个品种、340种产品。光绪年间，花盆行有大小商号60家以上，主要煅烧窑灶10余

① 《石湾窑研究》，第267—269页。
② 《石湾窑研究》，第56—57页。

座，行业内长散工近千人，主要店号有：文如璧、吴奇玉、均玉、宝玉、瑞玉、广祯祥、裕祯祥、上利亚等。其中，较大的均玉、广祯祥、上利亚等店号，均拥有寮场5个以上，最多时雇工100多人，并有自己专用的窑灶。其他店号则大多雇工30人。到了清末民初，产品种类达到130多个品种、近500种产品。

清中叶以后，花盆行生产的石湾陶塑瓦脊畅销两广地区。佛山石湾制陶历史悠久，最早可追溯到新石器时代。早期以生产日用品为主，到了明代，艺术陶瓷从日用陶器中独立出来，种类和题材渐趋广泛。按类别，石湾陶艺可分为人物陶塑、动物陶塑、艺术器皿、山公盆景（微塑）和瓦脊陶塑五大类。以人物造型为代表的“石湾公仔”，陶塑技艺形神兼备，吸收了多种艺术的精华，写实与夸张相结合，兼具生活情趣与艺术品位，具有鲜明的地方风格。其制作工艺包括构思创作、泥料炼制、成形、装饰、上釉、龙窑煅烧6个环节。陶塑人物的题材广泛，既有供奉祭祀的仙佛、罗汉、观音、关公，也有反映百姓生活的渔樵耕读、休闲品茶，姿态各异，生动传神。石湾陶塑以其独特的艺术魅力和深厚的文化内涵，成为岭南民间艺术的奇葩。2006年，石湾陶塑技艺入选第一批《国家非物质文化遗产名录》。

国内现存最早的石湾瓦脊是广西玉林市大成殿的人物脊［清嘉庆十七年（1812）石湾英玉店造］，这条戏曲人物脊长11米。

佛山祖庙三门正脊上的瓦脊［清光绪二十五年（1899）］长32.02米，是双面脊，正、背两面共塑造人物约300个，讲述了“姜子牙封神”“甘露寺”“舌战群儒”等故事，被誉为“花脊之王”。

广州陈家祠，位于广州市中山七路。清光绪十四年（1888）筹建，光绪十九年（1893）落成。是清末广东全省陈氏共同捐资兴建的合族祠。占地面

图7-1-10　祖庙三门瓦脊，光绪二十五年（1899）石湾“文如璧造”

积15000平方米，主体建筑面积6400平方米。由大小19座单体建筑组成。建筑间以青云巷相隔，长廊相连，庭院穿插。是广东目前规模最大、保存完好的传统岭南祠堂式建筑，被誉为岭南建筑艺术明珠。1988年，公布为全国重点文物保护单位。广州陈家祠保存石湾陶塑瓦脊陶塑共11条，分别为清末光绪年间的石湾名店文如璧、宝玉荣、美玉成、吴奇玉等店造，题材包括龙凤、花鸟、瑞兽、山水以及历史故事、人物群像等，如八仙贺寿、加官晋爵、虬

图7-1-11　广州陈家祠建筑群，共有清代佛山石湾造屋脊11条（罗一星摄）

图7-1-12　陈家祠瓦脊，光绪十七年（1891）石湾“文如璧店”造（罗一星摄）

髯客与李靖等。首进正中瓦脊由著名店号文如璧造，也是陈家祠现今保存最完整的瓦脊之一。全脊长15米，共塑67个人物。题材有“穆桂英下山”“铁镜公主取令箭”“书字换鹅”“商山四皓”等，瓦脊左右两边还饰有通雕云龙、博古花件等。这条瓦脊由不同的故事内容组成，就像在为每一位到此的人演出一出永不落幕的高台戏剧。①所有这些石湾陶塑瓦脊的创作，需要具有传统文化素养的文化人参与，这反映了佛山美术陶瓷是高温烧造技术与文化创意产业结合的产物。

清代石湾建筑装饰陶塑中的琉璃瓦、人物和鸟兽瓦脊陶塑，成套地大量输出东南亚各地，在越南、柬埔寨、菲律宾、马来西亚、新加坡、文莱、印度尼西亚、泰国、缅甸等地的庙宇和古建筑物上，都能见到石湾窑烧制的瓦脊人物群像。越南会安的广肇会馆上的瓦脊，是光绪十年（1884）石湾文如璧造。而越南胡志明市穗城会馆天后庙屋顶陶塑瓦脊，则是当地商人礼聘石湾工匠渡海在本地生产并修建的。在越南南圻堤岸，石湾工匠参与制作石湾窑风格陶器的店号有7家，分别是南兴昌窑、南利安窑、和利祥、宝源窑、同和窑、同安窑、陶昌窑。这种在当地开窑生产，并有典型石湾窑风格的产品，被学者统称为“梅山陶瓷”。②

图7-1-13　越南会安广肇会馆瓦脊，光绪十年（1884），石湾“文如璧造”（高瞻摄）

① 《石湾窑研究》，第57—58页。

② 刘孟涵：《十九世纪末石湾窑在越南南圻的产业输出》，载《佛山陶瓷文化研究》2018年刊。

据统计，故宫博物院现藏有82件清宫旧藏石湾窑器藏品，这批石湾窑陶器可分为器物和陶塑两大类，其中器物类藏品中以瓶式居多，有梅瓶、长颈瓶、盘口瓶、琮式瓶、胆式瓶、兽耳瓶、环耳瓶、贯耳瓶、莲瓣式瓶等多种，其他陈设和文房用器还有大缸、三足炉、兽耳炉、牛式花插、象式花插、四孔方花插、渣斗、花瓣式洗、水丞、水注等。器形无论大小，均制作得规整严谨。陶塑类藏品以原供奉在紫禁城御花园千秋亭的两套36尊罗汉坐像，形象塑造生动，是研究清早期石湾窑人物塑像的珍贵实物资料。[①]其中一套窑变釉以紫红色为主格调的罗汉像应属明末清初之作；另一套以蓝釉为特点的罗汉像，为清前期作品。[②]

图7-1-14 清代佛山石湾窑蓝釉十八罗汉坐像（故宫博物院藏）

清代早期至中期，经东印度公司从广州输出的陶瓷就有不少是石湾艺术陶器，这些陶艺品运抵欧洲后，散落在欧洲各大博物馆，如英国大英博物馆、英国维多利亚和阿尔伯特博物馆、德国汉堡艺术与工艺美术博物馆等。英国维多利亚和阿尔伯特博物馆于1851年和1857年分两批收藏石湾公仔和器皿。之后，该馆从未停止过收藏石湾陶器。[③]

陶业的发展，促进了石湾镇的形成，康熙年间，石湾已是“商贾丛集”

① 《石湾窑研究》，第50页；《石湾陶塑史》，第52—60页。

② 田军：《故宫藏石湾窑瓷塑罗汉》，载《文物》2006年第9期。

③ 《石湾陶塑史》，第85—86页。

之地[①]。嘉庆年间，石湾发展为南海县屈指可数的大镇，史称“（南海县）大镇为省城、佛山、石湾”，“南海繁富不尽在民，而在省会、佛山、石湾三镇”。[②]可见，石湾的陶业与市镇在当时皆已相当繁盛。

四、清代佛山纺织业发展

清代是佛山纺织业发展的高峰时期，丝织业和棉织业都产销两旺，大量出口。佛山生产的丝绸和棉布在海外市场很受欢迎。丝、棉二宗作为佛山纺织业的基本支撑，带来了一方兴旺；同时，佛山丝织业作为后来中国近代机器工业的创始点，其重要性不言而喻。

（一）佛山镇丝织业

随着珠江三角洲“桑基鱼塘”的大面积扩展，佛山镇丝织业在清初时发展为十八行，即八丝缎行、五丝缎行、什色缎行、元青缎行、花局缎行、绉绸行、蟒服行、牛郎纱行、绸绫行、帽绫行、花绫行、金彩行、扁金行、对边行、栏杆行、机纱行、斗纱行、洋绫绸行。[③]当时佛山、广州的丝织品大量出口海外，屈大均《广东新语》记载：“广之线纱与牛郎绸、五丝、八丝、云锻、光锻，皆为岭外京华、东西二洋所贵。予《广州竹枝词》云：洋船争出是官商，十字门开向二洋。五丝八丝广缎好，银钱堆满十三行。”[④]真实地记录了当时佛山丝织品为北方各省人所追求，并通过澳门水道从十字门出口海外，而经营丝绸出口的十三行商人获利极丰的盛况。丝织品中，以吴丝织成的称“粤缎”，以土丝织成的称“佛山纱”“佛山缎”。“粤缎之质密而匀，其色鲜华，光辉滑泽。故凡西北风沙飞扬之处……粤锻为宜，所以珍贵。”“佛山纱亦以土丝织成，花样皆用印板。”[⑤]屈大均所述五丝、八丝、

---

① 康熙三十二年《广州府南海县饬禁私抽设牙碑记》，载《明清佛山碑刻文献经济资料》，第24页。

② （清）龙廷槐：《敬学轩文集》卷二《初与邱滋畲书》，载《广州大典》第五十六辑第三十册，广州出版社2015年版。

③ 佛山档案馆编：《佛山史料汇编》（二），载《明清广东社会经济研究》，广东人民出版社1987年版，第36页。

④ 《广东新语》卷十五《货语》，第427页。

⑤ 雍正《广东通志》卷五十二《物产》。

广缎、广纱、牛郎绸等商品，就是佛山所出产。《澳门纪略》记载澳门葡萄牙人服饰云："衣之制，上不过腹，下不过膝，多以羽毛、哆啰辟之，金银丝缎及佛山所织洋缎为之。"[①]

清代康熙年间四远商贾纷纷来佛投建"机房"，顺德人梁俊伟，"康熙间来佛创立机房，名梁伟号，因家焉。诚实著闻，商业遂振"[②]。其机房历康、雍、乾、嘉、道而不衰。据道光九年（1829）《鼎建帽绫行会馆喜助工金碑记》统计，帽绫行有包括梁伟号在内的机房202家，西友织工1109人，平均每个东家有5.4个工人，作坊规模较小。但仅此帽绫行即有上千织工，佛山其他丝织行业的织工数字确实未可低估。另据《梁氏家谱》记载：乾隆年间，在佛山社亭铺猪仔市墟地，每日清晨均有大量"机匠"在此站立待雇。俗称"企市"。猪仔市墟地属梨巷红花梁氏（著名药商梁仲弘属此族），为"二十二老"之一的梁广税地。乾隆三十九年（1774）该地"织机工人囤聚数百人"，后又"聚至数千"。遂后官府明示织工待雇必须"日出而散"[③]。显然，猪仔市墟地已成为机匠待雇的固定劳动力市场，每日有数千机匠待雇，佛山丝织业之兴旺于此可见。佛山的丝织工场、会馆多集中在东南部的岳庙、社亭和仙涌3铺（今禅城区兆祥路以北至汾江河一带），此3铺离佛山涌较近，便于产品运输。而在社亭铺的舒步大街、梨巷内有很多机房，如邓尧号、陈恒号等都是大型工厂，铺内还有帽绫行的东家和两家会馆兴仁堂。仙涌铺的经堂古寺和仙涌街一带，也是机房集中之地。

乾隆十二年至四十六年间（1747—1781），佛山丝织户商人Hou Suckin（英文译音）经营"生和店"和"悦来号"两家商行。荷兰东印度公司贸易档案记载称Suckin是"一位有声望的丝织户"，他的侄子能讲葡萄牙语。Suckin主要生产和经销佛山出产的广丝，同时销售丝织品。在1760—1771年广州公行运作期内，一般是由广州十三行商人与各国东印度公司进行贸易，但荷兰东印度公司也直接与生产供应商打交道，向他们展示所需的确切颜色和图案。当时佛山丝织工场可以制作欧洲各国商人定制图案的丝织品，Suckin

① （清）印光任、张汝霖：《澳门纪略》下卷《澳蕃篇》，乾隆十六年（1751）刻本，第20页。

② 民国《佛山忠义乡志》卷十四《人物志六》。

③ 《乾隆四十年铺户何遂振叶维皆等二十四人名联恳分列饬禁事》《乾隆四十二年督抚两大宪如详饬遵行县出示晓谕告示》，载《梁氏家谱》，手抄本，不分卷。

因此承接了不少定制生意。每次生意，都是通过谈判先取得20%+60%的定金（2、3月支付20%，5、6月船只到埠支付60%）。交货开船时支付余下20%。Suckin经常往返于广州和佛山两地。在1772—1780年间，Suckin与荷兰东印度公司贸易广丝6680763两白银，仅1772年就达944765两，可见贸易额颇大。Suckin成为法国、荷兰、瑞典和丹麦的东印度公司长达35年的“广丝”出口贸易供应商。①

图7-1-15　清丝织大户庄园——位于佛山镇竹坡古道的任家庄（任围）（罗一星摄）

图7-1-16　任围鸟瞰

① 范岱克：《Weaver Suckin与1747—1781年间广州的丝绸贸易》，载广东省博物馆编《三城记：明清时期的粤港澳湾区与丝绸贸易》，岭南美术出版社2020年版，第2—19页。

嘉庆、道光年间，任伟、任应两兄弟以丝织致富，购置土地建筑任家庄（俗称任围）作为家宅。任家庄由乐安里的任伟庄宅和西侧任映坊的任应庄宅组成，规模宏大，建筑规整，俨然为当时佛山镇的丝织大户。

据1836年外国人记载：“许多需要供应广州各商号的制造业，都在城西数里外名叫佛山的一个大镇进行；该地雇用的工匠为数很多，产量很大。丝织厂每年雇用男女及童工即约17000人；他们的织机很简单，他们的工作一般操作得很灵巧。”[①]这条史料虽不无道听途说之嫌，但佛山丝织业的规模以及在当时的知名程度，仍可由此得到反映。

清代佛山刺绣已发展成行，乡志记载：“顾绣行，专造各种刺绣品。或雇工人在店制造，或发四乡女工接绣。行销本省及广西地方。”绣庄主要分布在朝观里及长兴街，设有行业会馆“锦纶堂”。生产各种官服补子、披肩、蟒袍等；女服则有宽博之缘饰，还有各类屏障、铺垫等。[②]乾隆时期佛山镇有绣坊10家，分布在朝观里和长兴街，其中，梁合隆、福兴隆经营出口美国、加拿大及东南亚业务；南海顺德农村从事外加工有三四千人。[③]清廷也以八丝缎奖励有关官员，如道光二十一年（1841）三月二十一日，广西提督杨芳与靖逆将军奕山、参赞大臣隆文，驰抵广东省城。道光皇帝恩赏杨芳“大卷八丝缎袍褂料二卷，小卷江绸袍褂料二卷”[④]。

◀图7-1-17　黄色团龙杂宝织金缎（佛山市博物馆藏）

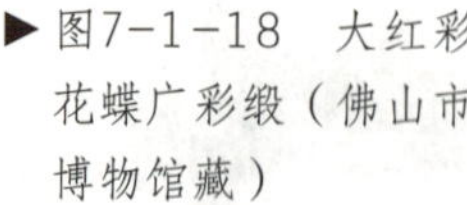

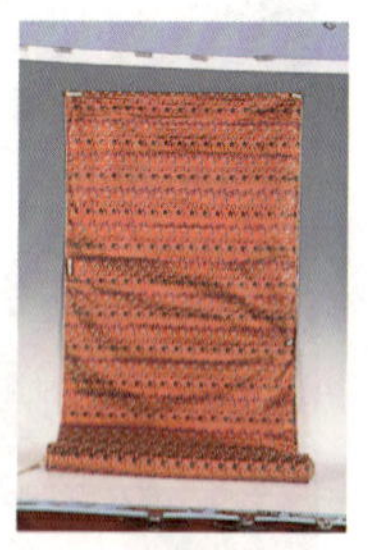

▶图7-1-18　大红彩花蝶广彩缎（佛山市博物馆藏）

① Andrew Ljungsted. *A Historical Sketch Of the Portuguuese Set-tlements in China, and Of the Roman Catholic Church and Mis-sion in China Boston*, 1835, P.284. 引自姚贤镐：《中国近代对外贸易史资料》（1840—1895年）第一册，第304页。

② 民国《佛山忠义乡志》卷六《实业志》。

③ 吕唐军：《佛山纺织史》，广东人民出版社2017年版，第123页。

④《道光二十一年三月二十六日广东将军广西提督杨芳为叩谢天恩仰祈圣鉴事》，中国第一历史档案馆藏宫中朱批奏折，档号：04-01-12-0454-040。

◀图7-1-19　清文官仙鹤纹戏服补子（佛山市博物馆藏）

▶图7-1-20　清武官狮子纹戏服补子（佛山市博物馆藏）

（二）佛山镇棉织业

棉织业是佛山的一大手工业。清初时，广东商贾载糖霜到松江换购棉花，“楼船千百，皆装布囊累累”以归[①]。乾隆年间，佛山棉花行有二十二家[②]，经营从松江运来或者从印度进口的棉花销售业务，主要对象是本镇妇女及附近乡村的机户。当时在佛山镇内，所有妇女从六岁起就开始学习纺纱织布[③]。无论大家闺秀，还是寒门贫女，概莫能外。康熙年间举人霍隽铧（阳春县教谕）之妻梁氏“日夜织纺，以佐理家政……璋辈兄弟姐妹众多，自幼冬夏衣服恒出太孺人纺织手制，布不易市，工不假人”[④]。又如佛山霍氏霍天翔之母（1687—1747），“勤心纺织……所生子女共四人，冬夏衣服恒出其手，明月之下常纺织更深”[⑤]。佛山妇女的纺机，称为“本地机”。而当时佛山镇附近乡村纺织机甚多，道光《南海县志》卷八记载：“绵布经纬细密者为上。南海乡村最多……曰李村机，曰紫洞机，曰叠滘机，曰大沥机，曰里水机，曰盐步机。”佛山镇人称之为“外机”，外机生产的土布也大量集中至佛山镇销售。佛山镇机户经营方式的特点，就是大量地向这些郊外乡村“放机”，通过发放原料、“上机”（将理好经线的机头装上织机）以及收购成品等方式，把大量的农村家庭变成自己作坊的场外部分。直接雇人织布只占很少比重。因此“外机”大大超过“本地机”。佛山棉织业的这一分散

① （清）褚华：《木棉谱》，转引自谢国桢：《明代社会经济史料选编》（中），福建人民出版社1980年版，第110页。

② 《粤东例案·行市》（抄本）。

③ 庞尚鹏《庞氏家训》规定：“女子六岁以上，岁给吉贝十斤，麻一斤。八岁以上岁给吉贝二十斤，麻二斤；十岁以上岁给吉贝三十斤，麻五斤，听其贮为嫁衣。妇初归，每岁吉贝三十斤，麻五斤，俱令亲自纺织，不许雇人。”

④ 《南海佛山霍氏族谱》卷九《十七世祖乡进士阳春学博春洲公元配梁太孺人家传》。

⑤ 《南海佛山霍氏族谱》卷十一《例赠李太孺人家传》。

生产的特点，是与丝织业的“机房”生产大不相同的。

据1833年外国人记载：佛山镇“从事织造各种布匹的工人共约五万人，产品需求紧迫的时候，工人就大量增加。工人们分别在大约二千五百家织布工场作工，平时每一工场平均有二十个工人”[①]。这条史料多系当时到过佛山的外国人，误把二千五百家分散性的棉纺家庭，视作二千五百家集中性的棉纺工场。佛山同时出现二千五百家同质的织布工场可能性很低。按当时佛山的棉纺技术，应以家庭纺织机为主。

明清时期佛山地区的棉织机基本为传统腰机，操作时需要将经纱的一头固定，另一头缠在腰间，然后用手带梭引纬，一天只能织一丈左右。咸丰年间，兴宁人陈晃楼、陈撷仁等商人在佛山开设布店的同时，派人在江西吉安学习木质高型织布机制作方法和织布技术，学成后回兴宁推广使用，这是兴宁县织布机由织粗纱到织细纱的一次革新。[②]1911年，兴宁人萧水安在叠滘乡昌平里（现珠泗村）开设“安胜布厂”，拥有脚踏手织木机七十台（当地称白招牌，亦称为客家机，比本地腰机销量高很多。早期此类织机操作时双脚交替踩踏木板提综开口，左右手投梭引纬；后再进一步改良，改进成一手拉绳打梭，另一手拉筘打纬来进行织造，综框也从两片综发展为多片综，并雇工织布。该厂为南海县第一间棉纺织手工业工场。此后，兴宁、梅县、五华、龙川等地客家人陆续到南海开织布厂，产品称为客家布，以耐穿著称。佛山棉织业的另一起源是清末绸绫行衰落后转织棉布，所用织机为绸绫织机改造而成。[③]

清代佛山镇内，还有以下与纺织相关的织造行业。据民国《佛山忠义乡志》记载：

> 布筘行。本乡布筘制作精良，各地恒多购用。同业多在石路铺，约十余家。

---

① Description Of the City Of Canton, *The Chinese Repository* V01. II, NO. 7, Nov. 1833, P.305-306. 引自彭泽益：《中国近代手工业史资料（1840—1949）》第一卷，三联书店1957年版，第256—257页。

② 丁德超：《试论近代兴宁土布业的兴衰》，载《嘉应学院学报》2014年第10期。

③ 《佛山纺织史》，第76页。

绒线行。由顺德容奇、桂洲等处购白丝交染房，染就用工钟挪使成熟线五色皆备，中以乌色为最普通。售于内地四乡广肇属各县，西北两江大小二十余家。

头绳行。绳用洋纱，以小机搓挪而成，大小不一染料旧用四川花红粉，色牢难脱。近多用洋红粉，遇湿而褪红。销行四乡各均埠及西江北江有十余家。

栏杆行。业此者多属省垣支店，本乡只有二三家专用丝织造妇女衣裙之饰。只销行内地四乡，不如省店之销及各省也。[①]

此外，佛山丝织业、棉织业的存在发展，还带动了印染、晒、�、浆缎、机具以及制衣、制帽、鞋袜、绒线等相关行业的发展，如染房行、晒布行、磡布行、绸绫染色行、覆染行、自制颜料行、棉胎行、浆缎行、扑布行、抓布行、皮金行等。当时“佛山纱”的“花样皆用印板”。而清代兴宁出产的大批土布，也下东江运至佛山，染成广东人喜爱的“长青布”，然后大量地向新加坡及广东人常到的海外各地输出。[②]

（三）南海县、顺德县的丝、棉织业

明清之际掀起的“弃田筑塘，废稻树桑”的热潮，使南海、顺德诸多乡堡皆以“鱼桑为业”。康熙年间顺德县境内桑基已呈现远望桑林如海的壮观景象，正如康熙《顺德县志》所记载，“今且桑而海矣”。乾隆二十四年（1759）广州开埠之后，来采购生丝和丝织品的外国商船络绎不绝。出口生丝价格的提升，刺激了清代顺德、南海一带手工缫丝产业的蓬勃发展，这是佛山桑基鱼塘生态农业与国际贸易体系无缝对接的结果。乾隆以后，湖丝出口受到限制，佛山生产丝绸比例上升居首位，成为重要出口对象。珠三角各地丝绸从佛山经澳门转口海外，直接与世界市场发生联系，如南海龙山一首《竹枝词》描述的那样：“呼郎早趁大冈墟，妾理蚕缫已满车。记问洋船曾到几？近来丝价竟何如？”[③]据《广东省志·丝绸志》记载：“南海县所产的生丝，销路以美、法、英等国为大宗。丰年及洋装丝生意旺时，每年出口约

① 民国《佛山忠义乡志》卷六《实业志》，

② 参阅彭泽益：《鸦片战争前广州新兴的轻纺工业》，载《历史研究》1983年第3期。

③ （清）张臣：《竹枝词》，载《龙山乡志》卷十二。

300余万斤，歉收递减。”[①]

清代佛山镇之外的丝织业首推南海县的西樵、民乐、九江、欧村等地，尤以西樵、民乐为盛。顺德县的伦教、沙涌、勒流、黄连等地亦甚负盛名。1888—1893年，顺德县丝织最发达的区域是以伦教、羊额为中心的地区，主要生产茧绸、素绸、云纱等。这时，茧绸的织造主要是家庭妇女的副业，素绸与云纱的织造则已是工场生产模式。茧绸有织机130架，分布于100多家，而云纱的织造只有50家左右，产量不过1200匹。后来，一些机户有了一定的积累之后，就利用绸缎庄的赊丝便利，自设工场，由家人、学徒及雇一两名织工分操各种工序，这类织造作坊日见增多，仅1893—1908年，在伦教就约有300家。根据清末的调查，宣统年间，顺德县伦教、羊额、大良、容奇、龙江等地每年有大量丝织品输往天津、上海等港口及南洋群岛一带，平均每年输出土绸约值300万元，按此价值计算，折合27.5万匹至4000万匹，云纱约值300万元，折合20万匹左右，其他绢织土布约值400万元。清代末年，全国每年丝织品出口额为1000万两至1300万两，其中广东占比超过半数。[②]

乾隆年间，顺德沙滘是手工织天鹅绒的产地。天鹅绒用蚕丝的下脚料制成，品相较厚重。根据《沙滘楚旺房陈氏族谱》记载，沙滘陈氏楚旺房的十六世祖陈连亲就是以手工织天鹅绒为生。到了十七世祖陈杨敬、陈权敬仍然是织天鹅绒，直到十八世祖陈竹虚在勒流“寻师学艺”，学得织造丝绸的方法，后来就与族人合资在勒流开办手工织绸工场。此后，又将织绸的工艺传到沙滘。沙滘自此机业大盛，并超越勒流。[③]佛山刺绣在清代曾经兴盛，主要的产地包括石湾、海口、莲塘、大富、容洲、上元、深村、奇槎、南海石硝、蔗围、罗村、上柏等地，以及南海九江、三山、林岳和顺德的部分地区。

此外，紧挨着佛山镇周边南海县乡村中也有许多机房存在，如有李村机、叠滘机、大沥机等。这些乡村机房规模小，成品多由中间人集中，再转投入市场，这些中间人被称为“缆头”。佛山近郊每乡都有两三个缆头，蠕冈乡、石硝乡缆头最有名，这些乡村自然也是机织之乡。实际上，南海县的丝织业是县

---

① 广东省地方志编纂委员会编：《广东省志·丝绸志》，广东人民出版社2004年版，第283页。

② 吴建新：《南国丝都——顺德蚕桑丝绸业发展史研究》，人民出版社2011年版，第50页。

③ 顺德《沙滘楚旺房陈氏族谱》，不分卷，广州市博物馆藏本。

内纺织业中分布最广、人数最多的行业，李村、大沥、叠滘仅为其冰山一角。南海县丝织业较早发展的是民乐三乡（即林村、藻美、云落）和华夏乡。

清道光二十四年（1844），南海县民乐一带就已盛行手工织造平纹织物和晒莨等个体手工业生产。以后，林村程家还对原来只能织单一平纹纱的织机做了改革，逐步演变成12片综小提花机和啤架机，运用起综的小提花和人力扯花方法，首创具有纽眼通花图案的丝织物（俗称白坯纱，加晒薯莨后称莨纱，即香云纱）。[①]

纺纱业最发达的地区是佛山南海九江一带。直到清代初期，佛山地区的棉织业用纱都是采用自纺土纱。在佛山，棉纺织已出现手工业工场，有行业分工和行会组织。但分散在农村的家庭棉纺织手工业仍占绝对优势，织成布匹多拿往墟市出售。据《九江乡志》称：九江的纺纱业已有多年历史，土人纺出土纱，渡江至鹤山古劳墟出售，后因渡船屡遭倾覆，改在九江设乔涌墟为土纱集散地，逢三、六、九为期，历数十年不衰。清嘉庆至道光中，珠江三角洲所产棉花已不足纺纱业需要，仰给于长江流域各省者居多。[②]

清光绪二十年（1894），陈春泉在南海里水创办捷兴毛巾厂。之后，大小毛巾工场以至家庭织造户，在里水墟和麻奢、沈村、丰冈、河村、赤山等乡村迅速兴起。[③]

明嘉靖时期，佛山地区棉布产品有斜纹布、胡椒布、象眼布、熏纱花布、雪被等，到了清末则有柳条布、间色布、方格色布等。当时的布品幅宽在9寸至1.1尺，而匹长则有三四丈，俗称大布、土布。而改良脚踏手织机后，产品变化多，品种丰富，包括有薯莨布、京青布、色织格布、柳条布、斜布、竹纱布和蚊帐布等，产品幅宽也做到了1.6—2.2尺，匹长在7.6—9.6丈，纱线染色用直接染料和硫化染料。[④]

明清时期佛山地区棉纺织品的销售除了去定点的布庄外，另一部分流向了各类专业布墟，如顺治十四年（1657）的《九江乡志》记载："九江设乔涌墟作棉纱交易的地方，逢三、六、九为期，每墟以数百计，经数十年。"

---

① 《佛山纺织史》，第99—100页。

② 黎春曦：《南海九江乡志》，江苏古籍出版社1992年版。

③ 《佛山纺织史》，第78页。

④ 《佛山纺织史》，第79—80页。

到了道光年间，南海县有了官窑墟、紫洞新墟、横江墟、西樵布墟等“以布易棉，以纱易棉”的商品交换墟，交换的主体是布商和纺工。随之，专业的布市出现。清咸丰十年，叠滘乡乡绅麦卓南、江景中、陈见行等集资在溥利围西基堂开设新布市。从此叠滘乡中十四坊自产的布匹归于新布市，各地客商均到新布市采买。附近各乡遂出现了包买商大量收购棉布。[①]此外，三水县也有棉纺手工业发展，“土布为本地女工用印度纱织成，赴西南早市发卖。其手巧工勤者，每年可缴五十匹之多”。[②]

麻纺业主要分布在南海县的九江镇。九江地处西江沿岸，淡水养殖业资源丰富，桑基鱼塘遍布全区，鱼塘面积占总耕地面积的60%，尤其是捕养西江的优质鱼苗，远销全国各地，甚至出口至日本、东南亚等地，捕养鱼花和养殖淡水鱼，需大量使用各种网具，因而九江地区以生产渔网具为主的麻纺织业，就随着淡水养殖业的需要而兴盛起来。麻纺织业所产的鱼池布等一系列渔网具，与著名的“九江鱼花”齐名，早在清道光十五年（1835）的《南海县志》中就有“鱼池布——用以取鱼花者，沙头产者尤良”的记载。至民国初年，佛山麻纺织业的生产最为兴盛，九江镇和镇附近的上东、下东、南方、大谷等乡村，从事麻纺织手工业生产的有6000多户，12000余人。[③]而清代顺德所产竺麻布也很有名，乾隆时人罗天尺《五山志林》记载：“近数十年，吾顺德绩苎者甚多，女绩于家，而男则具麻易之；亦有男经而女织者。名大良苎麻，通贸江浙，岁取数千金，亦开财源，而地无游民一征也。”可见“织苎”也为顺德当地主要副业，并取得良好经济效应和社会效益。

五、百业同兴的制造之都

与上述冶铁业、陶瓷业、纺织业三大手工业发展的同时，佛山的其他手工业也开始勃兴。“佛山一埠，为天下之重镇，工艺之目，咸萃于此。”[④]清

---

① 南海县纺织企业集团公司、南海县毛纺织企业集团公司、南海县化纤丝绸企业集团公司合编：《南海县纺织工业志》，内部资料，1992年，第92页。

② 《佛山纺织史》，第78页。

③ 《佛山纺织史》，第120—121页。

④ 《中国近代手工业史资料（1840—1949）》第一卷，第590页。

代前期，佛山金属加工业、成药业和民间手工艺品纷纷投资扩产，出产大量与民生相联系的日用品，广窑、广缎、广纱、广扣、广针等产品，组成质量上乘、工艺精湛的广货军团，销往两广云贵，遍及大江南北，佛山由此成为华南综合性生产基地。

（一）金属加工业与白铅生产

金属加工业是佛山较大的手工业，康熙以后发展很快，共有金箔行、打银行、一字铜行、打铜行、铜线行、铜箔行、金花行、锡箔行、铜器行、黑白铅行等。民国《佛山忠义乡志》卷六《实业志》对此有详细记载，试引录如下：

金箔行。为本乡有名出品，有青赤二种，由本乡或省城购买足金，隔以乌纸，用锤击成箔。销行内地各乡各埠及港澳、石叻、新旧金山，岁出五六十万圆……大者曰行，约十家。小者曰馆，二十余家。堂名□□会馆，在祖庙大街。雍正二年建。

打银行。以纹银或杂银制成器物，工人常以铁管向灯火用力吹于所制之物，既伤气，复同时受炭气及各种不洁之气侵入，易生肺病。

一字铜行。铜来自云南，有青赤白三种，制一字铜少用白者，恒以青赤铜入黑白铅制成长条，故曰一字。从前云南铜来粤，先至佛山，后改海运，则先至省垣。前有二十余家。

打铜行。为本乡特有工艺，业此者多肇属人。用一字铜以锤击之，厚薄不一。厚者作铜锣、铜盆、铜壶、铜锁；薄者作钮扣；最薄者作金花。大小数十家。盛时工人二千余。

铜线行。用熟铜箔抽拔成线，以小为贵。原属本乡特有工业，外处所无。行销本地陈村、新会及西、北江。

铜箔行。本乡制品特佳。箔有厚薄。俱用一字铜制，洋铜质脆不适用也。制成率售之金花店。最薄者称绉铜，运销外洋。业此者多肇属人。店馆数十，工人八九百。

金花行。亦为本乡特产，以铜箔发女工凿花，收回制成。价值不一，行销内地各埠及西、北江。家数三四十。女工居家制作者数百人。

锡箔行。多兼造银箔者，锡购自省垣，银则自行熔化，少杂以铅，工作与金箔同而略易。质亦较粗，价值不一。凡制冥镪醮料，扎作多用锡箔，销售甚广。银箔行销外埠外洋，家数以十计，工人约三四百。

铜器行，有乐器、用器之别。乐器如铜锣、铜鼓、铣钹之属。用器如盆、炉等。入黑白铅则为熟铜，入锡则为生铜，各器均由工人制成，寄卖于铜铁店，销行内地各埠及西、北江。

此外还有黑白铅行，将土、洋二铅重新熔铸成条售卖。清代宝广局鼓铸每年需用白铅一十四万一百六十斤，均在佛山铅行抽买。当时抽买则例是每万斤抽买鼓铸铅两千斤，每百斤给价银三两，余铅听各水客铜户买卖。[①]仅以可供宝广局抽买的白铅数算，就有八十万斤铅，可售价银二万四千两。

白铅，是制作精美合金产品和铸币的金属原料，是中国佛山独有特产。其原材料取自云贵高原出产的黑铅和铜版。因其制作工艺极其传统复杂，非佛山制铅师傅不能为之。清代前期，西方国家还不懂生产白铅。因此，来华洋船均从佛山购买白铅运回本国，几无例外，白铅成为中国的硬通货。据（瑞典）龙思泰《早期澳门史》记载：

白铅（tutenague）或称中国锌。本品为铁、铜和锌的合金，其硬度高于锌，但不如铁。能发出声音，坚实而有一定可煅性。新出炉时光泽明亮，但很快就失去光泽。以前大量出口到印度。……白铅很适合做盒子、碟子、家用器皿和类似的用途。欧洲人不懂得制造白铅的工艺。它的出口价格曾经为每担十四元左右。[②]

嘉庆十三年（1808）粤海关监督常显称："查白铅向于广东佛山镇地方凭洋商收买，陆续运省报验，然后卖与夷人。"[③]清代佛山设有铅务公所，负责黑铅的收购和白铅的批发。洋商（包括澳商）在佛山购买后驳运回广州的铅务公栈，并向粤海关缴纳税银。又据粤海关监督常显报告，嘉庆二年至嘉庆十二年（1797—1807）的十年间，白铅每年出洋数量，最多年份为

① 《粤东省例新纂》卷三《户·铜铅·采买白铅》。

② ［瑞典］龙思泰著，吴义雄、郭德炎、沈正邦等校注：《早期澳门史》，东方出版社1997年版，第350页。

③ 《粤海关志》卷十七《禁令一》，第223—225页。

三百三十余万斤（三万三千担），最少年份为七十余万斤（七千担），平均年份一两百万斤（一万至两万担）不等。按清代海关税例每百斤白铅收正税银三钱，加以耗担归公等款，共收银五钱六分七厘计算，每年收白铅税银约计四五千两至一万数千两不等。[①]若以1817年六万担计算，白铅价值四十二万两。可见，作为一种稀缺商品，白铅也为佛山社会创造了价值不菲的财富。

（二）成药业

成药业也是佛山较重要的手工业，清代前期佛山成药业以出产丸药为主。

著名的药丸药铺有黄恒庵蜡丸馆、梁仲弘药丸铺和刘诒斋药丸铺。据说，黄恒庵蜡丸馆创始于明天启年间，以"乌金丸"最负盛名。乌金丸不仅活血散瘀，而且健脑安神，为习儒举子所乐用。清代便流行于世。[②]梁仲弘药丸铺建于康熙年间。屈大均《广东新语》记载："琥珀，来自云南者多血珀，来自洋舶者多金珀、蜜蜡、水珀，广人雕琢为器物特工，余则以作丸药之用。琥珀者，龙阳而虎阴，龙为魂而虎为魄，盖得松液之阴精，因已土而结者也。梁氏云：凡松老则其中所附之金精甚坚……以地下寒敛之气而受松热液之精，二者相抱，遂凝而为琥珀。……广中抱龙丸为天下所贵，以其琥珀之真也。"[③]屈大均这里所说的"梁氏"及其"抱龙丸"，就是佛山著名的"梁仲弘抱龙丸"。梁仲弘为清初人，据《梁氏家谱》记载，康熙十二年（1673）梁氏三房合建大宗祠时，立合同的长房十九个子孙中有梁仲弘之名，康熙二十二年（1683）时，梁仲弘又代表长房收执原订的合同一本。[④]从屈大均的"琥珀"条记载看，屈氏似与梁仲弘有过交往，亲耳听闻了梁仲弘对琥珀药理的解释。乾隆初年，刘诒斋药丸铺创立，以出产"卫生丸"而著名[⑤]，很快畅销两广，刘诒斋因此发家。道光《佛山忠义乡志》记载："刘倬，字汉超，号诒斋，乐义好施。乾隆戊寅（1758）戊戌（1778）岁饥，皆竭力倡捐，买米与各绅士赈济。"[⑥]可见，刘诒斋资财颇丰。以上三家药丸铺

---

① 《粤海关志》卷十七《禁令一》，第223—225页。

② 参阅陈志杰：《佛山成药业的祖铺老号》，载《佛山文史资料》第10辑。

③ 《广东新语》卷十五《货语》，第417—418页。

④ 《梁氏家谱》，手抄本，不分卷。

⑤ 民国《佛山忠义乡志》卷六《实业志·蜡丸行》。

⑥ 道光《佛山忠义乡志》卷九《人物志》。

在民国《佛山忠义乡志》卷六关于蜡丸行的介绍中恰好排名第一、第二和第三[①]。

图7-1-21　冯了性药酒缸（佛山市规划城建档案馆藏）

始创于清顺治十六年（1659）的冯了性药酒，以专营跌打膏药和风湿跌打药酒而深受习武者和体力劳动者喜爱。

乾隆时佛山参药行有二十七家堂店[②]，这些店铺大多经营熟药，也有兼营生产丸散成药的，如保济堂、人和堂等号就生产珠珀保婴丹、六味地黄丸、十全大补丸、归脾丸、活络丸、附子理中丸、镇惊丸、苏合丸、黎峒跌打丸等丸药[③]，乡志称“佛山薄荷油生意以叶万全为大”，其“支店在省，其货来自江西”。[④]

陈李济创立于万历二十八年（1600），至今四百二十余年，是国内创立最早的中华老字号中成药铺。陈李济由南海县九江河清人陈体全和南海县西樵太平李村人李升佐共同创办，最早的店铺开在广州双门底（今广州市北京路）。其主要产品是追风苏合丸、附子理中丸和全鹿滋肾丸。1857年12月，第二次鸦片战争时英法联军攻占广州时，陈李济老铺毁于战火。同年，陈李

图7-1-22　陈体全画像

图7-1-23　李升佐画像

图7-1-24　陈李济药厂（今广州北京路）

① 民国《佛山忠义乡志》卷六《实业志·蜡丸行》还列出了其余十五家成药铺，在此从略。

② 乾隆三十二年《参药行碑记》，载《明清佛山碑刻文献经济资料》，第78页。

③ 参阅陈志杰：《佛山成药业的祖铺老号》，载《佛山文史资料》第十辑。

④ 民国《佛山忠义乡志》卷六《实业志》。

济迁址佛山镇豆豉巷，开设店铺继续经营。英法联军撤出广州后，总店迁回广州，佛山镇设分店。

佛山是我国成药业的又一发祥地，其产品特点是适合普罗大众治疗一般疾患痛苦的需要，药真价廉，服用方便，药效显著。而不是追求补药、御药等上等药丸处方。服务普通民生的制药传统，一直影响至今。

（三）蒸酒业

佛山是岭南双蒸米酒的发祥地。清代佛山镇青壮年劳动者居多，低价的米酒尤为适销。清代佛山镇的蒸酒行，“以曲、蘖、米、粟入甑蒸之。每甑每日可出酒十坛，坛约二十五斤，初蒸为料酒，复蒸为料半，三蒸为双料。甑有瓦有锡，以瓦甑为较良”。[①]道光、咸丰和同治年间，佛山镇蒸酒作坊有“家数三四十，甑数七八十”，“以陈总聚为最有名”。酒行会馆设在祖庙大街，道光十一年（1831）建立。[②]

在石湾，道光十年（1830），创立了陈太吉酒庄。其第三代传人陈如岳创制了豉香型米酒“玉冰烧”，在本地人日常生活中甚受欢迎。在南海九江镇，道光、咸丰年间已有九江双蒸酒、醇旧三蒸酒等商品出现。[③]

（四）民间手工艺

民间手工艺是佛山手工业的一大特色。大致有织藤、陶塑（石湾公仔）、雕刻、塑扎、绣花、剪纸、门画、爆竹等。屈大均《广东新语》记载：“大抵岭南藤类至多，货于天下，其织作藤器者十家而二。五羊、汾水之肆，衣食于藤，盖多于果布也。”[④]汾水即指佛山，可知佛山“衣食于藤”者亦不乏其人。至于其他手工艺品，从事生产的人户亦未可小窥。佛山每年三月三日的北帝诞醮会和中秋的秋色庆会，对这些民间手工艺品的发展有很大的促进作用。仅以爆竹言之，史称：佛山“爆竹比他处为盛”[⑤]，“佛山爆极宏丽……视会城渡头犹较盛云”[⑥]。北帝神诞之日，“计一大爆，纸者费百

---

① 民国《佛山忠义乡志》卷六《实业志》。

② 民国《佛山忠义乡志》卷六《实业志》。

③ 陈忠烈、吴建新：《佛山酒文化史》，广东人民出版社2019年版，第191页。

④ 《广东新语》卷二十七《草语》，第727页。

⑤ 乾隆《佛山忠义乡志》卷六《乡俗志》。

⑥ （清）郑梦玉等修，（清）梁绍献等纂：同治《南海县志》卷二十六《杂录下》，同治十一年（1872）刻本。

金。……又以小爆层累为武当山及紫霄金阙，四围悉点百子灯，其大小灯、灯裙、灯带、华盖、璎珞、宫扇、御炉诸物，亦皆以小爆贯串而成”[①]。一个庆会，以爆竹为主，集中了各种工艺技巧，耗费颇巨。可以想见，当时佛山的民间工艺已相当繁盛。

其中的铜凿剪纸为佛山所独有，以其精致的工艺和浓郁的岭南特色而著称。佛山铜凿剪纸以铜箔、金箔、银箔、锡箔为纸，以凿为刀，凿制出五彩缤纷、富丽堂皇的剪纸作品，大量适用于岁时节庆、婚丧嫁娶、寿辰祭祀、交际礼仪。佛山“烧大爆”的大爆竹的外表和搭建的武当山及紫霄金阙，就常用铜凿剪纸作装饰。佛山一年四季迎神赛会的扎作饰品，也用铜凿剪纸装饰出高贵华美。佛山的铜凿剪纸在清代乾隆年间最为鼎盛，商号多集中于福禄大街一带[②]。产品畅销大江南北和南洋各埠。

图7-1-25　清“小城拒道”铜凿剪纸。出口定制（佛山市博物馆藏）

图7-1-26　清卖艺图铜凿剪纸（佛山市博物馆藏）

图7-1-27　清铜鎏金镶瑶池蟠桃会纹铜凿剪纸（佛山市博物馆藏）

木版年画虽非创自佛山，然在清代，佛山镇木版年画的生产和销售两旺。乾隆《佛山忠义乡志》记载：“乡多年货，凡门神、门钱、金花、通花、条香、爆竹之类，皆以一岁之力为之。至是乃列贩于市。四方来贾者肩摩踵接，喧闹为广郡最。”[③]咸丰、同治年间，佛山的门神行“颇盛”，“男女老幼恒有以抄写神相、门神、菠萝符为业者，在栅下、锦澜等铺尤多”。[④]此时除了门神行专业生产木版年画外，门钱行、符疏行、朱砂年红染纸行、杂色染纸行、蘸料纸行、刻字行等都有兼营木版年画。据道光十年（1830）

① 《广东新语》卷十六《器语·佛山大爆》，第444—445页。

② 参阅关宏：《佛山铜凿剪纸》，广东人民出版社2020年版，第13页—108页。

③ 乾隆《佛山忠义乡志》卷六《乡俗志》。

④ 民国《佛山忠义乡志》卷六《实业志》。

《佛山街略》记载，当时佛山镇的永聚街、水巷正街、水巷直街、升平街、天庆街、天后庙等都是木版年画生产销售的集中地。著名店号有锦云、永吉堂、意雅斋、伍万安堂、德华、衍堂敬、伍彩珍等。[①]

明清时期，以广州为中心的“广版”刻印闻名天下，而“广东刻工在顺德之马冈”。[②]清代顺德马冈乡，约有3000人从事书版雕刻（男女老幼计）。马冈刻书精良，创办于光绪中叶的著名木刻版印字号广州“五桂堂”，“不少交由顺德县马冈乡刻版后运回广州印刷”。[③]而苏州书商在广州售书获利后，就在马冈刻版，带货苏州印刷，“分售海内，见者以为苏板（版）矣”[④]。佛山镇内的豆豉巷、水巷、大地街是刻版作坊集中之地，以豆豉巷刻工最多且工艺精良。[⑤]

◀ 图7-1-28 木版年画《北帝座镇》，清版新印，纵66厘米，横37厘米（佛山市博物馆藏）

► 图7-1-29 木版年画《伯俞泣杖》，清版新印（佛山市博物馆藏）

① 程宜：《佛山木版年画历史与文化》，广东人民出版社2017年版，第17页。
② （清）金武祥：《粟生随笔》，中共中央党校出版社1998年版，第15页。
③ 广州市地方志编纂委员会：《广州志·出版志》卷十六，广州出版社1999年版，第805页。
④ 咸丰《顺德县志》卷三。
⑤ 《佛山木版年画历史与文化》，第78页。

此时佛山镇各类手工业到底有多少行业虽然还不甚清楚，但据乡志记载，佛山衰落之时的光绪年间，手工业行业还有十大类一百七十五行[①]，手工业会馆仍不断涌现，据此推知，乾隆年间佛山镇手工业之数确实未可低估。所有这些手工业部门的发展，使佛山镇成为清代前期华南地区的综合性手工业生产基地。

清代前期佛山各类手工业的全面发展，表现出如下四个特点：多样性、融通性、派生性和互补性。

第一，各类各行手工业的多样性发展。明代佛山手工业几乎是冶铁业一统天下，只有陶瓷业还相辅辅成，其他行业尚未起步。清代佛山手工业发展为十大种类：纺织类、成衣类（包括刺绣、鞋帽）、建筑类、饮食类（包括成药）、五金类（包括冶铁）、竹木类（包括造船、拆船）、造纸类（包括爆竹、门神）、文具类、杂物类、杂工类[②]。行业在一百七十五种以上。如果把明代佛山手工业比喻为“一枝独秀”，那么清代佛山手工业可谓“百业同兴”。

第二，主干行业之间的融通性发展。冶铁业与陶瓷业在技术上有许多互相联系的地方，如两者皆要范土为模，高温烧造，因此造型、踩泥、制模、车模、烘模等工序是共通的。两者均以造型师傅为主，又同属高温高强度体力劳动，一般工匠受热受苦程度亦相若。只要条件可能，陶业的存在可以诱发冶业的产生，而冶业的发展又反过来推动陶业的进步，两者相辅相成，互相促进。纺织业中木纺机的接驳部件，需要冶铸业的生产。嘉庆六年（1801）铸造行《各货工价单》记载的纺织机驳件就有“车恤”、机剪、“车钱”以及各种“较”等[③]，到了清末，佛山铁镬行还有“仿铸织布机、织袜机者，亦足敌外货”[④]。纺织业的发展需要，刺激了冶铁业精细技术发展，而冶铁业的进步，又推动了纺织业的发展，两者互为因果，携同发展。

第三，非主干行业的派生性发展。明代时佛山仅冶“乌金”。清代是兼治“五金”。金属加工各项技术渊源于冶铁业，当铸冶技术拓展到新原料如

① 民国《佛山忠义乡志》卷六《实业志》。

② 参考民国《佛山忠义乡志》卷六《实业志》。

③ 嘉庆六年《各货工价单》，载《南海县民国时期档案》“政34·机120”。

④ 民国《佛山忠义乡志》卷六《实业志》。

金、银、铜、锡、铅等，就依原材料不同而衍生成不同行业。其技术主要是铸造技术和锻造技术。铸造技术是把矿山来的生料铸成熟料，重新定型为适合锻制各种产品的形状，即进行次级加工。铸造技术派生出一字铜行、黑白铅行等行业。锻造技术是打制拉拔成各种产品，即进行深加工。由此又根据不同的产品派生出不同的行业，锻造技术派生出金箔行、金花行、锡箔行、铜钱行、铜器行、铜扣行、打银行等。再如丝织业的发展，也派生出若干以绸纱为原料的行业，如顾绣行、绒线行、布扣行、头绳行、制帽行和唐鞋行。总之每一种新技术的拓展，每一种新产品的出现，就预示着一个新行业的诞生。由此不断派生，形成清代前期五花八门的行业发展格局。

第四，不同行业之间的互补性发展。由于冶铁、陶瓷以及金属加工等行业的工匠容易受工伤，成药业便在佛山得到迅速发展。佛山成药业中舒筋活络、散瘀祛肿的跌打类药物向来占有很大比重，就是适应重体力劳动和工伤事故多的需要发展起来的。又如以铜为材料的钮扣行“昔为本乡著名工艺，制造多自女工，行销肇、潮各县及省外”[①]，在西南各省深受民众喜爱的“广扣”，也是配合佛山土布业发展的需要而兴起的。此外“蒸酒行”的兴起，则是适应了手工业工人应付强劳作的需要。不同行业之间的互补性发展，使佛山手工业获得了勃勃生机，出现了清代前期百业兴旺的发展形势。

如上所述，多样性、融通性，派生性和互补性，构成了佛山手工业的有机结合形态。明代佛山冶铁业各个家庭小作坊之间是一种同质化的联合，而清代佛山手工业各行业之间，则呈现出有机联合的形态特征。有机联合是基于群体各部分的相异性，这是劳动力分工的结果，有机联合要求不断在群体各部分之间交换有价值的物质和服务。它使得各部分彼此不同，相互依赖。正是清代所形成的佛山手工业有机联合形态，才使得佛山在后来面对可开发资源日益匮乏和西方近代化工业产品冲击时，没有走向全面崩溃，而是出现了传统行业被淘汰、新式行业和外向型行业得以发展的转型局面。转型局面的出现，说明了群体的多样性、融通性、派生性和互补性是整个社会更新和创造的重要源泉。而这些，又正是佛山手工业体系发展变化的重要特点。

① 《佛山忠义乡志》卷六《实业志》。

第二节　清代岭南中心市场

（1654—1900年）

一、商人与商人资本

（一）佛山的商人种类及其活动范围

清代前期，在中国广袤的大地上，曾经活跃着各种商人集团，诸如山西商人、徽州商人、洞庭商人、福建海商和广州行商等。这些著名的商人集团，早已为治史者所熟知。然而，与上述商人生长、存在的同时，另一支重要的商人力量也在形成发展，这就是佛山商人。佛山商人以其众多的人数、成功的经营、广阔的活动范围，为清代社会经济的发展作出了显著的贡献，在中国商业史上占有不可忽视的地位。

所谓佛山商人，是指以佛山镇为中心，包括石湾和周边乡村以及外地落籍于佛山的商人（不包括侨寓佛山经商的外地商人）。①乡志载：“佛山一镇，绅衿商贾，林林总总。”②可知商人数量之众和种类之多。

现择其要者略述如下：

1. 铁商

其人数居各种商人之首。依经营商品的不同，铁商又可分为两类：一为铁器商。乾隆年间，黄玉阶“自己积有多金，生业当铺、铁锅店、铸锅炉。自建大屋一所，八柱官厅、土府及傍屋等座后”③。这些铁商，拥有锅炉和店铺，生产出铁锅后交易活动就在自己店里或家中进行。二为生铁商。清代佛山众多铁商深入罗定、东安炉场从事铁版生意，如金鱼堂陈氏的陈裔珙、陈

① 罗一星：《明清时期的佛山商人》，载《学术研究》1985年第6期。

② （清）叶汝兰：《乾隆五十三年重修佛山经堂碑记》，载道光《佛山忠义乡志》卷十二《金石志下》。

③ 《江夏黄氏族谱》。

发尧，鹤园陈氏的陈文炯，都是投资生铁铁版的炉商。

入清以后，铁商又纷纷建立会馆。乾隆十五年（1750），“论者以为诸商冠”的炒铁行会馆建立[①]。乾隆四十四年（1779），铸发行会馆建立。嘉庆元年（1796），新钉行会馆建立[②]。借此联络同人，维护共同利益。

2. 布商

清代前期佛山及其周围乡村家庭棉纺织业普遍发展，印染业随之兴旺。因此，佛商中以贩布为业的不少。乾隆年间，冼士琏“自设粤德布庄，货行苏、浙间”[③]，与松、宁之布商角逐。其长子冼文清后为天津会馆首事，次子冼沂为大魁堂值事。道光年间，黄世楚“自弱冠穗城贸易，谋猷经纶罗绮为家室计，迨为汾江大贾”[④]。又如简祖寅，“随舅服贾汾江，谨慎勤劳，处事而事治，接物而物平，人皆重之。……既而合股伙友设布肆”[⑤]。

3. 丝商

广丝、广纱、广缎出口，是清代前期佛山重要商务，故而经营土丝绸缎者亦不乏其人。康熙间来佛创立“梁伟号”机房的梁俊伟，经营有方，其机房历康、雍、乾、嘉、道五朝而不衰。乾隆年间，有马进贤、马任贤两兄弟，居佛山梨巷，“荣业土丝生理”[⑥]。稍后的潘佑安，“设号于香江（香港），业花纱丝茶，价如其货……人谓公之起家以信义，不虚也”[⑦]。还有丝织大户任应、任伟兄弟，以丝织机房发家，建有家族成片聚居地“任围”。

4. 药商

佛山成药业始于明代，盛于清代。其发展与佛山城市人口密集和冶铁、陶瓷等高温作业易出工伤事故不无关系。因此，成药商人也成为佛山的重要职业。除上述康熙年间闻名粤东的梁仲弘外，乾嘉道之间佛山参药行发展二十七家堂店，各有畅销药丸和品牌。其中“称姜仁圃者，伯仲于羊城张大

---

① （清）陈炎宗：《鼎建佛山炒铁行会馆碑记》，载《南海金鱼堂陈氏族谱》卷九《艺文志》。

② 民国《佛山忠义乡志》卷六《实业志》。

③ 《鹤园冼氏家谱》卷六《人物谱》，卷四《宗庙谱》。

④ 《江夏黄氏族谱》。

⑤ 《粤东简氏大同谱》卷一《家传谱》。

⑥ 《江夏黄氏族谱》。

⑦ 《潘式典堂族谱》卷六《列传》。

昌”[①]。可见佛山药商的实力不凡。除参药行外，经营各类丸药店的商人更多。乾隆年间，潘晓修“市隐禅山丸药，济人远近沾溉，业以大起”[②]。同时的潘联子，“居佛镇药肆数十年，同业称其仁厚”[③]。

5. 米商

清代前期广郡民食尽仰籴于广西、湖南之米，而地处西、北两江会流处的佛山则成了广东的米粮贸易中心。佛山的米户，把持着米市，垄断了价格。乡志载“举镇数十万人尽仰资于粤西暨罗定之谷艘，日计数千石。谷艘至稍希，则米肆拥先所籴以增价”[④]。“广西谷艘一日不到佛山镇，则囤户便联增米价。”[⑤]因此，佛山米商对佛山乃至广州的经济生活有着举足轻重的影响。佛山最重要的米商称“七市米户”，据碑刻记载：乾隆五十五年（1790），“佛山镇铺民梁太盛、梁升平、黄兴臣等呈称：蚁等向在佛山镇七市开张糙白米铺生理，每铺或雇工七八人、十余人不等，俱系随籴随碾，日逐发卖”[⑥]。一铺雇工有十余人，经营规模实属不小。嘉庆年间，仅佛山糙米行，就有行店三十二家。[⑦]除镇内七市米户外，石湾、澜石、罗定、澳门等地都有佛山米商设肆经营。

此外，佛山还有一种在灾荒年间临时出任合镇采办米谷的米商。“乾隆丙午（1786）、丁未（1787），粤中大饥。佛山绅耆募资请于官给牌照，告籴邻省。众举（李）士震往湖南。士震以长子芳代行。……时告籴他省，惟湖南最远。芳往返仅三个月，米独先至，米价顿减，人心以定。”[⑧]这种临时性的米商，本身并非专司米商之职，只是在饥荒之年由民推举，临危受命，官府准照，然后奔赴外省，进行一次性的米粮交易。不过其交易额一般都颇大，如李芳当时所带合镇科收之银数千两[⑨]，因此也不可忽视。

---

① 道光二十年《重修参药会馆碑记》，载《明清佛山碑刻文献经济资料》，第141—143页。

② 《潘式典堂族谱》卷六《列传》。

③ 《潘式典堂族谱·墓志》。

④ 乾隆《佛山忠义乡志》卷三《乡事志》。

⑤ 《敬学轩文集》卷一《与瑚中丞言粤东沙坦屯田利弊书》。

⑥ 乾隆五十五年《奉宪严禁示碑》，载《明清佛山碑刻文献经济资料》，第90页。

⑦ 嘉庆戊寅“海隅永赖大铁鼎”款识，现存佛山市祖庙博物馆。

⑧ 道光《佛山忠义乡志》卷九《人物志》。

⑨ （清）劳潼：《救荒备览序》，载吴道镕：《广东文征》册五，香港中文大学出版社1978年版，第170页。

6. 柴商、木商

佛山周围不产木材，即炊柴亦需贩自粤西。乾隆乡志就有梁舍人往粤西贩柴的详细记载。乾隆以还，由于城镇发展，营建大兴，木材贸易也颇为活跃。《鹤园冼氏家谱》载："木贩某者，向在街首营生，逋负多。先数日逃去，及是欲归死。铺门被业主钉锁。"[①]买木者预先付了定金，木贩某却不能如期交货，造成"逋负多"。可见需要木材的人很多。

7. 行商

明清时期，主要的商业市镇都设有"牙行"。所谓"牙行"，实际上就是"牙店""行家""行户"的通称。行商由身家殷实者承充，官府发给执照，其职能主要是替客商收集专卖品。因其主富商巨贾的兴贩，所以"牙佣"常常获利甚厚。清代的行商，只要有资产，也从事着商业活动。故其"牙行"，实际上就变成了"囤迟卖快"的大商店。早在康熙四十六年（1707），顺德人翁祖珩就在"禅山开宏远行"[②]，"俏仿计然之策，渐臻饶裕"[③]。乾隆年间，佛商廖九如承充西货行。其家谱载：九如公原"往来汉镇，涉历江湖，沐雨栉风，辛勤备至。继乃居货佛镇，概然膺西货（行），主人重寄，忠信勤慎，远迩商贾恒倚赖之"[④]。同时期的陈德隆等二十二家商人，也承充了佛山棉花行行商[⑤]。乾隆年间专营广丝的丝织户Hou Suckin（英文译音）开办了"生和店"和"悦来号"两家商行，也成为出口广丝的行商。他在乾隆十二年至四十六年（1747—1781）在佛山承接欧洲各国商人定制图案的丝织品和广丝。在1772—1780年，Suckin与荷兰东印度公司贸易广丝六百多万两白银，并成为法国、荷兰、瑞典和丹麦等国东印度公司长达三十五年的出口供应商。[⑥]

在佛山，行商不仅设立仓栈，而且砌造码头。乾隆四年（1739）《豆

① 《鹤园冼氏家谱》卷六《人物谱·列女》。

② （清）翁张宪、（清）翁兴元纂修：顺德《翁氏族谱》卷十六《杂录》，清刻本。

③ 顺德《翁氏族谱》卷十四《艺文·赠言》。

④ 《南海廖维则堂家谱》卷二《艺文》。

⑤ 《粤东例案》之《行市·行户执照毋庸递年逐任更换》，抄本。

⑥ 范岱克：《Weaver Suckin与1747—1781年间广州的丝绸贸易》，载广东省博物馆编：《三城记：明清时期的粤港澳湾区与丝绸贸易》，岭南美术出版社2020年版，第2—19页。

豉巷马头碑记》载："据行商叶忠昌、顾同兴等状告前事称：忠等均在佛镇开张行店，贮顿客货，向共捐资砌造豆豉巷口码头，以利小艇载货上落，以便商民。"豆豉巷码头是清代佛山较大的商业码头之一，因此在码头附近聚集了许多行商。乾隆四年重修豆豉巷码头，捐助银两的行店就有万铨行等九十八家[①]。可见，清代前期佛山行商之多。

8. 银业商和典当商

清代佛山银业十分活跃，道光年间各银铺合共在汾水铺东宁街设立银业行会馆，堂名如意。由曾任翰林中书的佛山人梁蔼如撰写银业行会馆鼎立碑记。[②]民国《佛山忠义乡志》也记载有佛山银业行有大小银铺二十九家。[③]清代佛山银铺规模大者，本银在万两以上。银业行"专营付揭、汇兑事业"。"各富户有存放储蓄之利，各行商又可揭借以资周转，实一乡之金融机关。惟交易不限于内地，有远及湘桂各省、各外埠者。"[④]当时较为有名的银铺是晋丰、安盛、福记三家。清代佛山科举鼎盛，佛山几大家族均有进士出身的才俊在北京做官，汇票来往频繁。开设于佛山汾宁里的晋丰银铺，在北京颇有信用口碑。道光年间，曾任山东盐运使的佛山人李可琼给在京读书的儿子李应棠书札称："汇单写到佛山晋丰银铺（在汾宁里），京客谅无不放心。即汇到佛山福记亦可，均时刻不误，汇费不至多索也。"[⑤]晋丰银铺本钱原为九千两银子，然其经营颇丰，道光十五年（1835）"三年期满结算，计溢息应有万余"。[⑥]其年平均利润率约百分之三十。结算分红后又增加股本银两千两，至总股本银一万一千两，继续经营。而李可琼同时也是"安盛"银铺的大股东，拟收回"自行经理"。[⑦]此外，嘉庆二十二年（1817），顺德人何朝钰也在佛山开张中泰银店。其伙计梁泽昌私挪本银一万零八百两，至次年年底结账才发现其弊。一年不到，店铺伙计挪用万余两银子，可见中泰银店资

① 乾隆四年《豆豉巷码头碑记》，载《明清佛山碑刻文献经济资料》，第39—42页。

② （清）梁蔼如：《佛山银行业会馆鼎建碑记》，现存佛山市城市展览馆。

③ 民国《佛山忠义乡志》卷六《实业志·银业行》。

④ 民国《佛山忠义乡志》卷六《实业志·银业行》。

⑤ 《李可琼家书》，载《明清佛山碑刻文献经济资料》，第369页。

⑥ 《李可琼家书》，载《明清佛山碑刻文献经济资料》，第369页。

⑦ 《李可琼家书》，载《明清佛山碑刻文献经济资料》，第368页。

本之雄厚[①]。道光年间，还有叫梁迪生者，“经商佛山，与弟璧生同理银业，信义为商场重”[②]。

图7-2-1　清代佛山镇莲华巷土府。始建于明代，清道光年间为吴荣光家族购置

清代佛山典业尤盛。据《粤东例案》记载：“乾隆十九年（1754）七月，抚部院官批本司详查得佛山同知详称：佛山镇典、当、按铺按钱扣底一案，嗣后凡当货物，照例取三分之外，丝毫不许苛取。”[③]可见，佛山当时已有典铺、当铺、按铺之别。典当业堆放货物的地点叫“质库”，广府人对明代石脚夯土墙房子俗称“土府”。此类建筑厚实坚固，富家巨族多用以储存贵重物品，亦为当铺储物之所，形如近代碉楼。当时“佛山多典肆。以御盗故，高其墙垣。……河道日狭，质库日高”[④]。如大树堂吴氏就拥有莲华巷土府一座。莲华巷土府始建于明代，清道光年间为吴荣光家族购置。该建筑坐北向南，面阔11米，进深7.24米，总面积80平方米。二层单体建筑，硬山顶，镬耳式封火山墙，灰塑龙船脊，红砂岩石结砌墙基，红泥混合蚬灰、糯米、红糖作材料，夯筑成厚达0.7米墙壁。室内两层均三开间，明间厅堂，次间厢房，侧墙有枪眼式石框窗。大门高2.1米，宽1.1米，有粗铁门栓设置，门前红砂岩石台阶，左右拾级而上，俗称“金字”石阶。莲花巷土府对研究明清佛山家族经济具有重要价值。

银业商和典当商及其店铺的经营运作，成为支持清代佛山商业兴旺的重要力量。

9. 船商

佛山以水运为主。船商也是一个重要行业。道光年间，郭天锡“商于西

① （清）朱槽辑：《粤东成案初编》卷二十二《扰害诈骗下·店伙侵用银两，捏造他人借票籍图掩饰，照诈欺财物计赃科罪》，道光十二年（1832）刻本。

② 民国《佛山忠义乡志》卷十四《人物志》。

③ 《当饷·当钱扣底》，载《粤东例案》，抄本。

④ （清）梁九图纂辑：《梁氏支谱》卷四《事迹》，同治十年（1871）刻本。

江，与雷某为伙，置船贩运，往来佛镇、苍梧间，致小有”[①]。在长期的江海航行中，佛山船商积累了丰富的营业经验，这对后来的佛山商人经营近代轮船业无疑有深刻的影响。晚清以经营粤津航线而著名的“广德泰轮船公司”的创始人梁定荣，就是佛山人[②]。

10．盐商

佛山地近省城，“盐船自省开行，历诸河口，首到佛山。……旧例于佛山择能干首领，官委驻盘验”[③]。清代佛山侨寓著姓皆出自盐商。如大树堂吴氏，吴荣光的祖父吴恒孚，在乾隆年间充任“盐总商”[④]。拥资颇厚，建“大树堂”屋宇一区，成为佛山有名住宅。又如梁氏，乾隆年间有梁玉成者，“弃举业，就鹾商。数年积资累巨万”[⑤]。梁氏一族后来发展成为佛山著名大族，所谓松桂里梁氏、部曹第梁氏，均出自此公。

11．珠宝商

广东濒海，自古有合浦珍珠之饶，又兼广州为南洋、波斯各地犀玉丛聚之地，经营珠宝是极易致富的行业。因此，佛商也有到广州易宝者。《劳氏族谱》记载：顺治年间，劳成六“始在羊城为翠花生理，后开珍珠店，家自此富。人皆有‘珍珠劳’之称”[⑥]。

除上述种种商人外，佛山还有陶瓷商、颜料商、纸商、成衣商、线香商、烟草商、鞋袜商、铅商、铜商、糖商、果商、年画商、烧腊商等，不胜枚举。乾隆、嘉庆、道光年间，佛山工商店号在3000家以上[⑦]。铺户贸易和转运贸易成为当时主要的贸易形式。

清代佛山商人活动的地理范围相当广阔。他们经营的业务，不是仅限于佛

---

① （清）郑荣修，（清）桂坫纂：宣统《南海县志》卷二十《列传》，宣统三年（1911）刻本。

② 民国《佛山忠义乡志》卷十四《人物志》。

③ 《抚粤政略》卷一《条议粤东盐政疏》。

④ 《祖公吴荷屋手订年谱》，同治元年（1862）手抄本。

⑤ 民国《佛山忠义乡志》卷十四《人物志》。

⑥ 《南海劳氏族谱》卷首《训言·三乐堂训言》。

⑦ 根据残存的《光绪二年重修佛镇栅下天后元君古庙官绅值事善信芳名嘉认签题工金各行工料杂项费用进支数目刊列碑记》统计，佛山有店号3380家［缺损部分估计仍有1000余个店（人）名］，光绪年间佛山商务已大不如前，所以乾隆、嘉庆、道光年间计3000余家已属保守。

山、石湾一隅，而是伸展向省内、省外各地。清代佛山商人活动区域包括了天津、江苏、浙江、湖南、湖北、广西及本省的广州、海南、东安等地。其中，有传统商业大埠广州、苏州、汉口等，也有新兴的港市天津、上海等。“五口通商”之后，佛山商人开始向中国香港、越南乃至欧洲沿海商埠转移和进取。

（二）佛山的商人资本[①]

1. 佛山商人资本的来源和形式

商人集团资本的形成，总是与其所处地理环境范围内的客观经济条件相联系。地理环境以及客观经济条件的差异，决定了各个商人集团资本的不同特色。明清佛山商人资本的形成大概有以下几个途径：

手工业者通过出售自己的产品积累了一定的货币财富，即前店后铺的经营方式，这是佛山商人资本形成的传统形式和主要来源。明清佛山手工业相当发达，各类手工业作坊星罗棋布，产品十分丰富。推销手工产品最初都是由手工业者自己来完成。顺治年间，石湾业陶者就是自输自卖，即所谓“陶成则运于四方，易粟以糊其口”[②]。从顺治到道光，“以车模铸冶为业”的黄氏一族，因铸造兴隆而“积有千金”者，就有黄妙科、黄金发、黄玉阶、黄世楚等商人[③]。在佛山成药业中，因生产出著名丸药而商业兴旺者也代不乏人。从手工业者到营商者，这是佛山商人所走的主要道路。

地租转化而来，这是佛山商人资本形成的第二个来源。随着广东对外贸易的发展和佛山本镇工商业的勃兴，经营工商业比经营农业更易于获利，这就诱使地租所有者把货币资本投向工商业。清顺治年间，“农事传家”的劳联芳“变农之贾”，经商于外。其子劳成六，开珠宝店于广州，成为远近闻名的“珍珠劳”[④]。随着明清佛山及其周边乡村商品性农业经济的发展，不少家族拥有沙田之利、墟市之利，因此出现不少或农或商、农商兼作者。由农致富，由富而贾，这是佛山商人所走的又一道路。

官宦所入之财，是佛山商人资本的第三个来源。明清两代，佛山镇有文武进士50人，文武举人264人，文武仕宦648人。如此众多的官宦仕子，不能

① 罗一星：《试论明清时期的佛山商人资本》，载《广东社会科学》1985年第3期。

② 顺治十六年《三院严革私抽缸瓦饷示约》，载《明清佛山碑刻文献经济资料》，第20页。

③ 《江夏黄氏族谱》。

④ 《南海劳氏族谱》卷首《训言·三乐堂训言》。

不给佛山商人资本注入一笔不容忽视的财富。如嘉庆年间，官至山东盐运使的李可琼退归佛山后，即经营高利贷，在佛山“晋丰”“安盛”等银铺拥有大量股银。[①]许多官绅即使自己不亲事商业，也由其亲属经营。由此可见，佛山籍官僚仕宦的官俸收入确有部分转化为商人资本，进入流通领域。

借贷，是佛山商人资本的第四个来源。明清佛山商人的借贷对象主要有两个，一是乞贷于宗族大户，二是揭借于银铺。嘉庆年间，冼成禄经商粤西，不数年获巨利，邻里多向其“假贷”营生[②]。至于揭借于银铺者，当比乞贷于大户者更多。道光年间，佛山“晋丰”银铺股东李可琼就曾抱怨“买卖人多系行险侥幸，丧心昧良者居多”，银铺常受连累而“倒灶”[③]。佛山是以中小商人为主，资金不足是他们常常遇到的问题。因此，向银铺揭借往往具有重要意义。一般来说，清代佛山一个银铺可以支持几十家乃至上百家中小店号的资金周转。嘉庆年间，佛山中泰银号所雇的店伙梁泽昌挪用店内银两一万零八百两，伪造各店“借票”以图掩饰。事发，被官府治罪。梁泽昌伪造的“借票”共有三十七张，借主是“成丰等店三十六家”，每张借银两百两至五百两不等[④]。既要挪用银两，伪造的“借票”势必选择通常情况填写，否则，蒙骗不了主人。并且所侵用的银两也只是银铺所有银两的一部分。因此，理论上说中泰银铺一万零八百两银子可支持三十六家店号。上述谈到佛山有二十九家银铺，估计可以支持上千家店号的资金周转。如此看来，佛山高利贷资本，乃是佛山商业资本的重要补充。

外来富户投资，是佛山商人资本形成的第五个来源。清代康熙、乾隆年间，佛山一跃而为“岭南都会之亚”，其繁盛一度超过广州。这吸引了四方豪富到此拓业。其中，有不少占籍为南海佛山人，成为佛山商人队伍的新分子。例如蔡锡麟，其先世自康熙年间由顺德龙江“迁居佛山，又籍南海”。嘉庆年间，锡麟幼承父业，服贾营生，积累所得“报效军需，至再至三，捐款以数万计”。又曾慨捐万金修筑大路围，还提拨万两“厚培祖尝”[⑤]。嘉庆年间，招涵的祖父，原为金利司横沙乡人，“善贾，致巨富”，拥金四十八万，后把财

---

① 《李可琼家书》，载《明清佛山碑刻文献经济资料》，第369页。

② 《岭南冼氏宗谱》卷三之六。

③ 《李可琼家书》，原件藏佛山市博物馆。

④ 《粤东成案初编》卷二十二《扰害诈骗》。

⑤ 民国《佛山忠义乡志》卷十四《人物志》。

产均分给子孙六人，“人八万金，迁佛山”[①]。还有清末著名的外交大臣张荫桓，“其先自鹤山迁佛山，家世豪富，至荫桓资产耗尽”[②]。外地富户挟资来佛山营商，就像百川汇流，使佛山的商人资本总量更加壮大、丰厚。

明清佛山商人资本有独家资本和组合资本两种形式。

独家资本是最普遍的一种资本形式。但凡有什百之金，即可贸迁生利。若有千金在握，多可致富起家。例如珠宝商劳成六的“珍珠店”，布商冼似水的“粤德布庄”，梁太盛、梁升平、黄兴臣各自开张的可积谷二百担的“糙白米铺”，招涵的八万资产，蔡锡麟的数万身家，黄玉阶的“当铺、锅炉、铁锅店”等，凡此种种，都是独家资本。独家资本有很强的继承性，往往世代相传。但由于佛山商人以经营手工业和日用百货为主，货值不高，独家资本财力一般并不雄大。

组合资本是商人扩大资本的一种初步形式，即由两三个互相熟悉、志同道合者共同出资经营某种商业，时称“合资”“合股”“合伙”，合资者互称“股友”或“伙友”。这种资本形式，佛山是在入清以后渐多见记载的。嘉庆、道光年间，佛山银铺即多以合股形式经营。例如，晋丰银铺本银为十一股，每股一千两，由梁、李、吕三家共凑。晋丰银铺三个股东分别是盐商出身的梁氏富商（梁蔼如家族）、李可琼（曾任山东盐运使）、吕姓在事人。梁氏占有64%（七股本银七千两银），李可琼占有27%（三股本银三千两），吕姓在事人占有9%。[③]设在广州的安盛银铺也由“众伴”股份凑成。李可琼手中也占有若干股份[④]。又如梁迪生兄弟所开的银铺，因“缘附股伙”甚多，便再开“支号”营业[⑤]。道光年间，西宁县都城有“佛山富商”出资与吴实修“合伙开设胜利商店”[⑥]。同时的郭天锡，“商于西江，与雷某为伙，置船贩运，往来佛镇、苍梧间，致小有”[⑦]。组合资本的形式，扩大了中小商

① 民国《佛山忠义乡志》卷十四《人物志》。

② 民国《佛山忠义乡志》卷十四《人物志》。

③ 《李可琼家书》，载《明清佛山碑刻文献经济资料》，第369页。

④ 《李可琼家书》，载《明清佛山碑刻文献经济资料》，第369页。

⑤ 民国《佛山忠义乡志》卷十四《人物志》。

⑥ （清）何天瑞修，（清）桂坫纂：宣统《西宁县志》卷二十二《人物志》，民国二十六年（1837）德庆文明印务局铅印本。

⑦ 宣统《南海县志》卷二十《列传》。

人的资本数量，使他们得以经营自己资本力所弗能的商业项目。

顺便提及，清中叶以后，佛山商人资本又产生出一种扩大资本的高级形式——集成资本。即由某一巨商牵头，成立股份公司，发行股票，吸收社会游资。这种形式的产生，与近代海外资本主义经营方式的传入和佛山商人资本历来是民间资本、善于变通有很大关系。独家资本—组合资本—集成资本，如同三个阶梯，清晰地表明了明清佛山商人资本形式发展的脉络。

2. 佛山商人资本发展的基本趋势

在中国封建社会里，商业资本常与整个社会经济成反比例发展。由于缺乏商品生产发展的基础，商业资本找不到出路。然而，明清时期的佛山商人资本以高度发展的农业商品生产和全面发展的手工业商品生产为其坚实基础，具有广阔的投资余地。佛山商人购买土地的现象虽然存在，但随着佛山城市经济的发展是逐步萎缩的。明代时佛山还有岗地筑铺，到清乾隆年间，隙地岗丘已占筑净尽。例如，塔坡冈“今已平为市地”，三穴冈“今已平为列肆”[①]。佛山周围已呈“出门咫尺无旷土”的景象。由此可知，佛山人口的集中，城区的扩大，土地的减少，极大地限制着商人资本流向土地的可能。

以灵应祠尝产形态言之，据光绪《灵应祠尝业图形》记载：灵应祠仅有田地105.2亩，桑基鱼塘74.8亩；而却有铺屋231间，其中租与商店54间，租与人居30间，只收地租147间[②]。此外，还有义仓、渡艇等尝产。按道光年间佛山地价和房价计算[③]，田地180亩值7200两，而铺屋231间值近2万两，几乎3倍于前者。灵应祠尝产多为明清两代佛山商人所赠，其尝产形态以铺屋为主，正说明了佛山商人的财产形态是铺屋、金钱，而不是土地。乾隆《佛山忠义乡志》卷三云：“吾乡谬以饶富闻而无蓄积之实。鳞次而居者三万余家。其商贾媚神以希利，迎赛无虚日。市井少年侈婚娶，闹酒食。三五富人则饰其祠室以自榜。故外观殊若有余，而其人率无田业。”“其人率无田业”，明确地说明了佛山商人资本流向土地越到后来越趋于减少。

确切地说，商业资本不等于商业利润，而仅指专门从事商品买卖的资

① 乾隆《佛山忠义乡志》卷一《乡域志》。

② 光绪丙申《灵应祠田铺图形》。

③ 根据道光年间佛山房屋和田地买卖契约，一间十七桁房屋值80两，若开铺140两，田每亩30—50两不等，且取中值40两计之。

本。商人是抽出商品经营资本购买土地，还是保留商品经营资本而用商业利润购买土地，与社会商业资本总量的增减趋势关系极大。佛山商人用什么来购买土地呢？一般是只用一小部分商业利润买田。例如，前述锅商冼灏通发财买田后，商业活动并未停止，锅店和作坊由其子冼靖继承。冼靖赚钱后，也有买田行为。其家谱载：冼靖"督家僮营生……而以其赢余"增置田产，其家日以饶。[①]"以其赢余"来购置田产，显然是商业利润。

与商业资本流向土地的规模和人次日渐减少的情况相反，佛山商人资本的个体规模却随着时间的推移而不断膨胀。清嘉庆年间，佛商以千两资本为"中资"[②]，万两资本似可算"上资"。当时佛山商人中十万两身家的已然多见。嘉庆年间，梁玉成以父遗一千两银从贾，一年之间获资累巨万，不久家业"遂隆隆起，百倍于昔"[③]。其资产当有十万两。同时的招涵及其父兄弟，也各有身家"八万金"。道光年间，冼恩球"弱冠经商越南，信义为邦人重，不数年坐致巨富"，一时"富埒全国"，成为当地首富[④]。其资产之巨已无法确估。

与此同时，佛山商人资本的社会总量也是在不断增加的。这一点，我们可从清代佛山商人的捐款活动上窥见一斑。

表7-2-1　清代佛山商人捐输公事款项表

年代	捐款者	筹款原因	数目	资料来源
乾隆二十七年（1762）	诸乡人士	重修灵应祠	一万二千两有奇	《重修南海佛山灵应祠碑记》
道光元年（1821）	佛山镇商绅	清浚佛山涌	九千九百有奇	《道光六年清浚佛山涌港记》
道光十五年（1835）	佛山镇商绅	清浚佛山涌	二万七千余金	民国《佛山忠义乡志》卷十四

① 《鹤园冼氏家谱》卷六。

② 《梁氏支谱》卷三《小传·赠封奉直大夫内阁中书梁公传》。

③ 《梁氏支谱》卷三《小传·赠封奉直大夫内阁中书梁公传》。

④ 民国《佛山忠义乡志》卷十四《人物志》。

（续上表）

年代	捐款者	筹款原因	数目	资料来源
咸丰年间（1851—1861）	佛山镇、顺德陈村镇、三水西南镇棉花行	捐助铸造安置于虎门、广州的海防大炮	一万四千两	《清代两广总督衙门残牍——叶名琛档案》（八）
咸丰年间（1851—1861）	顺德大良、顺德陈村新旧墟、三水西南墟布店	捐助铸造安置于虎门、广州的海防大炮	一万八千两	《清代两广总督衙门残牍——叶名琛档案》（八）
咸丰年间（1851—1861）	佛山镇商绅	资助军饷	万余两	《鹤园冼氏家谱》卷七
同治十一年（1872）	佛山镇商绅	清浚佛山涌	十二万四千六百三十一两	《中国第一历史档案馆藏清宫档案·刑部录副》
光绪九年（1883）	佛山镇商绅	清浚佛山涌	洋银一万两有奇	光绪九年《佛山清涌碑记》
光绪十年（1884）	佛山同知与绅富	资助海防经费	二万九千三百五十一两	《东粤藩储考》卷七

从表中可知，乾隆年间以来佛商捐款，动辄上万，越到后来次数越频繁，数量也逐渐增大。道光十五年（1835）比乾隆二十七年（1762）增加125%，同治十一年（1872）比道光十五年（1835）增加接近500%。虽然这只是佛山丰厚的商业利润的极小部分，但也反映出这样一个事实：清代佛山商人资本的社会总量是在不断增加的。

诚然，佛山商人在维系宗族利益的花销，在封建文化上的投资，在竞奢斗富上的挥霍，在各类公共工程、灾害中的捐赈等方面，都是颇为可观的。但是，所有这些花费，都是来自佛山商人的商业利润，而不是来自佛山商人经营商品买卖的资本，而且所占利润的比例是很小的。例如，上提盐商梁玉成在道光十四年（1834）大灾时赈济乡民，“由族而乡而禅山，捐粟统以千石计”[①]。道光时佛山“每担谷价不过八九钱”[②]，即以每担一两计算，千石谷共一千两。以梁玉成的十万资产，按佛山银业通常的年利润率三成计算（盐商不止此数），一年可得三万两利润。一千两仅占其利润的三十分之一。

上述说明，明清佛山商业利润流向土地受到了当地商品经营发展条件的极大限制，商业利润流向宗族、赈灾等事业方面也不似想象的那么巨大，而佛山城市经济的发展，又为商业利润回转到商业资本上创造了广阔的前景。因此，自身不断地增殖膨胀，乃是明清佛山商人资本发展的基本趋势。

3. 佛山商人资本的历史作用

从明初到清中叶，佛山商人在中国商界整整活动了四百余年。他们虽然在资财方面逊色于西商、徽商和广州行商；但在勤勉和活动范围方面，则未让上述诸商。以中小商人为主的佛山商人资本是比较自由的民间资本，有着较大的灵活性。而以盐笈起家的徽商资本，以垄断外贸公行起家的广州行商资本，则与政治相联系，与朝廷相始终，容易僵死在封建政治的外壳里。正是由于佛山商人与众不同的这些特点，决定了佛山商人在历史上起到了积极的作用。

第一，佛山商人将资本投向产业，促进了佛山手工业生产的发展。

我们知道，佛山冶铁业、陶瓷业等较大生产部门能容纳较多资本，为商业资本转向产业提供了可能。但是，能否实现这个转化，还取决于产业利润率的高低。清代佛山商人年利润率颇高，如乾隆年间廖介然“商于汉阳，或经年始一归，所获倍利”[③]。道光年间，陈善性在本镇经营薄荷油生意，“获利亦倍蓰”[④]。佛山产业年利润率如何呢？乾隆十五年（1750），佛山炒铁业“盖利与同人，其获三倍”[⑤]。如此高的利润率，既有转化的可能，又有转化的动因，佛山商人把资本投资于本镇产业和外地矿区，就成了一件合乎逻辑的事情。

佛山商人资本投向手工业部门主要有两种途径：第一种途径是商人直接

---

① 《梁氏支谱》卷三《小传·赠封奉直大夫内阁中书梁公传》。

② 《李可琼信札》，原件藏佛山市博物馆。

③ 《南海廖维则堂家谱》卷三。

④ 民国《佛山忠义乡志》卷十四《人物志》。

⑤ （清）陈炎宗：《鼎建佛山炒铁行会馆碑记》，载《南海金鱼堂陈氏族谱》卷九《艺文》。

开办手工作坊和矿山山场。投资冶铁业的佛山商人较多，见于记载的就有清初投资本镇冶铁业的麦念居和冯绍裘的祖辈、康熙至乾隆年间既从事本镇冶铁又投资外地矿山的黄金发、黄玉阶等人。投资丝织业的商人也不少，如梁俊伟于康熙年间在佛山创立“梁伟号”织机房，“诚实著闻，商业遂振”[①]。其机房历康、雍、乾、嘉、道而不衰，道光九年（1829）仍由其后人继承。第二种途径是商人“承担包买商的额外业务”，直接控制某项产品的生产和销售。佛山铁钉业从入清以来就是以商人发炭铁原料给附近乡民（俗称“替钉者”），乡民打制成钉再交给商人的方式生产[②]。佛山丝织业中，乾隆年间有任应、任伟两兄弟是著名的机房大户，开铺于佛山乐安里的“任应号”，拥有大量“外机”（即本镇和附近乡村的织户）。如此看来，任氏兄弟也是大包买商。道光九年（1829）鼎建帽绫行会馆，“任应号”在202家机户中捐款雄居首位。[③]

佛山商人资本投向产业部门，使在流通领域中形成和积累起来的货币资本，有了新的发展余地。同时，商人资本向产业资本的转化，还使以商业繁荣为条件的城市可以容纳更多舍本逐末的劳动力，从而它还使个别分散的雇佣劳动变成比较集中和经常的形式。

第二，佛山商人对佛山及各地城市的兴盛，对各省区经济联系的加强，起到积极的促进作用。

佛山是佛山商人的大本营。清代以还，佛山发展迅速。嘉道年间，佛山街巷纵横，人口密集，发展成为“周遭三十四里”，人口二三十万的繁华都会。成为不仅对岭南，而且对东南数省的商务具有巨大影响力的商业枢纽。此外，广州、汉口、北京、苏州、天津等都会大埠，都有佛山商人建铺设号，定居下来。他们为这些都市的繁荣也作出一定的贡献。

乡村墟镇，也是佛山商人所乐往。清前期，从佛山到梧州的西江沿岸墟镇，佛山籍的行商坐贾，比比皆是。在西宁县都城，有“佛山富商”设肆营商，并又出资与吴实修“合伙开设胜利商店”[④]。在广宁县，“商铺多南海、

---

① 民国《佛山忠义乡志》卷十四《人物志》。

② 民国《佛山忠义乡志》卷六《实业志》。

③ 《明清佛山碑刻文献经济资料》，第139页。

④ 宣统《西宁县志》卷二十二《人物》。

顺德、三水人。转易货物，多从佛山”[①]。怀集县“列肆当墟者”也“多新会、顺德、南海人”。[②]这些游留外地的佛山商人成为当地居民的组成部分，既促进了所在经商地点市面的繁荣，也大大加强了各省区、各县市，尤其是两广之间的经济联系。史称“粤东多商，粤西多农，帛布、菽粟两相便也”[③]。

两广之间手工业品与农副产品的大交流，对两广商品经济的发展有着十分重要的意义。第一，大量西米的东流，稳定了广东粮价，使珠江三角洲商品性农业经济得以稳步发展，从而为这一地区手工业和商业的全面繁荣打下基础。第二，增加了广西的经济收益，扩大了商品来源。粮食商品率的大小，是测量自然经济结构演变的最重要指标。西米的大量运销，有助于促进广西农村自然经济的解体。而广东大量手工业品的流入，特别是深入农村市场的手工业品，也改变着广西农民的生活方式，刺激了他们的消费欲望。“正是商业使产品发展为商品。”[④]也正是商业，挟裹着更多的个体农民离开自然经济轨道，卷入商品经济的漩流里来。在清代前期与佛山贸易来往最多的广西东南部各县，如苍梧、平南、桂平、贵县、玉林、邕宁等，后来都成为广西商品经济最发达、物产最富庶的县份。

第三，成长和造就了一批近代民族资本家。

佛山商人深谙“计然之术”“亿则屡中”，营商有方，经验丰富。在佛山城市经济发展的几百年间，不仅佛山之人“素业生意”，世习商贾，而且四方之人也多“遣子弟学工艺、佐懋迁”于此[⑤]。由此，成长起来和培养出一批又一批的商人、作坊主和工场主。由于有营商知识的充分准备，有独立货币资本形成和集中的优越条件，一旦清中叶后门户洞开，与外国先进的生产技术结合起来，佛山商人中就迅速涌现出一代民族实业家。陈启沅、简照南、简玉阶、梁定荣等[⑥]，就是他们中间的佼佼者。

---

① （清）李本洁修：乾隆《广宁县志》卷七《风俗》，乾隆十四年（1749）刻本。

② （清）唐廷梁纂：乾隆《怀集县志》卷一《风俗》，乾隆二十年（1755）刻本。

③ 雍正《广东通志》卷四十二《名宦·金光祖传》。

④ ［德］马克思：《资本论》第三卷下，人民出版社1975年版，第366页。

⑤ （清）陈志喆修：光绪《四会县志》编一《风俗》，光绪二十二年（1896）刻本。

⑥ 简照南、简玉阶于光绪三十年（1904）在香港创办南洋兄弟烟草公司。梁定荣也于光绪年间在广州创办广德泰轮舶公司。陈启沅于同治十年（1871）在南海县简村创办中国第一家民族资本企业继昌隆缫丝厂，其家乡西樵离佛山颇近。

二、岭南内贸中心市场

清代前期，岭南大地上崛起了新兴城镇——佛山，广州独一无二的市场中心地位便开始发生变化。清代公私文献记载往往把广佛、省佛并称。清代广东官府常常有专门对广州、佛山二埠商人组织及市场管理规定的文件，如康熙二十五年（1686），巡抚李士桢发出《分别住行货税文告》称：“如省城、佛山，旧设税课司，征收落地住税；今设立海关，征收出洋行税，地势相连，如行住二税不分，恐有重复影射之弊。”[①]又如《粤东省例新纂》规定：“广州府广、佛二关（无闰之年），每年约征正额银二千零二十五两，羡余七千六百数十两，解费一千三百数十两。”[②]乾隆年间广东官府“向于省城、佛山二处额设米行……又在省城、佛山二处于额设米行之外，添设经纪米谷总埠各一处。官为设立牙行，遇有粤西谷船暨乡村米谷，必须投至总埠始准发卖。”[③]在民间文书和各府县方志中，把省城、佛山同视为财货之地的记载也所在多有。《广东新语》记载：“粤东所在，颇多难得之货，士大夫逾大庾而南，罕有不贪婪丧其所守。濠畔之肆，佛山、澳门之肆，其为灵台之蠹贼者不可数计矣。”[④]乾隆年间顺德进士龙廷槐也称：“南海县地亩十之二，商贾十之六，工作十之二。其大镇为省会、佛山、石湾。”[⑤]而且珠江三角洲各县人民有遣子弟到佛山、省城“学工艺、佐懋迁”的风气[⑥]，如四会县“道光初，俗渐奢华，富者日贫，贫者盖不给，遂相率往佛山、省城，以图生计”[⑦]。

还有不少文献记载佛山商业繁荣远胜于广州的情况，如康熙二十三年（1684）广东布政使郎廷枢《修灵应祠记》云：“四方商贾之至粤者，率以是为归……桡楫交击，争沸喧腾，声越四五里，有为郡会之所不及者。沿岸而上，屋宇森覆，弥望莫极。其中若纵若横，为衢为衖，几以千数，阛阓层

① 《抚粤政略》卷六《文告》。
② 《粤东省例新纂》卷三《户·税饷》。
③ 《宫中档乾隆朝奏折》第十八辑，台北故宫博物院1982年版。
④ 《广东新语》卷二《地语》，第48页。
⑤ 《敬学轩文集》卷二《初与邱滋畲书》。
⑥ 光绪《四会县志》编一《风俗》。
⑦ 光绪《四会县志》编一《风俗》。

列，百货山积，凡希觏之物，会城所未备者，无不取给于此。往来驿络，骈踵摩肩，廛肆居民，楹逾十万，虽曲遂之状无以过也。”[①]康熙时人吴震方的《岭南杂记》记载：“佛山镇，离广州四十里，天下商贾皆聚焉。烟火万家，百货骈集，会城百不及一也。”[②]同时期的迹删鹫也在《咸陟堂集》中说：“佛山为南海巨镇，货贝之所出入，仕宦商旅之所往来，声华文物之盛，拟诸京邑。”[③]雍正十年（1732），广东巡抚杨永斌上奏疏称：“窃照广东省城洋商贾舶云集，而一应货物俱在南海县属之佛山镇贸易。该镇绵延十余里，烟户十余万。”[④]咸丰年间《南越游记》的作者陈徽言也说：“俗称天下四大镇，粤之佛山与焉。镇属南海，商贾辐辏，百货汇集，夹岸楼阁参差，绵亘数十里。南中富饶繁会之区，无逾此者。”[⑤]徐珂的《清稗类钞》也说：“佛岗（山）之汾水旧槟榔街，为最繁盛之区。商贾丛集，阛阓殷厚，冲天招牌，较京师尤大，万家灯火，百货充盈，省垣不及也。”[⑥]上述言者，都不是佛山本地人，他们中间，有广东巡抚、布政使等官员，有静观时变的道人，更多的是游历岭南的仕宦。他们身份各异，活动时期也大不相同，从康熙年间到清末，几乎终清一代皆有。如果他们所说的不是虚言的话，那么有清一代，佛山的商业贸易和市场面貌就胜于广州，至少也不相伯仲。

（一）广州、佛山两大中心市场的商品结构

市场是商品交换的处所，是各类商品的聚集之地。清代前期，广州与佛山两大中心市场呈现出不同的商品结构。兹将广州、佛山两地市场交易的商品列表如下：

---

① 道光《佛山忠义乡志》卷十二《金石下》。

② （清）吴震方：《岭南杂记》上卷，商务印书馆1936年版，第3页。

③ 《咸陟堂集》卷五《龙翥祠重浚锦香池水道记》，载《明清佛山碑刻文献经济资料》，第26页。

④ 《朱批谕旨》第五十二册，第13—14页。

⑤ （清）陈徽言撰：《南越游记》卷一《山水古迹异闻·佛山》，广东高等教育出版社1990年版，第160页。

⑥ 《清稗类钞》第十七册《农商》。

表7-2-2 1833年广州与内地贸易商品表[①]

地区	运至广州商品	运出广州商品
广东	丝、米、鱼、盐、水果、蔬菜、木材、银、铁、珍珠、肉桂、槟榔	所有进口洋货
福建	红茶、樟脑、糖、靛青、烟草、纸、漆器、上等夏布、矿产	毛、棉、布匹、酒、表
浙江	上等丝织品、纸、扇、笔、酒、枣子、金华火腿、龙井茶	进口货物
江南（今江苏、安徽）	绿茶、丝织品	西方货物
山东	水果、蔬菜、药材、酒、皮货	粗布等
直隶	人参、葡萄干、枣子、皮货、鹿肉、酒、药材、烟草	各种布匹、钟表、洋杂货
山西	皮货、酒、烧酒、麝香	各种布匹、欧洲皮货、中国书籍
陕西	黄铜、铁、宝石、药材	棉毛布匹、书籍、酒
甘肃	金子、水银、麝香、烟草	欧洲货物
四川	金子、黄铜、铁、锡、麝香、药材	欧洲布匹、漆器、眼镜
云南	黄铜、锡、宝石、麝香、槟榔、禽鸟、孔雀翎	丝织品、毛棉布匹、各种食品、烟草、书籍
广西	米、肉桂、铁、铝、扇子、木材	多种土产、所有海外来货
贵州	金子、水银、铁、铅、烟草、香料、药材	洋货
湖南、湖北	大黄、麝香、烟草、蜂蜜、苎麻、鸣禽	土产品、洋货
江西	粗布、苎麻、瓷器、药材	毛织品、线装书籍
河南	大黄、麝香、杏仁、蜂蜜、靛青	毛织品、洋货

① 参考姚贤镐：《中国近代对外贸易史资料》第一册，第305—306页。

表7-2-3　1830年佛山市场贸易商品表①

生产用品	铁线、开刀、关刀、洋刀、炮料、铁钉、屐钉、蹿钉、大铁锅、铸铁、铁门、打铁器家伙、风箱、水车、风柜、犁耙、锄口、钉锤、铸铁钻、秤砣、田铁器、铁器、土丝、蒲包、皮草、棉花、砧板、缸瓦、浮炭、坚炭、牛角、白铜、锅箔、铜丝、锡箔、竹篷、田料、麻、花麻、箩斗、藤络、果箱、麻绳、蓑衣、杉料、竹器、木磨、杉木、生木、力木料、靛、木窗扇、江西粗布、京土布匹、机布、洋布、夏布、扣、土布、金线、金箔、金张、绒线、蒲缎、金钮扣、黄藤、竹升、槟葵、木桶、花角、铅、锡、油纸、颜料、明油、猪料、磨石珠、镰石、纸盒、饼印（模）、马鞍、毡租
日用品	竹笼、棕笼、烛、铁锁、包头、头绳、线纬、红绒、丝带、丝边、纱灯、绣锦、镶杯、旧绅服、新衣、原当衣服、家用钮扣、头梳、梳篦、皂靴、缎鞋、布鞋、布底鞋、冬袜、色袜、首饰、描金色盒、宝石、古玩、玉器、花衫、屐、油扇、雅扇、兜肚、竹烟袋、竹器、铜锣、花角绒、帐檐、凉帽、红缨、袋索、云额、珠顶、寿具、巾、手巾、火绒、皮裘、冬帽、绒领、锦被、皮货、铜镜、镜仔、金珠、金花、金线、缝针、水晶、翠花、玻璃、银窝、信帽、枝花、红线、珠灯、通花、生花、灯把、帽绒、竹藤箩斗、灯笼、布朴、里席、广花、烟杆、烟筒、烟袋、铜器、牛角器、筷子、毛扇、葵扇、田料、衣服、藤帽、瓷器、缸瓦器具、酸水草席、雨帽、锡器、长生寿板、衣箱、苏白扇骨、苏杭美物、妆盒、雨伞、琉璃、炭香、线香、皮鞋、木壳、秤戥、床柜台椅、小铁锅、柴炭、龙江杂货、浮货、年货、西货
文娱用品	琴瑟、箫笙、杂项书籍、色馆、花轿、鼓乐、戏盔、神仪、班鼓、算盘、棋子、笔墨、柬帖、黄白红纸、年红纸、染纸、千层纸、福纸、胭脂、八音鼓乐、苏裱字画、苏杭书籍、骨牌、铜锣、杂色纸札、字纸、对联、鲤鱼花灯
药材食品	龙香、燕窝、蜡丸、药材、沉香、参茸、大黄、肉桂、槟榔、椰子、黄姜、陈皮、酱料、生口、烧腊、面食、糖糕、油、豆、麦、面麦、上米、糙米、麸米、酒、醋、酒饼、响糖、糖、茶、生猪、羊肉、海参、蟹、鱼、虾、蚬、咸虾、咸鱼、鲜果、生烟、乌烟
祭祀用品	门神、祭轴、神仪、元宝、爆竹、神像、香炉、塑神、石大炮、金花醮料

表7-2-2所列商品，当然未能包括广州市场的所有商品，尤其是大宗的鸦

① 《佛山街略》，载王庆成编著：《稀见清世史料并考释》，武汉出版社1998年版。

片并未提及。上述商品是广州市场的“主要货品”[①]，因此它还是大致反映出广州市场的以土特产和洋货为主的商品结构的特征。从表中所列商品看，除广东本省运来的商品属农副产品，主要供应广州本城消费外，各省运来的商品均是土特产，物轻价重。绝大多数是清政府允许出口的商品，其出口的目的是很明显的。各省运回的商品，更是清一色的洋货。这说明广州市场的商品是与对外贸易相联系的。

表7-2-3所列商品十分丰富，生产用品、日用品、文化娱乐用品、药材食品、祭祀用品一应俱全，手工业制品占绝大多数。这些手工业制品基本上是由佛山本镇生产的。在佛山市场上，洋货寥寥无几，大量充斥的是“广货”（或称南货）。这反映了其商品结构的特征是生产用品和民生日用品占主导地位，也表明了佛山市场的商品是与国内贸易相联系的。佛山市场有来自西北的裘皮、马鞍、毡毺，京省的布匹，苏杭的美物，川广的药材，云贵的铜铅，福建的纸货，广西的大米，江西的粗布，山陕的药材、皮、酒等商品。这些商品当时称“北货”（或称外江货），主要供应省内各地的消费者。“广货”与“北货”在佛山市场上进行着大规模的交流。即使是同一商品，亦根据销售去向分由广州和佛山销售。乾隆五十四年（1789），两广总督福康安称：“查大黄出产川陕二省，商人运贩到粤，于省城、佛山两处售卖，每年约二十余万斤。其卖与洋行各国夷人约十余万斤，内地各府州地方共销十余万斤。”[②]很明显，“卖与洋行各国夷人”的十余万斤是在省城发售的，而卖与“内地各府州地方”的十余万斤则是在佛山发售的。

乾隆十五年（1750），时任和平县知县的胡天文也说：“查粤省之十三行，佛山镇、外洋、内地百货聚集。”[③]十三行聚集的是“外洋百货”，佛山镇聚集的是“内地百货”，两地商品显然有比较明确的区分。

由此可见，广州是“洋货”和“土特产”的集散中心，佛山是“广货”

---

① 参考姚贤镐编：《中国近代对外贸易史资料（1840—1895）》第一册，中华书局1962年版，第305—306页。

② （清）梁廷枏撰，袁钟仁点校：《粤海关志》卷十八《禁令》二十一，广东人民出版社2014年版，第359页。

③ 《附录胡公讳天文详文》，载（清）曹鹏翊、徐廷芳修：乾隆《和平县志》卷一《舆地·险要》，乾隆二十八年（1763）刻本。

和“北货”的集散中心。外贸商品和内贸商品分别集散于两地，由此形成了两个功能不同的中心市场。

（二）广州、佛山两大中心市场的商人组织

市场的营运，是指商品所有权转移过程中的一切经济活动。商人是商品所有权转移的中介人。批发商在整个市场活动中居于中心地位。因此，批发商组织必然成为我们重点考察的对象。

广州的商人组织以洋货行为首，其次是盐商，再次是经营内贸批发的商人。洋货行是清代唯一合法经营对外贸易的商人组织。代销洋货，代购“土货”，是洋货行的主要业务。他们“经营广州一埠每年总额达数百万元的对外贸易，获利固丰，责任亦重”[①]。清代前期广州洋货行共有十余家商行，故俗称为“十三行”。洋货行家数虽然不多，但每家的规模都很大，资本也相当雄厚。“洋商承揽夷货，动辄数十万两。”[②]因而从事十三行的商人，短期内均成暴富。如道光十四年（1834）怡和行伍秉鉴就拥有2600万银圆[③]。其丰亨豫大，尤天下所羡称。广州西关一带就是洋货行商人的聚居区。洋货行商人经营的是当时具有全国意义的对外贸易事业。他们不仅属于广州市场，同时也属于清朝廷。因此他们据于尤为显赫的地位。但他们依托于清王朝独口通商政策，鸦片战争后即走向衰落。盐商是广州的重要商人组织，清代粤盐行销7个省，纳饷70万两，仅次于淮盐而居于第二位[④]。省河东汇关是粤盐的最大配销中心，每年配销盐1396765包（每包150斤），价值419万余两[⑤]。广州盐商之积富者也颇令人艳羡。乾隆初年，沿江铺家有米粮的批发商，各地“赴省买稻，多在沿江铺家交易”[⑥]。嘉庆年间，商人潘宽怀在羊城西南隅设肆，“拥巨资，业大振，行商每购其货，辄获重利”[⑦]。道光年间，张殿铨在广州

---

① 《中国近代对外贸易史资料（1840—1895）》第一册，第190页。

② 《中国近代对外贸易史资料（1840—1895）》第一册，第185页。

③ 《中国近代对外贸易史资料（1840—1895）》第一册，第191页。

④ 故宫博物院文献馆编：《史料旬刊》第二十七期，京华印书局1931年版。

⑤ 按《两广盐法志》卷三十四记载：乾隆元年（1736）定价每斤一分八至二分四不等。现通以二分计。

⑥ 《朱批奏折》，转引自中国人民大学清史研究所、中国人民大学档案系中国政治制度史教研室：《康雍乾时期城乡人民反抗斗争资料》，中华书局1979年版，第588页。

⑦ （清）潘继李、（清）潘桂森纂，（清）潘耀华续纂：南海《潘式典堂族谱》卷六《列传》，同治六年（1867）刻民国十三年（1924）续修本。

设立隆记茶行，专营安徽绿茶。隆记行中佐理者达100余人，资本雄厚，日常交易常对中小商店进行代销。咸丰四年（1854）自歇商业时，“各行店负隆记者数不下四十余万，概不追收”[①]。可见，潘宽怀的商肆和张殿铨的隆记都是大批发商行。但是，比起洋、盐二商在广州的显赫地位来说，广州内贸批发商仍显势单力薄，他们分散经营，在广州城内也没有形成自己成片的聚居区。

佛山商人组织可分为清前期与清中后期两个时期：清前期比较复杂，从事内贸和外贸的商人组织皆有，关于清代前期佛山市舶与外贸商人组织的内容将在本章第四节详述。清中后期则比较单纯，可以说是内贸批发商一统天下的时期。内贸批发商当时称“行户”，主要业务是为外省和省内各地的远道客商收买或售卖商品。其始于康熙二十五年（1686）的金丝行和洋货行的区分。该年两广巡抚李士桢发出文告，规定各省商人“如来广省本地兴贩，一切落地货物，分为住税报单，皆投金丝行，赴税课司纳税；其外洋贩来货物，及出海贸易货物，分为行税报单，皆投洋货行，候出海时，洋商自赴关部纳税”[②]。此后，清代岭南市场上内贸批发商便与外贸批发商严格区分，各自经营，洋货行商人逐渐集中广州，洋货行会馆设在十三行街。金丝行会馆则设在佛山快子上街。[③]乾隆以后，佛山内贸批发商陆续分化出许多行业，史称“佛山一镇，乃各省商贾囤贮货物，往来买卖之所”[④]。“佛山镇四面皆有行户，处处可起货发销。”[⑤]仅据《佛山街略》记载，佛山镇内各街区专营批发的商行就有：畸岭街药材会馆，“发售川广药材”；福禄里三百余店，“俱卖京省巨客之货”；豆豉巷、“俱开棉花、西货、沉香、浮货行”；新宁街，“俱开筛择槟榔行”；升平街、排草街，“福建纸行开此”；富民里，“琼南西货行店开在此”“海南行开此”；旧槟榔街八间楼，“麻行栈房多在此”；早市，“多卖蜡丸药材（佛山产中成药）”；贵县街，“俱卖糙米”；丁渡头，“郁市、张槎机布在此发卖”；咸鱼街，“靛行开此”；沙塘坊，“俱卖竹篷田料”；镇北街，“烟行开在此”；凿石街，“土产缸

① 转引自《中国近代手工业史资料（1840—1949）》第一卷，第487页。

② 《抚粤政略》卷六《文告·分别住行货税》。

③ 民国《佛山忠义乡志》卷六《实业志》。

④ 《佛镇义仓总录》卷一《南海县正堂刘太爷永禁堆积筑占搭盖抽剥碑记》，道光二十七年（1847）刻本。

⑤ 《粤东例案》之《行市·运到赤下地方炭斤一体赴厂纳税》，抄本。

瓦器具等项发客”；铸犁坊，“卖水车、风柜、犁耙、锦口、铁器、钉锤等项”；宝贤祠炭馆，“各江浮炭泊此发卖”；汾水正埠，“发卖鲜果咸鱼、糖等物”；琼芝社，“鱼栏相连发卖”；白米街，“俱卖上米”。[①]此外，还有佛山铅务公所也是每年囤贮、批发十余万斤白铅给宝广局鼓铸，并出口海外七十万斤至三百余万斤的商业机构[②]。

佛山内贸批发商的贸易对象是外省批发商和本省各地方市场批发商。例如，在佛山镇内就有外省和本省各地商人聚宿的街区：“三界庙后街，苏杭京客多在此”；“太平坊，南（雄）、龙（川）、英（德）、源（河源）、连（州）客多聚此”；“板坊闸，肇（庆）、高（州）、雷（州）、廉（州）客多聚此”。[③]镇内还有各省商帮建立的山陕会馆、楚南会馆、楚北会馆、浙江会馆、江右会馆、福建鳌峰会馆；本省商帮建立的潮蓝行会馆、南邑道祖庙等。[④]这些客商都是佛山行商的贸易伙伴。他们的存在，说明了佛山批发业范围的广大。无怪乎道光时佛山人吴奎光有“今阅十八省之人物，接一万里之牂牁”之慨叹。[⑤]

清代，外省商人在佛山和广州两地均建有会馆，但佛山会馆的规模往往比广州的为大。例如，山陕商人原在广州建有“宾馆”，乾隆四十五年（1780），他们认为“佛镇辐辏之地，百货贸迁，尤为我等云集之区”，遂在佛山创建“山陕会馆”，称之为“合两都会为一巨观者也”[⑥]。佛山镇的江右会馆也是“人数殷繁”，江西经纪“往来如织”，“其间腰缠万贯、衣锦荣归者固不乏其人”[⑦]。然客死佛山者亦多，乾隆时在佛山就建有江西“义山”，后来还特建“义庄”“义冢”等。此外，广、佛两地铅户和运铅水客也“在于佛山地方合设铅务公所，省中设立公栈”。一切贸易事宜由佛山公所负责。[⑧]“查白铅向于广东佛山镇地方凭洋商收买，陆续运省报验，然后卖

① 《佛山街略》。

② 《粤东省例新纂》卷三《户·铜铅》。

③ 《佛山街略》。

④ 道光《佛山忠义乡志》卷五《乡俗志·物产》。

⑤ （清）吴奎光：《佛山正埠酒楼歌》，载道光《佛山忠义乡志》卷十一《艺文志下》。

⑥ 道光元年《重修山陕会馆捐签碑》，载《明清佛山碑刻文献经济资料》，第126页。

⑦ 同治十二年《佛镇江西义庄官示抄刻碑记》，载《明清佛山碑刻文献经济资料》，第154页。

⑧ 《粤东省例新纂》卷三《户·铜铅》。

与夷人。”[①]

与广州的洋商建立了外贸制度、盐商建立了六柜配盐制度一样，佛山的内贸商人也对市场交易的商业制度的完善作出了贡献。例如，行商与客商的市场交易，一向以诚信为凭。交易行为是否达成，取决于买卖双方的互相信任程度。乾隆三十年（1765），佛山行商提出以“设簿用戳互报”的方式进行市场交易，得到广东官府的认可，颁行全省。所谓“设簿用戳互报”方式，即行商与客商双方以簿戳为凭。交易时，各执一簿，登写货物银数，互交对方加盖图记，然后各自收执，以免骗赊。[②]以簿戳为据，不再以诚信为凭，无疑是市场交易行为的一个进步。

又如金融业的发展，是中心市场的重要标志。清代广东典业最早见于记载的地方就是佛山。乾隆十九年（1754），佛山镇有典铺、当铺和按铺出现。乾隆四十八年（1783），佛山又有“押铺”出现。并形成了“按钱扣底”“取息三年为满”等金融流通制度[③]。佛山的当行会馆设在祖庙大街。以后出现的、在金融业占有重要地位的银铺，也以佛山为多，大小共二十九家。道光年间，佛山银行业会馆建立于汾宁里。清代前期，佛山还是“四方米谷之所屯”[④]的广东的最大米粮贸易中心。佛山的粮价，就是全省的标准价，“广东谷以佛山镇报价为准”。佛山七市米户，则负有每逢初五、初十向广东官府报告佛山谷价的使命[⑤]。“故广西谷艘一日不到佛山镇”，则粤东囤户“便联增米价”[⑥]。

佛山内贸批发商在市场上担负的角色和起的作用，反映了佛山不同于广州的市场功能。佛山市场完成的是外省市场与岭南市场商品的交换和省内各地方市场与中心市场的商品交换。广州完成的主要是国内市场与国外市场的商品交换。二者不可互相代替，亦均不可或缺。这是清代前期岭南中心市场出现的重大分工。与之相联系的，就是岭南区域内同一等级的两大中心市场

① 《粤海关志》卷十七《禁令一》，第355页。

② 《粤东例案》之《行市》，抄本。

③ 《粤东例案》之《行市》，抄本。

④ （清）吴兰修：《论米票》，载《广东文征》册五，第326页。

⑤ 《佛镇义仓总灵》卷二《劝七市米户照实报谷价启》。

⑥ 《敬学轩文集》卷一《与瑚中丞言粤东沙坦屯田利弊书》。

的形成。

（三）广州、佛山的市场网络

广州地处珠江出海口，兼有河、海港口的功能。海路四达，东历潮澄、台厦，而达苏淞、日本；南历澳门、海口，而达南洋诸国。它面向海外市场，同时又联系沿海各省市场，在总巡挂号口登记有“澳门、福建、江南、宁波、辽东货船进出”①。据《粤海关志》记载：琼州、高州、雷州、廉州、潮州、惠州、澳门、江门等沿海各地均与广州有直接的贸易关系。除澳门、江门外，以上各府的港口是琼州的海口、高州的梅菉、雷州府治和遂溪赤坎、廉州的北海、潮州的庵埠和澄海县治、惠州府治等。此外，从东江与广州直接贸易的地方市场还有东莞的石龙、嘉应州治等。以上地方市场，构成了广州中心市场网络的各个中节点。

佛山“控羊城之上游，当西、北之冲要，天下巨镇，岿然居首”。北溯湞水，“可抵神京，通陕洛以及荆吴诸省”②。西溯浔桂，可达广西全境，并通黔滇湘蜀。北江下游在番禺狮子洋附近与东江下游遥接，因此佛山又有“地处三江会流处”之说。

北江是长江流域与北方各省货物至粤的必经之道，沿岸的墟镇，上至乐昌的坪石、南雄府治、连州、韶关府治、英德的浛洸、清远县治，以及三水县西南镇，都与佛山有直接贸易。据道光《南雄直隶州志》记载：“州属所在多植（梅），平田尤颗大。数十围数百年树，寻常村邬有之。子熟时，渍以盐灰甘草等汁，北售南赣十之三四，南货佛山十之六七。南雄以梅名天下。”③上举的南雄、英德、连县等的客商就以佛山镇太平坊为聚居区。

西江是广西大米和土特产运输的通衢大道，清代前期，循西江而上，一直深入广西左右江地区的沿岸墟镇，如肇庆府治、西宁的都城、封川的江口、苍梧的戎墟、平南的大乌、桂平的江口、贵县、南宁府治等墟镇，又循贺江的贺街、桂林、柳州，都与佛山有直接的贸易关系。乾隆年间，苍梧县的戎墟为西米的一大集散地，居广西“一戎二乌三江口”三大商业市镇之首。“（稻谷）转输于戎，为东省赖。”当时戎墟米谷均运集佛山，所谓

① 《粤海关志》卷十一《税则四》，第222页。

② （清）朱相朋：《建茶亭记》，载乾隆《佛山忠义乡志》卷十《艺文志》。

③ 道光四年《南雄直隶州志》卷九《物产》。

“禅镇扬帆，往返才数日”就是指此。[①]乾隆年间，粤东商人大量到此开设铺店经营，“富庶繁华，贸易辐辏，几粤东之佛山等，俗号小佛山”。[②]

乾隆年间，号称贵县“商业总枢纽”的林宝昌铺号，就从事贵县—佛山间大批谷米与手工业品的贩运批发贸易。[③]稍后的桂平县江口墟的仁兴商号，也经营江口—佛山之间贩运谷米和布匹的批发业务。[④]乾隆五十五年（1790），桂平县粤东会馆创立，当时来此贸易的“佛山永丰店”“佛山冯以和”均捐助工银[⑤]。此外，桂林和柳州的商人也通过桂江到梧州，换船至佛山贸易。桂平、江口、大乌、戎墟、梧州等市镇都建有粤东会馆，沿江的街铺在20世纪80年代还保持着清代的原貌。

图7-2-2　广西梧州粤东会馆，乾隆五十三年（1788）重修（罗一星摄）

在绥江的四会、广宁、怀集等县，在罗定江的罗定、东安等州县，也与佛山有直接的贸易关系。乾隆年间，广宁县“转易货物，多从佛山”[⑥]。四会县所出香粉也运往“佛山香粉行发卖”[⑦]。罗定、东安以及阳春、阳江、新兴所出之铁，“商贩皆从罗定江运铁总集佛山。故铁以佛山为凑，而以罗定为良”[⑧]。东江、梅江各镇虽地近广州，但也与佛山发生直接贸易关系。清代

① 乾隆五十三年《重建戎墟粤东会馆碑记》。

② 乾隆三十年《粤东会馆甲申年创造坝头碑记》。

③ 广西僮族自治区通志馆编：《太平天国革命在广西调查资料汇编》，广西僮族自治区人民出版社1962年版，第26页。

④ 《太平天国革命在广西调查资料汇编》，第16页。

⑤ 《太平天国革命在广西调查资料汇编》，第249—251页。

⑥ 乾隆《广宁县志》卷七《风俗》。

⑦ 光绪《四会县志》编一《物产》。

⑧ 雍正《广东通志》卷二十五《物产》。

前期，佛山口海关征税的船就有“东莞各处来船”[①]。嘉庆十九年（1814），石湾丰宁寺重修，当时捐款的外地客商和佛山客商共418家，其中确知外地乡贯的客商200余家，他们分别来自安徽，广西的北流、容县、贺县、梧州、横州、藤县、邕宁、苍梧等县；本省的省城、顺德、南海、番禺、三水、新会、鹤山、新安、新宁、开平、香山、广宁、怀集、西宁、高要、龙川、惠州、永安、和平、东莞、清远、龙门、乐昌、英德、增城、连州、韶州、阳江、电白等县。[②]可见佛山与各地客商联系之广阔。此外，嘉庆年间，镇平县苦饥，“远粜于佛山。闻佛山之米接踵度岭矣”[③]。这些米就是取道东江而上，在龙川起岸，过五华岐岭，下梅江转石窟河运至镇平的。还有清代兴宁出产的大批土布也是由东江运至佛山，染成广东人喜爱的“长青布”，出口南洋[④]。

至于沿海各港口，也与佛山有密切的贸易关系。首先是澳门，佛山有河道经下路各乡直通澳门濠江，据《粤海关志》记载：有“佛山绒线、绸缎纱、湖丝往香、澳”，“佛山纱罗、绸缎、湖丝往下路各乡”，“佛山茶叶、白糖往下路各乡”，“佛山茶叶、白糖往香、澳”，“佛山木油往香、澳并下路各乡”，“佛山瓷器往香、澳并下路各乡。”[⑤]其次是佛山—新会、江门的这条内河运道，路程既短又风平浪静，走此可免绕虎门大口和免受海浪颠簸之苦。开海贸易后，立即成为重要商路。清代前期，从江门运来佛山的船货有“红单各货”、土鱼胶、鲍鱼、椰子、槟榔等。从佛山运往江门、澳门的船货有“佛山绒线绸缎纱”、湖丝、茶叶、白糖、木油、瓷器、白铅、水银、火腿、漆器、矾石等。[⑥]这条商路的充分利用，也使琼货运输缩短了距离。清代前期，海南岛货船多停泊于江门。据《粤海关志》记载：江门港停泊交税的船有“海南陵水来”“海南清澜来”和“海南崖州来”等船[⑦]。乾隆二十一年（1756），任会同县（今琼海市）教谕的吴者仁有《槟榔

① 《粤海关志》卷十一《税则四》，第203页。

② 《重修丰宁寺残碑》，拓片存佛山博物馆。

③ （清）吴兰修：《与沈芗泉明府书》，载《广东文征》册五，第323页。

④ 参阅彭泽益：《鸦片战争前广州新兴的轻纺工业》，载《历史研究》1983年第3期。

⑤ 《粤海关志》卷十一《税则四》，第223页。

⑥ 《粤海关志》卷十一《税则四》，第225—228页。

⑦ 《粤海关志》卷十一《税则四》，第227—228页。

赋》词，内有“揽艨艟，屯箱轴，舟交樯，车击毂，或鸥浮巨海，数日直抵江门；或足捷长途，经旬乃至梅菉”[①]之句，也描绘了琼货直运江门的景况。此外，佛山与雷、琼二郡也有直接的贸易关系，“粤东炉户多在佛山镇铸造食锅、农具等项，运赴各处售卖。其由海运赴雷、琼二郡者，均在佛山同知衙门给照出口”[②]。在佛山镇内的板坊闸街区，就是高、雷、琼客商的聚居地[③]。上述西、北、东三江沿岸各墟镇和下游的江门、澳门二埠，围绕着佛山这个中心，组成了一张通贯两广内河、遥接沿海各郡的商业贸易网。史称“佛山据省上游，为广南一大都会，其地运之兴衰，东南半壁均所攸关”[④]。

大致说来，沿海地区以广州为中心，内河地区以佛山为中心，无论沿海或内河地区，都有一些市镇的贸易关系是与广州、佛山两大都会重叠在一起的。其重叠的原因是这些市镇既有出口商品，也有内销商品，从而分别与两大中心市场的商人组织发生交易。

与此同时，广州与佛山两大中心市场之间的贸易关系也是相当紧密的。一方面，佛山有许多手工业产品供应广州出口，嘉庆年间，洋商在佛山转运白铅出口最多年份达三百三十余万斤。[⑤]嘉庆十三年（1808）以后，广东官府始议定以最少年份额度，“每年额定七十万斤，于佛山镇凭洋商收买，运省报验转买”[⑥]。道光年间，“西、北各江货物聚于佛山者多，有贩回省卖与外洋者”[⑦]。另一方面，广州进口的洋货也需佛山推销到省内外各地。乾隆年间，佛山已是“商车洋客，百货交驰”[⑧]。市面上的珍奇洋货充斥，有“玛瑙、玻璃、珊瑚、翡翠、火齐、木难、方诸、阳燧、鹤顶、龟筒、犀角、象鼻”[⑨]等。再者，广州为一省之会，人口众多，商品消费量大，其内销商品也主要靠佛山供应。据19世纪30年代游历过广州的外国人记述：“许多需要供

---

① 嘉庆《会同县志》卷九《艺文》。

② 《两广盐法志》卷三十五《铁志》。

③ 《佛山街略》。

④ 乾隆五十三年叶汝兰《重修佛山经堂碑记》，道光《佛山忠义乡志》卷十二《金石志下》。

⑤ 《粤海关志》卷十七《禁令一》，第354—355页。

⑥ 道光《广东道志》卷一八〇《经政略》二十三《市舶》。

⑦ 道光《佛山忠义乡志》卷十一《艺文志下·佛山赋》。

⑧ 李绍祖：《佛山赋》，载乾隆《佛山忠义乡志》卷一《乡域志》。

⑨ 道光《佛山忠义乡志》卷十一《艺文志下·佛山赋》。

应广州各商号的制造业，都在广州城西数里外名叫佛山的一个大镇进行。”[①]因此，两个市场间商人组织的贸易活动是很频繁的，“佛镇距省四十里，客人买卖来往日凡数回”[②]。当然，广州市场内贸批发商也会直接从各地方市场购买自销商品，不过它的先决条件是要比在佛山购买更为便利。

综上所述，清代前期岭南区域内确实存在着两个中心市场。如果把岭南中心市场比喻成一座巨大的桥梁，那么广州和佛山就犹如这座桥梁的两个桥头堡，一头连接海外市场，一头连接省内、国内市场。它们的功能各异，自成一体，然而又互相联系，互相配合。这种中心市场模式，就是“二元中心市场”[③]。

历史是时间和空间发展次序的结合体。自17世纪初至19世纪末，岭南区域出现了一个经济发展的高峰期——广佛周期，在广佛周期存在的时间内，以广州、佛山为中心的城市体系得到空间的迅速布局和层级的系统发展，其城市化的程度居全国领先地位，广州、佛山两大中心市场外贸和内贸互补功能的发挥，使因地理和人文环境差异而形成的岭南独特的市镇空间结构整合为一体。我们清楚地看到，此时的佛山扮演着双重城市角色，既是岭南二元中心市场体系的中心城市，承担广货与北货宏大交流的商贸枢纽；又是国内最大的综合型民生日用品生产基地，提供满足国内及海外的多样性产品需求。从佛山运出的精美广货及其丰厚利润，吸引了十八省商人和四远来谋生的手工业者。佛山镇的名声至此传扬天下，“汾江船满客匆匆，若个西来若个东”的大规模商品流转盛况，常年不辍。

第三节 佛山城区变化与人口发展

清代的佛山，随着城区的发展，房舍与街巷迅速发展和增加，同时其内部也在发生着一种分化与分隔的结构变化。此时，手工业作坊与设施向远离

① 《中国近代对外贸易史资料（1840—1895）》第一册，第304页。
② 同治《续修南海县志》卷十四《梁绍献列传》。
③ 罗一星：《清代前期岭南二元中心市场说》，载《广东社会科学》1987年第4期。

市中心的城区边缘转移，而商业店铺则日益集中于地价最高的地点周围。各项服务事业为争得最有利的地点，也向商业中心靠拢。而早期那些经济力量较弱的传统工商业则被迫退居到不太繁华、地价较低的地区。

一、土地利用形式与城区扩展

清代佛山镇的生态环境空间发生了很大的变化。首先是空旷之地如淤浅的河道、岗地、墓地被利用建立铺屋。明代伸入镇内的潘涌、仙涌此时已完全淤平，大塘涌亦成一线余脉。除了洛水一支以外，镇内已无曲折交错的河涌，这为铺屋的建造创造了新的空间。明代，汾江有一支流从正埠直入早市三穴冈前，清时这条支流日渐淤断成陆。三穴冈在明时曾为墓地，清乾隆年间也“已平为列肆”[①]，以建造铺屋。例如，江夏黄氏“二、三、四世祖墓，俱在三穴冈，即今之早市是也”[②]。早市又称朝市，是佛山古三墟六市之一。清代因“铺户稠密，茔墓迷踪，窀穸失迹”，“（江夏黄氏）号天叩地，岂能获复。惟搔首问天，抱恨何释耶？”[③]明代以前，佛山得名的起源地塔坡冈，在乾隆年间也“已平为市地，稍高处祀东岳大帝，称普君墟”[④]。清末时人也载：“塔坡一带尽成阛阓之场，市廛栉比，嚣尘湫隘，迁地为良。”[⑤]还有风景胜地莺冈，在乾隆年间也“三面俱为房屋遮蔽，止露其巅……举人吕淑铭平其大半为园，冈非本来面目矣”[⑥]。此外，一些河旁余地也被利用起来。乾隆六十年（1795），举人李天达等捐资在汾水正埠码头闸内两旁余地，建筑小铺十间，出租给商人，每年所得租银归义仓收管。[⑦]

其次是水田、桑地被利用为城市设施，如民居、作坊、码头等。明代，佛山镇内的农田、桑地，到清代已多建成铺屋。如明代的排后窦塘地，

① 乾隆《佛山忠义乡志》卷一《乡域志》。

② 《江夏黄氏族谱》。

③ 《江夏黄氏族谱》。

④ 乾隆《佛山忠义乡志》卷一《乡域志》。

⑤ 民国《佛山忠义乡志》卷首一《塔坡禅寺说》。

⑥ 乾隆《佛山忠义乡志》卷一《乡域志》。

⑦ 《明清佛山碑刻文献经济资料》，第103页。

康熙时建铺屋九间，作为祖庙公产收租。[①]又如商人冯焕，乾隆四十九年（1784），“在栅下河旁买李睿夫实田三亩三分，新筑厂宇”[②]，承办硝厂。道光二十六年（1846），潮盛杉店购买江夏黄氏原有桑地建造码头，以利上落搬运杉条。[③]道光二十八年（1848），曾任山东盐运使的李可琼与绅士张湫森、张日宣同置鹰嘴沙税地一段，捐送给佛山义仓作为湾泊摆渡之码头。[④]

特别是迁居佛山的外来商民，纷纷在此建造庄园住宅，更使佛山周边的土地尽为住宅建筑所用。清代外来商民多在西部的佛山涌南边和东部的各铺边缘地带置地建宅，恰在两侧边缘，不少庄园就建在桑地中间。这在佛山镇地图上还可以得到反映，它们是：位于西部佛山涌南的东园（高氏）、江西义庄等；位于东部大基铺的杨家庄、戴家庄，岳庙铺的叶家庄、梁家庄、李家庄、陈家庄、阮家庄，社亭铺的刘阮庄、大福寿（梁家庄），彩阳堂铺的潘家庄等。这些庄园，以居民和祠堂组成，四周围以砖墙，在地图上尤为醒目。[⑤]然而，这些内部独立的一个个小空间，改变了土地的利用形式。它们与镇内街道相连，扩大了整个佛山镇的城市版图。

不仅如此，佛山镇绅还有“变田为河”以利通商之举。道光五年（1825），栅下文塔前河涌淤塞，有蔗园围村民唐应昌买海旁田18亩，占筑石路，有碍渲泄。镇绅吴泰来、冼沂等呈县批准，“断令唐应昌等将该田卖与吴泰来等开挖，以通水道”，其税在灵应祠户内照数完纳。[⑥]

再之是民居被利用为工商店铺或公共设施。清代佛山的房屋买卖十分活跃，房屋的易主也十分频繁。从现存的佛山房屋买卖契约中，我们仍可看到民居被利用为店铺或公共设施的记载：如雍正八年（1730）胡硕宸卖出坐落居仁里的“内窗扇、厨房、墙壁、井厕俱全”的39桁屋1所，取时价银2000两。“自卖之后，听从买主置料改造铺舍，修葺完固。”[⑦]雍正十二年（1734），陈超瑜有承父“自创八柱大厅一座三间”房屋，取时价银190两，

① 《灵应祠庙铺还庙碑示》，载《明清佛山碑刻文献经济资料》，第29页。
② 《禁设硝厂碑》，载《明清佛山碑刻文献经济资料》，第83页。
③ 《江夏黄氏族谱》。
④ 《佛镇义仓总录》卷二《分宪顾谕义仓司事招渡承充》。
⑤ 民国四年（1915）广东陆军测量处绘制《佛山古镇地图》。
⑥ 《明清佛山碑刻文献经济资料》，第127页。
⑦ 《明清佛山碑刻文献经济资料》，第487页。

为铁丝行会馆承买。[①]作为其会馆产业收租，以便利会馆的活动支出。又如道光八年（1828），麦元标有承父遗下坐落舒步街房屋相连两间，取时价银265两，为兴仁帽绫行西友堂所承买。[②]兴仁帽绫行西友堂是丝织手工业者的行会组织，其买下的民居大概是会馆之用。再如道光二十五年（1845），吴日光有自置铺1间，坐落于普君墟双门底，当时租与钱大兴开设棉花店。[③]还有咸丰六年（1856），陈国材有自置屋1间，坐落朝市，取时价银205两正，“自卖之后，任从新人福敬堂永远管业，改建修葺”[④]。

土地利用形式的变化，使清代的佛山在佛山涌环绕的范围内几无农田隙地，正如乡志所称“佛山居人稠密，未易得地”[⑤]。与此同时，在同一块空间上，崛起了一座地面建筑密集的都市。下面的表格反映出清代佛山土地利用形式迅速变化、地面建筑密集的概貌。

表7-3-1　清代佛山城区发展概况表[⑥]

项目＼年代	乾隆	道光	宣统
铺区	25	27	28
里巷（其中带工商名称者）	233（33）	596（83）	1697（143）
墟市	13（四墟九市）	13（四墟九市）	18（六墟十二市）
津渡	11	28	62
桥梁	9	19	23
寺庙	55	117	195（包括厉坛4）
里社	13	68	79
宗祠	146	177	376

① 雍正十二年（1734）房屋买卖之碑契，碑存佛山祖庙大街某民居内。

② 《明清佛山碑刻文献经济资料》，第495页。

③ 《明清佛山碑刻文献经济资料》，第496页。

④ 《明清佛山碑刻文献经济资料》，第489页。

⑤ 民国《佛山忠义乡志》卷九《乡族·方伯家庙记》。

⑥ 资料来源：乾隆《佛山忠义乡志》卷一；道光《佛山忠义乡志》卷一、卷五；民国《佛山忠义乡志》卷一、卷八。

从上表可见，从乾隆到道光年间，以及从道光到宣统年间这两个时段中，前一个时段发展得更为迅速，除铺区和宗祠两项外，所有项目递增率均超过百分之百，这说明佛山镇在此时段中有大量土地被利用为都市设施的建设，从而使佛山城区规模迅速地扩展开来。此外，镇西北的上沙和太平沙，镇北的文昌沙和鹰嘴沙也在此时发展起来，成为较大的工商业和居民混合点。

所有这些发展，使佛山在清代前期成为“周遭三十四里”的繁华大镇。乾隆以后，有关“巨镇”“大都会”等的称谓就史不绝书了。清末时，甚至有人说，佛山“户口之繁，物产之富，声名文物之盛，闻于中外，为天下四大镇之冠”[①]。马克思指出：“商业依赖了城市的发展，而城市的发展也要以商业为条件，这是不言而喻的。”[②]工商业发展与城市发展的相互促进作用，在佛山得到充分体现。

二、二十七铺与三大区划

佛山社区北部濒临汾江主流，东、南、西三面环绕着曲折的佛山涌，社区面积随涌变化，或凹或凸，不大规整。但总体上看，是呈南北伸展的长方形社区。清代前期，在土地利用形式变化的同时，二十七铺的区位功能亦发生了变化，手工业作坊、商业店铺各自依据成行成市的原则聚集在大致附近的地区，从而形成了南部的手工业制造区、北部的商业中心区和中部的工商、民居混合区的三大功能区划。这一空间分化和重整的过程，肇始于明代，而其迅速呈专业性聚集及空间分化过程的完成，却是在清代前期。

早期的佛山铸造业是由中西部向东南部逐渐转移的。其转移的原因大概有二：一是河涌的淤浅，二是人口的增长。铸造业生产需要消耗大量原料，为了铁矿、沙粒、木炭运输的方便，炉房要傍涌而建。明代佛山镇内河涌尚多，清代大多淤浅，造成运输的困难。加之铸冶会产生大量废弃泥模，污染环境，随着佛山城市化进程的发展，冶铸业向镇郊转移是必然趋势。清代南部临涌的几个铺，如山紫、锦澜、社亭、明照和栅下五铺，就成为铸造

① 民国《佛山忠义乡志》卷首2图，《佛山形势龙脉图说》。
② 《资本论》第三卷，第371页。

业作坊的集中地区。根据文献资料记载：清代前期世代以“铸冶车模”为业的黄氏就在山紫铺山紫村开设铸造炉房。江夏《黄氏族谱》载：“高祖考沛庵太府君遗下炉房地一段，坐落山紫村口涌边水月宫之右便。”锦澜铺的街名，反映出铸造业的特色，如铁廊巷、铸钻上街、铸钻街、铸犁大街、铸犁横街、铁香炉街等。[①]从名字看，其产品是有别于铁锅的其他铁铸品，如农具、工具和用具等。在与锦澜铺相邻的桥亭铺和明照铺，因近涌边，亦有冶炉开设，光绪年间，在桥亭铺水便和村尾共有7座冶炉，明照铺有4座冶炉[②]。栅下铺涌面宽阔，码头集中，历来是铸造业发展的理想地域。明代细巷李氏世代在栅下铺从事铸冶；明末清初时，霍姓有人企图垄断全镇铁锅生产，要求大锅均归栅下铺铸造[③]。亦足见栅下铺在铸锅业中的地位。清光绪二年（1876），《重修栅下天后庙碑》中记载了捐签的冶铸业炉户就有合利炉等31炉户以及单烧车下行、双烧扭行、大锅助行、大锅车下行等铸造行业单位。[④]栅下司直坊还建有铁锅行会馆。[⑤]可见，栅下铺实为佛山的铸冶中心。

除了铸造业外，染房、靛房等污染大的作坊亦设在南部涌边的山紫、栅下等铺。道光年间在山紫村有人“开设土靛房，其矾水渗流，草木不能生长”[⑥]。乾隆年间海口庞氏有庞永律在佛山栅下开染房。其谱载：“公平生倜傥，有大志，开创禅山栅下染房数载，无所获，遂交与季弟储士经理。”[⑦]与铸造业集中区相毗邻的各铺，即稍离涌边的丰宁铺、明心铺、耆老铺、真明铺、嵝岐铺、医灵铺、东头铺和彩阳堂铺，则是炒铁、打铁、拉拔铁线等行业的集中地。相对于铸造业，炒炼业不需用大量的泥模，污染环境较小，因此可设于镇内。在丰宁铺莺冈一带，就是炒铁炉集中之地。据说此处在清代乾隆时有99条炉，当时有“蠕冈银，莺冈铁”之谚称。道光年间，“福宁街，俱炒炼铁炉”[⑧]。新安街、公兴街一带，家家也均以炒铁为业，此处有炒

① 民国《佛山忠义乡志》卷一《舆地·街道表》。

② 光绪十年《佛山清涌碑记》拓片。

③ 《奉宪严禁狡谋垄断碑》残件拓片。

④ 《大清光绪二年重修天后庙碑》，载《明清佛山碑刻文献经济资料》，第186—187页。

⑤ 民国《佛山忠义乡志》卷六《实业志》。

⑥ 《江夏黄氏族谱》。

⑦ 《庞氏族谱》卷十三《石·五房》。

⑧ 《佛山街略》。

铁行会馆、国公古庙等冶铁业的公共设施。直到民国年间，记者还这样描写说："充满了嘚嘚的敲击声的市西、新安直街、公兴街、莺冈大街，成为钢器、铁器、锡器的制造中心。"[①]据故老传闻，以普君墟为中心，周围的街巷均以打铁、打铜为业，范围包括上述的7铺。[②]当然，除上述7铺外，在其他铺也有一些散在的打铁业，如在仙涌铺有"铁门链街"[③]。但这是零星存在，并不是集中之地，况且链和针属于小铁器，作坊设在镇中无甚妨碍。

丝织业集中在东南部的岳庙、社亭和仙涌3个铺，康熙年间的丝织大户任应、任伟兄弟所建的任围就在岳庙铺乐安里。在社亭铺药王庙前猪仔市墟地上，清乾隆年间每日均有织机工人数百至数千不等在此待雇[④]。而在社亭铺舒步街内处处是丝织机房，帽绫行东家会馆和西家会馆均建于此。这里成为丝织业雇主与雇工工作与活动的中心。而仙涌铺内的经堂古寺和仙涌街一带，亦是机房集中之地。

由此可见，清代佛山镇南部与东南部成为手工业生产的集中区域。这一区域包括16个铺，范围约占全镇范围一半。偌大一片手工业区域，内部又可根据手工行业的不同分3个层次：第一层次是铸造业集中地，由最南部靠涌边的3个铺组成，是生产最粗重铸造品的专业区域，该区烟雾弥漫，泥模堆积满地，污染严重。时人"铸犁烟杂铸锅烟，达旦烟光四望悬，漫说红楼金漏水，辛勤人自不曾眠"[⑤]的诗句，就是对这一地区的真实描写。第二层次是炒炼业集中地，由毗邻铸造业集中地的7个铺组成，此处方便取得上游产品，如铁块、铁条等，再进行深加工。这里工艺精巧，污染较小，产品多为轻小器物，肩挑车运皆可，因此作坊多设在镇内街巷内。所谓"春风走马满街红，打铁炉过接打铜"[⑥]就是指此。第三层次是丝织业集中地，由东南面3个铺组成。这里濒临佛山涌东面，运输方便，土地空旷。北距汾江正埠不远，可从汾江的墟场获得生丝原料。汾江竹枝词有云："贸丝三五趁墟场，丝市今朝

① 《南海日报》1947年1月5日。

② 黄为昆调查访问记录，1982年4月25日。

③ 民国《佛山忠义乡志》卷一《舆地·街道》。

④ 《梁氏家谱》，手抄本，不分卷。

⑤ （清）何若龙：《佛山竹枝词》，载乾隆《佛山忠义乡志》卷十一《艺文志》。

⑥ （清）陈昌坪：《佛山竹枝词》，载乾隆《佛山忠义乡志》卷十一《艺文志》。

价颇昂。便入酒家图一醉，沿途犹自吃槟榔。”[①]就反映了机户大量收购生丝，使丝价高昂的情况。同时此处距“卖土丝”的高地也甚近[②]。附近又有普君墟。每旬三墟（三、六、九日）均可补充原料之需。故此，清代前期，这里机房林立，轧声不断。为四远挟资商人的理想投资之区。

明代佛山商业区尚未形成，清代前期，在佛山镇北部濒临汾水的汾水、大基、富文3个铺，形成了1个商业专业区。汾江河面宽阔，水通西、北江和广州，处处可建码头。因此，这里是清代佛山镇发展最快的区域。

明时，佛山堡仅有24铺，不包括大基和富文。清代乾隆年间，新增大基铺，全镇成为25铺[③]，道光年间，又增富文铺和鹤园铺，全镇成为27铺[④]。道光年间，汾水、大基、富文3个铺共有街道117条，约占当时全镇596条的五分之一。共有各类码头25个，占当时全镇码头的83%。[⑤]史称：“汾水在佛山镇，去汾流古渡数十武。市肆云连，舳舻相接，亦商务中枢地也。”[⑥]时人有诗称：“佛山货财薮，汾水东门户。出入必由斯，河道塞帆橹。”[⑦]《清稗类钞》亦记载：“佛岗（山）之汾水旧槟榔街，为最繁盛之区，商贾丛集，阛阓殷厚，冲天招牌，较京师尤大。万家灯火，百货充盈，省垣不及也。惟街衢较窄，有仅容二人并行者。”[⑧]道光十年（1830）佛山镇怡文堂出版了一本商业指南性的书，名叫《佛山街略》，该书详细地介绍了各街道的商业情况。

兹据此书编列一表，以见汾水、大基、富文3个铺的商业概况。下表显示，不仅各省货物在此聚散，而且镇内手工业产品亦在此发销，如汾水铺华丰街就卖铸铁、香炉，富文铺北胜社则卖铁锅，贵县街卖锡器。由此可见，汾水、大基、富文3个铺为行、栏聚集之地，经营着大宗的批发贸易，执全镇商业之牛耳，其中尤以富文铺为最。表中所列富文铺17条街巷中，就有12条街道是行口聚集之区。

---

① （清）廖衡平：《汾江古渡》，载乾隆《佛山忠义乡志》卷十一《艺文志》。

② 《佛山街略》。

③ 乾隆《佛山忠义乡志》卷一《乡域志·铺社》。

④ 道光《佛山忠义乡志》卷一《乡域志·铺社》。

⑤ 道光《佛山忠义乡志》卷一《乡域志·津渡》。

⑥ 《岭南冼氏宗谱》卷三之二十六《分房谱·汾水房》。

⑦ （清）王俊勋：《汾流古渡》，载道光《佛山忠义乡志》卷十一《艺文志下》。

⑧ 徐珂：《清稗类钞》第十七册《农商类》。

表7-3-2　道光年间佛山镇汾水、大基、富文3个铺各街营商种类表

汾水铺	
正埠	发卖鲜果、咸鱼、糖等
永安街	卖海味、牛烛、酱料
永聚街	卖葵扇、门神、竹笼、铁器
镇北街	卖海参、膏蟹、蛋，烟行开在此
官厅脚	卖铁锁、布匹、生口、烧腊
源头街	卖京土布
汾流大街	卖苏杭美物、皮裘、颜料、马鞍、毡毦、各色洋布
畸畛街	发卖川广药材、包头、线纬、红绒、丝带
长兴街	卖纱灯、皂靴、绣锦、镶杯、琴瑟、箫笙
油行关帝庙	卖黄藤、竹升、槟萎、椰子，肇、高、廉客多聚此
排草街	卖陈皮，福建行多开在此
接龙街	卖木桶、花角（打铁门、关刀）
天成街	卖棕笼
朝观里	写金扇帐檐
观音庙后街	卖戏盔、神仪、班鼓、颜料、明油、猪料、算盘、棋子
善门街	卖米
瓦巷直街	卖凉帽、红缨
瓦巷直街	卖笔墨、袋索、丝边、云额、磨石、珠顶、寿具巾
白米街	俱卖上米
太平街	卖葵扇
天庆街	卖妆盒、雨伞、生木神像
咸鱼街	靛行开在此
华丰街	卖糙米、铸铁、香炉
聚龙社	卖米沙

（续上表）

大基铺	
汇源街	卖柴炭，有鱼栏
真君庙前街	卖新衣、鞋袜
大基头	卖咸虾、炭、香
猪栏	各处生猪聚此发卖
东胜街	卖戏盔
琼芝社	鱼栏相连发卖
富文铺	
盐仓街	五斗总埠在此（盐）
旧槟榔街	麻行开在此，卖蒲包、里席、皮草
富民里	海南行（琼南西货行店）在此，广花、针（砧）板
豆豉巷	俱开棉花、西货、沉香、浮货行，江西会馆在此
升平街	开福建纸行，参茸药材、水晶、翠花、玻璃、宝石，有楚南会馆建此
汾阳里	造烟杆、银窝
八间楼	麻行栈房多在此
三界庙后街	苏杭京客多在此聚
北胜社	铁锅（行）开在此
朝阳里	卖箩斗、藤落、果箱、麻绳、黄姜
盘古墟新华街	卖田（料）、衣服、福纸、藤帽
新兴新宁街	俱开筛择槟榔行
直义街	卖瓷器、元宝，南有小巷卖乌烟
西竺街	卖酸水草席、蓑衣、雨帽、西货
凿石街	卖石、打造铜锣
雾龙街	卖宝石、杂货
贵县街	俱卖糙米、爆竹、锡器

（续上表）

新涌口	卖爆竹、糙米
观澜街	卖杉料、竹器

其中的豆豉巷，乾隆四年（1739）就有行店98间[①]。民国年间有人写了篇《富文八街沧桑记》，追忆富文昔时之盛，文称："禅市富文铺八街，贵县、会龙、西竺、直义、新宁、新兴、北胜、富文是也。全市平码、西土各大行口均萃斯八街。生意之巨，为各市各街之冠。铺户共有一千以上。又有东、西、北各江办货庄口，约有二千余间，俱寓于各大商店楼上。因八街各商店，均毗连海滨，各江货船泊铺尾，上落货物便利。昔称中国巨镇，盖有因焉。"[②]以汾水、大基、富文3个铺组成的商业中心区，是全镇最繁华之区。这里"商贾猬集"，"佣作繁滋"[③]。吴奎光《佛山正埠酒楼歌》"今阅十八省之人物，接一万里之牂牁"[④]的诗句，就反映了当时正埠一带外省商人毕至的繁华景象。

这里商业会馆比比皆是，店铺鳞次栉比，酒楼、歌楼和戏班林立云集。其中有正埠酒楼等高大建筑，而各行店均有两层楼，以寓外江庄口货物。会馆更是高大宽敞的公共建筑物。由于是密集型建造，街巷甚窄。该地区汾江河道较平直，故此区的街道亦比他区齐整。尤其是在富文和大基两铺范围内没有祠堂建筑，是清代佛山27铺中仅有的3个无祠堂铺中的两个。除富文和大基两个铺外，还有医灵铺没有祠堂，但医灵铺地处东南边缘，铺内桑地犹存，属开发较迟的铺。这就是说，在道

图7-3-1　佛山旧八景之一：汾流古渡图

① 《明清佛山碑刻文献经济资料》，第40页。

② 《南海日报》1947年1月5日，原件藏佛山市南海区档案馆。

③ 道光《佛山忠义乡志》卷五《乡俗志·习尚》。

④ 道光《佛山忠义乡志》卷十一《艺文志下》。

光年间，全镇的177个祠堂无一建在富文和大基两个铺，这说明这两个铺是新兴的区域，具有纯粹的商业功能[①]。

因商行众多，上述3个铺的聚集效益亦是最高的。举凡公益事业，无不举办得宜。佛山历来火灾较多，嘉庆十二年（1807），佛山“各行店在省洋行置水柜。业主、赁客各捐其半。自是救护得力，灾以少弭”。当时合镇有水柜15处，上述3个铺就占了14处[②]。正因为如此，这3个铺的地价亦比他处高昂。《民国三十六年（1947）佛山各街区地价表》将佛山各街区的地价分为十等，最高的一等每平方丈单位标准价42万元，最低的十等为2万元。表列的一至三等的街名多是原汾水、富文和大基铺的街道。民国年间因开辟马路，佛山商业中心区向福德、潘涌等铺发展。大基和富文两个铺原沿汾江河旁的店铺废弃较多，商业区划有很大变化。但该表仍显示出民国时期汾水、富文、大基3个铺的街区的地价高居佛山全镇之首。最高地价与最低地价相差达21倍[③]。那么，清代作为商业中心区的上述3个铺的地价高于他铺是可以由此推知的。

中部的福德、潘涌、鹤园、石路头、纪纲、黄伞、观音堂和祖庙8个铺，是工商、民居的混合区。从建筑景观看，这片区域既有工商会馆，也有手工作坊；既有店铺，也有民居，尤其是有成片成围的宗族聚居地。清代这一区域的居民多在自家内从事手工业生产，前店后铺，自产自销，产品多是佛山传统手工业品，以零售为主。所以该区呈现出功能交叉共存的聚合形态。

在靠近商业中心区的潘涌、福德两个铺，位于正埠至祖庙主要道路两旁的店铺亦以“成行成市”状态分布，如潘涌铺的潘涌里“卖缎鞋”，三角市“卖家用钮扣、绒线、梳篦”，公正坊“卖蒲缎、布鞋”，快子直街“卖牛角器皿、洋刀、快子、白铜烟袋”；福德铺的福禄新街“卖头绳、手巾、兴宁油扇、火绒镰石、铜镜”，福禄里“卖苏杭书籍、冬帽、绒领、锦被、金花、缝针、柬帖、黄白红纸、锡箔、金箔、色袜”等，此处“通街直铺多有三百余店，俱卖京省巨客之货”。[④]潘涌和福德两个铺店铺较密，可视为商业

① 参阅道光《佛山忠义乡志》卷五《乡俗志·家庙》。

② 道光《佛山忠义乡志》卷七《乡防志》。

③ 参考南海县民国档案卷宗34、镇112，第134页。

④ 《佛山街略》。

中心区的外围区或过渡区。但这里的店铺较小，规模不如商业中心区经营大宗转口批发的行店，从功能上看亦多为专营某种产品的零售店铺，这是该区店铺与商业中心区店铺的区别，这是其一。其二，在上述位于主要道路的街区之外，存在着不少纯粹的居民住宅区。例如，在福德铺的瓦巷大街，有霍氏聚居区，这里建有孖祠堂。在舍人大街，有梁氏聚居区，这里有梁氏宗祠和著名的梁舍人庙[①]。在太原里，亦为霍氏聚居区，这里有6座祠堂，其中惺台霍公祠较为出名。道光年间，在潘涌铺仁厚里有绍广何公祠，在高低巷有潘翰林家庙，在公正市横巷有梁氏宗祠，在公和巷有庞氏宗祠[②]。因此，潘涌铺亦有纯粹的居民住宅区。

在中部偏西的观音堂铺、鹤园铺和祖庙铺3个铺，既有楚北会馆、山陕会馆和浙江会馆等会馆建筑[③]，又有前店后厂的店铺。例如，鹤园正街“卖描金色盒、布底鞋”，鹤园社“卖鞋靴”，先锋庙“卖鞋、对联”，文明里“卖力木、花衫、花轿、鼓乐、玉器”，花衫街“卖屐、打银”，祖庙大街“卖油扇、兜肚、竹烟袋、手巾、雅扇”[④]。既有以祖庙为中心包括忠义流芳祠、崇正社学、义仓、八图祖祠等公共中心的建筑群落，又有万元里曹氏聚居区、地官里庞氏聚居区、沙塘坊何氏聚居区、大树堂吴氏聚居区、隔塘大街霍氏聚居区、先锋古道和松桂里梁氏聚居区、莲花地黄氏聚居区和李氏聚居区。以上诸姓氏聚居区的建筑特点，大多是以祠堂为中心，民居围绕两旁的建筑群落，自成一相对封闭的街区。其中，以梁氏的刺史家庙和吴氏大树堂最为著名。梁氏的家庙内有花园住房[⑤]，十分宽广，俗称梁园，为盐商梁玉成所建。吴氏大树堂由大树堂坊和高第坊组成，有花园别院，濒临洛水涌，林木森森，堪称都市洞天，为盐总商吴恒孚（吴荣光之祖）所建[⑥]。

在正中部的黄伞、纪纲、石路3个铺，沿正埠到祖庙的主要道路亦是店铺林立。例如，水巷直街，“卖祭轴、神仪、珠灯、铁线、年货、开刀、门神、通花、生花、灯比（把）”；黄伞大街，“卖龙香、响糖、炮料、铁

①《民国佛山古镇图》。

② 均见道光《佛山忠义乡志》卷五《乡俗志·家庙》。

③《佛山街略》。

④《佛山街略》。

⑤《民国佛山古镇图》；道光《佛山忠义乡志》卷五《乡俗志·家庙》。

⑥《佛山街略》。

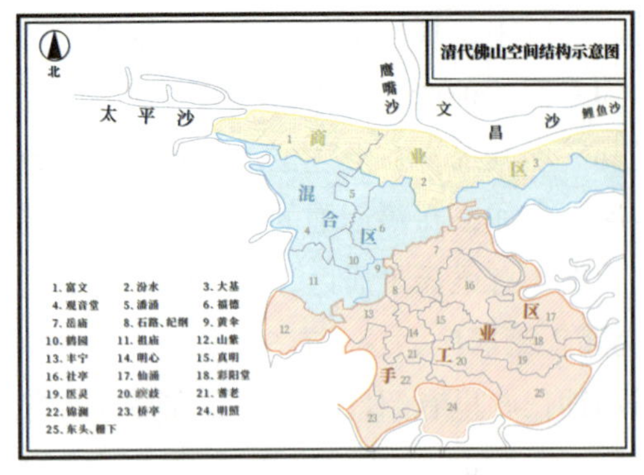

图7-3-2　清代佛山空间结构示意图

线、铁钉、通花、帽绒”；富里社，卖“燕窝蜡丸”；早市，“多卖蜡丸、药材、胭脂、元宝、通花”。[①]而在非主要道路的街巷，民居则十分稠密。道光年间，石路铺有简氏聚居的简园，有石路头陈氏聚居区、有水圳冯氏聚居区，有兴桂里霍氏聚居区，有和睦里何氏聚居区，有兴隆里蔡氏聚居区。其中，以冯氏聚居区为著名，内建冯大夫祠和敕命楼，子弟乡科颇盛。黄伞铺有黄巷、找钱巷、居仁里黄氏聚居区，有东华里伍氏聚居区，有刚正里黄氏聚居区，有潘巷潘氏聚居区。纪纲铺有黄鹤基黄氏聚居区，更楼脚霍氏聚居区[②]。其中，以东华里为最著名。东华里街口建有门楼，闸门可关。街内建有祠堂1座，街内两旁为青砖建成的高大镬耳屋，每座均为三进，座与座之间有小巷通行，巷门关闭，亦可自成一体，街巷整齐，房屋划一，高大坚固，壮丽美观，实为清代佛山民居住宅小区的典型。上述中部各铺均有手工业、商业和居民点交织在一起，这反映了传统民间手工业城镇的特点。

由上可见，清代前期的佛山镇，在空间上分化出南部的手工业区、北部的商业中心区和中部的工商、民居混合区的三大区划，佛山社区的空间结构，就由这三大区划组成。社会发展过程的总趋势，是从简单到复杂，从综合到专门化。佛山三大区划的形成，是符合这一社会发展总趋势的。它是佛山都市化过程的重要成果。佛山社区的空间分化，是建立在传统工商业基础上的分化。确切地说，清代前期佛山空间分化的特点，是南北分明而中间模糊。它不是分化成3个功能相异的区划——手工业区、商业区和住宅区，而是分化成两个功能独立和1个功能交叉的区划，住宅区始终没有独立分化出来。我们知道，传统工商业以家庭和家庭为单位，规模小，利润微，厂与家不分，店与家一体。除铸造业、炒炼业外，佛山一般手工产品生产可在家中

① 《佛山街略》。

② 参阅道光《佛山忠义乡志》卷五《乡俗志·家庙》；《民国佛山古镇图》。

完成，无需另建作坊。因此，住宅与作坊的分化迟迟难以完成。即使发生分化，当其发生空间转移时，也是以个别的、分散的形式进行，故其分化过程比现代都市既慢且长，其区划的边缘有时亦不容易界定，各种功能交叉并存的现象是大量存在的，像汾水、富文、大基具有典型商业功能的铺区和像栅下、丰宁具有典型手工业功能的铺区还是少数。

不容忽视的是，佛山社区内的各个空间分布形式，作为一种选择力量，或者"磁体"，将适合需要的人口因素吸引过来，同时又排斥那些不适合的因素。这样就逐渐地对佛山城市人口按照职业和文化的原则进行了细分，使城市人口被分隔成各个具有明显文化差异的小社区，每个小社区都成为当地居民的一个独特的社会环境。当地居民就是同这个社会环境融为一体，不管他们愿意不愿意。这样分化形成的经济团块与文化团块最后就构成了城市的形式与特征。

在商业中心区，商贾是人口的主体，他们来自四面八方，流动性大。无家室的男性占绝大多数。他们群集于旅店或庄口之中，于是优伶等随之群集而来，亦成为此处的常住人口。诚如陈炎宗所说："商贾猬集，则狙诈日生；佣作繁滋，则巧伪相竞；兼以旅廛逼闹，游手朋喧；优船聚于基头，酒肆盈于市畔；耳濡目染，易以迁流，遂失其淳实之素矣。"[①]这里是当地最富刺激性、发财机会最多的地区，也是道德变迁最快的地区。

在手工业区，青壮年手工业工人是人口的主体，他们来自本镇或四乡，劳作粗重，生活艰苦，男性人口多于女性人口。说话高声大气（这是佛山古代手工业者的一大文化特征），行为质直朴野。

在混合区内的居民住宅区，男女老少共居，男女居民性比率趋于平衡。尤其在佛山土著居民最早的定居区内，各氏族聚族而居，建有祠堂和成排成围的住宅，其内部有很强的凝聚力。有的大族如金鱼堂陈氏，在明代就子孙盘蜒，"聚族里许"[②]。在清代依然"比户而居，闾阎充斥"[③]。像这样的氏族聚居地，自成一区，独立于工商街区之外，在文化观念上亦自成一体。由于老人在这里占有重要地位，加之妇女和儿童占人口的优势比重，这些街

① 乾隆《佛山忠义乡志》卷六《乡俗志·习尚》。

② 《南海金鱼堂陈氏族谱》卷一上《旧序·陈建中序》。

③ 《南海金鱼堂陈氏族谱》卷一上《旧序·戴鸿慈序》。

区就成为民风民德的主要传习之所。在佛山这些隔绝的小社区里，鼓励符合规范的人发迹，而鄙视具有“变异”倾向的人。这种长期的隔绝居住，保持了传统道德规范的存续。它使居住于繁华闹市之旁的一个个相对隔绝的小社区，保持着传统的生活规范和事业追求，也使土著群体能够游离于侨寓群体的喧嚣环境之外。例如佛山土著氏族对商业中心区就存有偏见，他们保持着不近市廛的古风，并流传着汾水铺汾流大街的门楼是女宿日建，因而凡官吏上任，学子赴科，“不从此过”[①]。而对于“大率数街一市”的“街市”，亦被认为是“命夫不入”之地。[②]正如陈炎宗所言：“佛山地广人稠，五方杂处，习尚盖岐出矣。故家巨族敦诗书，崇礼让。祠祭竭其财力，妇女罕出闺门。此其大较也。”[③]清代佛山土著子孙还能不断求取科举功名，不能不说与文化传统密切相关。

上述几类分化成的小社区，互相毗连却互不渗透。它们使得佛山的社会关系复杂化，并产生出新的、相差甚大的人格类型。然而，它们在佛山城区中的共存，也使个人可以十分便利而迅速地从一种道德环境转入另一种道德环境，同时也提供了在同一时间里过几种不同的道德生活的机会。这又使得佛山的城市生活具有易变性和冒险性。清代佛山大量的弃儒从贾以及由贾致儒的现象在同一家庭中的出现，不能不说也与城区环境变迁相关。

三、城区人口与职业构成

清代，关于佛山镇人口繁庶的记载史不绝书，兹将搜集到的资料汇录列表于下：

表7-3-3 清代佛山人口记述资料表[④]

年代	人口数	资料来源
康熙四年（1665）	烟火万家	吴震方：《岭南杂记》上卷

① 《佛山街略》。

② 民国《佛山忠义乡志》卷一《舆地志·墟市》。

③ 乾隆《佛山忠义乡志》卷五《乡俗志》。

④ 以上所引碑刻均见《明清佛山碑刻文献经济资料》。

（续上表）

年代	人口数	资料来源
康熙二十三年（1684）	居民楹逾十万	郎廷枢：《修灵应祠记》
康熙四十年（1701）	人口约有百万	《耶稣会士中国书简集5·纪行篇》第三书简
康熙四十二年（1703）	人口至少百万	《耶稣会士中国书简集5·纪行篇》第四书简
雍正十一年（1733）	烟户十余万	《雍正朱批谕旨》第52册《雍正十一年三月初四日广东巡抚杨永斌奏疏》
乾隆九年（1744）	烟户逾二万	黄兴礼：《汾江义学记》
乾隆九年（1744）	烟火万家	黄兴礼：《新建忠义乡亭记》
乾隆十五年（1750）	三万余家、数十万人	乾隆《佛山忠义乡志》卷三
乾隆五十三年（1788）	烟火十万余家	叶汝兰：《重修佛山经堂碑记》
道光年间（1821—1850）	宅以万户	梁序镛：《佛山赋》，道光《佛山忠义乡志》卷十一《艺文志下》
道光年间（1821—1850）	阛阓则计以万	冼沂：《佛山赋》，道光《佛山忠义乡志》卷十一《艺文志下》
咸丰四年（1854）	二万余家	《梁氏支谱》卷首《序》
民国十年（1921）	三十四万人	民国《佛山忠义乡志》卷一《舆地志·街道》

上表所列数字，最多100万人，最少6万人（以每家6人计），相差甚远，看不出规律性的变化。这就促使我们不得不继续探求以上数字来源的可信性。

上述数字的立言者，可分为3类：一类是法国传教士，一类是当政或宦游的官吏，还有一类是佛山籍的文人学士。康熙四十年（1701），法国传教士道塔·塔鲁塔鲁写道："我们从佛山的村边经过。这是巨大的聚落，不是大村落。约有一百万人口。仅仅在河上，与我们的较大的船只同样长的船就有五千艘以上。各种各样的船上运载着包含子孙在内的全体家庭成员。我的数字中，完全没有计入无数的渔船和从此岸渡往彼岸时使用的小舟。"[①]康

① ［日］矢泽利彦编译：《耶稣会士中国书简集5·纪行篇》第三书简，东京平凡社1974年版。

熙四十二年（1703），法国传教士道·冯塔耐（Jean de Fontaney）在第四书简中说：“从广州经水路访问肇庆，行进5里之后，到达世界上最大的村落佛山。我之所以称之为村落，是由于此地未被城墙围困，亦未有特别的长官。然而，在此进行着非常活跃的商业贸易，因为其人口及户数比广州更多。至少可计及百万人口吧。日本管区的耶稣会士们在此拥有美丽的教堂和由许多人组成的信仰者集团。”①显然，这两个法国传教士只是短暂经过佛山，其关于佛山人口的数字不是来自道听途说，就是凭感觉臆断。当政的官吏有广东布政使郎廷枢、广东巡抚杨永斌和佛山同知黄兴礼等，其中郎廷枢与杨永斌所言数字比较接近。但无论广东布政使和佛山同知，都不可能有准确的数字来源，当时官府唯一有人丁记载的是赋役册，赋役册只有八图土著男丁册上有名，妇女和大量的侨寓商民无从统计。所以，上述官吏的数字亦不能作实。佛山籍文人学士中，陈炎宗的数字比较可信，陈炎宗修乾隆《佛山忠义乡志》，虽不可能按户索骥，但大致的数字仍可获得。“三万余家，数十万人”就是一个大致的数字。唯一准确的数字是民国十年（1921）佛山巡警按户编号所获得的户数和口数，当时统计，佛山二十八铺共有52376户，307060人。此外文昌、鹰嘴、太平、聚龙四沙还有人口35047人。全镇合共342107人。②

通过《佛镇义仓总录》中的散赈数字的统计，可以间接获得清代前期佛山镇的人口数字。佛山义仓的散赈，有一定的章程，散赈前，为防止他堡和本镇非贫民冒领，先由地保持米票挨户查实，确系“无业贫民”，方给票赴领，“其有业之家以及有手艺工作人等均不准赴仓领食”。道光十四年（1834）散赈，当时核查统共贫户11689户，大小合计70814人③。那么，“有业之家以及有手艺工作”之人到底有多少?

作为一个以手工业生产为主的城镇，清代的佛山人口亦以手工业者为主。乾隆年间陈炎宗说：“吾乡谬以饶富闻而无蓄积之实，鳞次而居者三万余家。其商贾媚神以希利，迎赛无虚日，市井少年侈婚娶，闹酒食。三五富

---

① 《耶稣会士中国书简集5·纪行篇》，第四书简。

② 民国《佛山忠义乡志》卷一《舆地志·街道》。

③ 《佛镇义仓总录》卷三。

人则饰其祠室以自榜。故外观殊若有余，而其人率无田业。”[①]当时佛山不仅有田业的地主少，而且劳作的“习农者”亦少。《佛镇义仓总录》记载：“佛山镇内五方杂处，耕农者少，工作人多。”[②]“工作人多”，就是指手工业者多。现仅以手艺工作之户是无业贫民户的两倍计，手艺工作之户约有2.3万户，每户大小6人，共约14万人。估计“有业之家”约5000户，共约3万人。加上无业贫民7万余，合镇约24万人。但这未包括外来流动人口，乾隆年间，外地流入佛山谋生者“日以万计”[③]，还有汾江河上新涌口至太平沙数千米河面“疍民搭寮水面以居，几占其半”[④]，两者合共约5万人。因此，清代鸦片战争前佛山镇的实际人口不会少于30万人。

城市是一个更广阔的活动范围的核心，它从这个广阔范围中吸取自己所需的资源，同时以自己的功能影响着这片广阔地区。因此，一个城市规模扩大后，它可以更有能力适应自身居民数量的增加，成为吸引周围地区过剩人口的巨大容库。清代前期，佛山就成为广东各地农村人口移动的中心，乾隆刑科题本中就有关于农村人口流往佛山充当雇工的记载[⑤]。嘉庆末年，四会县人就有“学工艺、佐懋迁于佛山、省城者”；清末时，四会贫者更“相率往佛山、省城以图生计”[⑥]。正如陈炎宗所言：“夫乡固市镇也，四方商贾萃于斯，四方之贫民亦萃于斯。挟资以贾者什一，徒手而求食者什九也。”[⑦]

不仅如此，在佛山周围的乡村，因与佛山经济联系十分密切，居民的职业构成也发生很大变化，如隔涌相望的蠕冈，在康熙年间就已“逐末者众”[⑧]；在里水村和弼唐乡，居民世代以打制方钉（船用大钉）为业；石头乡和黎涌乡居民以冶铁配件生产为业；张槎乡和平洲乡居民则以织布为多；石湾居民世代以陶业为业；而沙冈乡居民则世代以编织竹篓（包装陶器）为业。更多的

---

① 乾隆《佛山忠义乡志》卷三《乡事志》。

② 《佛镇义仓总录》卷三《散赈各章程》。

③ （清）朱相朋：《建茶亭记》，载乾隆《佛山忠义乡志》卷十《艺文志》。

④ 道光《佛山忠义乡志》卷一《乡域志·水利》。

⑤ 参阅郭松义：《清代的人口增长和人口流迁》，载中国社科院历史所清史室编：《清史论丛》第五辑。

⑥ 光绪《四会县志》编一《风俗》。

⑦ 乾隆《佛山忠义乡志》卷六《乡俗志》。

⑧ 康熙《南海县志》卷六《风俗志》。

村落则是半工半农，平时务农，闲时则竞相到佛山谋生或领料回乡加工。道光、咸丰时，“每日午后，附近乡民多挑钉到佛，挑炭、铁回乡，即俗称替钉者不绝于道”[①]。更有棉花行商人把棉花分给四乡家庭妇女纺织。所有这些周边乡村经济结构和职业构成的变化，都可视为佛山都市化的结果。今天佛山城区的扩展以及现代陶瓷业和五金加工业的发展，就是建立在上述基础上的。

第四节　清代佛山市舶与海外贸易

（1654—1795年）

佛山市舶[②]，因澳门贸易而诞生发展，因广州独口通商贸易地位确立而转移消亡。在佛山市舶存在发展的百年时间内，佛山曾经成为清代前期岭南地区重要出口商品集散地和澳商云集之区，佛山也因此完成了从传统型市镇向外向型市镇的转变和整合。

清承明制，广东市舶司隶属于广东布政司，受广东巡抚监管，市舶税纳入广东全省赋税总册。由于澳门港市在明嘉靖后长期存在发展，广州、佛山和香山分别担负了中葡贸易对接港市的角色。清代禁海以前，市舶司在广东沿海各埠税厂征收的市舶税，额定每年20250两。载入赋役全书充饷。[③]康熙二十三年（1684）开海并于次年设立粤海关后，所有海舶税转归粤海关征收，清代市舶制度逐步向海关制度转化，原来市舶制度中的主要港市也逐步发生转移，出现了此消彼长的历史现象。佛山市舶，就在这一历史背景下诞生、发展和转移。

① 民国《佛山忠义乡志》卷六《实业志》。

② 参阅罗一星：《论清代前期的佛山市舶》，载《中国社会经济史研究》2020年第2期。

③ 李士桢称：“其时海禁未开，奥门仍属界外，内地商民禁止不许至奥，其外来船只到奥洋货，及商民货船到香山县，俱由旱路运至界口贸易，不许海路行走，令市舶司征收，即旱税也。是以有新定二万二百五十两之额。自康熙十九年起至二十三年（1680—1684）止，所收税银造册报部充饷。”见李士桢：《请除市舶吞门旱路税银疏》，载《抚粤政略》卷二《奏疏二》。

一、佛山市舶及其起源

“佛山市舶澳门商，百货纷来自外洋。见说每年五六月，白蛮黑鬼尽红裳。”这是清人沈大成于乾隆初年写下的抒怀绝句。沈大成在诗尾注释称：“澳门在香山县，番人聚居处也。每年以夏初至佛山互市，其人有黑白二种。”①

沈大成关于佛山市舶的诗句及其注释虽然不长，但所透露的信息量很大。其中关键词有“佛山市舶”“佛山互市”“每年五六月”“澳门商”等，这反映每年五六月南风信风期，佛山街市就充满来自澳门海舶载来的洋商百货。沈大成“见说每年五六月”句，成为梁廷枏道光年间编纂《粤海关志》时的源本之一，“查外夷商船，向系每年五六月收泊，九、十月归国”。②沈大成“白蛮黑鬼尽红裳”句，反映的是当时澳门葡萄牙商人雇用印度人或南洋诸国人为仆从，都是肤色黝黑，与葡籍人肤色黑白相衬。而葡萄牙人崇尚红色，多穿红色外套。非经亲见，难有此诗。因此，沈大成的佛山市舶诗句，留存了乾隆初年佛山市舶的珍贵资料，也给我们打开探寻佛山市舶的历史窗口。

沈大成（1700—1771），系江苏华亭人，出身官宦之家，工诗善文，通经史百家之书，其诗歌最为人所称道。雍正十二年（1734），沈大成宦游粤东，经人推荐进入广东按察使王恕幕府。王恕于乾隆四年（1739）升任广东布政使，乾隆五年（1740）五月升任福建巡抚，颇有政绩。广东布政使是在两广总督和广东巡抚之外的第三号政府官员，专管财政赋税。作为广东布政司衙门的主要书手，沈大成熟悉当时广东外贸口岸和海关税收情况。从雍正十二年至乾隆五年的七年间，沈大成曾多次到过佛山。在沈大成居留岭南期间所写的诗集《啖荔诗钞》中留下了《佛山镇》《夜泊佛山》和《佛山市舶》等多首吟咏佛山的诗句，除了上述佛山市舶诗和注释外，沈大成在《佛山镇》记载：“十月佛山镇，土风异外方。装绵吉贝布，酿酒荔枝浆。乌鬼

---

① （清）沈大成：《学福斋诗集》卷三《啖荔诗钞》，乾隆三十九年（1774）刻本。

② 《粤海关志》卷二十八《夷商三》，第553页。

刀为仗，红夷罽作裳。汉家威德远，此辈亦来王。”[①]又在《佛山夜泊》诗云：“云藏江月小，暂向佛山留。一市人声沸，千帆灯火浮。春潮来远海，高枕此孤舟。老作南中客，思家无限愁。”[②]还在《食荔支》诗有“去岁忆在佛山舟，今年喜住程乡楼”[③]之句。

上述沈大成关于佛山镇的诗句给我们留下佛山市舶的大量信息，如“土风异外方”“春潮来远海”“乌鬼刀为仗，红夷罽作裳。汉家威德远，此辈亦来王”等句，反映的是佛山市面上澳门葡商及其伙伴、仆人熙来攘往的盛况；而“装绵吉贝布”句，讲的是当时佛山码头上装载从印度运来棉花、从佛山运走布匹的进出口贸易两旺的情景。

佛山市舶的诞生发展不是偶然的，有两个重要的历史机缘直接催生了佛山市舶的发展。

从嘉靖八年（1529）始至清康熙二十四年（1685）开海前，是澳门口岸贸易的繁荣时代。嘉靖八年（1529）十月，提督两广侍郎林富上疏言开放澳门贸易事，[④]明廷于当年“十月己巳（初七），许广东仍通番舶，漳州私市禁之”。[⑤]海外诸国相继前来澳门贸易，如满剌加“其自贩于中国者，则直达广东香山澳，接迹不绝云”[⑥]。百花国亦“附舶香山、濠镜澳贸易”[⑦]。据明人周玄暐《泾林续记》记载：“广属香山，为海舶出入襟喉。每一舶至，常持万金，并海外珍异诸物，多有至数万者。先报本县，申达藩司，令（市）舶提举同县官盘验，各有长例。而额外隐漏，所得不资。其报官纳税者，不过十之一二而已。”[⑧]贸易商品中以铁锅利润最厚，当时吕宋为争夺铁器之利曾大规模屠杀华人，“夷虑中国兴兵问罪，入香山澳侦之”。[⑨]崇祯十四

① 《学福斋诗集》卷四《暾荔诗钞》。

② 《学福斋诗集》卷七《暾荔诗钞》。

③ 《学福斋诗集》卷五《暾荔诗钞》。

④ 《明世宗实录》卷一〇六《嘉靖八年十月己巳》。

⑤ 《国榷》卷五十四《嘉靖八年十月己巳》。

⑥ 《明史》卷三二五《满剌加传》。

⑦ （明）茅瑞征：《皇明象胥录》四《百花》，明崇祯刻本，北平图书馆善本丛书第一集。

⑧ （明）周玄暐：《泾林续记》，第50页。

⑨ 《国榷》卷七十九《万历三十一年十月甲子》载：万历三十一年（1603）“吕宋国因厚市华人铁器，器空，尽杀华人，凡二万余。夷虑中国兴兵问罪，入香山澳侦之，闽广抚臣不敢尽言，草草闻上，诏无开事端，乃已”。

年（1641），佛山籍户部尚书李侍问奏疏言澳门所抽税额称：“见在岁额二万二千。察所抽者，皆于到澳番舶贸易之彝商，并唐商之下澳者。”[①]所谓“唐商之下澳者”即指广州府属各港市从事进出口商品的商人。

佛山地处广州往澳门的珠江后道上，与澳门一水可达，潮水期下水，可朝发夕至。从嘉靖年间郑若增《筹海图编》广东沿海山沙图可见：当时珠江三角洲尚未完全成陆，香山县为海中一岛，小榄山亦在海中。在顺德县韦涌与香山岛之间有大片水域叫“分流海”（今中山大黄圃、东升一带）。从“分流海”东北上，可由虎门入省；从“分流海”西北上，可由陈村达佛山，两处都只需经过很短的内河河道即可抵达。[②]佛山出产的铁锅、白铅、丝绸、棉布等商品，是南海诸国和西洋诸国的抢手货。作为澳门葡萄牙人“趁洋”商品的主要供应地，佛山既是广州南面的外港，又是澳门葡萄牙人与中国内地贸易的主要内港之一。此外，自从澳门在明嘉靖后为葡萄牙人所据后，佛山实际是明清海禁时期走私贸易的采购基地。据荷兰东印度公司《巴达维亚城日记》等资料记载，崇祯六年至十一年（1633—1638），郑芝龙及其部属船队每年运往台湾和南洋诸国的货物多达200—300艘，主要商品为生丝、绸缎、砂糖和铁锅等产品。[③]其中有不少从澳门装载。崇祯年间佛山冶铁三大家族之首的细巷李氏的李崇问（户部尚书李待问族弟）就发起组织佛山“广韶会馆”，专门从事广锅出口批发，被广东官府认为是“窝顿接济之薮”而查办。[④]而在隆庆开海后整个广东沿海港市一片兴旺，佛山更未缺席。因此，无论在禁海和开海期间，佛山商人都参与了对澳门的合法贸易和走私贸易，佛山也作为外贸港市而长期存在。作为中西贸易的自由港市，澳门的存在发展成为明末清初刺激广东内地出口贸易的重要基地。

清初两藩对广州屠城之时，尚可喜考虑到佛山素为货泉盐铁辐辏之地，可长期占有，制止了属下对佛山掠夺的企图。相比广州，佛山镇工商业基础

① （明）李侍问：《罢采珠池盐铁澳税疏》，载乾隆《广州府志》卷五十三。

② 《筹海图编》卷一《广东七》，第16页。

③ 郑广南、郑万青：《17世纪福建郑氏海商崛起及其“海上商业王国”》，载《航海——文明之迹》，第254—256页。

④ 《盟水斋存牍》（二刻）卷二《激变李扩衷二杖》。

未受破坏，“甲午年（顺治十一年，1654）后，铸冶日已丰隆”[①]。很快恢复冶铁生产，并大量出口铁锅和其他商品。于是两藩依托佛山制造，在佛山设立了“铁锅总行”等课敛机构[②]。又派出亲信徐彦蕃、吕迥宸、陈俊初等巨棍，“辖收铁锅而侵占行业”[③]。在外贸上，两藩一方面利用和扩大合法的贡舶贸易，控制舶来品买卖；另一方面两藩参与和庇护走私贸易，达到了“潜引海外私贩，肆行无忌”[④]的地步。

两藩踞粤时期，佛山镇在广东对外贸易中的地位开始上升。无论是贡舶贸易的主要港市，还是走私贸易的主要基地，佛山都扮演了重要角色。顺治十三年（1656）3月17日，荷兰贡使率50条船的船队从广州出发，循江北上前往北京朝贡，当夜船队就宿于佛山。其随团书记员尼霍夫（John Nienhof）当时记载：“如上所述，我们驶离这个城市后，当夜就住宿在著名的乡镇佛山。”尼霍夫在停泊佛山时还绘制了一张彩色的佛山镇图。[⑤]佛山作为贡舶贸易的重要港口，得到荷兰贡使团的重视。尼霍夫回国后撰写出版了《荷使初访中国记》。

清廷在海禁时期的康熙十八年至康熙二十一年（1679—1682），开放了香山界口的旱路贸易，交易税费“俱属市舶提举司照例抽收”。[⑥]与此同时，通过佛山水路的走私贸易大量存在。康熙二十一年（1682），广东巡抚李士桢指出：“今访有不法奸徒乘驾大船，潜往十字门海洋与夷人私相贸易。有由虎门东莞而偷运入省者；有由上罔者、秋风口、朗头以抵新会等处而偷运回栅下、佛山者。”[⑦]李士桢所言“秋风口”，应指“秋风角”。从嘉靖年间郑若增《筹海图编》广东沿海山沙图七可见“秋风角烽堠”地名。烽堠是瞭

① 《江夏黄氏族谱》，载《明清佛山碑刻文献经济资料》，第308页。

② 《抚粤政略》卷八《值季官申详一件为发审事》。

③ 《抚粤政略》卷八《批答·按察司呈详一件为私抽茶毒事》。

④ 《平定三逆方略》卷一，转引自戴逸主编：《简明清史》，中国人民大学出版社2006年版，第256页。

⑤ ［荷］包乐史（Leonard Blusse）、庄国土：《〈荷使初访中国记〉研究》，厦门大学出版社1989年版，第50页。

⑥ 《请豁市舶旱路税饷疏》，载《抚粤政略》卷二《奏疏二》。

⑦ 《抚粤政略》卷六《文告·禁奸漏税》。

望台，备有草料，可生烟报警。“秋风角烽堠”在香山县东南滨海处。[①]李士桢所言“栅下”，是指佛山镇南面的栅下码头，史称“明以前镇内商务萃于栅下，水通香、顺各邑。白勘为糖商船停泊之处，俨然一都会也”[②]。栅下天后庙是铁商聚会之处。李士桢所言“佛山”，是指佛山镇北面的正埠大码头。康熙开海之前，佛山镇这两个码头是北连广州、南通澳门的繁忙码头。

上述说明，佛山市舶的出现不是偶然的，它与明清帝国的开放海外贸易和岭南地区广州、佛山外贸港市地位的隆替紧密相连。

二、李士桢与佛山市舶

康熙二十年（1681），清廷撤藩，坚决果断。新任两广总督吴兴祚和广东巡抚李士桢密切配合，由李士桢逐项查明，会同总督具奏。李士桢是康熙皇帝姻亲[③]，曾任江西巡抚，康熙二十一年至康熙二十六年（1682—1687）任广东巡抚。李士桢深知康熙削藩的决心，因此在撤藩后治理广东的措施大胆泼辣，给康熙帝的奏折不作雕饰，直击要点，字里行间尽显知无不言的亲近感。其奏疏得到康熙帝的准许和支持。

李士桢的全面整顿涉及广东经济各领域和社会各群体，其针对省城、佛山两大商埠进行了拨乱反正而卓有成效的整改，影响长远。兹将其措施分述如下：

（一）整顿市舶税额

在粤海关征收关税以前的八十年间，清代广东市舶税一直存在并征税。清顺治九年（1652）编定清代《广东赋役全书》《广东市舶提举司·夷舶饷》条，确定二万二千两之额[④]。正如李士桢所称：“查市舶一款，粤省界连滨海，在昔外番洋舡往来货物交通，岁收税银二万二千余两，载在刊书。国

① 《筹海图编》卷一《广东七》，第16页。

② 《岭南冼氏宗谱》卷三之十八《分房谱·白勘房》。

③ 康熙帝的密妃王嫔的父亲王国栋是李士桢原配王氏的胞兄；李士桢之子李煦任苏州织造。李士桢族弟李月桂之女嫁与曹寅（江宁织造、曹雪芹祖父）。曹、李两家堪称豪门望族。

④ 《广东市舶提举司·夷舶饷》，载《广东赋役全书》，顺治九年（1652）刊本，第276页。

家获军需之利益，地方开商贾之财源。”[①]因是定额，没有“抽分”，免其货物进口税，让葡人自行征收。《澳门纪略》也载：“凡船回澳止征船税，丈其货物册籍记之。货入于夷室，俟华商懋迁出澳，始纳税。”[②]所以梁方仲先生说是“一种包饷制”[③]。

清初虽有二万二千余两之定额，却常常征收不足，形同虚设。首先，其主要原因是实行禁海政策，沿海岛民内迁，是为“迁海”。正如李士桢所言“自康熙元年禁海，澳门迁置界外，船饷停征”[④]。其次，两藩据粤时期，广东市舶税完全受制于尚可喜、尚之信父子。尚氏父子大搞走私贸易，令商人沈上达主持其事，使市舶税大量流失。史称：“自康熙元年奉文禁海，外番舡只不至，即有沈上达等，勾结党棍打造舡，私通外洋，一次可得利银四五万两。一年之中，千舡往回，可得利银四五十万两，其获利甚大也。”[⑤]撤藩时抄没沈上达家九十七万五千余两，可见走私贸易利润丰厚。然正如两广总督吴兴祚所称：“利入奸宄，国课全无。”[⑥]

李士桢到任后，发现澳门陆路贸易税被盐市提举司提举张溱等人共私抽侵欺银一万二千九百八十余两。[⑦]在严惩张溱等贪腐官员的同时，为完善市舶税管理，康熙二十一年（1682）七月，李士桢全面推行了税票查验制度。“嗣后唐洋货物务须凛遵严旨，在于香山澳门旱路界口互相交易，将应纳税银照货先赴提举司投纳，各取印信税票收执为凭。”下店发卖时，本处店牙经纪俱要先验明税票，方许下载转售。其无税票者，即系漏税私货。[⑧]

经过李士桢的大力整治，广东市舶税大为改观。从康熙十九年（1680）分“仅二十六两四钱八分三厘”[⑨]，迅速提升到康熙二十一年（1682）分抽

① （清）李士桢：《议复粤东增豁税饷疏》，载《抚粤政略》卷七《奏疏一》。

② 印光任、张汝霖：《澳门纪略》上卷《官守篇》，乾隆十六年（1751）刻本，第49页。

③ 《明代国际贸易与银的输出入》，载梁方仲：《梁方仲经济史论文集》，中华书局1989年版，第164页。

④ （清）李士桢：《请除市舶澳门旱路税银疏》，载《抚粤政略》卷二《奏疏二》。

⑤ （清）李士桢：《议复粤东增豁免税饷说》，载《抚粤政略》卷七《奏疏》。

⑥ （清）吴兴祚：《议除藩下苛政疏》，载雍正《广东通志》卷六十二《艺文志四》。

⑦ （清）李士桢：《议复粤东增豁税饷疏》，载《抚粤政略》卷七《奏疏一》。

⑧ （清）李士桢：《禁奸漏税》，载《抚粤政略》卷六《文告二》。

⑨ （清）李士桢：《请豁澳门旱路征收缺少银两疏》，载《抚粤政略》卷二《奏疏二》。

收税银一万八千七十六两零。[①]加上张溱等人私抽侵欺的五千余两“归入正饷”，“是年可得税银二万二百余两矣”。[②]康熙二十一年（1682）十月，李士桢题奏称：“今清理出澳门陆路贸易之税，及议广省、佛山等共加增值税银，计之粤东已共增征税银十万七千七百有奇。”[③]其中，就包括市舶税二万二百余两之额。李士桢的增收方案得到康熙帝的准许。从而为广东开海贸易的税收增长做了制度上的准备。

（二）禁革总店

佛山是清代面向两广和其他省贸易的中心市场，各省商货齐聚佛山，落地贸易。李士桢称：“查省城、佛山二埠，为商贾辏集之区，凡商货到埠发卖，具单开报税课司官，按照定例征收落地税饷。”[④]然而在尚藩据粤时期，尚藩在佛山设立总店，又称总行，垄断市场上所有重要商品的交易。康熙二十一年（1682）五月，李士桢甫经到任，立即查出尚藩在佛山控制总店的私抽恶行，于是李士桢发出《禁革总行》文告称：“今总行一端，最为民害，俟访拿究处外，合亟严行痛革。”[⑤]

当时佛山镇内藩党余孽尚且猖狂，有巨棍徐彦蕃等“复立铁锅总行，藉追帑本名色。横行私抽，计银四千六百两”[⑥]；有“田彪等大伙，乘船摆列门枪四杆，擅挂巡抚都院大灯一对，挐四品官之坐褥提索带刀”，横行水道；还有号称“拦路虎”的杨四，人住外省，却肆虐佛山十余年。[⑦]李士桢一一查办，毫不姑息，将在佛山借藩王势力肆虐的巨棍徐彦蕃及其同伙吕迥宸、陈俊初等三人“各枷号一月在佛山镇”[⑧]，藩党余孽均作鸟兽散，佛民无不称快。不久商品价格回落，市道平稳。正如李士桢康熙二十五年（1686）所言“惟今升平日久，物价较昔稍平”[⑨]，此后佛山逐步成为岭南区域内的国内贸

---

① （清）李士桢：《请豁澳门旱路征收缺少银两疏》，载《抚粤政略》卷二《奏疏二》。
② （清）李士桢：《议复粤东增豁税饷疏》，载《抚粤政略》卷七《奏疏一》。
③ （清）李士桢：《议复粤东增豁税饷疏》，载《抚粤政略》卷七《奏疏一》。
④ （清）李士桢：《酌减则例》，载《抚粤政略》卷六《文告二》。
⑤ （清）李士桢：《禁革总行》，载《抚粤政略》卷五《文告一》。
⑥ （清）李士桢：《按察司呈详一件为私抽荼毒事》，载《抚粤政略》卷八《批答二》。
⑦ （清）李士桢：《高通判呈详一件为发审事》，载《抚粤政略》卷八《批答二》。
⑧ （清）李士桢：《按察司呈详一件为私抽荼毒事》，载《抚粤政略》卷八《批答二》。
⑨ （清）李士桢：《酌减则例》，载《抚粤政略》卷六《文告二》。

易中心枢纽。

（三）停征旱税，移交海税

停征以旱税为主体的市舶税，并将海税移交粤海关征收，这是李士桢实行的重要措施。清代前期，广东市舶税包括海税（海路货物税）和旱税（陆路货物税）。海税自清初顺治年间就有征收，康熙元年（1662）清廷禁海，停征海税。旱税是清廷在海禁期间专门为澳门夷商生计设定的贸易税项，始自康熙十八年（1679），止于康熙二十三年（1684）。康熙十八年（1679），葡萄牙贡使本多白勒拉进京请求开放与内地贸易，提出“准在旱路界口贸易”的奏请，得到康熙皇帝的准许。[①]此税“俱属市舶提举司照例抽收，是所征之税，即系旧日海税”[②]。至此，停止了十八年的澳门与内地的贸易通过旱路重新开始贸易。康熙十八年（1679），清廷新订市舶税二万二百五十两之额。

康熙二十三年（1684）开海，水路贸易逐渐恢复畅通。康熙二十四年（1685），粤海关设立，李士桢即将市舶税移归粤海关征收，并向户部题请除额。李士桢于康熙二十六年（1687）二月，再上《请豁市舶旱路税饷疏》，奏请停征以旱税为主体的市舶税收，而将水路贸易税为主体的海税统归于粤海关征收。得到清廷准许。由上可知，市舶税与海关税征收的对象都是海船贸易的船只和货物。清代前期，户部与广东官府对“市舶税”实行了征收管理。康熙二十四年后，李士桢停征了旱税（市舶税），并将海税（市舶税）划归粤海关征收。广东市舶司管理职能转移到粤海关。这一转移的过程，也是清代海外贸易的国家管理向专业化转变的过程，李士桢参与了这一重大转变过程，出力尤多。

（四）分拆洋货行和金丝行

李士桢鼓励广州、佛山两埠商人分别承充洋货行和金丝行。清初，广州、佛山两埠原设有金丝行[③]，主要从事来广贩卖一切落地货物的贸易，并向广东税课司缴税；同时，承办出海货物贸易并向广东市舶司缴税。开海后设立粤海关，市舶司不收海舶税。随着外船来华贸易迅速增加，金丝行商人投

---

① （清）李士桢：《请除市舶澳门旱路税银疏》，载《抚粤政略》卷二《奏疏二》。

② （清）李士桢：《请豁市舶旱路税饷疏》，载《抚粤政略》卷二《奏疏二》。

③ （清）李士桢：《布政司呈详一件为分别税课等事》，载《抚粤政略》卷八《批答二》。

行缴税发生了困扰。李士桢敏锐地发现旧税制不能适应开海后贸易增加的形势，必须进行分别牙行征收货税的改革。

康熙二十五年（1686）四月，李士桢在广州、佛山两埠发布《分别住行货税》文告大力招商。该文告中心内容就是：设立金丝行和洋货行两项货店，分别报税。来广贩卖一切落地货物投金丝行，赴广东税课司纳税，使用住税报单；其外洋贩来货物及出海贸易货物投洋货行，赴粤海关纳税，使用行税报单。省城、佛山两埠"身家殷实之人"愿意承充洋货行者，呈明地方官给帖改换招牌即可经营。即有"一人愿充二行者"，也可以分别二店，各立招牌经营。[①]

李士桢《分别住行货税》的文告，是广东官府适应广东外贸的发展和设立粤海关的新变化，作出的新税收机构、新税收科目和新商人组织的制度安排。这是中国历史上第一次以官府牌照的合法方式允许民间商人经营洋货贸易，从而在广东商人群体中产生了推动两行分化的作用，其对广州、佛山两埠商人投身外贸经纪人的积极意义毋庸置疑。

此后，佛山市场上内贸批发商便与外贸批发商严格区分，各自经营。康熙二十五年（1686），从事"来广贩卖一切落地货物"的佛山金丝行商人，共同成立了金丝行会馆，金丝行会馆设在佛山快子上街[②]。佛山的"西货行会馆在升平街"[③]，该会馆道光年间曾重修。清代前期的富民铺，集中了从事外洋贩来货物及出海贸易货物的各种店铺，其中汾流大街卖"各色洋布"；豆豉巷"俱开棉花、西货、沉香、浮货行"；新宁街"俱开筛择槟榔行"，"琼南、西货行店开在此"，"海南行开此"。[④]此外，佛山铅务公所也是每年囤贮、批发10余万斤白铅给宝广局鼓铸，并出口海外70万斤至300余万斤的商业机构[⑤]。其他行商也各有聚处，史称"佛山一镇，乃各省商贾囤贮货物，往来买卖之所"[⑥]；"佛山镇四面皆有行户，处处可起货发销"[⑦]。

① （清）李士桢：《分别住行货税》，载《抚粤政略》卷六《文告二》。

② 民国《佛山忠义乡志》卷六《实业志》。

③ 道光《山忠义乡志》卷五《乡俗志·会馆附》。

④ 《佛山街略》。

⑤ 《粤东省例新纂》卷三《户·铜铅》。

⑥ 《佛镇义仓总录》卷一《南海县正堂刘太爷永禁堆积筑占搭盖抽剥碑记》。

⑦ 《行市·运到赤下地方炭斤一体赴厂纳税》，载《粤东例案》，抄本。

（五）派出广东盐课市舶提举司官员移驻佛山厂

清承明制，设立广东市舶提举司管理对外贸易，与广东盐课提举司合并为广东盐课市舶提举司，又称“盐市提举司”。康熙元年（1662）海禁后，海舶不至，市舶司提举之职无所事事。于是在康熙五年（1666），清廷裁撤了市舶司提举官缺。①

广东盐课市舶提举司在康熙十八年（1679）有了转机，当年清廷新订市舶税二万二百五十两之额，“令市舶司征收，即旱税也”②。广东市舶司衙门遂从闲职转为要职，重新运作。康熙二十一年至二十六年（1682—1687），市舶司在巡抚李士桢管理掌控下继续以“广东市舶司”名义征收舶税，而广东盐课市舶提举司提举一直是市舶税征收权的掌控者。

康熙二十四年（1685），李士桢完成市舶税向海关税的移交后，广东市舶司海舶征收职能逐渐消亡，但广东盐课市舶提举司机构的正式裁撤，则是在康熙三十二年（1693）广东盐政改革之时。之后又因为粤海关税收长期由广东督抚兼管，因而“市舶”一词仍在广东官府流行。直到乾隆十五年（1750）粤海关监督正式常任后，“市舶司”和“市舶提举”的称谓，遂为海关和“关部”“户部”所取代。

正由于广东盐课提举司长期监管市舶，李士桢向佛山派驻盐课提举专官就不是孤立之事。康熙二十一年（1682）之前的广东盐政管理，由巡抚统理，盐道专管批验，又设提举司官和提举司吏目，奔走查验之事。③佛山厂盘验盐斤，向系从省城批验所暂委官员吏目，随到随验。“佛山厂离省不远，向来委员盘验，大约多不亲行，不过滥托衙役苛索陋规而已。”④吏目多索的陋规名目繁多，如“过佛山厂，则有罪赎、厂官费用及厂书管家相公差役解费，把水、点仓、秤子、挂号等项费用”⑤。康熙二十一年，李士桢整饬盐政，革除陋规，将省城东关“提举司吏目一官”，“移驻佛山厂，专司盘验

① （清）金光祖：康熙《广东通志》卷六《公署》，载《广东历代方志集成省部》，岭南美术出版社2009年影印本，第313页。

② （清）李士桢：《请除市舶澳门旱路税银疏》，载《抚粤政略》卷二《奏疏二》。

③ （清）李士桢：《议复粤东增豁税饷疏》，载《抚粤政略》卷七《奏疏一》。

④ （清）李士桢：《整饬鹾政》，载《抚粤政略》卷三《符檄一》。

⑤ （清）李士桢：《摘数陋弊》，载《抚粤政略》卷五《文告一》。

之事。其往例暂委官员，竟可不用。……但佛山设厂，前经题明，其吏目移驻，亦属更改定制”[①]。李士桢在佛山设厂并移驻“能干首领官”[②]的措施，固然是对佛山盐政的改革之举，但也不无兼顾盘查佛山市舶贸易之意。据雍正《广东通志》“贡赋条”记载：“佛山铁镬税，据市舶司揭报约税银二百两。”[③]可见清前期市舶司在佛山已每年征收“铁镬税”200两。其后，佛山外贸发展进入快车道。

三、佛山市舶的洋商组织

清代所谓洋商，非指外国商人，实指本国从事洋货行的商人。梁嘉彬《广东十三行考》指出：“按‘洋行’为‘洋货行’之简称。中国前朝称与外番贸易之本国商舶为‘番舶’，清代亦称对外贸易之本国行商为‘洋商’，其行称为‘洋行’。”[④]这里论述的洋商组织，主要是指本国从事对外贸易的商人。

（一）澳门商人

佛山市舶的澳门商人主要有两大类：

一类是澳门土生葡裔商人。清初准许澳门设立25条出洋贸易海船，发给执照，他们多拥有发照额船的股份。其群体包括印度裔随从、仆人及南洋诸国裔的水手、杂役等人。

另一类是澳商，由居住澳门的中国铺商充任。他们粗通葡语和英语，熟悉澳门土生葡人的需求，其中不少人原为通事出身。乾隆五十七年（1792），粤海关曾在广州开设澳行招引澳商承充报税。

清廷准许澳门25条额船出洋贸易。每当出洋，需置办大量货物，而船货是众商合资购买，因此每船均有数十商人，加上舵工水手，每船人数上百人。据载“每船夷梢多至百余名，或二百名不等”[⑤]，再加上挑夫等人，

① （清）李士桢：《整饬鹾政》，载《抚粤政略》卷三《符檄一》。

② （清）李士桢：《条议粤东盐政疏》，载《抚粤政略》卷七《奏疏一》。

③ 雍正《广东通志》卷二十二《贡赋》。

④ 梁嘉彬：《广东十三行考》第一篇《序编》，广东人民出版社1999年版，第15页。

⑤ 《粤海关志》卷二十八《夷商三》，第552页。

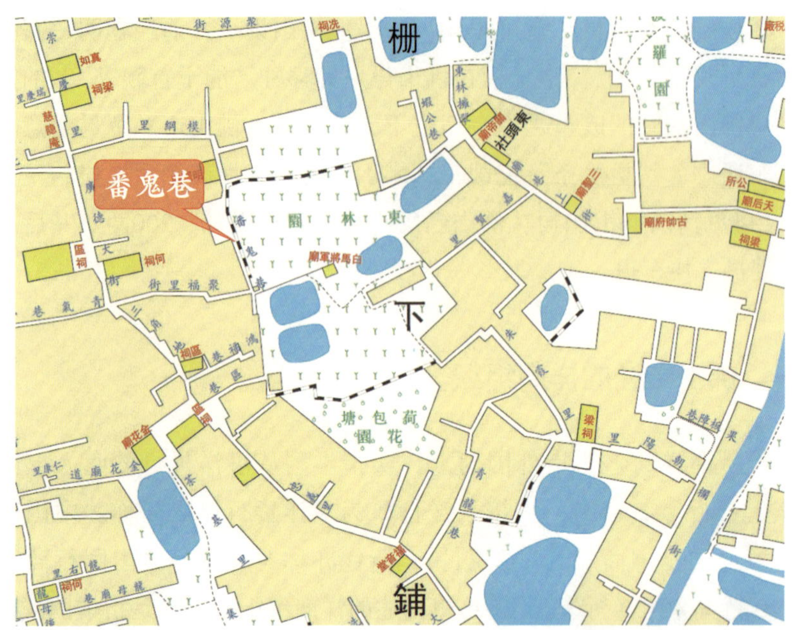

图7-4-1　清代“番鬼巷”地名，广东地图出版社根据民国四年（1915）《佛山古镇街道图》绘制

“澳中挑夫设有夫头，每逢渡船往来，承挑货物，及夷人上省下澳，均须雇请”①。因此，每年五、六月和九、十月，澳商及其为澳商服务之人就会集中出现在佛山，正如沈大成记载，澳门番人“每年以夏初至佛山互市，其人有黑白二种”②。每次信风期约5个月，澳门番人便在佛山镇居留。由于居留佛山的番商人数日渐增多，逐渐形成番人的聚居区。清代在佛山栅下铺有“番鬼巷”地名，民国初年尚见诸测绘地图。

清代澳门土生葡裔商人及其扈从印裔商人主要到香山和佛山互市，史称：“至于葡萄牙，则因有澳门为之凭借，竟以澳门为东道主，接纳各国商人；径与香山牙行贸易，不与十三行互市；又自有船舶往来贸易，只纳船钞，不缴规银。”③澳门的25条额船，均可由虎门水道到黄埔，也可以从澳门水道到佛山。马士《东印度公司编年史》记载清初澳门船到黄埔者，寥寥无

① 《粤海关志》卷二十九《夷商四》，第559页。

② 《学福斋诗集》卷三《啖荔诗钞》。

③ 《广东十三行考》，第313页。

几。正如梁嘉彬所指出“葡人与十三行问题本无多大关系”[①]。而且清代前期澳门土生葡裔商人主要从事南洋诸国的近海贸易，最远至印度果阿。[②]

澳门土生葡裔商人是一群与欧洲各国到广州互市的商人群体不同的，他们是主要从事近海口岸贸易而非远洋贸易的商人群体。他们更喜欢与佛山民间商人打交道。

关于澳商与澳行，嘉庆十五年（1810）香山知县彭昭麟札文称：

> 切澳夷荷蒙恩给额船二十五号，置货往趁外洋各埠贸易，以资生计。查历年所买货物，首重白铅，为大小西洋各埠所必需，皆由澳商代夷接办，前往佛山采买，到省报明关宪，输税给照，运回澳门，统计每年不下万万斤，历年开行报单可据，相沿无异。[③]

可知澳商是“代夷接办，前往佛山采买，到省报明关宪，输税给照，运回澳门”[④]的中介商人。如上所述，从明季到康熙、雍正年间，澳门土生葡人世代只与香山县牙行和佛山行牙商进行贸易。出于商业竞争考虑，澳门土生葡人有意绕开晚到的欧洲竞争对手英国东印度公司及在广州的十三行行商，并长期享受清廷的税收恩免政策，甚至开海之后直接在十字门海上交易。[⑤]

乾隆五十七年（1792）五月十七日，粤海关监督盛佳以“查从前因无澳商统理其事，是以难专责成”为由，在广州设立澳行，并招外洋行之同昌行商许永清承充澳行。澳行何者？澳行是清代前期在粤海关注册发照的合法商人组织，类似于外洋行（十三行）。显然这是清代广东官府对澳门土生葡裔

---

① 《广东十三行考》，第313页。

② 《粤海关志》卷二十八《夷商三》，第546页。

③ 嘉庆十五年十月初四日《香山知县彭昭麟为奉宪牌批复原禀请发额铅三十万斤归澳商采买下澳等事行判事官札》，载刘芳辑，章文钦校：《葡萄牙东波塔档案馆藏清代澳门中文档案汇编》上册，澳门基金会1999年版，第108页。

④ 《葡萄牙东波塔档案馆藏清代澳门中文档案汇编》上册，第108—109页。

⑤ 《岭南杂记》上卷，第12—13页。

商人加强管理的一种制度安排。[①]盛佳随即把许永清推上前台，在其给澳门理事官喽嚟哆的谕令称："嗣后一切上下省澳货物，俱归澳商代为报输，无论大单、小单，随时俱可酌办，以便该夷商上下省澳货物，不致阻滞。"[②]可是仅仅过了三个月，许永清就退出澳行。[③]许永清退出后无人承充，广东官府将所有之前为设立澳行发出的示谕[④]、连同"有关澳行之节次谕帖"，一并追回缴销[⑤]。至此，粤海关监督盛佳企图以设立澳行统摄上下省澳货物的行动也戛然而止。之后，澳商虽有，而澳行无存。澳商与广州十三行的竞争也愈发激烈。

（二）本地行商

乾隆十五年（1750），时任和平县知县的胡天文称："查粤省之十三行、佛山镇，外洋、内地百货聚集。"[⑥]又据嘉庆十五年（1810）澳门同知王衷称："澳门地方货殖，均由省垣、佛山各处市镇转运到澳，售卖值价随时长落，并无一定。嗣后凡民、夷买食，均照市价公平交易，毋庸立定章程。"[⑦]可见，佛山镇聚集了"外洋百货"和"内地百货"，也是与省城十三行一样的对外出口贸易地。乾隆年间，翰林院编修龙廷槐说：南海县"其大镇为省会、佛山、石湾；其行店为放赈铺、换银铺、洋货铺、珠宝铺、参茸铺、布行、木行、生铁行、铁器行、绸缎棉花行、清麻行、铜行、锡行、西货行、海味行、京果行、油行、豆行、谷行、米行、槟榔行、烟叶行、金丝行、瓷器行、果干行、药材行、柴行、炭行、糖行"[⑧]。龙廷槐所说的行店虽

---

① 《粤海关监督盛佳为复禀请不用澳行经理省澳货物事下理事官谕》，载《葡萄牙东波塔档案馆藏清代澳门中文档案汇编》下册，第632页。

② 《粤海关监督盛佳为由同昌行商许永清办理上下省澳货物事下理事官谕》，载《葡萄牙东波塔档案馆藏清代澳门中文档案汇编》下册，第631—632页。

③ 乾隆五十七年八月十二日《香山知县许敦元为批准同昌行商许永清退办澳行事行理事官牌》，载《葡萄牙东波塔档案馆藏清代澳门中文档案汇编》下册，第633页。

④ 乾隆五十七年六月三十日《粤海关监督盛佳为准通昌行商许永清退办澳行事下理事官谕》，载《葡萄牙东波塔档案馆藏清代澳门中文档案汇编》下册，第633页。

⑤ 乾隆五十七年八月初四日《粤海关监督盛佳为饬将有关澳行之节次谕帖缴销事下理事官谕》，载《葡萄牙东波塔档案馆藏清代澳门中文档案汇编》下册，第632—633页。

⑥ 乾隆《和平县志》卷一《舆地·险要·附录胡公讳天文详文》。

⑦ 《粤海关志》卷二十九《夷商四》，第559页。

⑧ 《敬学轩文集》卷二《初与邱滋畬书》。

无确指何埠，然佛山镇行店包括了上述所有行店类别，广州却未能尽揽。如生铁行、铁器行、绸缎棉花行、槟榔行、金丝行等，就是佛山所独有。

最早制定于康熙二十三年（1684）的《粤海关税则》“大关”条明确记载：

> 凡新开洋货行，收银四十两；凡新开福潮、佛山、江门、海南行，收银一十六两。①

《粤海关税则》将福潮行、佛山行、江门行、海南行四行并载，开行税银同为一十六两；又与洋货行（十三行）开行税银四十两并载一条，不是偶然的，它说明福潮行、佛山行、江门行、海南行与洋货行一样，都是粤海关允许设立的进出口贸易商人组织。只不过粤海关对洋货行开行的规模和缴税银两要求更高。

行商是明清时期主要商业市镇的商业组织，又称“牙行”。实际上，行商是“牙店”“行家”“行户”的通称。行商由身家殷实者缴税承充，官府发给执照。清代前期，洋货行、佛山行、江门行、海南行等行商，均在佛山镇留下历史足迹。

洋货行。康熙二十五年（1686），李士桢在广州、佛山两埠发布《分别住行货税》文告大力招商，鼓励佛山商人承充洋货行。乾隆年间即有佛商廖九如承充西货行（洋货行）。其家谱载：九如公原“往来汉镇，涉历江湖，沐雨栉风，辛勤备至。继乃居货佛镇，概然膺西货（行），主人重寄，忠信勤慎，远迩商贾恒倚赖之”②。据《佛山街略》记载：从事“外洋贩来货物及出海贸易货物”的行商集中在富民铺。如豆豉巷，“俱开棉花、西货、沉香、浮货行”；在富民里，“西货行店开在此”。③佛山的“西货行会馆在升平街”④，该会馆道光年间曾重修。

佛山行。早在康熙四十六年（1707），顺德人翁祖珩就在“禅山开宏远

① 《粤海关志》卷十一《税则四》，第221页。

② 《南海廖维则堂家谱》卷二《艺文》。

③ 《佛山街略》。

④ 道光《佛山忠义乡志》卷五《乡俗志·会馆附》。

行”[①]，“俏仿计然之策，渐臻饶裕”[②]。同时的陈德隆等22名商人，承充了佛山棉花行行商，专门承销江南和印度进口棉花，广东官府允许“行户执照毋庸递年逐任更换”[③]。佛山行商不仅设立仓栈，而且砌造码头。乾隆四年（1739）《豆豉巷码头碑记》载：“据行商叶忠昌、顾同兴等状告前事称：忠等均在佛镇开张行店，贮顿客货，向共捐资砌造豆豉巷口马头，以利小艇载货上落，以便商民。”豆豉巷码头是清代佛山最大的商业码头之一，因此在码头附近聚集了许多行商。乾隆四年重修豆豉巷码头，捐助银两的行店就有万铨行等98家[④]。此外，还有佛山铅务公所也是每年囤贮、批发10余万斤白铅给宝广局鼓铸并出口海外70万斤至300余万斤的外贸商业机构。[⑤]

海南行。据《佛山街略》记载，在升平街和排草街，“海南行开此”。富民里则有“琼南行开在此”。[⑥]道光初年，原业铁锅的黄世楚改业“海南行”，从事行商“十有二年，略积资财”[⑦]。史称“佛山镇四面皆有行户，处处可起货发销”[⑧]。

由上可知，清代前期佛山一镇开设了西货行、佛山行和海南行等行商组织，进行着卓有成效的进出口贸易活动。

还需指出的是，清代广东官府默许：“澳门地方系香山县所属，乃各国夷商聚集之地，向许内地民人在彼与交易；与省城买卖皆归行商情形不同，难以逐一稽查。”[⑨]因此，不少普通佛山商人（非行商）也会下澳贸易。大量往来于佛山与澳门之间的商人，成为佛山行商的重要补充。外贸组织和官府管理的松散运营，正是清代前期佛山市舶的特征之一。

除澳商的番舶外，清代顺德陈村造的“红单商船”，曾活跃在西江下游河道乃至外洋，成为中国商人出口贸易的主力运输商船。史载：

---

① 顺德《翁氏族谱》卷十六《杂录》。

② 《翁氏族谱》卷十四《艺文·赠言》。

③ 《行市·行户执照毋庸递年逐任更换》，载《粤东例案》，抄本。

④ 乾隆四年《豆豉巷码头碑记》，载《明清佛山碑刻文献经济资料》，第38—42页。

⑤ 《粤东省例新纂》卷三《户·铜铅》。

⑥ 《佛山街略》。

⑦ 《江夏黄氏族谱》。

⑧ 《粤东例案》之《行市·运到赤下地方炭斤一体赴厂纳税》，抄本。

⑨ 道光九年《查禁官银出洋及私货入口章程》，载《广东十三行考》，第167—169页。

> 红单商船俱出顺德县属之陈村等处，素以贩油为业，涉历大洋，往来吕宋、暹罗诸国，其船只之快利、炮火之精锐、点放之娴熟，较之额设师船，得力啻数倍。[①]

红单商船其规制仿古，合数十家共造一船，专以行船为生。红单商船所有舵工、水手皆为父子兄弟，遇敌皆能合力向前。其船大者水手六十余人，中者四五十人，小者三十余人。租用费每船每月纹银一百四十余两。清代广东水勇多出身于红单船子弟。[②]清中叶后，红单商船常常被官府雇为水师船只。史称“红单船”一旦受雇入伍，即成为“防海水师中之最剽捷者”[③]。

四、佛山市舶商品税则与本地大宗商品

屈大均在《广东新语》中对广东进出口商品类别有如下记载：

> 东粤之货，其出于九郡者，曰广货。出于琼州者，曰琼货，亦曰十三行货。出于西南诸番者，曰洋货。在昔州全盛时，番舶衔尾而至。其大笼江，望之如蜃楼屃赑，殊蛮穷岛之珍异，浪运风督，以凑郁江之步者，岁不下十余舶。豪商大贾，各以其土所宜，相贸得利不赀。故曰金山珠海，天子南库。贪者艳之。[④]

屈大均这段话其实只分了两大类商品：一类是广货，另一类是洋货（包括琼货和十三行货）。屈大均所言“在昔州全盛时”，应指前明隆庆开海之

---

① 《孙瑞珍奏请雇觅广东红单船只赴江南向荣军营攻剿折》（咸丰三年三月二十五日），载中国第一历史档案馆编：《清政府镇压太平天国档案史料》第六册，社会科学文献出版社1992年版，第148—150页。（原件为录副奏折）

② 《孙瑞珍奏请雇觅广东红单船只赴江南向荣军营攻剿折》（咸丰三年三月二十五日），载《清政府镇压太平天国档案史料》第六册，第148—150页。（原件为录副奏折）

③ 《咸丰四年六月条》，载侯宗海、夏锡寅：光绪《江浦埤乘》卷十四，凤凰出版社2008年版，据光绪十七年（1891）刊本影印，第11页。

④ 《广东新语》卷十五《货语·黩货》，第432页。

时。“以凑郁江之步者，岁不下十余舶”，郁江就是西江。“郁江之步”，可以包括陈村埠、佛山埠和肇庆埠等大埠头，但不包括广州埠头，显然走的是澳门航道。再有“豪商大贾，各以其土所宜，相贸得利不资”，指的是豪商大贾以九郡广货与番舶洋货合法贸易的方式。故而有“金山珠海，天子南库”之誉。

（一）商品税则

《粤海关志》共有税则六卷，记载了康熙二十三年至道光十三年（1684—1833）开列的粤海关辖下各港口征收各种货物的税额。[①]在《粤海关志》税则记载的十一个总口和子口中，佛山挂号口和江门正税口记载的船饷和出口货物最为丰富。[②]尤其是佛山挂号口，许多商品都是产自佛山的工业品并直接对澳门出口。兹将清代佛山挂号口的进出口商品列出如下[③]：

表7-4-1　清代佛山进出口商品纳税表[④]

商品名称	单位	税额（纹银）	备注
凡省来红单洋南各货	每百斤	七厘	
翠鸟毛	每百只作一百斤	七厘	
省来白单洋货	每百斤	二分	
省来白单南货	每百斤	一分	
澳门来红单各货到口	每百斤	二分四厘	
江门来红单各货到口	每百斤	一分三厘	
江门由路来红单各货到口	每百斤	一分一厘	
江门、东莞各处来土鱼胶、鲍鱼到口	每百斤	一钱二分	

① 《粤海关志》卷八《税则一·前言》，第7页。

② 《粤海关志》卷十一《税则四》，第223、225页。

③ 《粤海关志》卷十一《税则四》，第180页；卷九《税则二》之《铁锅、铁器、生铁器》，第223页。

④ 红单，又称“出口官票”。清粤海关规定：各类商船缴税，填写收税红单二纸，标明各关编号、商船名、货物名称及数量、缴税银两，并有各关戳印。一张给商人，一张送户部查核。红单即完税证明。（《粤海关志》卷十七《禁令一·苛勒之禁》，第344页）

（续上表）

商品名称	单位	税额（纹银）	备注
土紫菜、海粉到口	每百斤	二分四厘	
土紫菜、海粉出口	每百斤	二分	
江门来椰子到口	每百个	五分	
江门来椰子出口	每百个	二分	
佛山白单洋货出口	每百斤	二分	
佛山白单南货出口	每百斤	一分	不及一百斤免征
佛山铁锅出口	每六连作一百	二钱	一连二十斤
佛山熟铁器出口	每百斤	一钱	
佛山生铁器出口	每百斤	八分	
佛山绒线、绸缎纱、湖丝往香、澳	每百斤	二钱四分	
佛山纱罗、绸缎、湖丝往下路各乡	每百斤	一钱二分	往上路不收
佛山茶叶、白糖往下路各乡	每百斤	一分二厘	往上路不收
佛山茶叶、白糖往香、澳	每百斤	二分四厘	
佛山木油往香、澳并下路各乡	每桶	六分	往上路不收
	每埕	一分	往上路不收
佛山瓷器往香、澳并下路各乡	每子	一厘	往上路不收
	每笠	二厘	
	每百子	一钱二分	
	每桶	二分四厘	
佛山白铅往香、澳	每百斤	三分六厘	往别处不收
本地白铅驳运出口	/	/	于乾隆二年三月内裁免
佛山水银、辰砂往香、澳	每百斤	六分	往别处不收

（续上表）

商品名称	单位	税额（纹银）	备注
佛山白矾、冷饭头往香、澳	每百斤	一分二厘	往别处不收
佛山火腿、漆器往香、澳	每百斤	三分八厘	往别处不收
佛山矾石往香、澳	每百斤	二分四厘	往别处不收
佛山南货红单出口	每百斤	七厘	
楠木寿枋	每副	三分六厘	
燕窝、丁香、冰片进口	每百斤	一钱二分	
西洋布进口	每匹	三分六厘	
小绒进口	每丈	三分六厘	
锁鞋喇、哔叽缎进口	每丈	七厘	
洋棉花进口	每包	六分	

上表可见，出口商品有佛山生产的各种商品，如铁锅、铁器、绸缎纱、纱罗、瓷器、漆器、白铅、水银、白矾、矾石、火腿、木油等；进口商品有燕窝、丁香、冰片、西洋布、锁鞋喇、哔叽缎、洋棉花等；从数量品类来看，出口商品均比进口商品为多。与西欧各国商人喜购中国茶叶、湖丝和景德镇陶瓷等商品不同的是，澳门商人更多采购东南亚国家从明初以来就追捧的佛山本地大宗商品，如铁锅、白铅和广缎等。

粤海关规例，上述佛山挂号口开列征税之商品，只准佛山挂号口征收，其他关口不得征收。如有滥收，严行惩治。乾隆五十四年（1789），粤海关监督额尔布登在省城油行会馆出示晓谕，其告示称：

> 照得木油一项，佛山口规例开载，每桶收银六分，每埕收银一分，注明“往上路无收”字样，缘海关应收海税，是以前关部示，内佛山之下游省城、香澳、陈村、紫坭、东莞、石隆等处各乡均通海道。按照规例，挂号是指佛山口而言，至总巡、东、西炮台口，原无挂号之条，不得援以为例，况前关部示内亦无着令赴总巡、东西炮台挂号之语。……

为此示仰守口人役及铺户人等知悉：嗣后木油一项，除佛山口内照例征收外，其总巡、东西炮台口概不得援例牵合，借图滥收，倘有前项情事，一经查出，定即严行惩治。[①]

粤海关监督额尔布登的告示十分明确：按照规例，木油挂号是指佛山口而言，而总巡口和东、西炮台口原无挂号之条，不得援以为例。由此观之，清代前期佛山挂号口非一般的海关子口。

（二）本地大宗商品

南洋诸国所需大宗商品，主要集中在佛山生产和销售，澳商除了采购本地大宗商品外，国内各省出洋商品在佛山也能购买。可见，清代前期，铁锅、白铅、广丝、大黄等佛山本地大宗商品大量出口。雍正十一年（1733），佛山同知衙门设立，发挥了十分重要的管理职能。佛山同知给澳商发放帖照，澳商在粤海关广州总口或佛山口税厂纳税。然后用额船、红单船或三板通过澳门航道将货运回澳门，在澳门换成番舶或者洋船，通过十字门直接驶往东西二洋。其贸易盛况，惊动朝廷。佛山本地大宗商品的出口有以下三种：

1. 铁锅

明永乐年间，郑和宝船将广锅带到海外诸国，奠定了广锅在海外诸国王室及首领群体心目中的明代国家品牌地位。清代康熙开海，广锅成为海外诸国商舶贸易的主要商品，广锅的出口贸易一度达到历史高峰。

康熙二十八年（1689）颁行《粤海关税则》，将原来禁止出口的铁锅、铁器列入征收税则商品："铁锅，不论二三四五口等连，每六连作一百，税二钱；铁器，每百斤税一钱，生铁器，每百斤税八分。"[②]清廷允许铁锅、铁器出口，改变了历代历朝禁止铁器出口贸易的状况。至此，广锅就如同久积的洪水滚滚销往外洋。雍正九年（1731），广东布政使杨永斌奏称："雍正七、八、九年造报夷船出口册内，每船所买铁锅，少者自一百连至二三百连不等，多者买至五百连并有一千连者。其不买铁锅之船，十不过

① 高旭红、陈鸿钧：《广府金石录》，广东人民出版社2021年版，第346—347页。

② 《粤海关志》卷九《税则二》，第180页。

一二。”[①]杨永斌认为，每船所购数量在100连（2000斤）至1000连（2万斤）之间。根据掌握的史料估计，康熙二十四年（1685）开海之后至雍正九年（1731）约半个世纪间，每年夷船、华船和走私商船出口的广锅数量不会少于300万斤。以每连5口普通尺寸铁锅计，3万斤有7500口铁锅，300万斤有75万口铁锅。佛山竹枝词里“铸犁烟杂铸锅烟，达旦烟光四望悬”“汾江船满客匆匆，若个西来若个东”的诗句[②]，就是对康雍乾时佛山铁锅畅流东西二洋的具体写照。上述杨永斌所言“夷船”，主要是指澳商和南洋群岛诸国的船只，因为英国东印度公司的船只此时来华较少，且未见采购铁锅的记载。

乾隆以后，广东官府对沿海雷琼二郡的铁锅贸易也统一由佛山同知衙门管理，按例限量以50连为下限，上限为各郡“每年需用成数”总额，佛山同知“照依额数，给照运往”[③]。食锅50连以下之船不须申报给照。这给雷琼海船留下不少合法出口的空间。

与此同时，广锅的走私出口大量存在。每遇粤海关查扣，可以通过补税的方式规避罚罪。许多走私都是通过澳门口岸进行。乾隆六年（1741），英国多尔塞特公爵号将大量铁锅带入澳门私运上岸，引起南海县官员的盘查。经保商与抚院的斡旋，英商以马尼拉船欠债，以铁锅抵款1700两为由，蒙混过关，得以放行。[④]嘉庆二年（1797）十月初六日，粤海关澳门总口关员在娘妈阁查获私运铁锅出洋的三板，船内载有铁锅共计407连（8014斤），“只有夷奴四名，并无唐人在内”。粤海关照例输饷110番元，“将货给还收领”。[⑤]

---

① 《雍正东华录》卷十九《雍正九年十月二十三日广东布政使杨永斌奏折》。

② （清）何若龙：《佛山竹枝词》，（清）陈昌坪：《佛山竹枝词》，载乾隆《佛山忠义乡志》卷十一《艺文志·诗》。

③ 《嘉庆四年十月两广总督吉庆奏折》，载《两广盐法志》卷三十五《铁志》。

④ ［美］马士著，区宗华译，林树惠校，章文钦校注：《东印度公司对华贸易编年史》第一卷，广东人民出版社2016年版，第315—321页。

⑤ 《澳门委员钟溥泽为奉宪谕饬查民蕃勾串偷运铁锅事下理事官谕》（嘉庆二年十月十九日）；《娘妈阁口职员为查获民蕃勾串偷运出洋铁锅事呈上官禀（粘单）》（约嘉庆二年）；《民人陈和为勾串蕃人私运铁锅出洋事所具遵依》（约嘉庆二年），载《葡萄牙东波塔档案馆藏清代澳门中文档案汇编》上册，第118—119页。

2. 白铅

澳商是佛山白铅的最早购买者，在英国商船未来广州贸易时，白铅几乎为澳商全部购买。“查历年所买货物，首重白铅，为大小西洋各埠所必需，皆由澳商代夷接办，前往佛山采买，到省报明关宪，输税给照，运回澳门，统计每年不下万万斤，历年开行报单可据，相沿无异。”[①]《粤海关志》税则在佛山挂号口有“佛山白铅往香、澳，每百斤收银三分六厘。往别处不收”的规定。[②]从上引“统计每年不下万万斤”句看，澳商垄断了白铅贸易，而清代前期清政府并未对白铅出口数额加以限制，反而于乾隆二年（1737）三月内裁免了“本地白铅驳运出口”的税则。[③]明末清初，澳商大量购买白铅运往印度和南洋诸国，“澳船所趁大小西洋、小吕宋、哥斯达等夷，皆外洋夷船贸易不到，是白铅一物澳船无运，则大小西洋等国需用无资”[④]。

除澳商外，英国东印度公司也把白铅视作主要商品购买。早在康熙三年（1664）年英船苏拉特号就到澳门要求购买生丝和白铅。[⑤]显然，英国人也发现了佛山白铅的贸易价值，随即加入了抢购白铅的行列。据马士《东印度公司对华贸易编年史》记载，从康熙三十八年至道光十年（1699—1830），英国东印度公司及其各国商船把白铅作为重要商品和压舱之货，通过广佛两埠洋货行商人大量购买佛山白铅出口。随着英国东印度公司船只和各国商船的购买数量的增加，白铅价格也逐步攀升。17世纪末至18世纪初年，白铅价格为每担2.88两，英商当时购买不多，最多的康熙五十六年（1717）也仅8028元，明显不如澳商购买数量多。雍正十年（1732），东印度公司开始增加购买，当年东印度公司派遣4艘船，大班特纳以每担6.5—7两的价格“购入大量白铅”。其中开往孟买的康普顿号载走白铅3500担，价值23027两。[⑥]乾

① 嘉庆十五年十月初四日《香山知县彭昭麟为奉宪牌批复原禀请发额铅三十万斤归澳商采买下澳等事行判事官札》，载《葡萄牙东波塔档案馆藏清代澳门中文档案汇编》上册，第108页。

② 《粤海关志》卷十一《税则四·佛山挂号口》，第223页。

③ 《粤海关志》卷十一《税则四·佛山挂号口》，第223页。

④ 《葡萄牙东波塔档案馆藏清代澳门中文档案汇编》上册，第110—111页。

⑤ 《东印度公司对华贸易编年史》第一卷，第34—36页。

⑥ 《东印度公司对华贸易编年史》第一卷，第233—239页。

隆三十七年（1772），英国散商也开始购买白铅。乾隆五十七年（1792），英国散商船20艘共购买白铅36578担，每担7两，用银256046两（357107银圆）；瑞典船1艘购买白铅85担，用银595两；丹麦船1艘购买白铅102担，每担7两，用银714两。合计当年欧洲商船共购买白铅36765担。[①]嘉庆二年至嘉庆十二年（1797—1807）的10年间，白铅每年出洋数量，最多年份330余万斤（约33000担），最少年份70余万斤（约7000担）。嘉庆二十二年（1817）达5.5万担。若加上澳商直接从佛山购买出口的白铅数量，1817年佛山出口的白铅估计在6万担以上。当年，白铅价格升至每担11.83两（16.5银圆）。[②]

嘉庆十二年（1807）十二月初七日，嘉庆皇帝下了一道圣谕给粤海关监督常显：

> 着传谕常显即将粤海关每年出口白铅，查明数目，大加裁减，或竟可不令贩运出洋，奏明设禁停止，亦无不可。该监督务须体察利弊轻重，会同总督酌定章程，不可贪图小利，因循滋患也。[③]

嘉庆皇帝这道圣谕，改变了清代前期白铅无限量出口的状况。嘉庆十三年（1808）正月，粤海关监督常显复奏请以每年出口70万斤为限。夷人得以照旧贸易，而内地铸银需用白铅亦不短少，两有裨益。[④]

常显的奏言，得到嘉庆皇帝的准许。此后，每年白铅出口即以70万斤之数为定额。先前在乾隆五十七年（1792），英国散商船曾购买白铅36578担，该数已超出70万斤（7000担）定额之数，这就意味着，假如英国商船某年购买白铅超过70万斤定额，其他国家商人将面临无可购白铅的窘境。由此，引发了英商与澳商对白铅购买权的争夺。

嘉庆十四年（1809）、十五年（1810）澳商连续两年缺买白铅[⑤]。于是，嘉庆十五年（1810），葡萄牙摄理澳门长官眉额禀告广东官府，请求在70万

---

① 《东印度公司对华贸易编年史》第一卷，第230—231页

② 《东印度公司对华贸易编年史》第一卷，第230—231页。

③ 《粤海关志》卷十七《禁令一》，第354页。

④ 《粤海关志》卷十七《禁令一》，第354页。

⑤ 《葡萄牙东波塔档案馆藏清代澳门中文档案汇编》上册，第110—111页。

斤额内分拨30万斤由澳商采买。[①]嘉庆十五年（1810）八月，经粤海关监督、广州知府、澳门同知三方会议后，由澳门同知王衷出面驳议了葡萄牙摄理澳门长官“拨三十万斤采买”之请[②]。广东官府不同意分给澳商3000担额定白铅的请求，只准许在需要之时在澳门购买转运。其实，广东官府是担心澳商绕开洋行直接到佛山购买白铅，恐至“浮买透漏之弊”。“况澳夷购货，向无行商承报”就是指此。[③]这就给澳商提高了购买白铅的门槛。嘉庆十六年（1811）二月二十九日，葡萄牙摄理澳门事务官眉额等再次禀称：“公举殷实澳商，在定例准夷商置买白铅七十万斤之内，分买数十万斤，以资生计。”[④]嘉庆十六年（1811），澳门额船商人曾公举王文德为澳商，到省办理购买白铅事宜。然广东官府查明王文德本为澳门通事，并非商人。[⑤]未予准许王文德承充澳商。因此，嘉庆十五、十六年两年内，澳门额船商欲购买白铅之举接连失败。

嘉庆十九年（1814）二月二十五日，澳门理事官眉额再以广州洋商“辖掣偏抑”为由递禀，再向广东官府提出“今请将所拨定额数，准眉等选择澳商代为经理，于澳船需买之时，仍赴佛山分府衙门请领执照，填注斤两数目”的请求。两广总督蒋攸铦为“避免洋商辖掣偏抑”，曾要求“洋商伍敦元等，于应买例定之白铅七十万斤之中，拨出十四万斤以备澳夷采买”。而当时任十三行总商的伍敦元（嘉庆十四年任总商）则禀称：“并无价值高昂，均系一律办理。应请仍循其旧，以免滋生弊端。”[⑥]伍敦元对广东官府的搪塞，让澳船购买白铅的企图和多年努力再次付诸东流。

就在此时，西欧陆续发现了蕴藏量巨大的铅锌铜矿，冶炼出的产品形状色泽完全可以代替中国出产的白铅。西方新兴工业国家尤其是英法德等国，

① 《葡萄牙东波塔档案馆藏清代澳门中文档案汇编》上册，第108—109页。

② 《粤海关志》卷二十九《夷商四》，第558—560页。

③ 《粤海关志》卷二十九《夷商四》，第558—560页。

④ 嘉庆十六年《署澳门同知辛为奉宪牌饬知确核原禀公举澳商分买白铅事行判事官札》，载《葡萄牙东波塔档案馆藏清代澳门中文档案汇编》上册，第110页。

⑤ 《署香山县郑承雯为奉宪牌饬查原禀公举澳商王文德办运白铅事下理事官判事官谕》，载《葡萄牙东波塔档案馆藏清代澳门中文档案汇编》上册，第111—112页。

⑥ 嘉庆二十年五月初三日《澳门同知刘星蕖为奉宪牌禀覆拨运额铅如何稽查事下判事官谕》，载《葡萄牙东波塔档案馆藏清代澳门中文档案汇编》上册，第116页。

把目光转向了近在咫尺的波兰西里西亚。正如嘉庆二十年（1815）住在澳门的瑞典总领事龙思泰所言："白铅（tutenague）或称中国锌。……以前大量出口到印度，后来被西里西亚（Silesia）锌块所取代。由于它价格较高，现在已很少出口甚至完全不出口了。锌块甚至反而进口，与中国产品竞争。"[①]

道光十二年（1832）七月，两广总督李鸿宾、巡抚朱桂桢、粤海关监督中祥等会奏："外夷各国均已产铅（白铅），无须来粤贩运，请将报部出洋白铅定额暂行停止，应如所奏。即将前定出洋额数裁停，以归核实。"李鸿宾等人的奏折，得到道光皇帝的准旨。此后，白铅停止出洋。[②]广州洋商继续垄断白铅贸易获取厚利的企图和澳门额船请求白铅额度的努力，从此通通打上句号。

3. 丝绸与棉布

葡人对佛山所织洋缎喜爱有加，而佛山也大量出产洋缎至澳门，以满足澳门土著葡人的衣饰需求。佛山丝织机户可以根据来样采用湖丝或广丝定制丝绸。嘉庆五年（1800）以前，外洋船贩运中国丝绸常常可以获得100%的利润。

清初，英国船主要购买的商品是丝绸、白铅、茶叶；乾隆六十年（1795）后，大量增加棉花、茶叶、生丝和南京布的购买，出口商品结构发生变化。清中叶后，佛山生产的夏布成为南洋诸国喜爱的布匹商品。佛山也仿制生产南京布，瑞典人龙思泰说："南京布亦产于广州和中国的其他地方，以及东印度群岛。中国产的南京布，至今在色彩和质量方面，仍优于英国产品。价格每百匹60至90元不等。出口到欧美，数量可观。很适合温暖地带作夏服之用。"[③]

除了上述三大本地大宗出口商品外，佛山还有一些特殊商品出口。如金箔，佛山制造的金箔既好又薄，质量上乘。长期居住澳门的瑞典人龙思泰说："中国人制造大量的金箔，用于寺庙中的装饰等等，也出口输往印度。"[④]又如大黄，乾隆五十四年（1789），总督福康安奏称："查大黄出产川、陕二

① 《早期澳门史》，第350页。

② 《粤海关志》卷十七《禁令一》，第356页。

③ 《早期澳门史》，第352页。

④ 《早期澳门史》，第349页。

省，商人运贩到粤，于省城、佛山两处售卖，每年约二十余万斤，其卖与洋行各国夷人约十余万斤，内地各府、州地方亦约销十余万斤。”[①]清代前期，佛山的出口商品品种丰富，许多品种极受东南亚诸国喜爱。因为不是大宗商品，此处从略。

五、佛山市舶历史地位

（一）佛山市舶是澳门贸易时期的轴心港市

澳门贸易时期是一段特殊的发展时期，澳门作为明清时期的外贸窗口，经历了从隆庆开海和康熙开海的机遇。在东印度公司未来之前，澳门商人几乎垄断了东亚与南海诸国的贸易。东亚诸国和南海诸国是缺铁国家，这些国家的铁器、白铅和丝绸棉布依赖于从中国进口。佛山自然成为澳门商人前往购物的首选口岸。因此，在澳门与佛山之间，形成了两点一线的轴心港市。佛山的对外贸易事业从康熙二十三年（1684）开海之后迅速发展，在雍正年间（1723—1735）达到贸易高峰，直至乾隆二十二年（1757）广州独口通商为止。在这70多年里，佛山市舶充当了清王朝在内地最大的合法港市的角色，其贸易规模和贸易活动一度超过广州。可以这样说，佛山市舶因澳门贸易兴而兴起，也因澳门贸易衰而衰落。乾隆二十二年后，清朝廷和东印度公司的西欧商人等敲开了广州港市的窗口，从而改变了澳门港市的贸易前途，中国的对外贸易自此进入广州贸易时代，佛山市舶的命运从此改变。

（二）佛山市舶是佛山制造的市场引擎

佛山市舶通过澳门商舶，连接了东西二洋的海外市场。从康熙、雍正年间爆发的广锅出口量，到乾隆、嘉庆年间飙升的白铅出口量，再到跨越康熙、雍正、乾隆、嘉庆、道光的广丝和夏布长期的大量出口，无不得益于海外市场的增长需求。围绕着冶铁业、陶瓷业、丝绵纺织业三大主干行业，清代佛山手工业不断分化，以满足海外市场需求。除了广锅傲视东亚外，广钟也大量出口东南亚。法国学者苏尔梦对现存东南亚寺庙的中国铁钟研究认

① 《粤海关志》卷十七《禁令一》，第359页。

为："东南亚梵钟主要来自广东，尤其佛山。"[①]明代佛山仅治"乌金"，清代则兼治"五金"，色色生辉。金属加工各行的技术渊源于冶铁业，当铸冶技术拓展到金、银、铜、锡、铅等新原料，就依原材料不同而衍生出不同行业。铸造技术派生出一字铜行、黑白铅行等行业。白铅出口在此时崛起就是明证。锻造技术是打制拉拔成各种产品，即进行深加工，由此又根据不同的产品派生出不同的行业。清代东南亚佛教国家和华人移民群体建庙塑造佛像，神像金身大量需求金箔，因此佛山锻造技术派生出金箔行、金花行、锡箔行、铜钱行、铜器行、铜扣行、打银行等，佛山出产的金箔曾长期占领南洋市场。再如丝织业的发展，也派生出若干以绸纱为原料的行业，如五丝行、八丝行、广纱行、广缎行、布扣行、头绳行、制帽行和唐鞋行。屈大均"五丝八丝广缎好，银钱堆满十三行"的诗句，反映的就是洋船预付银圆给行商订购佛山丝货的情况。还有佛山年画行，也是安南（今越南）等国年画市场的支撑行业。[②]总之，每一个新市场的拓展，每一新产品的出现，就预示着一个新行业的诞生。由此不断派出，形成清代前期五花八门的行业发展格局。清代佛山手工业行业分化出十大种类：纺织类、成衣类（包括刺绣、鞋帽）、建筑类、饮食类（包括成药）、五金类（包括冶铁）、竹木类（包括造船、拆船）、造纸类（包括爆竹、门神）、文具类、杂物类、杂工类。[③]行业又细分为一百七十五行。[④]如果把明代佛山冶铁业说成是"一枝独秀"，那么清代佛山手工业就是"百业同兴"了。所有这些手工业门类的发展，使佛山成为当之无愧的清代前期中国南方综合性工业生产基地。

（三）佛山市舶是清代设立佛山同知衙门的重要原因

雍正十年（1732），广东巡抚杨永斌向雍正皇帝奏请设立同知一员驻扎佛山镇。[⑤]杨永斌的奏折得到雍正皇帝的批准，于是雍正十一年（1733）设立佛山同知署，全称"广州府佛山海防捕务同知署"。原设在丰宁铺十字路，

---

① ［法］苏尔梦：《从梵钟铭文看中国与东南亚的贸易往来》，载李庆新主编：《海洋史研究》第三辑，2012年5月，第11—62页。

② 程宜：《佛山木版年画历史与文化》，广东人民出版社2017年版，第128—130页。

③ 参考民国《佛山忠义乡志》卷六《实业志》。

④ 民国《佛山忠义乡志》卷六《实业志》。

⑤ 《朱批谕旨》第五十二册，第13—14页。

雍正十三年（1735）迁至莺冈原都司旧署处。[①]

清代吏部定佛山同知为“繁难要缺”，两广只有佛山和澳门的同知官为“繁难要缺”。佛山为繁要之区，历届佛山同知的选调，直接由吏部任命选调，即为“部选”。

佛山同知设立后，最重要的职能就是管理对外贸易。其中，又以发放各类通行执照和稽查进出口商品为要务。清代广东官府规定，所有佛山镇铸造的食锅农具，“其由海运赴雷琼二郡者，均在佛山同知衙门给照出口。食锅等项数至五十连以上即行给照，以便海口稽察”[②]。土铅和洋铅的运销，亦由佛山同知衙门向水客印发运照，并“能饬韶、梧、肇三关，照例稽查”。铅斤运到，铅务公所司事报明佛山同知，“验对印单。将铅起贮公所，仍由司事将水客姓名、铅斤数目，按月列册禀运。该同知照造通缴”[③]。此外，清代佛山是两广米埠，南洋米和广西米汇聚佛山。佛山镇米价是通省的标准价，佛山同知、五斗口司衙门每逢五、逢十要向南海县报告米价[④]。可见，佛山同知衙门一经设立，就担负着管理监督佛山口岸米、铁、铅等重要物资供应和贸易的责任。

六、佛山市舶转移原因

（一）核心口岸转移

海外新市场网络的兴起与核心口岸的转移有极其密切的关系。

澳门葡萄牙商人在佛山的贸易，属于季节性贸易。每年五六月南风起时来到佛山，十一月北风起时离开佛山出洋。清廷并未准许澳商在佛山建立商馆作长期居留。但是，英国东印度公司自进入中国市场之初，就提出建立商业据点的要求。他们嫉妒澳门每年对华贸易达100万两的市场份额，深知澳商在华没有据点的软肋。英国东印度公司的对华贸易报告称：“该总督理解到，如果英国人获得据点，开辟了印度的贸易，则葡萄牙的此项贸易就会全

① 乾隆《佛山忠义乡志》卷二《官典志》。
② 《两广盐法志》卷三十五《铁志》。
③ 《粤东省例新纂》卷三《户·铜铅·采买白铅》。
④ 《佛镇义仓总录》卷二《劝七市米户照实报谷价启》。

部丧失。”[①]按照这一商业竞争战略，英国东印度公司一边请求清廷准许其在广州建立商馆，一边开展大规模贸易，并与清代合法的洋货行（十三行）商人合作。

乾隆二十二年（1757），清廷实行广州一口通商政策之时，十三行商人和以英国东印度公司为首的西欧各国商人成为广州独口通商的第一批红利获得者。梁嘉彬先生指出：“按广东十三行制度，固沿历朝市舶之习，然亦革历朝市舶之弊。……至论十三行之事业范围，始则偏于以‘夷货与民贸易’，继乃转重于‘与夷互市’；论其交易之对象，始则重在南洋诸国，继乃转而之西洋诸国；论其性质，始则纯属评定货价承揽货税之商业团体，继乃兼及外交行政。”[②]梁嘉彬先生所言十三行商人与一般牙商的区别，就是事业范围和市场网络更大，事业性质已属国事，因而得到清政府的特许授权和政策支持。

此时，广州口岸出现了三大变化：一是整洁美观的各国商馆陆续在十三行街旁边建成，各国商人有了商业据点；二是出口货物从先前的以佛山制造的广货为主到以外省出产的茶叶、景德瓷、南京绸缎和湖丝为主；三是直航欧洲的大型洋舶成为主力船型，也就是说海外市场从南洋诸国扩大到欧洲本土。随着市场网络的扩大，原先处在旧有市场网络核心节点的澳门和佛山，势必为辐射范围更大的核心口岸广州所覆盖并逐步取代。由此可见，清朝廷、十三行与英国东印度公司等西欧各国商人重塑了中国的外贸市场网络，核心节点转移到广州一口，在市场网络重塑的过程中，澳门与佛山就逐步被边缘化了。

（二）航路要冲转移

佛山涌曾是承载清代前期佛山镇商业繁荣的低成本运输主航道。康熙年间，佛山涌的汾水正埠码头处河面既深且宽，尚能停靠大小五千船只；栅下天后庙码头处在海口位置，河面也很宽阔。但佛山涌因处于西江下游，每年泥沙沉积造成航道淤浅的变迁情况十分严重。道光以后，清涌成为佛山举镇商民关切的头等大事。从道光元年到光绪十年（1821—1884），佛山一地

① 《东印度公司对华贸易编年史》第一卷，第19页。

② 《广东十三行考》，第51页。

动员全镇商民举办的清涌共有五次。最大规模一次是同治十一年（1872）由梁应焜承办、李应材协办的清涌工程，拟浚通“佛山全河七十余里”，筹银十二万四千六百三十一两，支用十一万七千五百五十五两，购买西洋机器，清涌多年，但收效甚微。[①]光绪年间，佛山涌淤浅日甚，冬天涸水期西、北两江来船不能由沙口入佛山，只能绕东平河由石湾入佛山。南面由澳门来的船只也只有舢板可以泊位，与清初时澳门百顿额船能停靠栅下天后庙码头的航道条件相去甚远。

乾隆以后，英国东印度公司已有上千吨位的海舶到粤，广州黄埔的深水码头必然成为这些海舶的首选，进出口贸易的主航道再次回归广州虎门航道。

（三）清朝特许政策变化

如上所述，佛山在明清两代享有垄断经营的各种专利。但随着广州口岸外贸的逐渐兴旺和铁器、白铅出口政策的从紧执行，清政府先后限制了佛山的出口商品种类和数量。首先是禁止广锅的成批量出口，雍正九年（1731），杨永斌奏请雍正皇帝准许铁锅“照废铁之例一体严禁，无论汉夷船只概不许货卖出洋”。但五十连以下近海贸易不限[②]。其次是出口白铅“每年以七十万斤为定额”[③]。再之是放开只准佛山一地铸锅的专利政策，道光十五年（1835）以后允许外地铸造铁锅。

与此同时，清廷在雍正年间批准发照给澳门的25条额船，由于运营损失而不断减少。“二十余年间飘没殆半，澳蕃生计日绌。”[④]澳商向清政府提请补增额船，但广东官府因西欧各国商舶日增而态度改变，未予增补。[⑤]

清政府不允许澳门额船增加，意味着澳门原有的额船不久也将消失。正如郑德华所言：“广州不仅成为中国对外通商的唯一合法口岸，而且是控制

① 中国第一历史档案馆藏清宫档案，“刑部录副”，档案号：529-1473-1476；又见《光绪十二年十二月二十六日张之洞为粤省前修佛山河道工程查开段落丈尺收支银数缮列清单》，中国第一历史档案馆藏宫中朱批奏折，档案号：04-01-0956-024。

② 《雍正东华录》卷十九《雍正九年十月二十三日广东布政使杨永斌奏折》。

③ 《粤海关志》卷十七《禁令一》，第354页。

④ 印光任、张汝霖：《澳门纪略》下卷《澳蕃篇》，乾隆十六年（1751）刻本，第31—32页。

⑤ 《粤海关志》卷二十八《夷商三》，第546页。

澳门的重要中心。”[①]正因为清廷外贸政策的改变，之前佛山与澳门所享有的无限量出口和减免税项的红利消失殆尽。

综上所述，从康熙开海到广州一口通商，有一段清廷建立对外贸易管理制度的窗口期。在这段制度化过程中，李士桢与粤海关监督额尔图格、十三行与英国东印度公司，都积极参与，献力献策。与英国东印度公司商人相比，澳门额船商人则满足于所享有的减税优免和明末清初的松散管理状态，不求提高自身商业规模和打造吨位增加的海船，回避承担税收额上升的义务，游离于海关管理体制之外。然而，正在建设中的清代外贸体制和海关制度再不能容忍澳商的散漫自由，独口通商的上位机会稍纵即逝。澳门曾经傲视东亚的外贸地位就在被动等待中动摇，直至陨落。而佛山也因此失去轴心口岸地位。[②]

---

① 郑德华：《“一口通商”与“澳门航道”》，载《学术研究》1999年第12期。

② 关于佛山市舶与外贸的详细情况，请参阅罗一星：《论清代前期的佛山市舶》，载《中国社会经济史研究》2020年第2期；《帝国铁都：1127—1900年的佛山》，第251—291页。

第八章

清代佛山城乡社会

清代是佛山城乡社会充分发展的重要时期，随着粤中第一大围——桑园围在清中叶的正式合围，南海、顺德两县成为珠江三角洲腹地最富庶的“鱼米之乡”。随着工商业会馆和“西家行”的成批出现，佛山镇的商业组织率先进入城市化、市场化的进程。享誉千年的佛山祖庙，作为佛山民众的信仰高地和精神家园，在中国城市发展史上演绎出一座庙宇与一座城市命运休戚相关的城市发展模式。佛山和谐的商业环境和多样性的民间文化，则是佛山留给中国社会发展史的宝贵财富，也是今天佛山弥足珍贵的文化资源。

清代以佛山为首的“天下四大镇”的出现，打破了我国传统的“先政治，后经济”的“郡县城市”的发展模式，而以广州、佛山为城市双主角的珠江三角洲城市体系的迅速崛起并跃居全国前列，代表了“工商城市”发展的新路径，以及此时中国城市都市化的主流。

第一节　清代佛山的乡村、墟市与宗族

一、清代佛山水利治理与桑园围修筑

元、明以来，佛山人民定居在俗称“后便冈”“开便塱”的乡村环境里。乡村的基本空间格局可以概括为屋后靠冈，屋前面涌，涌外是塱，塱外筑基，基外是大涌，大涌通外海。居住环境周边的水面宽阔，河涌纵横。高度亲水的乡居环境，使基围水利的建设成为高效利用土地和保护聚落的重要条件。

基围起始于个别人户建立的“私基”，在私基基础上逐渐联合成一村一堡的子围，村堡子围又联合成沿江大围，大围又通过筑闸窦继续联围。人们便居住在这样一个包含了私基、子围和大围的水利系统中。诚如民国《广东围垦和防洪》所说：“私基以起，续后村族日众，联合组织，扩大围筑，遂成公基，进而联防合作之统筹。”[①]具体的变化过程，我们可从各县的水利建设情况窥见。

明代万历《南海县志》对堤围的记载，是以所属何堡、长度若何、捍田（税）多少为主要记载内容。例如“海洲堡圩岸一千七百五十三丈，护田一百九十顷”[②]，康熙《南海县志》仍然沿用这种记载内容，数字也基本没有更新。到了乾隆年间，《南海县志》首次出现了专门的水利志，改“圩岸”为“围基”，单位从“堡”变为了“司”属的各个围，且记载了围内村庄和窦穴的数量和位置，[③]这说明在明末清初这段时间，原本各修各堤的“圩岸”，变成了需要在某一地域范围内相互协调的“围基”，围内的村庄就是参与协调的成员，窦穴的数量和位置则是重要的关注内容。道光年间的《南海县志》则改《水利》为《江防略》三卷，不仅记载了各基段在乾隆志基础

① 《广东围垦和防洪》，载《珠江水利》1947年第2期。转引自司徒尚纪、许桂灵：《北江大堤地区历史地理初探》，载《岭南文史》2005年第4期。

② 万历《南海县志》卷一《舆地志·圩岸》。

③ 乾隆《南海县志》卷十一《水利》。

上进一步的细化，而且明确了各围历次修筑维护的资金来源、历次崩决和法律政策给予的优惠，如“乾隆元年奉旨豁免鱼苗、鸭埠修筑围基租银，总督鄂弥达请以盐羡生息银两为修围基之用”等，还详细记载了汛期（预警）及抢救、维护、疏浚方法，还绘图。[①]乾隆、嘉庆以后，日益紧迫加剧的水患倒逼处于上游的南海乡村进行制度化的水利建设和维护，居住在当地的人们只有高度动员和组织起来才能应对恶化的水利环境。18世纪以后，水利文书数量剧增，产生出乾隆五十九年（1794）到民国的数种《桑园围志》，还有各村内保存下来的许多相关水利的碑刻。

基围修筑历来是各堡的重要工程，附围各堡向有基段责任。民国《佛山忠义乡志》记载了康熙五十六年（1717）定下的存附围内各堡负责修筑大富围的基段责任和抢险义务：“凡修筑工程，大富与附围各堡主厥役。佛山（堡）无基段责任，向不派费。遇有危险，报到大魁堂，亦勉力佽助。盖救邻即以固圉，不敢秦越视也。此所谓外围也。统筹全局，内有石角围以捍海潮，外有存院围周环三面。亦天然屏翰。”[②]各县接壤之处竖立界碑，如南海县九江厅与顺德县江浦司（龙江）就有石碑明示分界。

图8-1-1　清代九江厅基界碑（西江主干流西樵堤段铁牛坦段，祭基之处）（南海区博物馆提供）

图8-1-2　顺德龙江江浦司基界碑（佛山市水利局提供）

顺德在明代还有大片水域，经过一两百年的开发，清初已有一些地方逐

① 道光《南海县志》卷十五《江防略一》、卷十六《江防略二》、卷十七《江防略三》。

② 民国《佛山忠义乡志（校注本）》卷首之二《舆地图说》，第67页。

渐连片成田。乾隆年间，顺德县境内有26条堤围，比明代增加了10条。乾隆末年到咸丰年间是顺德、南海“废田树桑”的高潮期，堤围建设也处于高峰期。咸丰《顺德县志》卷五《建置略二·堤筑》记载堤围共113条，建于清代的堤围共104条。从咸丰年间到清末是桑基鱼塘发展的另一个高峰期，尤以光绪、宣统之间最多。民国《顺德县志》卷四《堤筑》载：“近数十年增拓愈多，有因旧扩充者，从新与筑者。”该书记载堤围66条，其中建于光绪与宣统年间的堤围36条。清代顺德有长度记载的104条堤围，总长219973丈，是清代珠三角地区建筑堤围数量最多和长度最长的县。[①]

图8-1-3　清代顺德县北水水闸（顺德区博物馆提供）

图8-1-4　清代顺德县龙潭水闸（顺德区博物馆提供）

清代三水芦苞附近建起了九曲围、黄涡围，三水河口以下建起了闩门围、大良围、鼎安围、肚窝围、射州围、芳山围、昌山围，[②]如“大良围，城东二十五里，在西南等乡，上、中、下田一千五百余石，苦旱、潦，窦通大河”。也有一些设施因为缺乏维护而废弃，如“豂陵围，城南四十里，在清塘等乡，高一丈二尺，周二千七百五十六丈，上、中、下田八十三顷四十余亩，有滘湾、新圳二窦，田洼苦潦。其窦元至正元年建，弘〔宏〕治辛酉陆宣改迁，今以渔利为之不派田料，乾隆四十九年（1784）新圳窦被水冲决，今圮”。[③]

据光绪《高明县志》卷十《水利志》记载：清代高明有大沙堤、石头庙堤、陶筑堤、霄陵堤、南岸堤、俊州堤、陈等围、三洲大围堤（内有子围

① 《佛山桑基鱼塘史》，第62页。
② 司徒尚纪、许桂灵：《北江大堤地区历史地理初探》，载《岭南文史》2005年第4期。
③ 嘉庆《三水县志》卷八《水利》。

菰茭堤、绿葱堤、蛤菜堤、东坑堤、铁册堤、伦埇堤、佛四堤、佛凹基、梅子冈堤、暗珠隄、三合窦堤等）、下南岸围（古之柏树堤）等堤围。因水患连年加重，各堤围纷纷在元明原有低矮浅薄的土堤基础上加高培厚，建成大堤，有些地方甚至因此需要重新布置村落空间，如陶筑堤内的大塘冈村，因“嘉庆四年四月大潦，大塘冈村前基因低薄崩决，伊村以筑复高厚不利祖祠住宅，自愿捐田改迁，经知县雷际泰勘明，改筑长一百余丈，高一丈五尺，阔六丈五尺”①。18世纪以后屡次崩决、屡次修复，按围内受保护的田屋比例摊派维护费用，以秀丽围为例：

其所属新圳界堤围乾隆十九年（1754）、二十年（1755）连续两年溃决各十丈余（约三十多米），乾隆四十四年（1779）再次溃决伊界堤十一丈有多，修筑复原的费用来源是摊派所有有份“墨”字号田亩的乡民（意即谁受益谁出钱）。乾隆四十六年（1781）六月，沙圳、显州界大河堤溃决二十多丈，亦已经照“维”“是”两字号田摊派修筑恢复，这个月阮埇村北界堤也溃决了九丈。乾隆五十九年（1794）七月，阮埇村界南北圩堤再次溃决了三段，共四十多丈，田禾失收，也在“难”字号田征收银钱筑牢。道光十三年（1833）下围九甲溃决，道光十四年（1834）再次溃决。道光十九年（1839）小窦下溃决。道光二十四年（1844）下围溃决十一甲，上围溃决官基，湾肚尾也溃决了。道光二十六年（1846）新墩溃决。咸丰三年（1853）八甲溃决。咸丰四年（1854）八甲再次溃决。咸丰六年（1856）老人坦溃决。咸丰十一年（1861）八甲溃决。光绪十一年（1885）海屋、石路头、湾肚、新村、下围五口溃决，房屋倒塌，官府赈济并给银钱修筑恢复，决口所在的围也按“税”（即登记在册要交税、合法占有的土地产权）比例收征钱粮。光绪十四年（1888），知县邹兆麟巡视勘察受灾基围，上禀请两广总督张之洞给银钱监督修复，培土修补，完善巩固。

高明的其他堤围也大约如此。值得注意的是，光绪十一年的大水后出现了慈善机构爱育堂的捐助。例如陶筑堤，这是晚清珠江三角洲走向近代化过程中出现的新事物。整体而言，清代是堤围修筑的高峰，堤围材质也从简陋、极易被水冲毁的土堤进步到了在需要时（比如险段）建造掺入石头加固的石堤。

① 光绪《高明县志》卷十《水利志》。

桑园围是粤中第一大围，是地跨南海、顺德的巨大水利工程，也是珠江三角洲最宏伟的农田水利工程。清代桑园围捍卫着南海、顺德两县十四堡，这里是当时珠江三角洲腹地最富庶的“粮食产区”，号称“粤中铁围”。其修筑起始于宋徽宗年间，正式合围在清中叶。通过了解桑园围的修筑历史，我们能增进对于清代佛山乡村水利具体管理机制的理解。

桑园围位于珠江三角洲的西北部，在三水西南以下，北至吉赞横基，南至龙山、龙江、甘竹，地势从北到南逐渐低洼。它的建造以不与水争地为原则，“桑园围形如箕，东西两围皆从上游水势建瓴之地，依山筑堤，从高而下，顺水性送至下流而止，下流之水较上流差四五尺”①。因围内经济繁荣，是赋税重要的缴纳区，清人称之为“粤省粮命最大之区”②。珠江三角洲是由一个大海湾发育而来的，大海湾里有星罗棋布的小岛，即宋元以降人们定居所在的“岗（冈）”，桑园围地区是人们较早定居的区域，数百年来人们不断往自己居住的冈外扩展，修筑基围保护已经扩展的区域，同时西江源源不断带来泥沙，以至于原本星罗棋布的小岛竟然开始连成一片片陆地，这些由人力连成片的区域里面仍然水网密布，且外部受到西、北两江的夹击，每年汛期往往容易被冲垮。而下游的顺德、香山等地开发沙田则使出海水道进一步加长，西、北江宣泄日益不畅，汛期洪水在上游停留的时间变长，加剧了该地区的水患压力。

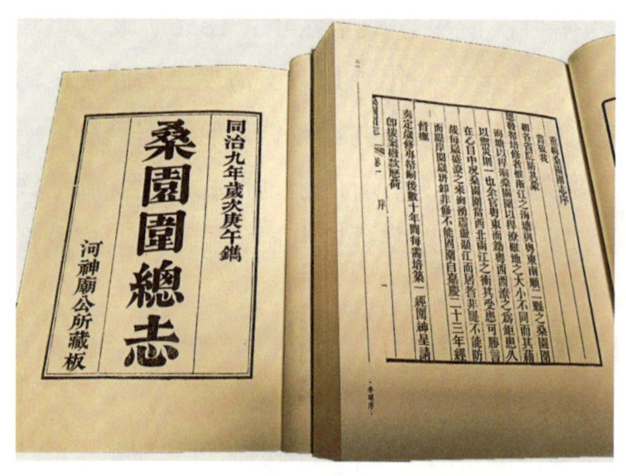

图8-1-5　清同治九年版《桑园围总志》（南海区博物馆提供）

① 同治《南海县志》卷七《江防略》。

② （清）明之纲、（清）卢维球纂：同治《桑园围总志》卷十四《同治六年丁卯岁修志·请拨帑岁修呈》，同治九年（1870）刻本。

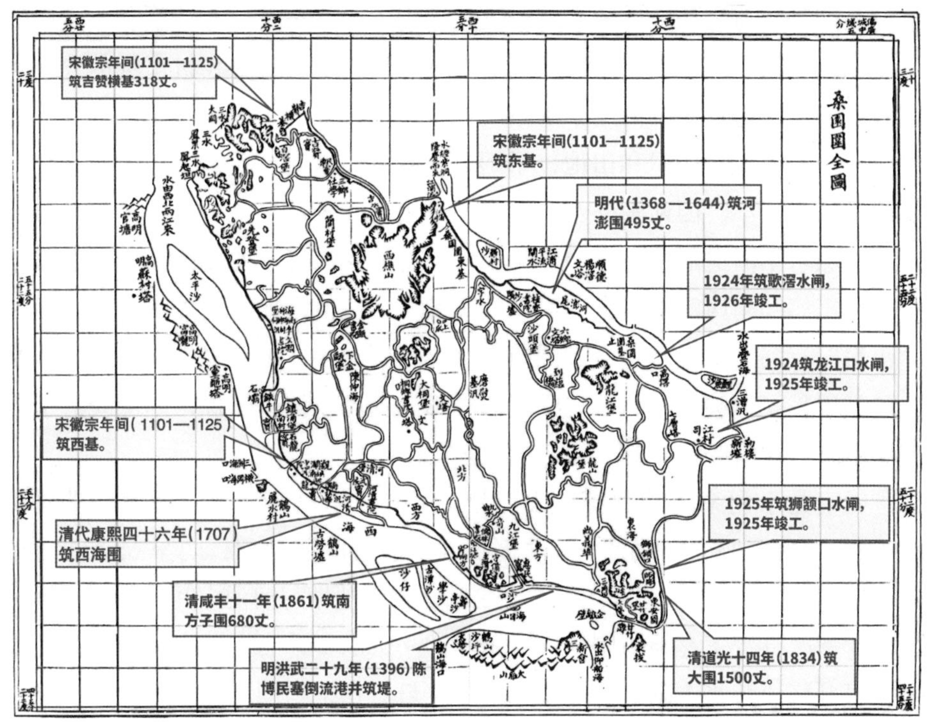

图8-1-6　历代桑园围筑围沿革示意图[①]（张波绘制）

清代桑园围内包括镇涌、河清、先登、海舟、百滘、云津、简村、大同、金瓯、沙头、九江、龙山、龙江、甘竹14堡。以行政区域划分，前11堡在南海县，后3堡在顺德县；而在水利利益的区别上，前10堡为上游，后4堡为下游。明中叶以前，各堡各村是各修各堤，即“东（堤）西（堤）不互派”“南（海）顺（德）不互派”。到了万历末年，九江人积极地参与到上游海舟堡李村围的修筑之中，当时九江、龙江、龙山等地基塘农业非常繁盛，利益与共，各堡遂将相关干堤连成大围进行合围，形成了一个超大堤围的雏形，在崇祯年间出现了“桑园围”之名。[②]但合围并不意味着以全围为单位有组织地统筹协调，上下游之间时常有水利纠纷。基塘区商品性农业产

① 根据《重修桑园围志》《珠江三角洲农业志》绘制，并参阅刘权杰、曾少卓：《桑园围治水人物及围志编修概况》，载《桑园围暨珠江三角洲水利史讨论会论文集》，广东科技出版社1992年版，第70页。

② 顺治《南海九江乡志》卷一《堤围》、卷二《政事志》。

生的基础是有与之相适应的水利系统，两者紧紧联系在一起，水利不仅影响基塘能出产的产品种类、产品质量和单位产量，还会影响乡村市场的分布和兴衰。清代佛山各大围内的子围系统非常复杂凌乱，定居人口越多，开发土地越多，为了捍卫房屋和田地，子围也就越多，水道日益狭小，但西、北江的流量并未减小，因此围外水围渐高，围内内涝频繁，清末桑园围甚至有长达数月潦水不消退的情况。位于桑园围下游的九江等地的龙舟在农历九月左右才“出海”到西江上扒行，可能就和端午时正值汛期、围外水位太高无法“出海”有关。水患越盛，大围越培高，子围越多，水患则越剧，低洼地原先的稻田越容易被水浸，人们只好改稻田为基塘以调节水位，因此晚清子围遍布南海、顺德水乡大围之内，子围里全是基塘。

闸窦是水利系统的重要组成部分，闸窦启闭以时使得农业生产排灌和交通往来得以进行，所谓“围内窦闸，渠涌所以通潮汐，防旱潦，便舟楫也”[①]。窦主要是指基塘区内的池塘之间，或者池塘与河涌之间的小型排灌设施。例如，吉赞窦是桑园围顶部吉赞基的一个水窦，当上游水流尚缓时将吉赞窦打开，使江水入围，流遍全围水系，最后在桑园围尾部的三个“开口”处（闸边口、歌滘口、狮颔口）去水。池塘用于养鱼需要活水，池塘的上窦能启闭，用于引水和放走池面的浮萍之类杂质，下窦用于年末放水干塘捉鱼和清塘泥。塘与塘之间、池塘与涌滘之间、涌滘和大河之间都有水窦，水窦都通支渠。潦水到来时围的闸和池塘的上窦要关闭。当天旱时，围外潮水高于围内池塘之水，开闸窦能引水入塘，将塘水换成活水，引入河涌里的微生物或小鱼虾，为塘鱼提供食物，增加池塘的含氧量。大围和子围内的闸窦启闭时间非常重要，一般重要的闸窦还设闸工专门根据用水、送水、防涝和航运的需要来启闭闸门。

池塘的价值取决于是否方便获得活水和基面上泥是否方便。最优质的基塘被称为头筒塘，它易于获得活水，塘鱼产量高，基面上泥方便。如果塘泥不足以供应基面，河涌泥也可以补充上基，基面作物遇上旱情灌溉也非常方便，而且如果头筒塘之后的塘要换水，需交费给头筒塘。塘的等级可以通过开涌或设闸来改变，即改变现有的围内水利布置，得到活水滋润的野塘甚至

① 光绪《重修桑园围志》卷十三《渠窦》。

▲图8-1-7　古吉水窦。始建于宋徽宗年间，清光绪二十年（1894）由陈启沅捐资重修

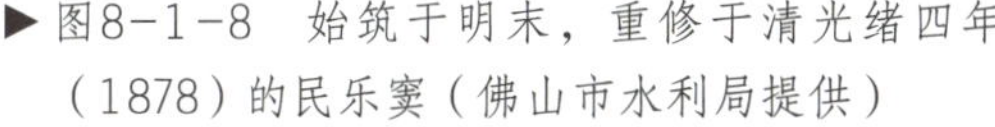

▶图8-1-8　始筑于明末，重修于清光绪四年（1878）的民乐窦（佛山市水利局提供）

可以变为头筒塘。同理，头筒塘也会因为水利系统的改变而价值下降。

清中叶以后水患愈演愈烈，以往“各修各堤”的传统显然无法应对日益恶化的水利环境，于是在乾隆五十九年（1794）大水后逐渐产生了桑园围总局（桑园围的统筹协调机构）和对某一基段专管负责的基主业户制度，二者与长期实践中产生的负责每一小段堤围巡逻维护和抢救的传统民间水利习惯相衔接。

乾隆五十九年大水后，两广总督和广东巡抚亲自巡视受灾地区，在官府的协调下，围内十四堡联合出钱修筑堤围，这是桑园围全围组织统筹的开端。在协调各项通修事项中，南海、顺德两县士绅，时任翰林院编修的龙山堡温汝适、百滘堡潘斯濂等发挥了很大作用。

于是在乾隆六十年（1795），众议在李村基围设立河神庙，以河神庙作为桑园围总局的办公场所，推举海舟堡李昌耀作为总局的首事，金瓯堡余殿采、九江堡关秀峰、海舟堡梁廷光为总局的总理，共同负责通修事宜，并通过了《修筑章程》。章程主要明确了桑园围总局的分工和职能，即各堡的责任，主要目的是规范和加强桑园围十四堡的合作，使全围通修的组织更加规范化、合理化。其内容主要包括：第一，桑园围总局在李村基的河神庙设局办事，设立总理两人，南海十一堡大堡各推举两人办事，小堡推举一人办事，为了防止办事人员贪婪，保证公平，规定修某堡的某段基围时，不能任用本堡之人，而必须任用别堡的人，杜绝贪污徇私的机会；第二，将整个桑园围分为七段，每段皆以当地祠庙为督修之所，九江至甘竹为一段，河清、镇涌为一段，海舟堡为一段，先登堡为一段，吉赞横基为一段，百滘、云津、简村为一段，沙头龙江为一段，各段设立小厂，并设首事两名、司事两名、伙夫一名，方便就近报销事宜；第三，将桑园围属南海县十一堡分成大小堡，大堡选出司事两人，小堡派出司事一人，一共十六人，分派到十四堡督修，其余两人到桑园围总局任事，明确各堡各人的职责，以及明确各堡需要修筑多少、加宽多少，绘图详说情形，所需工费都需要到总局执号核查报销。此时，桑园围总局仍处于草创阶段，各项章程并不完备，上面所列出的章程亦是针对乾隆五十九年（1794）大水。[①]嘉庆二十二年（1817）大水后，时任两广总督阮元从广东省政府藩库内拨款八万两作为岁修经费，各堡民众也对全围通修基本达成共识，按照南（海）七、顺（德）三的比例科派修堤费用。此后，桑园围总局的章程往分配、领用、监管岁修经费方面完善，在历次大修中逐渐成熟。

道光十四年（1834），桑园围总局章程确立了基主业户制度。桑园围惯例，除吉赞横基公基是公费修缮外，其他两围由附近各个堡分段管理经营，该地方有基分的人户叫作基主业户。每年有收入抑或是有大水冲溃，不论是水基还是大基，全都归经管的基主业户自己处理，而附近的海利、鱼埠及沙田租费等各种收入，都归经营基主业户所得，以补贴修缮堤围的工钱。有的基围工程浩大，该处的基主业户无法独立支撑，都责令他们先修筑好水基，等到开始修筑的时候，整个围的乡绅酌量按照基围缺口的大小、修筑费用的轻重、基主业户的贫富、丁口的多寡斟酌相助集力修筑，完工之后，仍然归基主业户保护巩固，来保证有专人负责。[②]所谓基主业户，即除了吉赞横基为公修外，各基段由附近业户专管负责，基主业户的“户”是与户籍图甲制度中的“户”相对应的，此后围志中对每一堡的各堤段均有详细描绘。

---

① 丁书云、陈海立：《佛山桑园围史》，广东人民出版社2021年版，第146页。

② 光绪《九江儒林乡志》卷四《建置略》。

◀图8-1-9　南顺桑园围“堤围公约”碑（顺德支流水道）。高97厘米、宽46厘米、厚12厘米（佛山市水利局提供）

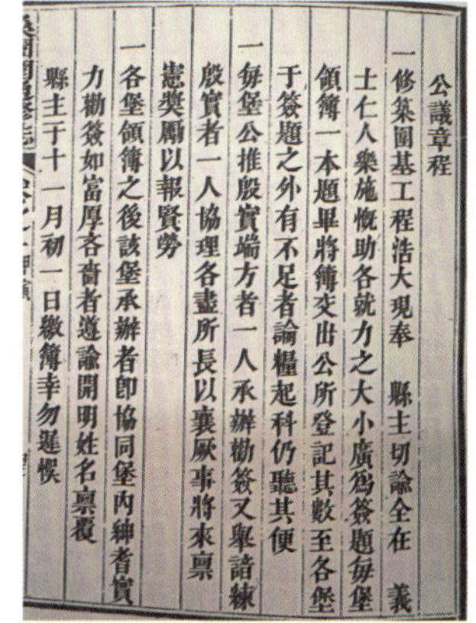

公議章程
一修築圍基工程浩大現奉　縣主切諭全在　義
士仁人樂施慨助各就力之大小廣爲簽題毎堡
領簿一本題畢將簿交出公所登記其數至各堡
于簽題之外有不足者論糧起科仍聽其便
一毎堡公推殷實端方者一人承辦勸簽又舉諳練
殷實者一人協理各盡所長以襄厥事將來禀
憲奬勵以報賢勞
一各堡領簿之後該堡承辦者即協同堡內紳耆實
力勸簽如富厚吝嗇者邀論開明姓名禀覆
縣主于十一月初一日繳簿幸勿遲悞

▶图8-1-10　《桑园围总志》中的《公议章程》

具体操作而言，规定每逢开工筑堤，要择日祭基，“祭基，择十月初九日，请官主祭。祭品用猪羊，祭后下铁牛二只”①。

图8-1-11　西樵麦村文澜书院，位于桑园围西堤海舟险段，是各堡士绅议事决策之所（黄永聪摄）

图8-1-12　清嘉庆镇水铸铁牛（南海区博物馆提供）

《桑园围修筑善后章程》详列了对基主业户在防洪抢险中的指引条款：

一备修工费银两宜禁滥用也。查围基巩固，全赖岁修，保修工程，责成基主业户。各基俱有备修杂息，如果基主业户每年于秋冬晴涸之时，以备修公费各将名下经管基窦随时增卑培薄，垒石筑填，基无不固

① 《基工章程》，载同治《桑园围总志》卷三《嘉庆二十二年丁丑续修志》。

之理……

一抢救椿料宜先事筹备也。查递年清明节后谷雨节前，所有冲险基段即要在于该基主业户先事筹办，公费买备一丈二尺以上三四寸尾杉椿百余条，一丈杉椿三四百条，储该基主业户内公所预备抢救之用……

一遇潦巡防宜雇选丁壮巡视也，查递年四月中旬起至七月中旬后系潦水盛涨之期，应请札行该管主簿巡司于凡险要基段趁期严饬基主业户雇选干练丁壮巡视，每基百丈雇五六人巡视，稍有坍裂即鸣锣传救，倘有讳匿不传锣以致失事，立将巡视人役治罪，基主业户亦予以雇选不力之咎。

一抢救饭食椿料宜责基主备应也。查递年西潦骤涨，基段防护不及，猝被冲决，传锣围众拨人前往抢救，所有工役饭食应请饬令基主业户供应，不得躲避，如基主业户杉椿不备或杉椿仅备而躲避不出工役，饭食无人供应以致徒手枵腹，立视冲决抢救无从施力，则贻误粮命民命，责有攸归，听从围众禀请押办。

一夏潦冲决，宜责限基主堵塞也。查递年西潦骤涨，固宜竭力救护，倘潦水过甚，加以飓风大雨，人力难施，致不能抢救，三日水定后，应请饬令基主业户，即照章程，设法堵塞以保莳晚禾，倘故意匿避，志存推卸工程，十日后尚不施工堵塞，是失事于前，故误于后，不特晚禾不保，而且决口日冲日阔，堵塞更难，通围绅士即将该基主业户禀官押办。[①]

这些条款是早已习有、一以贯之的民间经验和习惯。在基主业户制度建立之前，自古与水打交道的佛山人民已经形成一套比较完备、因地制宜的防洪抢险机制和经验，写入围志是让这些机制和经验“浮出水面”，易于操作，并传之久远。

由各堡精英组成的桑园围总局对上、对内协调统筹，各基主总体负责各基段，配以有效的民间水利习惯，桑园围这样一个巨型水利工程得以成立和运作起来，保护了该地区人民的生命财产安全。时至今日，每年春夏

① 《桑园围修筑善后章程》，载同治《桑园围总志》卷九《道光十三年癸巳岁修志》。

西、北江水涨，桑园围地区的父老们仍然拿着传统工具行走在大堤上，用他们的传统技能巡逻检查大堤是否出现险情隐患。让桑园围地区老少记忆犹新的是：1998年6月29日，樵桑联围丹灶北江河村水闸堤段崩塌，当晚当地险情已不受控制，即“第一道防线”已经失效。为了使损失不再扩大，保住西樵大部分地区、九江、沙头、龙江和勒流等地，情急之下南海开展构筑“第二道防线”的工作。所谓“第二道防线”，即桑园围旧基的一部分，吉赞横基首当其冲，而1952年后这段堤围再未起过防洪作用。所幸当时上下一心，和时间赛跑成功，用了一日一夜便在桑园围旧基的基础上筑起“第二道防线”。[①]时隔约50年，桑园围再次发挥威力保护了围内人民生命财产安全。

图8-1-13　樵桑联围界碑

图8-1-14　佛山顺德龙江镇境内的桑园围风貌（陈志坤摄）

① 纪录片《难忘“6·29”——1998西樵抗洪实录》。

二、清代佛山宗族和沙田开发

明清佛山宗族的发展，同赋役制度的改革密切相关。明代赋役制度编制依傍于里甲制，所谓里甲制，是明太祖朱元璋在洪武十四年（1381）亲自订立的，以基层社会中原有的里社组织和洪武三年（1370）颁发的户帖为基础的一套制度。这套制度合户籍制度、赋役制度及基层社会组织制度于一体，所有在籍的“编户齐民”需要对国家“纳粮当差”，“当差”即服力役，这是基于王朝国家与编户齐民之间的人身支配关系而产生的一种资源供应关系。这种资源供应关系的建立，不是根据双方的合议，而是基于人身的控制。因而，编户承担的义务，是人的身体能力的付出，并且由占有者单方面强制执行，其负担轻重和提供方式，都是由王朝国家根据需要随时随意指定的。在这种情况下人们面对的是非定额、较为随意的摊派，这种制度在执行过程中逐渐变质，无力承担者纷纷逃离，大户也动辄破产，不利于珠江三角洲社会经济的高速发展；这种赋役制度最终导致“人丁事产”动荡无恒，也不具备宗族在岭南普泛化生长的条件。这促使广东等省率先推行赋役制度改革。

明中期，广东和江西、浙江、南直隶、福建等省走在赋役制度改革的最前列。广东赋役的调整，核心是以钱代役，进而赋役折银。它和整个社会经济的发展息息相关，与对外贸易以及商品经济发展，尤其与白银成为主要交换媒介有直接关系。但是，广东从正统到嘉靖年间的赋役改革，毕竟只是一个过渡性的改革，它仍然以明初的里甲制度作基础，许多漏洞和积弊并未能革除，加上官吏贪污舞弊，人户逃亡和田地失额依然严重。万历初年张居正推行“一条鞭法”，乃是在广东等省赋役制度先行改革基础上的更深刻的改革。受张居正器重的南海人庞尚鹏是推行“一条鞭法”的先锋，他率先把广东的经验向全国推广，又把自己在浙江、福建等地的实践经验反馈于广东。郭棐《粤大记》卷十七记载：庞尚鹏“上里甲均平疏，立条鞭之法，岁省费百万，民若更生，请诏通行各省，至今赖焉”。庞尚鹏在东南地区坚定推行“一条鞭法”，造福民众，故“浙江、福建暨其乡广东皆以徭轻，故德尚鹏，立祠祀”。

万历年间，广东推行“一条鞭法”不仅巩固了前期改革的成果，且有了更深入和更广泛的内容。“一条鞭法”把田赋、徭役、杂差、贡纳合编为一，银差、力差都合二为一，全面实行赋役折征白银，解除里甲负担，实行官收官解，确定人丁和土地为征税对象。“一条鞭法”是按人丁的多少征丁税，按土地的多少征地税。它打破了以户为单位的传统征税方式。户在税制中不再作为征税单位，这一赋役制度改革有着重大的意义，它意味着劳役制的征派在解体，以财产占有的征税方式在逐渐建立。

“一条鞭法”较早在广东推行，并涌现了庞尚鹏等一批具有超前意识和眼光、积极推行赋役制度改革的功臣，这表明广东已步入全国经济发达地区的行列。梁方仲先生在《明代一条鞭法的论战》一文中指出：“两税法在明代施行了一百六十余年的光景，到了明代中期，因种种关系，无法维持，渐为一条鞭法所替代。自此以后，直至清代、民国，我国四百余年间的田赋制度，大体上仍是继承着一条鞭法的系统，主要的变革甚少。”“一条鞭法”还是丁、地分征的税制，但在改革推行过程中，广东有一部分州县已经试行把代役丁银摊入地亩征收。清初，南海等地也有清丈税亩积弊的先行之举，为丁银摊入地亩奠下基础，其内容与摊丁入地基本相同。清代摊丁入地的税制改革是“一条鞭法”的继续和发展，摊丁入地的税制结束了明清以来丁、地分征的税制，使无地和少地的农民得以减免丁税负担。明中叶以来，珠江三角洲商品经济蓬勃发展，部分农民可以从传统的农业生产中游离出来，转向手工业、商业等行列，佛山等工商业城镇和墟市增多，手工业商业突飞猛进，农业生产有了新的变革，都与“一条鞭法”的改革和摊丁入地的推行有着密切的关系。

明清赋役制度改革，使得地银、丁银出现并经摊丁入地最终归并为地丁银这个过程，是国家与百姓的关系从基于人身控制的“纳粮当差”的关系转变为人民用不同的纳税账户名义向国家缴纳货币或实物定额比例赋税的关系，也就是“完纳钱粮”的关系。有学者甚至认为，这个过程的转变是“明清王朝国家转型之一大关键”[①]。

① 刘志伟：《从“纳粮当差”到“完纳钱粮”——明清王朝国家转型之一大关键》，载《史学月刊》2014年第7期。

明初的赋役制度不具备宗族普泛化生长的条件，直至明中叶田产积弊和人户逃离户籍的情况仍很严重，但经历了明末清初的一系列制度改革后，清代人们成为编户的负担是可以预料的，在刨除成本后得到收益是可期望的，“人丁事产”的恒定累积成为可能，因此以“人户众多”“尝产丰厚”相标榜的宗族蜂拥而起。清代是佛山宗族发展的高峰期，佛山乡村里大大小小的宗族纷纷涌现，在许多村落的祠堂中还可以看到以众筹、合股等形式吸纳资金修建祠堂的碑刻，在民国年间三水芦苞甚至有一个“耕仔”出身的姓氏为了拥有自己的祠堂而借债修建，直到中华人民共和国成立时仍在还债。[①]有了族人“认此为归”的祠堂，建设或加入强大的宗族成为人们获得更好生活的选择。例如，顺德县的图甲编制中就新增了许多“户”，这些“户”都是新成为编户的人群：

> 原图者，即（明代）立县所定，其后生齿日繁，开垦渐扩，于是乾隆年间遂有初增、新增名目。初增止大良、容奇、桂洲、龙江、龙山，为数无几，后则甘竹、北水、逢简皆有增置，而人稠地广如大良、龙江、龙山者亦因有续增，今以县册按之。[②]

在宗族林立、竞争日益激烈的情况下，一些势单力薄的小姓会采用这套现成方便的文化语言组织联合起来，变成一个“虚拟宗族”。在三水乌石岗村的江尾原有林、何、黄三姓，六十多亩洲地是三姓共有，有些田产和鱼塘也是三姓共置的，据说在清代纳粮就具名“林何黄户”，看来关系非常密切，一如同宗。这于当时在周围有大宗族的情况下，自是一种生存办法。后来，三姓决定用抽签的办法合成一姓，造成一个“大宗”，但何姓临时退出，只有林黄二姓抽签，结果抽到该从林姓，于是二姓杀鸡聚餐，餐后用红布包起鸡骨，挂在林氏祠堂的神主之上，称为“鸡骨太公”。从此黄氏消失，共拜林氏祠堂及“鸡骨太公”。至民国二十二年（1933），拆修祠堂，顺便换下“鸡骨太公”的陈布，有些父老于当年还可以见到鸡骨。直到土改

① 罗一星：《资源控制与地方认同——明以来芦苞宗族组织的构建与发展》，载《中国社会经济史研究》2007年第1期。

② 咸丰《顺德县志》卷三《舆地略·户图》。

以后，这位“太公”才不知去向。[①]除此之外，以庙宇为基地的所谓六姓庙、三姓庙等名目组织起来的虚拟宗族也渐为社会所容受，“虚拟宗族”虚拟的是血缘，而承载着族内人群实实在在的生存发展空间。同时，宗子制度和大宗祠对于下面各级各分房分户的小祠的约束力逐渐松弛，宗族中有经济实力的成功人士可以书院、书斋、家塾、书舍、别业等名称建立自己的私伙祠，[②]在珠江三角洲乡村比比皆是，以佛山地区为最。清乾隆以来，随着珠三角经济全面高涨，在村落之中连“单寒小姓”都有了被称为“厅”或“香火堂”的简陋祠堂，出现了当今学术界称之为宗族制度“普及化”的景象。这是一种成本低廉且高效的生存策略，对土地开发和商品经济发展有积极的意义，体现出佛山人民灵活变通的思想、与时俱进的精神风貌和当时宽松自由的社会氛围。

对于清代生活在佛山地区的个体来说，“出族”是非常严重的惩罚。被排除在宗族团体之外意味着丧失了依靠宗族处理税务、占有土地的合法性，南海烟桥何氏宗族的《惇叙堂家规》有规定：“向例各房子孙自置产业，均有注册费送出，以助蒸尝，买受者照业价每两征银二分，典受者一分；倘抗例不交，粮务值理，不代割税，或两造有争议，绅耆不为处断。切勿吝啬小费，致贻后悔。”“不代割税”甚至可以成为收保护费的威胁之语，可见宗族对于个人处理合法财产事务来说有多么重要。[③]

清代佛山城镇经济达至鼎盛，珠江三角洲宗族也同社会经济发展互为表里，扶摇直上，以“族产”“尝业”“蒸尝”“公堂”“太公田”等立名的宗族财产也积累丰厚。珠三角社会经济发展进程中取得的最大农业成果就是沙田的全面开发，沙田开发需要庞大的资金投入和对沙田区强大的管控能力，唯有宗族的力量能够驾驭，而沙田最终成为宗族最广泛拥有的财产，围垦开发沙田是宗族最重要的投资理财手段之一。明清时期，珠江三角洲的沙田分布在南海、番禺、顺德、香山、东莞、新会、三水、新宁八县，其中以

① 陈忠烈：《芦苞地区村落的形成和发展初探》，载《三水文史》1995年第20辑。

② 陈忠烈：《“众人太公”和“私伙太公”——从珠江三角洲的文化设施看祠堂的演变》，载《广东社会科学》2000年第1期。

③ 《南海烟桥何氏族谱》，载陈恩维、吴劲雄：《佛山家训》，广东人民出版社2016年版，第352—353页。

香山为最多，番禺、东莞、新会、顺德次之。在地理学上，这些沙田主要由中山冲缺三角洲、番禺冲缺三角洲和新会冲缺三角洲组成，其次在西、北江上游的三水和南海也有零散分布。中山冲缺三角洲面积最大，包括俗称的“东海十六沙”和“西海十六沙”，为顺德、香山片。番禺冲缺三角洲位于番禺与东莞之间，包括俗称的“万顷沙”，为番禺、东莞片。新会冲缺三角洲形成最晚、面积最小，为新会、新宁片。[①]沙田的特征有三：其一，因受河流与潮水的两相冲击，具有不稳定的特征。朝溢夕缺、此坍彼涨都是正常的现象，以至于位置、边界、面积均无定数。其二，有沿岸发育、沿岛屿发育、沿两主流线之间发育形成沙洲或湾头淤积等多种发育形式，[②]这是“冲缺三角洲”的特点。其三，沙田是在前两个自然特征的基础上投入人力和工本，围垦开发而成的农用土地，具有社会经济价值。

沙田的形成分为鱼游、橹迫、鹤立、草埗、围田五个阶段。第一阶段为鱼游，上游带来的泥沙在口门外沉降形成水下沙滩，构成以后坦地的前身，低潮时水深为2—3米，适宜鱼群活动。此后沙坦不断淤高，至低潮时水深仅1—1.5米，俗称“水坦”，此时摇橹感到困难，故称为“橹迫”。再经淤积，至低潮时水深0.2—0.3米时，滩尾在低潮时可露出水面，俗称“白坦”，这个阶段白鹤可在沙坦上往来觅食，故称“鹤立”。淤积再高，低潮时一般滩地均可露出水面，人工种植咸水草可迅速稠密生长，俗称“草坦”，也叫草埗阶段。最后是围田，当草坦再高，只有涨潮时仍薄浸咸水，开始脱盐，此时便可动工筑围开垦利用，真正成田。在沙田发育过程中，前三阶段自然淤积起主要作用，后两阶段人工加速淤积起重要作用。[③]

沙田的经营方式被称为“包佃制”。田赋册上的业户被称为“一地主”，直接在沙田上进行体力劳动的人被称为“耕仔”，“耕仔”往往是水上人。《顺德县志》记载境内“蛋（疍）民统属埠保三十三名，约共五千余户，男妇约共二万五千四百余口”，并认为：粤东（珠江三角洲）人从事的职业，耕者三，渔者一，疍民以船为家，不与平民平等。自从雍正七年

① 曾昭璇：《中国的地形》，广东科技出版社1985年版，第399—401页。

② 《珠江三角洲农业志》，第107—108页。

③ 《珠江三角洲农业志》，第114—115页。

（1729）皇帝下旨，到处张榜晓谕应让有能力的疍民在水边的村庄盖房子居住，让他们耕田务农，与平民一视同仁。他们同类的人便聚集在一起，在偏僻荒凉的浅水处与港口编茅为屋，把船桨绑在房子旁边，把他们的居所叫作“墩”。顺德、香山田间的蟛蜞堆得像小山那么高，可以请他们来帮忙清除，疍家妇女带着孩子们，拿着工具来捕捉，卖给居民来饲养鸭子。这样，疍民夫妇开始落地生根，繁衍生息。他们每每佃耕富民的沙田以资糊口，这些措施，使得疍民通过参与沙田开发，加速了从海洋走向陆地，成为国家“编民”的进程。[①]

“一地主”的佃户绝大多数不是“耕仔”，而是“二地主”，土地被层层转包，据说最多可达五层，最后一层包佃人被称为“耕家”，即直接组织围垦耕种的人。清初屈大均有记述沙田如何进行耕作和开发：“农以二月下旬，偕出沙田……低者以人秧莳，至五月而毕，名曰田了，始相率还家。其佣自二月至五月谓之一春，每一人一春，主者以谷偿其值，七八月时耕者复往沙田塞水……其田皆一熟，或种秋分，或白露，或霜降，必兼种之，使自八月至十月，月月有收。”[②]耕仔只对耕家负责，而且在将要收获时耕家会派出“行街伯父（大青）”住在沙所监督耕仔的行为。真正的业户在沙田上是隐而不现的。有学者曾往万顷沙的“沙尾”处考察，才知大海中沙田一望无际且无任何地名和地标，可以想象清代的业户指东作西、以旧为新、蒙混影射皆为易事。在税册上的地名和真实世界里的沙田之间，在沙田的“成熟度”和相应科则之间，都有广阔的可操作的获利空间。沙田在清代珠江三角洲土地资源和地方产业中具有相当重要的地位。

如果说今日珠江三角洲的土地是先民们“种”沙田围垦出来的，丝毫不夸张。围垦以明中叶后始盛，清代、民国为顶峰。明代，人们对沙田的围垦从“已成之沙”发展到“新成之沙”，而清代则从“新成之沙”发展到“未成之沙”。明末清初，今日中山市、珠海市的大多数土地，番禺区、东莞市的半数土地皆未成田，有的只微露形迹，而到了中华人民共和国成立前夕已然与今日珠江三角洲的轮廓区别不大，可见清代、民国的沙田围垦“造”出

① 咸丰《顺德县志》卷六《经政略一·蛋户》。

② 《广东新语》（上册）卷二《地语·沙田》，第51页。

了小半个珠江三角洲。[①]这些沙田都是人为投入工本以期其成为能被利用的土地资源，将沙田围垦认为是清代珠江三角洲最重要的产业之一也不为过。以至于到了清末，顺德下游的香山许多沙田已经大成，导致顺德从昔日的“海门”也成了“内陆”：

> 鲟鳇沥，在县西北古镇乡之西北，受顺德三漕海、仰船海、新会天河海诸水，西江干流也。东北别流为横琴海，余波西入于江门，南流注叠石海，出虎跳门，迤东汇县南诸水，出十字门，西由新会春坎沙出厓门。昔人以西江水为南（海）、三（水）之害，顺（德）、香（山）之利，以顺、香近海门易流注也。今海门内沙田日淤，昔之浩荡而去者，今则曲折回薄而不能达。鲟鳇沥适当喉咽之冲，沥以南卤渐退而田日美，沥以北水受束而田日坏，故顺德则大半受其害，邑西北诸乡亦日受其害。[②]

佛山许多大宗族的发家致富都离不开对沙田的经营。明中叶，珠江三角洲新建了顺德、高明、三水县，建县这一举措影响着地方人士的分化（不限于珠江三角洲），[③]是否具有编户齐民的身份，成为当时社会分层的重要因素。较早成为编户的宗族，在占有土地的合法性上具有优势，他们往往居住在南海和顺德，但占有了顺德南部、番禺南部或香山等仍然是沙田区的土地。因此，长期以来有“香田南税”“香田顺税”的说法。顺德龙氏对东海十六沙和南海潘氏对万顷沙的占有，就是如此。

“东海十六沙”是一个概括性的地理名词，位于顺德和香山交界处的十六处沙田的总称。大约指现在石岐以北、小榄以东、潭州以南的地区。这个地方清代属于香山县，但有许多南海、顺德、番禺的业户在此围垦沙田。其中，顺德的业户占比最高，至少三四成的沙田属于顺德人。

---

① 《珠江三角洲农业志》，第89、103、159—160页。本文的珠江三角洲是指小三角洲，范围是明清时期的南海、番禺、顺德、三水、香山、东莞、新会、新宁八县，并非广义上的大三角洲。

② （清）田明曜修：光绪《香山县志》卷七《经政·水利》，光绪五年（1879）刻本。

③ 贺喜、科大卫主编：《浮生：水上人的历史人类学研究》，中西书局2021年版，第11页。

顺德龙氏在嘉靖三十九年（1560）编纂族谱，祖上有4位举人，属大良望族。龙氏族人及族产所拥有的沙田中，约94%为东海十六沙的沙田，约占整个东海十六沙的两成。乾隆以降，龙应时祖孙三代出了5个进士和2个举人，龙应时之子龙廷槐是官员，龙廷槐的儿子龙元侃和弟弟龙廷梓都是顺德地方事务的领袖，而龙元僖（龙应时之孙）更是在“红匪之乱”中受到两广总督叶名琛的要求开办顺德团练总局。顺德团练总局使得顺德各处的乡绅与龙氏在地方事务上有机会合作，通过控制东海十六沙的沙夫以及得到地方官府承认的其他管制权力（如维护治安等），龙氏及其伙伴罗氏（即明中叶提议设立顺德县的罗忠所属的宗族）作为顺德团练总局的中心人物而逐渐控制了东海十六沙，并从中获得了巨额收益。龙氏宗族控制东海十六沙后族产中所增加的沙田数量为之前的三四成，在短短50多年中增长速度如此迅速，显然与之有关。在宗族占有沙田的数量剧增的同时，龙氏宗族的科举功名数目也大大增多，两者之间有强烈的相关关系，此两者又反过来使得该宗族兴旺发达，内部结构变得更加复杂，而且龙氏宗族的社会地位和整体占有的社会资源也大大增加了。①

图8-1-15　《龙氏族谱》（顺德区博物馆提供）

① 顺德的龙廷槐认为东海十六沙即大浪网、大南上截、大南下截、波头上截、波头下截、石重、浮墟、大坳、牛角、吴婆、中沙、白鲤、北流、罟步、三角、马鞍。参见《敬学轩文集》卷十二，载广东省立中山图书馆、佛山市顺德区清晖园博物馆编：《顺德历代文献选篇影印文丛（第一辑）》，世界图书出版广东有限公司2020年版，第194页。

不同于世家大族的顺德龙氏宗族，南海百滘堡向来“号为贫小”[1]，住在百滘堡黎村村头的潘氏宗族正是“贫小”的一支，而它却是18—19世纪崛起的新贵。潘氏宗族发迹始于潘进（1767—1837），他早年屡试不第，遂弃考从商，为人精明能干，颇善书数，中青年时曾于广州十三行行商伍家做事，曾为伍秉鉴主持分家事宜，并起草《代怡和商行伍敦元作分家产议约》，深得伍家信任和重用。在担任伍家管家时，每年两造往万顷沙收租，获得扩田知识。万顷沙为珠江三角洲之泥沙冲积地，每年西水将沙泥自西江冲至万顷沙，水势至此受海潮所阻，或停或倒流，故泥沙在此积层，年复一年，江面辽阔而浅。[2]潘进遂开始做盐商，在积累了资金及熟悉围垦人事官司要领后，他立即选择进行沙田开发以获利。在《潘氏家乘》中留下了《致温占渭十二书》等多封因围垦经营沙田而反复沟通的书信。[3]在开发沙田的过程中，潘进对各种细节把握细致[4]，遂成沙田大地主。潘进去世时，除了买地建祠堂，放入蒸尝银34000两白银外，还以3500两买入香山县属黄角乡（前土名乌洲）北侧及九穗围、同庆围等处田坦共11顷，以500两在黄角乡开设银号。[5]在潘氏宗族这个从弱到强、由小壮大的典型例子中，经营沙田对其带来的帮助不可谓不大。

占有沙田的权利只有登记在官府册籍的“户”里才具有合法性，在没有现代“法人”的情况下宗族是一种方便高效的控产方式。清代宗族事务日益集中到经济事务上，当时的宗族很多时候充当了“公司”的角色，事实上在芦苞等地已有一些宗族在清末开始以“公司”的名目出现，顺德、南海等地乡村的宗族也打出了“族务委员会”的时髦头衔。

佛山镇的大宗族与城镇经济发展相适应，其大宗财产形态以铺户和商业实体为主，而乡间的宗族则较多专注于以沙田为主的“尝业”的增值。经

---

① 《百滘堡兴贤文会序》，载（清）潘斯濂、潘斯澜辑：《潘氏家乘》卷二《潘思园祖遗稿》，广西师范大学出版社2015年版，第177页。

② 参见《保和公收录家谱》，载潘文生编修：《南海西樵百西村头村历史探秘丛书》，转引自黄永聪、高振元：《南海区西樵镇百西村头村调研报告》，载《区划变迁与历史地名：从南海县到南海区》，广东人民出版社2015年版，第97页。

③ 《致温占渭十二书》，载《潘氏家乘》卷二《潘思园祖遗稿》，第271—281页。

④ 《致韩简修书》，载《潘氏家乘》卷二《潘思园祖遗稿》，第251—252页。

⑤ 《履道堂规约》，载《潘氏家乘》卷二《潘思园祖遗稿》，第39页。

营城镇工商业和开发沙田产生的大量财富又反过来使宗族壮大，二者相辅相成、互相促进。

三、商品性农业与乡村墟市的发展

明清之际的佛山经历了数次更迭，但由于海内外市场对蚕丝的强烈需求，清初基塘区商品性农业很快恢复起来。顺治《南海九江乡志》的《生业》记载："蚕桑近来墙下而外，几无隙地，女红本务于斯为盛。圆眼往时遍野，亦生业之藉。经乱，剪伐塞路，及除老树，付桑麻，十去七八。"说明顺治年间在南海、顺德的蚕区还砍掉果树，种植桑树，以致"墙下而外，几无隙地"，桑基鱼塘开始有取代果基鱼塘的趋势。[①]《广东新语》记载九江"地狭小而鱼占其半，池塘以养鱼，堤以树桑，男贩鱼花，妇女喂爱蚕，其土无余壤，人无敖民。盖风俗之美者也"[②]，与九江毗连的龙山、龙江、甘竹的风貌大约也是如此。由于广东生丝和丝绸的畅销，在康熙二十二年（1683）迁海结束之后的短短数年间，顺德、南海的蚕丝业迅速发展。成书于康熙二十六年（1687）的《顺德县志》卷首《图经》这样描述顺德各堡的农业民俗：容奇堡"女子争桑"，北水堡"今且桑而海矣"，马宁堡"贫者胶扇，捕鱼，海有桑田"，龙江堡"民务农桑，逐商贾之利"，白藤堡"白藤桑树有墟，百货所凑"，水藤堡"为鱼米之凑"，龙山堡"于生业，范铜丝织诸作比屋"。南海的九江、海洲、镇涌、金瓯、绿潭、沙头、大同等堡也都"鱼桑为业"。[③]说明康熙年间的蚕丝出产地除了产丝历史悠久的两龙（龙山和龙江）、甘竹，还有容奇堡、北水堡、马宁堡、水藤堡等和南海各堡。在康熙前期，历史上珠三角南海、顺德蚕区分布的主要格局已经形成。值得注意的是容奇蚕区的出现，是清代容奇、桂洲丝业中心兴起的先声。清代的蚕区基本上是以上述地区为中心展开来的。[④]

---

① 《佛山桑基鱼塘史》，第60页。

② 《广东新语》卷二十二《鳞语》，第558页。

③ 康熙《顺德县志》卷首《图经》，康熙十三年（1674）刻本；康熙《南海县志》卷六《风俗》，康熙三十年（1691）刻本。

④ 《佛山桑基鱼塘史》，第60—61页。

18世纪中期以后，外洋商船抢购蚕丝引起国内生丝价格陡涨，清代统治者一度禁止生丝和绸缎出口，而官府对湖丝的限制有利于粤丝的出口，各国商船对广州生丝的迫切需求使得生丝价格急升，这使珠三角掀起第一次废稻树桑的高潮。

第一次废稻树桑的高潮从1736年延续到1840年，时间长达百余年。基塘区内的蚕桑业更进一步排挤蚕区内的稻田栽培业，形成以顺德、南海为中心的桑基鱼塘区。如《龙山乡志》记载："乡之塘倍于田，民舍外皆塘也。塘之先，皆田主者以租贱多变田为塘，耕者亦利于塘，其租辄倍。何也？塘于春则播种取秧，于夏秋则养鱼，塘基上则种桑，下则栽芋，计其所入，鱼桑为重，鱼利之兴也。"而龙江乡在道光年间"乡西海一带，咸丰以前尚有禾田，后悉变为桑基鱼塘。盖树桑养鱼，其利过于种禾数倍也"。[①]龙山、龙江残存的稻田已经完全变为基塘。于是，到了清中叶后，顺德县除了沙田区，蚕桑业已经遍及全县老围田，远远超过南海，而到了光绪末年，顺德县"禾田多变基塘，莳禾之地不及十一，谷之登场亦罕矣"[②]。

邻近顺德的南海、香山、新会、鹤山也有废稻树桑的现象，清代道光、同治《南海县志》记载的堤围多"内包桑基鱼塘"，主要集中在桑园围和罗格围，也有不少大围内的子围。

三水和高明也不遑多让。三水的洲滩边桑基鱼塘很多。[③]高明的基塘区主要集中在西江岸边的秀丽等围一带。光绪《高明县志》记载："（秀丽围）中有间基，分上下二围，高一丈二尺，周围二千五百余丈，捍田三百六十余顷"，又有"桑种，园苑者肥美，田原者次之，年收六造，末造曰寒造。秀丽围近年业蚕之家将洼田挖深取泥，覆四周为基，中凹下为塘，基六塘四，基种桑，塘蓄鱼，桑叶饲蚕，蚕矢饲鱼，两利俱全，十倍禾稼"。[④]

因闸窦、河涌、基塘等水利系统条件的改变会导致土地价值下降，因此争夺开涌权、开窦权往往是宗族纠纷产生的原因。开小涌、小闸是改变基塘资源等级的方法，而对大涌、大闸的权利争夺，更是获取向外航运、开设码

---

① 嘉庆《龙山乡志》卷四《田塘》。

② 民国《顺德县志》卷一《物产》。

③ 《佛山桑基鱼塘史》，第64—67页。

④ 光绪《高明县志》卷十《水利志》、卷二《地理·物产》。

头收租利益的绝好机会。万历年间，西樵简村的陈氏与郭氏为是否在村中心开涌而产生纠纷，郭氏本“田连阡陌，家给人足”，但是陈氏却获得开村心涌的权利，陈氏“从此之后更加兴旺发达”，郭氏竟因此衰落。[①]其中重要原因就是陈氏通过开村心涌，使自己的基塘变为高等级基塘，而郭氏的基塘没能得到“风水之利”，小水利体系发生不利的变化。[②]

开涌或改涌可以使得交通线路改变，从而影响乡村墟市的兴衰。例如辛亥革命当年，九江龙潭社桑墟生意较畅旺，九江璜玑乡桑墟交易欠佳，璜玑乡人遂擅将该乡东著坊、利济桥两处原通行的官涌堵塞，使过往桑船不可直达九江龙潭社桑墟，势必就便在璜玑桑墟交易。[③]当政府“派委员邓会同罗团长暨各堡绅董”带队到璜玑乡督拆时，迎接他们的是一场真枪实弹的恶战，璜玑乡“率其野蛮子弟，纠集多人藐视官军，开枪抗拒，并围困工人，将廖士、张太、周洪等三名锁禁，声势汹汹。官军目击情形，鸣枪示威，始得解围。当场捉获放枪抗拒之局勇潘敦一名，连同枪支解办在案”。[④]可见利之所在，人必趋之。

商品性农业的迅猛发展使得清中叶以后佛山地区墟市数量剧增，南海县在道光十五年（1835）除县治内有21个墟市外，在四乡还有126个墟市（包括佛山镇），[⑤]顺德县咸丰三年（1853）有106个墟市。[⑥]高明县在光绪二十年（1894）有39个墟市；[⑦]三水县在嘉庆二十三年（1818）有29个墟市。[⑧]

其中尤以专业墟市发展为最快，如桑市、蚕市、丝市、鱼种市、塘鱼市、海鲜市、猪墟、牛墟、布墟、鸡鸭市等，四通八达、交织如网的河涌为本地区各墟市间商品的流通提供了方便的渠道。道光十五年（1835）前，

① 徐爽：《明清珠江三角洲基围水利管理机制研究——以西樵桑园围为中心》，广西师范大学出版社2015年版，第118页。

② 《佛山桑基鱼塘史》，第102—105页。

③ 民国《续桑园围志》卷十二《防患·十堡呈控九江璜玑闭塞官涌公文》，宜昌印务局铅印本。

④ 民国《续桑园围志》卷十二《防患·八月十一日再呈公文赴县》。

⑤ 道光《南海县志》卷十三《建置志五·墟市》。

⑥ 咸丰《顺德县志》卷五《建置略二·墟市》。

⑦ 光绪《高明县志》卷二《地理·墟市》。

⑧ 嘉庆《三水县志》卷一《墟市》。

南海县专业墟市只有17个，到同治十三年（1874）增加了15个，宣统二年（1910）又增加24个，共为56个。南海县中以九江堡墟市数量增加最快，道光年间有17个，同治增加4个，宣统又增加8个。有的墟市缩短墟期，墟日营业的时间延长。大的墟市已是墟中有市，如南海的九江大墟。这些墟市已是常日开市，一改过去“无人则墟”的状态。[①]乾隆年间，顺德的市有7个，墟市42个。其中主要的蚕区都有墟市，如龙山、龙江、逢简、水藤、杏坛、伦教。咸丰年间墟市共87个，其中恢复、保留了原来的35个墟，新增了墟、市各23个。专业化的墟市和买卖杂货的墟市分开了，如逢简有两个墟，曰货杂、曰蚕丝；龙头堡赤花村有米墟；逢简、黎村堡马村还有桑市；佛滘村有花市。嘉庆十四年（1809）增加了高赞村的大成墟，道光八年（1828）增加了水藤丝墟。

光绪年间，墟市之名，渐渐区分，凡是有商店的地方，即称为墟，临时聚散，即称为市。光绪年间墟市62个，数目虽然少了，但是常设的时间长了。特别是专业化的墟市增加了。有专名的墟市就有41个。增加得最多的是与蚕丝业相关的墟市。随着蚕丝业的兴盛，顺德出现了一批以经营蚕桑业为主的专业市镇，这以两龙为翘楚。两龙制种业的兴起是顺德蚕桑业超过南海的很重要的标志之一。蚕种的制种是专业性很强的技术，一向为南海九江人所垄断。晚明清初两龙蚕桑业发达，但还要到九江购买蚕种。嘉庆年间，龙山大墟有蚕纸行，两龙和附近的养蚕者则都到这里购买蚕种，而不用到九江了。龙山有专门的蚕纸行、桑市、丝墟，说明这是个经营蚕桑业的专业大市镇。当时像龙山这样的大镇还有龙江、容奇、大良、桂洲、陈村等，这些市镇的蚕丝业和其他手工业、商业活动非常频繁。如龙津堡，“烟户稠密，铺舍联络，百货辐辏”；水藤堡，“堡中舟楫四达，有墟为懋迁地，鱼米之所凑集”。[②]

商业往往与高利贷相生相伴。清代前期珠江三角洲糖业的糖户（包买商），春天将货币作为糖本分给蔗农，冬天令蔗农用蔗糖偿还债务。《广东

① 叶显恩：《明清珠江三角洲商业化与社会变迁》，中山大学出版社2020年版，第240、350—355页。

② 《佛山桑基鱼塘史》，第63—64页。

新语》记载：“闽、粤人多贾吕宋银至广州，揽头者就舶取之，分散于百工之肆。百工各为服食器物偿其值。”[①]揽头向舶主海商取得银两，用以分发制造“服食器物”的手工业者，作为预支工本，手工业者再用自己的产品偿还。在这种情况下，手工业者所制造的“服食器物”被人为地降低了价格，而作为预付工本的银两要按高利贷盘算其利息。

包买商还深入农村的果园，目测果树花势，进行果品包买。对荔枝、龙眼的包买尤为盛行。每当二月果树发花时，“估计者，视其花以知其实多少而判之，是日买焙。其人名曰焙家。龙眼亦然。……每岁估人鬻者，水枝七之，山枝三四之。载以栲箱、束以黄白藤，与诸瑰货向台关而北、腊岭而西北者，舟船弗绝也。然率以荔枝、龙眼为正货。挟诸瑰货，必挟荔枝、龙眼。正为表而奇为里。奇者曰细货，不欲居其名，所谓深藏若虚也”[②]。从“挟诸瑰货”可见果商亦兼销洋货。这些果品包买商（焙家）必先做果品的加工、包装，才能做长距离的贩运。鲜果易腐烂，需经加工方能久贮，因此经营此业者都是资本雄厚之大贾。[③]

西、北江三角洲上游的南海、顺德北部等地的基塘种植经济作物，当地粮食依靠专种水稻的沙田区供给。清末和民国年间，珠江三角洲商人通过广州银号以及顺德陈村镇等米粮集散中心的谷埠，把资金投入沙田垦筑，然后又以货币地租形式，迫使佃户、耕仔向陈村谷埠低价出售粮食。商人把沙田开发和米粮贸易结合起来，使沙田开发和商业资本的增殖相得益彰；而且陈村等谷埠收购的粮食又有力地支持了基塘区商业化。[④]同时，佛山人食米的另一个补充就是通过西江贸易广西大米（时称“西米”），许多宗族族谱中记载本家族“第一桶金”由此而来。佛山镇商人也将佛山出产的铁器、布料等日用百货贩运至广西，换回大量米谷以及黄豆、皮革、中草药等。因此，西江两岸诸多产业得以拥有原料，如九江的酒业、鹤山古劳的酱园业、佛山镇的中药业都赖于此。现在仍然讲粤语的梧州人和现存西江沿岸墟镇数量庞大的粤东会馆，就是这一贸易留下的历史遗存。

---

① 《广东新语》卷十五《货语》，第406页。

② 《广东新语》卷二十五《木语》，第624—625页。

③ 《明清珠江三角洲商业化与社会变迁》，第236—237页。

④ 《明清珠江三角洲商业化与社会变迁》，第278页。

乡村墟市的兴建和管理大致有如下几种形式：

（一）乡村里排合股兴建和管理

由乡村里排集资兴建以股份制为组织营运方式的墟市各县都有，这是大多数乡村墟市的选择。如南海九江“天妃庙前墟，趁墟期以单日，正德元年（1506）里排设”①。顺德县乐从墟，“康熙年间，沙滘、马滘、教德、新隆、良教、理教、上华、平步、藤涌等乡给资公建”②。顺德县龙江乡金顺侯庙前市，于乾隆十年（1745）由该乡第五图五十五家集资兴建。当时规定“每家捐银五十五两”，共银三千零二十五两。由肖占恒、康将万等管理修建，蔡捷之、肖淮五等经营筹度，购地修筑照墙，填平甬道，建左右门楼，竖立忠义儒林乡额，并创万里石桥以便往来，中设埠头以便渡船湾泊，上下建铺三十八间以便居贾行货。所有这些市建工程，“历四载而始竣”。该市建成后，将铺舍三十八间分为十一股，每五家各得一股。各股所执得的铺舍“各照名下永远管业”，“任从各自批佃”给商人经营，居贾行货，业主收取铺租。这是业主的权利。其地税原在“二十二图四甲叶登户内，其中中税六亩，拨开割入十一股户内，每股该中税五分五厘，各自办纳粮差”。这是各业主的义务。墟市建成后，呈报官府备案，由业户所在籍的第五图现年里长轮流管理。余下款项和渡头租银一起，也由值年里长管理，遇“乡中有新登进士者，以渡头租银一十五两作花红金送之，其余留为祀典”之用。③

（二）由几个宗族合股兴建和营运的墟市

以南海九江谷埠为例。道光年间，九江“男女二十余万，日需谷二千石有奇，居人业鱼桑，田绝少，民食取自各乡”。因此设立谷埠，解决本乡的民食问题，就显得十分重要。道光二十一年（1841），合各族姓在九江鹦鹉沙建立谷埠，鹦鹉沙税地原是长批给关世美堂的。还买受骑龙社前基塘十六口，别开新涌，疏浚显步等桥之低者，酌情加高，以便谷船来往。另建造银

① 《南海九江朱氏家谱》卷十二《杂录谱》。

② 民国《顺德县志》卷三《建置·墟市》。

③ 李龙潜：《明清广东社会经济研究》，上海古籍出版社2006年版，第140—143页；道光《顺德龙江乡志》卷一《金顺侯庙前排年铺舍条议》、卷五《排年铺舍碑记》。

铺、谷栈、猪行、大小铺舍，共用工费二万五千两。“合各族姓分认工费，股白金百，得二百三十三股”，共筹得股金二万三千三百两。关世美堂因提供鹦鹉沙税地建造，以地入股，即“每亩作股份银伍拾两正，该业二十亩，当作本堂股份壹拾股”。共二百四十三股，所有“递年埠中租息所入，俱照阖乡各股份均派”。[①]

三水县芦苞墟，清乾隆、嘉庆年间商业兴旺，为三水县第二大镇。其墟地分属于几个宗族所有，如欧阳村欧阳氏宗族、南岸曹氏宗族等，墟场也由各宗族控制和营运。“商户要在墟上建店铺，必须先向有关‘地主’（即宗族祠堂）批地，批期有时限，双方立约，商户需交地租和‘地沙’（拟为摊位租，现金或谷）。以地租为多，一般按月交纳；次为‘地沙’，一般是每年一纳或数年一纳。批期满限，所建店铺就自然归‘地主’所有。商户如果想继续经营，就必须向‘地主’重新承租，或另行批地建铺。”南岸曹氏宗族占有墟地不少，商户若要在其控制的地界内建铺，就要向曹氏宁远堂批地，批期一般是十五年。宁远堂在芦苞墟不但地租和“地沙”收入可观，店铺也越来越多，还占有东海口和芦苞江面上的“海利”。所谓“海利”，主要是渔获和渡口收租。“海利”由大宗祠公开招标承包，投标人多是胥江疍民。“海利”的收入和地租、“地沙”一样，全归大宗祠，用于非生产性开支，诸如修祖坟、建祠堂、置枪械、养老、祭祀和诉讼等。[②]明清时期，广东建立墟市过程中，宗族表现得十分积极和活跃，也有宗族独占墟场经营。例如，南海县猪墟“在东房大洲咀，道光间冯族设”，南海县“新桑墟在北方大洲长磡头，咸丰年朱族设”。[③]

（三）由地方社团兴建和营运的墟市

如南海九江乡的文社丝墟，在九江大墟心，嘉庆四年（1799）“阖乡绅士联禀上宪公设，所有土丝蚕纸沙布皆于此售卖，岁取廛以供通乡士人宾

① 《明清广东社会经济研究》，第143—145页；光绪《九江儒林乡志》卷四《建置略·墟市》、附录《关世美堂合约批据》。

② 陈忠烈：《清代、民国对芦苞圩地和成公洲的占有及纷争》，载《三水文史》1995年第20辑。

③ 光绪《九江儒林乡志》卷四《建置略·墟市》。

兴应试课文诸费”。文社丝墟的收入即所谓“取廛”，出赁房舍取租之意。在其《规条》中还记有“丝墟原为通乡文社之业，递年各项租银，俱归乡中课文之用”。这些租利，由文社每年推举值事管理，史称：“递年二月初三日在儒林古庙当众推举殷实值事，租银自有专责，别人不得混收。”值事管理租银的收支，以一年为期，次年公布收支数目后，即将现存银数交下班管理。文社对丝墟的交易管理严格，规定“买客俱要发票，丝主凭票收银，不得在场中私交，以杜假伪”。这样买客与丝主之间的交易，需要通过牙行来进行，丝主将丝交给牙行，牙行收取行佣，替丝主卖丝给客人，丝主凭牙行开给买客的发票，向买客收银。同时，规定“丝银俱用成员合用，定要七钱一分二厘，以司码戥秤足，如轻回换上平兑足”。此外，还请地方官府出示晓谕，派兵巡逻。因此，自“开设以来，商贾云集”，“近则两龙、波山、杰州，远则省城、佛山各镇，熙熙攘攘，莫不如期而至。往来既众，交易公平”。[①]

农业商业化的增进，势必带来农产品加工业、手工业和商业的发展，从而引起居民身份结构的变化。珠江三角洲各地的商业化程度是不一致的，因为各地地理环境、交通条件不同，市场的影响力也有差别。以广州城、佛山镇为圆心，离圆心越近，商业化程度越高，居民工商业者占比也越高。嘉庆年间，顺德人龙廷槐说：“南海县地亩十之二，商贾十之六，工作十之二。其大镇为省城、佛山、石湾。……（顺德县）惟龙山、龙江、勒楼、黄连、陈村人务商贾，称为富庶。然皆贸易于石龙、江门、省垣、佛山四镇。”[②]南海、顺德从事非农业职业者多，反映了其商业化的水平高；而新会、番禺、东莞、三水次之；香山、清远则较低。

① 光绪《九江儒林乡志》卷四《建置略·墟市》。

② 《敬学轩文集》卷二《初与邱滋畬书》。

第二节　清代佛山四乡的民间信俗

与城镇的人们追求神明的悠久历史和精致祭祀仪式的文化氛围不同，清代佛山四乡的民间信俗则与当地的生产生活需求息息相关，在基于自然环境的独特经济开发活动中，佛山四乡民众发展出颇具特色的民间信俗。

一、石湾陶师祖庙

陶师祖庙始建于南宋时期（约1273年），祭祀虞舜帝。南宋时期，山西霍州窑陶工因避战乱经南雄珠玑巷至石湾从事制陶工作，并在石湾水巷建起第一座陶师祖庙。据《石湾陶业考》作者李景康在民国年间的调查，清末时石湾水巷还有一座创建于宋代、“狭小如土地祠”的陶师庙。[①]到明代，随着石湾陶业的兴盛，陶工大量聚集石湾，信奉陶师神明的群体大量增加。第二座陶师庙于明嘉靖七年（1528）在石湾莲子冈东麓建成，陶师庙大门的竖式匾额上书阴刻题额“陶师祖庙”。此后经清代嘉庆年间、同治九年（1870）、光绪年间及民国十五年（1926）等多次重修扩建，规模越来越大，装修越来越精美。其中1926年最后的一次大修扩建，除修葺、完善原有的主体建筑外，还增加了花园及外围商铺等设置。

明清两代，每年农历二月初十至二十四日、八月初十至二十四日是“陶师诞”。“陶师诞”仪式由石湾各行会轮流主祭，并举行陶师“行宫”巡游。“陶师诞”期间，陶师庙香火特旺，四乡之民也来上香赴会。高庙搭建戏台演剧三日夜。石湾各行会也设宴相聚行酒，俗称“饮行”。

陶师祖庙的兴建和历次重修扩建，除了各制陶行业按自己的经济实力出资捐助外，各个行业都会把自己行业精心烧制的、最为优秀的陶制建筑装饰艺术品送到庙中装置，作为陶师祖庙的装饰艺术构件，使该庙成为装修豪

① 李景康：《佛山陶业考》，载《佛山市陶瓷工业志》，广东科技出版社1991年版，第202页。

华、颇具观赏价值的艺术殿堂。陶师祖庙的三进屋顶上均为典型的瓦脊“公仔”，每进的屋顶上均有陶珠，其中中间一进的瓦脊上有1颗直径约40厘米的红釉陶珠，据说当时烧的红釉是采用黄金等名贵釉药。该珠红光闪烁，熠熠生辉，特别在太阳偏西之时，阳光照射，更显光芒夺目，此红釉陶珠堪称石湾陶的珍宝。1938年10月16日，石湾沦陷后，陶师祖庙被毁，大批珍贵陶瓷珍品流失。①

2006年，佛山市石湾镇街道办事处重建陶师祖庙。陶师祖庙建在石湾公园内，与南风古灶成为近邻。此次重建为历史上规模最大，整座庙宇建筑占地40亩，其中广场占地20亩，可容纳万人。坐北朝南三进两廊建筑群，山墙镬耳结构。虞帝大殿内供奉三大历史人物：陶师——虞舜帝，像高2.88米；商圣——陶朱公（范蠡），像高1.98米；陶神——宁封子，像高1.98米。虞帝大殿，殿顶上的瓦脊“公仔”群雕，主题为“舜帝南巡”，全长23米，场面丰富，人物表情生动自然，堪称精品。2006年12月27日，举行开光仪式，随即向市民开放。之后有关陶业之纪念活动均在此举行。

图8-2-1　始建于南宋、重建于明清、2006年再重建，现位于石湾公园内的陶师祖庙（广东石湾陶瓷博物馆提供）

① 佛山市档案局、佛山市地方志办公室编：《佛山陶瓷纵览》，广东人民出版社2010年版，第174页。

陶师祖庙陪伴石湾陶瓷工匠走过700余年的春秋，既是石湾陶瓷工匠的精神家园，也是石湾陶瓷史的象征。不仅在国内，而且在海外特别是东南亚一带有着很高的知名度和巨大的影响力。

二、官窑生菜会

生菜会是南海地区特有的民俗文化庙会活动，在古南海地区广泛流传，而以南海区狮山镇的官窑生菜会最富地方特色。官窑生菜会是依托当地“凤山古庙”而形成的庙会习俗，其起于明、盛于清并延续至今。清宣统庚戌（1910）续修《南海县志》称其“游人之多，可与悦城之龙母诞，波罗之南海神诞，鼎足而三”[①]。

官窑生菜会会期自农历正月二十三日至正月二十七日，共5天。自农历正月初十开始，凤山古庙前就开始搭建戏棚狮台，并广邀戏班；至正月二十三日开演大戏、旧八音、舞狮子、演武技、游神等；正月二十六日为“观音开库

图8-2-2　生菜盛会（点石斋画报）（南海区博物馆提供）

① 续修《南海县志》卷四《舆地略三》，宣统二年（1910）刻本。

日”，各地信众齐集凤山古庙借库、还库，拜祭观音后到古庙后“摸仔岩”摸取螺蛳祈求生儿育女，并到庙后空地的生菜档摊吃生菜包，以取其“包生”之意。当地人认为生菜会之日吃生菜包，可一年顺景、生龙活虎、人财两旺。

游神和抢花炮是官窑生菜会的高潮，是日主事者组织村民抬着天后、观音、北帝、财神等神祇行宫出游，队伍扛幡、持牌，以头锣开道，沿途供人膜拜，万人空巷。正月二十七日，按例烧神炮，炮如竹筒，炮身系铜圈，炮响圈飞，直冲云霄。抢炮者抢夺传接，互相呼应，高声吆喝，志在必得。旧俗连放六炮，分别称头炮、二炮、三炮、闰三炮、四炮、五炮，其中以闰三炮为贵，又名“丁财炮”，抢得者旺丁旺财。

官窑生菜会历史悠远，形式古朴，气氛热闹，寄寓着当地群众迎春纳福、求生气、求子求财等美好愿望。官窑生菜会是佛山民俗文化的独特表现形式之一，也是岭南社会文化发展的活态标本。新中国成立后，官窑生菜会曾一度中断，改革开放以后得以恢复。

三、胥江祖庙庙会

三水芦苞镇的胥江祖庙，供奉北帝。芦苞镇居于海潮弥漫、至胥江而不复能上、江海于此交接之处，在此建北帝之庙，乃南遏海潮，北镇北江。胥江祖庙又名“武当行宫”，始建于明代而在清嘉庆和光绪年间进行过重修。逐渐形成以武当行宫作为主体庙居中，左为观音庙，右为文昌庙的群庙格局。胥江祖庙定例，每六十年一大会，三十年一小会。届时要发出告示，请海内外乡里捐签，重修庙宇，并大搞庆典。清代最后一次大会是光绪十四年（1888），现所见的祖庙即为当时所修建。

胥江祖庙每年庙会有两个阶段活动。第一个阶段是春节演戏和抱炮活动。清代胥江祖庙定例，每年除夕至初四在祖庙戏台演戏酬神，北帝、观音两菩萨坐正台前观看。戏班均请省佛名班。祖庙前摆放十二个花炮，让各村乡民年初一参神看戏时可以观赏，待年初四烧炮，各乡均来抢炮。

第二个阶段是三月初三北帝巡游。芦苞三铺人要抬出北帝、观音两菩萨游街，其游行队伍包括三部分：前面是北帝、观音两菩萨，中间是身穿寿袍的胥江三铺绅衿父老（六十岁以上者）以及为他们抬椅的后生，后面是色队（色队多由佛山请来）。各街坊届时组织“迓圣会”迎候拜祭。北帝游行时间为三日：三月初一游一铺，三月初二游二铺，三月初三游彭街。游完神后，北帝行宫由各铺轮流供斋，每铺一年。此外，在春节期间（除夕至年初四）、神诞期间（三月初一至初三）、秋诞期间（九月初三），三铺父老（六十岁以上者）可到祖庙饮宴，并有颁胙之福。

每年大年三十至年初四的胥江祖庙演戏和烧炮活动，是芦苞社区一年一度最大的喜庆活动。它以大范围内允许各类群体的参与，而区别于只有三铺街坊参与的北帝诞游神活动。吸引了芦苞七十二村和三水四乡的村民，甚至清远、四会、广宁的乡民也前来赴会。每当庆会，外地乡民纷纷投奔芦苞的同宗兄弟，芦苞墟街坊应接不暇，俗称此时家家“米缸空，屎塔满”，可见观者之多。

祖庙戏台两侧设男女主棚（收票）和“企地”（免票，站着看戏）。四乡之民此时纷纷“做会”，一起到祖庙上香，一起看戏，并在芦苞聚餐一次。各姓祠堂亦派出父老送香油到祖庙。当是时，墟艇络绎，路人不绝。此时原散布在西、北江各县的疍艇也集中到芦苞过年，从彭街至芦苞墟北江一带，数千疍艇云集，颇为壮观。

年初四抢炮是庆会高潮，亦是各乡参与芦苞社区活动的机会。是日红旗招展，欢声雷动，各乡抢炮队云集“烧炮地”（在祖庙后寺山冈第二冈处），观者逾万。祖庙每年烧十二炮，其中前四炮意头最好，它们是：“元日正首炮”“新首炮”“正拾足炮”“润拾足炮”。抢到这四个炮者，不仅来年要还炮，还须分担三月三北帝诞的“出色”费用。这对于抢到者来说，意味着他们有了一次参与三铺酬神活动的机会，这无疑有助于提高其在社区的威望。因此，前四炮争抢最为激烈。每一炮圈腾空而起，都立即引起抢炮队的骚动。观者助威如雷，场面热烈壮观。连续十二炮，真是一波未平一波又起。抢到炮圈者到祖庙公所挂号，然后由其炮队将奖品抬回本村祠堂，当晚饮宴完开投，以备来年还炮。至此，整个演剧和抢炮过程才告结束。

清代胥江祖庙庙会是一种不分乡域、不计性别，亦不看地位高低的社区活动，它满足了各种群体的参与感，也逐渐培养了对胥江祖庙北帝信仰认同的文化意识。

图8-2-3　芦苞祖庙建筑群（罗一星摄）

图8-2-4　现代芦苞胥江祖庙庙会（巡游活动，胥江祖庙现场）（三水区博物馆提供）

四、基围诸神

清代历次修撰《桑园围志》俱设有《坛庙》专章，收录了“祀典”有载的神祇，如龙王、南海洪圣王等。其实，桑园围上的神庙远远超过《桑园围志》中《坛庙》专章所载，有不少是“祀典”不载的地方土神，如金花庙、原仲祠、舍人庙、赵大王庙、判官庙、六圣庙、陈相公庙、韦陀庙、真君庙、梅侣祠、财神庙等。有些地方同一种庙还有好几间。

乾隆年间，桑园围地方士绅开设“总局”管理围务，把全围分为七段，《桑园围志》在说明各段的“界止”时，多记录某段从某庙至某庙，或者从某庙至某地，可见当时有些神庙被作为划分基段的地标。四乡在各段上借祠宇分立公所，而每一段的神庙又是该段基围保护下的“围民”的祭祀之所。有些神庙是在新堤创建时就附带配筑的。例如，乾隆六十年（1795）围内李村创建新堤，南海神庙皆以陈博民有功德于通围，特地配食神庙。[①]有些庙宇设在基围险段、窦闸之旁，这些险段和水道进出口很可能就是四乡“围民”必须重点关注的要害部位。有些神庙所在的基围在历史上是灾难多发的险段，如九江堡的金花庙基、赵大王庙基和判官庙基、河清堡的舍人庙基、龙江堡的陈相公庙基等，在乾隆至民国时期都有频频崩塌的记录。有些窦闸则以神庙命名，如河清堡的主帅庙窦、将军庙窦等。研究发现，四乡“围民”原先立庙于此的初衷大概出于“镇压”险段和进出水口的水患，而在农田水利中，这些神庙立于险要之地恰好又对“围民”起着时刻警示的作用。桑园围的庙宇多有“祠产”，积累资金备作各段修筑的经费，在修筑基围时多作为临时的“修围公所”。这些庙宇在汛期还作储备救灾物资，或供议事和召集“围民”之所。

五、“传锣告警”——祭祀与基围抢险相结合的全员行动

桑园围在汛期出现险情，即要“传锣告警”，围内村民闻警要上堤“救基”（抢救出险的基段）。康熙四十一年（1702）一份公文中记载了桑园围实行的“传锣”的机制：

> 夫吉赞枕在基所，出入耕作皆由此道，若西江潦涨，基有危险，该村登即鸣锣，附近乡村递相接传奔报。各堡之人身家性命所关，未有不奔驰恐后者。吉赞一乡田园庐舍亦在围内，当日修葺横基，众人念系小修，未有派及该村，今日其传锣递报，揆之情理，甚属妥协。去年八月间西潦复发，基又危险，幸藉该村鸣锣相传，晚稻始获丰收，即其明效。[②]

① 《九江儒林乡志》卷十三《列传·（明）陈博民》。

② 同治《桑园围总志》卷八《道光十三年癸巳岁修志·沿革》。

这些传统水利习惯的产生远远早于桑园围合围，在相当长时间里行之于乡村，如南海九江的“六社社民”“四社民”等，“社”的组织在桑园围“救基”行动中发挥着特殊的作用。龙江堡集北村的各坊巷均配筑有“社稷之神”（俗称“社坛”“社公”）。集北村所负责的堤段也是按“社”来划分的。一进入汛期，各“社”村民即把铜锣、桩链、麻袋、绳索、扁担、竹萝、杉木等报警和救灾物资放在自己所属的“社坛”，同时还要放置一箩香。存放在“社”的铜锣，只有该“社”的巡逻人员才有资格取用。集北村一接到来自九江围董会的防汛指令，各“社”即派出巡逻人员到本“社”所属堤段巡逻。巡逻人员往往是一老一少两人组合，因老人经验多，知道什么情况下应当报警。少年人跑得快，报警及时。一有险情，巡逻人员即“传锣报警”。所谓“传锣”，就是一面鸣锣飞跑，一面呼叫某某地方出险。跑到下一个“社”负责的堤段，下一个“社”的巡逻人员又接着“传锣”，如是把消息传送到九江。集北村的村民闻警之后，不必等待九江围董会的指令反馈，就已经行动起来了。行动之始是“请社公”：村民分别跑向自己所属的那个“社”，拿取“救基”物资。第一个跑到“社”前的人，首先要拿起一把大香点燃，高高举起，此人便是该“社”抢险行动的“当然首领”。该“社”的“社民”就跟着这个“首领”向本“社”负责的堤段跑去。到了险段上，这个“首领”把香往堤上一插，就表示把本“社”的“社公”请到了自己负责的堤段上，抢险的“社民”随即展开“救基”。在整个抢险过程中，村中妇女要不断担香上堤，以保证本“社”香烟不灭。抢险行动有严格的纪律约束，村中只留下老人照料儿童和防卫治安，妇女则负责后勤供应工作。在抢险期间，全体人员一律吃素，多数只吃冬瓜一味，这一方面表示不杀生，敬重神灵。另外，汛期正值冬瓜大熟，价格低廉且烹制容易。抢险行动结束以后，就把堤上的香拔起，带回本“社”的社坛，以示把“社公”接了回来，然后全体“社众”开斋还神。该“社”所属堤段捍卫范围内的基塘耕家要各自按照自己受益的面积，拿出鱼来酬众；如果耕塘人不出鱼，可以折钱买肉，慰劳“救基”的村民，全村开斋答谢神恩。[1]可见，桑园围农田水利习惯在历史发展进程中，已经吸纳了民间信俗等当地传统固有的社会资

① 参考《華中南デルタ農村实地調査報告書》，载《大阪大学文学部纪要》1994年第34卷。

源，四乡许多神庙以其独特的实用功能与农田水利习惯糅合一起，有助于基层民众合力“御灾捍患”。神明信俗与生产和生活需求结合为一体，这是当时历史条件下传统农村基层水利运作不可或缺的一环。

六、蚕桑之神——蚕姑

明清时期，珠江三角洲人民顺应当地的自然环境和水热条件，创造出新颖的农业组合模式——桑基鱼塘。清代桑基鱼塘推助起蚕桑业的高速发展，而佛山四乡基塘区蚕农所信奉“蚕姑娘娘”的民间信俗，与其生产习俗密切关联。

珠江三角洲的蚕姑通常有三个，中座是“马氏蚕姑娘娘”，两旁分别是“邓氏蚕姑娘娘”和“凌氏蚕姑娘娘”。珠江三角洲的养蚕行业主神“马氏蚕姑娘娘”，民间传说是黄帝的妃子嫘祖，也有考证此神同西蜀、东吴民间蚕神马头娘有些渊源，可能是北方移民带来的信俗；马氏与邓氏、凌氏三位女神，俱被民间奉为“西山大圣”或“西山圣母”。这些迹象，说明远古中原或江南地区传承过来的蚕神信俗在佛山地区已经地域化了。

佛山四乡蚕姑信俗最大特色，就是同桑基鱼塘的生产节奏和乡间社会合拍。大多数蚕姑纯粹一副村姑打扮，手捧桑叶、蚕茧、蚕虫或蚕窝，和蔼可亲，没有其他女神那种朝廷命妇式的装束和令人望而生畏的形象。佛山四乡现存的蚕姑庙都建于清代，散布在各乡村，大多很简朴，通常就附建在其他神庙的旁边；有些蚕姑没有独立的神庙，她们的神像只是附着在其他神庙中，如图8-2-5的凌、马、邓三个蚕姑娘娘就附祭在顺德龙江南坑观音庙。有些蚕姑也不一定是三个，可以简单化为一个神像。也有些蚕姑甚至连造像

图8-2-5　顺德龙江镇南坑观音庙的“西山大圣”马氏、邓氏、凌氏蚕姑娘娘，分别捧着蚕虫、桑叶、蚕窝（育蚕工具）（九江镇文化发展中心提供）

都没有，只是一块神牌，同其他神灵一起附祭。这种现象同各地农村的经济发展水平、用地、民风相适应，顺应地情民意。

佛山四乡的蚕姑祭事也尽可能贴近桑基鱼塘区的生产节奏。蚕姑庙几乎看不到那些漫无边际的歌功颂德的赞词，民间对她们的期望都很接地气、很实在。例如，前文提到的附祭在顺德龙江镇南坑观音庙的“西山大圣”马氏、邓氏、凌氏蚕姑娘娘，村姑打扮，就像是珠江三角洲普普通通的养蚕人。她们的手分别捧着蚕虫、桑叶、蚕窝。最有意思是两旁的对联：“嚟揸自吾小吾多，喂咪嘈有分有数。”这是用顺德地方口语写的对联，反映的是养蚕人工作的场景，首句是对蚕宝宝说的：“来，拿住，不少不多。”意思是：来，吃吧，你们别急，饲料管饱，又不浪费。第二句是对投喂桑叶的人说的：“喂，不要嘈，我心中有数。”意思是叫在蚕房工作的人保持安静。清代，佛山四乡蚕农已经积累了很成熟的蚕房管理经验，知道人声嘈杂会惊扰蚕的进食和生长，所以投料的时候不能发出噪声，只要心中有数就得啦。这副对联其实反映出清代以来基塘区积淀下来的生产经验，蚕农看到这样的对联，对蚕宝宝的爱意就会油然而生，自觉遵守蚕房规矩。

蚕桑生产在江南地区通常每年一两造，但珠江三角洲水热条件好，每年可以六七造，所以佛山四乡桑基鱼塘区的蚕农一年到头忙个不停，少有闲时，但他们总不忘祭祀蚕姑娘娘，是祈求田蚕旺相，十足收成。因为各地蚕桑生长期有参差，所以祭祀蚕姑的时间也会错位进行，常规的拜祭是农历每个月的初一、十五。顺德龙江、龙山的乡间风俗，正月初八拜祭蚕大姑，二月十五日拜祭蚕二姑，三月十八日拜祭蚕三姑，拜祭总以不影响蚕桑生产为要。另外，为了祈求每一造有十足的好收成，蚕农在蚕房的门口贴张红纸，写上“蚕姑娘娘神位”，神位前摆个小香炉插炷香，简朴如乡村人家门口的“门官土地”，就算是把蚕姑娘娘请到蚕房来了。每一造，蚕农都用米粉搓制成蚕茧形状的小丸子，装盘拿到蚕房中，一手托着盘子，一手拨开蚕窝上的桑叶，让蚕宝宝现身，口中轻声喃喃祝福几句。或者更简单一点，抛掷古钱预卜当造桑蚕的丰歉。每造的拜祭仪式极其简约，却寄托了蚕农无限的希望！

珠江三角洲各地蚕姑庙，也有集中祭祀蚕姑的庆会，一般安排在蚕桑事了的岁晚。蚕农辛苦了一年，蚕姑也辛苦了一年，大家都要欢愉一下。这时桑基鱼塘区会集中打扫蚕房，对蚕房进行卫生消毒，以备引进新蚕，乡村出现家家出户送蚕娘的盛况。这个日子的祭祀比较隆重，蚕姑庆会也同佛山镇其他迎神赛会一样。从蚕姑庙请出蚕姑娘娘，巡游村落，各家焚香祝拜，摆宴庆贺，百戏纷呈，有龙狮表演，酬神大戏，顺德龙江镇苏溪等地的蚕姑诞还有烧炮的盛典。蚕桑丰收的年景，蚕姑庆会也会热闹些，蚕农多报偿蚕姑，也多犒劳自己。现在珠江三角洲已经完成了现代化业态更新，难得一见蚕桑业了，但蚕姑信俗仍然勉励蚕农的后代在创新中前行。

七、鱼花之神——基头公

桑基鱼塘区还有一个重要的生产部门是鱼苗养育。鱼苗，在桑基鱼塘区叫“鱼花”。在人工繁育鱼花技术推广之前，塘鱼养殖只靠捕捞江河天然的鱼花，西江上游是鱼花的主要滋生地，人们在沿江设立鱼花的捕捞点叫“鱼花埠”。南海九江处在西江下游，境内河涌纵横，鱼塘密布。九江乡人在西江“鱼花埠”捞取鱼花进行分类，放养塘中培育成优质鱼苗，水陆分途远销各地。九江优质鱼花恒定供应，为桑基鱼塘乃至整个珠江三角洲经济社会持续繁荣奠定了先决条件。

“开鱼花”仪式

“开鱼花”是祈求土地爷保佑鱼花健康、收成丰厚的仪式。鱼花分类后，下塘培育成鱼苗。这是九江鱼花养殖周期的开端，此时人们会做一个比较隆重的仪式——“开鱼花”。这同九江鱼花的行业信俗有一定关系，旧时九江水患频仍，九江乡人在这片土地上安身立命，他们祈求土地的眷顾，因此九江鱼花行业共奉当地的土地神为行业神灵。据光绪《九江儒林乡志》记载，九江一条通向西江的河涌边有一所福德祠（土地庙），每年“阖乡鱼户岁时报赛于此”。这所福德祠是九江鱼花行业每年在土地诞举行贺诞“赛会”的地方，所以这土地爷被称为“鱼行土地”。根据九江鱼花习俗非物质文化遗产保护项目传承人的回忆，随着九江鱼花业的高度商业化，为了不影响生产，“鱼行土地”的赛会越来越简约。每到农历二月初二“土地诞”，当地的鱼花户通常就买块烧肉、几两小酒，拜拜土地爷，然后把酒肉打发了，犒劳一下自己。在放鱼花下塘的时候，他们要沿承历史传统，郑重其事地进行一个仪式：在塘头插下三支香烛，手持纸元宝，半跪祝拜“塘头土地”——本塘的土地爷；再用一根破开竹头的竹子把元宝和红色的衣纸夹住，竖直插到鱼塘中。随后在拜祭点将鱼花投放到鱼塘里饲养，进入正常投放饲料养育鱼苗的生产过程。

基塘区的人们拜祭“塘头土地”不纯粹是信俗行为，其中隐含着一些古代的科学经验。“基头公”所在，通常就是塘工投放鱼饲料的地点。基塘生产经验证明，在固定的地点、固定的时间投放喂鱼饲料，使鱼形成习惯，对鱼的生长极为有利；投喂地点和时间错乱，鱼的生长会大受影响。其实，鱼花业的“塘头土地”、养鱼业的“基头公”都是塘工日常生产管理的固定地点，只是给了它一个“土地公”的身份，把它神圣化罢了。“塘头土地”和“基头公”能养成塘工良好的作业规范，加强塘工的责任感。可见，佛山四乡桑基鱼塘区有些民间信俗同生产经验整合了，其中有些科学道理可循。

近几十年来，珠江三角洲传统农村迅速城镇化，产业向现代化转型，民间信俗所依存的文化空间也发生翻天覆地的巨变。现在，佛山及四乡的民间信俗的优良传统以非物质文化遗产的形态得到很好保护和合理利用。至2023年，佛山市共有国家级和省级的“民俗类”非物质文化遗产保护项目十六项，其中同民间信俗相关的项目有“佛山祖庙庙会”（国家级）、三水“胥江祖庙庙会”、南海“官窑生菜会”、顺德勒流“龙眼点睛”、“观音信俗”、“关帝侯王出巡”、“黄连仓沮字祖信俗”（俱省级）共七项；“九江鱼花生产习俗”也涉及民间信俗。另外，佛山地区的“粤剧”“八音锣鼓”“佛山十番”“龙舞”“狮舞”“彩扎”“灯彩”等国家级和省级非物质文化遗产保护项目，大部分都是清代发展兴旺起来的精湛艺术和高超技艺，它们都曾经在佛山和四乡的迎神赛会中大显身手。现在，佛山每年的“秋色大巡游”中，我们还可以看到这些非物质文化遗产同台演绎！

第三节　清代佛山镇社会整合

侨寓与土著两大利益群体，是随着佛山城市化进程分化出来的社会群体，侨寓与土著的矛盾构成了清代佛山社会的基本矛盾。它支配着各种社会组织的兴衰、隆替，社会利益的重新分配以及社会关系的互动发展。清代佛山的各种社会现象，诸如宗族组织的式微、西家行的出现、大魁堂绅士成分的变化、侨籍书院的兴起、祖庙祭祀圈的重整，无不与此有关。

侨寓与土著的互动，使佛山社会发展呈现出两个趋向。在社会文化上，侨寓认同于土著创造的文化体系，极力要挤入文化领导核心，并与土著居民一起继续发展着传统文化体系。在社会经济上，侨寓不满土著的垄断，极力要打破原有的限制，使经济活动纳入更广阔的市场范围，并依靠其群体力量推动经济发展。而土著则随从侨寓的经济发展取向，加入向外市场扩张的潮流中。土著和侨寓，商贾和文人，凡夫俗子和功名仕宦，工场主人和手作工匠，官府组织和民间自治系统，凡属佛山社区的各种社会力量和社会关系，都在清代前期的佛山重新整合与调适。因此，分化—冲突—整合，乃是清代佛山社会结构演化的主旋律。在这一主旋律下，佛山历史文化绚丽多彩的一幕拉开了。

一、一座移民与土著参半的城市：佛山历史上第三次人口大迁徙

清代前期，因手工业的综合发展，商业的全面繁荣和城区的迅速拓展，大量外来商民从山西、陕西、山东、浙江、江西、福建、湖北、湖南等其他省商贾涌入佛山镇，省内的顺德、新会、番禺、三水、四会、广宁、东莞、兴宁以及南海县各堡商家也涌入佛山镇。这批外来人口初来乍到，没有土地，也没有户籍。因此，被佛山土著视为“侨寓”。清代前期的佛山侨寓与佛山土著构成了既互相对立又互相联系的两大群体，它们的共存与互动，竞争与调适，成为清代前期佛山社会历史发展的主要内容。

（一）侨寓人士迁佛洪潮

人口运动是社区的脉搏。清代的佛山，是珠江三角洲人民向往的“圣地”，挟资而来的商人，把此视为致富的源泉；徒手求食的工匠，以此为谋生的场所；负笈求学的士子，以此作为登科的台阶；退休致仕的官吏，把此视作安身立命的归宿。史称：“佛山为省垣西南重镇，四面环海，气运所钟。商贾辐辏，人文奋兴，于今为盛。四方之迁者、侨者、从学而来者，宦成而归者，权缗笇以起家者，执艺事以自食其力者，咸以风淳俗美，乡有贤耆，梯航簦笈，鳞萃云集，偕来而卜居焉。”[①]清代佛山镇的侨寓人口已占其半。正如梁九图《佛山》诗所云：“舟车云集此天涯，半是侨居半故家。”[②]从姓氏数来看，明代佛山堡八图土著只有14个姓氏，即梁、霍、陈、卢、岑、区、黄、冼、伦、何、简、李、布、罗氏。[③]而乾隆时期佛山镇姓氏却有95个。[④]清乾隆四年（1739），佛山镇的8图80甲之“子孙共计四百有奇”[⑤]。无怪乎清末佛山土著人士冼宝桢惊叹称：“（佛山）自前明设镇后，四方辐凑〔辏〕，附图占籍者几倍于土著。”[⑥]

有清一代，佛山镇的侨寓人士中杰出人物辈出，大大超出土著人物之数。试看以下根据民国《佛山忠义乡志》人物志的统计：

表8-3-1　清代佛山土著与侨寓杰出人物数量比较表

类别	总数	土著		侨寓	
		人数	占百分比	人数	占百分比
名臣	6	0	/	6	100%
循吏	8	2	25%	6	75%
儒林	4	1	25%	3	75%

① （清）吴荣光：《重修佛山海口文昌阁记》，载《明清佛山碑刻文献经济资料》，第137页。

② 民国《佛山忠义乡志》卷十五《艺文志三 》。

③ 乾隆《佛山忠义乡志》卷三《乡事志》。

④ 乾隆《佛山忠义乡志》卷六《乡俗志》。

⑤ 清乾隆四年《鼎建公馆铺舍碑文》（拓片），原件藏祖庙博物馆。

⑥ 《重修佛山堡八图祖祠碑记》，载《明清佛山碑刻文献经济资料》，第257页。

（续上表）

类别	总数	土著		侨寓	
		人数	占百分比	人数	占百分比
文苑	30	5	16.7%	25	83.3%
忠义	3	1	33.3%	2	66.7%
宦迹	19	5	26.3%	14	73.7%
武略	8	2	25%	6	75%
义行	36	12	33.3%	24	66.7%
孝友	21	12	57.1%	9	42.9%
隐逸	8	3	37.5%	5	62.5%
耆寿	6	3	50%	3	50%
货殖	6	3	50%	3	50%
艺术	11	6	54.5%	5	45.5%
流寓	17	0	/	17	100%
贤淑	11	6	54.5%	5	45.5%
合计	194	61	31.4%	133	68.6%

上表所列15类人物，有3类人物侨寓略低于土著，即孝友、艺术和贤淑，有两类恰好持平，即耆寿和货殖。其他10类人物均高于土著两倍以上。尤其是名臣类人物，全为侨寓人物，他们是左必蕃、吴荣光、骆秉章、戴鸿慈、梁僧宝和李文田。又据同书卷十三《选举表》可知，清代佛山登进士者共38名，其中土著13名，占34.2%，侨寓25名，占65.8%。可见，侨寓人物中的功名人物远多于土著。相形于明代佛山堡土著出了梁焯、冼桂奇、李待问等名臣人物，此时的土著显得黯然失色。

在侨寓人物中，有不少是既曾享誉佛山，也曾名闻全国的人物。兹根据民国《佛山忠义乡志》和其他有关资料，将清代佛山著名侨寓人物分制成官宦人物、商贾人物和其他人物3个表，以备读者参考。

表8-3-2　清代佛山侨寓著名官宦人物表[①]

姓名	原居住地	祖先或本人迁佛时间	官职
左必蕃	顺德	父于顺康年间	康熙十二年（1673）举人，左副都御史
罗颢	南海绿潭堡	康熙年间	康熙二十三年（1684）副贡，石城教谕
陈其焜	新会	乾隆年间	乾隆二十八年（1763）进士，翰林、给事中
李可端	南海丰华堡	父于乾隆初	嘉庆元年（1796）进士，翰林院检讨
吴荣光	新会棠美	先祖于崇祯年间	嘉庆四年（1799）进士，湖南巡抚
李可蕃	南海丰华堡	父于乾隆初	嘉庆七年（1802）进士，翰林院编修
李可琼	南海丰华堡	父于乾隆初	嘉庆十年（1805）进士，山东盐运使
梁蔼如	顺德麦村	父于乾隆年间	嘉庆十九年（1814）进士，内阁中书
潘光岳	南海鳌头堡	先祖于嘉庆年间	嘉庆二十二年（1817）进士，翰林院庶吉士
骆秉章	花县	先祖于乾隆年间	道光十二年（1832）进士，四川总督
莫以枋	新会	先祖于乾隆年间	道光十二年（1832）进士，刑部主事
梁僧宝	顺德麦村	先祖于乾隆年间	咸丰九年（1859）进士，礼部主事
李文田	顺德均安	父于嘉庆、道光年间	咸丰九年（1859）探花，翰林院侍读学士
龙泉	三水	咸丰五年（1855）	同治二年（1863）恩科进士
张荫桓	鹤山	先世迁佛	同治初在沪捐知县，官至礼部尚书，驻日本、英国公使
潘衍鋆	南海鳌头堡	先祖于乾隆年间	同治七年（1868）进士，翰林院编修
潘衍桐	南海鳌头堡	先祖于乾隆年间	同治七年（1868）进士，翰林院编修
戴鸿慈	南海大同堡	先祖于道光年间	光绪二年（1876）进士，出使东西洋五大臣之一，法部尚书
周颂声	/	/	光绪十八年（1892）进士，翰林院庶吉士
吴功溥	三水	父迁佛	光绪二十四年（1898）进士，知县

① 参阅道光《佛山忠义乡志》卷九、民国《佛山忠义乡志》卷十四、《吴荣光自订年谱》（载《近代中国史料丛刊·第77辑》）、《梁氏支谱》。

表8-3-3　清代佛山侨寓著名商贾人物表[①]

姓名	原居住地	迁佛时间	营商情况
梁俊伟	顺德水藤	康熙年间	创立机房，名梁伟号
蔡锡麟	顺德龙江	康熙年间	幼承父业，服贾营生，家资巨万
李士震	南海华平乡	乾隆年间	贩于湖湘，组织佛山赈济
陈昱	嘉应州	乾隆年间	为远近商人所依托，家渐裕
任汝澜	鹤山江宰村	乾隆年间	家佛山，为任氏始迁祖
梁国雄	顺德麦村	乾隆年间	盐商，长子玉成同就盐业
梁玉成	顺德麦村	随父同迁佛	数年积资累巨万，百倍于昔
潘维大	南海良教	嘉庆年间	服贾佛山镇
李吉和	顺德	嘉庆、道光年间	懋迁佛山
阮国器	新会	道光年间	赴欧洲服贾
梁迪生	顺德	道光年间	与弟璧生同理银业
朱德山	南海朱李乡	道光年间	开设“朱炳昌丸药店”，有阳江分店
朱作求	南海朱李乡	道光年间	继承父业，开佛山丸药店
陈淡如	新会	道光年间	经商
陈际尧	新会	道光年间	助父经商，开永隆烟业行
戴迪功	南海大同堡	道光年间	服贾佛山
黄积昌	三水	道光年间	设药肆
刘仕贵	鹤山	道光年间	经商
吴达权	顺德	道光年间	贾于佛山
冯绍裘	鹤山	先世迁佛山	治铁冶，有锅炉数座
招雨田	南海石头	咸丰、同治年间	商于佛山
黄殿中	三水	咸丰、同治年间	创立黄慎堂药丸店，分店设省、港、澳、沪，中外皆知

① 参阅民国《佛山忠义乡志》卷十四、《潘式典堂族谱》卷六、《南海烟桥何氏族谱》卷。

（续上表）

姓名	原居住地	迁佛时间	营商情况
何其诩	南海烟桥	咸丰、同治年间	在省、港、澳和佛山设肆贸易
卢朴	新会	父于咸丰、同治年间	商于佛山镇
招涵	南海金利司	同治、光绪年间	父兄弟六人分财，人八万金
陈善性	新会	同治、光绪年间	薄荷油叶万金号司理
叶恩宜	鹤山罗江	/	经商于佛山，后人遂家焉

表8-3-4　清代佛山侨寓其他著名人物表①

姓名	原居住地	迁佛时间	职业
曹起龙	香山	康熙年间	把总，阳山城守，以富盛名
麦在田	南海大沥	/	讲学佛山心性书院
蔡宗瀛	顺德龙江	康熙年间	纳粟捐郎中
梁翰	顺德	父于康熙	乾隆十年（1745）进士，福建罗源县知县
黎简	顺德	乾隆年间	乾隆三十年（1765）拔贡，工书画
骆国佑	花县	乾隆年间	不详（为四川总督骆秉章之祖）
冯达昌	顺德	/	工书法，名重一时
刘潜蛟	顺德	嘉庆初年	设帐于佛山
陈兴礼	南海叠滘堡	嘉庆年间	嘉庆二十四年（1819）举人，长乐教谕
李仕良	南海西樵乡	/	道光九年（1829）进士，咸丰中设帐佛山更楼脚霍祠，一时向业者众
李能定	南海叠滘堡	道光年间	道光十七年（1837）乡荐，主讲汾江书院
冼佐邦	南海罗格乡	咸丰年间	道光十九年（1839）举人，咸丰四年（1854）建南顾营
霍谐	南海溶洲堡	父于嘉庆	道光二十年（1840）举人，办团练有功，赏六品顶戴

① 资料均出自民国《佛山忠义乡志》卷十四《人物志》。

（续上表）

姓名	原居住地	迁佛时间	职业
王福康	南海黄鼎司良沙海乡	道光年间	道光二十七年（1847）纳粟为郎中，后为大魁堂值理
吴炳南	顺德	道光年间	道光二十九年（1849）举人，工诗，求学者众
岑澂	/	道光年间	寓佛山，与梁九图论诗最投契
孔继尧	香山小榄乡	先世迁佛	道光武举人
区研经	南海大富堡	道光年间	两任大富围督修
马信道	顺德马村	道光年间	家塾先生［子马德熙，同治九年（1870）举人，为大魁堂值理］
何容光	南海烟桥乡	道光年间	家塾先生
苏长春	顺德	道光、咸丰年间	工绘画。道光、咸丰年间主于梁九图家最久
刘觉亨	鹤山	父于道光年间	咸丰二年（1852）举人，主讲佛山书院六年
叶彝光	鹤山	道光年间	咸丰六年（1856）举人，大埔县教谕
陈寿田	南海张槎	道光年间	授徒佛山，咸丰十一年（1861）乡试进庠
区士安	顺德	先祖迁佛	咸丰十一年（1861）举人，知县
梁禹旬	顺德	祖于嘉庆年间	咸丰年间把总
招宝莲	南海大富堡	道光、咸丰年间	授徒佛山
梁寿年	顺德	咸丰、同治年间	把总
麦富华	南海紫洞乡	道光年间	千总
陈瀚	南海魁冈堡	道光、咸丰年间	同治九年（1870）举人，主讲佛山书院
梁开棣	高要	咸丰、同治年间	为学，问业者众。为朱九江高足
陈慎之	南海西樵	祖于乾隆	家颇富厚。咸丰四年（1854）后中落

（续上表）

姓名	原居住地	迁佛时间	职业
李翔光	新会	咸丰、同治年间	工画花鸟小品，为鉴藏家重之
叶自风	东安	始居佛山	教子为事
熊炳堃	南海大同堡	祖于道光、咸丰年间	报捐县丞
霍伟甫	南海溶洲堡	咸丰年间	光绪八年（1882）举人

从上表反映出，侨寓人士原居地以顺德最多，其次是新会和南海所属各乡。嘉庆时人龙廷槐就曾说："若论民物繁富首推南海。南海繁富不尽在民，而在省会、佛山、石湾三镇。三镇客商，顺德之人居其三，新会之人居其二，番禺及各县、各府、外省之人居其二，南海之人居其二。"[①]这个估计当与事实相差不远。

从上表还可知道，清代佛山侨寓人士中曾出了不少著名的功名人物和商贾人物，如四川总督骆秉章、湖南巡抚吴荣光、侍读学士李文田、清末出洋考察五大臣之一的戴鸿慈、清末著名外交官张荫桓等官宦；还有机房大商梁俊伟、富商蔡锡麟、盐商梁玉成、富商招雨田等商贾。

总而言之，清代侨寓人士的迁佛，确曾形成了一股不可阻挡的洪流。

（二）侨土冲突与"三大案"的解决

大量的侨寓人士涌入佛山，带来了不同的营生方式、不同的生活态度，也带来了不同的口音。在营生方式和生活态度上，"所有顺德等处富户来此开设货店，自己携带小眷数口，闭门过活，向不与本镇绅士往来，俱畏人知其为富。故本镇绅士从未与外来富户交谈共事"[②]。在口音上，陈炎宗指出："乡去会城仅五十里，语相若而音乃顿殊，城清而急，乡重而迟。土籍操乡音，侨籍操城音，或仍其故土音。"[③]这种侨寓与土著的不同文化特征，可能会引起两者关系的紧张。但更为重要的是，侨寓人士的涌入，必然引起用

① 《敬学轩文集》卷二《初与邱滋畲书》。
② 《佛镇义仓总录》卷二。
③ 乾隆《佛山忠义乡志》卷六《乡俗志》。

地形式和人口类型的变化。在其发展过程中，必定发生一个更替和选择的过程。这一过程的初期阶段，表现为竞争的尖锐化，表现为公开的冲突。随着侵入过程的发展，互相竞争的力量之间会形成集团对峙。

清代前期的佛山，由空间竞争和利益竞争而引发的几件大官司，最能说明侨寓与土著的矛盾冲突及其解决方式。

1. 汾水正埠码头案

石头霍氏早在霍韬时期就插足佛山工商业，置有佛山“汾水头地”。霍韬《家书》中曾提及此事称：“汾水头地只可做房与人赁住，本家却不可在此抽地头钱物及假借人声势做各项买卖，必招大祸。”[①]汾水头地从明嘉靖到清康熙年间一直属于石头霍氏的产业[②]。随着清代工商业的发展，佛山之盛在清康熙年间已超过广州，汾水码头日益繁忙。清雍正九年（1731），石头霍氏第十一世孙霍文元［康熙五十六年（1717）武举人］[③]，想在“祖遗”码头空地上盖铺牟利。应该说这一行动并未违反霍韬的初衷，且在汾水头地还有霍家“税地”石碑。然而，在此时大量商民涌入、汾水周围成为商业中心区的情况下，在这地价最高也最敏感的地点的每一举手投足，无不引起轩然大波。霍文元盖铺的举动，立即激起合镇商民的反对。官司打上南海县。南海知县刘庶在众商亟吁、群情汹汹的压力下出示谕禁称：不得在码头旧址堆积秽物，不许侵占搭盖木架铺屋，阻碍行人往来；不许抽剥湾泊的一切饷渡船只钱文。[④]

该示在雍正九年（1731）四月一日发至正埠码头勒石。该示虽然饬禁，但指称含混，佛山商民仍不放心。于是同年六月再次联呈县官亲到佛山查勘。刘庶于同年六月三十日顺道到佛山正埠勘明，于是对“宦孽霍文元等抢占佛山忠义乡汾水正埠渡头盖铺，包塞炮眼、茶亭、示亭一案”再次出示词语严厉的朱谕。[⑤]

该谕公开地为合镇商民争取利益：“况查亭为远客所建，其为公物又属

① 《霍文敏公全集》卷七下《家书》。

② 《雍正九年南海县正堂刘太爷永禁堆积筑占搭盖抽剥碑记》，载《佛镇义仓总录》卷一。

③ 《石头霍氏族谱》卷三《十一世三房》。

④ 《佛镇义仓总录》卷一。

⑤ 《官埠碑记》，载《明清佛山碑刻文献经济资料》，第37—38页。

可知。……人人得而坐立，人人得而修理之。”[①]同时，对石头霍氏原来拥有该地的一切标志物（如“霍氏税地”碑、“清查册内旧址”等）一概不予承认。命令将“碑中税地字样凿去”；“霍姓不得藉称税地，冒列清查册内旧址”。南海知县的朱谕，使石头霍氏祖遗汾水头地的产权尽数丧失，全部归公。我们知道，明代的石头霍氏倚仗霍韬的炬赫气焰，曾在佛山以及南海、香山等县置产拓业。当时就是广东督抚也畏其族人三分。如今一个小小的南海县令就敢毫不留情地剥夺了其“世袭领地”。除了改朝换代带来的变化，石头霍氏的昔日荣光在清代全面发展的商业社会面前逐渐黯淡亦是其中之因。

2. 豆豉巷码头案

豆豉巷是佛山富文铺内最繁荣的街道之一，街口正对汾江。向有豆豉巷码头。康熙二十八年（1689）由行商共建。康熙五十八年（1719）又由行商续修。正如豆豉巷码头碑所言：“忠等均在佛镇开张行店，贮顿客货，向共捐资砌造豆豉巷口码头，以利小艇载货上落，以便商民。”[②]雍正七年（1729），有土著霍恒芳（佛山霍氏），藉充豆豉巷闸夫，称该地为其产业，并出示地契。抽收疍艇，方容载货。豆豉巷内行商控于督宪，奉宪檄行饬禁，霍恒芳乃收敛，“不敢肆横”。但霍恒芳身故后，乾隆四年（1739）二月，埠保刘隆唆令霍恒芳之妻朱氏出头，又将旧契拿出，控告疍艇何上进等逋欠埠租。当时的南海县官府下令追收，于是刘隆等“藉势抽剥”，致使“小艇畏累，四散星飞，货停行滞”。此时行商叶忠昌、顾同举等再吁请广州府和广东布政使司，控告刘隆与霍恒芳之妻“霸埠殃商，背禁私抽，目无宪令，通行被陷”。广东布政使司和广州府相继批复饬禁，再由南海县令魏绾处理。魏绾此次顺应诸行商之意，于乾隆四年四月初一，“示谕该处民人及刘隆、朱氏等知悉：嗣后不许复称埠主名色，私抽埠租，务使疍艇云集，上落货物不致停滞。倘敢故违，或经访闻，或被告发，定行查处详究，决不姑宽”。该示发仰豆豉巷码头张挂并凿碑立于码头处。[③]可见在土著居民与侨寓商民的矛盾冲突中，南海县官府也曾有过反复，但最后还是以有利于商民

① 《官埠碑记》，载《明清佛山碑刻文献经济资料》，第38页。

② 《豆豉巷码头碑记》，载《明清佛山碑刻文献经济资料》，第39页。

③ 《豆豉巷码头碑记》，载《明清佛山碑刻文献经济资料》，第39页。

的方式解决，顺应了经济发展的趋势。同年九月，豆豉巷内万铨行等九十八家行商又捐资重修豆豉巷码头，立重修碑于码头上，以证明码头乃行商捐修。豆豉巷码头横水渡租拨入义仓备赈之项。①上述两碑重凿后树立于义仓，以志永久。可见，侨寓诸商十分重视保护他们已经争取到的利益。

3. 祖庙颁胙制度的废除

颁胙，原是祠堂在春秋祭祖时以祖先名义分发猪肉给男丁的仪式。是一项维系宗族纽带的重要活动。佛山祖庙尝产丰股，除支用合镇公益和庙用外，还一向保留有原明初八图土著氏族在春秋二祭分颁胙肉一项活动。清代前期，外来商贾日益增多，他们之中捐输给祖庙者争前恐后，正所谓“无远弗届……靡不望祖庙荐享而输诚”。乾隆年间，他们不满于这种把他们排斥于外的活动，群情愤愤。在这种情况下，南海县官府先后两次对祖庙颁胙严加禁止。一次是乾隆二十二年（1757）之前由知县张饬令节省，给予禁止。但乾隆二十二年时，佛山八图土著在春祭时又由会首霍璋如主持颁胙。经南海县再次访确，“行令将霍璋如等一概责革，交著绅士李成励等承理”。同年八月，新任五斗口司巡检王棠在秋祭时示发“禁颁胙碑示”。②

这个碑示，颂扬了外来商民对祖庙的贡献，公开明确地为“天下商民”“远商近贾”争取利益，该碑文的中心语句“体此而如以福胙当颁，则凡阖镇绅耆士庶，远商近贾谁其不应”，最明快、最直接地道出禁示颁胙的原因。至于“节省”之谓，不过是其次的原因。该碑把佛山八图土著各氏族斥为“区区里排”，也说明了佛山八图土著的宗族势力江河日下的境况。③

以上三个案件的发生、发展及其解决，反映了侨寓与土著两大群体在清代前期的冲突与调适。两大利益集团发生冲突的裁可人都是官府，具体地说主要是南海知县。其裁可过程虽然也存在着畸轻畸重的情况，导致案情的反复，但最终的结果，都以有利于侨寓群体的方式解决。之所以如此，乃因为清代佛山两大群体的力量对比实际上发生了很大变化。侨寓群体控制了佛山的商业命脉，这不仅关乎合镇之兴衰，也关乎广东官府之税收。他们财富雄

① 《□（豆）豉巷码头碑记》，载《明清佛山碑刻文献经济资料》，第40页。

② 《禁颁胙碑示》，载《明清佛山碑刻文献经济资料》，第76—77页。

③ 《禁颁胙碑示》，载《明清佛山碑刻文献经济资料》，第77页。

厚、人数众多，他们的意愿必然会影响着官府裁可上述案件的意向。

经过上述几个回合的较量后，侨寓群体的进攻态势因得到满足而缓解，佛山八图土著的抵抗心理和反攻态势的紧张度也因为对方停止进攻而得到放松。双方的利益在新的空间范围下和条件下得到确认。两大利益群体获得了新的平衡，使得并存发展有了可能。乾隆以后，土著和侨寓的竞争官司大大减少，“土侨参错而居”“无畛域之分”[①]的局面正逐渐形成，正如陈炎宗所言：“粤地多以族望自豪，新徙者每不安其处，乡独无此浇习，名家巨族与畸令之户，骤迁之客都和好无猜。”[②]可见土著也不再以“望族”自豪了。

（三）田心书院与侨寓组织

如何判断社区地位的标志？是看其组织或者人物在社区公共事务中是否具有参与权和发言权。清代的佛山土著群体，有一个社区中心——崇正社学，这里不仅是土著士子求学之地，也是土著精英——士绅们荟萃之所。崇正社学同时具有议决公事和教育子弟的双重组织功能。

相对于土著，侨寓人士在佛山没有土地，也没有正式户籍。没有土地，他们就不属里排，不具备进入崇正社学议决公事的资格。没有户籍，他们不仅没有在南海县参加考试的资格，甚至没有在佛山社学获得受教育的权利。为了改变受排斥的局面，维护本集团的现有利益，同时也为了培育进一步谋求更大利益的人才，在康熙八年（1669），由“侨寓佛山诸大姓公建”了文昌书院。[③]清代佛山有两个文昌书院：一在明心铺，为明末李待问所创立；一在山紫铺南泉观音庙左，由“侨籍人士合建”[④]。“田心书院者，始于康熙八年，佛山侨籍人士建以祀文昌，暇则于此会文焉，地环以田，故曰田心。”[⑤]显然，田心书院是依照崇正社学的组织形式而来。因此，田心书院就具有集合侨寓人士中的精英和教育子弟的双重组织功能。其组织目标是维护侨寓群体的现有利益，并谋求将来的更大利益。田心书院作为祭祀中心和教育中

① 乾隆《佛山忠义乡志》卷首《凡例》。

② 乾隆《佛山忠义乡志》卷六《乡俗志·氏族》。

③ （清）吴荣光撰：《吴荣光自订年谱》，载《近代中国史料丛刊·第77辑》，台北文海出版社1972年版。

④ 乾隆《佛山忠义乡志》卷七上。

⑤ 道光九年《重修佛山田心书院碑记》，载道光《佛山忠义乡志》卷十二《金石志下》。

心，就是这一组织目标的具体体现。

作为祭祀中心，每逢正月初六祀文帝事。土著绅士集于崇正社学祀文帝，而“侨籍则以十一日集田心文昌书院修祀事，次日柬乡友会文”。二月祀土神社日，初二土著绅士集文昌书院修祀事，次日再集崇正社学修祀事。而“侨籍则以丁日集田心文昌书院修祀事”。八月社日，“侨籍人士集田心文昌书院修祀事”。[①]由此观之，田心文昌书院之于侨寓类似于崇正社学之于土著，二者在各自社区中的地位是相等的，功能亦是相若的。它们都是文化精英活动的场所和聚会的中心。

作为教育中心，这里是侨寓人士延请名师、督课子弟的主要场所。例如，吴荣光就称田心书院为“余少时会文之所”，吴荣光在乾隆五十六年至嘉庆三年（1791—1798）在此“与会八年”[②]。田心书院原无课文经费。嘉庆四年（1799）始由两广总督吉庆以煤厂充公银两千两，发交侨寓绅士吴、陈两家，置铺收租以支课文经费。道光十年（1830），吴荣光再请两广总督李鸿宾将佛山赌博业入官房产五所拨给田心书院，李鸿宾另捐银一千两，加上侨寓所捐一千二百两，置铺收租，以作课文之费。侨寓人士设司事“以专其责”，并岁举六家轮流稽查。[③]

这样，以田心书院为中心，把侨寓人士组织起来，通过集体的祭祀活动，加强了侨寓人士的联系，并使侨寓人士在佛山社区形成了团体力量；通过田心书院的课文，培育了更多的侨寓子弟走上科举之路，为将来侨寓集团谋求更大利益打下基础。

应该指出，上述所有这一套书院、课文和祭祀制度，都是渊源于土著创立的文化系统，仿照着土著文化模式建立的。这反映了侨寓人士与土著居民在文化上的趋同。在本章第六节要谈到的田心书院在乾隆后成为合镇课文的中心，就是这一文化趋同与融合的突出例证。

（四）侨寓人士地位的上升

一般而言，商人易于迁徙，不能形成稳定的因素，因此不能成为城市的领导力量，其地位最终不可能有真正提高。佛山社区的领导层，可以接受绅士，

---

① 乾隆《佛山忠义乡志》卷六《乡俗志》。

② 《吴荣光自订年谱》。

③ 《重修佛山田心书院碑记》，载道光《佛山忠义乡志》卷十二《金石志下》。

但决不轻易接受富商。这是中国传统社会的基本格局，也是侨寓人士所深谙的道理。所以，侨寓人士在佛山发财致富之后，首要的任务就是敦促子弟读书，走科举出仕的道路，以求将来能从容不迫地进入佛山社区的领导层。

吴氏和梁氏在佛山的发迹，集中地代表了清代佛山侨寓人士地位上升的必然途径。

吴氏[①]原籍江苏延陵，先世自宋代迁入广东。至吴俊文公定居新会县之棠美乡。明末崇祯年间，该族有吴化龙公迁入佛山，是为佛山吴氏始迁祖。清代吴氏以盐商起家，家世豪富。至乾隆年间吴荣光父辈时，共兄弟十人，其中有盐大使吴启运、盐运经历吴澍运、盐总商吴济运（吴荣光父）等，他们陆续置地建屋。在观音堂铺和沿洛水一带建立了不少园宅，如有“西园”（吴济运）、“适园”（吴荣光六伯父）、“守拙园”（吴澍运）、“学为圃”（吴升运）、“拜玺堂”（吴恒孚）、“西华草堂”（吴思诚）、“鉴帷别墅”（吴清运）等[②]。其中，吴济运的“西园”和吴清运的“鉴帷别墅”就是购置原来土著大姓鹤园冼氏聚居的鹤园故地而建成。“西园”是吴荣光父亲所建，吴荣光曾说：“余所居为前明冼少汾比部鹤园。”[③]“鉴帷别墅”也是“因前明冼少汾白鹤洞故址改筑，内有爱日亭、紫气楼、漱芳园诸胜”[④]。

吴氏兄弟把鹤园故地改建后，易称“大树堂”（因有古树而名），从此“大树堂”成为吴氏子孙聚居之地，亦成为清代佛山最有名的富豪园宅区之一。

吴氏一族最早进入社区上层的是被选为“乡饮正宾”的吴升运。吴升运因屡试不售，就职县丞，乾隆三十七年（1772）补浙江余姚县丞，不久以父命乞休去职。“尝于胜门头东筑别墅，名曰学为圃。莳花植竹，日与诸名士诗酒唱和。……乡有公事辄推重之。自奉甚俭，然如赈饥施棺各义举，必捐

① 同治《南海县志》作者把吴氏归入土著，在吴弥光（吴荣光弟）与陈兴礼合传著论中称：“佛山绅士能处脂膏而不染者，土著推朴园先生（即弥光），侨寓推敬山先生（即兴礼）。”民国《佛山忠义乡志》卷十四《人物志四》，引述了《南海县志》这段话，并把两人分开作传，陈兴礼归入流寓，显然也就把吴弥光归入土著。同治《南海县志》作者显然不了解佛山宗族情况，冼宝榦本人为鹤园冼氏后人亦舍不得割爱，借吴氏以光土著。在本书区分土著与侨寓的标准，是以明代八图姓氏为土著，此外皆属侨寓。

② 参见道光《佛山忠义乡志》卷五《乡俗志·园林》；《吴荣光自订年谱》。

③ （清）吴荣光：《佛山》，载道光《佛山忠义乡志》卷十一《艺文志下》。

④ 道光《佛山忠义乡志》卷五《乡俗志·园林》。

资以倡，嘉庆辛酉（1801），乡饮正宾。”[①]乡饮正宾是乡人之壶范。其地位如同今天的模范人物，属于出类拔萃之列。

图8-3-1　吴荣光画像（南海区博物馆提供）

大树堂吴氏在佛山社区中久享盛名的是吴荣光。吴荣光，字殿垣，号荷屋。乾隆三十八年（1773）出生于大树堂西第，9岁受六伯父吴鸿运启蒙。先后受业于黄、张、黄3位先生，15岁始与弟锡光从梁培远先生，学于西园家塾。19岁又与从弟用光、征光受业于林十洲先生于适园。20岁应童子试不售，当时有人劝吴荣光父为其纳监赴科，其父不允。21—25岁，又从梁、区、劳等先生读书于西园。嘉庆二年（1797），方取入南海县学附生。同年，冬受业于粤秀书院。当时吴荣光考卷甚优，郡守以其家为“盐总商”，文虽佳，亦抑置第二。吴荣光以俗例第二不利于院试，请改名次，遂召列第四。可见吴荣光当时是以商籍应试。吴荣光于嘉庆三年（1798）中举，嘉庆四年（1799）殿试中二甲二十名进士，成为翰林院庶吉士，随后步步高升，到道光十一年（1831）为湖南巡抚。早在嘉庆五年（1800），吴荣光任翰林院庶吉士时就由皇帝贻赠其祖父母，封生祖母正七品如例，于是吴荣光兄弟们立即修建了“翰林家庙”祀其祖父吴恒孚。道光八年（1828），吴荣光为福建布政使时，皇帝又贻赠其曾祖父母，赠祖父母、先祖母、父母从二品如例。吴荣光兄弟又在道光九年（1829）修建了“方伯家庙”祀其父吴济运，同时又大修其住宅，内建赐书楼，藏嘉庆皇帝所赐“上方善本”和两万卷书帖。[②]于是吴氏一族在当时的佛山成为显赫的望族。吴荣光自然也成为当时佛山社区引以为自豪的第一人。其使用花销，甚至成为佛山侨寓最高消费的标准。例如，山东盐运使李可琼有子李应棠在京城读书，每年寄银数百两，其家信云：“我若从容，每年自可助汝数百金，

① 道光《佛山忠义乡志》卷九《人物志》。

② 《南海吴氏赐书楼藏书记》，载道光《佛山忠义乡志》卷十二《金石志下》。

以荷屋（吴荣光号）方伯三大富高官，亦云每年止许京中五百金耳。何况于我？”[①]

与此同时，吴荣光编修了《佛山忠义乡志》。道光六年（1826），吴荣光在贵州布政使任上曾请假归省，乡人当时就请吴荣光任总纂续修《佛山忠义乡志》。吴荣光以采访和手笔俱难而却之。到道光十年（1830），吴荣光在福建布政使任上回家修墓时，乡人又请其续修《佛山忠义乡志》，前后等了4年，可见吴荣光在佛山社区中无人能及的地位。当时吴荣光答应任总纂，初稿汇集后，经3个月而成[②]。道光二十年（1840），吴荣光以原品（正二）休致归家。次年，英人滋扰省城，吴荣光又“偕佛山官绅捐资，团练壮勇、铸炮筑栅，扼隘防御，为省城援”。当年吴荣光已69岁，可见其在社区中的地位至老不替。[③]

梁氏原籍顺德县麦村。乾隆年间始迁祖梁国雄携三子迁居佛山，就盐商。梁国雄以1000两银给长子梁玉成营生，梁玉成“弃举业，就鹾商。数年积资累巨万”[④]。“业遂隆隆起，百倍于昔。”[⑤]梁玉成发家后，析产时尽与两弟均分。并勉其仲弟梁蔼如说：“吾营产业，汝勤学业，各肩厥任，以承考志，勉矣。勿以尘务撄心。”梁蔼如，字远文，号青崖，努力读书，果然不负父兄之望，在嘉庆十九年（1814）成进士，授内阁中书。梁蔼如登仕后，貤赠其父、貤封其兄如其官。梁氏一族始显于佛山。当时梁氏“子姓席丰厚衣，租税称素封家”。梁玉成于是“建先茔，修祠庙，广祀田”。并在顺德麦村对族人“计口授粟”。[⑥]道光十一年（1831），佛山发大水，梁玉成“捐粟数百石，多所全活，乡人赖之”[⑦]。道光十四年（1834），又发大水，梁玉成之妾刘淑人又命诸子随地施济，“由族而乡而禅山，捐粟统以千石计。人多借以全活”[⑧]。

---

① 《李可琼家书》，载《明清佛山碑刻文献经济资料》，第368页。

② 道光《佛山忠义乡志》卷首《吴荣光序》。

③ 以上未作注者均见道光二十二年《吴荣光自订年谱》。

④ 民国《佛山忠义乡志》卷十四《人物》。

⑤ 《梁氏支谱》卷三《小传·赠封奉直大夫内阁中书梁公传》。

⑥ 《梁氏支谱》卷四《刘淑人传》。

⑦ 《梁氏支谱》卷三《小传·赠封奉直大夫内阁中书梁公传》。

⑧ 《梁氏支谱》卷四《刘淑人传》。

到迁佛第三代时，仲昆十人分作十房，十房子孙繁庶，史称“五十年间生齿日众，祖孙父子昆弟叔侄姑嫜妯娌，一门以内二百余人，祠宇室庐池亭圃囿五十余所”[①]。分居于松桂里、沙洛坊、西贤里、新美坊等处。松桂里有“五全堂”、“秋官第”（梁九图府第）、“朝义第”（梁九章府第）、“荣禄第”（梁九德府第）、“十二石斋”（梁九图筑）、“农官家庙”（合族公厅）等；沙洛坊有“刺史家庙”（祀梁玉成）、“部曹第”（梁九华府第）、“群星草堂”（梁九成筑）等，在西贤里有“寒香馆”“菊花楼”（梁九章筑）等；在新美坊则有梁家庄一区园宅，而店铺则有从快子街远珍楼（今北香园）至现人民商场所有坐北向南的店铺30间，还有住宅和香、顺等处公尝田5000多亩。据说族产估值900多万银圆[②]。其中尤以梁九图所筑的“十二石斋”闻名粤东。该处原为太守程可则故宅，后为梁氏所置。梁九图于道光二十四年（1844）游衡湘，在清远购得纯黄蜡石十二，“巨者高三尺许，小者亦有二尺，其状有若峰峦者，有若陂塘者，有若溪涧瀑布者，有若峻坂峭壁者，有若岩壑磴道者，福草（九图）载石归，以七星岩石

图8-3-2　梁园正面（禅城区博物馆提供）

① 《梁氏支谱》卷首《序》。

② 黄任华：《记佛山梁氏家族之历史与现状》，载《佛山文史》第七辑，第88页。

盘贮水蓄于斋前。颜所居曰十二石斋”[①]。后来，梁氏宅园统称为“梁园”。梁园与东莞可园、顺德清晖园、番禺余荫山房并称为清代广东四大名园。

梁氏第三代、第四代，个个以课儒为业，有功名者不乏其人。他们或以功名出仕，或以文学显扬，或以艺术留芳。在民国《佛山忠义乡志》卷十四《人物志》中有传者，该族共有14人，为历代佛山各族所出人物之冠。其中梁应琨，候选布政司经历，在道光、咸丰、同治年间为佛山大魁堂绅士，凡佛山公益，无不以身任之。道光二十一年（1841），英夷寇粤，两广总督林则徐“檄应琨招匠铸炮”。咸丰四年（1854），陈开启事，“大府檄应琨招复乡勇，乃与乡绅王福康、李应棠等集资募千人”。同治十一年（1872），佛山行商拟浚河刷沙，同人又共推其出任值事。梁应琨“令沿河铺户各拆去三四丈，以己铺为倡。千余家同日截卸，浃旬而毕”[②]。可见，梁应琨是佛山社区具有很大号召力的重要人物。

吴氏和梁氏两个侨寓家族的发展过程，有共同的特征，这就是先以经商求富，后以科举求贵，由父兄致富，由子弟获贵。富可以拓展空间，置地建宅。贵可以向上流动，进入社区领导层。反过来又确保了财富的积累，带来了新的财源，由富而贵、由贵而益富，这就是吴、梁二族所表现出来的共同特征。同时，侨寓的发迹往往在空间上取代了原来的世家巨族。在同一块空间上，土地占有者变更了。然而，侨寓也表现出聚族而居的趋向和修祠建庙的热情，更表现出热衷于参与社区公共事务的渴望。这说明，侨寓对土著所创造的一整套文化是认同的。在空间上取代了土著大族的侨寓大姓，在文化上却融入土著的传统。这是颇为耐人寻味的历史现象。

清代乾隆以后的佛山社区，侨寓人士地位的上升绝不是个别的现象。例如，明末清初之际始从澜石徙居佛山的劳氏，其始迁祖劳象乾以经营珠宝业致富，人称“珍珠劳”。其六子个个业儒，不是岁贡生，就是国学生。至其重孙辈时，出了举人劳潼。乾隆末年，劳潼为大魁堂值理，倡议创立义仓，并辑《救荒备览》一书。为佛山建立义仓及其赈济制度出力尤多。[③]又如道光年间，马信道始从顺德马村迁佛山，为教塾先生，尤热心佛山公益事业。其

① 民国《佛山忠义乡志》卷十《风土志二·园林》。

② 民国《佛山忠义乡志》卷十四《人物志六》。

③ 同治乙酉《南海劳氏族谱》卷首《三乐堂训言》，卷一至卷三《谱系》。

子马德熙，举人，“尤精算学”。光绪初年为大魁堂值理，清理佛山义仓之数和田心书院之数，“悉心调查，按址清丈，追复原物，尝款赖以充裕，镇绅威服其明。为破常例，连年举充值理”。[①]

由此可见，清代乾隆以后，侨寓人士或凭功名，或凭干才，纷纷进入佛山社区的权力中枢，为佛山的发展施展自己的才华。

二、清代佛山宗族组织及其变化

都市生活产生了新型的社会组织，这些新型组织与乡村完全不同。在其冲击下，旧有的社会组织为适应城市生活的特殊需要而逐渐改变着自身的组织形式，甚至改换了自身的整套职能。一种新的道德秩序渐趋形成，并促使早期文明中的某些惯例和组织迅速瓦解。明代佛山的宗族组织是依照“霍韬模式”重构起来的，代表了宋明理学的理想。然而在其实际运用上，就遇到了不小困难。例如：霍韬重整宗族之后不久，会膳就难以举行。进入清代，随着佛山商品经济的迅速繁荣，侨寓人士冲击波的汹涌袭来，佛山的宗族组织（主要指明代土著宗族）发生了明显变化。其变化主要表现在宗子制度的废止、尝产形态的变更、价值观念的演进和宗族组织的解体上。

（一）宗子制度的废止

鹤园冼氏是佛山右族，明嘉靖间，其十世祖冼桂奇重构冼氏宗族时，曾立家庙，建立宗子制度，当时广东官府给发照帖，规定宗子为冼宗信，族正为冼梦松和冼梦竹。宗子以主始祖之祀，以统族人之心。族正以辅宗子。但行之不久，即因祭礼繁重、财力不敷等原因废止。《鹤园冼氏家谱》卷一《宗约篇》称：“我族自万历以后不再立宗子。恪遵时制以族长执持宗法，有事于庙，则以贵者主祭。与安溪祭法合，古者祭礼烦重，四时皆举，今各族多以春秋二仲举行，但能聚族致诚，亦不害于礼意。祭毕而燕，合食之谊存焉。总之祭不欲数，亦不宜疏，当视其财力之所能到。”宗子制度的废除，导致了宗族内人物地位的变化：“以族长执持宗法”，使族长地位由辅助宗子变为主持一族之长；“以贵者主祭”，使社会地位高者，尤其是官宦

① 民国《佛山忠义乡志》卷十四《人物志六》。

人物在宗族中亦处于较高地位。这样，就把过去以血缘的亲疏关系来决定某人在宗族中的地位，变成以社会成就的大小来决定某人在宗族中的地位。而且整个祭礼也由繁重趋于简省，“但能聚族致诚，亦不害于礼意”即可，“祭不欲数，亦不宜疏，当视其财力之所能到”。其实，这里所说的宗子制度的废止也并非仅鹤园冼氏一族，“今各族多以春秋二仲举行”和“恪遵时制”等语，应该说指的还是比较普遍的现象。例如，金鱼堂陈氏玉京房大宅，原为宗子所居之屋，“乃太祖安座之所”，历来由“宗子奉事香灯”，乾隆年间大宅子孙却将大宅“租赁别人”，并将香灯“藉支分派”各宅供奉，又占耕四周基地[①]，使宗子制度名存实亡。正如屈大均所指出：“今天下宗子之制不可复，大率有族而无宗。宗废，故宜重族；族乱，故宜重祠。有祠而子姓以为归一家，以为根本仁孝之道。”[②]

与宗子制度废止相联系的是衬祀主位不祧[③]制度的实行。清末鹤园冼氏衬祀大宗祠者共十八世，四十九主。金鱼塘陈氏在清同治以前衬祀大宗祠者共十六世，一百九十一主。[④]显然都是不祧。当然不是所有的子孙均可衬祀大宗祠，从金鱼堂陈氏族谱世系图反映出金鱼堂陈氏衬祀者均为官宦、生员、耆寿者，即所谓贵者和尊者。而历世主位得以衬祀不祧的原因则与建祠捐资甚有关系。“今之祠堂由房族公建，始祖以下子孙以世衬祀，主皆不祧，俗谓之入主。”各房在捐资的同时添入衬祀主位。主位与所捐资本相联系，而不以五世之内的亲疏关系为根据。正所谓“礼贵从宜，岂能泥古”。这反映了清代社会历史条件变化乃是宗子制度废止的根本原因。

（二）尝产形态的变更

明代佛山宗族尝产，几无一例外以田产为主。如石头霍氏、郡马梁氏、细巷李氏、鹤园冼氏、金鱼堂陈氏等，其大宗祠皆以田产作为蒸尝，即以地租银作为祭祀之费。进入清代，侨寓商民大量涌入，在佛山设肆营生。商人握有巨资，且在佛山社会地位低下，因此他们有能力也有义务支付较高的房

① 《南海金鱼堂陈氏族谱》卷十下《杂录·玉京房公约》。

② 《广东新语》卷十七《宫语·祖祠》。

③ 家庙中的神主，除始祖外，凡辈分远的要依次迁入祧庙中合祭；永不迁移的叫作“不祧”。

④ 《南海金鱼堂陈氏族谱》卷一下《祠宇》。

地租金。这使佛山铺屋需求量大增，也使铺屋租价上涨，但同时给佛山土著带来了发财机会。清初南海人陈子升说：佛山“迩年流寓丛杂，商贾充塞。土著射利，并室而居，以取赁值”[①]。“并室而居，以取赁值”，可见土著为了“射利’，已不仅是出租富余房屋，而是宁愿自己挤些，也要腾出空房出租。例如鹤园冼氏十九世冼凤诏，祖遗“厅屋完好，亦中人产也”。其妻自愿“与大姑住旁厅”，“以正屋租赁与人”。其租“亦足自给”。使冼凤诏得以安心读书，后中举人。[②]由于竞相出租，大量土著民居变为店铺和侨寓住宅。清代佛山的铺租数额巨大。据《佛镇义仓总录》记载，从乾隆六十年（1795）起，佛山义仓购贮谷米的资金来源主要是镇内铺租每两5分之银。道光十四年（1834），佛山铺户抽租1月，得租银16869.89两[③]。按每两抽5分计，合镇每月铺租应有337397.8两，每年铺租达4048773.6两。偌大的银两数目，不啻是土著财富的同时也是佛山的一大财富。

在这一过程中，佛山土著宗族尝产形态也逐渐由以田产为主转为以铺屋为主。

金鱼堂陈氏《大宗尝碑》记载清代嘉庆至光绪该族大宗尝业共有铺屋30间，菜地、桑地7亩。其中，28间租与商人开店，2间租与人居住[④]。此外，金鱼堂陈氏还占有普君墟，每年墟廊之租亦很可观。如陈丽川曾为陈氏尝产值理，其族谱称：“公之信坚，人仗品重。群推为合族之乡师，作宗祠之司会，钱权子母，非为身谋，泽及宗亲，一如已事。遂使普君墟之租业乐利无穷。”[⑤]“乐利无穷”，可知亦非小数。

纲华陈氏是佛山小族，尝产不多，但其谱《大宗尝业纪》亦载有铺4间租与人开糙米、抄纸、剃头等店。连大宗祠亦“租与别人书馆”，每年获取租银。[⑥]

灵应祠既是合镇主庙，也是土著的祖庙，犹如土著的大宗祠，然其尝产亦以铺屋为主，据《灵应祠田铺图形》记载：灵应祠尝产在“有明以前正供

① 道光《南海县志》卷八《舆地略四・风俗》。

② 《鹤园冼氏家谱》卷六《人物谱・列女・十九世荪卿公配何太夫人传》。

③ 《佛镇义仓总录》卷三《义仓散赈章程总录》。

④ 《南海金鱼堂陈氏族谱》卷十下《杂录》。

⑤ 《南海金鱼堂陈氏族谱》卷十上《祭文》。

⑥ 《大宗尝业记》，载《纲华陈氏族谱》，手抄本，不分卷。

仅四五十亩，岁入只五六百金”。到清代光绪年间时，灵应祠拥有的四乡田地105.2亩，桑基鱼塘74.8亩；然却有佛山铺屋237间，其中，租与商店56间，租与人居30间，只收地租151间。[①]按道光年间佛山地价和房价计算[②]，田地180亩约值7200两，而铺屋237间则值近2万两，几乎3倍于前者。

义仓是赈济米粮的机构，然其公产亦不以生产米粮的土地为主。据《佛镇义仓总录》记载：道光年间，义仓公产拥有铺屋32间，每年收租447两，拥有正埠义渡和正埠地摊，每年租1165两；拥有田地若干，每年租172两。[③]

上述金鱼堂陈氏、纲华陈氏、灵应祠和义仓的财产形态，只是整个佛山宗族财产的一个缩影，它集中代表了清代佛山宗族尝产形态的变更，反映着清代佛山都市化的进程。

（三）价值观念的演进

传统的四民观，以士为上，以农为本，以工商为末。但在明嘉靖时传统四民观开始改变。王阳明曾有“四民异业而同道”说[④]，开了平等看待四民的先河。清代沈垚更指出：“古者四民分，后世四民不分。古者士之子恒为士，后世商之子方能为士。此宋、元、明以来变迁之大较也。”[⑤]王阳明和沈垚都看到了士商之间的界限已渐趋模糊这个社会现象，并对商人的社会价值给予明确的肯定。

清代佛山的各宗族，亲身体会到佛山工商业发展带来的城市繁荣；耳闻目睹着佛山巨商大贾对佛山所作的贡献，其四民观比之明代大儒有了进一步的发展，在他们的价值体系里，四民没有孰轻孰重之别。《南海佛山霍氏族谱》卷二《宗规三》言：“士农工商，所业虽不同，皆是本职。”

---

① 光绪二十二年大魁堂雕版《灵应祠田铺图形》。

② 根据道光年间佛山房屋和田地买卖契约，一间十七桁房屋值80两，若开铺值140两；田每亩30—50两不等，且取中值40两计之。当然这个估计是很粗略的，因为没有把地价差和地租价估计在内。

③ 《佛镇义仓总录》卷三《本仓公产》。

④ 其说称：“古者四民异业而同道，其尽心焉一也。士以修治，农以具养，工以利器，商以通货，各就其资之所近、力之所及者而业焉，以求尽其心。其归要在于有益于生人之道，则一而已。”见王阳明：《节庵方公墓表》，载四部备要本《阳明全书》卷二十五。

⑤ （清）沈垚：《费席山先生七十双寿序》，载《落帆楼文集》卷二十四，吴兴刘氏嘉业堂刊本，1918年。

冼宝榦所著《岭南冼氏宗谱》引冼国榦家训也称："天下之民各有本业，曰士、曰农、曰工、曰商。士勤于学业，则可以取爵禄；农勤于田亩，则可以聚稼穑；工勤于技巧，则可以易衣食；商勤于贸易，则可以积贸财。此四者皆人生之本业。苟能其一，则仰以事父母，俯以育妻子，而终身之事毕矣。"[①]上述两例，明确地表述了"四民皆本"的观点。他们认为"此四者皆人生之本业，苟能其一，则仰以事父母，俯以育妻子，而终身之事毕矣"。在家训中告诫子弟的价值观，一般反映着当时社会普遍认同的观念，佛山宗族在家训中明确宣扬"四民皆本"的观点，反映了清代佛山社会的普遍心理和价值标准。

价值观念的变化，自然影响到宗族首领产生标准的改变。明代族长以贤者充任，清代佛山宗族中以富商充任者不乏其人。最明显的例子是佛山谭氏族谱的规定：

> 每届总、协理由绅耆公举在省、佛同宗殷实商店之人充当，仍须该房绅士担保。若无自开商店，须有省、佛殷实商店一间以上之保证，该房当事绅耆一人以上之担认，方能充任。
>
> 本祠所存银两不得借端挪用，各房不得揭借，由总理存贮殷实商店生息。如有亏蚀情弊，该总理完全负责。合众从严追究。[②]

宗族总理（或族长）由"殷实商店之人"担任，这说明：一方面，清代商人负起了部分过去由士绅、耆老负责的社会功能；另一方面，清代宗族事务日益集中于经济事务上。因此，富商才成为宗族事务中举足轻重的人物。

价值观念的变化，也影响到对待宗族尝产的观念和管理。一般的宗族，只把尝产视作一笔祭祖恤亲的储蓄，以备需要时提取支用。所以在管理上的特点是首先批予宗人认领管理，如同分散储蓄一样。而这种宗人的认领往往只以最低的利息批给，且收息时，又往往囿于亲情，无法如数、如期收取。而清代佛山的宗族，却把宗族尝产看作一笔可以盈利的投资。所以在管理上

① 《岭南冼氏宗谱》卷五之一《艺文谱上》。

② 谭鹤坡编：《谭怡怡堂祠谱·善后规条》，大良昌兴印务局铅印本，1915年。

的特点是不让族人参加干扰，而把尝产投入市场，以取得最高的收息。金鱼堂陈氏规定：“太祖尝业宜批与外姓人等，俾值事前往讨租，不待另留情面。”又称：“议当收租者每年旧给二员，未免过少。兹议按年中收得租银，每百两给银一两正。”[①]可见，金鱼堂陈氏是把尝产管理作为生业经营，而其管理人员也是以利益调动其积极性的，由原来每年二员的固定报酬，改变为视收取租额而定的浮动报酬。这些都说明了佛山宗族在价值观念上的变化。

（四）宗族组织的解体

佛山八图土著各主要氏族曾经在明代依赖功名人物重构了宗族组织。嘉靖、万历年间，郡马梁氏、鹤园冼氏、细巷李氏等一个个宗族血缘集团以大宗祠堂为中心，以大宗尝产为纽带，整合为佛山历史上著名的强宗右族，成为明代领导佛山城市发展的主要社会力量。

然而，在清代社会历史条件改变的情况下，上述强宗右族纷纷走上解体之路。

郡马梁氏是佛山最早发迹的右族。明时，其大宗祠永思堂尝产丰殷。但到清代“因时事变迁，势力所迫”，与人构讼，于是频频向外族揭借款项。先是在咸丰九年（1859）向梁炽山堂揭借五千两，后在同治年间向义记借两千两，向陈务本堂借两千两，不久又向刘桂荫堂借九百一十两。但“因息累日增，租项日减，以至支绌维艰，负累日重”，不得不在光绪五年（1879）将大宗尝田蚬涌沙变卖，于是“爰集祠老少会议，各皆情愿将蚬涌沙田出账变价，偿还欠项，赎回铺田”。后找到省城爱育堂承买，以价银一万五千二百两卖出。抵还债务本息银、诉讼银、中人银一万三千四百余两，所剩千余两和赎回借款时抵押之铺屋，尝产散去大半，元气大伤。正如其谱所称：“诚时势使然，迫于不得已而为之耳。”[②]

鹤园冼氏是佛山土著中衰败之最者。明代嘉靖年间冼桂奇重构鹤园冼氏宗族组织时，所建大宗祠之堂皇雄伟，本在佛山为一时之罕。但到清代卖与吴氏，大宗祠之地被分割，连原冼氏出入的大门也被别姓围墙堵上。[③]不仅如此，“自大宗划卖以后，各房起而效尤，庙宇割裂可叹也”。如别驾冼祠是

① 《南海金鱼堂陈氏族谱》卷十下《杂录·族规》。

② 《蚬涌沙始末缘由备览》，载郡马《梁氏族谱》。

③ 《鹤园冼氏家谱》卷四之一《宗庙谱》。

二房小宗之祠，祀十世祖弘治甲子举人、宁国府通判冼涤，上祀七世祖忠义士冼靖。祠称“别驾大学士”，方献夫题额。该祠亦在嘉庆初为“房之贫且悍者挟众拆卖，作栋公力保前座，得不毁”。后来拆卖祠堂之众，亦卖所居住屋，其宅几易其主，正如冼宝榦所慨叹言：“已卒之忘祖者不昌，居停之人亦屡易主，谁谓无天道乎？！”[①]

金鱼堂陈氏本是居住于稍离市廛的耆老铺，又盘蜒聚居里许，其风最敦古尚谊。可是在清代亦呈败迹。乾隆年间，金鱼堂陈氏玉京房子孙因“连年饥馑，迨至各房家产消乏，蒸尝祀典俱废”。各房子孙竞相分夺玉京祖尝产。有的将奉祀香灯之屋出租他人，有的占耕尝田，有的典卖尝业。例如，大宅将“太祖安座之所”租赁别人，并占耕四面基地和占居相连小屋；二宅典卖太祖之地数丈；三宅占居铺屋两间；六宅占居铺屋一间；此外还有祠左源昌铺尾住铺搭盖，屋地三间亦为各宅分占。乾隆三十五年（1770），金鱼堂陈氏尝产已所剩无几，“考其旧业，尚存一二亩之间，约值百两之资”。各房“因见蒸尝无藉，年中祭祀忌辰皆失”，“因此公议各交出曾住太祖之铺屋及地，尽计清楚，留为蒸尝祭祀之用。凡前所欠之租及息，一概不论。并限各宅于次年正月内搬迁交出，还收回各宅银十两以补偿所典之物。”[②]金鱼堂陈氏玉京房出现的分尝现象，说明大宗对小宗的控制力极其微弱，分产与合尝，全在乎于小宗祠内子孙的意愿，大宗祠似乎没有影响力和控制力。

佛山霍氏向为佛山大族，在清代各族纷纷败落的情况下，亦未能独处不惊。嘉庆六年（1801），其族人也大分“太祖尝业”，几无所遗。族人霍正中率同志三人挺然请求官府饬禁。然强梁者竟将尝铺盗卖，即日均分。霍正中毅然独出，屡诣县控，恳切不已。王县令感其孝思，竟立期限判其收赎。[③]在族人已尽鬻太祖尝业的情况下，族中强悍者仍不放过唯一分剩的尝铺一间，可见分尝的力量比保尝的力量强大。县令虽判其收赎，即使赎回，不过保住一尝铺而已。太祖尝业已名存实亡。

总而言之，清代佛山八图土著宗族组织的解体，不是个别的现象。在《民国佛山古镇图》上，佛山八图土著的世居地均看不到四周围墙的聚居

① 《鹤园冼氏家谱》卷四之一《宗庙谱》。

② 《南海金鱼堂陈氏族谱》卷十下《杂录·玉京房公约》。

③ 《佛山霍氏族谱》卷十一《十八世祖例赠文林郎正中公传》。

地，而在新兴的侨寓庄园处，都标出了一道道黑色标志的围墙。一块块以围墙标志的既有祠堂又有民居的侨寓庄园，与一个个单独的土著祠堂在地图上形成鲜明的对照。

清代佛山八图土著宗族组织的解体，原因是多方面的，诸如宗族内的阶层分化，造成贫且悍者增多；连年的饥馑，造成子孙的困顿；宗族之间的构讼，造成开支的浩繁与宗祠的破产等。然而，上述每一个原因，都不足以使宗族组织发生根本解体。清代佛山宗族组织解体的最基本的动因还应根究到侨寓人士的大量涌入。侨寓人士的涌入，打破了土著对工商业的垄断，造成了土著社会组织的动荡。而铺屋价值的上升和租赁的频繁，引起了土著居民的流动和资本的转移。土著居民或徙或挤，让出余房出租，土著资本也转移到建置铺屋上来，宗族组织再无法控制子孙的徙居，也无法集中子孙的资本。人们的价值观发生了变化，实际利益取代了个人情感，即物质利益取代了血缘亲情，获取货币的欲望噬啮着宗族组织的肌体。在商品交换的环境下，大宗祠堂只不过是一座可资收息的铺屋或场地。地近商业区的宗族（如汾水冼氏、鹤园冼氏）解体得最快也最彻底，就证明了这一点。

第四节　清代佛山镇经济组织的发展

商业和手工业的任何一项发展，都在进一步扩大着劳动分工，因而也就在不断地丰富着人们可以选择的职业内容。这一过程的直接产物，便是社会原有的社会组织与经济组织的崩溃或转化，即原来基于家族纽带、地方情感的社会组织，以及基于文化、种姓团体、社会阶层的经济组织日益瓦解，代之而起的是基于职业利益和行业利益的行业组织。在这些不同的行业组织中，又会分化出不同的阶级，从而形成基于阶级利益的新型组织。

清代是佛山经济繁荣的高峰时期，也是经济组织不断分化发展的重要时期。从明代以血缘集团利益为基础的宗族式把持冶铁业生产和销售的群体，过渡到以某种行业利益为基础组织起来的行会，是清代佛山经济组织的第一重分化；从单纯的手工业主们组织的行会，衍化成手工业主和手工业工人区分开来的东家行和西家行，是清代佛山经济组织的第二重分化。

一、会馆的发展

行会本来是为封建制度服务的商品生产组织，是中世纪时代解决商业与劳动问题的手段。

传统中国行会或是按行分业的组织，或是以地分帮的组织。其多在寺庙设有公共事务机构，以堂或以会命名，其机构通常称为会馆或公所。一般而论，会馆专指同乡组织及其建筑物，公所专指工商业者的同业组织及其建筑物。但在佛山，无论同乡组织还是同业组织及其建筑物均以会馆命名。

中国的行起源甚早，唐代就设有行头、行老，专门应付官府。佛山最初行的出现，是明代广东官府为了征收赋税取办公物，以产品形式分别立行征收，由此形成了“行”。行有“包当”，负责该行取办。因此，明代的“行”乃官府的征课工具，并无团体利益的共识，有“行”而无“会”。行会的出现是后来的事情。

进入清代，劳动分工使佛山的行业利益日渐分化，而竞争又使得各种职业内部的相互依赖关系日益增强，其结果便是在整个经济组织中产生了某种稳固的社会组织，这种稳固性不是建立在感情与习俗的基础上，而是建立在利益的一致性上。其表现就是清代佛山工商会馆的纷纷建立。明时，佛山仅见于记载的会馆是“广韶会馆”，崇祯年间李待问堂弟李崇问曾在广韶会馆打出李府之旗包籴包铸。可见一个包括广大地区的地缘性会馆亦为强宗右族所控制。乾隆、嘉庆、道光年间，佛山会馆林立，比比相望。乾隆十五年（1750），佛山人陈炎宗慨叹曰：“佛山镇之会馆盖不知凡几矣！”[①]可见其会馆之多。

当时佛山镇地域性的会馆：外省商人所建的山陕会馆、浙江会馆、莲峰会馆（福建纸商）、江西会馆、楚北会馆、楚南会馆、三省会馆；本省各地

① （清）陈炎宗：《鼎建佛山炒铁行会馆碑记》，载《明清佛山碑刻文献经济资料》，第75页。

商帮所建的海南会馆、潮蓝行会馆、南邑道祖庙等。

商业会馆：金丝行会馆、西货行会馆、筛择槟榔行会馆、布行会馆、当行会馆、银业行会馆、绸缎行阐义会馆、油豆行会馆、苏扇行会馆、杉行集庆堂会馆、青靛行同福堂会馆、颜料行五云会馆、土纸行会馆、云南外洋染料行裕安公所、西土药材行靖安堂会馆、京布行乐和公馆、铸发行江济堂会馆、源流会馆、楮公堂会馆、参药行会馆、铅务公所等。

手工业会馆：熟铁行会馆、炒铁行会馆、新钉行会馆、铁锅行西家堂陶全会馆、铸造行既济堂会馆、土针行会馆、金箔行会馆、一字铜行会馆、金银首饰行兴贤堂会馆、兴仁帽绫行东家会馆、兴仁帽绫行西家会馆、轩辕成衣行会馆、绒线行会馆、染纸东家同志堂会馆、染纸西家宝祖社会馆、钮扣行会馆、油烛行会馆、香行会馆、金花行广怡会馆、蒸酒行会馆、唐鞋行会馆、陶艺花盆东家行会馆、陶艺花盆西家行会馆、泥水行荣盛堂会馆、大料东家广善堂会馆、大料西家敬业堂会馆、熟药行寿世祖安堂会馆等。

此外还有一些服务性会馆，如琼花会馆（戏班）、大会馆（佛山乡兵聚所）、肩舆行会馆、鼓乐行会馆、道巫行会馆（喃呒聚所）等。[①]

图8-4-1　始建于1776年的国公古庙（清代新钉行会馆）

① 根据道光《佛山忠义乡志》卷五《乡俗志》、民国《佛山忠义乡志》卷六《实业志》、《佛山街略》、《民国佛山古镇图》、《真武上帝巡游路径》各碑刻、族谱等互参辑补。按建会馆年代择取。如无确切年代，则以是否佛山传统工商业择取。

所有会馆都冠以堂号，如帽绫行会馆称“兴仁堂”、铸发行（铸造家）会馆称“既济堂”、铁锅行会馆称“陶全堂”、铁线行会馆称“同庆堂”、唐鞋行会馆称“福履堂”。大部分会馆有独立建筑，小部分僦舍于庙宇。兹将清代佛山手工业会馆和商业行会馆情况分列两表如下：

表8-4-1 清代佛山镇手工业会馆情况表[①]

行业会馆名	店铺数	堂号	创建/重修年份	会馆地址
帽绫行会馆（机房土布行）	194（人、店）	兴仁堂（东家）	道光九年（1829）重建	社亭铺接龙大街博望侯古庙
	1109人	兴仁堂（西家）	道光十九年（1839）建	社亭铺舒步街博望侯庙
铸造行会馆	/	既济堂	乾隆四十四年（1779）建	祖庙铺凿石大街
铸发行发客家会馆	/	江济堂	乾隆四十四年（1779）建	汾水铺快子上街
炒铁行会馆	40余所	/	乾隆十五年（1750）建	丰宁铺丰宁里
花盆行会馆	/	不详（东家）	乾隆六年（1741）建	石湾中约
	/	不详（西家）	乾隆六年（1741）建	石湾中约
成衣行会馆	500多（人、店）	轩辕会馆	/	西边头
绒线行会馆	20余家	□□堂	光绪八年（1882）建	潘涌铺潘涌大街
制帽行会馆（冬帽行）	20余家	制帽行会馆	/	福德铺水巷正街

① 根据道光《佛山忠义乡志》卷五《乡俗志》、民国《佛山忠义乡志》卷六《实业志》、《佛山街略》、《明清佛山碑刻文献经济资料》、同治元年《国公庙修庙碑记》、道光年间《佛山总图》、《民国佛山古镇图》等资料互参考证。

（续上表）

行业会馆名	店铺数	堂号	创建/重修年份	会馆地址
唐鞋行会馆	100余家	福履堂（东家）	乾隆八年（1743）建	潘涌铺潘涌大街
	/	儒履堂（西家）	乾隆八年（1743）建	潘涌铺潘涌大街
新衣行会馆	/	福胜会馆	光绪三十三年（1907）建	丰宁铺丰盛街
绸绫染色行会馆	/	安乐堂	/	/
泥水行会馆	150余家	荣盛堂（东家）	/	祖庙凿石街北城侯庙
	1300余人	桂泽堂（西家）	/	康胜街
髹漆行会馆	/	髹漆行会馆	/	鹤园铺燕乔里
大料行会馆	/	广善堂（东家）	/	大基头铺上沙
	/	敬业堂（西家）	/	大基头铺大基尾
蒸酒行会馆	三四十家	蒸酒行会馆	道光十一年（1831）建	祖庙铺祖庙大街
新钉行会馆	/	金玉堂	乾隆丙甲[①]（1776）建	丰宁铺新安大街
熟铁钉会馆	/	熟铁行会馆	道光十年（1830）	走马路
宰猪行会馆	50余家，工人5600余人	紫全堂	/	大基头铺康胜行
金箔行会馆	20余行（家）	□□堂	雍正二年（1724）建	祖庙铺祖庙大街
银硃行会馆	/	/	/	汾水铺龙聚大街
一字铜行会馆	20余家	□□堂	/	观音堂铺古洞

① 民国《佛山忠义乡志》卷六《实业志》记载："新钉行……嘉庆丙申建。"但查嘉庆年实无丙申年，据推测此处丙申应为乾隆四十一年。

（续上表）

行业会馆名	店铺数	堂号	创建/重修年份	会馆地址
钮扣行会馆	20余家	□□堂（东家）	/	祖庙铺凿石中街
		□□堂（西家）	/	潘涌铺快子街
金花行会馆	三四十家	广怡堂	/	福德铺金水街
铁镬行会馆	30余家	□□堂（东家）	/	凿石中街
		陶全堂（西家）	道光十七年（1837）建	栅下铺司直坊太尉庙
土针行会馆	30家	□□堂	光绪十二年（1886）重修	丰宁铺通胜街兰桂坊
金银首饰行会馆	/	兴贤堂	/	/
漆盒行会馆	/	同志堂（东家）	/	汾阳街承龙街
	/	彩联堂（西家）	/	汾阳街承龙街
朱砂年红染纸行会馆	数十年	同志堂（东家）	/	福德铺舍人街衙前街
	/	至宝祖社（西家）	/	福德铺舍人街衙前街
红白数簿纸行会馆	100余家	至宝玉成堂	/	/
洋纸行会馆	/	华德堂	/	/
蜡笺行油烛行会馆	/	胜宝堂□□堂	/	万福后街
铁线行会馆	/	同庆堂（东家）	道光十五年（1835）	/
	/	同志堂（西家）	同治元年（1862）	/
香行会馆	/	□□堂	同治二年（1863）	公正市车巷
苏扇行会馆	/	□□堂	/	祖庙大街
道巫行会馆	/	□□堂	道光十七年（1837）	祖庙铺新华里

（续上表）

行业会馆名	店铺数	堂号	创建/重修年份	会馆地址
肩舆行会馆	/	意敬堂	光绪七年（1881）	山紫铺中正里
琼花会馆	/	/	乾隆年间建	大基尾
鼓乐行会馆	/	□□堂	咸丰元年（1851）	协天胜里
钢铁行会馆	/	利金堂	同治元年（1862）	/
赤线行会馆	/	联胜堂	同治元年（1862）	/
打锁行会馆	/	万兴堂	同治元年（1862）	/
大会馆	（佛山乡兵聚所）	/	/	/
长生禄位会馆	/	/	/	黄伞铺富里社
拆船行会馆	/	/	/	鲤鱼沙聚成街
柴栏行会馆	/	/	/	大基铺大基尾
杂铁行会馆	/	日升堂（东家）	嘉庆六年（1801）	/
	/	锐成堂（西家）	嘉庆六年（1801）	/

表8-4-1一共收集了38个手工业行业48个会馆（包括东、西家）；另有8个服务行业会馆，包括大会馆、泥水行会馆、髹漆行会馆、肩舆行会馆、琼花会馆、鼓乐行会馆、宰猪行会馆、道巫行会馆；一共56个会馆。建立时间最早的会馆是雍正二年（1724）建立的金箔行会馆；成员最多的会馆是宰猪行会馆，有5600多人，其次是泥水行西家会馆有1300余人，帽绫行西家会馆有1109人。

表8-4-2　清代佛山镇商业会馆情况表[1]

行业会馆名	店铺数	会馆或堂名称	创建/重修年份	会馆地址
油豆行会馆	10余家	（祀关帝）	顺治八年（1651）	汾水铺永兴街

① 根据道光《佛山忠义乡志》卷五《乡俗志》、民国《佛山忠义乡志》卷六《实业志》、《佛山街略》、《明清佛山碑刻文献经济资料》、道光年间《佛山总图》、《民国佛山古镇图》等资料互参考证。

（续上表）

行业会馆名	店铺数	会馆或堂名称	创建/重修年份	会馆地址
参药行会馆	20余家	寿世祖安堂	乾隆三十二年（1767）建	富民铺三界通衢、豆豉巷
熟药行会（西土药材会馆）	/	靖安堂	道光十年（1830）建	富民铺畸畛街
山陕会馆	205家	/	乾隆四十五年（1780）建	汾水铺升平街
江西会馆	/	/	乾隆年间建	富文铺豆豉巷
楚南会馆	/	/	乾隆年间建	汾水铺升平街
楚北会馆	/	/	乾隆年间建	青云街沙洛
浙江会馆	/	/	乾隆年间建	观音堂铺端肃门
铁锅行会馆	/	/	乾隆年间建	潘涌铺快子街（一说在黑街口出雀奇庙）
铁行会馆	/	/	/	丰宁铺走马路
当行会馆	/	/	乾隆年间建	祖庙大街
福建莲峰会馆	/	/	雍正十一年（1733）建	汾水长兴街
三省会馆	/	/	/	/
要明会馆	/	/	/	祖庙铺祖庙大街
源流会馆	/	/	道光十年（1830）	祖庙大街
陕西会馆（山陕福地）	/	/	道光十年（1830）	西边头
潮蓝行会馆	/	/	道光十年（1830）	东庆街
楮公堂会馆	/	/	道光十年（1830）	瓦巷上街

（续上表）

行业会馆名	店铺数	会馆或堂名称	创建/重修年份	会馆地址
南邑道祖庙会馆	/	/	道光十年（1830）前	城门头桥外
金丝行会馆	/	/	康熙二十五年（1686）建	快子上街
海味行会馆	/	/	/	汾水铺永聚街
西货行会馆	/	/	道光十年（1830）重修	升平街
银业行会馆	29家	如意堂	/	汾水铺东宁街
平码行会馆	/	光裕堂	/	/
杉行会馆	/	/	/	太平沙
直杉行会馆	大小50余家	集庆堂	乾隆年间建	聚龙上沙口
杉行乐成会馆	/	乐成堂	/	聚龙上沙
苎麻行会馆	/	昭远堂	/	/
西土药材行会馆	数家	靖安堂	/	北胜街
京布行会馆	105家	乐和堂	光绪十六年（1890）重修	汾水铺汾流街
绸缎行会馆	大小50余家	阐义堂	/	汾水铺汾流街
新衣行会馆	20余家	福胜堂	/	丰宁铺丰胜街
青靛行会馆	10余家	同福堂	/	/
自制颜料行会馆	/	五云堂	光绪三十二年（1906）重修	汾水铺南擎后街
洋南染料行会馆	10余家	裕安公所	/	汾水铺永兴街
砂纸颜料行会馆	数家	源顺堂	/	汾水铺排草街

（续上表）

行业会馆名	店铺数	会馆或堂名称	创建/重修年份	会馆地址
洋纸行会馆	数家	华德堂	/	/
铅务公所（黑白铅行）	/	/	乾隆年间建	/
海南行会馆	/	/	/	富民铺富文里
槟榔行会馆	/	/	/	富民铺新宁街
筛择槟榔行会馆	/	/	道光十年（1830）前	富民铺直义街

表8-4-2共收集41个商业行会的一般情况。其中，地缘性会馆在商业会馆中有8个，地缘性会馆占商业会馆总数的19.5%，可见，清代佛山商业会馆仍以业缘性会馆为主。这也反映了佛山的手工业生产城镇的特点。商业会馆集中在南部的汾水、富文、大基和潘涌等铺，手工业会馆分布在中北部的潘涌、鹤园、福德、社亭、丰宁、祖庙、栅下、山紫等铺，这是与商业中心区和手工业区的分布基本相一致的。

上述两表显示，佛山最早建立的会馆是金丝行会馆，康熙二十五年（1686）建于快子上街。这时正是广东巡抚李士桢整顿两藩弊政、分拆金丝行和外洋行、在广佛两埠大力招商承充的时期。其次是雍正二年（1724）建立的金箔行会馆。再次是雍正十一年（1733）建立的莲峰会馆。

上述两表还显示，手工业行会具有两种结构：一种是通常的一会一行者；一种是一会二行者，即东家行和西家行共存于一行会。

一会一行的结构特征为会馆—作坊二级结构。多系佛山传统的小手工技术行业。如雍正二年（1724）建立的金箔行就是精工细活的小作坊生产。像金箔行这样的行业在佛山占多数。只包含一个行业的行会的产生，加深了各种职业的分离和个别化。在职业分化的过程中，各行会又形成了自己的行业道德和行业追求。而每一种职业又以其特有的经验、眼光和尺度，以其行业道德和追求，扩大着自身同类者的群体。

一会二行者的结构呈三级，其结构图为：

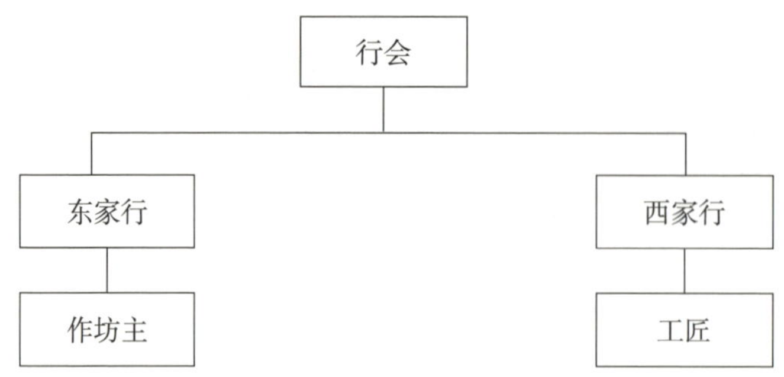

这种行会多系作坊（工场）规模较大的行业，如冶铁、陶瓷、纺织等。由于规模大，雇工数量多，从而形成阶级分化，产生出阶级利益集团。行业内的阶级利益虽然不同，但行业总体利益又与各自相关，所谓合则两利，分则俱伤，又由阶级对立走向阶级调和。因此一会二行者，既是分化的产物，也是整合的结果。它的出现，反映了佛山经济组织与社会结构演进的新特点。

二、会馆组织与功能

会馆的组织机构，业缘性会馆与地缘性会馆大致相同，一般是由商人、铺户或工匠公推若干值理组成。值事职能是办理公共事务，如争取行业利益、主持祭祀仪式、举办酬神演戏、组织叙亲活动、管理会馆公产等。例如，乾隆年间，参药行会馆就选出首事何方伍、梁鸣沧、潘庆岸、何灿文、戴裕功、潘履宗六人，负责置地建造会馆。[①]道光元年（1821），山陕会馆公推出值理玉盛洪、卿盛升、西永泰、卿盛登、新兴盛、通兴永、义盛公、仪源虞、新兴协等，“协同公办”重修山陕会馆事宜。[②]同治二年（1863），新钉行会馆值事有“荣泰、中合、益盛、和益、联昌等”，负责重修国公古庙之事。[③]同治十二年（1873），江西会馆有首事王章、彭寅宾、刘尧瑞、萧积中、孙体泰、刘友邦等，负责建立江西义庄并向南海县官府恳示严禁棍徒作

① 《明清佛山碑刻文献经济资料》，第81页。

② 《明清佛山碑刻文献经济资料》，第127页。

③ 《同治二年国公古庙修庙碑记》拓片。

践事宜。[①]

会馆的经费来源有两种途径：一是认捐，二是抽捐。认捐是行友自愿贡献，多少不拘，但一般富者认捐亦多。如乾隆十五年（1750）炒铁行会馆鼎建时，“众情欢欣，纠资以办”，共得银超过二千三百余两。[②]乾隆三十二年（1767），参药行会馆鼎建，经费亦由十七家认捐，最多为保济堂捐二百一十三两二钱，最少的植德堂捐六两五钱，共得银二千七百七十八两六钱。[③]道光九年（1829），帽绫行鼎建，各店号与工匠纷纷认捐，最多者邓裕和二十大圆，其次任应号十四大圆；少者几钱数分不等；共得银一千二百八十三两二钱五分。[④]抽捐是按店号或人数平均抽银，均匀分担。例如，道光二十年（1840），参药行重修，原二十七家药铺每家捐十两，加上新来一家捐五两，共得银二百七十五两。[⑤]又如，光绪二十四年（1898），重修成衣行轩辕会馆，“其款项抽由通行轻重捐分，宾主东家则论招牌而科二员；西友则按工银以抽一取；更有长工每伴中员添助，乃东主之捐囊”。当时参与抽捐的店号与工人共有五百余人。[⑥]还有一种抽捐是抽厘金银，按经营额大小比例抽取，如山陕会馆从嘉庆十七年（1812）起对山陕各号一百九十一家开始抽取厘金银。道光元年（1821），便有钱重修会馆。道光十四年（1834）十月至道光三十年（1850）四月止，又抽取各号二百〇五家厘金银达四千五百六十七两二钱四分八厘[⑦]。这种办法强制性较大，然不伤筋动骨，积少成多，若干年后其数目亦不可小视。

佛山会馆均置有公产。例如，炒铁行会馆有铺屋，“门左右有两小肆，收赁值以供祀典”[⑧]。山陕会馆公产颇巨，道光三十年共有八宗公产，共银一万八千零四十九两九钱零八厘。[⑨]其中，仅“房租银”和“利息银”两项就

① 《明清佛山碑刻文献经济资料》，第154页。
② 《明清佛山碑刻文献经济资料》，第76页。
③ 《明清佛山碑刻文献经济资料》，第80页。
④ 《明清佛山碑刻文献经济资料》，第140页。
⑤ 《明清佛山碑刻文献经济资料》，第142—143页。
⑥ 《重修轩辕会馆碑记》，载《明清佛山碑刻文献经济资料》，第253页。
⑦ 《明清佛山碑刻文献经济资料》，第144页。
⑧ 《明清佛山碑刻文献经济资料》，第76页。
⑨ 《明清佛山碑刻文献经济资料》，第144页。

达一万一千四百一十三两九钱三分。可见，山陕会馆的公产主要依靠出租铺屋和放高利贷。

会馆的设置主要有神殿、厅堂和客室。神殿以供神明，厅堂以作议事，客室以宿来客。大的会馆还设有歌台，如山陕会馆就设有歌台。道光三十年（1850），修理歌台等项共费银九千五百九十八两。[①]偌大的花费，可见歌台规模不小。又如新钉行会馆（国公古庙）亦有戏台，在同治二年（1863）雇人清洗戏台雕花[②]。清代佛山会馆的主要活动之一就是酬神演戏。正如乾隆年间陈炎宗所言："夫会馆演剧，在在皆然。演剧而千百人聚观，亦时时皆然。"[③]歌台的设置，就是配合酬神活动的进行。

清代佛山会馆可根据业缘性会馆和地缘性会馆而分别具有不同功能。业缘性会馆最主要功能是团结同行，摒弃伪诈，统一行业追求，提高行业地位。一句话，就是加强团体竞争力，这与行业利益紧密相关。佛山行会会馆碑留下这方面的一些记载：乾隆十五年（1750），四十余所炒炉炉户共建炒铁会馆于丰宁里。根据陈炎宗《鼎建佛山炒铁行会馆碑记》称：由于同行存在欺诈行为，影响炒铁业的信誉，"夫事即不虞其诈，其众必以合为公"，因此"胥于会馆是赖"，况且"炒铁之为用至广，上资军仗，下备农器，其解人间之杂需更不可枚举，故论者以为诸商冠，而佛山亦以良冶称"。从行业所处的重要地位看，亦不能没有一个组织。所以建会馆"诚急务也"。自建会馆后，"继以大有，盖利与同人，其获三倍"。[④]可见，炒铁行会馆的建立有利于炒铁业发展。

又如乾隆年间豆豉巷二十七药肆始建参药行会馆，据道光二十年（1840）《重修参药会馆碑记》称：

> 然同归于参药之行者，即同式于参药行之例。故能吾明其信，人释其疑。主客交孚，民物允赖。是自有此馆，其有裨于用参药之人也甚

① 《明清佛山碑刻文献经济资料》，第144页。

② 《同治二年国公古庙修庙碑记》。

③ 《旅食祠碑记》，道光《佛山忠义乡志》卷十二《金石志下》。

④ 《明清佛山碑刻文献经济资料》，第76页。

大，而其所裨于执参药之业者又岂浅鲜哉！[①]

显然，参药行的建立，是为了从鱼龙混杂的药肆中区分出来，以别真伪，以示高低。因而，其就具有统一其产品质量、树立其行业信誉的功能，亦可知该会馆订有统一章程。参药行会馆所具有的功能推动了参药行的发展。因此，自乾隆建立会馆后，参药行业务蒸蒸日上，道光年间参药行就出了号称“伯仲于羊城张大昌”的大药商姜仁圃。[②]

为本行业工匠争取权益也是会馆的重要功能。乾隆年间，佛山丝织业兴旺发展，各机房需要大量机匠和织工。在机房集中的社亭铺猪仔市和药王庙前墟地，每日清晨机匠“聚至数千”，站立待雇。乾隆三十九（1774），梨巷梁氏以“逗留拥挤，致碍墟场生理”为由与兴仁帽绫行构讼。兴仁帽绫行出头维护机匠待雇权益。乾隆四十年（1775），兴仁帽绫行机房铺户何遂振、叶维皆等以“梁万邦等藉地抽剥”为由，控告到广东官府。官司前后打了三年。乾隆四十二年（1777），两广总督出示晓谕称：“嗣后机匠待雇，准其每日晨早站立庙前墟地，日出即散。”[③]广东官府支持了丝织机匠的继续待雇，若没有兴仁行出头和撑腰，丝织机匠的待雇权益是不可能顺利保留的。

业缘性会馆另一功能是满足同行中人祭祀祖师的需要。佛山各行业均有自己祭奉祖师，这些祖师一般多为历史上被认为是本行业开山始祖的某个人物。例如，炒铁行会馆建成后，“恭奉四圣香火，用邀福于神，以佑人和”[④]。参药行会馆建成后“祀祖师列圣以辑圣心，昭忠信也”[⑤]。新钉行会馆称为“国公古庙”，祀奉唐忠武鄂国公尉迟敬德。[⑥]铸镬行西家行会馆称为“太尉庙”，奉陶冶先师石公太尉，“而石行及锡箔、皮金、铜锣、铁钻、

① 《明清佛山碑刻文献经济资料》，第141—142页。

② 《明清佛山碑刻文献经济资料》，第141页。

③ 《乾隆四十年铺户何遂振叶维皆等二十四人名联恳分列饬禁事》，《乾隆四十二年督抚两大宪如详饬遵行县出示晓谕告示》，载《梁氏家谱》，手抄本，不分卷。

④ 《明清佛山碑刻文献经济资料》，第76页。

⑤ 《明清佛山碑刻文献经济资料》，第79页。

⑥ 《同治二年国公古庙修庙碑记》。

铸镬各行皆祀之”[①]。成衣行奉祀轩辕黄帝[②]。帽绫行则以张骞为其祖师爷。据说张骞“为人强力，宽大信人”，故向能服人。帽绫行织工奉张骞为先师，亦祈求托其福佑，使“技愈工而业愈盛”[③]。

佛山地缘性会馆的主要功能是满足同乡祭祀、叙情的需要。道光六年（1826）《重修山陕会馆落成小序》称：

> 然佛镇辐辏之地，百货贸迁，尤为我等云集之区。乾隆庚子□□议，别卜地于汾水升平街，创立此馆，栋宇辉煌，中祀武帝。岁时伏腊，凡我同人，靡不趋庭瞻拜，共序萍踪，由来四十年矣。[④]

由此看来，山陕会馆的建立与行业没有多少关系，会馆的功能主要在于岁时伏腊同人的瞻拜与共叙。

地缘性会馆的另一功能是施济，即在同乡遭遇不幸时给以物质上的帮助。这是有别于业缘性会馆功能的一大特点。例如，佛山江西会馆设立了义庄、义冢。义庄以备暂厝同乡客死佛山者之棺椽，义冢以葬同乡客死者。[⑤]

如果说业缘性会馆主要是提供利益和信誉上的支持的话，那么地缘性会馆则偏重于提供感情和道义上的支持。

三、手工业行会分化与整合

职业种类的分化，促成了手工业行业的发展，而行业的发展，引起了不同利益群体之间的竞争，促使了行会与会馆的出现。这是手工业组织的第一重分化。行业业务的发展、雇工的增多，又促使了行业内部的两极分化，出现了拥资设肆的东主和徒手求食的西友，于是在冶铸、陶瓷、纺织等大规模雇工的行业中，出现了行会内部的分化——东家行和西家行。这是手工业组织的第二重分化，即阶级分化。东家行是作坊主、商人的组织；西家行是

① 民国《佛山忠义乡志》卷六《实业志》，卷八《祠祀志二》。
② 《明清佛山碑刻文献经济资料》，第253页。
③ 《明清佛山碑刻文献经济资料》，第140页。
④ 《明清佛山碑刻文献经济资料》，第126—127页。
⑤ 《明清佛山碑刻文献经济资料》，第154页。

手工业工人的组织。东、西两行的出现，根源于雇佣工人的大量增加，表明了劳资双方矛盾的进一步发展。西家行组织就是适应矛盾斗争的需要而建立的，其功能是团结手工业工人，沟通东、西两方愿望，达成有利于双方的劳资管理协议，作为一个组织，其维护手工业工人的利益是无可否认的。

佛山最早出现东、西家行的行业是花盆行，在乾隆六年（1741）以前。其后东、西家行的出现便屡见于各行业中。例如，乾隆八年（1743）的唐鞋行，分为东家福履堂和西家儒履堂；嘉庆六年（1801）的铸造器物行，分为东家日升堂和西家锐成堂；道光九年（1829）的帽绫行，东、西家均称兴仁堂；道光十七年（1837）前的铁镬行，分为东家□□堂和西家陶全堂；同治元年（1862）前的铁线行，分为东家同庆堂和西家同志堂；朱砂年红染纸行，分为东家同志堂和西家至宝祖社；漆盒行，分为东家同志堂和西家彩联堂；泥水行，分为东家荣盛堂和西家桂泽堂；大料行，分为东家广善堂和西家敬业堂；还有钮扣行也分有东西两家堂会。上述各行的东、西家行，均有自己的会馆，大多数就建在同一条街上。在商业交往上，仍以东家会馆为主。故而东家会馆往往是东、西两家合资修建，如道光九年（1829）帽绫行鼎建会馆，由东主任昌林等201家、西友区九如等1109人合资捐建[①]。再如成衣行轩辕会馆，光绪二十四年（1898）重修时，东家和西友共捐银合建，东家每一招牌科二员，西友则按工银抽十分一[②]。

东、西家行的分化，使行会的性质从原来传统的小生产者的行业同盟，变为小业主与手工工人彼此对立又互相依存的联合组织，行会的功能也不仅是限制行内外的竞争，同时增加了调节劳资双方利害冲突的新功能。在清代佛山，东、西两家共同制定行规，订立工价，在决定行会发展的方向上，也体现了西家行——手工业工人的集体意愿。

花盆行是专门生产花盆、金鱼缸、花垌、建筑部件的行业，其堂名“陶艺堂”，故又称“陶艺花盆行”。花盆行是迄今发现的有关清代佛山东、西家同订规约文件最完备的行业。早在乾隆六年（1741），该行东、西家就订立了工价和行规。《花盆行历例工价列》就开宗明义称：“乾隆六年八月吉

① 《明清佛山碑刻文献经济资料》，第139页。
② 《明清佛山碑刻文献经济资料》，第253页。

日，联行东西家会同面议各款工价实银，不折不扣，永垂不朽。”该“工价列”根据不同规格、技术难易，逐项议定了工价，一共胪列了上、中、下等3种价格631项不同产品名称与价格①。此外，对大师傅还特别优待，“大师傅入灶肚作双计”②。必须指出的是，该工价列并不是一时妥协的产物，而是长期生效的“例规”。如乾隆六年（1741）共同议定后，乾隆五十九年甲寅年（1794）又曾“东西阖行重修”③，到光绪二十五年（1899）又进行了一次重修。行内各物工价，经东、西两行“允议”后，实行百有余年，“一向无异”。《陶艺花盆行规》又重订明：“行内物件工价，历依行例，我行友不得私自求加增，不得私自减价。如有此弊，报信确证，定将此人传行，东西均同议罚，将此银一半归行内传费，一半归谢报信花红。”工价一经议定后，行友不得私自增减，如有作弊，“东西均同议罚”，这又使得工价具有了契约的约束效力。④

花盆行歷例工價列

溯清乾隆六年八月吉日聯行東西家會同面議各款工價實銀不扣不折永垂不朽臚列於左

图8-4-2　清代石湾花盆行历例工价列（广东石湾陶瓷博物馆提供）

① 《明清佛山碑刻文献经济资料》，第47页。

② 王宏钧、刘如仲著《广东佛山资本主义萌芽的几点探讨》（载《明清资本主义萌芽研究论文集》，上海人民出版社1981年版，第450页），对佛山东、西行的出现有过很好的研究，本节参阅了该文。

③ 《明清佛山碑刻文献经济资料》，第72页。

④ 《明清佛山碑刻文献经济资料》，第254—255页。

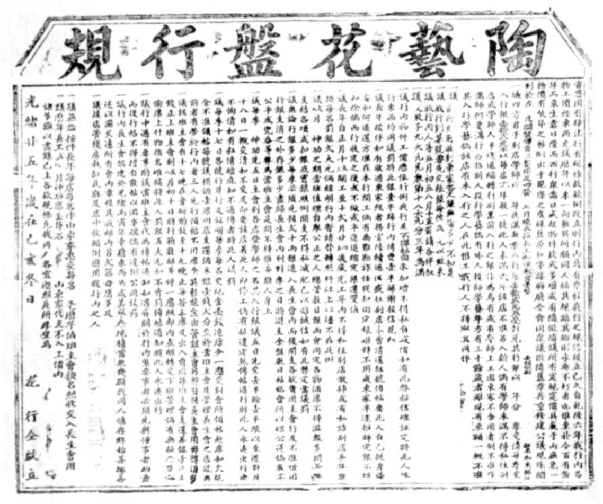
陶藝花盤行規

图8-4-3 清代石湾陶艺花盘行规（广东石湾陶瓷博物馆提供）

除花盆行外，还有杂铁行在嘉庆六年（1801）也由东西家会同议定工价单。该行《各货工价单》记载："嘉庆六年……日升堂，锐成堂会同议定。"但该工价单在民国三十七年（1948）曾经重订，白银价已改作白米价。

抵制外来竞争、垄断行业利益，乃是行会最重要的功能。它关乎整个行业的利益。为达此排外性和独占性的目的，行会必须实行严格的组织控制。在这一点上，西家行与东家行的利益是一致的。佛山陶艺花盆行东、西两家共同规定：外来的四方君子入行学师，要六年才能满师，每季要交入行银12元半，中途也难以转行，否则前所交银尽为乌有。而且是否能满师，权力全操于东家，"因东家不合用者，例不准作满师"。而行内人父教子、兄教弟则三年满师，且交入行银亦少。[①]可见行会控制着外来人的出师时间与数量，外来人与行内人的竞争是不平等的竞争。这样行规就保护了行中人对本行业的独占性。这里面，自然包含了东、西两家的利益。

此外，共同的祭祀需要，也使东、西家联合在一起。《陶艺花盆行规》还规定了筹办"神功"的细则和征收"炮金"的条例，其中有"历年长工二、八月神功席金，每名由东家代支，不入工价内"一条对工匠颇为有利，既可满足其祭祀的需要，又有了饮宴的机会。众所周知，祭祀是最能体现传

① 《陶艺花盆行规》，载《明清佛山碑刻文献经济资料》，第254页。

统社会地位高低的活动，花盆行西家能参加东主出钱的饮宴，并在行规上作出长久的规定，这无疑是对西家行在行会中地位的充分肯定。

由上可见，随着阶级的分化而在佛山手工业行会中分化出来的东、西行，又在自身发展的过程中整合在一起。因工资收入而可能产生的纠纷在东、西行的通行公议下得到解决。西家行的群体利益得到东家行的承认。东家行所代表的整个行业发展利益，也得到西家行的赞同。又由于共同祭祀的需要，而结合在一起。因此我们看到两者由对立状态转入调适状态，这在当时国内手工业中是仅见的。

众所周知，明清时期的苏州也是手工业行会林立的城市，有清一代，苏州的踹匠、机匠、工匠的“叫歇”“停工”“齐行”的斗争一直不息，其中心问题就是工价问题。引起斗争的主要原因是店商的作坊主“克扣”或工匠要求增价[①]。而解决的手段，无非是官府站在店商与作坊主一边，缉拿“凶棍”，加以严惩，并由官府定价，明示晓谕，然后由店商作坊主立碑永志。这种几乎一边倒的强制手段，始终未能满足苏州工匠要求增价的问题。而官府定价的依据往往以前任官吏所定为准，或以店商的意愿为准，全不向工匠作半点让步。在手工工匠组织行会、创立会馆时，商人和官府更联合压制。其实在康熙五十四年（1715）苏州踹匠为了更好地进行增价斗争，曾由邢春林、王德等倡议创立踹匠会馆，但为布商程同言等告“王德等煽惑踹匠，加价敛银，欲助普济院、育婴堂，结党创立会馆等情”，官府恐其“唱戏有据，敛银有凭”，立即严禁。布商随后将禁示立碑于苏州阊门外广济桥旁。[②]表露了布商与踹匠极端的对立。所以终清一代我们都可看到苏州的各行业工匠（踹匠、机匠、纸匠、箔匠、烛匠等）均有为工价而停工或闹事的。此伏彼起，了无宁息。相比于清代佛山工匠竟无一次为工价而闹事的事实，我们不能不惊叹佛山手工业行会的调适作用。

① 苏州历史博物馆等编：《明清苏州工商业碑刻集》，江苏人民出版社1981年版，第55、74、89页。

② 《明清苏州工商业碑刻集》，第65页。

第五节　清代佛山政治组织及其作用

在清代佛山经济组织不断分化发展的同时，佛山的政治组织也发生了分化和重组。佛山经济组织的分化基于行业利益的发展。佛山政治组织的分化则基于社会团体内部结构的变化。在都市化过程中，人们对地方的依恋感情被破坏了，首属团体中原有的抑制作用和道德训诫被削弱了。当大量新的、没有经过佛山首属团体道德规范训练的人云集于佛山这一社会舞台时，原有的自然秩序就遭到撕裂和应变，已经获得的平衡不断地为群体新成员的闯入所扰乱，因此社会团体的分化就不可避免。然而，在社会分化与重组的过程中，社会也需要自觉和明智的努力进行修复。这一历史任务，就落在了佛山士绅的身上。

一、大魁堂与城市管理

清代佛山的士绅与大魁堂，在佛山社会发展中扮演着重要的角色，发挥了其他阶层与组织不可比拟的历史作用。

（一）大魁堂——士绅与土著的较量结果

如上所述，明代佛山士绅曾把嘉会堂作为合镇的权力中枢，建在祖庙的右侧。明清交替以后，明代遗留的士子受到冷遇，在社会生活中不起作用，“嘉会堂”亦形同虚设。同时两藩从顺治七年（1650）到康熙二十一年（1682）盘踞粤东，佛山亦设立了总行、总店，藩兵大量驻扎于此，佛山的民间政治力量受到贬抑，社区性的权力机构必然难以存在。故而此时佛山的公共机构仅有祖庙“庙会”。庙会设在祖庙内，由“值年首事头人”办理庙事。值事由轮管的图甲公推产生，任期一年，年底交盘，由他图甲值事接管。其职能是管理灵应祠祠租出纳事宜，并主持耆民宴饮颁胙之事。如康熙四十五年（1706）时的祖庙值事由15人组成，他们是霍游凤、梁世美、霍宗光、陈绍猷、李锡瓒、陈世瑛、梁厥修、梁应球、冼元瑞、李象水、梁国珍、罗世彦、李炳球、李一泮、陈一凯。当年他们对灵应祠租进行了清复。[①]当时八图土著把持着祖庙的祭祀权，控制着祖庙的一切尝产。他们有明确的祭祀圈，这就是八图里民。灵应祠庙租银两“历系里民新旧轮流传管”。“每年新旧交盘，辄设酒席数十，醉口肥家。又于春秋二祭，里民年登七十，除设酒百余席宴饮外，每人另给银钱，其值年首事头人，除周年饮食不计外，每人每日又给工银三分，习以为常。而各绅士不与焉。”[②]可见乾隆二年（1737）前的祖庙是由八图里民轮流管理的，每个当年值理首事可领酬金十两余，所有八图七十以上耆民每年也可分得胙金二钱和参加饮宴两次。如此看来，祖庙就相当于八图里民的公共祖祠。

然而，“国朝奠鼎以来，四方辏集，而英俊多萃于乡。其间簪缨蝉联，听鹿歌芹者接踵而起”[③]。侨寓人士中功名显赫者大有其人。与此同时，土著居民由科举出身者也迅速增加。这些受过教育的士子眼界开阔，思想通达，关心合镇公益，不囿于一己宗族的私利。在接受侨寓人士的态度上，远比他们的长辈豁达，也远较他们的同辈无文者为融洽。侨寓和土著士绅的联袂兴起，使佛山公益事业治理的格局发生明显变化，这些士子当然不满于祖庙事务“各绅士不与焉”的局面，纷纷主动监督、参与，进而干涉祖庙的尝产管理问题。于是从康熙五十九年（1720）开始到乾隆三年（1738），“绅士与里民互控”的事件不断发生[④]，两种社会力量在较量中发展。

随着清代功名人物出现，士绅集团重新崛起，他们积极参与祖庙事务，议决方案，其意见成为官府判案的主要依据。更为重要的是，在清代前期侨寓人士大量涌入佛山的情况下，土著士绅们能兼顾侨寓人士利益，特别是允许侨寓子弟中的功名人物参与祖庙事务。至此，一个新的权力机构就呼之欲出了。

士绅对里排的有力打击是乾隆二年（1737）生员、约正李懋谐禀告里民陈金望等侵蚀灵应祠租银一案。李懋谐为南海县附生[⑤]，当时出任佛山镇

① 《清复灵应祠租杂记》，载道光《佛山忠义乡志》卷十二《金石志上》。
② 道光《佛山忠义乡志》卷十三《乡禁志》。
③ 《新文昌书院记》，载道光《佛山忠义乡志》卷十二《金石志上》。
④ 民国《佛山忠义乡志》卷十一《乡事志》。
⑤ 乾隆《佛山忠义乡志》卷五《选举志》。

约正，访查得祖庙会首里民陈金望等有侵蚀祠租银之弊，遂呈告南海知县。而陈金望等则反控李懋谐“染指庙租”。南海知县魏绾立刻“吊查递年收支数目底簿”，发现与碑载额租不同，显有侵蚀。于是质讯陈金望等，陈金望等只供认约收三百二十余两，与碑载额租三百九十一两九钱仍相差颇大。又查各里民自雍正四年起至雍正十三年止（1726—1735）的收支数目，“多属冒销”，“多系不经之费”。因此魏绾断言：“非侵蚀靡费，其谁信之？”于是，魏绾对祖庙庙租的使用及其管理方式作出如下规定：一是成立一个不受制于里排庙会值事的庙产管理机构，“通镇绅士里民作速会同公举殷实品望八人董理其事”，而“其值年里排不得干预”。该八人机构独立于里排之外。二是决定了庙产的使用方向，“以有用之庙租留办佛山镇公事”，再不是“醉口肥家”之资。“除春秋二祭及帝尊寿诞出游并香灯各项照旧动支外，尚有赢余，先为修葺庙宇，若能递年撙节蓄积，即建设义学一所，延师教读，酌给薪水之资。”三是制定了管理制度。自乾隆三年（1738）起每月收租银报明官府；若有支用，先期禀官谕给，不许迟误，年底仍将收支总账明细之数“造册缴查”。[①]

实际上，这个八人机构掌握了祖庙财产的支配权。由此，祖庙的管理权就由土著转向士绅阶层。士绅与土著的较量结果，直接催生了大魁堂的诞生。这个由士绅里民公举的八人管理机构，极可能就是大魁堂组织的前身。

（二）大魁堂及其功能

大魁堂本是崇正社学内的一座建筑物。据乾隆《佛山忠义乡志》记载：“崇正社学在灵应祠左，与祠相属，外门联建，甚壮伟。……中为堂，后为寝室，旁为厨。规模宏整。纪文昌梓潼帝，左魁斗神，右金甲神为配，外为大魁堂。入门后过阶直进处也，乡人士岁时皆会于社学。”[②]崇正社学始建于明嘉靖初年魏校毁“淫祠”之后。顺治九年（1652）乡人始置有“沐恩社房屋凡八间，收赁值以供崇正社学祀事”。康熙二十四年（1685）曾经重修[③]。因此，大魁堂的建筑有可能始自明代，也有可能始自康熙二十四年（1685）。但是大魁堂组织，却是乾隆三年（1738）以后的事情。与此相联系的，就是道光九年

① 乾隆三年《贮庙租建义学碑示》，载道光《佛山忠义乡志》卷十三《乡禁志》。

② 乾隆《佛山忠义乡志》卷七《乡学志》。

③ 道光《佛山忠义乡志》卷六《乡事志》。

（1829）单独重修大魁堂[①]。

图8-5-1　清代佛山大魁堂。佛山镇公共事务决策机关

必须指出的是，崇正社学作为一镇之重要社学，具有士子课文和绅士祭祀文昌神的功能。但是大魁堂是设在崇正社学的组织机构，其功能并不等同于社学，社学还主要是教育机构，而大魁堂却是政治机构。冼宝榦指出："大魁堂者，明时乡人继乡仕诸公后，建此以处办乡事。亦灵应祠尝款出纳所也。故自明以降，乡事由斯会集议决，地方公益其款亦从是拨出。"[②]

大魁堂的主要功能是议决乡事，出纳祖庙尝款、组织地方公益事业和拨发地方公益款项。

议决乡事是大魁堂最重要的功能，也是其享有重要地位的缘故。犹如合镇的决策机关，"乡事由斯会集议决"，这使得大魁堂具有清代佛山社会权力中枢的地位。大魁堂组织议决的日期似无成规。一般遇合镇大事，则由"大魁堂司事传阖镇绅士"公议。[③]因此大魁堂司事只是大魁堂会议产生的常设办事机构成员，其权力来源于合镇绅士。有遇到大魁堂司事解决不了之事，也可由司事通知合镇绅士一起解决。如道光十三年（1833），佛山同知和五斗口司指使佛山七市米户低报米价（佛山米价为全省标准价），大魁堂查知，即出示公启制止。启云："自后报价勿以藩库高低为拘，总以洋钱所买照时分上、中、下三等谷价真实呈报。如衙书吏有甚别议，即通知大魁堂司事传阖镇绅士与他理论。幸勿仍蹈前辙。"[④]

① 道光《佛山忠义乡志》卷六《乡事志》。

② 民国《佛山忠义乡志》卷三《建置志》。

③ 《佛镇义仓总录》卷二，第6页下。

④ 《劝七市米户照实报谷价启》，载《佛镇义仓总录》卷二，第6页上。

出纳祖庙尝款原是里排祖庙值事的职能，大魁堂接管后，祖庙尝款用于教育上的费用增多，如乾隆二十一年（1756），创建汾江义学“岁縻七八十金，皆于祠租取给”[①]。又如崇正社学每年有四次会文，乾隆二十六年（1761）“岁拨灵应祠租银三十六两，以供课费”[②]。陈炎宗《拨祠租给会课碑记》对此记载尤详：“社中诸同人，议岁割祠租银三十六两以充课费。舆情协、士心欣，殆善继昔人之志也。夫神赐福于吾乡至渥也，赐福以教思之无穷为大。神若将其所有以仰赞圣天子文治。故创建义学，岁縻七八十金皆于祠租取给。会课与义学同条共贯耳。”[③]嘉庆二十四年（1819）移修佛山书院时，大魁堂又拨发灵应祠租支费。此外，嘉庆十四年（1809）堵御洋匪，道光六年（1826）的葬无主古柩二十九具于大墓冈义冢，均由灵应祠拨租。[④]

组织地方公益事业和拨发地方公益款项，是大魁堂士绅对佛山镇民的重要贡献，这里仅举建立义仓和举办清涌两事加以说明。

佛山镇五方杂处，人口众多，每遇凶荒，贫者多不能自存。因此，合镇的赈济，历来是大魁堂及佛山士绅重视举办的事情。乾隆六十年（1795）前佛山尚无义仓，原有一社仓，为十堡共立。但发仓之银向例贮于官库，出入经手于胥吏，百弊丛生。九堡弃之，专属佛山。且相约曰：“宁朽腐，必勿发。”[⑤]乾隆四十三年（1778）时，粤东大饥，侨寓举人劳潼与区宏绪等身为大魁堂值事，于是共襄赈事，禀宪捐签发社仓谷赈济乡人。当时设“公厂”发赈，各襄事者均竭力同心，乡人德之。[⑥]乾隆五十二年（1787）“复大饥，佥赈之举难以复行”。劳潼遂“与乡缙绅数辈联恳大宪，准于佛山阖镇铺店租银。每两科收五分，共得数千两，募人带往楚南、粤西买谷回乡平粜”。当时任事者不分侨寓、土著，如侨寓佛山的华平乡人李士震，本系监生，为众公推往湖南买谷。“士震以长子芳代行……芳往返仅三月，米独先至，粮价顿减，人心以定。”[⑦]李士震虽是侨寓，却能实心办事，而大魁堂及合

① 《拨祠租给会课碑记》，载道光《佛山忠义乡志》卷十二《金石志下》。

② 道光《佛山忠义乡志》卷四《乡学志》。

③ 《拨祠租给会课碑记》，载道光《佛山忠义乡志》卷十二《金石志下》。

④ 道光《佛山忠义乡志》卷六《乡事志》。

⑤ 《广东文征》改编本第五册，香港中文大学出版社1978年版，第250页。

⑥ 道光《佛山忠义乡志》卷九《人物志》。

⑦ 道光《佛山忠义乡志》卷九《人物志》。

镇绅耆也能放心委托。事定后，劳潼等痛定思痛，谋思久远之策，遂于乾隆五十五年（1790）“议立章程”，以“乾隆四十八年乡先生陈梦光等劝捐银六百两在正埠官地两旁建铺收租”之费，每年除乡中支拨祀典书院会课外，所剩羡银为买地建仓备赈之用，积至乾隆六十年（1795），加上历年陆续乐捐，共得银二千零一十两余，遂于当年六月“始买麒麟社街屋地建仓两所、厅舍二间”。[①]佛山义仓的建立，改变了过去佛山只靠社仓赈济的局面，而劳潼等大魁堂值事经营度支20余年，使义仓一切章程完备，其功实不可没。

义仓的财产地税归入灵应祠，其管理也与灵应祠值事有密切联系。“义仓公举值事数人兼管正埠租务。其人务举端方士民实心经理，乡约正副，兼管稽查，倘遇事务太烦，则请灵应祠值事帮理。至遇荒年，或平粜或散赈，则公推绅士耆民公正好义者约三四十人协办。若非公推标贴，不得搀入。”[②]同时还规定：“仓存租息除买谷外，不得借支。惟乡中大事，如清涌等项则集众妥议方准动支。”[③]义仓建立后，嘉庆、道光年间就大赈了五次，其中道光十四年（1834）的发赈，赈期长达四十天，散米一万二千余石，获赈人口达七万余人。[④]这些散赈，对稳定佛山的社会秩序，维护工商业的正常经营，有着不可低估的作用。

大魁堂的赈济，还包括拨项公祭义冢、拾婴等。佛山向有城门头、竹院、绿荫深处、铸犁街、镇西庙五处庄屋，“为本镇贫民及异乡旅榇暂停棺柩之所。日久倾塌，佛山绅士便置建来翔、大帽等冈义冢”。每年清明节后五日，灵应祠值事会同义仓值事派人前往义冢处所拜祭。[⑤]

河道是否畅通，关系着佛山商务的兴衰。因而，举办清涌向为合镇绅士所关心。道光以后的历次清涌，都由大魁堂拨出祖庙尝款和义仓积款资助。道光四年（1824），佛山义仓拨出买谷羡余银二千三百两以助清浚佛山涌之费[⑥]，光绪七年（1881）佛山清涌，当时合镇商绅共捐银一万一千余两，而

---

① 《佛镇义仓总录·序》；《奉宪建立义仓碑》，载《明清佛山碑刻文献经济资料》，第96页。

② 《奉宪建立义仓碑》。

③ 道光《佛山忠义乡志》卷六《乡事志》。

④ 《佛镇义仓总录》卷三。

⑤ 《佛镇义仓总录》卷二《嘉庆二十二年拨项公祭义冢宪示》。

⑥ 《明清佛山碑刻文献经济资料》，第138页。

“佛镇义仓却捐一千六百五十六两，祖庙灵应祠捐一千四百四十两，合共三千零九十六两，占合镇捐银数的百分之二十八”。[①]

除义仓之外，拾婴会、拾流尸会、乡约水柜等福利、救济组织也随之出现，补充了义仓所不能及的功能。如乡约水柜组织，道光十年（1830）统计，佛山设立乡约水柜的街道和会馆有大基尾、布行会馆、永兴街、颜料行会馆、福德铺乡约、四美堂、永安街、盘右五街、西竺街、镇北街、富民四街、书籍行、北胜街、汾水铺乡约、五云楼书坊。[②]这些志愿社团的出现，促进了佛山社会整合，也意味着佛山社会结构愈趋庞大、复杂。

除上述功能外，大魁堂还有“敬老推贤，以肃风化”的功能。南海县官府曾在乾隆三年（1738），禁止八图里排七十以上者在祖庙设酒饮宴。乾隆二十二年（1757）时，五斗口司巡检王棠又处理了一次里排霍璋如“违禁颁胙”之事，指斥祖庙尝产“未始为尔里排后人充腹而设”，“行令将霍璋如等一律责革，交著绅士李成励等承理”。[③]从此，祖庙值事亦统由绅士充当。如上所述，官府饬禁的目的，并不是禁止乡饮颁胙这件事本身，其本意在于顺应士绅和侨寓的要求，剥夺里排对祖庙的支配权。当支配权转移到士绅手里时，“乡饮”就不在禁止之列了。所以在嘉庆四年（1799），由两广总督吉庆批准了佛山耆民陈启贤要求恢复包括侨寓、土著人士七十以上者在内的乡饮。[④]当时恢复乡饮的地点在祖庙之右的崇正社学，这与大魁堂设在崇正社学不无关系。道光《佛山忠义乡志》记载：“嘉庆四年（1799），复乡饮酒礼，颁耆胙。”“每岁十一月二十四，崇正社学举行乡饮礼，以乡中年高有德行者充正宾，其次为介宾，年登七十者是日咸与焉。”[⑤]冼宝榦对此也有详细记载：“乡饮酒礼，岁以十一月良日举行。年在七十以上皆得与席。先期赴大魁堂报名，绅士为之介绍。是日设馔于灵应祠之后楼及崇正社学，以年最高者位专席。地方官授爵，余以齿序，乐奏堂下，酬酢如仪。燕毕颁胙，礼成而退。其款由大魁堂支给，复序其爵里榜之两庑，士大夫亦以得与斯燕

① 《明清佛山碑刻文献经济资料》，第210页。
② 道光《佛山忠义乡志》卷七《乡防志·水柜》。
③ 道光《佛山忠义乡志》卷十三《乡禁志》。
④ 道光《佛山忠义乡志》卷十三《乡禁志》。
⑤ 道光《佛山忠义乡志》卷六《乡事志》。

为荣。”[①]嘉庆六年（1801），侨寓人士吴升运曾为“乡饮正宾”[②]，道光《佛山忠义乡志》记载了“乡饮大宾九人”，他们是陈耀国、劳光于、区显扬、周寿绵、邓胜万、黄兴汉、吴元演、霍昆山、钟诚[③]。栅下区氏曾为乡饮大宾者，除了上述区显扬，还有区儒友[④]。

乡饮酒礼的恢复与其参与者范围的扩大，是大魁堂在新形势下重新整合的结果。这标志着侨寓人士取得了合法地位，在祭祀上享有与土著一样的权利。

此外，大魁堂还作为公证机构而存在。佛山最具权威、最符合标准的度量衡——布政司金丈，就存在于大魁堂。史称：“布政司金丈，存大魁堂。用圆竹一根长十尺，不知何时领得。沿用日久，星点尚明。凡量田者，必以是为准，四方亦来借用。乾、嘉文契有声明用大魁堂金丈者，至今通行。”[⑤]可见清代佛山民众自己的公共机构——大魁堂对佛山实施着有效的管理。这种现象在全国来说是十分独特的。

（三）大魁堂值事

大魁堂值事由士绅公选。凡进士、举人以及生员皆可充任。只问公益热心与否，不问功名高下，不论年齿长幼，也不分土著侨寓。一般多以退休家居的仕宦和中式未仕的举人为首，加上生员、耆民和商人若干组成。

大魁堂值事有任期，不得连任。但杰出任事者也有破例连任的情况。如举人马德熙[⑥]，“中年尤精算学”，被举为大魁堂值事。他稽核佛山义仓和田心书院的财务，果于任事，不附权贵，从容调查，核计清楚，指摘无遗。当事的司数折服，“自愿解职，破产减偿，均无怨言”。“镇绅咸服其明，为破常例，连年举充值理。”[⑦]

大魁堂值事是指坐局于大魁堂办事者，可称之为“坐局值事”。而由大魁堂公选外任值事者更多，称为“外任值事”。外任者代表大魁堂董理某事，任期无定，事未竟继续充任，事已毕自动免职。因佛山举凡大工程

① 民国《佛山忠义乡志》卷十《风土志一》。
② 道光《佛山忠义乡志》卷九《人物志》。
③ 道光《佛山忠义乡志》卷九《人物志》。
④ 《栅下区氏族谱》，第37页。
⑤ 民国《佛山忠义乡志》卷十八《杂志·古物》。
⑥ 原为顺德马村人，道光年间始迁佛山。
⑦ 民国《佛山忠义乡志》卷十四《人物志六·义行》。

皆动辄经年逾岁，且专款专用，故大魁堂历来公选外任绅士者不乏其人。乾隆五十五年（1790）侨寓举人劳潼提出倡建佛山义仓的动议后，大魁堂绅士立即组成了“创议建仓值事”班子。乾隆六十年（1795）至嘉庆二年（1797），大魁堂又组成“督建义仓值事”班子，负责义仓建设和义仓章程的制定。上述两套班子，都由举人牵头，包括生员和耆民。从姓氏上看，外来人士居多，年龄老幼皆有。劳潼出任“创议建仓值事”时为65岁，出任“督建义仓值事”时为70岁。但其侄子劳作栋出任“创议建仓值事”时仅为26岁[①]，可见年龄似无限制。

道光十五年（1835），进士、侨寓退休仕宦李可琼（山东盐运使），梁蔼如（内阁中书）由大魁堂公推董理佛山清涌之事，共凑捐至二万七千余两，“公推秦文光为督理”[②]。秦文光当时已年过八十，但其经营有方，“所有工程估价收支各事，归其经管。自动工至蒇事，仅阅两年半，用款只二万余金，全河通利，舟楫畅行。镇中士民交相称道，谓其能撙节而奏效速也。李、梁两绅请于大府，议叙以奖其劳。经祁制军贡咨部，赏给六品顶戴”[③]。秦文光由出任值事而受赏官衔的事实，表明了大魁堂值事所负职责，实与官吏相差不远。

嘉庆以后，由商贾出任大魁堂“外任值事”者逐渐增多。嘉庆十七年（1812）义仓新章程规定：二十四铺公推三人任义仓值事，其中有“殷产行店一人”充当。[④]光绪七年至十六年（1881—1890），佛山又进行了一次大清涌，当时的清涌值事班子是“绅士值理区士冕、李佐朝、邓国基、潘钰泉；值理劳丰店、潘和店、口盛店、怡隆店、同口店、茂昌店、福利店”，前后共募捐得一万一千余两，尽数支出，使河涌深通，合镇乐利。[⑤]清末鹅湖乡人高广仁在佛山营商，“蒙行友举作万善堂值事，又被大魁堂选为义仓值理”[⑥]。上述材料显示了清末大魁堂“外任值事”已由绅士与耆民的组合结构过渡到绅士与商人的组合结构。这反映了清末商人权力与社会地位的上升。

---

① 《劳氏族谱》卷首《缙绅》。

② 《梁孝廉尔煤清沙策》，载民国《佛山忠义乡志》卷二《水利志》。

③ 民国《佛山忠义乡志》卷十四《人物志七》。

④ 《佛镇义仓总录》卷一，第38页。

⑤ 《明清佛山碑刻文献经济资料》，第209—248页。

⑥ 《鹅湖乡事往还尺牍》，手抄本。

大魁堂值事与义仓值事及其清涌值事，是清代佛山合镇商民与官府打交道的正式代表，他们的意见，左右着官府的裁决。乾隆五十五年（1790）呈请佛山分府同知核定正埠租项章程的绅士与耆民的名单，正是“创议建仓值事”全班人马。[①]

大魁堂值事人数没有规定。乾隆三年（1738）魏绾所定八人之数恐为最初之定额。以后随着绅士人数的增加而有所扩大，最多时可达二十五人，最少时也应有十余人。[②]

清代乾隆三年（1738）以后，凡属关系合镇公益之事，就由大魁堂值事、义仓值事和清涌值事出面与官府联系。他们的出面，往往能达到预想的目的。即使遇到吏员刁难，他们也能越级呈控。如乾隆四十九年（1784），有商人李润汉、冯焕承办高要县麒麟硝厂，买通官吏，在佛山栅下河旁设厂，“干碍水道，贻害无穷”。大魁堂值理举人区宏绪、劳潼上控。但“时奸商李润汉、冯焕与书役通，事在必成”，官府踏勘之员袒护李、冯，区宏绪等遂上控于总督衙门，并发动商民呈控。一个月之内，就有里民梁万邦、白蜡公行龚万和、纸行王恒有和铁锅炉铺行陈鼎茂等激控李润汉、冯焕干碍水道，“总督孙悉其诈，抑司押拆，乡免淤塞水潦之患”[③]。可以说，与吏员争理，必须具备足够的勇气和识见，这是一般里排耆民所不具有的。

此外，佛山籍在任仕宦的出面活动，亦成为佛山大魁堂绅士的奥援。清代佛山镇由进士出仕的官员较多，他们中不乏关心乡梓公益者。如侨寓李可蕃是嘉庆七年（1802）进士，授翰林院编修，改山西道御史，升兵科掌印给事中。还是举人时，李可蕃就与劳潼等人奏请建义仓[④]。任京官后念及“粤东民食向赖粤西米接济，而米船过关，胥役勒索船户银规甚重”。李可蕃于是在嘉庆十六年（1811）上《条陈粤东积弊》四款奏请饬禁勒石。“乡人至今赖之”[⑤]。道光十年（1830），当时任贵州布政使的吴荣光探亲归家，恰

① 请参阅《明清佛山碑刻文献经济资料》，第93、108页。

② 清代大魁堂值事的详细情况，请参阅罗一星著《明清佛山经济发展与社会变迁》第六章第四节，广东人民出版社2021年版。

③ 道光《佛山忠义乡志》卷六《乡事志》；《禁设硝厂碑》，载《明清佛山碑刻文献经济资料》，第83页。

④ 《明清佛山碑刻文献经济资料》，第96页。

⑤ 道光《南海县志》卷三十九《列传八》；道光《佛山忠义乡志》卷九《人物志》。

遇官府查禁镇中赌博业，没收房产五所。吴荣光于是呈请总督李鸿宾、巡抚卢坤，将其产业拨给田心书院出租，以作课文之费。总督不仅慨允，还捐银一千两助之置产收租，“将两项租息加增田心书院会文奖赏之费”[①]。吴荣光后升任湖南巡抚，成为佛山清代以来的第一个督抚大员。佛山大魁堂绅士更对其敬重备至，礼遇有加。后人曾有这样一段描写：道光十八年（1838）吴荣光告假归家为母祝寿，佛山乡绅预先在正埠码头“高搭牌楼迎迓”。吴荣光“坐驾未泊岸，全市绅士耆老，联袂趋至码头歌迎。及至老母拜寿日，奉觞踵祝者，约有五六百人。吴藉母氏拜寿，收受戚友馈送围屏锦帐，等于金谷石崇。设筵宴宾者分以五日，其人数可想而知。及吴首途回楚，观送者数千人”。[②]佛山在任仕宦的存在及其积极为桑梓谋利益，成为大魁堂士绅的有力支柱。大魁堂士绅与官府打交道比较顺利，是与他们背后的政治影响力分不开的。

（四）大魁堂管理系统与机构

大魁堂是整个佛山社区的权力中枢。在大魁堂之下实分为祖庙和义仓两个主要子系统。在祖庙值事班子下面还有“司数”若干，具体管理日常收支。在义仓值事班子下，有各铺值事协同督理，还有“司数”具体管理收支项目，形成不同层次的管理层。后来又增加了田心书院，亦归属大魁堂管理。兹将大魁堂系统图列如下：

清代佛山大魁堂系统图

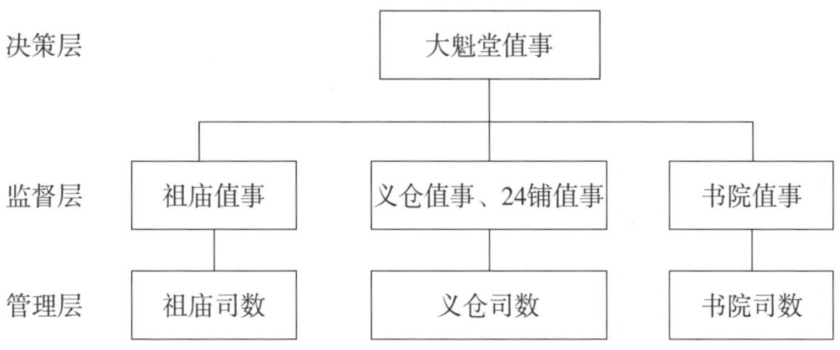

① 道光《佛山忠义乡志》卷六《乡事志》。

② 曹石公：《吴荣光兴替史》，载《南海日报》1947年4月20日。

上述大魁堂下面的三个子系统，各具功能，祖庙系统负责祭祀，兼具赈济；义仓系统负责赈济和公益建设；书院系统负责课文兼具侨寓祭祀。如此，大魁堂就在维系传统文化、控制社会不安以及提高教育水准三个方面起着重要作用。

列维·斯特劳斯曾经阐明，文字和其他有意义的符号具有另一种价值。因此，信息的交换在各种社会系统的整合中起着必不可少的作用。在一个社会系统中，控制信息流动的人实际上控制着整个系统。①大魁堂及其所集合的佛山士绅，就是控制着整个佛山社会系统的核心。

综上所述，大魁堂是清代佛山土著里排势力下降，侨寓和士绅势力抬头的产物。乾隆三年（1738）以后，佛山士绅通过组织大魁堂，掌握了祖庙、义仓以及田心书院的管理权，控制着合镇的祭祀、赈济和教育事业，决定着合镇公益事业的发展进程，在清代佛山社会生活中扮演着举足轻重的角色。如果说明代嘉会堂是明末新兴士绅集团整合佛山八图土著的社会权力机构的话，那么，清代的大魁堂，就是清代前期士绅重新整合侨寓和土著杂处社会的权力机构。大魁堂所具有的功能及其内部值事身份构成的变化，就是这一整合过程发展的证明和结果。

二、佛山同知与“文武四衙”

明代官府没有在佛山设立机构。清顺治四年（1647），始有通判屠彪到乡驻防，以文昌书院为衙。陈炎宗说：“本乡有官自此始。”②以后每隔一两年就新派一位驻防官，或以同知衔，或以经历衔出任佛山驻防官，直到康熙五年（1666）止，前后共派驻14名③。但驻防官并非常设。佛山有正式的官府机构是清代前期陆续设立的文武四衙。所谓文武四衙，是指佛山同知署、佛山都司署、佛山千总署和五斗口巡检司署。尤其是佛山同知署的设立，标志着佛山镇受到两广官府和清廷的重视，开展了系列针对佛山同知的制度设计和安排，从而提升了对佛山的管理深度，从政治、经济、社会治理等方面将

① ［美］博克：《多元文化与社会进步》，辽宁人民出版社1998年版，第177页。

② 乾隆《佛山忠义乡志》卷三《乡事志》。

③ 乾隆《佛山忠义乡志》卷二《官典志》。

佛山纳入清王朝体制。

（一）佛山同知署的设立

佛山同知署全称“广州府佛山海防捕务同知署”，雍正十一年（1733）设立于丰宁铺十字路，雍正十三年（1735）迁至莺冈原都司旧署处。[①]

佛山同知署的设立，起始于广东巡抚杨永斌给雍正皇帝的奏言。雍正十年（1732）杨永斌上奏疏称：

> 窃照广东省城洋商贾舶云集，而一应货物俱在南海县属之佛山镇贸易。该镇绵延十余里，烟户十余万。五方杂处，易于藏奸。缘距县治五十余里，南海省会附郭，治理繁剧，一应稽查，鞭长莫及。向设有五斗口司巡检一员，职分轻微，不足以资弹压。臣察情形，必得一大员驻扎稽查，庶为严密。应请设立同知一员驻扎佛山镇。铸给关防，专司督捕稽察，一切奸匪及赌博私宰、私煽铁炉等项，仍隶广州府统辖，如此则弹压得宜，稽查严密，于地方大有裨益。[②]

杨永斌的意思是佛山户口繁庶，五方杂处，易于藏奸，五斗口司巡检不足以弹压，应设分府同知署。雍正十一年（1733）杨永斌再上《题为要地需员弹压等事》疏，对佛山同知的管理职能、管辖范围、衙署位置和官缺配置均作出详细规划。关于佛山同知海防捕务的管辖范围，其疏称：

> 查佛山与顺德、三水二县接壤，应将南海、顺德、三水三县捕务，分与佛山同知就近兼辖。[③]

佛山同知的管辖范围包括佛山镇和附近十堡，而且兼管三县海防捕务。如此，就在南海县地域上设置了一个超越南海知县和番禺知县的管辖范围的行政机构。

---

① 乾隆《佛山忠义乡志》卷二《官典志》。

② 《朱批谕旨》第五十二册，第13、14页。

③ 《题为要地需员弹压等事》，载中国第一历史档案馆编：《雍正朝内阁六部史书·吏科》（70），广西师范大学出版社2002年版。

佛山同知衙署的位置选在原佛山都司衙署之处，将佛山都司衙署迁到原大湾游击旧署，游击旧署迁到佛山镇东南隅彩阳里，“则同知衙署居中，都司衙署居镇西北，千总衙署居镇东南，相为犄角，弹压、巡查甚属相宜”。

同知衙署居中，给予佛山同知居于佛山镇中心的位置。代表了清廷将加强对蓬勃发展的佛山镇实施更为有力的管治。

关于佛山同知的官缺（官职）配置，其疏称：

添设佛山同知，驻扎要地，兼管三县海防捕务，应列为要缺，并俟请题准。添设之日，在于本省同知内，拣选调补，俾要地收得人之效。

杨永斌的奏疏，得到雍正皇帝的准许。但是，如何选到胜任的佛山同知并不是件容易的事情。清廷规定同知官品为五品。杨永斌在奏折中把佛山同知“列为要缺”。按清廷吏部选官则例，“要缺”（重要职位）选官可由本省同知官员拣选调补，但其选官若有被参告、被罚俸，或有未完案件者，则不符合此例。[①]由于清代吏部对官员考核相当严苛，官员罚俸几成常事。比照此例，粤东全省几无官员符合条件。[②]故此，雍正十一年（1733）设立佛山同知署后，杨永斌迟迟选调不出可胜任之官。雍正十二年（1734）杨永斌再奏请在朝廷“简发计名人员”中补授。清廷对佛山同知官缺派员十分重视，第一任佛山同知王联晋由大同守左调任佛山，“以简静为治”，颇得民望。[③]乾隆《佛山忠义乡志》将王联晋列入《名宦志》第一人。[④]乾隆四年（1739），黄兴礼由江南贡生署理第二任佛山同知。

有清一代，佛山同知的遴选、任命与考核，均由吏部严格执行。两广督抚只有推荐权，没有任命权。随着乾隆以后佛山工商业的繁荣发展，清吏部不断提升佛山同知的官缺级位。嘉庆年间吏部有佛山“係冲繁中缺”，佛山

---

① 《为要地需员弹压请添设同知以便吏治民生事》，载中国第一历史档案馆编：《雍正朝内阁六科史书·吏科》（77），广西师范大学出版社2002年版。

② 《为要地需员弹压请添设同知以便吏治民生事》，载《雍正朝内阁六科史书·吏科》（77）。

③ 乾隆《佛山忠义乡志》卷七下《名宦志》。

④ 乾隆《佛山忠义乡志》卷七下《名宦志》。

同知“应归部选”之例；[①]道光年间吏部有佛山“系繁难要缺”，佛山同知“例应在外拣员调补”之例。[②]清代官职任命，“繁难要缺”是重中之重，两广只有佛山和澳门的同知官为“繁难要缺”。可见朝廷对佛山任官之重视。这里所说的“部选”，就是直接由吏部选调，部选是面向全国选调任命佛山同知，也即“在外拣员调补”。但随着粤省官员逐步成长，后来吏部同意“将佛山同知缺扣留粤省拣补”[③]。

清代皇帝也特别重视对佛山同知的任命及其考核。如乾隆六十年（1795），时任大学士、吏部尚书和珅曾选调了杨楷任佛山同知。乾隆皇帝驾崩后，嘉庆皇帝立即除掉和珅，整顿吏治。嘉庆帝对杨楷操守质疑，在两广总督吉庆对杨楷考成的奏折朱批称：“朕闻此人善于捕盗，然才有余而守不足。未知确否？”[④]所谓“守不足”，即指杨楷或有贪腐问题。因杨楷到任后实心办事，深得民望，经吏部会同两广总督吉庆查核，杨楷并无守成问题，遂继续任用。

清例，凡补授同知之员，要送部引见。送部引见是得到皇帝新任命的阶梯。如杨楷任命佛山同知之前有三次送部引见，均得到乾隆皇帝下旨提拔。[⑤]

凡捐纳官员任同知之员，需要试俸署理三年，三年期满，由所在省布政使会同按察使对其能力和操守进行考核。考核通过，奏请皇帝实授官职。如黄兴礼系由监生捐纳州同，又捐光禄寺署正并同知，于乾隆二年（1737）到任，乾隆五年（1740）试俸已满三年，署理广东巡抚王謩题奏，清廷准其实授。[⑥]

---

① 《嘉庆四年十二月初八日两广总督觉罗吉庆等为遵旨保举堪胜知府之员仰祈圣鉴事》，中国第一历史档案馆藏宫中朱批奏折，档号：04-01-13-0122-004。

② 《道光十五年三月二十八日吏部尚书穆彰阿等为详请提升要缺同知事奏折》，中国第一历史档案馆藏内阁题本，档号：02-123-10164-18。

③ 《嘉庆三年四月初七日大学士吏部尚书和珅等奏折》，中国第一历史档案馆藏内阁题本，档号：02-106-8278-15。

④ 《嘉庆四年十二月初八日两广总督觉罗吉庆等为遵旨保举堪胜知府之员仰祈圣鉴事》，中国第一历史档案馆藏宫中朱批奏折，档号：04-01-13-0122-004。

⑤ 《嘉庆三年四月初七日大学士吏部尚书和珅等奏折》，中国第一历史档案馆藏内阁题本，档号：02-106-8278-15。

⑥ 《乾隆五年五月初四日署理广东巡抚王謩等奏折》，中国第一历史档案馆藏内阁题本，档号：02-62-3829-36。

根据清宫档案记载整理，除了黄兴礼，清代佛山同知调选官员试俸后实授的还有：毛维琦，乾隆十九年（1754）九月实授；赵延宾，乾隆二十三年（1758）实授；陈景埙，乾隆三十三年（1768）题补授；李传镄，嘉庆二十年（1815）实授；徐青照，道光六年（1826）实授；杨德埙，道光十四年（1834）补授；李大封，道光二十六年（1846）补授；程乃□，咸丰七年（1857）补授；海廷琛，咸丰九年（1859）补授；张起鹍，咸丰十年（1860）补授；陈毓书，同治二年（1863）补授；黎正春，同治七年（1868）题补授，遵旨议驳；高纪，光绪十一年（1885）补授；张宏运，光绪二十八年（1902）补授；王寿民，宣统二年（1910）补授。上述官员都是在署理佛山同知三年后得到实授佛山同知官位的，唯有黎正春，受到吏部议驳，未予实授。①

佛山同知回籍省亲，也必须由吏部奏准皇帝批准。乾隆三十二年（1767）七月，大学士兼吏部尚书和珅奏请称："叶汝兰，直隶拔贡，现任广东佛山同知，呈请给假修墓等情，应照例准其给假一个月回籍修墓。"乾隆皇帝朱批："知道了。"②

与此同时，清朝廷对佛山同知的处罚也十分严厉。乾隆九年（1744）甲子科乡试，广东贡院文武二场需"修理贡院教场并置办花枝杯盘等项"，广州知府行令佛山同知黄兴礼领衔承办。③事后题请朝廷报销银两九千九百七两八钱八厘。经工部反复查核，前后驳查三次。直到黄兴礼告休回籍，此事仍未解决。继任的佛山同知田弘祚、姚廷珧、张汝霖继续题请报销，均无结果。直到乾隆十五年（1750）乾隆皇帝特发恩诏，"以前相应宽免"。工部因此奏准文武二场置办费共核减银五百余两，"一并在于原承办之原任佛山同知黄兴礼告休回籍江南徽州府休宁县，着落照数追解"。其余各官均同受罚俸，佛山同知姚廷珧、张汝霖造册违限一月以上，罚俸三个月；违限四月以上之南海知县暴煜、番禺知县万承式，均照例罚俸一年，因万承式有纪录

① 根据中国第一历史档案馆藏《清宫档案·吏科》抄出广东巡抚题本整理。

② 《乾隆三十二年七月大学士吏部尚书和珅等为汇题事奏折》，中国第一历史档案馆藏军机处录副，档号：03-103-7896-26。

③ 《乾隆十六年十一月初一日大学士兼理工部事务史贻直为核议广东巡抚题请核销甲子科文武乡试奏折》，中国第一历史档案馆藏内阁题本，档号：02-01-008-000834-0015。

两次，抵罚俸一年，免其罚俸。唯新任佛山同知毛维锜尚未违限，不议。[①]

由上可见，佛山同知从官缺设置到调任考成，始终在朝廷掌握之中。其在清代官员体系中的等级地位也高于南海和番禺知县。

（二）佛山同知的管辖范围与管理职能

关于佛山同知管辖范围，雍正十一年（1733）杨永斌规划了佛山同知捕务管辖范围不仅是佛山镇和附近十堡，而且统管五县海防捕务。乾隆八年（1743）九月初三，吏部尚书张廷玉题奏“应如该抚等（广东巡抚督王安国等）所请，从化县、花县捕务准其归于佛山同知管辖，以专责成”，得到乾隆皇帝准许。[②]因此佛山同知成为统管一镇五县（南海、番禺、三水、从化、花县）捕务的行政机构。

关于佛山同知管理职能，雍正十一年杨永斌规划了佛山同知“专事稽查”[③]的管理职能。杨永斌将佛山同知职能与南海知县职能作了区分，命盗、户婚、田土赋税、军流罪犯，由南海县官承审；“其余一切盗逃、赌博、私铸、私宰、私贩、拐骗、斗殴、掏摸等项词讼”，听佛山同知就近审理。

佛山同知的管理职能可以概括为维护治安和缉拿私铸、管理对外贸易和监督军火生产、兴修学校三个方面。

维护治安是佛山同知的主要职能。历任佛山同知都把治安管理作为第一要务。以捕务著称的佛山同知是杨楷，杨楷于乾隆六十年（1795）由山东同知调任佛山同知，“廉明干事，遇疑难大讼，辄往元武庙审鞠，立予剖断，民咸悦服”[④]。当杨楷初到佛山时，乡间匪党欲谋劫佛山，“楷廉知其情，请于总督觉罗（吉庆）长拨兵数十，亲率兵往捕尽获。置于法，乡及邻堡以安。……嘉庆己巳洋匪焚劫澜石，将逼佛山。绅士赴省求援，适楷在省。总督百（龄）委楷率兵炮以往，匪闻风遁去”[⑤]。连嘉庆皇帝也听闻杨楷善于捕

---

① 《乾隆十六年十一月初一日大学士兼理工部事务史贻直为核议广东巡抚题请核销甲子科文武乡试奏折》，中国第一历史档案馆藏内阁题本，档号：02-01-008-000834-0015。

② 《乾隆八年九月初三日两广总督王安国等为遵旨密议其奏事奏折》，中国第一历史档案馆藏内阁题本，档号：02-65-4136-23。

③ 《题为要地需员弹压等事》，载中国第一历史档案馆编：《雍正朝内阁六部史书·吏科》（70），广西师范大学出版社2002年版。

④ 《南越游记》卷一《山水古迹异闻·佛山》，第160页。

⑤ 道光《佛山忠义乡志》卷八《名宦志》。

盗之事。

管理对外贸易和监督军火生产是佛山同知衙门的重要职能。清代广州府管理着广州、佛山和澳门三大商埠，佛山同知是协助广州知府的得力助手，有关佛山或澳门的贸易事宜，常由佛山同知负责。毛维琦乾隆十六年（1751）任佛山同知，不久奉檄陪送葡萄牙贡使入京。返粤后又长住澳门五个月，参与了澳门贸易的部分工作，才返回佛山驻扎。[①]

清代广东官府规定，所有佛山镇铸造的食锅农具，凡出口外洋或海运赴雷琼二郡者，“均在佛山同知衙门给照出口。食锅等项数至五十连以上即行给照，以便海口稽察”[②]。土铅和洋铅的运销，亦由佛山同知衙门向水客印发运照，并“能饬韶、梧、肇三关，照例稽查”。铅斤运到，铅务公所司事报明佛山同知，“验对印单。将铅起贮公所，仍由司事将水客姓名、铅斤数目，按月列册禀运。该同知照造通缴”[③]。此外，佛山镇米价是通省的标准价，佛山同知、五斗口司衙门每逢五、逢十要向南海县报告米价[④]。可见佛山同知衙门担负着管理监督佛山镇米、铁、铅等物贸易和流通的责任。

监督军火生产也是佛山同知衙门的重要职能。清代广东官府在佛山的铸炮工程，亦由佛山同知与佛山都司会同监造。现在我们能看到的铁炮铭文，就有“佛山都司李，佛山同知苏监铸”“佛山都司韩，署佛山分府升用州正堂苏监造”等字样[⑤]。道光二十八年（1848）佛山同知顾炳章还代广西省前往香港、澳门等处，陆续购买“夷砲三十八尊”。[⑥]

兴修学校向为历任佛山同知倡导力举。乾隆八年（1743），佛山同知黄兴礼倡议建设汾江义学，择地栅下铺广德里，“割俸三百金为倡”。冯乔梓率诸绅士踊跃捐输，一共捐得白金“一千缗有奇”。落成之日，“诸生之负笈而趋者咸欣欣然有喜色，请志其事”。黄兴礼遂撰《汾江义学记》。[⑦]乾隆

① 乾隆《佛山忠义乡志》卷一《毛序》。

② 《两广盐法志》卷三十五《铁志》。

③ 《粤东省例新纂》卷三《户·铜铅·采买白铅》。

④ 《佛镇义仓总录》卷二《劝七市米户照实报谷价启》。

⑤ 《明清佛山碑刻文献经济资料》，第508—509页。

⑥ 《奉购解广西铜铁夷炮》，载（清）顾炳章等辑：《解运广西砲公牍》（不分卷稿本），广东省立中山图书馆藏，原件书号：80/1.50.21。

⑦ 道光《佛山忠义乡志》卷十二《金石志下》。

十九年（1754），佛山同知毛维绮在汾江义学内增建求志斋。[①]乾隆三十一年（1766），佛山同知祖承佑“下车与诸生相见，即殷殷以勤学为第一义”。又以灵应祠岁办所余之羡金重修汾江义学。事竣后为之题记，强调“节无益以助教泽，固莅汾江者所宜留意也”。[②]

（三）“文武四衙”设立的作用

所谓“文武四衙”，是指广州府佛山海防捕务同知署、五斗口巡检司署、佛山都司署、佛山千总署。

五斗口巡检司原设在平洲堡，明景泰三年（1452）建署。嘉靖八年（1529）移治磨刀石（石头乡），后移治佛山镇。[③]陈炎宗说：“查未设同知之前，巡检皆僦民舍，并无实署，则所云向在佛山，亦茫无可据矣。”[④]佛山同知署设立时，五斗口司移至平洲堡[⑤]，嘉庆间又移回佛山[⑥]，但无定所，“皆僦民舍以居”。乾隆五十六年（1791），巡检金元爵始借住纪纲街福山书院为公所，相沿至清亡[⑦]。

佛山都司署原设在丰宁铺十字路。同知署设立时，让署于同知署，迁到观音堂铺大湾。最早的驻防官是康熙四十九年（1710）任佛山都司的任魁[⑧]。

佛山千总署驻扎于彩阳堂铺的彩阳营，原系天主堂，雍正元年（1723）毁天主堂建署。道光九年（1829），千总刘大彰捐资修葺并买署前民房余地改建照壁及东西栅门。“又建祠一所，祀本营无依兵丁木主于东栅门外照壁旁。”[⑨]

以上三署虽早于佛山同知设立，但官品比佛山同知低，管辖范围也小于佛山同知。由于共同治理佛山，遂与佛山同知署合称“文武四衙”。正如

① 道光《佛山忠义乡志》卷十二《金石志下》。

② 道光《佛山忠义乡志》卷十二《金石志下》。

③ 道光《佛山忠义乡志》卷三《官署志》。

④ 乾隆《佛山忠义乡志》卷二《官典志》。

⑤ 《朱批谕旨》第五十二册，第13、14页。

⑥ 冼宝榦：《送陈谨庵少尹乞假回籍省墓诗序》，载民国《佛山忠义乡志》卷十五《艺文志二》。

⑦ 道光《佛山忠义乡志》卷三《官署志》；民国《佛山忠义乡志》卷三《建署志》。

⑧ 乾隆《佛山忠义乡志》卷三《官典志》。

⑨ 道光《佛山忠义乡志》卷三《官署志》。

冼宝榦说："佛山，岭南巨镇也。商贾辐辏，握西北江上游。清设文武四衙，以治民事。缉奸宄，民乐其居，商安其业。而衙署之据佛山险要者，莫如同知及都司两署，为四乡往来孔道，水陆交通要津，设险之义，于是乎备。"[①]

维护社会秩序是佛山文武四衙的共同职能。佛山有设赌之风，嘉庆九年（1804），佛山同知联合各署力量一举查获番摊赌坊一十七处。[②]又如"每次佛山义仓开赈，都要四衙派员督赈和派兵弹压。道光十年（1830）散赈，佛山分府派差十二名，五斗口司派弓役十四名，佛山都司派兵十六名，佛山千总派兵十四名，在各处常川弹压。作为报酬，义仓也发给每人一定的饭食钱。[③]维护佛山的社会治安虽然是佛山同知的首要职责，但文武四衙均共同担负了佛山一方的守土绥安之责。

弘扬土俗文化是佛山文武四衙的重要职能，其中尤以修建灵应祠及其他庙宇为最。早在康熙十六年（1677）佛山都司汪作霖，曾夜宿流芳祠，知其为忠义诸公之灵，乃亲致祭祷，题匾曰：钦崇风烈。[④]乾隆二十四年（1759），佛山同知赵廷宾目睹灵应祠将塌，"概然兴修举之志"，佛山镇人响应，"各输其力，合赀一万二千有奇"。历时两年余，在乾隆二十六年（1761）腊月落成。"巍然焕然，非复向之"。[⑤]乾隆二十四年（1759），五斗口司巡检王棠也倡修了流芳祠，并为之撰《重修流芳祠记》。[⑥]与此同时，王棠还允许并督理乡人修建了"烈士霍仲儒祠"[⑦]。乾隆四十六年（1781），佛山同知韩绍贤"驻防其地，首留意于土俗"，准允绅士重修文昌宫并为之撰《重修文昌宫堂寝碑记》[⑧]。嘉庆元年（1796）正月望日，佛山同知杨楷诣灵应祠焚香，捐俸金五十两倡修，众捐工费银共九千七百余两。凡十阅月而落成。事后佛山人感杨楷之德，由粤秀书院山长陈其焜撰《重修灵应祠鼎建

① 民国《佛山忠义乡志》卷三《建置志》。

② 道光《佛山忠义乡志》卷十三《乡禁志·嘉庆九年禁番摊赌坊碑示》。

③ 《佛镇义仓总录》卷三，第29页。

④ 《岭南冼氏宗谱》卷七《备征谱·轶事》。

⑤ 《重修南海佛山灵应祠碑记》，载道光《佛山忠义乡志》卷十二《金石志下》。

⑥ 道光《佛山忠义乡志》卷十二《金石志下》。

⑦ 王棠：《建烈士霍仲儒祠记》，载《南海佛山霍氏族谱》卷十二。

⑧ 道光《佛山忠义乡志》卷十二《金石志下》；又参阅《重修汾江义学讲堂碑记》。

灵宫碑记》称："自今入庙而睹金碧之辉煌，观瞻肃矣，敬畏起矣。宫分前后，体统昭焉，化理正焉。尊尊亲亲之义明矣。杨公之功亦伟矣哉！"①乾隆年间历任官员均以创修祖庙等庙事为先务，不仅如此，每年二月十五日，谕祭灵应祠北帝时，文武四衙官员皆"诣祠行礼"②。

倚重绅士管理佛山是佛山文武四衙的管理特色。早在雍正六年（1728），五斗口司巡检常梦熊曾为是否拨铺给流芳祠作祀业之事，通传合镇绅士谭会海（进士）等15人"赴庙众议"，然后根据绅士意见决定，拨出一间给流芳祠。③乾隆十一年（1746），田宏祚任佛山同知，甫下车闻贡生霍大章孝友之名而推重之。霍大章"素持身恬静，不履公门。而分宪数通悃款，下顾纳交，相见若晚"。族党中有因铺舍小事雀角公庭者，分宪着回家就正于霍大章，"以判是非"。乾隆十三年（1748），田宏祚又旌以"敦伦尽义"匾额一面给霍大章，并为文作叙。④不少官员在出任佛山官职之前已对佛山绅士有所景仰，陈绍兼是南海县庠生，"尝与学正霍允兼、孝廉何天宠、文学周兰芳、何雍朝、国学梁时柳等结友联咏，皆名士也"⑤。杨楷未任佛山同知前曾任缉私候补，在广州与陈绍兼同寓，"称莫逆交"。不久，杨楷奉调佛山同知，"稔公仁爱毋欺，延公旋里商办乡事。如建祖庙庆真楼，迁汾江义学，请给拨书院膏火，修通济桥、南泉庙等诸善事，皆公商同镇内绅士肩荷而成"⑥。陈绍兼就是乾隆五十五年（1790）的"创议建仓值事"和"督建义仓值事"之一。杨楷在佛山数年，礼贤绅士，办事果断，持论公道，深为绅士所敬重，进士陈其规、李可端就撰碑以记其功。

陈炎宗是乡试解元，又登进士，官任翰林院庶吉士。才情极高。乾隆十七年（1752）纂修《佛山忠义乡志》。乾隆二十七年（1762）任佛山同知的沈生遴，早在江苏任官时已素仰陈炎宗大名。其撰写的《崇正社文会规费碑记》记载：

---

① 道光《佛山忠义乡志》卷十二《金石志下》。

② 乾隆《佛山忠义乡志》卷六《乡俗志》。

③ 《拨铺给流芳祠祀典碑示》，载道光《佛山忠义乡志》卷十三《乡禁志》。

④ 《南海佛山霍氏族谱》卷十一。

⑤ 《南海金鱼堂陈氏族谱》卷八上《列传二》。

⑥ 《南海金鱼堂陈氏族谱》卷八下《行略》。

余方薄宦江左，从叔以便过署，道：粤中人文之盛，尤称云麓先生。领袖群英，世居南海之佛镇。表望木天，所可豫决，当由地灵所钟云。今春来莅，喜遘斯文，此非夙昔之缘耶。[①]

由于有此段缘分，沈生遴尤重课文，准许拨灵应祠租给崇正社学文会规费，并以此事告慰从叔。正如其所言“他日归晤我叔，亦得举崇正会课良规，以告见佛镇人文之盛有自来也”[②]。还有乾隆二十二年（1757）禁止里排颁胙的王棠，在责革了里排值事霍璋如等后，就把灵应祠“交著绅士李成励等承理”[③]，显然是在抑土著而扬绅士。

鼓励民生是在清末的事情。光绪三十三年（1907），由五斗口司巡检陈征文协同绅商联名，领得专为办理地方公益之用的鹰嘴沙地皮。宣统元年（1909），在巡检易润章任内，佛山文武四衙“集议组织工厂”。据《广东劝业报》报道：“佛山四衙，因组织本镇工厂事，迭经提倡。初九特行假座商会，自备茶点。邀请绅商集议，到座者大不乏人。即由四衙提议，一切组织事宜，各行商均甚赞成。即经踊跃认股。黄祥华两店东，共认股一万元；阮荔村、招田雨（应为招雨田）各认股五千元。银、布两行，各认二千元，平码行一千元。其余各行，未认者尚多。将来集成巨款，拭目可俟。闻工厂之布置，分设两区，一为贫民习艺，一为犯人习艺云。”名为“工艺厂”，“招工师艺徒，染纱织造布匹、草席、藤器，各土货发售”。成为“振兴工艺之一大机关”。[④]

清代佛山文武四衙的设立，在佛山社会发展的历史阶段上具有重要的意义。有助于工商市镇的发展，有助于社会权力向绅士阶层的转移。

上述事实说明，文武四衙的设立，对佛山传统文化的存续，对绅士阶层把持佛山权力起到政治保护作用。文武四衙的官职虽然不显，但只要他们尽心尽责，做到如陈炎宗所言“牧民者求通民情，守土者不违土俗”[⑤]，佛

① 道光《佛山忠义乡志》卷十二《金石志下》。

② 道光《佛山忠义乡志》卷十二《金石志下》。

③ 《明清佛山碑刻文献经济资料》，第76页。

④ 《广东劝业报》第105期，第46页；民国《佛山忠义乡志》卷六《实业志》。

⑤ 乾隆《佛山忠义乡志》卷六《乡俗志》。

山人民就会给他们特殊的礼遇。如乾隆末年至嘉庆初年的佛山同知杨楷惩奸除恶、建祠办学，多有贡献。后调任福建，“佛镇人思其德，为立福主，春秋祀焉”[①]。杨楷后来卒于官，其子扶棺归云南时途经佛山，“乡人思其遗爱”，纷纷捐银礼送。[②]又如光绪年间任五斗口司巡检的陈征文，两莅佛山，前后七年，戒烟禁赌，办学倡工，解斗息争，威望甚孚，凡有械斗构讼，只要陈征文出面，“乡人闻片言，纠纷立释”。宣统元年（1909）陈征文以年老乞休，离佛之日，“所经各街均支彩棚，万人空巷，拈香跪送，为佛山百年来所未睹”。[③]

由此可见，清代佛山的文武四衙，是清代佛山社会系统的有机组成部分，他们的存在及其作用的发挥，完善了佛山社会的重新整合。

三、义仓与民间自治

清初南海人陈子升说：“夫治佛山不必置官，即以省会之官治之。其故何也？佛山之人习于城邑。”[④]所谓“习于城邑”，就是指佛山人具有关心公益事业的热情和处理公益事务的能力，并养成了镇事自决的习惯。而这些，正是佛山自治机构得以存在发展的社会基础。乾隆年间，陈炎宗在论及佛山文武四衙的建立时有段意味深长的话：

> 佛山蕞尔一堡，距会城五十里，仰治于其上是亦足矣，而乃分符置闽，几同郡县，非以地称繁剧，实资弹压耶。夫文武并设，以宁辑吾民，国家所以嘉惠此乡者良渥，静以镇之，则官逸而民受福焉。谨志之以昭。[⑤]

陈炎宗认为佛山本不用设官，仰治于会城已足矣。但“地称繁剧”又不

---

① 《南越游记》卷一《山水古迹异闻·佛山》，第160—161页。

② 道光《佛山忠义乡志》卷八《名宦志》。

③ 民国《佛山忠义乡志》卷十一《乡事志》。

④ 道光《南海县志》卷八《舆地略四》。

⑤ 乾隆《佛山忠义乡志》卷二《官典志》。

能不设官弹压。然而国家设官于佛山的本意，是为了“宁辑吾民”，所以官治不必峻急多劳，“静以镇之，则官逸而民受福焉”。官逸，乃是陈炎宗的治理主张。陈子升所言“不必置官”，是在佛山设官之前；陈炎宗所言“静以镇之”是在佛山设官之后，因此陈炎宗的“静以镇之”说，代表了清代佛山士绅对佛山官治组织的基本期望。上述文武四衙在佛山的主要政治活动，就是在“求通民情”“不违土俗”的范围内进行的。这样民间自治系统与官府权力系统就在这一共识上得到调适。也就是说，“通民情，合土俗”是官治组织施政和民间自治系统认可的一个度，凡有悖于此度者，必然引起民间自治系统的抗衡。

佛山民间自治系统的运作，集中反映在义仓的管理权归属及其管理制度上。

图8-5-2　始建于乾隆六十年（1795）的佛山义仓，今无存（罗一星摄于1982年）

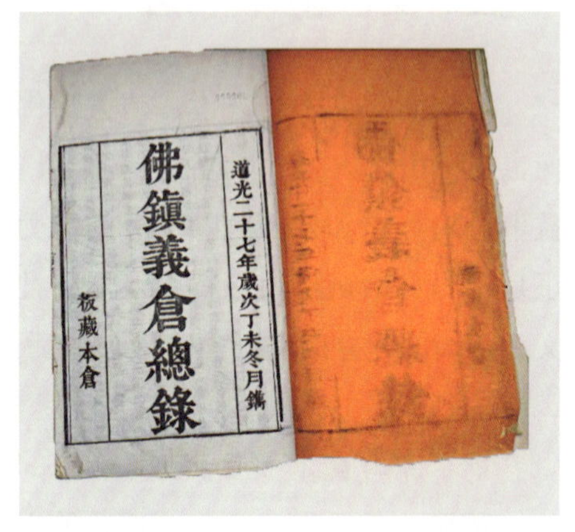
佛鎮義倉總錄

道光二十七年歲次丁未冬月鐫

板藏本倉

图8-5-3　《佛镇义仓总录》，道光二十七年（1847）印（佛山市博物馆提供）

还在义仓筹建之初，佛山人民就总结了历代“常平不常，义仓不义”的原因——“盖其权操于官吏而里胥奸民复播弄于其间”，决定“惟佛山义仓，其所入有铺租渡息，出纳有专司，稽核有衿耆，不贷敛于民间，不经手于官吏”。[1]实行民仓民管，公举接办，由公推值事和司数管理，“此项银

① 《佛镇义仓总录》卷首《序》。

两，系捐自民间，应听民便，毋庸官为经理”。[1]嘉庆十七年（1812），鉴于义仓值事黄宜大等私减艇租，义仓谷石不清之弊，合镇绅士订出新章程：改变义仓值事产生途径和管理办法。值事由二十四铺公举产生，每铺三人，管理三月。二十四铺分为八班，每班三铺共管，两年一轮。值事由绅士和耆民或殷实行店充任，不得连选连任。当时佛山已有二十七铺，遂将小铺两铺合为一大铺。排定班期如下：

第一班值理：福德铺、观音铺、潘涌、鹤园铺
第二班值理：栅下、东头铺、明照铺、突岐铺
第三班值理：明心铺、黄伞铺、纪纲、石路铺
第四班值理：医灵铺、彩阳铺、仙涌铺
第五班值理：社亭铺、岳庙铺、大基铺
第六班值理：祖庙铺、富文铺、宝山铺（原山紫铺）
第七班值理：耆老铺、锦澜铺、桥亭铺
第八班值理：汾水铺、真明铺、丰宁铺

该章程还规定，各铺保正是当然值理，并可连任值事，这样每一届值事人数就固定为十二人。每月初二、十六，保正、值事到仓监督收租，“风雨不改”。此外义仓设请司事一人，“登记数目以及支理零星杂事”。[2]

义仓新章程的实行，表明了社会控制权的转移，这就是由大魁堂选举义仓值事改变为由二十七铺选举义仓值事。其原因乃在于嘉庆以后佛山都市社会的控制条件发生了变化。个人和个人组成的团体，已不是生活在首属群体感情亲密的状态中，而是生活在相互依存的状态下，因而基于道德的建立在互相信任基础上的社会控制日益困难，也即由大魁堂绅士的信任而举充义仓值事的做法，不能防止侵吞公款的弊端发生。新的义仓章程出现，原来基于道德的社会控制，就被基于成文法的社会控制所取代。将原来属于大魁堂的选举权交给了二十七铺，表明了民间自治系统的扩大和发展。以地缘区划

① 《明清佛山碑刻文献经济资料》，第96—100页。
② 《佛镇义仓总录》卷一，第37—41页。

为单位分配值事名额的办法扩大了民主的范围。此外，殷实行店可充任值事，也反映了佛山土著接受商人参与地方管理。这些变化趋势，是与城市环境中人与人之间的交往联系日益复杂、次级关系取代首属关系的趋势并行不悖的。

义仓新章程的实行，也使义仓这一佛山的主要公益事业深深扎根于佛山镇商民之中。二十七铺的轮管，使义仓事务家喻户晓，义仓值事也在佛山社区中享有很高地位。

在这种情况下，官府要义仓归官，必然要遭到佛山合镇商民的反对。道光四年（1824）岁饥，佛山贫民开仓赈济。时有人谣传仓谷被义仓司事侵吞，一时“附和者塞衢巷”。官府借此机会要把义仓收归官府，岂知众怒难犯，同知衙门和巡检司署相继被砸。[①]正当佛山驻防官吏束手无策时，举人冼沂（大魁堂值事）从广州闻警赶归，只身诣仓，当众担保“如有亏短，惟冼某是问”。众怒随即平息，曰：“得公担任，吾能散矣。”于是“大变立弭，赈务亦办”[②]。义仓之乱甫定，又有佛山籍同知胥吏者提出要义仓归官，官府也准备接收。此时有镇绅方钰指斥此公曰：“今以民仓归官，虽有亏短挪移不在参处之数，弊将益深。且管于绅，官能察之，归于官，谁察之者。况官吏来去无常，前者亏空，后任未必肯为垫抵也。汝佛山人，他日追原作俑，饥口嗷嗷，皆集矢于汝，汝子孙能贴席眠乎？”然后方钰又与众绅联禀，义仓才免致归官。[③]方钰这番话，针砭了义仓归官之弊，代表了大多数佛山居民的心声。后来在光绪三十一年（1905），广西告饥，两广总督要提取佛山义仓款项，佛民汹汹。五斗口司巡检陈少尹“到仓备悉舆论，陈之同官，事遂止”。光绪三十四年（1908）水灾，镇绅议开佛山义仓赈灾，然两广总督仍“复行提仓之令”，陈少尹“据情代禀，义仓得以保全”[④]。巡检官的两次“据情代禀”和总督的作罢，说明了官府在佛山商民强烈反对官府插手的舆论下，不得不顾及民情，作出让步。

民间自治系统对官府权力系统的抗衡，还反映在要否真实呈报佛山市场

① 《粤东成案初编》卷二十四《劫囚夺犯》；民国《佛山忠义乡志》卷七《慈善志》。

② 民国《佛山忠义乡志》卷十四《人物志三》。

③ 同治《南海县志》卷十四《冼沂附子方钰列传》。

④ 民国《佛山忠义乡志》卷七《慈善志·仓储》。

行情问题上，道光十三年（1833）佛山同知、五斗口司和黄鼎司指使佛山七市米户低报米价。佛山米价是广东标准价，低报米价事关重大。佛山原报谷价之常例，是按批发谷价时值银分上、中、下三等谷价真实呈报。而此时佛山同知等衙门要七市米户少报十两至三四十两不等，以便抵补库平银与洋元的低水差额，是破了佛山的常例，且有“高抬市价”和“欺罔不实”之罪。故而大魁堂要七市米户按洋钱所买时价真实呈报。大魁堂查知，经绅士会议后出示公启制止。大魁堂的公启，否定了佛山同知、五斗口司和黄鼎司的意见，毫不讳言要与“衙书吏”进行“理论”，显示了其作为全镇商民的决策机关的地位。[①]

上述事例说明，在长期的城市发展过程中，佛山镇民中间逐步形成了在公益事业上要求自治、摆脱官治的观念，也始终保持着参与地方政治的热情。冼宝榦这样说过：“官之治民，不如民之自治。”[②]这句话，大概代表了绝大多数佛山人的看法。所以，当光绪年间清廷为立宪做准备，广东官府在“广属数大县予以特权”许办地方自治时[③]，佛山就立即建立了“自治会”。佛山自治会建立于光绪三十一年（1905），会所设在田心书院，会员共两百余人。推冯熙猷为会长，黄绍机、邓林芬、张荫棆为副会长。设有干事员，分司财政、文牍及调查事宜。所有会员皆无薪俸，还要酌纳自治会费。自治会的“宗旨在研究自治，期于实行。凡本镇学务、卫生、道路、工程、农工商业、慈善、公共营业等皆地方公益是谋”。自治会成立后，条禁花子强乞，创办简易识字学校两所，颇有作为。民国元年（1912）镇议会成立，自治会遂废。[④]佛山自治会的成立，也可视作佛山民间自治系统与官治权力系统互动中的再一次调适。

---

① 《劝七市米户照实报谷价启》，载《佛镇义仓总录》卷二，第6页上。

② 乾隆《佛山忠义乡志》卷六《乡俗志》。

③ 《地方自治先由广府属办起》，载《振华五日大事记》第三期《1907年4月本省大事》，第36页。

④ 民国《佛山忠义乡志》卷三《建置志·自治会》。

第六节　清代佛山教育组织与文化生活

清代的佛山，是教育组织与文化生活蓬勃发展的时期，其特点是呈现出多样化发展的趋向。教育、娱乐与戏剧的并行发展，使佛山人生活在一个教育昌明、喜庆盛隆、处处笙歌的文化环境中。每一个佛山人，无论是土著还是侨寓，都在这种浓郁的传统文化氛围下，完成了其人生社会化过程的重要一课。透过对清代教育组织和文化生活的描述，我们不仅可以了解到传统社会丰富的文化内涵，还可以了解到文化生活所反映的社区关系及其文化意义。

一、社学、书塾、书院

明嘉靖元年（1522），广东提学魏校大毁“淫祠”，令府州县各立社学。“广东社学之盛自此始。”[①]明代佛山的教育组织以社学和家塾为主。清代社学废而书院兴，佛山的教育组织则以书院和书塾为主，且书塾又发展出义塾和教馆两种新形式。与此同时，各种文化团体不断涌现，使佛山教育组织呈现出多层次的发展态势。

（一）佛山镇的教育

社学是地缘性的教育组织，由官府创办。有些社学延续明清两代，例如南海县张槎弼唐永新社学，建立于明嘉靖十三年（1534），后来朽坏。康熙三十九年（1700），弼唐村父老合资重建了永新社学[②]。建筑坐西向东。硬山顶人字山墙，平脊，绿釉瓦当，滴水剪边。三开间面阔11.8米，二进深15.4米，面积182.7平方米。凹肚形头门，青砖石脚墙。光绪十六年（1890）再次重修。佛山里人吴荣光书“永新社学”石额。2006年10月公布永新社学为佛山市文物保护单位。

① 道光《南海县志》卷十一《建置略三》。

② 康熙三十九年《重建永新社学碑》。

图8-6-1　永新社学，始建于明正德十六年(1521)（佛山市博物馆提供）

在佛山镇，明代建立的诸社学在清代陆续衰败废弃。陈炎宗说："今蒙养、敦本已就荒，而忠义、报恩二社学不知创于何时，今仅有社存焉。学地竟无可考矣。"[①]而清代崇正社学也不作为子弟读书的场所，而只是作为祭祀文昌帝的中心，子弟读书皆"另僦民舍"[②]。后来大魁堂组织设立于此，崇正社学更失去了教育的功能。厚俗社学曾在康熙五年（1666）和雍正十年（1732）重修，重修后"中祀文武二帝，吴志祀典内之二帝庙，实即指此"[③]。"二帝庙"之称，足见明代佛山镇社学在清代已无教育之功能。到光绪年间，仅有镇安社学、真明社学和敦本社学（重建）存在。[④]

代之而起的是书院的发展。清代佛山镇书院建设颇引人注目，此时所建书院有：田心书院（在锦澜铺）、佛山书院（在丰宁铺）、心性书院（在突岐铺）、桂香书院（在祖庙铺）、陇西书院（在明照铺）、颍川书院（在耆老铺）、浣江书院（在祖庙铺）、辉映书院（在祖庙铺）。[⑤]书院以讲学课文为主要功能，兼具祭祀文昌等神的功能。其创办多始自民间士绅集资。其中尤以田心书院和佛山书院最为著名。

田心书院是康熙十二年（1673）由"侨民诸君陈绣卿、卢挺朝等"捐资倡建的。[⑥]乾隆七年（1742）侨寓人士又集资千余银重修田心书院，扩大堂院，当时冯登科等十三人为重修首事，用金一千有奇，所余者为春秋祀典。[⑦]田心书院建立后，原来合乡士子在崇正社学的课文便迁至此。田心书院建在

① 乾隆《佛山忠义乡志》卷七《乡学志》。
② （清）黄兴礼：《汾江义学记》，载乾隆《佛山忠义乡志》卷十《艺文志》。
③ 民国《佛山忠义乡志》卷五《教育志二》。
④ 民国《佛山忠义乡志》卷五《教育志二》。
⑤ 道光《佛山忠义乡志》卷四《乡学志》。
⑥ 《新文昌书院记》，载乾隆《佛山忠义乡志》卷十《艺文志》。
⑦ 道光《佛山忠义乡志》卷十二《金石志下》。

佛山镇边缘的桑田之间，故称田心书院。乾隆《佛山忠义乡志》卷七上《乡学志》载：田心文昌书院，“在南泉观音庙左，侨籍人士合建，地当闲旷，弥望皆平畴，近林呈青，远峰贡秀，为幽赏胜处，乡人士课文咸集于此”。田心书院的产业后在侨寓人士努力下持续增加。嘉庆四年（1799），经劳潼、吴昆同、陈维屏请两广总督吉庆拨出充公项银二千二百一十八两置产收租，为田心书院会文之费（其中四十两为佛山书院生童膏伙费）。道光十年（1830）吴荣光又请两广总督李鸿宾将没收赌博入官房产五所拨田心书院以增“会文奖赏之费”，李鸿宾总督同时捐银一千两助之。[①]当时田心书院的会文颇负盛名。嘉庆时“会者至四五百人”。其会文制度是：每绅士十数人主一会，一年则二十余会。会期童生撰文交主者。即日交者受，越宿则不受。所有文章汇送乡先达，定甲乙。魁者奖钱百余，余以次递减。当时“粤中论文者至不敢轻阅田心会文，谓此固文章薮泽，恐去取稍苟，贻笑大方”。道光九年（1829），田心书院设司事一人管理，由侨寓六家轮流稽查[②]。道光以后，田心书院则统归大魁堂管理。以后课文士子遂不分土著、侨寓均可参加。正如冼沂（举人）所云，田心书院“向为侨寓课文之地，今则土著侨寓俱不分矣”[③]。据不完全统计，到光绪年间，田心书院尝产每年至少有910银圆入息，颇为充裕。[④]

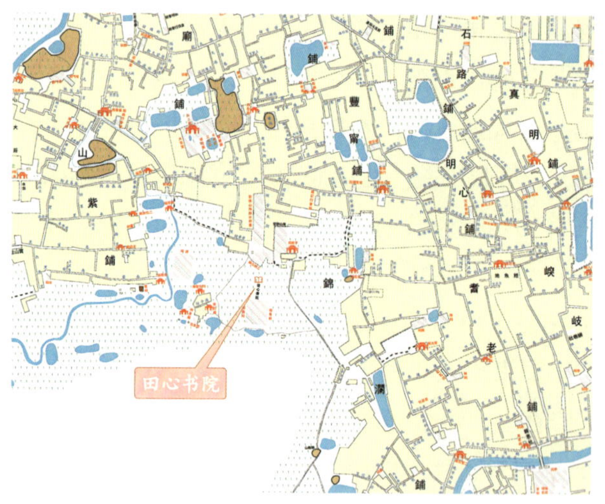

图8-6-2　田心书院。建于桑田之间，故名。根据1915年佛山古镇地图标示

佛山书院的前身原是汾江义学，设在栅下铺广德里。乾隆九年（1744）

① 道光《佛山忠义乡志》卷六《乡事志》。
② 吴荣光：《重修佛山田心书院碑记》，载道光《佛山忠义乡志》卷十二《金石志下》。
③ 道光《佛山忠义乡志》卷十一《艺文志下》。
④ 据《田心书院产业图形》铺屋入息统计，但其中还有大基铺105间屋入息数量缺页。

佛山同知黄兴礼捐俸三百金为倡，镇中绅士响应，合共捐银一千余两所建。聘请掌教者，给以修金，让镇中子弟入学就读。乾隆十一年（1746）任佛山同知的田宏祚曾有记言："（余）暇至汾江义学，与掌教及镇之绅士论文讲学。见其地深而广，瞻其宇峻而丽，讲堂后两旁学舍鳞次。而列折而之西，地可盈亩，植以花柳藏修之所。计可容数十百人。伟哉，佛镇之乡校也。"①汾江义学当时成为佛山专课童生学业之所。正如冼宝榦所言："吾乡社学书院之多嘉会，而义学又专以课生徒也。"②

嘉庆七年（1802），佛山同知杨楷迁汾江义学至丰宁铺衙旁街分府衙门左边，改名佛山书院。③嘉庆二十四年（1819），佛山同知王继嘉捐俸银五百两买地，"建照壁于前，缭以周垣，左右置二门，出入经界既正，观瞻壮焉"④。此后佛山书院延揽名师，成为清代佛山的一大教育中心。乾隆时恩科举人拣选知县赵从端主讲过佛山书院。⑤咸丰时进士（翰林院编修）潘衍鋆，在籍时也曾"主讲佛山书院"若干年。⑥主讲佛山书院之最著者为陈梅坪，"按陈梅坪先生，以名孝廉主讲佛山书院，仿阮文达学海堂校士法，提倡朴学，及门多所成就。其名者周颂声、谈泉、陈煜庠、任文灿、梁启超、梁士诒，皆先后掇巍科，各有表见"。当时佛山书院所课艺文，每月一册，"积岁成秩，足与学海堂诸集比美"。⑦可见佛山书院在有清一代造就了不少人才。

清代佛山士子集结文社之风颇盛，三五同学，十余好友，与时相聚，唱和诗文，既有益心智，又培养文风，更是推动佛山童生教育的楷模。例如康熙年间，霍隽铧还为博士弟子时，就与诸生如劳光鼎、周裕廷、梁裔熠、黄金胜、李象升、李际春、李宠问、吴简、何其昌、茹通、黎翼之、李侍问、陈廷熊、梁裔炯、梁裔焯、梁商悛、陈国章、黄金滕、梁裔焜、柯有遇、区书雄等，"结社于乡，一准顾泾阳先生东林会例"。该文社立有《同

① 《汾江义学记》，道光《佛山忠义乡志》卷十二《金石志下》。
② 民国《佛山忠义乡志》卷五《教育志二・论》。
③ 民国《佛山忠义乡志》卷五《教育志二・汾江义学》。
④ 道光《佛山忠义乡志》卷十二《金石志下》。
⑤ 《南海金鱼堂陈氏族谱》卷九上《像赞》。
⑥ 民国《佛山忠义乡志》卷十四《人物志四・文苑》。
⑦ 民国《佛山忠义乡志》卷十五《艺文志一》。

社约》，由霍隽桦撰写，其文称："社中同人，生同时，居同地，少同游，长同学；其志同，其事同，其出处语默、进退从违之迹无弗同者。于是相视于形骸之外约为性命之交，合为一谱，名曰同社。"该文社"日有课、月有期，讲习切劘，为艺林坛坫者二十余年，历试辄高等"。后来霍隽桦、黄金胜、李象升、梁裔熠、周裕廷、黎翼之皆中举，柯有遇为贡生。"一时以为得人"。[①]又如陈绍兼，"少而聪慧，器宇非凡，每为文必独标一格，恒以第一人自期。年十七补弟子员，旋赴棘闱十二，荐卷者九，终不售。尝与学正霍允兼、孝廉何天宠、文学周兰芳、何雍朝、国学梁时仰等结友联咏，皆名士也"[②]。

清代家塾仍是佛山各家族教育子弟的重要形式，大量子弟在家塾中就读。顺治初年，佛山霍氏的霍隽铧"甫入书塾"，其父即以"荥阳公童蒙训讲授而力行之。诲以事事循蹈规矩，衣服惟谨，行步出入，无得入茶坊酒肆、市井里巷之语，郑卫之音未尝一经于耳"。[③]霍隽铧后在顺治十七年（1660）中举[④]。又如顺治年间，佛山霍氏的贡生霍廷祥（曾任翰林院待诏）离休归家，"以六籍（易、诗、书、礼、乐、春秋）教子，足迹不履户外"[⑤]。

为了鼓励家族子弟读书求取功名，一些土著大家族还制订了奖励童生乃至进士的办法，如金鱼堂陈氏规定："院试卷金三两，乡试卷金六两，会试公车费十二两；谒祖花红金，游泮者二十两，拔贡二十四两，举人四十两，进士六十两，馆选鼎甲，临时酌加。俱另备烧猪馔盒，花红鼓吹。"[⑥]这些奖励，对宗族子弟的勤学上进无疑有明显的刺激作用。

清代佛山镇侨寓富商也设有家塾，并延请老师课子。出身盐商世家的吴荣光，幼时启蒙师为六伯父吴鸿运（贡生）。启蒙后长期在"西园家塾"受业于诸先生，直到二十五岁取入南海县学附生。[⑦]吴荣光后出任巡抚，卸任家

① 《南海佛山霍氏族谱》卷十《十七世祖乡进士阳春教谕春洲公家传·同社约》。
② 《南海金鱼堂陈氏族谱》卷八上《列传二》。
③ 《南海佛山霍氏族谱》卷九《十六世祖耆儒羽飏公家传》。
④ 乾隆《佛山忠义乡志》卷四《选举志》。
⑤ 《南海佛山霍氏族谱》卷十一《十六世祖拔贡生考授翰林院待诏郭若公墓志铭》。
⑥ 《南海金鱼堂陈氏族谱》卷十下《杂录·族规》。
⑦ 《吴荣光自订年谱》。

居时，不忘“设塾以训子孙”，并请其弟举人吴弥光管理。[①]另一盐业富商梁九图家中也设有家塾，如梁九图见到少年英才李文田时，“一见器之，招至家，与其子僧宝同学，后同登进士”。梁九图家中“藏书极富”，李文田多所披阅，得益匪浅，“因得肆力于四库”。[②]侨寓家族也设立了奖赏功名子弟的家规。如劳氏劳衍初在嘉庆十四年（1809）将承祖父遗业当众均分为积字号、厚字号和余字号三股。其中余字号定为公家尝业，作为书田，虽传至万代不得变卖。“日后倘有进庠，登贤书出乎其间，即许收回余字之业。管业收租，以为膏油之用。又以俟夫后之进庠，登贤书者踵相继焉。此所谓秀才田、举人田，即所谓书田也。”[③]可见侨寓家族亦颇重视子弟的教育。

作为家塾的一种派生形态，清代的佛山镇出现了“义塾”。“义塾”多为富豪而又好义之家开办，学生不收学费。本族和外族子弟均可就读。这样出身寒门的子弟便有了入学的机会。如康熙年间佛山霍氏曾有人建义塾，霍隽铧母亲说：“吾闻禹均建义塾……予窃私心向慕。愧我家寒素，无能为也。”[④]义塾的建立，使子弟出就外傅者增多。如乾隆年间，佛山霍氏霍明远兄弟在外塾就读，“旦夕自外塾归”，必到庶母床前侍候。[⑤]进士陈炎宗幼时也曾就读外塾，“年仅垂髫，甫就外傅”[⑥]。又如细巷何氏何淡水号“素封之家”，为女儿择婿，见霍其贤之子“言动异常儿，遂缔昏（婚）”，随招霍其贤子“就其家塾，喜得婿也”。[⑦]

当时佛山镇的一些家塾十分有名，吸引了一些外地童生就读。如广州人郑际泰“少随父兄习读，尝借居于佛山金鱼之颍川书院数年矣”[⑧]。郑际泰后来登进士，点翰林，官致给谏。翰林陈炎宗之女陈霞浣，“书史文词，女红刺绣，悉臻绝妙”。广东布政使康基田，“欲延教其女”，陈霞浣不就。康

① 《佛山忠义乡志》卷十四《人物志四·文苑》。
② 民国《佛山忠义乡志》卷十四《人物志一》。
③ 《同治乙酉〈劳氏族谱〉卷首碑记》。
④ 《南海佛山霍氏族谱》卷九《十六世祖耆儒羽飏公元配陈太孺人家传》。
⑤ 《南海佛山霍氏族谱》卷十一《二十世祖妣何孺人传》。
⑥ 《南海金鱼堂陈氏族谱》卷八下《行略》。
⑦ 《南海佛山霍氏族谱》卷十一《二十世祖妣何孺人传》。
⑧ 《南海金鱼堂陈氏族谱》卷一上《旧序》。

基田“后遣其女受业霞浣家，讨论文学每至漏尽”。[①]梁氏在梁园设的私塾，藏书甚富。梁蔼如、梁九图、梁九华、梁九章等均精通国学字画，常与时下俊彦竞相酬唱，形成“家学”传统。梁九图素号“人伦风鉴”，珠江三角洲大户人家以求得梁九图字画为荣。李文田自幼受教于梁九图，入梁园家塾与梁九图之子梁僧宝为同学。后两人于咸丰九年（1859）同登进士，李文田考中头甲三名（探花），官授翰林院编修、侍读学士、礼部右侍郎。梁园家塾先后培养出探花李文田、进士梁僧宝、解元梁冠澄、抗英乡绅梁应琨等名士。

嘉庆、道光年间的佛山镇，从书塾形式又发展出一种称为“教馆”的教育机构。教馆不属家族组织开办，而由教书先生自设，一应设备均由其自己操办。如南海烟桥乡何锦，号铁桥，出身教书先生世家，十五岁就童子试，名列前茅。“长承父业，乡居教读。循循善诱，多所奖进。”道光十三年（1833）徙宅佛山，移馆于其地。“一时名隽之士多出其门。”[②]

家塾（家族的）、义塾（超家族的）、教馆（专业性的）均是小规模的教育组织，一般老师仅一两人，学生不过三五人或七八人不等，所授课程是童生必学的基础课。如四书五经六艺、性理或小学、策论和诗赋。康熙后加了《圣谕广训》，是为了应县府和院试而设。学生的学期没有限制，通过了县、府、院试，自然结束；如不通过，则仍继续留在书塾就读。书塾和教馆，是佛山民间自办的基础教育机构，尽管规模较小，但它们数量很多，在清代佛山教育事业上起到了重要的作用。

上述佛山镇的各种层次的教育组织，组成了佛山镇的教育系统，为清代佛山培养出了大批功名人物，乾隆七年（1742）佛山同知黄兴礼曾说：“广郡科第之盛甲于粤中，南海科第之盛甲于广郡，佛山科第又甲于南海。”[③]清代佛山地区4县共出进士471人；[④]佛山镇共出了进士38人，举人181人，各

① 《南海金鱼堂陈氏族谱》卷八上《列传》。

② 《南海烟桥何氏家谱》卷七《家传谱·十八世铁桥公》；民国《佛山忠义乡志》卷十四《人物志一·李文田》。

③ 《明清佛山碑刻文献经济资料》，第74页。

④ 梁燕：《佛山历代状元进士谱》，广东人民出版社2020年版，第217—384页。

类仕宦459人[①]。其中的骆秉章（四川总督）、戴鸿慈（法部尚书，出洋五大臣之一）、张荫桓（户部左侍郎，驻日、美公使），曾是中国近代史上的著名人物；而陈炎宗、吴荣光、梁九图、梁僧宝、李文田等，则是岭南文化史上的重要人物。此外，在佛山就读过的梁启超（戊戌变法主要人物）、梁士诒（交通系主要人物），更是鼎鼎大名的影响近现代史的人物。由此可见，称佛山为“气标两广的人文之邦”，绝非虚言。

（二）各县的教育

清代，在南海县、顺德县、高明县和三水县县治均建有学宫，学生入学考试和就读有学籍管理。与此同时，各县的书院建设方兴未艾。史称：

> 按粤东书院，自雍正十一年奉旨发帑于省会书院以资生童膏火，乾隆四十年因陕抚条奏，谕各府州县书院访学行兼优者主讲席，自是以后书院人才遂与学校并美。凡县城必设有书院，而义学则设于诸乡，视其地之人文而分其教育。[②]

1. 南海县

在南海县乡村，“雍正元年，礼部议准：州县设学多在城市，乡民居住辽远不能到学。照顺治九年例，州县于大乡钜堡各置社学，择生员学优行端者补充社师，免其差役，量给廪饩。凡近乡子弟年十二以上二十以内，有志学文者，俱令入学肄业。仍造名册，于学臣按临之日申报查考”[③]。

南海县是广东大邑，教育事业发展充分，清代南海县书院林立，社学四布。除县治所在广州建有著名的西湖书院、粤秀书院、羊城书院、学海堂、文澜阁、文澜书院、清濠公所等书院外，上述佛山镇也建有田心书院、佛山书院等若干知名书院。而在南海县乡村，则建有：儒林乡书院、文澜书院、桐乡书院、显乡书院、敦根书院、桂香书院、石江书院、水南书院、河清书院、璜玑书院、烟桥书院、观澜书院、同善书院、竹庐书院、崇正书院、鳌

---

① 民国《佛山忠义乡志》卷十三《选举志二》。

② 咸丰《顺德县志》卷五《建置略二·书院》。

③ 道光《南海县志》卷十一《建置略三》。

峰书院、云鹏书院、宝善书院、人和书院、植桂书院、溪山书院、青云书院、南安书院、秀水书院、作人书院（秀水村）、崇文书院、作人书院（芙蓉南村）、兆鳌书院、富溪书院、仙槎书院、登俊书院、唐溪书院、太平书院、云溪书院、豫章书院、金瓯书院、端州书院、贺丰书院、石头书院、颍川书院、叠滘书院、慵庄书院、清溪书院、莲峰书院、庐江书院。[①]

南海县的书院有诸乡合建者，如石湾莲峰书院在莲子冈丰宁寺侧，为康熙五十七年（1718）南海知县宋玮召集大江、大富、魁冈、深村、榕洲、张槎、土炉七堡士绅捐资修建，作为七堡内五十四村子弟的科举教育的场所。莲峰书院拥有自己的产业，除店铺、田产收入，丰宁寺的收入亦归莲峰书院。是至今规模较大、保存完好的古代书院建筑。又如镇涌乡的观澜书院，则由南村、石龙、镇涌三乡捐建。

南海县的书院也有士绅捐建者，如深村堡石头乡石头书院，由霍韬建，治学田五十亩。前堂启蒙童子，后堂乡族十八岁以上者听讲程朱理学；又如登俊堡沙边南茅洲乡的登俊书院，雍正九年（1731）建，嘉庆二十三年（1818）里人陈玑倡议“筹置学田二顷零，为文课小试宾兴公车经费”。再如三湖书院，在西樵山白云洞中。清乾隆五十四年（1789）金瓯堡名士岑怀瑾等创建，道光二十年（1840）重修。书院硬山顶，两进祠堂式。三湖书院每年授课9个月，每月考课3次。初五为官课期，十五、二十五为馆课期。官课奖金由县令捐廉，馆课奖金由书院经费支付。书院创建当年共得银6000余两，发商生息，年息作为山长修脯、学长酬金、馆课奖赏以及各种杂费

图8-6-3　石湾莲峰书院旧址（佛山市规划城建档案馆提供）

① 道光《南海县志》卷十一《建置略三·书院》。

之用。

图8-6-4　柏禧书舍。位于南庄紫洞墟大街，清代建筑（佛山市博物馆提供）

清代前期，据省志记载：南海县有社学“百有二十”，到道光十五年（1835）社学增至135所，“为岭海之冠”。[①]

至于家塾，南海县所在多有。世家大族建有书塾自不待言，而中等之家在子女教育上也未遑多让。如位于南庄紫洞的柏禧书舍，是清代至民国本地叶姓居民私塾。柏禧书舍坐东北向西南，硬山顶人字山墙，碌灰筒瓦，青砖木架构，三间二进，面宽9.67米，进深17米，面积165平方米。正门开在东侧山墙，石额“柏禧书舍”有“同治庚寅冬重修”款，头进与二进以天井相隔，朝向相对。天井两侧为廊，前廊与后廊均有门通屋外。民国时期曾任南海中学第一任校长的叶惠许，曾在此书舍就读。

2. 顺德县

清代顺德县书院有：凤山书院、丽泽书舍、梯云书院、金峰书院、萃文书院、容山书院、金坡书院、鹤峰书院、余山书院、鳌峰书院、星槎书院、观澜书院、文江书院、儒林书院、葛堡书院、鉴旁书院、云津书院；还有西淋义学、化成义学、卓社义学。[②]

清代顺德书院均由主政的官员和乡绅捐建，或由诸堡公建。如凤山书院，明代知县吴廷举始建，康熙二十三年（1684）知县姚肃规奉巡抚李士桢檄，捐修创建书舍内堂。乾隆二十三年（1758）知县高坤捐俸复建。嘉庆十七年（1812）知县周祚熙重修，咸丰元年（1851）署县郭汝诚倡同绅士罗家政等，重修建监院斋1所，修复学舍28间，还重新修了头门。梯云书院，乾隆十四年（1749）知县陈志仪捐建。金坡书院，在马冈，道光十八年（1838）乡绅倡建。又如鹤峰书院，在上村，道光二十二年（1842）云步、

① 道光《南海县志》卷十一《建置略三·社学》。

② 咸丰《顺德县志》卷五《建置略二·书院》。

白藤、福岸、鼎新、江尾等堡公建。[1]

除上述公共书院外，顺德县还有各大宗族自设的家塾，亦称书院。据《顺德县志》记载：

> 本邑诸乡堡教士之地，或称书院，或称义学，名虽分而实则一。其见诸案牍碑记与志乘可考者依次排载。其有大宗名族自设家塾，亦称书院者，如采册所载龙涌陈氏之北池书院，梁氏之东梁义学，甘村甘氏之渤海书院，霞石何氏之霞石义学，豸浦之萃涣书塾，菱溪之德星书屋，名目不一，皆集备公费，立有课程。但究属一家之私附，存其目以示奖劝可矣。所有前有今废之在各乡堡者，别入古迹社学义学，并同此例。[2]

社学的课程多为识字课本、蒙学伦理等，吸收本乡子弟入学。但与书院、义学的发展不同，清代顺德县的社学逐渐走向下坡，“社学，前明自县治三门迄诸村堡皆有之”。据县志记载：清代前期顺德县还有社学74所。[3]但到了咸丰三年（1853），据采访册统计，仅存19所，包括位于杏坛北水、建于道光二十三年（1843）的北水社学。[4]

图8-6-5　梯云书院（顺德区博物馆提供）

图8-6-6　北水社学（顺德区博物馆提供）

① 咸丰《顺德县志》卷五《建置略二·书院》。
② 咸丰《顺德县志》卷五《建置略二·书院》。
③ 道光《南海县志》卷十一《建置略三·社学》。
④ 咸丰《顺德县志》卷五《建置略二·社学》。

3. 高明县

高明县在明成化十二年（1476）始置县设学，知府李璲创建学宫。嘉靖七年（1528）知县陈坡建社学42所。到嘉靖三十七年（1558）时，不少社学日久失修，知县徐纯申请院司道府批准重建。到清代前期，高明社学的数量在减少，但高明县在修省志时仍报告有社学41所。[①]到光绪二十年（1894），社学数更少，仍报有社学42所。为的是等待机会复建。诚如《高明县志》作者说："今虽存者少，照旧列之，以俟兴复。"[②]清代高明县书院有：玉山书舍、沙水书舍、凌云社学、兴贤社学、明伦社学、凌云书院、莲溪书院、会文书舍、文昌书院、鳌云书院、崇文书院、善善社学、文澜书院、文元书院、清和书院、丛秀书室、东洲书院、秀丽书院。其中玉山书舍为乾隆四十二年（1777）"阖邑捐资建造，以为邑中士子读书课文之所"；兴贤社学为"三台、新城、迭平、九龙、展旗、瑞州、石筍等乡建"；崇文书院为"歌乐、独冈、陀柳、新村、大朗、水尾、梧桐、新田、金城九乡同建"；又如东洲书院，为光绪十六年（1890）阖邑签助入牌位800余尊，得银1万余元，告成于光绪十七年（1891）六月。[③]可见高明县乡民对书院教育的投入，总是以共同捐建、多方分担的方式实现。

4. 三水县

清代三水县建有凤冈书院、正学书院、三水义学、汪公书院、郑公书院。其中凤冈书院为明崇祯元年（1628）由知县蒋猷奇营建；正学书院则为清康熙五十四年（1715）知县郑玟捐奉100两鼎建，全县文武官员合捐300余两银建成。清代三水县共有社学23所，分布在全县境内各乡。[④]

综上所述，清代佛山的教育水准，以佛山镇、南海县、顺德县较为发达，适龄学童受教育的机会也多，南海县的武状元姚大宁、探花李文田和顺德县的状元梁耀枢就是其中的佼佼者。而高明县、三水县则处于教育资源发展不够充分的状况。

---

① 道光《南海县志》卷十一《建置略三·社学》。

② 光绪《高明县志》卷七《学校》。

③ 光绪《高明县志》卷七《学校》。

④ 嘉庆《三水县志》卷五《学校》。

二、文武状元与探花郎

（一）武状元姚大宁

清代武科考试，分两级。先考乡试（省试），中者为武举人；然后进京考会试，由兵部主考。考试科目有马射、步射、球射。马射二回六矢，中三为合；步射九矢，中五为合。之后比拼力气，包括拉硬功、舞刀、举石。弓分为八、十、十二力；刀的重量分为八十、一百、一百二十斤；举石重量分为二百、二百五十、三百斤。以上均合格，才能参加笔试，默写武经。

南海县和顺文教乡人姚大宁（1772—1807），自幼习儒，然考秀才不第，遂弃文习武。仅仅数年，姚大宁武艺精进，身手不凡，考取武举。嘉庆四年（1799），姚大宁进京参加会试，马射、步射、开弓、舞刀、掇石等都名列前茅；笔试《武经》时，他以遒劲书法写出“慎固封守者，先事之防；教宁武功者，保邦之大。……惟愿治益求治，安益求安，舞干羽于两阶，垂休嘉于奕祺，永怀士德，时叙九功”的对策，文理通畅，寓意深远；会试一甲第一名。[①]嘉庆帝召其殿试，姚大宁九矢全中，被赐己未科武状元。并赐头等侍卫服和黄金铠甲。姚大宁衣锦还乡，乡里称颂。[②]

图8-6-7　姚大宁御赐状元袍（南海区博物馆藏）

（二）状元梁耀枢

梁耀枢是清代佛山唯一的一位文状元，以“金玉君子”而名闻当时和

① 曾绍胜等编著：《广东武术史》，内部资料，1989年，第33页。

② 张雪莲编著：《佛山武术史略》，广东人民出版社2017年版，第15—16页。

后世。

梁耀枢是顺德县杏坛光华村人，生于道光十二年（1832）。自幼聪明伶俐，举一反三，少年时父母相继去世，在堂兄梁介眉的帮助下得以入学读书。梁耀枢长成后一表人才，“气体岸异，眉目长秀”。早年他求学于勒流名儒廖亮祖，后来梁家三兄弟一起拜南海九江朱次琦为师，攻读经史。大有长进。梁耀枢为文气势磅礴，偶作一楹帖，亦常有“登阁台”“挽乾坤”等词语。同治元年（1862），梁耀枢30岁中举人。同治十年（1871），梁耀枢39岁登进士，殿试一甲第一名，中状元。成为清代广东“自番禺庄有恭、高州林召棠大魁后”鼎足而三的状元。中状元后的梁耀枢有一次遇到堂兄梁介眉身体不适，马上将一根长白山人参拿来给他作药，衣不解带地亲奉汤药，梁耀枢的深醇情义赢得乡里称颂。

梁耀枢以状元入翰林院，担任编修，曾出任湖南乡试考官和湖北学政。此后，他入值南书房任日讲起居注官，历任翰林院侍讲学士、会试同考官、提督山东学正，再提升为詹事府詹事。梁耀枢从政17年，大多担任科举考试官员，目睹了科场弊端。他曾对整肃科举考试制度提出了6条具体建议，都被清政府采纳。其中上奏叶大焯惠州科举舞弊案的奏章，成为广东考生传诵一时的名文，赢得极高声望。中法战争时，梁耀枢力荐冯子材、刘亮元、张曜等将领，取得谅山大捷。朝廷诸官“咸服其知人”。张之洞任两广总督期间，西江、北江发大水，灾情非常严重。当地官员企图掩过饰非，深知内情的梁耀枢愤然挺身而出，奏请中央政府尽快解决这一难题，并对张之洞的赈灾不力提出严厉批评。[①]

当年梁耀枢大魁天下回家乡时，光华村组织了180人表演人龙舞，迎接他荣归故里。自此以后，人龙舞世代相传，成为融合舞蹈和武术的稀有表演节目。

梁耀枢三兄弟都在朱次琦先生门下攻读，其四哥梁耀藜、小弟梁耀宸也高中举人。朱次琦还将爱女仲姬许配给梁耀宸，这位朱家小姐作为进士女儿、状元弟妇、举人夫人，一直生活在顺德县杏坛光华村，杏坛梁氏自然就与九江朱氏多有往来。

梁耀枢为官谨敏，深得慈禧太后的赏识。慈禧太后曾当着众多翰林学士

---

① 民国《顺德县志》卷二十《列传五》。

面称赞他：“梁耀枢，金玉君子也。”于是京城士子群称其为“梁金玉”。梁耀枢50岁生日时，太后特意送来寿屏，上有：“及第芙蓉，冠众香国。校书天禄，为清平官。”颇得同僚称羡。

梁耀枢书法俊美，能于粒米作蚊脚小字，兼通王（羲之）赵（孟頫）笔意，腕力圜妙，至今仍深受人们喜爱。在北京故宫的储秀宫、太和殿、翊坤宫，如今仍可看到梁耀枢题写的《万寿无疆赋》。这十二幅墙饰，内容都不一样，可能是慈禧太后生日时恭献的礼品。另外，在储秀宫内，还有题匾两幅，分别是“道志和声”“观象通乾”。字体娴雅端庄，一如其人。

光绪十四年（1888）十一月初一（12月3日），梁耀枢病逝于山东官邸，终年56岁。

图8-6-8　梁耀枢“钦点状元及第”匾（复制品）（顺德区博物馆提供）

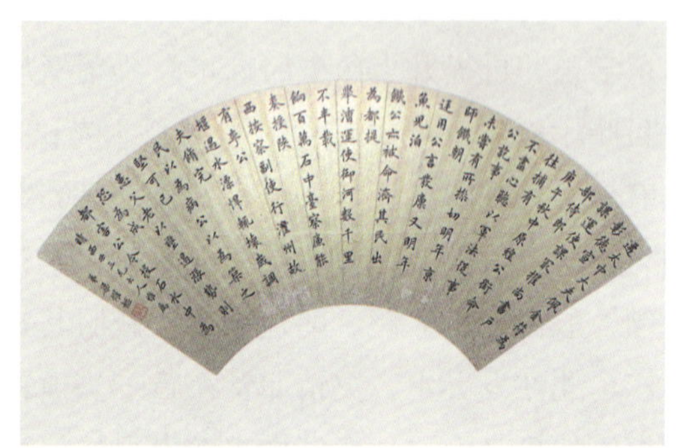

图8-6-9　梁耀枢书法扇面（佛山市博物馆藏）

（三）探花李文田

李文田，字若农，顺德县均安上村人，生于道光十四年（1834）。父亲李吉和，“懋迁佛山”。李文田幼年跟随父亲到佛山，居住于田心里良巷。李文田自幼“夙禀异质”，受业于何铁桥先生。14岁丧父，李文田欲弃读营生。何铁桥先生说：“子天才英绝，必能早致青云，贫者士之常，奈何以暂困辍学？”何铁桥先生极力挽留李文田，并慨然相助资费。

岭南名士梁九图之子梁僧宝也就学于何铁桥先生，梁九图得知李文田英才可造，“一见器之，招至家与其子僧宝同学”。梁九图家塾藏书极富，李文田“因得肆力于四库，凡名臣奏议、国计得失、民生利弊，靡不悉心研究，毕生学业亦基于此”，学业大进。18岁应县试，受到邑令郭汝诚的赏识，拔擢第一。郭汝诚见他家境清贫，让他住进县衙读书。咸丰六年（1856）应乡试，得中第十九名举人。咸丰九年（1859）会试，李文田与梁僧宝同登进士，李文田殿试中一甲第三名探花。

李文田历任翰林院编修、各省乡试主考官、学政、会试副总裁、翰林院侍读学士、国史馆纂修、内阁学士、礼部右侍郎、工部右侍郎等职，入值南书房。

李文田为官尽忠勤勉，敢于直谏。同治十三年（1874），慈禧太后不顾国库空虚，拟重修被英法联军焚毁的圆明园。当时，不少官员上疏力阻，才没有动工，而其中诤言最力者为李文田。不久，李文田又弹劾皇亲、大学士叶赫那拉·瑞麟贪污舞弊，为朝野人士所瞩目。同年六月，获准南归奉养母亲，光绪八年（1882）父亲亡故，李文田在家守孝3年。在家乡期间，李文田热心参与社会公益，在顺德县主管惠济义仓，并担任凤山、应元两书院的主讲。受广东总督刘坤一委托，主持修筑清远石角围、三水大路围水利工程。又促成修建三水莘田围，当地人将莘田围称为“莘田探花围”。

光绪二十年（1894），日军攻陷朝鲜，进逼我国辽东腹地，清军节节败退，李文田上疏指责主持国政的礼亲王世铎，吁请起用恭亲王奕䜣。慈禧太后60寿辰时，李文田上疏吁告国难当头，时局艰危，庆典不宜铺张靡费。他上疏指责内阁大臣李鸿章裁撤湘军，排斥异己，专用自己一手经营的淮军的做法。当有人为他担心时，他说：“国家多事之秋，只顾保全一己身家性命，焉配为人臣？”其凛然正气可见一斑。

李文田学问渊博，凡经史子集，博采兼收；公务之余，勤于治学，著述颇丰，所作《四库提要进书表注》，皆能沾溉词林；注区适子《三字经》，亦较蜀本王注为精；所为诗古文词，上追汉魏。金石书画鉴别亦精。他平生不置田产，俸银几乎都用于搜购收藏宋元明刻善本古籍及金石碑板拓本。所藏拓本中最珍贵的有秦《泰山刻石》宋拓本和汉《西岳华山庙碑》宋拓本，故他把在广州所筑之楼名曰“泰华楼”。晚清广东著名学者陈澧为泰华楼篆额，并题记云：“东泰西华，秦篆汉隶，如此至宝，是谓稀世。”

李文田是岭南一代书法名家，书法融会诸帖，自成一家。其书法，运碑入帖，笔力酣畅饱满，意态雍容厚重，功力颇深。李文田篆隶楷诸体皆能。其篆书，笔致温厚蕴藉；隶书则以楷法及碑法书写，挺拔有力，富于变化。

而在篆隶楷诸体中，李文田最擅长的还是行楷。所作行楷，工稳平和，笔画圆实，浑厚华滋，尽显魏晋隋唐的风流气骨。[①]至今粤闽两省李文田题额的建筑所在多有。

光绪二十一年（1895），李文田感染风寒，一病不起，逝世于北京官邸，终年62岁。李文田卒后20年，朝廷谥号“文诚”。粤人奉祀于岭学祠。挚友翁同龢书挽联：“积感填膺，斯人竟以衡文老；遗书满箧，余事犹堪艺术传。”对李文田的人品和学术都给予高度评价。[②]

图8-6-10　李文田（顺德区博物馆提供）

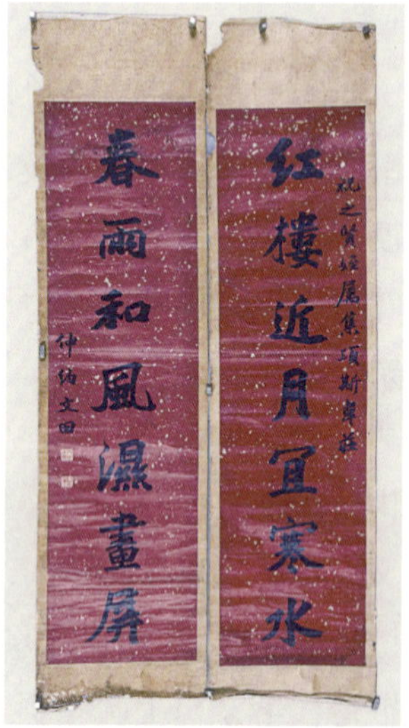

图8-6-11　李文田行书七言联（佛山市博物馆藏）

三、喜庆活动与社区关系

佛山镇是清代珠江三角洲地区喜庆活动最频繁也最典型的地区之一。其喜庆活动形式多样，起源甚早。沿袭日久，影响亦大。陈炎宗在乾隆《佛山忠义乡志》卷六《乡俗志》中，详细地记叙了佛山一年之中的各种喜庆活动。现列表如下：

---

① 《佛山历史人物录》第二卷，第208—211页。

② 民国《佛山忠义乡志（校注本）》卷十四《人物志》，第582—591页；《佛山历史人物录》第二卷，第86—88页。

表8-6-1　清代乾隆年间佛山喜庆活动年表

日期	节目	情形
元旦	烧爆竹	比他处为盛，自除夕黄昏轰阗达旦
正月初六	北帝出游	观者竞以手引舆杠，谓可获吉利。至填塞不得行
正月十五日	开灯宴	普君墟为灯市，自元旦始他乡皆来买灯，通济桥边，胜门溪畔，弥望率灯客
三月初三	北帝诞	各坊结彩演剧，曰重三会。鼓吹数十部，喧腾十余里，北帝昼夜游历
三月二十三日	天妃诞	演剧饮宴，次于事北帝
四月初八	浴佛节	分送沸汤，信佛者饮之，喜捐钱来答之
四月十七日	金花诞	祈子者率为金花会报赛，亦颇繁盛
五月初五	端午节	饮雄黄酒，观龙舟，乘舫出游者独多于他乡
五月初八	龙母诞	男女祷祀无虚日
五月十三日	武帝诞	乡人士结会供祀事者，曰武帝案
夏至	餐荔	家家餍饫，互相赠送
六月初六	普君诞	凡列肆于普君墟者以次率钱演剧，几一月乃毕
六月十九日	观音诞	妇女竞为观音会，三五家或十余家结队醵金以素馨花为灯
七月初七	乞巧	与各乡同
七月十五日	结同心	闺中妇女以彩丝结同心，互相馈赠，曰结缘。婢仆络绎于道
八月十五日	出秋色	灵应祠前、纪纲里口，行者如海，立者如山，柚灯纱笼沿途交映，直至三鼓乃罢
九月二十八日	华光诞	伶人百余，彩童数架，金鼓震动，艳丽照人，以汾流大街之肆为领袖
十月晚	秋获毕	自是月至腊尽，乡人各演剧酬北帝，万福台中日日歌舞
十二月小除	团年	以金橘、糖豆为献。越日招亲串饮。乡多年货，四方来购，喧闹为广郡最

从上表所见佛山的喜庆活动，一是与祭祀相联系，多在神诞之日举行，如北帝诞、天妃诞、金花诞、龙母诞、普君诞、观音诞、华光诞等。二是与中国传统的节日相联系，如元旦的烧爆竹、正月十五日的开灯宴、五月初五的端午节、夏至的餐荔、七月初七的乞巧、八月十五日的出秋色、十二月小除的团年。佛山的喜庆活动多姿多彩，节目丰富。

明代的佛山秋色原为纪念抗击黄萧养胜利的活动，清代以后，随着佛山城市手工业区、商业区和混合区三大区划的形成，出秋色活动也由单纯的民间纪念性活动演变为各铺竞争高下的民间盛会。乾隆年间陈炎宗对当时的出秋色盛会有这样的记载：

> 会城喜春宵，吾乡喜秋宵。醉芋酒而清风生，盼嫦娥而逸兴发，于是征声选色，角胜争奇。被妙童以霓裳，肖仙子于桂苑，或载以采架，或步而徐行，铛鼓轻敲，丝竹按节，此其最韵者矣。至若健汉尚威，唐军宋将，儿童博趣，纸马火龙，状屠沽之杂陈，挽莲舟以入画，种种戏技，无虑数十队，亦堪娱耳目也。灵应祠前、纪纲里口，行者如海，立者如山。柚灯纱笼，沿途交映，直尽三鼓乃罢。[①]

陈炎宗在这里展现的场景，使我们对出秋色有一个比较清楚的认识：出秋色的动机是“角胜争奇”，那么如何制胜呢？这就要“征声选色”，以假乱真，如“被妙童”“肖仙子”“唐军宋将”“纸马火龙”等，就是为了乱真。队伍中还要有八番班子“铛鼓轻敲、丝竹按节”，又要有优伶戏子“挽莲舟以入画”，以壮声势。此外还需灯色增辉，“柚灯纱笼，沿途交映”，“种种戏技无虑数十队”。以假乱真是秋色的基本要求，仿真越像越为上品。这是与抗击黄萧养时的“以示暇豫”一脉相承的。试想当年若不是假扮的武夫马匹和大炮酷似，黄萧养是不会踌躇不前的。

清代佛山秋色发展为包括七大色类的游行盛会，各色有严格区分。它们是车色、马色、地色、水色、飘色、灯色和景色。

车色是指用薄纱和竹篾扎成的立方形中空花车，四周饰以通花图画，

---

① 乾隆《佛山忠义乡志》卷六《乡事志》。

内有一男扮女装“少女”（俗称色心或车心），貌似盘膝而坐，实则藏脚而行，俗谓之“观音头，扫把脚”。花车由四人挽之而行。金碧辉煌，富丽夺目。花车是秋色中的主要内容，多少不限，习惯上以花车多少来衡量秋色赛会的盛况。道光年间佛山人陈昌坪有诗赞叹车色云：“姗姗月底耍儿郎，抹粉涂脂惹客狂。都道色心强似女，如何私借妾衣裳。”[①]

马色指坐在马上而行的男扮女装的“少女”。

地色指人们化装扮演的古代戏剧、民间故事人物，亦包括大头佛。

水色指扎作的龙船、画舫、采莲船等，荡舟人均是男扮女装。

飘色专指用木板扛着穿着铁条高悬的男扮女装的小童，高跷表演亦属飘色。

灯色指用纱、纸、通草等物扎作的花灯，美观剔透、种类繁多。

景色包括舞龙、舞狮、大头佛、台面（仿制陶瓷、器皿、花卉等）、担头（仿制瓜果、食物等艺术品）、锣鼓柜、十番、号灯、飞报马、旗帜、武器等。[②]

上述诸色只是一个大类的区分，每色中又有若干组内容，每组内容都用字牌标出，如“吕蒙正祭祖”“佛引狮子”等，以便观者一目了然。出秋色，是由各铺组织的，并不是合镇统一组织，大魁堂和义仓的开支中从无“秋色”一项。乾隆年间佛山秋色就在不同的铺区内游行。如上述的陈炎宗描述的是在“灵应祠前、纪纲里口”（即祖庙铺至纪纲铺）的一次秋色游行。而乾隆年间的孙锡慧也有诗描写秋色云：“玉

图8-6-12　民国年间佛山秋色十番巡游

① 道光《佛山忠义乡志》卷十一《艺文志下》。

② 参阅区瑞芝：《佛山秋色简介》，内部资料，出版时间不详，第9—11页；汤洪：《佛山秋色》，载《佛山文史资料》第三辑。

蟾流彩照长空，韵事清宵选妙童。仿佛羽衣天半落，锦澜西畔塔坡东。”[①]可知孙锡慧所见这次秋色是在锦澜铺和社亭铺之间举行。

图8-6-13　二十世纪佛山秋色巡游

举办出秋色，可由一铺单独主办，亦可由二三铺合办。发起举办之铺，称为“事头”，协办之铺称为“助兴”。此外还有不少秋色艺人以个人名义参加献艺游行，其一切费用和担抬自理。

秋色赛会的经费来源是本铺居民、商店乐助。居民因本铺举办秋色而感自豪，都愿乐助。而商店尤其是绸布、百货、旅业、饮食业等行店，因秋色举办所需尤多，市况格外走俏而有利可图，更能大笔捐助。柴栏向来不吝捐助（因秋色游行需用火把）。而当押业、赌馆、妓馆和各庙宇，更是捐助的主力。正如陈炎宗所云：“凡迎神赛祷类皆商贾之为，或市里之饶者耳，纠铢黍以成庆会，未足云损。而肩贩杂肆借此为生计则食神惠者，不知其几矣。”[②]

筹备工作做好后，“事头”铺要在公所门口贴一长红，请人用骈体文写一公告，表明主办秋色的宗旨，还要在镇内各处张贴用十六开大红纸和乳金印成的海报（俗称金标），海报内容除倡办铺名和赛会日期外，大多印有关于秋色的诗句。“助兴”铺要用长红写明助兴内容，如有舞狮、舞龙则写明“狮子随行”或“金龙随行”。佛山各铺均有武馆，武馆多设有“狮会”，将武功的身形步法揉入舞狮技法中，舞时依照鼓点，疾徐有节，栩栩如生。秋色游行中加入舞狮队，舞龙队，一来壮大声势，二来显示本铺武力，三来维持游行秩序。故而舞狮队向例押尾而行。同行武馆中人也要沿途把守。

游行路线主要在本铺各街道及助兴之铺范围内进行，游行的顺序向有例规。号灯和火把（俗称松光）先行，一般有三支号灯和十把火把，火光熊熊，行人避易。接着是大灯笼，马务（即吹行，因奏“马务”曲调，故

① 乾隆《佛山忠义乡志》卷十一《艺文志·诗》。
② 乾隆《佛山忠义乡志》卷六《乡俗志》。

名）、头牌、飞报马、高灯、波牌、引彩。以后便是车色、景色、马色、水色、地色、锣鼓柜、十番、龙、狮等。

秋色队伍所经街道各铺店则事先预制绣旗、锦标、银牌，以备赏赐自己所看好的色仔、优伶、音乐手、艺人或龙狮队伍。[①]每一次的出秋色活动，所经之处均万头攒动，锣鼓腾喧，直至深夜方止。

出秋色是一种广泛性的群众自我表现的活动。各种层次的人物均可参与这一活动，并充分表现自己，商人一掷千金的豪爽，工匠精制色物的神工，文人佳联雅句的巧思，戏伶乐人的精彩表演，武术行家的龙狮舞技，都可以在这一活动中一展身手。而沿街站立手持锦标等物的观众（男女老少），也以不同的眼光表现着自己的评判力。享受参与权，这是佛山镇人实现自我价值的需要，也是许多人甘愿自费自理加入游行队伍的原因。出秋色活动与祭祀活动的不同之处乃在于此。祭祀活动是娱神的活动，神是主要的，人是次要的。尤其是人在祭祀仪式中被分成不同的等级，绅衿、耆老享有优越地位，他们与神同行，与神同娱，是活动的主角。而一般小民则被拒之于中心圈之外。但在秋色活动中，无绅庶之分，无老少之别，庶民和少年在游行中成为主角，他们用自己的作品和扮演的角色，向镇民展现了自己的丰富想象力和无限创造力，并在镇民的赞赏声中和锦标赏赐之下，得到很大满足。同时，在这一活动中，他们还尽情地释放了平时受压抑的情绪。我们知道，清末佛山秋色作品中有“张飞怒鞭督邮”“三狮争钱”和“笃虎黑心肠”等作品。“三狮”暗谕布政使司、按察使司和提学使司，“笃虎”与督府同音，借以讽刺清代官府争权夺利，课敛无度。显然，这是工商业者的所为。他们借出秋色之机，表示了自己对广东官府的愤恨情绪。在群众的讪笑喝彩声中，工商业者找到了共鸣者，从而获得一种宣泄的满足。由此可见，出秋色活动是各阶层人士充分表现自己的集体活动，在这一活动中，所有人的表现都得到认同，人们都享受着获得自我价值实现的愉悦和满足。由此整个铺区的关系就融洽起来了。这是出秋色活动所蕴含的基本文化意义。

出秋色活动也强化了人们对“铺”的认同意识，增强了人们的集体情绪。人类学家早已证明，人们为某一地区所吸引并在该地区占据一段时间后，就会将他们以及他们的劳动成果都收容进永恒的建筑（如祠堂、庙宇、

① 参阅汤洪：《佛山秋色》，载《佛山文史资料》选辑三；《佛山秋色简介》。

街区、仓库）之中，并在感情上依托于这一特定的地方。最初仅由其生存空间联系在一起的人，最终形成了一个居住群体。在佛山，铺就是佛山社区中的一个个居住群体，是大社区中的小社区。但各铺的职业分布各有特点，这又造成了铺与铺之间的差别。如贫民手工业者集中的铺，文化水平低；而商贾和富家集中的铺，文化水平高、生活水平也有差别。这样，贫富铺区之间的对立情绪往往也会在出秋色中反映出来，并得到夸大和强化，从而折射出佛山镇内各铺之间的社区关系。

出秋色还是各铺显示实力、较量高低的活动。富裕的铺区，借此机会展示自己的财富、文化水平和高雅上乘之作，以期博得合镇居民的再次赞叹和首肯；贫穷的铺区，借此机会展示自己的能工巧思，表示自己对富人的蔑视，同时也借以表达自己对将来翻身寄托的愿望。

综上所述，秋色赛会造就了一种在竞争中实现自我的环境。无论对于铺中之人还是对于铺的整体，都是如此。对铺中之人，可以通过会景展示自己的产品，与同铺之人一较高下，赢得锦标。而对于铺的整体，可以通过会景展示自己的综合实力，赢得在佛山大社区中的地位。换言之，出秋色活动满足了各阶层人民价值的自我实现的需要，也满足了各铺区地位和价值的再度肯定的需要。佛山秋色之所以至今不替，不能不说与此有极大关系。

八月十五日既是出秋色的日子，也是谕祭灵应祠的秋祭之日，两者在同一日举行，联系佛山演戏酬神的传统来考虑，两者必有关联。在乾隆《佛山忠义乡志》卷六《乡俗志》对秋色的描述中，有“灵应祠前，纪纲里口，行者如海，立者如山”的记载。这说明秋色游行是在灵应祠前到纪纲里口路段举行，选择这样的路段，本身就包含着首先给北帝神看秋色的意愿。佛山周围地区的类似活动，如沙湾飘色、胥江祖庙北帝诞出色、崖口飘色、阳西游色等都与娱神有关，尤其是沙湾飘色，直接与北帝巡游有关。[①]而三水芦苞的胥江祖庙每逢北帝巡游，必须请佛山色队前来助阵。这实际是传承了佛山秋色娱神的传统，此习俗延续到民国年间。[②]在秋色艺术品评比的“晒标”习俗

① 刘志文：《广东民俗大观》（下），广东旅游出版社1993年版，第297页。

② 罗一星：《明以后三水芦苞社会的变迁》，英文版Luo Yixing: Territorial Community at the Town of Lubao, Sanshui County, from the Ming Dynasty, 刊载于David Faure & Helen F.Siu. *Down to Earth*, Stanford, 1995。

中，“晒标”的地点通常设在祖庙附近，这很显然具有与神共享的意思。综上所述，出秋色活动确与娱神有关，同时也有对佛山保卫战中二十二老使用“秋景”取得奇效的纪念意义。

每年元旦至正月十五日的灯市，是每年吸引成千上万居民的重要节目。乾隆时人孙锡慧有诗云：“烛花火萼缀琼枝，一派笙歌彻夜迟。通济桥边灯市好，年年欢赏起头时。”[①]对于当时灯市上的各种灯色，陈炎宗有如下记载：

> 普君墟为灯市。灯之名状不一，其最多者曰茶灯，以极白纸为之，剔镂玲珑，光泄于外，生子者以酬各庙及社，兼献茶素，因名茶灯。曰树灯，伐树之枝稠而杪平者为灯干，缀通花于枝头，多至百余朵。燃之如绛树琼萼。曰八角灯，中作大莲花，下缀花篮，八面环以璎珞。曰鱼灯，曰虾灯，曰蟾蜍灯，曰番瓜灯，则象形为者。曰摺灯，可摺而藏者。曰伞灯，可持而行者。自元旦为始，他乡皆来买灯。挈灯者鱼贯于道，通济桥边，胜门溪畔，弥望率灯客矣。[②]

从正月开始，四乡到佛山买灯者鱼贯于道，人人持灯而行，“通济桥边，胜门溪畔，弥望率灯客”，可见佛山灯市之繁盛，灯品之多样。通济桥灯市看灯和挈灯者鱼贯于道的传统，后来演变成为今天数十万人的“行通济”习俗。

此外，每年五月初五的端午节，“饮雄黄酒，观龙舟……而乘舫出游者独多于他处”；七月十五日的结同心，“闺中妇女以采丝结同心缕，缕菱藕为花鸟形，辅以龙眼、青榄，互相馈遗，曰结缘，婢仆络绎于道”。[③]这些佛山独特的喜庆活动，从各个方面吸引着佛山居民，使清代的佛山形成了各种各样的娱乐团体，如上述的“结同心”，不但大家闺秀竞相参加，连“婢仆”也“络绎于道”。这说明随着佛山都市化过程的发展，与劳动分工相联系的，是社会分化为一些阶级和各种文化娱乐团体。社会的成员会在这众多

① 乾隆《佛山忠义乡志》卷十一《艺文志·诗》。

② 乾隆《佛山忠义乡志》卷六《乡俗志》。

③ 乾隆《佛山忠义乡志》卷六《乡俗志》。

的团体中选择性加入，从这些团体各种各样的娱乐方式中，找到适合自己的社会环境。

既有出秋色这样的适合于所有人的喜庆活动的大环境，又有如灯会、结同心这样的适合于个别团体的小环境，表明了清代佛山社会呈现出风俗文化多样性发展的历史趋势。

四、粤剧：琼花会馆与万福台

粤剧行语有云："未有吉庆，先有琼花。"[①]"吉庆"是指同治年间设在广州的粤剧吉庆公所，"琼花"是指雍正年间设在佛山的琼花会馆，两个都是粤剧的行会组织。但琼花会馆在前，吉庆公所在后，二者有明显的继承关系。佛山是粤剧诞生的摇篮，哺育了千千万万的红船弟子。戏剧与社会生活密切相关，戏剧的发展亦与社会经济发展相联系。粤剧在佛山的诞生，并不是偶然的。

顺治、康熙两朝，昆曲盛行。先盛于京城，继传于广东。当时的广州，官宦集中，兵丁云屯，这些官吏兵丁大多是满人或外省人。他们好昆腔，因此推崇外江班，贬抑本地班。故本地班大多以红船流散四乡。

佛山是商业都会，官吏极少，本地土俗又盛，神功戏需求亦多。演神功戏是指为向神祈福或酬谢神恩而演出的戏剧。首先，佛山在明清时期神庙众多，各种神诞、酬神、迎神赛会接连不断，如北帝诞、华光诞、普君神诞等，这些神诞、迎赛活动对神功戏的需求量很大。进入清代，佛山神庙和宗教祠堂的发展，更需要大量神功戏酬神。其次，商人和侨寓的涌入，使会馆的建立以及单身汉的数量迅速增加，也需要演剧酬谢行业神和丰富业余生活。再者，数量庞大、行业繁多的手工业者队伍常常要庆贺师傅诞，学徒满师宴亦要请戏。[②]土著的祭祀需要、侨寓的文化生活需要和手工业者的行业惯例需要三者相结合，为粤剧的诞生奠定了深厚土壤，极大地促进了粤剧的产生和发展，使佛山成为粤剧的摇篮。因此"优船聚于基头"，成为红船聚集

---

① 参阅吴炯坚：《琼花会馆拾零录》，载《佛山文史资料》第八辑，第7页。

② 参阅陈志杰：《粤剧与佛山古代民间工艺的成就》，载《佛山文史资料》第八辑，第37页。

的中心。①

雍正年间，佛山红船弟子发生了重大变革。这就是琼花会馆的鼎建与粤剧的创立。雍正年间，北京名伶张五，号称“摊手五”者，因愤清廷专制，每登台必抒发不平之气。清廷欲置之于法。张五易装南逃，寄居于佛山镇大基尾。当时广东戏剧，未形发达，“摊手五乃以京戏昆曲授诸红船子弟，变其组织，张其规模。创立琼花会馆”。琼花会馆建立于雍正年代的事实，可以在乾隆十七年（1752）修的《佛山忠义乡志》卷首《佛山总图》中标出“琼花会馆”一建筑得到证实。张五本湖北人，“故粤剧组织近于汉班”。粤剧十行角色皆与汉剧角色相同。它们是末、净、生、旦、丑、外、小、贴、夫、杂。张五文武兼资，唱做俱佳，十行角色，色色皆能。武技本宗少林，传之粤人。“故广东武戏身形手法皆近少林，唱曲音韵则本中州。俗所谓戏棚官话也。”②

张五是整合广东红船弟子并成立琼花会馆的创始人，也是广东粤剧唱腔、武打乃至生旦角色的开山祖。故而“后人纪念摊手五创业之功，咸称张师傅而不名。至今粤班每年举行庆祝师傅诞辰，与华光大帝、田窦二师配祀不衰”③。

琼花会馆建立后，规范了粤剧剧种，培养了大批粤剧人才，从而使粤剧走向蓬勃发展的阶段。《佛山忠义乡志》中记叙了佛山演剧的情形：“三月三日北帝神诞……各坊结彩演剧”；“三月二十三日天妃神诞……其演剧以报肃”；“六月初六日普君神诞，凡列肆于普君墟者以次率钱演剧，几一月乃毕”；“九月二十八日华光神诞……集伶人百余，分作十余队，与拈香捧物者相间而行，璀璨夺目，弦管纷咽”；“十月晚谷毕收……自是月

图8-6-14　佛山琼花会馆（王澍摄）

① 乾隆《佛山忠义乡志》卷六《乡俗志》。

② 广东文物展览会编：《广东文物》卷八《人文艺术门》，广东人民出版社2013年版。

③ 《广东文物》卷八《人文艺术门》。

图8-6-15 万福台演剧

至腊尽，乡人各演剧酬北帝，万福台中鲜不歌舞之日矣”。[①]仅佛山上述神庙的酬神演剧活动，就足以使佛山一年到头弦歌之声不绝于耳。

与此同时，商人会馆的演剧也不甘示弱。陈炎宗说过：“夫会馆演剧，在在皆然，演剧而千百人聚观，亦时时皆然。”[②]

琼花会馆是属于本地班的会馆，演出的主要对象是佛山周边和珠江三角洲一带的乡村。琼花会馆在每年六七月间由班主进行重新组班活动。嘉庆时南海人梁序镛有《汾江竹枝词》一首至今广为传诵：“梨园歌舞赛繁华，一带红船泊晚沙。但到年年天贶节，万人围住看琼花。”天贶节是六月初六，正属于琼花会馆重新组班期间，本地班到四乡演出前通常要在琼花会馆聚头作联班演出，故有“白鹭之涟漪散练，琼馆之歌舞联班”的诗句。[③]道光《佛山街略》也记有：“琼花会馆，俱泊戏船，每逢天贶，各班集众酬恩，或三四班会同唱演，或七八班合演不等，极甚兴闹。”[④]兴盛的演出市场，使本地班“东阡西陌，应接不暇。伶人终岁居巨舸中，以赴各乡之召，不得休息”[⑤]。

配合粤剧的演出，清代佛山有不少会馆、庙宇建立了固定砖木戏台。据佛山市博物馆调查，清代全镇共建36座砖木戏台。其中地点确切的有琼花、山陕、福建、江西、潮梅、颜料行、钉行、纸行等会馆；祖庙、华光、盘古、三界、舍人、上沙观音庙等庙宇。[⑥]这就为粤剧的发展提供了大量戏台。

---

① 乾隆《佛山忠义乡志》卷六《乡俗志》。

② （清）陈炎宗：乾隆三十三年《旅食祠碑记》，载道光《佛山忠义乡志》卷十二《金石志下》。

③ 中国人民政治协商会议广东省佛山市委员会文史资料委员会编：《佛山文史资料》第八辑，第18页。

④ 《佛山街略》。

⑤ 《佛山文史资料》第八辑，第20页。

⑥ 转引自陈志杰：《粤剧与佛山古代民间工艺的成就》，载《佛山文史资料》第八辑，第37页。

以上场所每年至少演剧一次，其中以祖庙万福台最多，如每年春秋二祭，出秋色后的酬神，以及腊月整个月的酬神，都在此演剧。同时，粤剧的戏服也要依靠佛山丝织业生产，乐器的大钹、铜锣等，亦必须佛山生产才质量可靠。而佛山镇内的东胜街是“卖戏盔”的街道，戏船设立“班馆”在此承接货物。[①]这也说明了佛山是粤剧戏班的取给基地。

万福台，原名华封台，建于清顺治十五年（1658），是为北帝演神功戏的重要场所，也是佛山第一座较大规模的固定戏台。每年琼花会馆本地班重新组班后的首场演出，必在祖庙万福台举行，以图吉利并检阅阵容，审阅通过之后才乘红船分赴各地演出，因而万福台又有“审戏台”的作用。万福台一年中可谓歌舞升平、弦歌不断。有春节行祖庙期间的演出，过去行祖庙的时间大约持续整个正月；有三月初三北帝诞期间的“各坊结彩演剧”，大约持续一个月；每年六七月间进行的佛山本地班在万福台“审戏”的演出；有中秋出秋色后的酬神演出；有九月初九庆祝北帝崇升的演出；还有“十月晚

图8-6-16　万福台，位于祖庙圣域牌坊前，清顺治十五年（1658）建，是佛山第一座较大规模的固定戏台

① 《佛山街略》。

谷毕收，乡田皆两熟，美亦甲他处……自是月至腊尽，乡人各演剧酬北帝，万福台中鲜不歌舞之日矣”。[①]这些演出中间还穿插有节日、祈嗣还愿等酬神演出。可见，万福台一年中真是“鲜不歌舞之日”。

持续了290多年的万福台演剧，使万福台成为佛山人名副其实的一片乐土。佛山及周围四乡的士庶都喜欢到万福台“睇大戏”。每当演出之时，台上大锣大鼓、弦歌不断，“顷刻驱驰千里外，古今事业一宵中”[②]。台下平民百姓或站或坐，尽情喝彩叫好。台前的两廊不停售卖小食、佛山特色物品等，二楼则有达官贵人在“包厢”携眷品茗欣赏。锣鼓声、鞭炮声、叫卖声融为一体，一派闹市的景象。演出之时，祖庙左侧的祖庙大街、祖庙右侧的三元市的商家都会利用这些“万人围住看琼花”的机会推销自己的产品，可以说演出带动了整个祖庙片区商业和娱乐业的兴旺。万福台在粤剧史上具有重要地位，现已成为海内外红船子弟粤剧寻根的重要场所，各地粤剧界人士都以能在万福台上演唱为荣。

嘉庆以后，徽班皮黄南传入粤。皮黄戏与粤剧相结合很快为粤人所接受。究其原因，“以粤人尚新奇，务敏捷。昆曲过于雅缓，而世风日急迫，故不谐俗耳；梆黄较紧凑，故易受欢迎”[③]。昆曲是士大夫私家所用的贵族化娱乐品，与平民关系不大；梆黄是民间特色艺术，较受平民的欢迎。于是粤剧应运而兴，拔旗易帜将昆曲地盘据而有之。

平民化、商业化、本土化是粤剧发展的趋势。而这些正是与佛山这个工商业市镇紧密配合的。在道光年间佛山粤剧戏班“凤凰仪班”的演出剧目就有《林师爷娶二奶》《胡亚乾打机房》《三元里打番鬼》《奴反主》《大挡陈友谅》等广州方言剧目。而该班的48个剧目中有17个是诸如《八美图》《仙缘配》《再结莲花》《忘鞭寻美妓》《美女扮鬼》《陈世美不认妻》等有关婚嫁女色的剧目[④]，显然也是为适应市井商贾的需求而设的。正如时人有《佛山谣俗》诗云：“行乐乡中羡佛山，肯将螺髻换云鬟。优场亦罢香花

---

① 乾隆《佛山忠义乡志》卷六《乡俗志》。

② 《佛山文史资料》第八辑，第33页。

③ 麦啸霞：《广东戏剧史略》，载《广东文物》卷八《人文艺术门》。

④ 参阅关键儿：《祖庙万福台是佛山戏剧发展的见证》，载《佛山文史资料》第八辑，第23页。

供，唱出清词菩萨蛮。”[①]

至此，粤剧的地方色彩日浓，宛如逾淮之橘，出谷之莺，从而独树一帜。向广州、向珠江三角洲，乃至向广西东南部迅速发展。咸丰四年（1854），因琼花会馆戏班参加了红巾军，清军平毁琼花会馆。此后粤剧班子均散向四乡及集于广州谋生。同治年间在广州的粤剧戏班设立了吉庆公所。

佛山是粤剧的发源地，粤剧与佛山社会生活息息相关，互相依存，是佛山传统文化系统中的一个重要的组成部分，为清代佛山都市社会的发展作出了不容忽视的贡献。

第七节　清代佛山祖庙与民间信俗

在中国城市发展史上，一座庙宇的存在与一座城市发展的命运休戚相关，唯佛山祖庙与佛山城市。佛山祖庙，是享誉千年的北帝神庙宇，也是佛山民众的信仰高地和精神家园。如果说经济发展是佛山成为“天下四大镇”之一和岭南地区的人文之邦的主要因素的话，那么北帝信仰就是凝聚佛山人生存发展的主要因素，是千百年来佛山人的道德支撑。北帝之于佛山人，就像大父母；祖庙之于佛山镇，如同大祠堂。四百年前悬挂于祖庙三门外的“廿七铺奉此为祖，亿万年惟我独尊”的对联，就是对祖庙在佛山地位的精辟写照。佛山北帝文化在其存在发展的近千年时间里，呈现出民间信仰与社会发展高度契合的文化特征和复合变迁模式，这是佛山历史文化留给中国社会发展史的宝贵财富，也是佛山今天弥足珍贵的文化资源。

① 光绪《广州府志》卷十五《舆地略七》。

一、清代佛山祖庙北帝文化的建构

在珠江三角洲，北帝崇拜和祭祀是民间社会生活的重要内容，其中佛山祖庙的北帝崇拜及其祭祀系统最为完整，它具有规模宏大、内容精致、祭祀仪式多样、祭祀周期长四大特点。可以说北帝信仰连接着佛山各个群体与组织，渗透到佛山社会生活的各个领域，并随着明清社会生活的变迁而演变流传，具有岭南地区北帝文化的典型意义。

清代是北帝崇拜衰而复起并迅速向“唯我独尊”发展的时期。也是北帝神适应多种祭祀群体需要不断扩大祭祀范围的时期。[①]

清继明统，时移势易。盘踞广东的平南王尚可喜崇尚佛教，在广东遍建佛寺，如庆云寺、海幢寺、大佛寺、飞来寺等均建于其手。佛山的仁寿寺、德寿寺等八间寺院亦建于此时。因此在清初时祖庙曾一度受到官府冷落，当时藩兵肆虐，地方官府也不甚重视祖庙的谕祭。每逢祭期，官员或不到，或到而品位甚低且态度蛮横。“春秋谕祭，绅士罔闻。即有遣官，而上慢下暴，亵神不堪，其违神明、蔑典制者甚矣。”[②]镇民也无力无心管理祖庙，致使当时祖庙的“土田铺舍，半入强侵”[③]；祖庙的祭器也散失甚多，钟鼓无存。当时镇民每议清复庙地，必结讼事。是以人咸“以庙地为畏途”[④]。虽然清初祖庙曾一度受到官方冷落，出现“上慢下暴”的情况，但其在民间的影响仍在继续发展，祖庙的修缮扩建即使在清初也未停止过。清顺治十四年（1657），修建了灵应祠香亭。顺治十五年（1658）在灵应祠前建了华封台[⑤]，华封台在清康熙二十三年（1684）改为万福台。[⑥]万福台至今保存完好，已经成为华南最著名的古戏台，在海内外粤剧界更是声名远播。万福台的修建改变了祖庙建筑群出口向南的格局，是清代祖庙新建的重要建筑。

撤藩以后，随着巡抚李士桢在全省范围内清除藩下兵丁盘踞利薮的行

① 罗一星：《明清佛山北帝崇拜的建构与发展》，载《中国社会经济史研究》1992年第4期。

② 庞之兑：《杂记》（康熙二十五年），载民国《佛山忠义乡志》卷八《祠祀志一》。

③ 《清复灵应祠租杂氾》，载民国《佛山忠义乡志》卷八《祠祀志一》。

④ 庞之兑：《杂记》，载民国《佛山忠义乡志》卷八《祠祀志一》。

⑤ 乾隆《佛山忠义乡志》卷三《乡事志》。

⑥ 民国《佛山忠义乡志》卷八《祠祀志一》。

动。从康熙二十三年（1684）起，庞之兑等六君子开始整肃清复庙租，并大修祖庙，到康熙二十九年（1690）时，已是“庙貌之剥蚀以新”，“祭器之残缺以饬”，“田土之湮没以归”了[①]。清复后的灵应祠“牌坊、廊宇、株植、台池一一森布，望者肃然。而几筵榱桷丹蔽一新，盖庙貌于是成大观”[②]。同时在灵应祠左边建圣乐宫[③]。至此，祖庙规模已为岭南北帝庙之最，正如屈大均《广东新语》所称：“吾粤多真武庙，以南海佛山镇之祠为大。”[④]

康熙四十五年（1706），佛山保甲排现年呈请广东官府委派正官主祭[⑤]。广东官府当年是否委派了正官参加行祀不得而知，但这件事本身说明了佛山镇人要恢复北帝崇拜的决心。

广东官府对佛山祖庙的真正关心和支持，是在雍正十一年（1733）设立佛山分府同知衙门以后，尤其是在乾隆四年（1739）南海知县魏绾把祖庙控制权从里排手里交到绅士手里以后，历任的佛山同知就把祭祀北帝和修建祖庙作为自己责无旁贷的任务。例如乾隆二十四年（1759）佛山同知赵廷宾倡修祖庙，镇民雀跃响应，“合赀一万二千有奇”。使祖庙焕然一新，如巍然堂寝、坚致门庭、恢拓歌舞台、筑浅廊以贮碑匾等；又并修圣乐宫及祠右之观音堂。

值得注意的是，这次重修，商人的捐资占了重要部分。我们现在仍然可以看到的灵应祠正殿中间石柱，就为盐总商吴恒孚（吴荣光祖父）率领其七子同立。而灵应祠前殿石柱，亦为侨寓贡生吴文柱偕儿孙五人所敬奉。这说明侨寓商人也认同了北帝崇拜。

嘉庆元年（1796），佛山同知杨楷捐俸倡修灵应祠及鼎建灵宫，镇人“靡不响应”，“佥捐工费银两共九千七百有奇”。祖庙经此重修，更加恢宏。与此同时也鼎建了灵宫，“崇祀帝亲，各自为尊，以正伦理”。同年冬

① （清）李锡祚：《重修灵应祠记》（康熙二十九年），载民国《佛山忠义乡志》卷八《祠祀志一》。

② （清）郎廷枢：《修灵应祠记》，载《明清佛山碑刻文献经济资料》，第22页。

③ 乾隆《佛山忠义乡志》卷三《乡事志》。

④ 《广东新语》卷六《神语》，第208页。

⑤ 民国《佛山忠义乡志》卷八《祠祀志一》。

天，两广总督吉庆曾到佛山谒灵应祠，现祖庙前殿木雕对联“默祷岁时常裕顺，愿登黎庶尽纯良”，就是吉庆所题。这就以广东地方最高行政长官的身份再度肯定了北帝祭祀的合法性。

上述佛山同知赵廷宾和杨楷对祖庙重建的关心和以时“诣祠焚香”的行动，以及两广总督的谒庙题联，表明了清代广东官府对佛山祖庙祭祀的重新介入，表明了地方官对发挥祖庙所具有的社会功能的重新重视。佛山镇商民在地方官的支持下，则把祖庙的修建作为合镇的大事举办。营造务求恢宏，雕饰务求精美。北帝崇拜再次呈现热潮。

大概在乾隆年间，祖庙形成一个庞大的建筑群体，它由灵应祠、观音堂、流芳祠、圣乐宫、锦香池、牌坊、戏台七大部分组成，占地面积广阔（至今仍占有三千多平方米）。整个建筑群坐北向南，布局合理，结构奇特，装饰华丽，富有独特的地方风格。其中的灵应祠宽敞雄伟，并列三个圆拱形山门，左右两门，一个通崇正社学，一个通流芳祠。三门正中门上瓦脊顶有一圆球，与庙门、台阶连为一体，使人视觉集中于庙门的中心位置，增加了三门的稳重端庄感。[①]灵应祠由前殿和正殿构成。前殿安放着北帝手下的诸大将，皆高九寸，他们是：捧印金童、王元帅、陈元帅、周元帅、赵元帅、太岁、水将（龟）、火将（蛇），正殿安放真武神铜铸立像一尊，高九尺五寸。盖取九五之义。体制崇闳，比其部将要高大十倍。[②]所有这些精心的营造与安排，无非为了一个目的，就是突显真武神独一无二的地位。

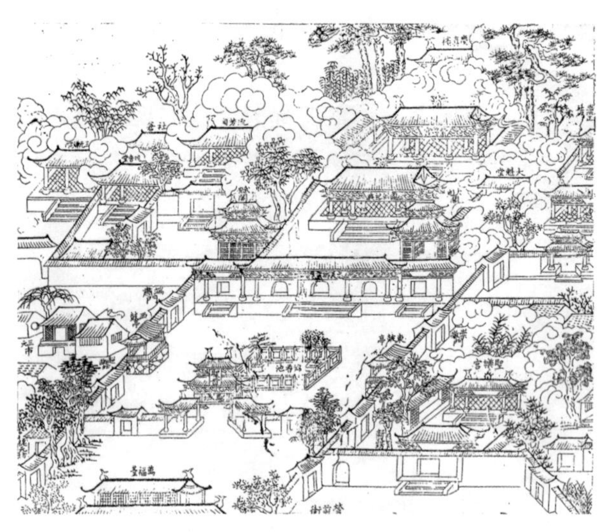

图8-7-1　道光《佛山忠义乡志》灵应祠图

---

① 陈智亮：《祖庙资料汇编》，内部资料，1981年，第72页。

② 民国《佛山忠义乡志》卷十八《杂志》。

佛山是明清时期岭南著名的商业中心之一，商人在祖庙的维修扩建中也发挥着重要的作用。在祖庙现存的建筑构件和庙内陈设物上，留下了众多的明清佛山工商业堂号、店号和商人的名字，堂号、店号如端本堂、文裕后堂、如意堂、聚隆号、万源号等，大商人如吴恒孚、马百良等。从前述祖庙历代修缮的碑刻文献资料中，我们也不难发现商人对修缮祖庙的积极响应。

清代北帝崇拜在佛山的发展，是北帝神向“唯我独尊”发展变化的过程。在这一变化过程中，官府的重新介入祭祀和侨寓商人的认同从不同方面加速了这一过程，官府的重新介入祭祀，从政治上抬升了北帝的地位；而侨寓商人的认同，则不但从经济上扩大了祖庙的财源，而且从组织上扩大了祖庙的祭祀群体，推动着北帝成为佛山祭祀系统中诸神之首，也使祖庙成为合镇诸庙之冠。从而奠定了其在佛山历久不衰的最高层次的祭祀中心的地位，成为佛山社会拱廊的拱顶石，也成为珠江三角洲主神崇拜的典范。

到了清代道光以后，尤其是道光二十年（1840）鸦片战争后，内忧外患，社会不安。但佛山对祖庙的修缮并没有停止，基本维持着以前的大修频率。据民国《佛山忠义乡志》记载，咸丰元年（1851），曾重修灵应祠，[①]咸丰四年（1854），亦曾重修祖庙。光绪二十五年（1899），祖庙又做了较大规模的维修，现在的许多陶塑瓦脊和灰塑作品都是这次维修的产物，留下了不可磨灭的光彩。时任佛山同知刘国光撰记并书，可见此次修缮还是延续了乾隆以来佛山同知倡修祖庙的传统。

凡是祖庙大维修的年代，都是北帝崇拜趋热的时期。光绪年间的大修也是祖庙地位尊崇的显示。光绪年间佛山人梁世徵说：“粤之佛山为寰中一巨镇，有灵应祠。阖镇以祀真武帝，年久而分尊，屡著灵异。共称之曰祖庙，尊亲之至如天子。”[②]可见北帝的地位已抬升到无以复加的地步。现在灵应祠三门前的对联“廿七铺奉此为祖，亿万年惟我独尊”[③]，“庄严冠禅山群庙，灵应为福地尊神”[④]，也鲜明地表达了佛山镇人要塑造的祖庙和北帝的形象。

从祖庙建筑构造的内涵看，还有如下文化含义：

---

① 民国《佛山忠义乡志》卷十一《乡事志》。

② 《佛镇灵应祠尝业图形》。

③ 光绪年间冼宝桢撰。

④ 光绪年间卢宝森撰。

第一，暗含着青龙、白虎、朱雀、玄武四象观念。在祖庙钟鼓楼的旁边墙上，分别绘有青龙、白虎两幅壁画，平时并不为人所注意。这里的青龙、白虎壁画正是为了呼应正殿的主神北帝（玄武）而绘，三者正好处于祖庙建筑的北（玄武）、东（青龙）、西（白虎）三个方向，唯有南方的朱雀不见。不见朱雀在道教建筑中也比较常见，据说是因南方属火，出于防火的需要。但祖庙在最南边建了著名的戏台万福台，戏台以火神华光大帝为保护神，这似乎又巧妙地弥补了不见南方朱雀的缺憾。

第二，佛山祖庙作为道教重要神祇玄天上帝的庙宇，在营造朝天敬神氛围的同时，也体现了道教建筑顺应自然的特点。祖庙的三门中间共有三个拱门，正中最大的拱门前有一副为明崇祯时的户部尚书李待问所撰对联：凤形涌出三尊地，龙势生成一洞天。这表明了当地士绅欲将祖庙塑造成洞天福地的愿望。现存的明代祖庙古建筑群的建筑格局，与珠江三角洲明代以来流行的三进祠堂建筑格局十分相似，这也从建筑方面印证了佛山祖庙“亦庙亦祠”的特点。

第三，佛山祖庙建筑陈设还有仿帝王建筑规格的特点，如祖庙三门的九开间布局，正殿真武大铜像高九尺五寸，取“九五之尊”之意。佛山故老还流传“真武神，永乐像”的俗谚。从佛山祖庙造像的整体布局看，北帝及其众元帅的阵容具有两方面的隐喻：其一，是对人间军队帅府的隐喻。北帝就像古代军队中的大元帅，众将侍立左右，帅府内配备着象征北帝权力的大印和发号施令的令旗，展示了一个可以指挥千军万马、正在准备投入紧张工作的帅府场面。这种军队帅府的隐喻，也与《北游记》等著作中真武大帝率领三十六将收伏妖魔的实际职能相适应。其二，是对皇权官僚体系的隐喻。祖庙造像最外的两尊名称为：皇门主事锄凶伐恶刘元帅（前殿左侧）和皇门值事轰天霹雳庞元帅（前殿右侧）。这两位元帅被冠以“皇门”称谓，这其实暗示了祖庙北帝及其元帅阵容是皇帝及其大臣组成的封建官僚体系阵容。这些都说明建造设计者们暗中将北帝塑造成人间皇帝的努力。[①]

① 关于祖庙建筑规制与文化意义，请参阅《佛山北帝文化与社会》第七章。

二、佛山镇神庙体系与多重祭祀圈

“越人尚鬼，而佛山为甚。”[①]清代的佛山，适应社会发展的多种需要，构建了一套相当完整的神明祭祀系统，这套系统包容性强，儒、释、道兼收并蓄，神明达数十种；且层次丰富，庙宇和祭祀点设在镇的中心、铺的中心、街区的中心乃至里社的中心，层层皆有。更为重要的是，它创造了一种含义统一的信仰模式，发挥着重要的促进社会整合的功能，成为体现清代佛山社会一体性的重要象征。

（一）金字塔形神庙体系形成

清代佛山北帝信仰是一个强大的神庙系统。这个神庙系统以祖庙为首领，以各铺群庙为主体，层层构建，处处设立，牢牢地控制着佛山居民的精神世界，控制着佛山全镇的各铺街区。

粤谚云：“顺德祠堂南海庙。”言南海人尤重神庙，而顺德人多建祠堂。[②]佛山属南海，而神庙之多又甲于南海，“吾佛土为大镇，合二十四铺。地广人稠，神庙之多，甲于他乡”[③]。据《佛山市宗教志》统计，佛山明代建的庙宇有28座。清代佛山神庙迅速发展，乾隆十七年（1752）时有26座，分布在15铺[④]；道光十年（1830）时有89座庙宇，29座宫观，分布在25铺[⑤]；宣统年间有154座，分布在26铺和文昌沙、鹰嘴沙、鲤鱼沙等处，几乎遍及全镇各处[⑥]。

表8–7–1　清代佛山镇各铺神庙分布表[⑦]

铺名	庙名
汾水	太上庙、水上关帝庙、油糖关帝庙、南擎观音庙、圣欢宫、华光庙（3）、先锋庙、北帝庙（3）

① 乾隆《佛山忠义乡志》卷六《乡俗志》。

② 凌建：《顺德祠堂文化初探》，科学出版社2008年版。

③ 《重修东头张真君庙记》，载《南海佛山霍氏族谱》卷十一。

④ 乾隆《佛山忠义乡志》卷三《乡事志》。

⑤ 道光《佛山忠义乡志》卷二《祀典志·各铺庙宇》。

⑥ 民国《佛山忠义乡志》卷八《祠祀志二》。

⑦ 民国《佛山忠义乡志》卷八《祠祀志二·群庙》；又据《区瑞芝访问记录》，1991年3月6日。每栏第一位者为该铺主庙。

（续上表）

铺名	庙名
富文	洪圣庙、盘古庙、南胜观音庙、三界圣庙、鬼谷庙
大基	帅府庙、三界圣庙、三圣庙、真君庙（2）、大王庙
潘涌	先锋庙、将军庙
福德	舍人庙、关帝庙、铁佛庙、天后庙、绥靖伯庙、列圣古庙、华光庙
观音堂	南善观音庙、天后庙、南涧观音庙、三官庙、医灵庙（2）、华光庙、将军庙、花王庙
沙洛	将军庙
鹤园	洪圣庙、先锋庙
岳庙	关帝庙、南荫观音庙、洪圣庙（2）、太尉庙、财神庙、花王庙（2）
祖庙	桂香宫、关帝庙、观音庙、龙王庙、三圣庙、列圣古庙（2）、斗姥庙、帅府庙、太尉庙、金花庙
黄伞	孖庙（天后、华光）
社亭	药王庙、关帝庙、南禅观音庙、先锋庙
仙涌	关帝庙、文武庙
医灵	医灵庙（2）、洪圣庙、华光庙、北帝庙、元坛庙
彩阳堂	真君庙、元坛庙
真明	三圣宫、真君庙
石路（纪纲）	花王庙、三官庙
丰宁	国公庙、字祖庙（2）、天后庙、城隍行台、四圣庙、医灵庙、华光庙
山紫	南泉观音庙、天后庙、观音庙（2）、圣亲宫、东岳庙、普庵庙、鹊歌庙、地藏庙、谭仙庙、华光庙、雷公庙、二仙庙、将军庙、华佗庙、痘母庙、龙王庙、元坛庙
明心	太上庙、文昌庙、东岳庙、三圣庙
突岐	金花庙、龙王庙、柳氏夫人庙
耆老	老岳庙（普君庙）、观音庙、真君庙、华光庙、先锋庙、主帅庙

（续上表）

铺名	庙名
锦澜	大土地庙、字祖庙、文武庙、关帝庙、天后庙、观音庙（2）、真君庙、金花庙、主帅庙
桥亭	南济观音庙、观音庙（2）、张王爷庙、北帝庙、石公太尉庙
栅下	龙母庙、文昌阁、天后庙、三圣庙、吕仙庙、帅府庙（3）、太尉庙、华光庙、财神庙、先锋庙、金花庙
明照	盘古庙、文武庙、北帝庙、元坛庙
东头	关帝庙、二帝庙、张仙庙、白马将军庙
鹰嘴沙	临海庙、三圣庙、华佗庙、国公庙、飞云庙、乌利庙
文昌沙	关帝庙、华光庙
聚龙沙	伏波庙、三官庙

首先，祖庙把众神庙整合为一个神庙系统，其系统呈现出金字塔形的空间结构。最下面一层是基层社区街庙和社坛，包括佛山全镇108座各种庙宇和79座社坛；第二层是各铺中的38座公庙，因北帝巡游所至而不同于一般街庙，他们是数街民众的共同信仰空间；第三层是各铺的主庙24座，北帝巡游必至之所，它们是一铺民众的共同信仰空间；最上面一层只有一个庙宇，这就是祖庙。祖庙是佛山群庙的当然领袖。

其次，上表所列170座神庙所祭祀的神明达五六十种，说明清代佛山民众神明崇拜的广泛性。对一般居民来说，不同的神明具有不同的象征意义。例如有病痛之人拜医灵庙，祀神农，“凡负痛以叩于帝者，辄不惜调剂以度人厄”[①]。又如店铺毗连而建，最怕火灾，所以多建华光庙，华光为火神，塑像作三眼形。“每岁九、十月间，各街禳火，名火星醮。迎神莅坛，连天赛会。各街

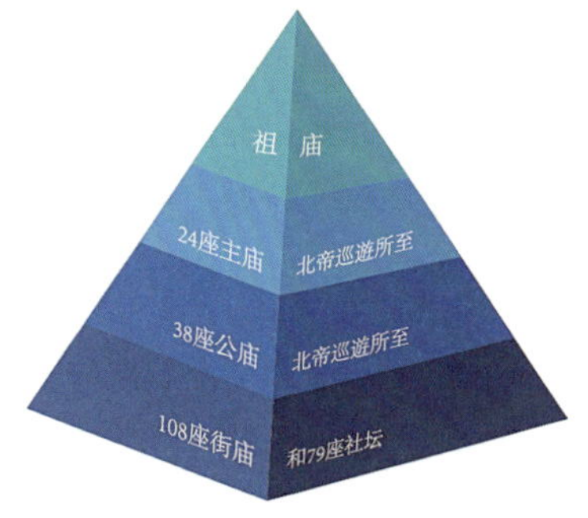

图8-7-2　金字塔形神庙系统

① （清）赵鸣玉：《重修医灵庙记》，载道光《佛山忠义乡志》卷十二《金石志下》。

侈口繁华，靡费颇巨。”[①]再如求子者多拜花王庙，花王庙祀花神，“粤人祈子必于花王。父母有祝辞曰：‘白花男，红花女。’故婚夕亲戚皆往送花，盖取花如桃李之义”[②]。可见不同的神庙满足了居民不同的神明崇拜，这是佛山神庙之多的基本原因。而不同神明所具有的不同功能在一个系统内可以互为补充，又满足了民众信仰的复合需求。

再次，从上表所列神庙的分布情况看，有一神而数铺各建其庙者，也有一神而同铺各建其庙者。这说明了清代佛山人神明认同的共同性。上述神庙中，有10铺建有观音庙，有10铺建有帅府庙（包括主帅庙、元坛庙和石公太尉庙），有9铺建有关帝庙和华光庙。而在同一铺中建有同一神庙者更多，如汾水铺有3座北帝庙，3座华光庙，2座关帝庙；在岳庙铺有2座洪圣庙，2座花王庙；在栅下铺有3座帅府庙；在山紫铺和桥亭铺各有2座观音庙；而在丰宁铺则有2座字祖庙等。佛山镇内这一个个同一神明的庙宇，形成了一条条信仰神经，构成了主神系统的功能延伸。

最后，其中北帝庙和帅府庙的建立，尤值得注意。乾隆年间，汾水只有1座称为“武当行宫”的庙[③]，显然是北帝出游时停舆之所。但到清末时汾水一铺就有3座称为“北帝庙”的庙宇。为何镇中有祖庙还建北帝庙？这可能与接祖庙北帝神到庙奉祀有关。清代祖庙设有3尊北帝铜圣像，可借与镇民奉祀。祖庙《庙志》记载：“原日铜圣像三尊，其一尊被叠滘乡迎去建醮，后乃久不归。即今叠滘所建庙宇奉祀二帝圣像是也。然神护国庇民，均属一体，事远亦不深究。”[④]他乡人可借去建醮，本镇人亦可以迎奉。从1座武当行宫到3座北帝庙的建立，反映了商人认同北帝主神的历史过程。除了汾水铺外，在医灵铺、桥亭铺、明照铺也有北帝庙的建立。帅府庙所祀神明为北帝部将。乾隆年间佛山只有栅下铺1座主帅庙[⑤]，但到清末时已有各类帅府庙13座。史载：“俗称康元帅，父康衢，母金氏，生于黄河之界，负龙马之精；赵元帅，名公明，其神为元坛；石元帅为五雷长，皆北帝部将。山紫铺、彩

① 民国《佛山忠义乡志》卷八《祠祀志二》。

② 民国《佛山忠义乡志》卷八《祠祀志二》。

③ 乾隆《佛山忠义乡志》卷三《乡事志·诸庙》。

④ 民国《佛山忠义乡志》卷八《祠祀志一》。

⑤ 乾隆《佛山忠义乡志》卷三《乡事志·诸庙》。

阳铺、医灵铺、明照铺俱有元坛庙，耆老铺、锦澜铺俱有主帅庙，栅下铺有帅府庙二，桥亭铺有石公太尉庙，祷祀辄验。”[①]可见北帝庙和帅府庙的迅速建立，是以北帝崇拜为主干的民间信仰延伸的结果。

（二）多重祭祀圈形成

上述诸庙及其祭祀圈不是平面地分布在佛山全镇各街区中，而是具有不同层次，有一铺中的主庙，祭祀圈为合铺范围；有数街的公庙，祭祀圈为数街范围；还有以一街一巷为其祭祀圈的街庙。[②]

一铺的主庙必须具有合铺香火庙的条件，素著灵响，远近皆知。无论住家、店铺均前往拜祭。如汾水铺太上庙，建于安宁直街。康熙五十年（1711）建，祀一顺水漂来的老君神像。“初制甚小，既而声灵赫濯，祷求如响。自是以来，地运日益旺，民居日益稠。统安宁、会龙、聚龙三社，人咸崇奉之，号为公庙。乾隆二十五年（1760），里人黄沃生捐送余地，增其式廊，并于庙右附建王母殿。香火益盛，环庙而居者，有庙左、庙右街。嘉庆己未、道光己酉、光绪丁丑三度重修，而庙貌巍峨，遂为铺中庙社之冠。”[③]明照铺盘古庙，在大塘屋街。明照铺街道较少，该庙为一铺之主庙，据同治三年（1864）里人、四川总督骆秉章所撰的《重修盘古庙碑》记载：“曾当嘉庆庚申，栋宇巍峨，香火络绎，街则拥六；丁年最富莺花，墟恰齐三；亥日颇繁虾菜，茶棚酒肆，供游赏之流连，舞榭歌台，盛祷禳之报赛。是虽乡邦习尚，良由神庙莫灵。”[④]“街则拥六”“墟恰齐三”，可知盘古庙是该铺的主庙。社亭铺药王庙祀神农，早在乾隆年间就是香火鼎盛之庙，每日清晨庙前墟地有几千织机工人在此待雇。[⑤]20世纪20年代关于佛山市寺庙的调查表中有如下记载：“药王庙，在药王庙前街，十八街坊众公产。”[⑥]可见药王庙是社亭铺之主庙。文昌沙的关帝庙亦为该沙之主庙，民国《南海日报》记载：“白马滩前之关帝庙，为文昌全沙人所奉祀，每年农历五月十三

① 民国《佛山忠义乡志》卷八《祠祀志二》。

② 主庙、公庙、街庙的称谓是为区分不同层次的庙所作的一个界定，上述诸庙在清代佛山均称公庙。

③ 民国《佛山忠义乡志》卷八《祠祀志一》。

④ 民国《佛山忠义乡志》卷八《祠祀志二》。

⑤ 民国《佛山忠义乡志》卷八《祠祀志二》。

⑥ 《南海县佛山市各项调查表四种》，载《南海县政季报》第1、2期。

日诞辰，坊人习俗，必举行建醮，张灯结彩，闹热非常。”[①]再如福德铺之舍人庙，向称灵显。“佛山镇舍人庙甚灵显。商贾每于月尽之日祭之。神姓梁，前明本镇人，为杉商。公平正直，不苟取。人皆悦服。一日众商见海中有杉数千百逆水而来。梁危坐其上，呼之不应，迎视之已逝矣。移尸岸侧。奔告梁族皆不至，众商以杉易金。买棺殓之至岸侧。而群蚁衔土封之，已成坟矣，遂建庙以祀。祷无不应。唯族人祷之则否。”[②]舍人庙为众商所祭祀，又甚灵显，遂成为合铺之主庙。还有鹰嘴沙的太尉祠，内奉祀宋代温、许两太尉，“香火至盛，俗称临海庙是也。……每岁孟春演戏赛神，估舶云屯，至夏乃辍，他祠鲜能及也”[③]。此外，富文铺以卖“波罗鸡”著名的洪圣庙、栅下铺闻名全镇之龙母庙，都是该铺之主庙。根据文献记载和访问父老所得，现将佛山各铺之主庙列名如下：

栅下铺——龙母庙　　丰宁铺——国公庙
东头铺——关帝庙　　山紫铺——南泉观音庙
明照铺——盘古庙　　岳庙铺——武庙
突岐铺——金花庙　　福德铺——舍人庙
桥亭铺——南济观音庙　　鹤园铺——洪皇庙
医灵铺——医灵庙　　观音堂铺——南善观音庙
耆老铺——东岳庙　　大基铺——帅府庙
锦澜铺——华光庙　　汾水铺——太上庙
仙涌铺——关帝庙　　富水铺——洪圣庙
社亭铺——药王庙　　黄伞铺——孖庙（天后、华光）
真明铺——三圣宫　　沙洛铺——将军庙
明心铺——太上庙　　文昌沙——关帝庙
鹰嘴沙——临海庙（飞云庙）

上述诸庙，以铺（沙）为自己祭祀圈的范围，在佛山全镇范围内划分

① 《南海日报》1947年7月4日。
② 《粤小记》卷三。
③ （清）樊封：《南海百咏续编》卷三，第28页。

出了25个祭祀圈，它们所祀之神虽不相同，但所代表的文化意义是一样的。所有的神明都能强化佛山人应对人生问题的能力，使佛山人在面对死亡、疾病、饥荒、洪水、失败等人生问题时，在遭逢悲剧、焦虑和危机时，可以得到心理的抚慰。神明给予了人们安全感和生命意义，同时也增加了共有经验和社区沟通的深度。

数街的公庙，是邻里的祭祀中心。上表所列佛山各铺庙宇数量不等，其中多数就是数街的公庙。如大墟华光庙，建在观音堂铺低街，为“大墟五街公产”①。大墟五街为沙塘坊、豆腐巷、莲花地、张家巷、快子街。每年农历九月十五日在此办醮，唱戏烧炮酬神②。又如咸丰十一年（1861），纪岗街、石路街绅商合修“花王，三官古庙”，其重修碑记名字称《咸丰辛酉年重修佛镇纪岗街、石路街花王、三官古庙碑记序》，可见该庙的祭祀圈为两街居民。再如观音堂铺有两座观音庙，除主庙南善观音庙外，在沙塘大街还有南涧观音庙。同治七年（1868）重修该庙时，捐资的街坊共有男女396人（店），共捐银586两。③

在清代佛山已分化出手工业区、商业区、混合区三大区划的情况下，这种邻里范围内的祭祀中心，也常常表现出邻里的职业特色。如乾隆年间，汾水正埠华光庙，是汾流大街各坊商人的公庙，每逢华光神诞，“各坊建火清醮，以答神贶。务极华侈，互相夸尚。用绸绫结成享殿，缀以玻璃之镜，衬以翡翠之毛，朱栏树其前，黼座凭于上。瑰奇错列，龙凤交飞，召巫作法事，凡三四昼夜。醮将毕，赴各庙烧香，曰行香。购古器罗珍果荤，备水陆之精，素擅雕镂之巧。集伶人百余，分作十余队，与拈香捧物者相间而行，璀璨夺目，弦管纷咽。复饰采童数架，以随其后，金鼓震动，艳丽照人，所费盖不赀矣，而以汾流大街之肆为领袖焉”④。商人的祭祀，少虔诚而多夸耀，尚华奢而求娱乐，往往是转移风气、改变信仰性质的先导。正如吴荣光所言：“佛山素称淳朴，尚无偷且僭之俗。而民物日益其康阜，则风会日即

① 《佛山市寺庙调查表》，载《南海县政季报》第2期。

② 佛山市博物馆文物普查材料，朱洁女（78岁）访问记录。

③ 同治七年《重修南涧观音庙碑记》。

④ 乾隆《佛山忠义乡志》卷六《乡俗志》。

于奢华。夫奢华者浇漓之渐也。”①

手工业者聚居之区的庙宇，往往比较简陋，所祭之神亦不求其详。其中太尉庙颇多。上表所列清代佛山有5座太尉庙，其各街设龛供奉者尚不在此数。其中著名的有3座：一在祖庙铺太尉庙道，嘉庆十二年（1807）建；一在栅下铺司直坊，道光十七年（1837）修；一在岳庙铺永丰前街，咸丰九年（1859）建。三庙香火均盛。“香火亦盛，牌位题：敕封石公太尉，陶冶先师。石行及锡箔、皮金、铜锣、铁砧、铸镬各行皆祀之，亦不知石公何神？封自何代？”②手工业者质直朴素，其神庙也带有粗犷少文的气质。

街庙的祭祀圈较小。有一街一庙者，如观音堂铺低街天后庙，为“大墟直街公产”；新墟坊车公庙，为“坊众轮值管理”。有一巷一庙者，如圣母巷圣母庙，为“坊众公产”。③

此外，在庙宇以下，还有社坛的祭祀点，道光年间，佛山有社坛68个④，清末时有社坛79个⑤。社坛原祀“五土五谷之神”。乾隆《佛山忠义乡志》记载：“二月二日祀土神，社日祀社，与各乡同。”八月“社日复祭社”。⑥社神的祭祀，按《明会典》的规制：“每里一百户内立坛一所，祀五土五谷之神。每岁春秋二社，里长莅厥事，土神位于坛东，谷神位于坛西。祭毕会饮。”但佛山铺区日增，社坛虽增而所祭之神“亦非旧牌位，统名社稷之神，渐失古意。而奉祀之诚，妇孺无间”。除社坛祭社神外，各街还有设龛供奉太尉者（陶冶先师）。⑦即使小至社坛的祭祀，佛山都存在不同的祭祀神明和不同的祭祀群体。

上述的主庙、公庙、街庙及社坛，构成了三种不同层次、不同范围的祭祀圈，而在每一铺中，这三种祭祀圈是交叠在一起的。一个居民可以既属街庙和公庙的祭祀者，也同时属于主庙的祭祀者；一个居民可以不属某一街庙或公庙的祭祀者，但他一定属于铺中主庙的祭祀者。三种祭祀点能提供给居

---

① 道光《佛山忠义乡志》卷五《乡俗志》。

② 民国《佛山忠义乡志》卷八《祠祀志二》。

③ 《佛山市寺庙调查表》，载《南海县政季报》第2期。

④ 道光《佛山忠义乡志》卷一《乡域志》。

⑤ 民国《佛山忠义乡志》卷八《祠祀志二》。

⑥ 乾隆《佛山忠义乡志》卷六《乡俗志》。

⑦ 民国《佛山忠义乡志》卷八《祠祀志二》。

民的精神需求绝不是等同的。一般而论，主庙在增加共有经验和社区沟通的程度上要比公庙和街庙多且深。从预期灵验的信任度而言，主庙、公庙、街庙和社坛也是递次减弱的。然而，诸庙的并存发展，正是适应了不同层次需求群体的祭祀需要。

在这些大大小小的祭祀圈之上，“站立”着规模宏大、地位独尊的祖庙。北帝崇拜的祭祀圈涵盖了全镇的范围，属于最大范围类型的祭祀圈。由此可见，佛山的民间信仰系统大致可分为四个层次的祭祀圈：

最高层是祖庙层，祖庙是全镇最大的神庙和祭祀中心。

次高层是主庙层，它们是一铺的主庙，由铺人共祀，其地理范围与铺的面积相符。

中间层（第三层）是铺内几条街的公庙，其祭祀范围就是这几条街的居民。如观音堂铺的大墟华光庙，就是“大墟五街公产”①。

最底层（第四层）是一街一坊的街庙和里巷祭祀社神的社坛，如圣母巷之圣母庙，为“坊众公产”②。清代佛山还有里社79座③，在每年的社日，即二月初二和八月十五日，佛山人都要祭祀社神。

祖庙与群庙之间的关系是：祖庙居于全镇核心位置，是佛山民间信仰系统中最高层的祭祀圈，它所整合的范围最大，为佛山全镇之境；祖庙下的主庙、公庙和街庙社坛都各有自己所处的层次和范围。如此一个由各层祭祀圈大小叠加，多层复合的信仰空间，构成了内部结构紧密、外部无限包容的佛山民间信仰体系。

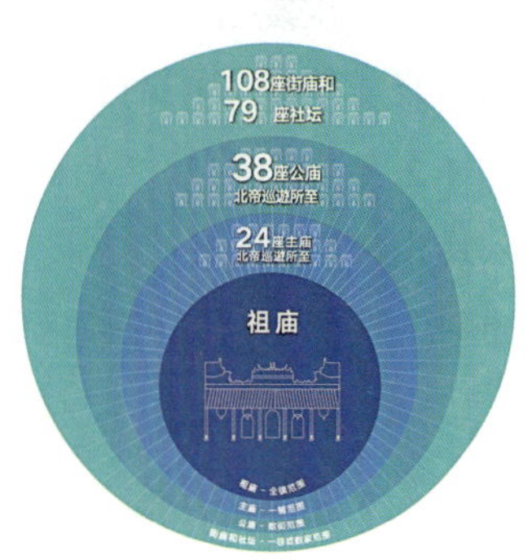

图8-7-3　多层次祭祀圈

必须指出，清代佛山有些神明祭祀属于特殊群体，文昌神祭祀就是其中之一。文昌庙“中祀文帝，左祀魁斗星君，右祀金甲神君”④，文昌庙既属于群庙，但又超脱于群庙祭祀系统之外。在群庙几种层次中都找不到它的合适位置。从祭

① 《佛山市寺庙调查表》，载《南海县政季报》第2期。
② 《佛山市寺庙调查表》，载《南海县政季报》第2期。
③ 佛山市地方志编纂委员会办公室编：《佛山市风俗志》，第40页。
④ 康熙二十一年郑际泰《文院祭器记》，载道光《佛山忠义乡志》卷十二《金石志上》。

祀圈来看，它拥有合镇特殊祭祀群体——读书人。凡在学士子，出仕官宦，无不以文昌为其信仰之神。与香火庙不同，文昌庙不属于所在之铺，而常与书院相结合。佛山最早的文昌庙，就是明末李待问倡修的文昌书院，“佛山向无文昌专祠，自李大司徒公始”[①]。清代文昌神祭祀始多，如崇正社学、田心文昌书院、桂香书院均奉祀文昌神，而最占地胜的海口文昌阁亦在乾隆七年（1742）修建[②]。道光五年（1825），佛山士子又集资2000两增高文昌阁，当时远在贵州任布政使的吴荣光也“捐廉襄工”[③]。佛山士绅每年春秋都要集中祭祀文昌神，乾隆《佛山忠义乡志》记载：每年二月初二，士绅集文昌书院修祀事；二月初三，士绅集崇正社学修祀事；二月初四，侨籍士绅则集田心、文昌书院修祀事；九月初九，士绅集崇正社学修祀事；九月初十，士绅集文昌书院修祀事。[④]可见文昌神的祭祀，有特殊的祭祀群体。其群体有明确的身份标志，就是通过科举考试的知识分子。佛山士绅把持着文昌神的祭祀，绝非一般人所能参与。

此外，一些行业神明，如冶铸铜铁行的太尉、成衣行的轩辕、帽绫行的张骞，它们的祭祀是与行业会馆结合的，会馆亦称为庙，行中人就是其祭祀群体。还有商业会馆中所设神明，其祭祀群体就是该会馆商人。

由上可见，清代佛山人构建了一整套神庙祭祀体系，这套体系的核心部分是多层次复合、大小祭祀圈相套的祖庙、主庙、公庙、街庙（包括社坛）四级祭祀系统，同时也包容了超脱于核心系统之外的特殊祭祀群体。这套祭祀体系与佛山的社区结构是相吻合的，它与铺区相联系，与街坊相表里，深入佛山社会的每一角落，成为在精神上整合和控制佛山社会的重要工具。祖庙对清代佛山社会的整合，正是通过这套神庙系统的臂膀完成的。

三、祖庙祈福文化与社会整合

在传统社会里，神庙的活动及其祭祀仪式从来就不仅仅是具有娱神功能

① 李象丰：《文昌书院记》，民国《佛山忠义乡志》卷八《祠祀志一》。

② 黄兴礼：《海口文昌阁记》，民国《佛山忠义乡志》卷八《祠祀志二》。

③ 吴荣光：《重修佛山海口文昌阁记》，载《明清佛山碑刻文献经济资料》，第137页。

④ 乾隆《佛山忠义乡志》卷六《乡俗志》。

的活动，而是把民众整合在一起的契约，它们是保持良好秩序的规则，又是尊敬原则的发展。在佛山，祖庙北帝的祭祀仪式是与社会控制和社会整合相联系的，它反映着佛山社区内部由于历史和社会原因造成的血缘、地缘以及各种利益集团的关系。

清代佛山祖庙北帝的祭祀仪式，肃穆而隆重，向来是一年中佛山全镇居民最大的祀典。乾隆十四年（1749），广宁知县李本洁曾说："北帝之著灵于天下而尤著灵于粤地也久矣。如南海佛山为岭南都会之亚，而祖庙威灵，赫赫奕奕。凡其地居民童叟、四方往来羁人估客、上逮绅宦，靡不森森凛凛，洗心虔事。"①

佛山北帝仪式主要有官祀和民祀两种：从官祀来讲，主要就是春秋谕祭；从民祀而言，则有北帝坐祠堂、北帝巡游、烧大爆、乡饮酒礼。每一种仪式都具有不同的功能，象征着不同的文化意义和社区关系。

（一）春秋谕祭

在明清时期珠江三角洲众多的北帝庙中，只有佛山祖庙的北帝祭祀被列入官方祀典，其直接体现就是官府派出官员主办祖庙春秋谕祭。祖庙的春秋谕祭始于明景泰年间，明景泰四年（1453），礼部颁发四二四号《勘合》，准许祖庙列入官方祀典，以后春秋谕祭一直延续至清代。据乾隆《佛山忠义乡志》卷六《乡俗志》载：

> （二月）十五日谕祭灵应祠北帝。先一日，绅耆列仪仗，饰彩童，迎神于金鱼塘陈祠。二鼓还灵应祠，至子刻驻防郡二侯诣祠行礼，绅耆咸集。祭毕，神复出祠。

这里所说的二月十五日谕祭就是指春祭。佛山官员在祖庙的活动，最集中的体现就是每年的春秋二祭，春祭的日子是二月十五日，秋祭的日子是八月十五日。每年春秋二祭时地方官员都要率领绅耆"诣祠行礼"。二月期间，正是北帝坐祠堂的日子，因而北帝行宫二月十四日从金鱼塘陈祠回来接受官祀后马上又出祠。官祀之时"绅耆咸集"，场面十分隆重。

---

① 道光《广宁县志》卷十五《北帝庙记》。

秋祭之日是八月十五日，秋祭“谕祭灵应祠北帝，仪同春仲”[①]。春秋谕祭的仪式是相同的，所不同的是春祭时北帝忙得不可开交，而秋祭之日，却可轻松地欣赏祀神的出秋色活动。

祖庙官祀所行具体礼仪，据民国《佛山忠义乡志》记载，灵应祠祭器目录有：铏二，豆五，铺五，簠五，簋五，筐五，筥五，盘五，尊一，爵三。灵应祠官祀祭器共十大类四十一件，这些祭器以铜质为多，都是在明景泰时依据明代的典礼制造。现在佛山市祖庙博物馆还藏有爵等一些灵应祠祭器。

《佛山忠义乡志》全文记载了谕祭灵应祠祝文：

> 维景泰四年八月壬申朔，越十五日丙戌，广东等处承宣布政使司、广州府知府、南海县知县钦承上谕，敢昭告于灵应祠神。维神庙食南土，肇宋元丰，捍患御灾，累著民绩。向兹盗发，克副祷禳，寇用剪除，实资神贶。王朝制祭，于礼宜隆，特勅有司，岁修常祀。尚祈景贶，永福生民，尚享。[②]

从谕祭灵应祠的祭器、祭品和祝文来看，春秋谕祭灵应祠的仪式是非常隆重的。祭器“华而不缛，文而不繁，与《六经图》《博古图》《大清祭器图》吻合”[③]；祭品种类丰富、规格颇高；谕祭灵应祠祝文着重突出了北帝“捍患御灾”“寇用剪除”等保佑佛山的功能，而且这一祝文为明景泰以后直至清代历代地方官员所沿用，可见春秋谕祭在佛山社会的巨大影响力。

祖庙被列入祀典，是因其有功于佛山，而且北帝的功德通过以后的春秋谕祭使北帝崇拜不断得到官方确认，一直被沿袭下来。也正因为春秋谕祭的举行，逐步把北帝推到了佛山社区至尊主神的地位。另外，在秋祭时举行出秋色等活动。不仅得到“况愚夫愚妇日从事于神，安不知有动于中而遏其不肖之念”[④]的目的，客观上也发挥了这些祀神仪式的娱乐功能，造成了“行者

① 乾隆《佛山忠义乡志》卷六《乡俗志》。

② 民国《佛山忠义乡志》卷八《祠祀志一》。

③ 民国《佛山忠义乡志》卷十六《金石志一》。

④ 乾隆《佛山忠义乡志》卷六《乡俗志》。

如海，立者如山”[①]的壮观场面，合镇人在参与这些仪式的过程中，自然地调和了社区关系。

除了官祀之外，历代佛山籍官员和地方官员对祖庙的修缮都颇为关注，并且经常视察祖庙，还留下了他们的诗歌对联。如明代户部尚书里人李待问就留下了“凤形涌出三尊地，龙势生成一洞天”“紫霄宫”等对联、牌匾。清嘉庆时的两广总督觉罗吉庆视察祖庙并题联：“默祷岁时常裕顺，愿登黎庶尽纯良。”咸丰元年（1851），时任湖南巡抚的里人骆秉章视察祖庙，留下了“帝自有真经纬台垣元天并仰尊无二，庙原称祖古今俎豆福地应知此最初”的联语。明代的南海县令骆用卿（余姚人）拜谒祖庙，并留下了《谒灵应祠》诗：“异国奇香过海龙，万家烟火见灵通。时和明受春秋祀，寇扰阴收保障功。北极云来庭外树，南天鹤返庙前风。我来粤省人何识，喜雨横江慰野农。”[②]清代乾隆以后，历任佛山同知都积极参与祖庙修缮，如乾隆时的佛山同知赵廷宾、嘉庆时的佛山同知杨楷、光绪时的佛山同知刘国光等都为祖庙的修缮作出了重大的贡献。

（二）北帝坐祠堂

北帝坐祠堂是将北帝神像逐日安放在八图土著各宗族祠堂内，供该宗族之人拜祭的仪式。佛山的八图土著居民，是明初佛山堡开图建籍时的八图八十甲初民，是自有佛山以来最早的合法居民。北帝坐祠堂就是专属于他们的传统仪式。每年正月初六，是祖庙北帝出祠之日，也是八图土著的重要日子。史称：“（元月）初六日，灵应祠北帝神出祠巡游，备仪仗、盛鼓吹，导乘舆以出游。人簇观，愚者谓以手引舆杠则获吉利，竞挤而前，至填塞不得行。”[③]“正月初六日帝尊出，每甲两人，早晚福叙有饼。”[④]“正月初六日帝尊到祠。八十甲每甲一位，携帖午叙，新旧监察并该图早晚福叙，俱每领饼果。”[⑤]从上述材料可知，正月初六日北帝由灵应祠出游时，八图八十甲每甲派两人，一共一百六十个父老、士绅随行一天。至晚北帝坐落在八图

① 乾隆《佛山忠义乡志》卷六《乡俗志》。

② 道光《佛山忠义乡志》卷十一《艺文志下》。

③ 乾隆《佛山忠义乡志》卷六《乡俗志》。

④ 《南海鹤园陈氏族谱》卷四《杂录·八图现年事务日期》。

⑤ 《南海鹤园陈氏族谱》卷四《杂录·轮图事务日期》。

祖祠（公馆），从而开始了一年的北帝祭祀活动。第二天由鼓吹仪仗送回祖庙，由另一氏族人到祖庙迎神回祠拜祭。祭后送神时，各氏族并有放炮放烟火等仪式。如此一个祠堂接一个祠堂的迎送，轮完八图八十甲为止。每一次交接都在祖庙进行。如此轮祭到三月三十日。其中，正月十七日，轮到南海鹤园陈氏，其谱称："正月十七日恭迎帝尊到祠，阖族颁饼果。并父老新丁另备迓圣两道，连日福叙。"又载："正月十七日，帝尊到祠摆列，父老迓圣一道，此饼果父老得。""正月十七日，帝尊到祠摆列，新丁迓圣一道，此饼果新丁得。以上迓圣两道，大宗每支银二大员办理。"[①]二月十三日，轮到金鱼堂陈大宗。因二月十五日，正逢"谕祭之日"，官员须到祠拜祭。所以在二月十四日迎神回宫仪式特别隆重。八图仍由每甲派两人，"二月十四日晚往金鱼塘陈大宗接神回宫谕祭，晚叙均有饼"[②]。陈炎宗也说："（二月）十五日谕祭灵应祠北帝，先一日绅耆列仪仗、饰彩童，迎神于金鱼塘陈祠，二鼓还灵应祠，至子刻，驻防郡贰侯诣祠行礼，绅耆咸集。祭毕，神复出祠。"[③]"神复出祠"何往？也就是在二月十五日当天，北帝又被迎往猪仔市梁祠（明景泰忠义士，二十二老之一梁广之族）供奉。《梁氏家谱·本祠例略》记载："二月十五日，各伯叔兄弟赴祠，肃整衣冠、头锣，赴祖庙迎接北帝贺临本祠鉴醮。十六日午刻，打点各盛会放炮，祠内送神起座。分饼事务。是晚督理各盛会施放烟火花筒，弹压打架，毋使生事。"到三月初四日，轮坐到水便陈大宗。因三月三日在祖庙建醮，北帝建醮后要在村尾会真堂更衣，故八图父老均到会真堂接神。《八图现年事务日期附》记载：每甲派人"三月初四日在祖庙醮，是晚会真堂接神，至水便陈大宗下马，早晚福叙有饼，司祝斋金九分"，"三月三十晚，帝尊回宫，晚叙有饼"。[④]至此，从正月初六早至三月三十日晚，前后长达八十三天的"北帝坐祠堂"活动才告结束。

从上述材料可知，正月初六帝尊到八图祖祠（当天有出游），二月十五日的谕祭（当天有色队伴行），三月初三的巡游，均由八图八十甲各派人参

① 《南海鹤园陈氏族谱》卷四《杂录》。

② 《南海鹤园陈氏族谱》卷四《杂录·八图现年事务日期》。

③ 乾隆《佛山忠义乡志》卷六《乡俗志》。

④ 《南海鹤园陈氏族谱》卷四《杂录》。

加，是八图公务。扣去这三天，就是整整八十天，恰与八十甲的数字相等。在这八十天里，属于各氏族自理的事务，届时各族均打点头锣，召集父老，准备烟火，迎送北帝。可见，祖庙“北帝坐祠堂”的仪式必须是轮坐所有八十甲的祠堂。也就是说，在八图范围内各姓氏有共享北帝到祠祭祀的权利，而在佛山社区范围内土著居民群体有独享北帝到祠祭祀的权利。在这里，体现了不同血缘群体之间存在着享有社区权利的差别。越早定居的血缘群体，越享有对地方神明的优先祭祀权。

北帝坐祠堂的仪式具有十分重要的功能，首先，把北帝从神圣的祖庙请出来，坐落在家居附近的祠堂里，这密切了北帝与八图土著居民的联系，满足了土著居民精神寄托的需要。同时也强化了土著居民的主神崇拜意识。其次，在接送北帝的仪式过程中，宗族父老和士绅的地位得到明确，也就是宗族内部形成的种种关系得到了重新确认，这对维系宗族组织无疑起了重要作用。再次，也是最重要的，这种对北帝坐祠堂权利的拥有，强化了土著居民的“八图”认同意识，保持了土著居民的自尊和信心，同时也向所有佛山人暗示：北帝这一素著灵响、无往不胜的地方保护神是与土著居民紧密联系的，土著居民因此掌握着地方主神祭祀的文化资源。而在这种祭祀仪式的重演过程中，土著群体与侨寓群体的区别得到彰示，从而其自身的团结也得到相应的加强，群体自身的地位和价值观念也就得到再度的肯定。对于土著居民个人来说，仪式活动使他在群体中得到思想感情的共通与支持，而且通过仪式的重演，把他与力量和慰藉之源沟通起来。这就加强了宗族本身的内聚力。

（三）北帝巡游

北帝巡游是佛山最有象征意义的祭祀仪式。它具有明确神明控制的社区范围，重申社区领导阶层的地位，强调社区内各神明之间和不同地缘、不同血缘群体之间的统属关系，强化人们的主神认同意识，从而加强社区内聚力的功能。

元代和明初的北帝巡游，是在古九社范围内进行。但当时九社的范围并不大，所涉铺区仅有后来的六铺范围。该六铺均处于佛山中南部，约占清代佛山镇范围的二分之一。我们知道，古九社的居民后来成为八图土著居民。这一历史传统，决定了八图土著居民后来在北帝出游中的地位。清代乾隆年间，北帝巡游的范围已扩大至全镇范围。陈炎宗记载："三月三日，北帝神诞，乡人士赴灵应祠肃拜。各坊结彩演剧，曰重三会。鼓吹数十部，喧腾十余里。神昼夜游历，无晷刻宁，虽隘巷卑室亦攀銮以入。……四日在村尾会真堂更衣，仍列仪仗迎接回銮。"[①]"各坊结彩演剧""喧腾十余里""虽隘巷卑室亦攀銮以入"，可见北帝是在全镇巡游。当时在汾水铺设有"武当行宫"一座[②]，当是北帝巡游时停舆供商民拜祭之处。又从初四才"迎接回銮"，可知当时北帝出游时间是一天一夜。

佛山市祖庙博物馆保存了一张《佛镇祖庙玄天上帝巡游路径》（以下简称《路径》），十分详细地记载了北帝巡游日期、所经街道及其巡游队伍的组成情况，为我们了解佛山祖庙北帝巡游的细节提供了不可多得的材料。《路径》是一张刻印公告，宽52厘米，长57厘米。根据内容看，该公告是清中叶后物。其中详载了佛山一次祭祀北帝崇升的巡游活动。所谓崇升，是指北帝得道飞升金阙。

图8-7-4　清代佛山镇北帝崇升巡游路径图

《路径》右首标明："诹十月廿六日恭随帝尊巡游阖镇，至十一月初三日卯时，俟候崇升。谨将路径胪列于左。祈俟随神各绅耆衣冠者行后可放炮。"北帝巡游前的准备工作，是设定巡游路线，张榜通晓镇民。凡北帝所经街道，一概要清除干净，搭建"过亭"。这与乾隆年间陈炎宗所述三月三出游"各坊结彩演剧"有相似之处。而各街摆列之华筵，北帝只是顺道采鉴，恕

① 乾隆《佛山忠义乡志》卷六《乡俗志》。

② 乾隆《佛山忠义乡志》卷三《乡事志》。

不停銮。巡游队伍的组成有严格规定，跟随北帝神同行的是“绅耆”和“衣冠者”，只用观音堂铺的銮舆，只许岳庙铺的一狮随行。其他各街组织与会的火篮和狮子一概恭辞。巡游是有组织、有步骤地进行的，凡各街要烧炮的，必须俟随神绅耆衣冠者过后方可放炮。并定于十一月初三卯时在祖庙崇升，诚心者可届时俟候。

《路径》规定十月二十六日至十一月初二晚一共八天的巡游路线①。从中可知，佛山的北帝巡游，不是一铺一铺递次进行的，而是各铺交叉进行的。北帝巡游没有在同一条街道上回头的，都是一条街道走到底，穷巷断街北帝是游不到的。北帝不回头是北帝巡游的一大特点。但这势必会漏掉许多街道。为了解决这一矛盾，北帝巡游采取多次绕圈而行的方式进行。这又使北帝巡游呈现出重复性的特点，即俗称之“行龟缩”。然而，每一次的反复，都不是上一次的继续。比如在街道较多且排列整齐的汾水铺，所走的路线几乎不重复，只在街道口相交处出现。而在街道较少的铺区如栅下铺，则每次绕圈都必须在一些与外铺相接的通衢上重复。南来北往，使人误以为北帝巡游是从原路返回的（佛山故老传闻“行龟缩”是从原路返回的）。实际上都是为了补游第一次游不到的街道。因此到明照铺和汾江对岸的鹰嘴、文昌和鲤鱼等沙只游了一次，因为它们的街道是沿河涌呈带状分布的，一次就可以全部游完。用八天的时间来遍游全镇街道，充分显示了北帝对整个佛山的统合力量。

尤为重要的是，《路径》及其所展示的北帝巡游活动，反映了佛山内部复杂的社区关系。

首先，北帝巡游的仪式仍然保持着土著居民的古老权威。北帝在外巡游的七夜中，曾在五个土著大宗祠驻跸，它们是莲花地黄大宗祠、郡马梁祠、澳口梁大宗祠、细巷李大宗祠、金鱼堂陈大宗祠。除了驻跸之外，巡游中各大宗祠都重复巡游了一次以上，其中陈大宗祠重复巡游4次，郡马梁祠3次，澳口梁大宗祠2次，李大宗祠和黄大宗祠各1次。加上当夜的驻跸，上述诸祠依次为5、4、3、2、2，这个数字表示了北帝曾多次与其族人相会。与诸庙和

① 北帝巡游八天路线所经街道详情地图，请参阅罗一星：《明清佛山经济发展与社会变迁》，广东人民出版社1994年版。

街道相比，重复3次以上者确属寥寥无几。这至少说明上述诸宗祠在北帝巡游中占有特殊的地位。既可迎北帝驻跸，又可享受北帝多次采鉴。这种仪式所代表的文化意义与“坐祠堂”的仪式有某种相似之处，它暗喻着北帝神是土著居民祖先携来并打造的，祖庙首先与他们祖先相联系。尽管北帝巡游的内容在清中叶已大大扩充，但世代交叠的积淀作用，仍然以古老的事物维持着原始威望的存在。所不同的是，“坐祠堂”反映着土著各宗族之间的平等祭祀权，而巡游彰示着个别大宗族在社区中的传统特权和社会尊重。

其次，北帝巡游显现了祖庙对各铺主庙的统合关系。在巡游路径中所列出的庙宇名有66个，其中有19个是各铺主庙，而我们根据地图查看，发现岳庙铺的武庙、鹤园铺的洪皇庙、医灵铺的医灵庙，亦在必经路径上。这就是说，除了祖庙铺、潘涌铺、彩阳堂铺、纪纲铺、石路铺无主庙外，当时22铺和文、鹰二沙的主庙都是北帝巡游所到之处。上文说到，当时佛山有庙宇180座，而北帝巡游只有66座庙宇，显然是经过挑选，并有意识地巡游到各铺主庙所在位置上的，公庙和街庙就不在必游之列。例如，东头铺、突岐铺、仙涌铺、明照铺、黄伞铺、鹤园铺、医灵铺、真明铺，都仅游了一座主庙，其他庙宇一概不游。所游庙宇最多的是山紫铺和富文铺，因其庙宇多处于必经之路，故也“顺道采鉴”。

由此可见，北帝巡游还体现了其统属庙宇系统的等级关系。只有一铺之主庙，才有资格恭候北帝的驾临。一般庙宇无此洪福。而通过北帝巡游，强调了群庙之间的等级差别，明确了诸庙对祖庙的归属和依附关系，从而也重申了北帝的社区主神地位。

再者，北帝“过海”巡游诸沙，更体现了北帝对周边区域的统合以及周边区域对北帝的认同。诸沙多在汾江两岸，在清代以前不属佛山堡版图。如文昌沙、鲤鱼沙属叠滘堡，太平沙、聚龙沙属张槎堡。因此明初北帝神巡游仅在九社进行。乾隆年间的北帝巡游虽有扩大，但往北也不过汾江河。随着佛山工商业的发展，上述诸沙日益城镇化，“商务以文沙为盛，鹰沙以西木商最多，亦自成一市”。经济上的联系，加强了政治上的整合，咸丰以后，文、鹰二沙遂设立分局，受制于佛山团防总局；太平、聚龙二沙合设一局，称平聚局，局首“由坊众公推”，其治安亦由佛山都司巡管。这样四沙亦进入佛山版图。[①]由此，四沙居民自然会有融入佛山文化圈的愿望，而佛山居民也要有一个承认其合法地位及显示其统属关系的表示。北帝“过海”的巡游活动，就是在这一背景下发生的。由此可见，北帝巡游活动具有强烈的明确社区范围的象征意义，具有强化社区整合结果的功能。

这种精神世界的等级关系，也暗示着现实世界的等级关系。在北帝巡游的队伍中，有资格跟在北帝后面的是“绅耆”和“衣冠者”，就是说70岁以上的耆民、科举成功之士和官宦人物，他们是社区最有地位的群体。其中的一部分是佛山自治组织大魁堂的成员，他们是佛山的精英阶层，如同北帝巡游体现了对诸庙的统属关系。这批精英在各铺区街道的巡游，也体现着他们在佛山各铺区处理公共事务的领导地位。而每一次的北帝巡游仪式，都是再一次重申他们所拥有的社会地位的机会。有学者指出：“为保持上等人的恬静和人们的良好秩序，没有比礼仪的规则更好的东西。礼仪的规则不过是尊敬原则的发展。”[②]北帝巡游仪式，体现着士绅阶层与其追随者的关系，体现着各群体之间的关系，有助于人们看到和记住这些分成等级优势的现存固定关系，这对维持社区团结、稳定社会秩序，无疑起了不可忽视的作用。

（四）烧大爆

烧大爆是重要的祭祀仪式。在每年三月三日北帝诞的当日举行。所谓烧大爆，是以巨大的爆竹燃放以享神，并让众人拾抢其爆首以接福的活动。早在清初时“佛山大爆”已名震粤中。屈大均详细描述过这一盛况：三月上巳，祖庙门前，万头攒动，箫鼓喧耳，一年一度的佛山烧大爆仪式在这里举行。放眼开去，一片辉煌，北帝神停舆的“真武行殿”，皆以小爆构结龙楼风阁，又有小爆层层叠出的“武当山”及“紫霄金阙”，四周悉点百子灯。其一灯一盏皆以小爆贯串而成，锦绣铺桥，花卉砌栏。人声喧处，一队百人组成的“倭人”色队，牵引着一个高二米半、粗一米多的大纸爆香车走过来。大纸爆上饰锦绮洋绒及各色人物，药引长二丈有余。大纸爆过后，是椰爆的香车，亦以彩童推挽而来，椰爆直径也有二尺，上饰龙鸾人物，药引长

① 民国《佛山忠义乡志》卷一《舆地志·四沙》。

② ［美］E·A·罗斯著，秦志勇、毛永政译：《社会控制》，华夏出版社1989年版，第192—193页。

六七丈。一一在庙前空地上排开，小纸爆有数十，小椰爆有数百。合镇几十万男女，竞相观睹，簪珥碍足。燃放大纸爆时，放者攀于高架之上，以庙中神火掷之，发声如雷，远近震动。放椰爆时，人立于三百步之外燃放。响声过处，观众一拥而上，争抢“爆首”。爆首是一铁制小圈，上写有爆名，如“上元正首爆”“上元十足爆”等。各爆有等次，即俗称头爆、二爆、三爆等，拾得“爆首”有相应的奖品，如镜屏、色物等。人们相信爆首是北帝所赐之福，拾得爆首者，“则其人生理饶裕”，故人人奋力拼抢，即使人仰马翻也在所不惜。[①]

据佛山父老传闻，抢爆者皆有爆队组织，一是以宗族“某某堂”为队，一是以会馆“某某堂”为队，一是以街坊组织“某某会”为队。队员之间互相配合，互相掩护。一旦拾得爆首，即过关斩将奔出重围，到“真武行殿”处由祖庙值事首肯，并领取奖品。如此几百爆放完，拾得者抬着奖品鼓吹欢喜而归。来年由其偿还所拾之爆。偿爆均按原爆价值偿还。屈大均说大纸爆价值银百两，而椰爆价值五十两，故还爆“动破中人之产”往往有之。佛山俗谚云“佛山烧大爆，弹子过蠕冈”[②]，指的就是有鬻子以偿爆之事。

佛山烧大爆的仪式，生活在今天的人无论如何难以复见。这种隆盛的烧大爆仪式，似与重现北帝出生之日的情景相联系。《启圣录》言：“开皇元年三月三日玄帝产母左胁，当生之时，瑞星天花、异香宝光充满王国，土地皆变金玉。”[③]故而佛山人要缀以香车、香花、百子灯等，更要用爆竹之花撒满一地，以庆贺诞辰。应该说，佛山人所重构的氛围是成功的，它使人“目乱烟花，鼻厌沉水”，犹如置身于北帝诞生之日。这一感受，无疑会增加人们对北帝的神圣感。

更为重要的是，烧大爆的仪式，集合了全镇居民，无论男女老幼，无论土著侨寓，无论富人穷人，都可以参与这一仪式，地缘的结合因素在此压倒了血缘的结合因素，阶级的分野在此也变得模糊。人们在参与中享受着社区一分子的权利，从而强化了社区的认同意识。仪式的循环还扮演着调节群体之间关系的重要角色。在激烈的争抢中，在轰鸣的爆声中，在欢乐的喝彩

① 《广东新语》卷十六《器语·佛山大爆》，第444—445页。

② 同治《南海县志》卷二十六《杂录》。

③ 吕宋力、栾保群：《中国民间诸神》，河北教育出版社2001年版，第66页。

声中，人们在一年之内可能形成的积怨消失殆尽，各种社区关系在此得到调和。几百个爆首当年由北帝撒向全镇居民，次年，几百个新爆又由全镇和四乡居民还给北帝。接福还神，周而复始，不断循环，犹如一双无形之手把全镇居民与北帝紧紧联系在一起。同时，在这一盛大的祭祀仪式中，个体显得那么渺小，任何一个还炮者都不可能促成此盛会，只有群体的力量，才能集合起几百个大爆的宏大阵容。因此，社区成员感受到了彼此之间的依赖程度，同时也加强了继续留在该群体的意愿，从而群体的整合程度也得到提高。

（五）乡饮酒礼

祖庙乡饮酒礼和颁胙制度的废兴以及乡饮酒礼性质的改变，反映了侨寓人士社区地位的上升与八图土著支配权的减弱。

乡饮酒礼是70岁以上父老在春秋二祭时到祖庙祭祀后参加的饮宴。乾隆以前，乡饮酒礼和颁胙一样，曾是八图土著才具有资格参加的仪式。在传统社会里，除了绅士之外，耆老也是一种身份标志。在佛山，每逢春秋二祭，土著70岁以上的老人可享受北帝所赐饮福，可领取北帝所颁胙福。这是一种社会荣誉。取得了这一社会荣誉，自然享有较高的社会地位。而每一次乡饮酒礼和颁胙的举行，也就是一次显示社会地位的机会，所谓“俾后生有所观感”[①]就是指此。

清代前期，外来商贾日益增多，他们之中捐输给祖庙者争前恐后，正所谓“无远弗届……靡不望祖庙荐享而输诚”[②]。乾隆年间，他们不满于这种把他们排斥于外的活动，群情激愤。在这种情况下，乾隆四年（1739），乡饮酒礼被南海县官府禁示，随后里排颁胙也被严加禁止。自乾隆四年禁止以后，乡饮酒礼有60年没有举行。然而，官府饬禁的目的，并不是禁止乡饮颁胙这件事本身，其本意在于顺应士绅和侨寓的要求，剥夺里排对祖庙的支配权。当支配权转移到士绅手里时，“乡饮”就不在禁止之列了。尤其是经过反复的较量，双方的利益在新的空间范围下和条件下得到确认，两大利益群体获得了新的平衡，使得并存发展有了可能。乡饮酒礼的恢复和性质的改

① 嘉庆四年陈其焜《书院膏火记》，载道光《佛山忠义乡志》卷十二《金石志下》。

② 乾隆二十二年《禁颁胙碑示》，载道光《佛山忠义乡志》卷十三《乡禁志》。

变，就在这一背景下产生。

嘉庆四年（1799），两广总督吉庆批准了佛山老民陈启贤要求恢复包括侨寓、土著人士70以上者在内的乡饮。其《准复乡饮碑示》称：

乡饮一项，礼教攸关，务须及早举行。毋论侨居、土著，如系身家清白，持躬端谨之人，年登耄耋，皆得报名赴庙拈香就席，以为闾里矜式。[①]

当时恢复乡饮的地点不在祖庙，而在崇正社学，这与大魁堂设在崇正社学不无关系。道光《佛山忠义乡志》记载：

每岁十一月二十四，崇正社学举行乡饮礼，以乡中年高有德行者充正宾，其次为介宾，年登七十者是日咸与焉。[②]

冼宝榦对此也有详细记载：

乡饮酒礼，岁以十一月良日举行。年在七十以上皆得与席。先期赴大魁堂报名，绅士为之介绍。是日，设馔于灵应祠之后楼及崇正社学，以年最高者位专席。地方官授爵，余以齿序，乐奏堂下，酬酢如仪。宴毕颁胙，礼成而退。其款由大魁堂支给，复序其爵里，榜之两庑，士大夫亦以得与斯宴为荣。[③]

嘉庆六年（1801），侨寓人士吴升运曾为“乡饮正宾”[④]，栅下区氏曾为乡饮大宾者有区显扬、区儒友[⑤]。道光《佛山忠义乡志》卷九《人物》也记载了“乡饮大宾十人”，他们是陈耀国、劳光干、区显扬、周寿绵、邓胜万、

① 嘉庆四年《准复乡饮碑示》，载道光《佛山忠义乡志》卷十三《乡禁志》。
② 道光《佛山忠义乡志》卷六《乡事志》。
③ 民国《佛山忠义乡志》卷十《风土志·乡饮酒礼》。
④ 道光《佛山忠义乡志》卷九《人物志》。
⑤ 《栅下区氏族谱》，第37页。

黄兴汉、吴元演、霍昆山、钟诚。[1]这些人多为侨寓人士。

乡饮酒礼的恢复与其参与者范围的扩大，标志着侨寓人士社区地位的上升，标志着侨寓人士取得了合法地位，在祖庙福胙上享有与土著一样的权利。同时也表明了佛山的社会整合程度正日渐提高。

上述北帝祭礼仪式所反映的清代佛山社区内部关系是比较复杂的，八图土著的特权源于传统，是与入住权俱来的；侨寓的地位来自新兴行业和经济实力的支持；士绅的权力则与官府的力量和侨寓的实力相依托。它既呈现出以八图土著居民为主体的社区特权的保留，又呈现出以侨寓商人为主体的侨寓群体社区地位的上升，还呈现出以士绅为首的精英集团对社区文化资源的掌握和加强。概言之，侨寓商人社区地位的上升，引起土著社区地位的下降和抗衡，从而导致士绅对社区关系的整合，在新的水平上达成平衡。这种关系，是与佛山由简单的农村社会转变为复杂的都市社会相联系的。上述所有仪式组成了佛山祖庙一年始终不落幕的民间信仰活动舞台，也使祖庙不断扮演和转换着整合各种社区关系的社会角色。而更为重要的是，所有这些仪式活动正是使整个庙宇活起来的重要因素，是祖庙的生命体征和生命潮汐。

几百年来，祖庙的中心地位不断突出，北帝的控制范围日益扩大，北帝的崇拜日渐抬升，祖庙的控制权也在不同的社会群体之间发生转移。从明初仅有“寺庙数处”，到清末有神庙170座；从明初北帝仅巡游九社范围，到清末巡游全镇二十七铺及其四沙范围；从八图土著父老把持祖庙到士绅阶层控制祖庙乃至全镇，就是其逐渐发展的历史轨迹。与此同时，传统的神明祭祀仪式也随着城市发展而演变，随着社区关系变化而发展，并适应传统社会的多样性需要而不断精致化和复杂化。它调整着社区内部复杂的血缘和地缘关系，调整着土著群体与侨寓群体的关系，延续着悠久的历史和文化传统；它完成了对传统社会不断整合的重大任务，发挥着建构传统社会的重大作用。

（六）承接法事

清代祖庙不仅是佛山镇的祭祀中心，也是珠江三角洲各地祭祀仪式的源

① 道光《佛山忠义乡志》卷九《人物志》。

泉。祖庙通过祭祀仪式的输出和实施，对珠江三角洲各县信众的祭祀活动发挥着重要作用。如同伸开的臂膀，承托着更大范围民间信仰的传播。

佛山市博物馆近年发现祖庙《接法事部》账本，详细记载了清代末年祖庙道士法事活动的丰富信息。《接法事部》共记录了180次法事[①]，从主会者有镇内霍姓、陈姓合族，大树堂吴府等姓氏，有汾流大街、黄伞大街、潘涌大街等铺户居民，还有顺德合邑、四会盛邑、花县合邑、新宁合邑、新兴合邑等外境会主。其中明确记载在佛山祖庙（灵应祠）内举行共95次，占到总数的52.7%。就光绪七年到十四年（1881—1888）的法事数来统计，平均每年在灵应祠举办的法事数为17.75次，每月平均举办约1.5次。法事的类别包括酬恩醮、保境醮、贺诞醮、度亡超升醮、盂兰醮等，其中数量最多的是酬恩醮，共89次，占法事总数的49.4%，几乎占了一半。其次是保境醮，共27次，占法事总数的15%。酬恩醮为酬谢北帝神恩而设，醮期从一昼夜到七昼夜不等。在灵应祠举办的酬恩醮，以两昼夜的为多。洞天宫每月在灵应祠举办醮会时间是三天三夜，再加上其他受邀道教机构或道士所做的法事，以及三月三北帝诞、春节期间、北帝巡游出銮及回銮时所作的法事等，祖庙一年的法事活动是相当频繁的。

邀请洞天宫道士在灵应祠举办法事的主要有三类人：一为佛山及珠江三角洲一带各姓氏，共有64次，占《接法事部》灵应祠总法事数95次的67.4%；他们分属花县（花邑）、顺德（顺邑）、四会盛邑、三水（三邑）、东莞（东邑）、新会岗州、新兴、新宁（今台山）、清远以及周边的一些乡，如南海敦厚乡、大都乡（今顺德陈村）等。二为广东一带的县邑，如花县、顺德、三水等，共22次，占总法事数的23.2%。这些县邑往往都以合邑的名义举办酬谢北帝的酬恩醮。三为佛山的庆会组织，如簪花会、丰年行、端庆祖会、联合行等，共9次，占

图8-7-5　佛山经堂古寺。明天启七年（1627）由塔坡庙迁建，光绪年间重建

① 《接法事部》详细表格内容，请参阅《佛山北帝文化与社会》第五章第六节。

总法事数的9.4%。

从祖庙现存文物上的文字来看，佛山祖庙的信众分布至少到达了广东的番禺、顺德、花县、新会、英德、罗定等地，与《接法事部》中提到的有关广东各地县邑合邑来佛山祖庙举办酬恩醮的区域大致吻合。可见，佛山祖庙信仰圈的范围以珠江三角洲地区为主，同时兼及广东其他一些地区。从中华人民共和国成立后对祖庙信众、游客的调查来看，佛山祖庙及其代表广府文化的精美民间艺术品，确实在港澳以及东南亚一带有长期影响。

明清时期，祖庙不仅是佛山镇的祭祀中心，同时也是珠江三角洲各地的北帝祭祀仪式的指导者和实施者。祖庙通过祭祀仪式的输出和实施，对珠江三角洲各县信众的祭祀活动发挥着重要作用，也让祖庙北帝文化的人文之光，投射到珠江三角洲和广东各县的阡陌里巷。

综上所述，明清两代，祖庙的祭祀仪式在官府和民间的共同参与下，在士绅群体的策划控制下，创造出精致复杂的文化符号。它们是“北帝坐祠堂”“北帝巡游”“灵应牌坊”“北帝铜像”“烧大爆”“出秋色”，还有“嘉会堂”“大魁堂”“铺区制度”“庙议制度”等。这些文化符号都具有深厚的佛山历史文化内涵，既是佛山人对北帝文化的历史贡献，也是佛山人引以为傲的文化资源。如“大魁堂”符号，实际包含了管理机构的制度化设置，丰富并管理良好的义仓、铺租、田塘等祠产，与官府之间的有效沟通机制，长期对佛山镇公共事务管理的实际运作经验，及佛山社会对大魁堂值事士绅群体的尊重等文化内涵。又如“烧大爆”“出秋色”等文化符号，代表着佛山数十万人参与的娱神与娱人兼具的大型社区庆会活动，对于这些庆会活动，佛山人民都表现出策划精细、内容丰富、资源整合、规模恢宏的文化特征，成为珠江三角洲乃至岭南地区北帝祭祀仪式的典范。

由上可见，历经近千年沧桑的佛山祖庙，从传统社会的神圣社区中枢到今天佛山人的文化象征和认同标志，一路走来，文化符号和地方特色独特而明显、复杂而精致，其影响所及，早已超出了佛山镇，超出了珠三角。如今我们仍然可以在广东各地的北帝祭祀仪式上，看到佛山镇创造的文化符号及其流变的文化形式。

四、清代佛山其他宗教信仰

（一）佛教

佛教曾是佛山最早出现的宗教。相传东晋时曾有西域僧人来佛山结茅讲经，唐初人们在塔坡冈掘出三尊小铜佛像和一石碣，于是供奉起来，佛教由此流传。明王朝举国上下崇祀真武，而祖庙享有敕赐“灵应祠”之显赫。加上嘉靖初年广东提学副使魏校推行的“毁淫祠”的打击，佛寺在佛山一直无法抬头。直到清初时借藩王尚可喜崇尚佛教之势，佛山的佛寺才迅速发展。两藩踞粤时期，顺治七年至康熙二十一年（1650—1682），佛山建立了仁寿寺等八座寺院，其中建于祖庙铺的仁寿寺，“宽广为诸寺冠”[①]。仁寿寺是佛山规模最大的佛寺，位于现在佛山禅城区祖庙路民间艺术社内，由密宗僧人纵堂建于清顺治十三年（1656）。后历经多次重修，到清咸丰五年（1855）广州华林寺住持释仁机主持修竣，有僧舍九十九间和一个花园，基本奠定该寺规模。

塔坡寺俗称经堂，是佛山佛教最古老佛寺。相传为东晋时来佛的西域僧人讲经之处，唐贞观二年（628）因该地挖出三尊铜佛像而声名大振，成为佛山得名依据。明洪武二十四年（1391）塔坡寺遭毁，天启七年（1627）易地迁建于今佛山市新风路。清光绪三年（1877）广州华林古寺方丈勤安来佛山主持重修，使寺内面积达到近二十亩规模，成为佛山众寺之冠。寺修好后，勤安入京为慈禧太后贺寿，得赐《龙藏经》、幢幡御香等宝物。经堂古寺由此又声名大振，僧人多达500多人。现存的浮图殿、后厅尚为原貌，属祠庙式建筑，进深三间，大门上“经堂古寺”四字石额完好。

顺治、康熙、雍正年间佛山共建有佛寺（庵）26间，但乾隆以后佛山佛寺就开始衰落。这与当时祖庙地位的突出、北帝崇拜的登峰造极有关系。佛教在佛山从来没有如同北帝崇拜那样的深厚社会基础。佛教只在一小部分祭祀群体中发展，受到大众社会尤其是士大夫的鄙夷。如陈炎宗记载：“四月八日浮屠浴佛，以枣栗各种杂投汤中，分遣诸佞佛者，曰佛汤。佞佛者

① 乾隆《佛山忠义乡志》卷三《乡事志·寺观》。

饮之，喜捐钱米答之。”[①]佞者，巧言谄媚也。将信佛之人斥为“佞佛者”并写入方志中，可见陈炎宗的观点代表合镇多数人的看法。在北帝崇拜的压力下，佛寺发生了严重的分化改组。一部分不适应社会的寺院倒闭或挪作他用。如德寿寺、慈隐庵、福源庵、吉祥庵、三昧庵、别院、豹庵均在清末前废弃了。又如通济庵，改为桥亭铺公所；鹿峰庵，咸丰五年（1855）改建岳庙公所；龙池庵，改为锦澜公所。[②]一部分寺院适应群众心理改称庙宇，获得生存，如铁佛庵，在福德铺，后改为铁佛庙（祀关帝）；茶庵，在丰宁铺，“即今敬字亭”；宝洲禅院，在文昌沙，“现改建武帝庙后楼”；普庵改为“普庵庙”；著名的南济观音庙，亦为白衣庵僧圆明所改。[③]有的寺院则在寺院不存时将佛像搬入祖庙，如顺治八年（1651）建立的定觉庵，在福德铺高地下巷，供有据说从西藏请来的无量寿佛金像一尊和神将像二尊，乾隆五十五年（1790）该庵失火，无量会众人“迎神像安祖庙正殿，神将小像另函恭储，每岁醮会，陈列数日，归司祝典守”[④]。值得注意的是，当时佛教信徒不把无量搬到最大的仁寿寺，而搬到祖庙，并归祖庙司祝典守，这说明佛教信徒也认同于北帝崇拜，并主动放弃其独处自尊的地位。可见祖庙具有很大的包容性，而北帝崇拜则增添了十分丰富的内涵。这不仅说明了民间信仰所具有的多元并存的特点，同时也预示着祖庙对佛山佛教某种程度的整合趋势。

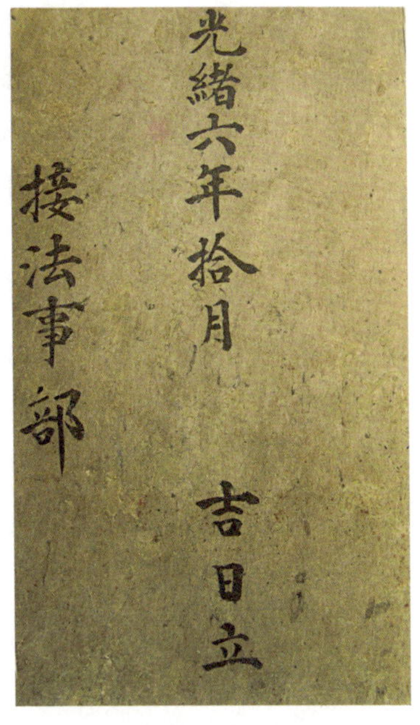

图8-7-6　光绪六年（1880）《接法事部》（佛山市博物馆藏）

（二）道教

制度化的道教在佛山的发展很有限，据现有资料，佛山只有两座道观，

① 乾隆《佛山忠义乡志》卷八《乡俗志》。

② 民国《佛山忠义乡志》卷八《祠祀志二·寺观》。

③ 民国《佛山忠义乡志》卷八《祠祀志二》。

④ 民国《佛山忠义乡志》卷十八《杂志·古物》。

即万真观和玉泉仙馆。万真观又名洞天宫，在丰宁铺莺冈之麓，相传建于明代，康熙五十二年（1713）罗浮山冲虚观道人杜阳栋的五世孙岑合顺与其同门陈有则等十人购地重建，铁松道人岑合顺为修建后的万真观住持。工竣后，适值当年大旱，饿殍遍地，四野很多无依木主，于是在观左边建了大慈堂，以祀无依木主。[①]但在雍正五年（1727）“游魂不安，怪异屡见，乃奉都城隍神以镇抚之”[②]。可见佛山请省城城隍神来佛山镇抚，肇于雍正五年。雍正八年（1730）洞天宫又进行了重修。[③]经过雍正五年到雍正八年的逐步扩建，万真观宫殿巍峨、护法者众，成为佛山著名的道观，有不少道士和云游道侣在此修行。如有镇内各大庙宇神诞，多请万真观的道士前往开坛建醮作法事，道士们常将观内珍传的洞天宫巨型锡香案一副摆在醮坛上。[④]佛山市博物馆藏的《接法事部》账本，详细记录了万真观道士在佛山祖庙接法事的情况，可见万真观与祖庙有着密切的联系。

玉泉仙馆，又名儒真仙馆，地处丰宁铺兰桂坊，是一座道侣自我修行的场所，不为信徒作公开的道场。原址为清代佛山名人李文田结诗社的南园。玉泉仙馆中间为两层大殿，上祀吕纯阳，下祀孔子。大殿两边筑有卧云阁、得月台、求志轩、养眼室等建筑物，馆内遍植花木，又有池塘，曲径通幽。馆四周高筑围墙，建筑格调纯为隐居修行风格。玉泉仙馆地处丰宁铺，与祖庙不远，据《佛山玉泉洞儒真仙馆碑记》“后蒙祖师觇示：莺冈之畔，兰桂坊里，有一南园废圃地，可通融”[⑤]的记载来看，玉泉仙馆的选址都是祖庙北帝觇示的结果，可见祖庙在佛山的广泛影响。

（三）孔教

佛山孔庙位于祖庙的西南侧，是清宣统三年（1911）佛山黄棣华等一批尊孔士绅集资兴建的一个尊孔活动场所，旧称“尊孔会”。原建筑占地面积约两千平方米，包括孔圣殿、招待室、治事室、海日楼、小亭、花园等。周围景色宜人，“右邻古庙，前绕清溪，菜陇桑畦，青葱可爱。遥望石湾诸

① 区瑞芝：《佛山新语》，内部资料，1992年，第53页。

② 民国《佛山忠义乡志》卷八《祠祀志二》。

③ 民国《佛山忠义乡志》卷八《祠祀志二》。

④ 《佛山新语》，第54页。

⑤ 民国《佛山忠义乡志》卷八《祠祀志二》。

▲图8-7-7 始建于清宣统三年（1911）的孔庙。位于今祖庙公园内（佛山市规划城建档案馆提供）

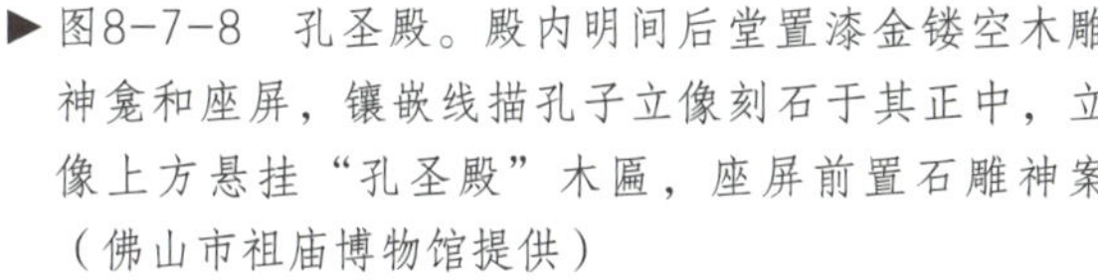

▶图8-7-8 孔圣殿。殿内明间后堂置漆金镂空木雕神龛和座屏，镶嵌线描孔子立像刻石于其正中，立像上方悬挂“孔圣殿”木匾，座屏前置石雕神案（佛山市祖庙博物馆提供）

山，宛如一幅图画，豁人心目”。[①]日寇侵华以来破坏严重，现仅存孔圣殿一座古建筑。孔圣殿为单檐歇山顶，面宽、进深各三间，建筑面积近三百平方米。殿内设有神龛，内置刻于宣统二年（1910）的孔子石刻像，是按山东曲阜孔庙的孔子石刻像拓本重刻的；像前的镂雕石供案由本镇兴宁街夏怡和店于清光绪二十三年（1897）造；殿内左右两侧墙上，镶嵌有《孔子庙堂碑》石刻，据唐代著名书法家虞世南所书碑记拓本翻刻，上有翁方纲的考证题跋；殿内的明间还装有精美的大型金漆木雕屏风；殿前石柱础上刻有生动传神的洋人侏儒形象，富有鲜明的时代、地域特色。

（四）基督教和天主教

基督教最早进入佛山是在清咸丰时期，咸丰十年（1860），第二次鸦片战争结束，签订了不平等的《天津条约》，规定外国传教士可自由进入中国内地传教，在此背景下，英国循道卫理公会的传教士俾士（Rev.George

① 佛山市博物馆编：《佛山孔庙资料汇编》，内部资料，1981年，第43页。

Piercy）来佛山传授基督教，从此开始流传。[①]同年，中华基督教伦敦会牧师梁柱臣在佛山走马路沐恩社开办堂会。同治元年（1862），他募捐建起了佛山基督教的第一间自建教堂——走马路堂。同治九年（1870），又一位英国循道卫理公会的传教士斯多马（T.G.Selby）来佛山传教，在永兴街租屋建立了永兴堂，后又迁到文昌沙建起了惠师礼行，成为循道卫理公会华南教区和佛山联区的办公机关。

佛山的天主教大概在康熙年间传入，据康熙四十二年（1703）耶稣会士道・冯塔耐（Jearl de Fontaney）途经佛山留下的记载："耶稣会士在这里建立了美丽的教堂，而且有了众多的信教者。"[②]一份藏于法国国家图书馆的手稿也列出康熙四十六年（1707）前后，佛山镇建有天主堂。[③]但天主教在雍正年间被严加禁革。据乾隆《佛山忠义乡志》卷三《乡事志》记载："世宗宪皇帝雍正元年癸卯（1723）禁天主教。乡毁天主堂。"当时天主堂建在彩阳堂铺。佛山千总署所驻的彩阳营，就是"毁天主堂建"的衙署[④]。雍正元年（1723）后，天主教在佛山被禁止活动，一度偃旗息鼓。咸丰八年（1858），澳门教区神甫陈做贤在佛山彩阳堂重设天主堂。直到咸丰十年（1860），随着"五口通商"的开放，英国惠师礼教会传教士俾士到佛布教[⑤]。同治元年（1862）在永兴街建立循道会。光绪十二年（1886），佛山天主教把教堂从彩阳堂迁到洪安里，神甫除陈做贤外，还有周复初、杨楞佐等及一位法国神甫。这位法国神甫在迁教堂时曾在祖庙旁边购地，欲将天主教堂迁来祖庙附近以吸引信徒，与祖庙争雄，但遭到祖庙的反对和佛山民众的疑虑，只好作罢。[⑥]这件事也说明了在佛山不管是土教、洋教，都有向祖庙靠拢或借助祖庙的影响来发展自己的趋势。就是外来的洋教士也很快意识到祖庙的"适符形胜"了。[⑦]

到光绪末年，佛山共有各种基督教的传布会、福音堂和天主教的天主堂

① 佛山市宗教事务局编：《佛山市宗教志》，内部资料，1990年，第1页。

② 《耶稣会士中国书简集》，载《康熙编》第4书简，东京平凡社1970年版。

③ 郑安德编：《明末清初耶稣会思想文献汇编》，内部资料，2000年，第38页。

④ 乾隆《佛山忠义乡志》卷二《官典志》。

⑤ 《佛山市宗教志》，第1页。

⑥ 《佛山市宗教志》，第40页。

⑦ 《乡仕会馆记》，载《明清佛山碑刻文献经济资料》，第10页。

11座[①]。

以上诸教在佛山的发展都不顺利，或分化改组，或倚仗祖庙，或流入世俗，或被禁被压，在上述佛山的佛教、道教、基督教、天主教四大制度化宗教中，佛教的历史最长，兴盛时期在清初，清末塔坡寺等曾盛极一时，但只是昙花一现。基督教、天主教都是在清末民初北帝崇拜等佛山民间信仰衰败的时期兴盛了一段时间。制度化的道教在佛山的影响一直不大，最著名的就是佛山的万真观，但万真观的名字常常为其观内香火旺盛的“城隍庙”所掩，可见民间信仰的巨大影响力。

第八节　佛山在中国城市发展史上的地位

第一，以佛山为首的“天下四大镇”的出现，打破了我国传统的“先政治，后经济”的“郡县城市”的发展模式，代表了“工商城市”发展的新路径，代表了此时中国城市都市化的主流。[②]

明清时期尤其是清代，不同于秦汉时期，也有别于唐宋时期，它是一个历史发展的新阶段，是商品经济推动城乡社会变迁的新阶段。这一历史发展阶段具有不同于中国封建社会早期和中期的历史特点：此时国内“郡县城市”的发展停滞，城乡二元结构逐步被打破，不同层级的岭南墟市和江南市镇集体涌现，一批没有城墙的工商城市迅速发展，中国城市体系的差序格局初步显现。佛山不是孤立的存在，而是与“天下四大镇”共同成长。由于农业商品化导致的过剩人口增加，手工业发展引起的新聚居点的集中和老聚居点的扩大，市场网络的日趋发育成熟，客观上要求有更大规模的城镇来担负起区域中心市场的任务，推动都市化进一步发展。于是号称“天下四大镇”的佛山、汉口、景德、朱仙脱颖而出。“天下四大镇”都不是县治所在，而发达的手工业生产和繁盛的商业贸易，是“天下四大镇”城市经济的主要基

① 民国《佛山忠义乡志》卷八《祠祀志二·各国教堂表》。

② 参阅《帝国铁都：1127—1900年的佛山》，第467—479页。

础。在其发展过程中，它们呈现出与“郡县城市”迥然不同的若干特征：

首先，工商业者是四大镇的人口主体。我国郡县城市中的绝大部分居民是官僚、地主、驻军和游民等消费人口，工商业者是绝对的少数。“天下四大镇”却与之大不相同。佛山从明代开始，冶铁、陶瓷这两大行业的工人就是佛山市民的主要成员。一定数量的工商业户的定居经营，是“天下四大镇”产生发展的共同前提，工商业发展造成的社会分工和城乡差异，则是它们产生的共同途径。

其次，四大镇政治统治比较薄弱。我国封建城市都是县治以上各级政权的所在地。整个明代，佛山实际上并无常设的官府机构。清雍正十一年（1733）以后，佛山陆续设置了海防分府同知署、巡检司署等分治机构。但至辛亥革命前，佛山一直不是县治所在，也没有城墙。汉口镇在清代一直没有设官，也没有城墙，隶属于汉阳县。景德与佛山也很相似，行政建置不如一个县治。朱仙镇隶属祥符县，一向无设巡检。直到光绪年间朱仙镇衰落，清廷也没有在此设县。我国封建政权的各级权力机构，一般都只具有政治功能，诸如断案、平叛、赈灾之类事情的处理能力。至于扶植手工业、疏通商业贸易等经济功能则极其微弱。对于四大镇这样的纯属经济发展而勃兴的工商巨镇，还未有相适应的机构设置。这种政治统治的相对薄弱，客观上有利于四大镇的经济发展，使四大镇避免了大量官吏、驻军、游民等消费人口的增加，从而也相对减少了超经济的剥削和掠夺。这对四大镇工商业的发展，不啻是一个良好的条件。

再次，民营手工业占四大镇主导地位。佛山的城市手工业，完全是私营手工业。以最重要的冶铁业而言，其中有三种经营方式：家庭小作坊、家族大作坊和商人经营的大作坊。商人经营的大作坊多由外地商人挟资迁来佛山后开办。商人没有手艺，作为作坊主，必须完全依靠雇工生产，这是私营手工业结构中的最高形态。景德的城市经济结构不像佛山那么单纯，其手工业由官营作坊、私营作坊和个体手工业者三部分组成。随着明后期“官搭民烧”制度的施行，御厂内部的窑座陆续减少。清乾隆末年，实行“尽搭民烧”制度，此后，御厂内部设置的窑座已不复存在。明清景德镇瓷业中乃是民窑生产居主导地位。

汉口和朱仙以商业贸易为主，手工业不占重要地位。但其手工业皆是民营手工业这一点是毫无疑问的。以上说明在清代，城市经济中民营手工业地位已经上升。而民营手工业地位的上升，意味着中国封建经济结构在清代发生了重大变化。这一历史变化，给“天下四大镇”向近代类型的工商城市发展铺下了坦途。

其实，比之于西欧中世纪的自治城市，“天下四大镇”在城市人口、城区规模以及工商水平方面来说都毫不逊色。它们以突出的经济功能对周围地区的经济起到了明显的刺激作用。因此，“天下四大镇”在中国城市发展史上所具有的特殊意义，是值得充分肯定的。

第二，以广佛为城市双主角的珠江三角洲，商品经济在明中叶迅速崛起并后来居上，其城市化程度跃居全国前列。

佛山与广州都是岭南区域内第一等级的中心市场，广州是洋货的集散地，佛山是广货的集散地。岭南区域的商品经济在明中叶迅速崛起并后来居上，其城市繁荣与人均收入跃居全国前列。广州作为全国外贸的港市中心持续发展，给佛山成为制造中心和内贸市场中心创造了长期发展机会。珠江三角洲肥沃的沙田和密布的水网，使丰富的物产能以最低的运输成本转送岭南和岭北地区；平缓宽阔的河流通达千里，腹地广大，佛山由此轻装前行、全面发展。因此，中国历史出现了“天下四大镇”，而岭南历史出现了“广佛周期”。佛山作为岭南区域中心市场之一，发挥了内贸中心与手工业生产中心的重大功能；佛山市舶成为清前期与澳门对接的贸易口岸，与广州这一后来全国唯一的外贸口岸在时间上交替、功能上互补。由此，岭南区域进入以广州、佛山两大中心的发展周期，亦即“广佛周期”。“广佛周期”始于1600年，迄于1900年，历时300年。在这一周期里，以广佛为中心形成一个地跨两广、河海相连的岭南市场体系。“广佛周期”内，岭南区域的城市化程度在全国处于领先地位。

广州、佛山两大中心都会在整合岭南区域的城市体系中发挥了重大作用。商业是市镇发展的基础，广州、佛山两大中心城市市场功能的强大和网络覆盖范围的扩展，推动了岭南区域城市体系一体化的飞速发展。广佛周期内岭南城市化指数有明显提高。根据美国学者施坚雅统计，1843年岭南区域的城市中心地数量138个，城市人口204.4万人，占岭南总人口2900万人的7%。到1893年岭南区域的城市中心地数量达193个，城市人口286.3万人，占岭南总人口3300万人的8.7%；在全国八大区域中，城市化程度居第二位的优势，仅次于长江下游区域。施坚雅再从人口密度、劳动分工、技术运用、城市内部的商业化、城区外部的商业化、对外贸易和行政组成六个方面考察各区域指数，进一步得出城市化综合比率，最高的是长江下游7.9，第二是岭南7.0。而其中的劳动分工一项，岭南最高5.0，长江下游为3.5。[①]这就是说在“广佛周期”内，岭南区域的城市化程度在全国处于领先地位。

清代前、中期，岭南地区能后来居上，成为全国商品经济发展较快地区之一，个中的原因固然不少，但是，根植于岭南地文特征并适应于商品经济而发展的市场网络及其中心城市的引擎作用则是可以肯定的。

① ［美］施坚雅：《中华帝国的城市发展》，载［美］施坚雅主编，叶光庭等译：《中华帝国晚期的城市》，中华书局2000年版，第260—264、271页。

第九章

近代佛山社会变迁

近代的广东，遭受了鸦片输入流毒和两次鸦片战争的劫难，地处广东的佛山也在所难免。幸而，面对西方“船坚炮利”的威胁，佛山人民以超常规的铁器制造力，赶制出一批批大炮，布防于海疆炮台；又以跨地域的民众团结力，组织起佛山义勇和团练总局等民间武装，打击侵略者，保卫佛山镇，支撑起封建王朝最后的尊严。与此同时，佛山的经济组织和社会结构也发生了急剧变化，民族机器工业的曙光在这里出现，一批先行一步的实业家，以其身家和胆略，开创了中国工业近代化的先河。

第一节　两次鸦片战争中的佛山

（1840—1860年）

一、鸦片贸易

乾隆二十二年（1757），清政府实行广州“一口通商”政策，广州独享中国对外贸易的红利。因当时广州关税比世界各国轻、商人守信、人身和财产相对安全等原因，外商认为：“在广州做生意比在世界上任何其他地方都更加方便和容易。”[①]中国的丝茶等出口商品极受西方各国欢迎，因此鸦片战争前，广州的对外贸易有较大发展。1836—1837年度，有213艘船[②]。1837年，广州出口总值为36075260元，进口总额（鸦片除外）为18539377元[③]，进出口总值折合为3932万多两，比1764年增加6倍。其中进口商品以印度棉花为最多，占44.36%，其次是棉织品、毛织品、大米、香料、铁锡铅金属等；出口商品中茶叶占61%，生丝、丝织品占31%，还有糖、桂皮、樟脑、瓷器、纸类、大黄等。

鸦片战争前夕，广州外贸80%是中英贸易。由于中国长期自给自足和广东天气炎热，外国船运来的棉毛织品及工业品滞销严重；而中国丝、茶却是英国东印度公司和各国商人的抢手货，出口量越来越多，因此广州合法对外贸易一直处于出超地位。18世纪后期，英国进行了工业革命，棉纺织业迅速发展。英国急于扩大海外市场，积极推行对外侵略政策，欲把中国变成他们的商品市场和原料供给地。[④]中英双方在广州的交往中，矛盾日益尖锐。中英间最尖锐矛盾是英商大量走私输入鸦片。

① 格林堡：《鸦片战争前中英通商史》，商务印书馆1961年版，第55页。

② 姚贤镐：《中国近代对外贸易史资料》第一册，中华书局1962年版，第311—313页。

③ 马士：《中华帝国对外关系史》中译本，第一卷，三联书店1957年版，第410页。

④ 《简明广东史》（特选本），第378—379页。

英国为了改变对华贸易逆差的不利处境，找到鸦片这种特殊商品。鸦片最初是作为药品课税输入，“乾隆三十年以前每年不过一百箱”[①]。1757年，英国东印度公司占领了印度鸦片产地孟加拉，强迫农民扩大种植制造鸦片的罂粟。1773年，英属印度政府确定把大量鸦片运销至中国的方针。同年，东印度公司取得了鸦片专卖权，1797年，又取得垄断的鸦片制造权。东印度公司为了对付清廷禁令，表面上不参与对中国鸦片贸易的运输与贩卖，而将制成鸦片在印度市场上公开拍卖，由非公司（散商）的船只走私运销中国。此后，输入中国的鸦片迅速增加。1821年，由于清政府严申鸦片禁令，封锁了走私鸦片的集散地黄埔和澳门，惩办了勾结外国烟贩的行商和澳门鸦片屯户，外国鸦片贩子便把鸦片贸易从黄埔移往珠江口外十二英里的伶仃洋面，使用固定的趸船装载鸦片，并有外国兵船保护。外国烟贩运来的鸦片先卸在趸船上，然后再通过勾结中国烟贩、官吏所形成的走私网，用“快蟹”“扒龙”等快艇武装走私运入广州及沿海各地。据不完全统计，19世纪头20年内，英商输入中国的鸦片平均每年4000多箱。1830年后逐年激增，至1838—1839年度，高达3.55万箱。[②]此外，美国鸦片贩子也从土耳其运鸦片到广州。鸦片贸易给英属印度政府、东印度公司和散商带来暴利。英印政府按鸦片生产成本300%的税率征税，鸦片贸易税所得收入每年达200万镑，相当于英印政府财政收入的十分之一[③]。1797—1817年的21年中，东印度公司在加尔各答拍卖鸦片的纯利润达到11054万多卢比。散商将鸦片运销中国，每箱利润高达1000元。由于鸦片大量输入，从19世纪30年代起，在英国输入中国货物总值中，鸦片占二分之一以上。英国从入超变为出超。1837—1838年度，仅鸦片输入一项（337万多镑）就比中国的全部出口商品总值314万多镑还多[④]。这

① 光绪《广州府志》卷八十一《前事略七》。

② 李伯祥等：《关于十九世纪三十年代鸦片进口和白银外流的数量》，载《历史研究》1980年第5期。

③ 严中平译：《英国鸦片贩子策划鸦片战争的幕后活动》，载《近代史资料》1958年第4期。

④ 《英国蓝皮书·伦敦东印度公司与中国协会致巴麦尊子爵》，1839年11月2日；李伯祥等：《关于十九世纪三十年代鸦片进口和白银外流的数量》，载《历史研究》1980年第5期。

年，中国入超248万多镑。19世纪30年代，中国每年白银外流七八百万元。[①]正如夏燮所言："至于茶、丝两项之出口，足与鸦片之入口相抵。是则中国之地利尽于外洋，而得其一坯之土，驯至商民人等，竭其终岁之操作，不足以偿暗室之一灯。今日银荒，恐数十百年后，百货俱荒，悉入外洋垄断之薮。盖利之所在，不夺不餍。"[②]由于鸦片贸易给英国带来如此巨大的利益，因此当清政府严禁鸦片时，他们便破坏禁烟，以"先战后商"的策略，维护鸦片贸易。

道光十四年（1834），卢坤调任两广总督，奏请饬令各国商馆寄信回国，"仍沿前例派公司大班来粤管理贸易"。1833年，英国国会决定取消东印度公司对华贸易垄断权。年底，英国派律劳卑为驻广州商务监督，管理英商对华贸易。律劳卑于1834年7月到广州商馆，直接写信要求会见两广总督卢坤。卢坤以中英贸易向由商人自行办理为由，拒绝接收律劳卑的信件，并指责他违例私自入境，要他先退回澳门，再按过去惯例办理。律劳卑坚持不离开广州。卢坤乃下令封舱，停止英商贸易。律劳卑即令其两艘军舰闯入虎门，边开炮边上驶，进泊黄埔，然后坐舢板到广州登陆，进驻外国商馆。卢坤"派员押回澳门"[③]。律劳卑的继任者就是"诸番之在粤者咸仰其鼻息"的义律。在与两任英驻广州商务监督的较量中，卢坤闻到了火药味，于是开始积极备战。

二、虎门销烟与佛山官员

1839年1月，清廷派林则徐作为钦差大臣到广东禁烟。1839年3月9日（道光十九年正月二十四日），林则徐乘坐官船经新黄鼎，当晚过佛山镇，10日（二十五日）天明抵达目的地广州天字码头。随后的3个月里，林则徐在两广总督邓廷桢、广东水师提督关天培等广东文武官员支持下，领导展开了一场震惊中外的虎门销烟运动。在这场运动中，佛山官员也积极参与其中。

1839年4月2日（二月十九日），林则徐批准英国驻华商务副监督参逊

---

① 李伯祥等：《关于十九世纪三十年代鸦片进口和白银外流的数量》，载《历史研究》1980年第5期。

② 夏燮：《中西纪事》，中华书局2020年版，第69—70页。

③ 《中西纪事》，第57页。

离开广州，到外洋传谕趸船缴烟的办法。并派佛山同知刘开域等文武员弁同行，赴九洲洋、沙沥角一带招徕趸船，并规定虎门外的龙穴岛为缴烟地点。4月3日（二月二十日），参逊与刘开域等一行离粤赴澳门，遍传趸船驶往龙穴岛缴烟。林则徐最后修改酌定的《收缴趸船烟土章程》，是经有关负责实际事务的官员反复研究后提出来的，它对缴烟各个环节做了具体的规定。4月12日（二月二十九日），林则徐和邓廷桢一起乘舟到沙角，登上沙角炮台，亲自调度各委员收缴趸船烟土。他发现每起收缴两船，办法固为妥顺，但未免多延时日，决定多雇驳船，分起赶收，并命令洋商通知义律、参逊，将趸船一齐驶到龙穴岛，如龙穴岛风浪较大，准其驶至沙角停泊和缴烟。从4月14日（三月初一）起，林则徐移住师船“新会”一号，坐镇沙角海口监收。①

4月25日（三月十二日），林则徐接到“闽中当事”好友佛山人吴荣光的来函。吴荣光当时在林则徐家乡福建任布政使，他对林则徐在自己家乡严厉禁烟的行动大为赞赏和支持，同时在来信中也介绍了福建禁烟的情形：“搜获匪犯不下百十名，土膏亦不下四万余两，闻已获者，尚有二万有余，尚未解省。制府将以出月奏明阅伍之便，前往漳、泉，严查海口，专望两广咨会，即行启程。”吴荣光为广东禁烟“将见数十年之流弊，一旦廓清”深感鼓舞，企盼林则徐“握入口之来源，绝奸民之接引”，并指出“零丁洋本非舣舟之所，似须大为之防”。②

林则徐奉命使粤之际，关天培和邓廷桢议妥并奏准添建了虎门靖远炮台和两道拦江木排铁链（此拦江铁链由佛山铸造）。5月16日（四月初四），收缴趸船鸦片将近尾声的时刻，林则徐移舟到南山、横档一带，流览登眺，“下濑楼船迟贯月，中流木柿亘长虹”。他在横档江面察看了木排铁链，又从威远炮台下登岸，在关天培的陪同下，视察了威远炮台，观看三门五千斤铁炮试演。在隆隆声中，炮弹远击对岸山根。接着，又巡视了刚刚竣工的靖远炮台，观看了从澳门购置的西洋铜炮。他亲看宽六十三丈、高一丈四尺五寸、置炮六十门的靖远炮台，台墙钉桩砌面，垛墙炮洞则用三合土夯打而成，台后用大石砌成九十丈长的半圆形围墙，十分结实坚固，深感满意。然

① 杨国桢：《林则徐大传》，中国人民大学出版社2010年版，第256—273页。

② 《吴荣光来信》，载黄泽德编：《林则徐信稿》，福建人民出版社1985年版，第155—156页。

后，他来到江边，验视铁链安根处。这是山脚下人工穿凿的石槽，以八千斤废炮作“根”，横安槽底，炮身外加铁箍四道，上扣由四条纽合为一的铁链，牵引着八条合成一股的横江大铁链。铁链比碗口还粗，一个环子重达十八斤。第一道铁链，安于南山与饭箩排巨石之间，长三百九丈零，上系大排三十六排；第二道铁链，安于南山与横档之间，长三百七十二丈，上系大木排四十四排。每一大排，由四小排联成，每一小排，由四根长四丈五尺的木头联成，穿有横木，并用铁箍箍紧。每道铁链两头是固定的，中间衔接处用大铁锁接扣，可以开合，有事则横绝中流，无事则分披海岸，以通出入。①林则徐对关天培考虑周详、布置得体的举措大加赞许，并嘱咐弁兵严密管理，勤加检查，“若有寸铁脱扣，一木离牌，立刻即须修复，总使联成整片，百密不任一疏”②。

1939年6月1日，一切就绪。林则徐祭告海神。6月3日午后2时，林则徐在广东巡抚怡良、粤海关监督豫堃陪同下登上礼台，在礼炮声中，震动中外的虎门销烟开始了。整个销烟运动历时二十天，到6月23日胜利结束，一共销毁鸦片一万九千一百七十九箱。③

三、广炮铸造

鸦片战争前，两广总督卢坤就积极备战，铸造海防大炮。清代的佛山镇，是官府和民间共同的火器制造工场所在。据《佛山忠义乡志》记载“铁镬行”称：“盖该行向有铸办：一、贡锅，二、乡试锅，三、燕塘子弹，四、八旗大炮。仍年纳军需千零八两，私铸者无此。”④清代共267年，佛山镇铸造了大量广炮。卢坤于1835年备战定制的六千斤海防大炮，就是其中的一批。纵观清代佛山的广炮铸造，分为两个时期。

（一）顺治至嘉庆年间

早在顺治二年（1645）就有佛山乡绅李敬问（明户部尚书李待问胞兄）

---

① 杨国桢：《林则徐大传》，中国人民大学出版社2010年版，第279页。

② 《复奏查察虎门排链折》，载中山大学历史系中国近代现代史教研组、研究室编：《林则徐集·奏稿》中册，第642、643、644页；《林则徐集·日记》，中华书局1965年版，第340页。

③ 《林则徐大传》，第284页。

④ 民国《佛山忠义乡志》卷六《实业志》。

因海寇猖獗铸炮防卫的记载。[①]顺治九年（1652），广东巡抚李栖凤行令广州府署捕盗通判周宪章“委往佛山铸铳”[②]。现存惠州市博物馆的一尊铁炮，是清代第二任两广总督李率泰在顺治十三年（1656）二月所督造铁炮。还有现存罗定市三元塔的清顺治十年（1653）所铸铁炮一门。此批铁炮均在佛山铸造。

康熙二年（1663），海盗猖獗，佛山本地就有用大炮退贼的记载[③]。雍正九年（1731）南海知县刘庶出示晓谕称，“汾水正埠码头永为官埠”，敦促佛山堡士民“疏通炮眼以卫地方”。[④]可知佛山周边设有炮台防卫。

乾隆年间，佛山炉户承接铸造了一批清军演放大炮。现存广州市博物馆。[⑤]

嘉庆十四年（1809），海盗张保仔肆虐广东沿海，佛山镇建炮台、水闸备御。同知杨楷请于总督给兵，“亲带至乡防堵，贼远遁。乡赖以安”[⑥]。佛山在此时铸造了一批两千斤至三千斤的大炮，安放在佛山、虎门和全省各地炮台。[⑦]这一时期铸造的广炮形制重量尚小，均是两三千斤左右。

（二）两次鸦片战争期间（道光至同治年间）

道光年间鸦片走私贸易猖獗，历任两广总督卢坤、林则徐、邓廷桢和南方各省督抚致力于加强海防和城防。从道光十五年至道光二十二年（1835—1842）连续多批添铸大型西式大炮，布置于各海口和城门炮台。在第一次鸦片战争前后形成中国沿海省份铸炮的高潮，也使得佛山镇成为当时中国仿制西洋大炮的重要基地。

道光十五年（1835），上任不久的广东水师提督关天培履勘了虎门各炮

---

① 乾隆《佛山忠义乡志》卷八《人物志·孝友》。

② 民国国立中央研究院历史语言研究所编：《明清史料乙编》，北京图书馆出版社2008年影印本。

③ 乾隆《佛山忠义乡志》卷三《乡事志》。

④ 雍正九年《官埠碑记》，载《明清佛山碑刻文献经济资料》，第38页。

⑤ 参阅陈鸿钧：《广州所见明清城坊铁炮铭文纪略》，载《广州文博》12，文物出版社2018年版，第274—286页。

⑥ 民国《佛山忠义乡志》卷十一《乡事志》。

⑦ 《明清佛山碑刻文献经济资料》，第509页；陈鸿钧：《广州所见明清城坊铁炮铭文纪略》，载《广州文博》12，第274—286页。

台，随即与两广总督卢坤会同奏请道光皇帝添铸虎门海口各炮台大炮，[①]道光十五年（1835）秋季，佛山炉户“李陈霍”完成铸造四十位大炮。不久，广东官府又添铸大炮十九位，实际当年佛山“李陈霍”共铸造大炮五十九位。陆续运往广东沿海各炮台安配。[②]道光十六年（1836），广东水师提督关天培和两广总督祁贡再添铸一批大炮。仍由佛山“李陈霍”承铸。[③]另外还有1959年入藏中国历史博物馆的原虎门炮台道光十六年（1836）制造三千斤抗英大炮，该炮曾经历过1841年抗击英国侵略军进犯广东虎门海口的战斗。

道光二十年（1840），第一次鸦片战争打响，英军侵入省河。该年佛山承铸了一批“新式大炮”，从五千斤到八千斤皆有。现存广州沙面有八千斤大炮一尊，炮身通长368厘米、最大腹径70厘米，炮口外径58厘米、内径24厘米，其炮身铭文曰：“新式炮，重八千斤，钦命靖逆将军奕、参赞大臣齐、太子少保两广总督部堂祁、兵部侍郎两广巡抚部院梁、佛山都司韩、佛山同知刘、即补知县□、水师千总黎监造。道光二十年十二月正日，炮匠李陈霍铸。”[④]

图9-1-1　广州城防八千斤大炮前装滑膛广炮，1840年佛山炮匠李陈霍铸。存广州沙面（罗一星摄）

① 《道光十五年二月二十九日两广总督卢坤为查勘虎门海口炮台筹议增建修改添铸炮位事奏折》，中国第一历史档案馆藏宫中朱批奏折，档号：04-01-20-0013-010。

② 《道光十五年十二月十九日署理两广总督祁贡等为会验虎门新修改造各炮台工程完固惟演放新铸炮位内有炸裂将铸造匠工及办理不慎之委员分别提审奏参严责赔造仰祈圣鉴事奏折》，中国第一历史档案馆藏宫中朱批奏折，档号：04-01-21-0015-005。

③ 刘旭：《中国古代火炮史》，上海人民出版社1989年版，第96—97页；陈鸿钧：《广州所见明清城坊铁炮铭文纪略》，载《广州文博》12，第280页。

④ 将《广州所见明清城坊铁炮铭文纪略》第280页与《明清佛山碑刻文献经济资料》第508页互参校正。

还有现存佛山市祖庙博物馆的五千斤大炮，炮身铭文曰："新式炮，重五千斤。钦命靖逆将军奕、参赞大臣齐、太子少保两广总督部堂祁、兵部侍郎两广巡抚部院梁、佛山都司韩、署佛山分府升用州正堂苏监造。道光二十年二月□日。炮匠李陈霍铸。"[①]这一年炮身铭文使用了"新式炮"三字，表明该批炮型有了新的改进。

道光二十年（1840）六月，鸦片战争爆发，这成为佛山镇"李陈霍"承铸大炮技术提升的重要时间点。此时佛山镇人才云集，尤其是从海外归来的丁拱辰，对佛山镇广炮的设计理念和制造实践作出了重要贡献。这一年铸炮监造官是道光皇帝的族侄靖逆将军奕山、参赞大臣齐慎、两广总督祁贡、广东巡抚梁宝常等各级广东官员，其中的参赞大臣齐慎在鸦片战争期间曾率川军驻守佛山镇，其间增筑炮台、组织防卫，使英军放弃进攻佛山。监造官中还先后包括佛山都司韩、佛山同知刘汉章和苏履吉等，这是佛山地方官第一次参加广炮监造工程。可以看出1840年清廷对广炮制造的重视和期待。

道光二十一年（1841），佛山镇至少承铸了四批大炮。

第一批是靖逆将军奕山、参赞大臣齐慎、两广总督祁贡、广东巡抚梁宝常等添铸的大炮，从二千斤至一万三千斤不等。现存广州市博物馆二千斤铁炮，通长215厘米、最大腹径40厘米，炮口外径31厘米、内径14厘米，炮身铭文曰："炮重二千觔。钦命靖逆将军奕、参赞大臣齐、太子少保两广总督部堂祁、兵部侍郎两广巡抚部院梁、代理佛山同知、广州城守右营、佛山都司韩监造。道光二十一年十一月□日，炮匠李陈霍铸。"[②]道光二十一年（1841），两广总督祁贡还委佛山乡绅梁应琨"监造八千斤大炮数尊，运解至省"[③]。同时又铸造二千斤至五千斤大炮一大批。至今各地留存的大炮，多铸于此时。特别是铸造了"一万三千斤钢（铁）炮一尊"，"令兵勇演放。受子重七十斤，受药四百八十两（三十斤），中靶八里之外。火力所至，两

① 《明清佛山碑刻文献经济资料》，第508页。

② 《明清佛山碑刻文献经济资料》，第509页。

③ 民国《佛山忠义乡志》卷十一《乡事志》。

岸小船皆为倾覆”。[①]一万三千斤大炮的铸造，表明佛山冶铁业此时已能铸造超大型铸件，这在国内冶铁业同行中是不多见的。

第二批是广东惠州、肇庆等州府委铸的城防炮，现存广州市博物馆的道光二十一年（1841）铁炮，通长245厘米、最大腹径44厘米，炮口外径33厘米、内径18厘米。炮身铭文曰：“炮重三千觔，惠州府……道光二十一年□月□日，炮匠李陈霍铸。”[②]

第三批是江西省官府委佛山炉户铸造三十九尊铜炮。道光二十一年（1841）正月道光皇帝下旨：“迅铸铜礮数十尊，约重三千斤为率。”准许江西省动用宝昌局洋铜十万斤，由巡抚吴文镕、委员颜贻曾等，“赴广东佛山镇地方会同广东委员刘汉章铸造大小铜礮三十九尊”。其中有五千斤铜礮六尊、三千斤铜礮三十尊、一千斤铜礮一尊、三百斤铜礮二尊。[③]

图9-1-2　虎门威远炮台八千斤前装滑膛广炮。1841年佛山炮匠李陈霍铸。鸦片战争博物馆藏（罗一星摄）

图9-1-3　虎门威远炮台六千斤广炮铭文：禅山炉户李陈霍等制造（罗一星摄）

① 齐思和等整理：《筹办夷务始末·道光朝》卷六十五，第五册，中华书局1964年版，第2565页。

② 引自陈鸿钧：《广州所见明清城坊铁炮铭文纪略》，载《广州文博》12，第279页。

③ 道光二十八年二月十六日工部尚书穆彰阿《为核议江西巡抚题请核销委员赴广东佛山镇地方铸造大小铜炮用过工料银两事》，中国第一历史档案馆藏内阁题本，档号：02-01-008-004169-0017。

第四批是为广东十三行行商捐纳大炮所铸。道光二十一年（1841）五月，十三行富商潘仕成独资捐纳了大炮四十位，潘仕成自述称："道光辛丑现存英夷不恭，时余家居，请之大府，自捐资铸大炮四十位，小者二千斤，大者五千斤，炮身短而口大，略仿洋式。"[①]现在广东省立中山图书馆广场[②]和佛山市祖庙博物馆[③]各存一尊。

上述四批铸炮铭文均有"炮匠李陈霍造"的铭文，可见"李陈霍"代表的佛山铸锅行，承担了广东海防的主要铸炮任务。

道光二十二年（1842），两广总督祁贡在佛山镇的铸炮有增无减，此时佛山铸造的炮式又有新的改进，"新式加料炮"出现了。现存的"新式加料炮"有五门，其中存广州沙面的六千斤"新式加料炮"，通长316厘米、炮身最大直径50厘米，炮口外径47厘米、内径20厘米。原置于城西西固炮台，炮身铭文曰："新式加料炮，重六千斤。钦命太子少保两广总督部堂祁、靖逆将军奕、兵部侍郎两广巡抚部院梁、佛山都司韩、佛山同知苏监造。道光二十二年四月□日，大炉铁炮匠霍观升、梁辉秀、梁荣昌、冼永盛。"[④]其他五千斤"新式加料炮"布置广州城坊；四千斤的"新式加料炮"两门布置于新会崖门。[⑤]

在第一次鸦片战争前后（1835—1844）佛山镇一共铸造大炮两千四百余门[⑥]，承担起广东全省防夷要务。至今中国军事博物馆、中国历史博物馆、虎门海战博物馆、广州市博物馆、广东省立中山图书馆、广东咨议局旧址、广州沙面、新会崖门、肇庆、惠州等城楼，都保存有道光年间佛山镇铸造的各式城防大炮和海防大炮。清廷给这批火炮按其大小分别封为"振武将军"（二千斤以下）和"巩定将军"（三千斤至八千斤）等称号。这批广炮的存在，彰显了道光年间佛山镇铸炮事业的辉煌。而"炮匠李陈霍"的名字，作

① （清）丁拱辰：《演炮图说辑要》潘跋，上海辞书出版社2013年版，第78页。

② 转引自陈鸿钧：《广州所见明清城坊铁炮铭文纪略》，载《广州文博》12，第280页。

③ 《明清佛山碑刻文献经济资料》，第508页。

④ 将《广州所见明清城坊铁炮铭文纪略》第280页与《明清佛山碑刻文献经济资料》第508页互参校正。

⑤ 其他一千斤、四千斤、五千斤"新式加料炮"铭文，请参阅上注4两书。

⑥ 《道光二十四年八月初六两广总督耆英等停铸炮位改铸抬枪由》，中国第一历史档案馆藏，军机处录副，档号：03-53-3025-28。

为广炮铸造的当家品牌，镌刻在炮身上，长留在天地间。[①]

广炮是火器，广炮铸造属金属处理技术。佛山铸造广炮的生产组织虽然来源于民间冶铁市场，却掌握了较为成熟的金属处理技术，并在短时间内铸造出大批八千斤至万斤以上的大炮。环顾当时的东亚诸国，火炮铸造技术无出其右者。而佛山炉户与清代官府的合作，也开创了民间工场长期服务国防军工的先例。广炮问世以来，就被清廷寄予厚望，担负着重要角色。有清一代，清军火炮依靠佛山铸造，不断布防于海岸和城头，在中国南方地区建立了广炮防卫体系。

从道光十五年（1835）开始铸造八千斤大炮始，到道光二十四年（1844）止，大型广炮集中布置在虎门炮台和广州城防炮台。

虎门是海防咽喉，粤东第一门户。第一次鸦片战争前夕，虎门周边海口建有新旧炮台十一座，装备铁炮三百三十三门。[②]《英军在华作战记》则记载虎门共有铁炮三百五十二门[③]，与上述记载相差不多。

图9-1-4　清代虎门威远炮台遗址（罗一星摄）

广州是省城，第二次鸦片战争前，两广总督叶名琛在广州城防各炮台布置广炮一百六十四位，另余存炮位五十六位。上述各炮位和余存炮位均在佛山铸造完成，即其配套的炮架亦均依照“佛山旧式架样”进行铸造。正如叶名琛所载：“以上共制造二十二座炮架，每座配用铁环、软圈、耳闩、铁闩、通铁、铁钉及尺寸架样，均照佛山旧式齐全，与册

① 关于广炮铸造的详细情况可参阅《帝国铁都：1127—1900年的佛山》。

② 杜永镇：《对虎门炮台抗英大炮和虎门海口各炮台的初步考察》，载《文物》1963年第10期。

③ 齐思和、林树慧、寿纪瑜：《鸦片战争》第五册《英军在华作战记》卷二，新知识出版社1955年版，第156—158页。

报相符。”[①]

图9-1-5　关天培画像（罗一星摄）

在两次鸦片战争中，广炮发挥了重大作用，真实记录了中国军民打击英国侵略者的可歌可泣的英勇事迹。关天培自道光十五年（1835）起驻守虎门六年。道光十九年（1839）十月的官涌之战，清军三江副将陈连升以五路大炮叠轰的方式击退英军。道光二十年（1840）十二月，英军集中二十多艘舰船进攻沙角炮台，当时驻守沙角、大角炮台的陈连升及其子陈举鹏坚守炮台，集中炮火火力，还以抬炮前后歼敌两三百。由晨至昏，终因弹药用尽，陈连升与两百多名士兵英勇阵亡。[②]道光二十一年（1841）二月下旬，英军突袭虎门炮台，情况万分危急。关天培亲自燃放大炮，炮弹如雨注，多次打退英军进攻。激战中，关天培“身受数十创，血淋漓，衣甲尽湿”。由于寡不敌众，最后关天培与守军数百人壮烈牺牲。[③]现存虎门炮台遗址的数尊八千斤大炮和现存广东咨议局旧址的六千斤铁炮，就是当年广东水师提督关天培在虎门威远炮台打击英国侵略者所使用过的大炮。[④]无怪乎道光年间英军攻占虎门炮台和咸丰年间攻占广州四方炮台时，即对清军的广炮实施了封锢和破坏。

清中叶佛山炉户和铸匠进入清廷兵部军火制造和火炮购买名录，荣膺军功顶戴者不乏其人。广西桂林、湖南长沙、江西南昌乃至全国各地清军来佛购买者络绎不绝。广炮也在清军与太平军的作战中发挥了重要作用，从而促进了广炮全国性火器地位的形成。

---

① 陈玉环、刘志伟整理：《清代两广总督衙门残牍——叶名琛档案》（八），广东人民出版社2013年版，页289—290。

② 黄流沙、苏乾：《鸦片战争虎门战场遗迹遗物调查记》，载《文物》1975年第1期。

③ 刘旭：《中国古代火炮史》，上海人民出版社1989年版，第98—99页。

④ 陈鸿钧：《广州所见明清城坊铁炮铭文纪略》，载《广州文博》12，第280—281页。

光绪六年（1880），中法在安南开战，黄金策奉广西布政使王德榜之命，“回粤督造抬炮。乃于通济桥外设厂鼓铸”。四个月后，造成“抬炮数百具”。黄金策转运至镇南关，亲自到大营交付冯子材。“军中得此利器。为之一振。”王德榜率抬炮队突然进攻，击溃法军。清军乘胜收复谅山，法人罢兵议和。“论者以越南之役得力于楚军，而备楚军之利用，则惟吾粤抬炮是赖！”[①]

图9-1-6　抬炮（佛山市博物馆藏）

清代佛山广炮铸造的辉煌业绩，在中国火炮发展史上留下了浓墨重彩的篇章。

应该指出，广炮仿制于17世纪中叶的红夷大炮，属于前装滑膛炮。虽然红夷大炮长期在东亚处于领先水平，但到了19世纪中叶，西方火炮已全面进入后装线膛炮时代。随着材料力学、弹道力学和爆炸力学等人类科学知识的不断进步，广炮存在的射程不远不准、发射间隔时间长、炮膛炸裂、炮身笨重等缺点日益显现，广炮被西式近代火炮所取代就成为历史必然。随着世界进入后装线膛炮时代，广炮时代也寿终正寝了。

四、佛山义师

道光二十年（1840）六月，第一次鸦片战争爆发。广东人民义愤填膺，自发筹款组织武装队伍，据《中西纪事》记载：“道光二十一年夏，粤东义民创夷人于萧冈三元里，遂起团练之师。始自南海、番禺，而香山、新安等县继之。绅民喋血，丁壮荷戈，誓与英夷为不共之仇。”[②]当时的南海、番禺两县绅士耆老齐集，传递义民公檄，“议令富者助饷，贫者出力，举行团

① 民国《佛山忠义乡志》卷十四《人物六》。

② 《中西纪事》，第297页。

练。按户抽丁，除老弱、残废及单丁不计外，每户三丁抽一，以百人为一甲，八甲为一总，八总为一社，八社为一大总。旬日之间，城乡镇集灯楮旗布为之一空”[①]。来自南海、番禺二县的团勇达到三万六千人，昼夜演练，声震江岸。[②]史籍记载团练的名称还有“团勇”“义勇”等。

（一）龟冈炮台之战

龟冈炮台原是清军阵地，被英军占领。道光二十一年（1841）农历四月初四夜，佛山义勇投身于与英军的战斗，发动了龟冈炮台之战。史载：“佛山义勇亦截击于龟冈炮台。”战斗中，佛山义勇占据上风位置，放纵毒烟，以眯敌人眼目，痛杀英军数十人。又以围城打援之策，大破敌人来援之杉板船。[③]当时“义律侦知，内河有备，不敢报复。自是知粤市不可复开，翻然思变计矣。”农历四月十八日，英船尽数退出虎门。[④]

（二）三元里人民抗英斗争

佛山团练参加了三元里人民抗英斗争的驰援。道光二十一年（1841）5月29日上午，一小队英军闯进三元里抢劫并调戏妇女，群众奋起自卫反击，击杀英兵14人，余者狼狈逃窜。三元里人民料定敌人会来报复，立即在三元古庙（北帝庙）前集会，决定齐心合力，共同御敌，以三元古庙中的“三星旗”作令旗，共同宣誓：“旗进人进，旗退人退，打死无怨。”北帝在佛山、珠三角享有广大信众。爱国士绅萧冈、举人何玉成，即以怀清社学领导人身份，向南海、番禺、增城诸路各村发出“飞柬”，邀约他们集合丁壮，准备战斗。下午，附近103乡群众代表聚会牛栏冈，一致商定：以三元古庙的三星旗为总指挥旗；各乡自成一个作战单位；不正面进攻，诱敌深入至主力埋伏的牛栏冈围歼。5月30日，北郊三元里一带103乡群众，手拿刀、矛、锄头、石锤等武器齐集。英军果然出动1000余人直奔三元里，被民众团团包围在牛栏冈。从佛山、番禺、花县、从化各地赶来的义勇与三元里民众聚众而战，歼灭英军200余人，“擒酋数百人”。[⑤]义律急告于广州知府余保纯，余

---

① 《中西纪事》，第208页。

② 光绪《广州府志》卷八十一《前事略七》。

③ 光绪《广州府志》卷八十一《前事略七》。

④ 光绪《广州府志》卷八十一《前事略七》。

⑤ 光绪《广州府志》卷八十一《前事略七》。

保纯前往解救，官军护送义律等回船。随后义勇把四方炮台重重围困，但见刀矛如林、旗帜蔽空。英军龟缩在炮台里再也不敢窜出来。三元里抗英，是中国近代第一次大规模的人民群众自发的反侵略斗争。

（三）反英人入城斗争

1847年4月3日，英国公使德庇时借口发生佛山群众殴击数名英国侵略者的事件，率英军千余人，偷入虎门，直闯省河，泊于十三行附近，向两广总督耆英提出入城、租地、惩办佛山殴击外国人的群众等要求，耆英几乎全部答应。英人即于5月15、16、17日自行到洲头嘴丈量，插旗志界。17日，群众在双洲书院开会，决定对策。18日，发帖请求东平、升平社学援助。20日，48乡3000余群众到十三行洋馆示威抗议，并递交《致英国领事官信稿》[①]。信稿谴责英国侵略者依仗清政府官员迫群众租地是违反条约；警告侵略者若“仍然恃强硬占”，群众将“舍死相争”，绝不是官员能压服的。各地人民纷纷声援。群众又到处贴出长红、揭帖，警告英国侵略者和耆英：倘或强行霸占，“先杀耆英，后剿英逆”[②]。结果，英公使不得不取消强租洲头嘴的打算。接着，英人又要求租石围塘。他们串通清地方官员和买办，由业主买办潘仕烈以“捐产充官”名义向佃户收回地产再租给侵略者。群众齐集各路社学，商议“内制耆英、外御逆夷之策”；并到总督衙门递呈抗议；宣布由于业主“勾番肥私”，拒交潘氏地租，将租银拨给社学作为军需费用。河南48乡等发出公启声援。佛山镇及南海三江、金利、神安等地团练，处处警备。最后，耆英被迫依从各乡所议，不许英国侵略者择地建造。[③]

1849年，英公使文翰照会两广总督徐广缙，再提两年前想入广州城的旧约，徐广缙和巡抚叶名琛坚持不答应，联合民团，“南海、番禺各乡团练之师先后竝至”。第二天，英船闯入省河，连樯相接，轮烟蔽天。徐广缙单舸前往，谕以“众怒不可犯”。此时“省河两岸义勇呼声震天”，英酋大惧，乃罢兵修好，“自此不言入城事”。广州口岸遂恢复对外贸易，“互市如

---

① 《鸦片战争》（中国近代史资料丛刊）（3），神州国光社1954年版，第411—412页。

② 佐佐木正哉：《鸦片战后的中英抗争》（资料篇稿），日本岩南堂书店1964年版，第280页。

③ 《简明广东史》（特选本），第401—402页。

初”。[1]道光皇帝得知广东义勇之事“方悟粤东民情之可用”，下谕称赞：“至我粤东百姓，素称骁勇，乃近年深明大义，有勇知方，固由化导之神，亦其天性之厚。难得十万之众，利不夺而势不移，朕念其翊戴之功，能无恻然有动于中者乎！着徐广缙、叶名琛宣布朕言，俾家喻户晓，益励急公亲上之心，共享乐业安居之福。”[2]

（四）团练总局

咸丰六年（1856），第二次鸦片战争爆发，英法联军“再攻粤城，克之”。咸丰七年（1857）冬，广州沦陷，两广总督叶名琛被俘。广州沦陷后，佛山立即成为广东军民的战时堡垒。当时“粤之北门外有九十六乡，即昔年创夷人于三元里者，闻粤省陷，锐意恢复，募勇团练，而佛山镇之义师起”[3]。

咸丰七年冬，清廷授黄宗汉为两广总督兼通商大臣。黄宗汉到广东后驻扎惠州，联络绅民，办团练兵。咸丰八年（1858）2月15日，咸丰皇帝谕令广东在籍侍郎罗惇衍、太常寺卿龙元僖、给事中苏廷魁三绅士组织团练。三绅同为顺德人，奉命后立即筹办团练总局，设局于佛山镇。史称：

> （咸丰）八年春，粤绅大会南海、番禺之义民，设团练局于佛山镇。主其事者，侍郎罗惇衍、翰林院编修龙元僖、给事中苏廷魁也。……正、二月间，侍郎等亲赴各乡团练，得数万人，扬言戒期攻城。……司、道闻佛山起义，间行而逃。惟巡抚被夷兵防守，不得出。[4]

当时广东布政司、广南韶道、粮驿道、盐法道等衙门纷纷移驻佛山镇。

团练总局的经费来源是全省富户筹借和地方官按户派捐，人员是各地团练拨归其领导。计有：石井乡团练，南海九十六乡团勇，香山绅士林福盛、东莞孝廉何仁山、新安主事陈桂籍所带的团勇（原驻城内，英法联军占广州城后，香山勇驻石井，东莞勇、新安勇驻东路的榕树头），花县护卫各勇，共1万多人。

---

① 《中西纪事》，第210页。
② 《中西纪事》，第210—211页。
③ 《中西纪事》，第213页。
④ 《中西纪事》，第213—214页。

团练总局在厉兵秣马的同时，又以“绝贸易、断接济、禁服役”的策略向洋人宣战，农历六月，向全省发出告示：

> 令粤中各府、县乡村耆老、首事，通饬民间男女：有在香港、麦高（澳门）等处为外洋人教书、办理文案及一切雇工、服役人等，限一月内概行辞退回家。有不遵者，收其家属，无家属者，系其亲族。[①]

告示一出，一月之内自香港归乡者2万余人。香港物价贵10倍。省城内外，商民迁徙一空。原来繁华的西关，白昼无人，商务停顿，逼得英军从香港运牛到广州宰食。许多夷人自己炊爨，不堪其苦。纷纷向领事巴夏礼求助。巴夏礼说：“非破佛山之局不能挽回。”[②]

何谓“佛山之局”？“佛山之局，乃九十六村团练之总汇处也。”[③]佛山地当水路要冲，扼北上咽喉，处广城西南。为破佛山之局，1857年，英军从

图9-1-7　1857年英军攻击佛山湾上的中国帆船（采自广东省博物馆编：《广州百年沧桑》，花城出版社，2003年版，第43页）

图9-1-8　1857年清军与英军在佛山湾激烈战斗（采自广东省博物馆编：《广州百年沧桑》，花城出版社，2003年版，第51页）

---

① 《中西纪事》，第214页。

② 《中西纪事》，第214页。

③ 《中西纪事》，第226页。

泥城进攻佛山，并在佛山水道攻击清军船只。佛山团勇和清军水师以人力快艇在佛山水道阻挡英军，双方发生激烈炮战，烟火蔽江。经过激战，阻止了英军对佛山的进犯。外国人称之为“佛山湾激战”①。在省城被英军攻占后，佛山镇民主动承担起战时堡垒的重担，抗击外敌的佛山保卫战再次打响。

1858年5月，东莞练勇在英军驻扎的省城将军署门口张贴挑战书。6月3日，英军出城，分两路进攻练勇。一路扑向东莞练勇驻地榕树头，清军千总邓安邦督勇迎战。东莞练勇预先于树林僻径节节埋伏，俟敌深入，出而截杀。敌军大败，纷纷逃窜，陷入水田者均不能起。东莞练勇跟踪追剿，毙敌百余人，巴夏礼亦被击中坠马，几乎被俘。另一路英军进攻三宝墟，陈桂籍率新安练勇鏖战，并有龙眼洞乡勇助战。激战5小时，练勇大胜，毙伤侵略军百余名。1858年6月以来，日夜皆有练勇到城攻打，以小队潜伏城内，袭击、困扰敌人。有的埋锅箭，有的布地网，每天晚上将火箭投射到敌军阵地上。英法侵略军士兵被击杀或被俘事件时有发生，惶惶不安称：“除非成群结队，否则简直无法出门。”②7月21日，大冈安良局勇汇合西北两路壮勇攻广州城，齐施枪炮火具，毙伤侵略军多人，乘胜登上城垣西北角及通心楼两处女墙。北路壮勇各团分队冲进西门，敌军拼死抵拒。观音山上的敌军和省河的敌舰齐放飞炮，城上火盘、火弹不断抛掷，使已登城墙的壮勇无法立足，伤亡过大，最后被迫撤退。③

佛山团练总局在抗击英法联军占领广州的过程中发挥了战斗指挥部的重要作用。正如夏燮在《中西纪事》指出，此次广东之所以能有力抗击英法联军，“然实粤民团练之师先人而夺之者也”！④

1858年6月《天津条约》签订后，英法一再向清政府要求撤办两广总督黄宗汉和团练三绅，解散团练。罗惇衍等下令团练只守不攻，继而与黄宗汉商议，奏请将各团练派往西、北江镇压人民起义，并将木刻关防“夷务”二字改为“团练”，得到清廷批准。接着裁减壮勇，由1万多人减至三四千人，还

① 广东省博物馆编：《广州百年沧桑》，花城出版社2003年版，第51页。

② 《第二次鸦片战争》（中国近代史资料丛刊）（6），上海人民出版社1978年版，第380页。

③ 《简明广东史》（特选本），第423—424页。

④ 《中西纪事》，第211页。

下令北路乡民“不准仍前与夷人仇杀，复开衅端”[1]。又派练勇1000多人往广宁镇压人民起义。龙元僖、苏廷魁亦到肇庆办理捐务，专门接济在西、北江的团练。1859年1月8日，英军4000多人进攻石井和花县团练局。由于团练已被大量裁撤调离，没有防守能力，英军得以水陆并进，所至焚掠，附近乡村寸草不留，被劫去价值20多万两的茶叶。石井团练局及局绅梁葆训的大厦被焚，妇女恐被污而自杀者不少。事后，罗惇衍等三绅全部撤去北路壮勇，将花县团练局合并于顺德。[2]原来各地反侵略的团练逐步瓦解，或改变性质，转而成为镇压人民起义的工具。清政府的投降政策导致了广东团练总局的结束。但是，广东人民继续坚持反侵略斗争，一直坚持至英法联军退出广州。

五、战时堡垒与佛山筑城之议

（一）第一次鸦片战争时期

道光二十一年（1841）3月，齐慎以参赞大臣身份率川兵抵粤抗英，驻守佛山。其间侦缉汉奸，操练人马，增筑炮台，支持地方社学，使英军放弃了进攻佛山的计划。道光二十一年5月，广东巡抚怡良奏请清廷在佛山设立藩库分局，调拨藩库银15万两到佛山备用。饬令布政使梁宝常由省城至佛山两地往来料理。当英军退出广州后，清廷户部咨文广东查核佛山已用银两。道光二十二年（1842）农历正月十四日，两广总督祁贡，署广东巡抚梁宝常奏复：

> 藩库银十五万两，系解往佛山分局备用。前次奏拨用过银四万两，记存银十一万两。……粤省绅民人等陆续捐输银两，或缴现银，或捐赀铸炮筑台、置办军械，约计二十万两。[3]

---

① 《第二次鸦片战争》（中国近代史资料丛刊）（8），上海人民出版社1978年版，第594页。

② 《第二次鸦片战争》（中国近代史资料丛刊）（3），上海人民出版社1978年版，第596、507页。

③ 中国第一历史档案馆军机处录副，档号：211-1162-1164。

当时大量的银两是用在佛山铸炮的费用。两广总督祁贡在该奏折也提出“佛山又属粤省重镇，现在留办善后事宜，拟仍在该处添铸铜铁各炮，未便遽撤，容臣等再为斟酌，分别办理”。[①]可见佛山在广州为英军占领期间，继续行使了广东布政司的财政功能，发挥了广东战时省府的作用。

（二）第二次鸦片战争时期

1857年12月，英法联军占领广州，两广总督叶名琛被英军俘虏上船，押到印度。[②]广东巡抚柏贵收拾行李准备逃亡佛山，被英军发现，严加看管。英法联军控制广州长达四年。各省商贾“争趋佛山”。广东司、道以下各官员移驻佛山镇办公，史载：“现广省藩、臬司、盐运、粮道俱在佛山设立衙署办理事件。英官劝其来省，不允。”[③]广东布政司也将“提拨银两”收存于佛山。咸丰皇帝当时对佛山建筑城垣之事密谕广东巡抚耆龄：

> 于佛山建筑城垣，俾商贾不招自至，渐收利权。且筑城以后，足以自固，该夷无可窥伺，自属妥善。唯佛山尚与省城密弥，仍不足以昭慎重，若另觅去省较远之处，将提拨银两收存，更可无虞疏失。即著耆龄熟筹酌办。至粤省商贾贸易，近因夷踞省城，本已争趋佛山，此时设法招徕，亦须以渐施行，使夷人不觉，以免因此启衅，将来利权尽归于我，自当废然思返。其省城之兵，亦未可因佛山设备，遽议移撤。将此由六百里密谕知之。[④]

咸丰皇帝的关于佛山建城设想虽然没有实现，但没有城墙的佛山，却在民间武装力量的保护下，在两次鸦片战争中发挥了坚强战斗堡垒的作用。

---

① 《道光二十一年五月二十八日　两广总督祁贡，广东巡抚怡良为前奉谕旨，督同江西藩司赵炳言，广东藩司梁宝常办理粤省粮台事》，中国第一历史档案馆藏宫中朱批奏折，档号：04-01-01-0800-060。

② 《中西纪事》，第62页。

③ 《中西纪事》，第222页。

④ 《大清文宗显皇帝实录》卷三一九《咸丰十年五月中》。

六、红巾军起义

第一次鸦片战争以后，清政府把巨额赔款转嫁在劳动人民身上。人民对那个“竭库和番”的清王朝，已失去了最后一线希望。19世纪五六十年代，以太平天国为主力的农民革命席卷长江流域。与此相呼应，南方的天地会起义，西南的少数民族起义，到处都是滚滚怒潮，冲击着摇摇欲坠的清王朝。

咸丰四年（1854），在太平天国起义影响下，佛山爆发了以手工业工人陈开和戏班武生李文茂领导的红巾起义，起义军头裹红巾为号，史称“红巾军”。1854年7月5日（清咸丰四年农历六月十一日）在佛山石湾大帽岗上树起义旗。城内外起义队伍数万人，头裹红巾，汇集到一起。当场杀掉一个乡绅祭旗。起义军以陈开为大元帅，李文茂为副帅，和尚能（邝能）为军师，陶工冯滚、封满、庞镇等为大小将领，以丰宁寺为大本营。誓师后，起义军由陈开、和尚能等率领，向佛山镇进攻。同时派出冯滚等大将到高鹤和佛山四郊策动和组织起义。梁培友等在西江来回策应。红巾军一连攻下佛山城门头和大基头，接着攻占衙署，砸烂监狱。陈开在佛山的起义，迅速蔓延至附近各县。接着，陈金刚在三水起义，陈吉在顺德起义，练四虎在清远起义。七月十八日，陈开调遣三路大军进攻广州。红巾军以佛山西江一路的力量最雄厚。这一路包括以雇工陈开为首的佛山手工业工人和佛山郊区农民，以粤剧名艺人李文茂率领的粤剧艺人和城市贫民，以陶工冯滚为首的鹤山一带贫苦农民，以梁培友为首的西江水上居民及沿岸农民的队伍，约十多万人。

当时驻守广州的两广总督叶名琛立即纠合清兵，调动团练和地主武装数十万人，在外国侵略者支持下，进剿红巾军。九月下旬，英国派兵舰三艘，掩护清兵船五十多艘围攻佛山。陈开即令鹤山坡山义军调船艇四百余条，会合各路义军战船，驰援佛山，解了佛山之围。从1854年夏至1855年春，起义军占领佛山半年之久。又占领广州外围十四州县。提出“拿龙”（石龙），“捉虎”（虎门），“削羊”（广州，又名羊城），“拜佛”（佛山），“上西天”（到广西建立根据地）的行动口号。

起义军没攻下广州，随即放弃佛山，向广西作战转移。在广西攻下浔州府（今桂平市），建立“大成”政权，以浔州为“秀京”，一连攻克柳州、梧州、南宁等地，大成政权管辖广西近三十个府州县城。清王朝守住桂林

（省会）一隅之地，增调湘军和拼凑广西省的地主武装，加上外国侵略者的支援，于19世纪50年代末至60年代初，把大成政权镇压了下去。

佛山爆发红巾军起义不是偶然的。首先，鸦片战争以后，连续几个世纪兴旺的佛山手工业，被外国廉价的工业品冲击，每逢水灾，佛山镇就出现大量饥民。失业手工业工人受害最深。他们强烈要求反帝反清。其次，佛山是粤剧的诞生地，红船的大聚处。粤剧艺员众多，但社会地位低，他们也同工人、农民一样，要求反帝反清。鸦片战争前后，广东逐渐形成天地会的重心。当时很多反清志士都曾隐伏在佛山戏班里，琼花会馆实际上成了广东天地会的地下大本营。最著名的是北京名伶张五和嵩山少林寺的至善禅师。至善禅师是少林派和尚，精通武艺。清初，河南嵩山少林寺和尚响应农民起义，该寺被毁，很多和尚南下，至善禅师就是其中之一。他深知粤伶爱国，便以自己的绝技传授给红船子弟，以为他日揭竿之用。至善曾三次住到红船中，粤班绝技“六点半棍法”就是至善禅师传授的。李文茂编班中健儿为“三军”，在红巾军中起了重要作用。起义军占领佛山后，在经堂寺（今佛山市委党校校址）建立都督府。当时起义的另一个得力骨干、石湾丰宁寺的少林派和尚能（邝能，南海县人）早期牺牲。清王朝军队重占佛山时，实行清乡政策。当时的琼花会馆被捣毁，废墟成为最大的刑场。

红巾军没有经费来源，依靠“打单”（劫富勒赎）获取财产。红巾军盘踞佛山两百余日，到处“打单”，株求甚迫。佛山的许多富商如招涵、戴鸿慈等家中均遭劫。当年十一月初二，红巾军因向本镇“打单”不遂，愤而放火，四路焚烧，全镇遭劫。被害者逾万家。①佛山镇经此一役，生业受到严重破坏，据1863年香港出版的《中国商务指南》写道：“自从一八五四年广东省的骚乱，大大损害了广州的繁荣，并破坏了佛山，使织工和其他工匠逃散以来，印度棉花的消费已大量减少。……佛山被破坏，使当地纺业停顿。故对外国棉花的需求亦为停止，转而引进英国棉纱。”②更多的富户此后遂迁往广州发展，以广州有城墙兵卒可依托。

① 民国《佛山忠义乡志》卷十四《人物志七·招涵》；光绪九年重修《戴氏家谱》之《昭武都尉如南公家传》，手抄本；《太平天国全史》第十一章，第831页。

② 《中国近代手工业史资料（1840—1949）》第一卷，第496页。

七、工商业衰落与转移

曾经辉煌了数个世纪的佛山工商业，在清代道光以后呈现衰落。原因是多方面的。

在官府政策方面，是官准专利政策的松动。从明正德至清嘉庆以前，全省铁块严格按照“官准专利”制度，统运佛山。由佛山炉户统一铸造发卖。佛山炉户实际上垄断了原料市场和制造业市场。道光十四年（1834）两广总督卢绅向全省开放了铁锅铸造、发卖的政策。[①]以后，承饷土炉和铁锅铸造便纷纷在两广各地出现。失去了广东官府特许制度的依托，佛山冶铁业独霸岭南的地位开始动摇，并逐步走向衰落。其衰落的主要标志是炉户数量和铁锅产值大大减少。光绪十四年（1888）以前岁值还有三十余万两银。“后至不及三之一。”[②]

在生态环境方面，是佛山涌的淤浅。明代至清前期。佛山涌这一黄金水道，曾给佛山带来难以计数的利益。但清代中叶后佛山涌“浅淤日甚”，“非遇潮汐，则舟不可行”，[③]道光五年（1825），佛山合镇大清涌一次，同治、光绪年间全镇又各有大规模清涌工程一次。佛山人为改变河道条件，付出了很大努力，然而因受出海口成沙迅速、河道延伸和海潮顶托的影响，人力终难扭转大自然的威力。在明初曾因积沙而发展起来的珠江三角洲及佛山镇，至清中叶后又因积沙而水患频频、河道日浅，大自然的恩惠转变成大自然的灾害。这是人们始料未及而在历史上常常发生的事实。

在历史因素方面，是红巾军在佛山起义的影响和“五口通商”后洋货进口的打击。五口通商打破了广州独口通商的历史格局。从此，货物过岭迅速减少。而与此同时，洋货进口大量增加。光绪年间，“每年洋铁入省城，佛山约有一千余万斤”。[④]洋铁滚滚而来的结果是使佛山炒铁业生产的铁砖再无人问津，被迫全行歇业。史称，“今则洋铁输入，遂无业此者矣”[⑤]。其次，

---

① 《两广盐法志》卷三十五《铁志》。

② 民国《佛山忠义乡志》卷六《实业志》。

③ 道光《佛山忠义乡志》卷一《乡域志》。

④ 光绪十五年两广总督张之洞《筹设炼铁厂奏折》，载张曾畴：《张文襄公奏稿》卷十七。

⑤ 民国《佛山忠义乡志》卷六《实业志》。

厄运相继轮到铁线、铁钉业和土钉业，“销路渐减，今仅存数家”[①]。

与江河日下的佛山冶铁业形成鲜明对照，香港的铜铁业却“生理有一日千里之势”，[②]广州的成药业、纺织业、金饰业、染料业也开始兴旺。因此，佛山作坊主纷纷挟资赴港开业，或将工场搬迁至广州、上海，出现了商业精英外流的现象。例如区河清、区廉泉父子就在清末迁移至香港，“经营铜铁生理”[③]。又如招雨田，亦到香港创办米机业，分厂越南，为港埠富商，创办香港保良公局[④]，还有著名的南洋兄弟烟草公司创办者简照南、简玉阶兄弟，在香港、上海、武汉、广州、佛山遍设烟厂，以上海为总机关，亦成为民初的著名商人。[⑤]除香港以来，广州亦是佛山商业精英乐往之地。据广州药材行老行尊回忆，“西土药重点原在佛山，1860年后才逐步转移到广州”[⑥]。而成药业由佛山迁广州的著名店号亦所在多有，如冯了性药酒老号、保滋堂、马百良药铺、迁善堂、李众胜堂、梁财信老号均在清末迁至广州创办新厂。[⑦]此外，佛山仁发号创始人谭清泉（绰号“佛山公子”），在民国初年迁至广州打铜街，创办了广州的洋染业。[⑧]还有著名的广州金饰业的“朱义盛第一间”，亦为佛山商人钟妙真开设。[⑨]在手工业衰落和商业资本转移外流的情况下，佛山岭南手工业中心的地位和岭南区域中心市场的地位就日渐式微。

我们知道，在明清两代，佛山既不是府治所在，也不是县治所在，却是文化中心和财富中心，是具有典型精致的文化模式和大量财富的城市，一般乡村只有徒然艳羡，而无力效仿。正因如此，一旦发生战乱或群体性事件，便首当其冲，成为被打击的目标。明正统十四年（1449）佛山人成功抗拒了黄萧养之乱，但是405年后，历史还是让佛山接受了起义军的打击。明清岭南

① 民国《佛山忠义乡志》卷六《实业志》。

② 民国《佛山忠义乡志》卷十四《人物志·区河清传》。

③ 《佛山栅下区氏谱》之《区河清传》，《区廉泉传》。

④ 民国《佛山忠义乡志》卷十四《人物志》。

⑤ 参阅罗一星：《简照南与南洋兄弟烟草公司》，载《广州工商经济史料》，广东人民出版社1986年版；关于民国初年之著名商人，参阅苏云峰：《民初之商人（1912—1928）》，载《近代史研究所集刊》第11期。

⑥ 邓广彪：《广州市中药业史料》，载《广州文史资料选辑》第二十五辑，第174页。

⑦ 梁爵文：《源远流长的中成药制造业》，载《广州工商经济史料》第二辑。

⑧ 李泮安：《广州洋染料业》，载《广州文史资料选辑》第三十一辑。

⑨ 陈天杰：《广州朱义盛金饰业》，载《广州文史资料》第十九辑。

的重大历史事件和农民起义都与佛山相联系，这也说明了佛山与广州同等重要的财富中心地位。

佛山的中落大概延续了几十年。民国以后，粤汉铁路的修筑与通车，正式宣告佛山完全失去中心市场的地位，历史又恢复到以广州为唯一中心市场的格局。佛山，也走向了另一条更具特色的发展道路。

八、佛山人出国

明清时期的佛山人成批出国，大致可以分为三个阶段：

（一）第一阶段是明初至明末（1368—1646）

佛山人出国，可以追溯到元末明初。根据《明史》记载，明初在三佛齐（巨港）“有梁道明者，广州南海县人，久居其国。闽粤军民泛海从之者数千家，推道明为首，雄视一方”[①]。永乐三年（1405），明成祖朱棣派遣与梁道明同乡的官员谭胜受“赍敕招之”，梁道明归国朝贡方物，“受赐而还”。梁道明是南海县西樵人，祖父在元代时到印度尼西亚做生意。梁道明长期在三佛齐（巨港）做买卖，善于经营，深孚众望。成为爪哇新村的村主。福建广东军民泛海跟随他的有数千家，其中有两三百个佛山人，带去了铸造和其他技术。在荷兰殖民者入侵印度尼西亚的时候，佛山华侨参与铸造火炮，与当地人民共同抗击侵略者。[②]梁道明及其追随他的南海人，成为佛山历史上最早移居海外的华侨群体。

明景泰元年（1450），黄萧养之乱失败后，为躲避官兵追捕，追随其的当地乡民和水疍有大批外迁的现象。顺德水藤乡的一群乡民，冒险乘船出海，辗转到了印度，靠出卖劳动力为生，并在当地繁衍生息。[③]其中有部分后来迁往毛里求斯，成为顺德华侨在非洲东南部的集中地。[④]

明隆庆元年（1567），隆庆帝（明穆宗）宣布解除海禁，允许民间私人

① 《明史》卷三二四，第8361页。

② 佛山市地方志编纂委员会办公室：《佛山史话》，中山大学出版社1990年版，第37页。

③ 欧阳世昌编著：《顺德华侨华人》，人民出版社2005年版，第5页。

④ 《顺德县华侨志》根据马达加斯加华侨邓超时族谱记载：“黄萧养起义失败后顺德水藤村民为逃命，乘船航行至印度。”《顺德文史》第15期，1987年，第1页。

贸易远贩东西二洋，史称“隆庆开海”。从此民间私人的海外贸易获得了合法地位。隆庆开海标志着明代的对外交往从官府层面转向民间层面。曾经为官方独占的海外贸易逐步让位给更加具有活力和发展前途的民间海外贸易。隆庆开海后，澳门港市与佛山港市建立了密切的贸易关系，两埠的商船往来如织，不少佛山商民通过佛山栅下码头乘船到澳门口岸，或经商，或运输，或输出匠作手艺，走向南洋诸国，走向日本的大阪、横滨，走向葡萄牙里斯本。据澳门史料记载：1623年10月3日，葡萄牙当局因澳门行政官马斯卡雷尼亚雇用两个中国铸造师傅建造铁炮铸造作坊卓有成效，[①]遂将这两个师傅移民葡萄牙。[②]1626年葡萄牙议会写信给葡萄牙印度总督：“从澳门招聘人到果阿葡萄牙的铜炮铸造厂去教授铸造技术。……在后来的1629年、1632年，葡萄牙议会又一再重申要求，从澳门输送中国铸造工匠。”[③]这些来自佛山的铸炮师傅，成为中国最早的技术移民。

（二）第二阶段是清初至道光年间

这是佛山人出国的重要时期。清初广东兵戈扰攘，继而遭受迁界破坏，有一部分南明抗清失败的军队和佛山居民逃离家园移居国外。康熙十八年（1679），以杨彦迪、陈上川为首的三千多人的一支船队，逃抵越南。越南阮氏政权允许他们定居在越南南部美萩、边和一带开垦。经过他们的辛勤努力，荒地开垦成为良田；边和一带建设成为繁荣的农业中心[④]。在陈上川等建设边和的第二年，广东雷州人莫玖又率领一批华人迁入越南，定居在越南南部河仙一带开垦。后来还不断有华人成群结队流入越南，在该地建立许多村舍。他们和当地人民艰苦经营，不久使河仙一带变成了经济繁荣和贸易发达的地区。至今当地还保留着粤语作为沟通语言。此外，明末遗民也有许多逃

---

① 埃武拉地区档案馆资料，手稿CXVI/2–5，第272页，转引自澳门博物馆《与历史同步的博物馆——大炮台》，1998年，第52页。

② Contrto que o Capitao Geral D.Francisco Mascarenhas celebrou com Quinquo, e Hiaoxon, Chinas gentios de cabello, para fundirem pecas de artellaria de forro coado, C.R.Boxer:Estudos para a Historia de Macau Seculos XVI a XVII, 1 Tomo, p.108. 转引自万明：《中葡早期关系史》，社会科学文献出版社2001年版，第206页。

③ 万明：《中葡早期关系史》，社会科学文献出版社2001年版，第206—207页。

④ 《大南实录前编》卷五《太宗孝哲皇帝实录》二十二至二十三；王柏中等辑录：《大南实录·中国西南边疆相关史料辑》，社会科学文献出版社2015年版，第2页。

亡到新加坡、雅加达、缅甸和菲律宾等地。[①]

康熙二十一年（1682），广东巡抚李士桢指出："今访有不法奸徒乘驾大船，潜往十字门海洋，与夷人私相贸易。有由虎门东莞而偷运入省者；有由上罔头、秋风口、朗头以抵新会等处而偷运回栅下、佛山者。"[②]这里所言"栅下"是指佛山镇南面的栅下码头，所言"佛山"，是指佛山镇北面的正埠码头。开海之前，佛山这两个码头是北连广州、南通澳门的繁忙码头。其中不乏"务贾与时逐"的走私出洋者，"以香糖、果箱、铁器、藤、蜡、番椒、苏木、蒲葵诸货……南走澳门，至于红毛、日本、琉球、暹罗、斛、吕宋，帆踔二洋，倏忽数千万里，以中国珍丽之物相贸易，获大赢利"。[③]

康熙五十六年（1717），清廷实行"南洋禁航令"，不准商船往南洋吕宋等地贸易，规定出洋贸易的百姓三年之内准其回籍，此后私去者不得回国。这也造成私出海外者驻留当地不返。史称"闽粤之轻生往海外者，冒风涛，蹈覆溺而不顾。良由生齿日众，地狭民稠，故无室无家之人，一往海外，鲜回乡者"[④]。

雍正五年（1727），南洋禁航令解除，允许商船往南洋贸易。乾隆二十二年（1757），清廷下令"一口通商"，此后到道光二十二年（1842），广州都是全国唯一的通商口岸。外国商船往来十分频繁，也为广东人出国谋生、移居海外提供了便利。鸦片战争前，佛山人出洋贸易经商和移居国外已是常事，不少南海人在东南亚的马来亚、越南、泰国等国侨居。如康熙年间，顺德大都乡民梁昌五跟随老板前往马来亚经商。[⑤]乾隆二十二年（1757），顺德沙滘东村霍虾的曾祖父往越南，熹涌陈观赐往泰国谋生。[⑥]

嘉庆、道光年间，即18世纪末至19世纪初，珠江三角洲水患增多，粤人为谋生，私自受雇出国者日益增多。林则徐奏言："每岁冬间，夷船回国，间有无业贫民，私相推引，受雇出洋。……十余年前连值荒年，去者曾以

① 《简明广东史》（特选本），第346—347页。

② 《抚粤政略》卷六《文告·禁奸漏税》，载《近代中国史料丛刊三编》第三十九辑，台北文海出版社1988年版，第629—630页。

③ 《广东新语》卷十四《食语》，中华书局1985年版，第371—372页。

④ （清）颜斯综：《南洋蠡测》，《小方壶斋舆地丛钞》本。

⑤ 顺德市地方志编纂委员会编：《顺德县志》，中华书局1996年版，第1页。

⑥ 《顺德县志》，第1页。

千百计，今年则甚属稀少。”[①]

此时粤人出国主要从事进出口贸易和商业零售业，集中于东、西二洋的沿海港市。据谢清高《海录》记述，18世纪末19世纪初的马来亚各邦，有数以万计的广东人从事贸易和商业活动，广东商人在廖内群岛很活跃，在爪哇的大都会噶喇叭（今雅加达）市区内，“中华人在此贸易者不下数万人，有传至十余世者”[②]。据《新加坡三水会馆简史》记载：“1824年，有梁亚德等三水人居于斯土，梁死后葬身碧山亭，并立有碑记。”[③]《槟城南海会馆史略》记载，嘉庆六年（1801），槟城南海会馆的捐款石碑中有南海人的名字。[④]道光八年（1828），马来亚槟城南海会馆成立[⑤]；道光十九年（1839），新加坡南顺会馆成立[⑥]；这些来自南海、顺德、三水的华侨，已经开始组织成立地域性的会馆组织作为同乡人聚会和联络情感的场所，以满足佛山华侨群体的共同需要。

其次是从事橡胶业和锡矿业开采。新加坡于1819年被英国殖民者占领之后，就不断派船到广东、福建沿海一带，招募和掳掠华人前往开发。英国人戴维逊记载每年到新加坡的华人总数为6000—8000人；1810—1830年每年约有3000名华工到加里曼丹岛西海岸；每年到达槟榔屿的华工有2000—3000人，到达马六甲的有3000人。[⑦]在荷属印尼，17世纪下半叶荷兰殖民者已开始招募来自华南沿海劳动力为其服务。爪哇岛上共有5万名中国人，绝大多数是体力劳动者。1710年，仅巴达维亚（今雅加达）即有10万中国人。这些华工，多来自珠三角广州府属各县。

1807年，以英国为首的西方国家相继宣布废除黑奴贸易。奴隶数量减少，使得殖民地劳动力变得非常紧缺。殖民者于是把目光投向了华人。19世纪初，英国曾以授地招垦、贷款补助等诱饵，鼓励和招募东南沿海的破产农

① 《林则徐集·奏稿》，第678—681页。

② （清）谢清高口述，杨炳南笔录，安京校：《海录校释》，商务印书馆2002年版，第128页。

③ 三水县地方志编纂委员会：《三水县志》，广东人民出版社1995年版，第1289页。

④ 佛山市南海区外事侨务局编：《南海市外事侨务志》，内部资料，2007年，第102页。

⑤ 《南海市外事侨务志》，第10页。

⑥ 《南海市外事侨务志》，第10页。

⑦ 袁丁：《晚清侨务与中外交涉》，西北大学出版社1994年版，第8页。

民和无业贫民前往开发。[①]19世纪20年代，马六甲附近和半岛西部各土邦的锡矿已有几万名华工。此后华人转向柔佛、雪兰莪和霹雳等土邦，在当地自建村镇，开垦种植园。谢清高《海录》记载，“槟榔屿一带，有万余名闽、粤人从事胡椒种植；从马六甲到雪兰莪，闽、粤人到此采锡及贸易者甚众”；在马来亚东岸的吉兰丹，每年有数百名广东人到此开采金矿；还有众多广东人在邦加岛的槟港矿区采锡；在加里曼丹岛西岸的坤甸至山口洋、三发等地区，“闽、粤到此淘金沙、钻石及贸易、耕种者，常有数万人”。[②]

（三）第三阶段是咸丰至宣统年间

此时佛山人的出国群体主要有三类人：一是商贸出国，属商人群体；二是私逃出国，如天地会等团体；三是华工出国，属合法出国打工群体。

1. 商贸出国

第一次鸦片战争失败后，道光二十二年（1842）清廷与英国签订《南京条约》，同意开放广州、厦门、福州、宁波、上海五处为通商口岸，实行自由贸易。史称“五口通商”。广佛地区原来积累的大量商贸人才开始选择新的出路，或到上海、香港；或下南洋。不少佛山人选择到海外各国的港市寻觅新的舞台。

经营商贸是佛山人自古习成的能力。如佛山镇人冼恩球年轻时经商越南，信义为越南人所敬重，不数年坐致巨富，富埒越南全国。佛山人前往越南者，他均提挈备至。受其惠成小康者难以计数。越南王重其才，授以河内海关监督之职。他“赋课有条，岁榷骤长”。冼恩球七十寿时，越南王亲携三品以上官吏同往冼恩球宅第祝寿。两广和云贵总督也派大员致贺，为冼恩球点燃寿烛，此为“华侨旷古未有之荣典”。冼恩球年七十二告休，越南王诏授其侄冼耀南承袭是职（河内海关监督例以富者补授，无分外国人，且得承袭）。冼耀南，弱冠赴越南，依其世父恩球习商业。袭海关监督。越南王“遂并滇、粤诸帮商业悉委之”，冼耀南“孚以信义，榷税顿增，商业亦利市三倍，由是顿成巨富”。中国人有急难奔越南及华侨落魄者，莫不拯

① 《晚清侨务与中外交涉》，第7页。

② （清）谢清高口述，杨炳南笔录，安京校：《海录校释》，商务印书馆2002年版，第128页。

济之。食客日凡百余人，均加礼遇，远近莫不闻名，凡滇、粤外交官吏与越南豪俊结识殆遍。年六十一归佛山，刘永福遣兵护送至中国境。后刘永福归国任碣石总兵，致书冼耀南曰："在越南惟识公一人，及回广州亦惟识公一人。"其见重若此。冼耀南归家乡后，以筹赈之功叙分府同知官。"富贵寿考，一时无两，中外以为光荣。"①

南海县西樵简村人陈启枢早年在越南经商，咸丰四年（1854）将其弟陈启沅带往越南。兄弟二人，"先在安南堤岸设立怡昌荫号，经营杂货纱绸，继而"开设均和栈杂货店、均和昌酱园、裕昌和东京庄、盛其祥谷米行"，后又经营怡丰当铺，经营押当，"十数年间，兄弟俩已跃为堤岸华侨中之大富商"②。陈启沅在越南经商期间，走遍中南半岛各地，看到法国式的器械制丝，产品精良，就产生了欲仿效的想法。遂于同治十一年（1872）回国，在家乡创办了第一间初具规模、半机械化的缫丝厂"继昌隆"。

光绪七年（1881），南海九江下北人李卓锋随父亲一起到越南堤岸谋生。李氏父子一家先是在越南开办棉花厂，后又办穗城学校和广肇医院，经营航业公司，遂至富裕华商，成为当地侨领。③辛亥革命前，孙中山每次到越南进行革命活动，李氏兄弟都慨然接待，多次为支持孙中山的革命活动捐献巨款。④南海县九江上西人关晓常光绪年间到马来亚山打根埠经营格木园，同时兼营商业，经过苦心经营，成为当地殷商，被称为"格木大王"。⑤光绪二十七年（1901），三水县人邓家让（恭叔）到沙捞越的诗巫，投资22万创建广东农业公司，次年与当地首领签订条约，划定诗巫、兰南一带为垦区，由公司招募广东农民开发，获得20年免税的优惠。邓恭叔随即在珠三角的清远、三水、四会、广宁、番禺、东莞等地招募农工，先后招工4批360余人。该垦场被称为"新广东垦场"（俗称"广东芭"），种植谷物、胡椒、橡胶等。随着种植园规模的扩大，1904年他又开辟了两个种植园。⑥在农场开发和

① 民国《佛山忠义乡志（校注本）》卷十四《人物志八》，第719—720页。

② 黄景坤：《陈启沅传》，载广东省南海市政协文史资料委员会编：《南海文史资料》第10辑，1987年，第5页。

③ 《南海市外事侨务志》，第94页。

④ 《南海市外事侨务志》，第410页。

⑤ 《南海市外事侨务志》，第94页。

⑥ 邹震岳：《北婆罗洲华侨史话》，海外文库出版社1956年版，第22—23页。

经营的过程中，邓家让先后从东莞、三水、番禺、清远、广宁、四会等地招募900多同乡到诗巫。[①]在东南亚各埠，广府人和肇庆人建立的“广肇会馆”有20多座。

图9-1-9　越南会安“广肇会馆”石额（高瞻摄）

佛山华侨在日本主要集中在东京、神户和横滨等城市。他们多是自由职业者，开店经商。早期日本港口开埠时期最早的华侨便是广东人。1853年，美国人伯利将军率领舰队叩开日本大门时，南海县西樵人罗森担任该舰队随行汉语翻译，随后参与了美日谈判、缔约的全过程，并游历了琉球、横滨、下田、籍馆等地。回香港后，他将个人游历日本的经历发表在《遐迩贯珍》上，成为研究日本近代开国史的重要参考资料。[②]又如高明县华侨罗谦庭与罗家兄弟在山下町开办“东同泰”商号，后与温姓合办“恭安泰”，经营商业。[③]19世纪下半叶，日本横滨的华侨人数大增。1880年，横滨华侨已有2172人。南海县黎涌人简照南于1893年到日本，先是在其叔父店铺做伙计，后与其弟简玉阶在神户开设“东盛泰”商号，经营瓷器和布匹的批发生意。[④]1900年左右，又在香港开设“怡兴泰”商号，经营土洋杂货，由简玉阶主持店务。业务范围遍及日本、香港、暹罗和南洋群岛一带。源吉荪，佛山人，日本归侨，曾在日本经营小商业，略有积蓄。他于1892年在佛山创制源吉林甘和茶，消暑解热，远销国内外。全盛时，在广州、香港、新加坡均有分支行号。有资方从业人员18人，

① 龚伯洪编著：《广府华侨华人史》，广东高等教育出版社2003年版，第95页。

② 《广府华侨华人史》，第166页。

③ 中国人民政治协商会议广东省佛山市委员会文史资料工作组编：《佛山文史（第7辑）·华侨、港、澳史料专料》，内部资料，1987年，第6页。

④ 《南海市外事侨务志》，第421页。

雇用工人约150人。设有溶药铜锅4座，年产甘和茶150万盒。[①]

此外，出国留学的留学生中也有佛山人，他们在日本学习西方先进的知识和理念，以俟报国。如原籍南海的何香凝女士，1897年与廖仲恺结婚，1902年赴日本东京留学，翌年在东京结识孙中山，从此踏上民主革命的道路。

在美国，旧金山是旅美佛山人最多的商埠。1850年，由南海、番禺、顺德华侨成立三邑会馆。1862年以后，会馆相继有花都、三水、清远、高要、高明、四会等地华侨加入。据1878年资料估计，会馆属下全体华侨约有1.2万人。[②]美国南海籍华侨除与番禺、顺德的华侨组成三邑总会馆外，还成立有南海同乡会、南海福荫堂、南海九江同乡会、南海西樵同乡会、南海狮山同乡会、南海九江商会、南海九江慈善公会，以及该慈善公会附设的儒林俱乐部、妇女部等。[③]

佛山人出国的足迹还到达非洲东海岸一带，主要是马达加斯加、留尼汪、毛里求斯和南非，其中以顺德人为最多，他们在非洲多从事农业、渔业和零售业。1851年，顺德人亚方·唐文（Affen Tank Wen）到达毛里求斯。受雇于岛上最大的商行阿西姆公司，不久成为该公司经理和股东，并成为当地侨领。[④]此后不断有南海、顺德、番禺人远道而来。1858年，顺德人张昌满在留尼汪布司桑开设商店。在张昌满的带动下，顺德张氏族人不断来到留尼汪，成为当地华侨中最大的家族。[⑤]19世纪下半叶，从毛里求斯来到留尼汪的顺德人多是同乡，他们往往自行组织起来，在靠近糖厂的地方开设小商店和流动摊点。1872年，顺德籍华人刘文波在留尼汪开设商行“广刘信号”，生

---

① 《佛山史话》，第47页。

② 三邑会馆历史编辑委员会：《旅美三邑总会馆史略（1850—2000）》，美国旧金山三邑总会，2000年，第39页。

③ 黄素芳：《佛山华侨华人史》，广东人民出版社2021年版，第128页。

④ 国内一般译作阿衡，邓云或阿方·唐文，于1851年（一说1861年）10月31日到达毛里求斯。见方积根编：《非洲华侨史资料选辑》，新华出版社1986年版，第320—325页；李安山：《非洲华侨华人史》，中国华侨出版社2000年版，第143页。

⑤ 欧阳世昌编著：《顺德华侨华人》，人民出版社2005年版，第12—13页；李健明编著：《沧海扬帆：乐从华人华侨历史》，内部资料，2014年，第88页。

意发展迅速。[①]其后不久，顺德乐从人陈广明也在留尼汪创设“远发隆”商号，后至马达加斯加塔马塔夫开设“广利荣”商号。到1883年，其商店已经颇具规模。[②]1890年，乐从沙滘人陈敖从毛里求斯转赴马达加斯加，与乡人一起经营生意。不久后陈良让等10余人也相继到达。[③]他们在马达加斯加东部的塔马塔夫和北部迭戈经营商业，种植、买卖咖啡和香草为生。[④]到1904年，南非的华侨也有2000多人，大部分来自南海、顺德两地的村镇。[⑤]

清代佛山镇三大家族之一的松桂里梁氏，也在此时出境过半，梁氏后裔现有200多人，其中到中国港澳地区、美国、泰国、新加坡、加拿大、瑞士、日本定居者有100多人。[⑥]住在佛山镇居仁里的周敬，原来以缝纫为生。于1891年偕妻子到美国三藩市，与5人合股开了一间缝纫店。

2. 避难出国

咸丰四年（1854）红巾军对佛山城区的破坏，以及对富家巨室的劫掠，造成了大批佛山富人的出走。当起义军撤出广州之围、主动转移后，两广总督叶名琛对参与起义的人民实行大屠杀。1855年夏，仅广州一地即屠杀了7.5万人。当时清吏杀人，不用审讯，捕得即杀，如宰牛羊，极其残酷。[⑦]许多被杀者是并未参加起义的无辜百姓。在起义失败后的一年内，全省被叶名琛屠杀者达百万人以上。[⑧]佛山是红巾起义的策源地，有大批天地会成员、手工业者和粤剧伶人以及疍民参与此事，此时被清政府清剿。佛山琼花会馆被毁，天地会成员和粤剧伶人纷纷避难国外。广东地区的太平天国起义者和受株连的群众，为躲避清政府的缉捕大多逃到香港和澳门。他们在香港、澳门无依

---

① 李安山：《非洲华侨华人史》，中国华侨出版社2000年版，第136—137页。

② 《沧海扬帆：乐从华人华侨历史》，第34页。

③ 《沧海扬帆：乐从华人华侨历史》，第18页；《广府华侨华人史》，第94页；《非洲华侨华人史》；《顺德华侨华人》，第7页。

④ 《非洲华侨华人史》，第139页。

⑤ 《非洲华侨华人史》，第132页。

⑥ 佛山市地方志编纂委员会办公室编：《佛山史话》，中山大学出版社1990年版，第41页。

⑦ 容闳：《西学东渐记》，商务印书馆1915年版，第30页。

⑧ 施嘉士：《旅华十二年》第21章，转引自简又文：《太平天国全史》中册，香港简氏猛进书屋1962年版，第864页。

无靠，生活无着，大多卖身为“猪仔”，为拉丁美洲的农场主和矿主所掳掠，散落在日本、南洋各埠和美洲大陆。如南海县盐步高村人冯镜如，他的父亲因为结交太平军被官府缉捕入狱而死。因担心受牵连，他于甲午中日战争前赴日，在横滨经营文具店和印刷店。光绪二十四年（1898），他还在横滨倡办了第一所华文学校——中西学校。①

3. 华工出国

第一次鸦片战争后，西方国家在广东沿海地区合法招聘劳工，直接催生了广东尤其是佛山地区普通年轻人出国的热潮。

华工出国之事，在鸦片战争前已经存在。西方人称之为“苦力贸易”，广东人称之为“卖猪仔”。但华工大量出口之事，却是鸦片战争以后才开始。19世纪中叶，西方资本主义的迅速发展，美国西部和澳洲金矿的发现，需要大量劳动力。美国和英属加拿大急需修筑横贯东西两岸的铁路大动脉，以及美国中西部的大开发，也急需招募大量的廉价劳动力。但自从19世纪以来，西方各国先后废除奴隶贸易和废除奴隶制度后，中、南美洲和南洋群岛的种植园等，到处出现劳动力的危机。因此，西方殖民主义者转向中国要劳动力。

1859年10月27日，两广总督劳崇光同意英属西印度派来的招工专员奥斯丁所拟的招工出洋章程5条，允许英国在广州设招工所公开招工②，这是中国官方最早为华工出国提供的合法根据。1860年10月，英法联军攻占北京，迫使清政府签订《北京条约》，其中约定：“凡有华民，情甘出口，或在英国所属各处，或在外洋别地承工，俱准与英民立约为凭，无论单身，或愿携带家属，一并赴通商各口，下英国船只，毫无禁阻。”③《北京条约》把从19世纪初便开始的华工出国合法化，这将佛山人出国推向一个新的高潮。④

当时广东出国的华工有几种类型。一是契约华工。系被人贩子从广东

① 《南海市外事侨务志》，第418页。

② 陈翰笙主编：《华工出国史料汇编》第二辑《劳崇光致联军统领衙门委员函》，中华书局1980年版，第193页；第三辑《广东巡抚柏贵布告》，中华书局1981年版，第23页。

③ 沈云龙主编：《筹办夷务始末（咸丰朝）》（近代中国史料丛刊第五十九辑），文海出版社1966年版，第5362页。

④ 《佛山华侨华人史》第二章、第四章。

各地拐骗、掳掠并强迫签订卖身5—8年契约的华工。他们被运到海外，从事种植园、开矿、修铁路等苦役劳动。运到南洋群岛、西印度群岛、古巴、秘鲁、巴拿马等地华工多属此类型。二是赊单华工。即出国华工的船票款由招工代理人垫付，到国外后以工资加高利抵还。在债务未清以前，这种华工要听从债权人的控制与驱使。1862年以后运到美国、加拿大、澳洲、新西兰的多属赊单工，到南洋群岛华工的一部分也属此类。三是得到亲友资助，自费移民的华工。以南洋群岛为多。外国的投机商人和招工贩子在广东沿海各口岸开设专门收买和囚禁华工的机构。在广州的为囤船，在汕头的为“客馆”“客栈”，在澳门的为巴拉坑（猪仔馆）。[①]

佛山地区华工出国，主要通过广州、澳门和香港三个口岸。广州出口华工主要在黄埔囤船上进行，1852年有24581名华工出口。1855年澳门的巴拉坑仅有5家，1866年猛增为35—40家。1873年葡萄牙、西班牙和秘鲁开设的巴拉坑达到300多家，靠苦力贸易为生的多达三四万人。澳门一时成为买卖华工的中心。据不完全统计，从1856年到1873年，西方侵略者从这里掠走了20万名华工。从1847至1874年，古巴、秘鲁分别掠去14.3万和12万华工，大部分是从澳门运出的。[②]香港开埠后，即设立与槟榔屿、新加坡联系的招工机构，把从广州各地掳掠的华工运至东南亚、北美等西方殖民地，很快成为掠贩苦力的大本营。据不完全统计，香港知名的“猪仔客钱”有60余家，匿名的黑店难以计数。香港出口的以赊单华工为多，也有契约工，1855—1872年，平均每年12872人。香港的“猪仔”华工贩运，延续至20世纪20年代才逐步衰落。[③]19世纪50年代从广州、汕头、澳门、香港出口的华工，每年合计5万人左右。[④]

鸦片战争后至20世纪初，佛山华侨主要来自现在禅城、南海、三水、顺德、高明等区的破产农民、小手工业者和小商贩，他们在国内生活艰难，加上殖民者在中国招募劳工，他们便作为自由劳动者或契约华工出国谋生，成为该时期佛山人出国的主力军。

东南亚是当时佛山华侨分布最多的区域。如马来亚的槟榔屿，到1880年

---

① 《简明广东史》（特选本），第429页。

② 谭乾初：《古巴杂记》，第4页，转引自《小方壶斋舆地丛钞》第十二帙。

③ 《佛山华侨华人史》，第47页。

④ 《简明广东史》（特选本），第428—432页。

华侨人数有8968人，而当地所有的木匠，铁匠和鞋匠都是广东人[①]。据马来亚霹雳州要明会馆1975年金禧纪念特刊载文：“1880年间，霹雳州内怡保近郊之布先、甲板、端洛、华都牙也、务边、和丰、沙叻等埠，散居要明（高要、高明）两邑人士约有4000多人，多数以‘卖猪仔’的形式到这些地方作采锡矿工。”[②]这些华工从招募人那里先领一笔费用，但要订立劳动合同，订明约满还清债务，方能得到自由，这批4000多名锡矿工人，后来有的又辗转到东南亚其他地方。[③]清光绪元年（1875），佛山镇近郊敦厚乡的谢六，是该乡最早出国的一个穷苦菜民。他靠“埋会”（即乡民自发组织的小型互助会）的二三十元，乘搭三支桅帆船过埠谋生，到了新加坡做割橡胶工人。后来他带了4个儿子及大孙子出国，积蓄些钱，回家乡买了两间屋。从此，乡人称谢六为“发财六”。纷纷向他求助，结果同宗的三四十人都出了国。后来还带了同乡陈、谭、张、孙、全等姓的二三十人出国。他们去的地方，除了新加坡外，还有马来亚的大霹雳怡保埠。有的去了安南。他们的职业，大多数是做咕哩（即搬运工），有的做山巴工（即挖矿工），有的做小买卖。有个别人赚了钱后开锡矿，如谢迪，他和人合股先开了一间东泰锡矿公司，一间东泰栈（杂货铺），后来又开办了三友、利有两间锡矿公司，每间公司都有工人二三十人。他赚钱回佛山镇结婚，生儿育女，在乡下买田二三百亩，在佛山城区福寿里、西贤里置屋一二十间。据说今天敦厚乡在马来亚的华侨后裔，有六七百人。[④]马来亚归侨曾定在《战前马来亚的华侨矿工》中写道，其父亲、二伯父都是“卖猪仔”去马来亚的。他们途经香港坐船出洋到新加坡。船上设备简陋，条件十分艰苦，很多人晕船生病后缺医死去，被直接丢入海中。幸运抵达的，被送往矿场、种植园等地开始劳作。[⑤]《顺德华侨华人》中也有类似记载，如“同治十年（1871），顺德伦教羊额何家禧就被

① ［英］巴素：《东南亚之华侨》，台北正中书局1974年版，第443页。

② 中国人民政治协商会议广东省佛山市委员会文史资料工作组编：《佛山文史（第7辑）·华侨、港、澳史料专辑》，内部资料，1987年，第6页。

③ 高明县地方志编纂委员会：《高明县志》，广东人民出版社1995年版，第716页。

④ 佛山市地方志编纂委员会办公室编：《佛山简史》，中山大学出版社1990年版，第39页。

⑤ 佛山市人民政府侨务办公室编：《佛山市华侨志》，广东科技出版社1990年版，第3—4页。

‘卖猪仔’到马来亚怡保”。[①]

清中叶后，大量出国谋生的广府华侨群体进入新加坡、马来亚和爪哇、苏门答腊；进入美国旧金山；进入澳洲墨尔本。由于广府人保持着吃热锅炒菜的习惯，广锅也随广府人群体大量销往大洋彼岸各国。光绪十五年（1889），两广总督张之洞在给光绪皇帝的奏折中称：“内地铁货出洋，以锅为大宗。其往新加坡，新、旧金山等处，由佛山贩去者约五十余万口。……此外铁链运往澳门等处者，每年约五六万斤。铁线运往越南者，先年约十余万斤。”[②]这些广锅，在广府华工美国太平洋铁路工程中发挥了重要作用。英语称中国铁锅为“WOK”，就来自旧金山港贸易商品中粤语“镬”的发音。在澳大利亚墨尔本附近的疏芬山金矿（新金山），广府华工聚居区一直保持着使用广锅烹制粤菜的饮食习惯。

图9-1-10　19世纪澳大利亚疏芬山金矿华人居住区内景（罗一星摄）

图9-1-11　澳大利亚疏芬山金矿华人居住区使用的广锅（罗一星摄）

图9-1-12　澳大利亚疏芬山金矿华人居住区的关帝庙（罗一星摄）

① 《顺德华侨华人》，第8页。

② （清）张之洞撰：《张文襄公奏稿》卷十七《筹设炼铁厂折》，民国九年（1920）铅印本，北京大学图书馆藏。

应该指出，清代华工出国乘船到美洲的旅途极其艰苦。船老板为了多赚钱，超额滥载，船舱拥挤不堪，空气污浊，食物恶劣，疾病丛生。再加上动辄鞭笞、捆绑、毒打以及种种虐待，所以船上华工死亡率或自杀率特别高。据古巴官方公布，1847—1859年运往古巴的华工有116船次5万多人，船上死亡率为15.21%；秘鲁官方公布，1860—1863年运往秘鲁的华工在船上的死亡率为30.44%。死亡率高达50%，甚至90%、100%的船只屡见不鲜。因此，人们把装运华工出国的船只称为“浮动地狱”。[①]1847—1877年抵古巴的华工总数为126008名，被折磨至死的有三分之二。[②]

掳掠华工给外国苦力贸易者带来了暴利。估计在1851—1875年的25年间，西方殖民主义者从“贩”“运”华工至中、南、北美洲的勾当中获暴利8400多万元[③]。华工为雇主创造的利润，更无法估算。这些被掳掠运往世界各地的华工，以他们的劳动和血汗，甚至生命，促进了当地的经济建设。

第二节 佛山近代工商业的诞生
（1862—1912年）

从第二次鸦片战争后至清王朝灭亡，在半个世纪的出国潮里，佛山人走出国门，涉历五洲四海，开阔了视野，接受了西方科学文明；也深切地感到中国封建制度的落后和愚昧。由于清前期商品经济和手工业繁荣的人才积淀和文化熏陶，佛山工商业人才从中涌现。冼宝榦说：“佛镇商务甲天下，通商亦自佛起，人才闻于海外。”[④]他们纷纷走上了实业救国的道路。

① ［德］恩格斯：《波斯和中国》，载《马克思恩格斯选集》第二卷，人民出版社1972年版，第19页。

② 陈翰笙主编：《华工出国史料汇编》第四辑，中华书局1981年版，第165页。

③ 《华工出国史料汇编》第四辑，第1244页。

④ 民国《佛山忠义乡志》）卷十四《人物志八》，第721页。

一、陈启沅与中国第一家机器缫丝厂

国际近代缫丝工业从19世纪上半期开始起步，到19世纪70年代，在亚洲法国殖民地的安南（今越南）和暹罗（今泰国）等地，已有了机器缫丝业的发展。陈启沅（约1825—约1905年），南海县简村人。早年在家乡当塾师，后来到南洋经商。陈启沅在越南十年间，注意到法国人在越南开设的机器缫丝厂所生产的生丝，品质精美，远胜于家乡的粤丝。又因经商多次回乡，[①]亲身感受到南海蚕桑业落后状况，从而坚定了改革国内缫丝业的决心。于是陈启沅就在经商之余潜心研究新式缫丝工艺，到处访察缫丝厂，将其设备大小和工艺流程熟记于心，并参考洋人算书学习机械学和制图学。经过在越南十余年的研究，他已经是一个精通丝业制造工艺的专家。[②]于是，决心回国创办机器缫丝厂。

1872年，陈启沅回国在南海简村的豫坊筹备建厂。其兄侨商陈启枢投资白银7000余两助之。在西樵乡简村设厂有三利：一是接近原料产地，可以降低生产成本；二是就地招收女工，有充裕而廉价的劳动力；三是本乡本土，易于得到乡人的关照。陈启沅从外国购进锅炉一座，其他设备则亲自设计，由广州陈联泰机器店承造。取厂名为“继昌隆”。该厂最初招收女工800人，简村居半，其余一半向附近村庄招雇。由于该厂“出丝精美，行销于欧美两洲，价值之高，倍于从前，遂获厚利”。这是南海县也是中国第一家华侨民族资本经营的近代机器缫丝厂。南海县最

图9-2-1　陈启沅像（南海区博物馆提供）

① 陈作海：《缫丝风云录：记中国近代民族工业先驱陈启沅》，华南理工大学出版社2017年版，第21—22页。

② 《广州第一间蒸汽缫丝厂继昌隆机器创办人陈启沅》，载《广州文史资料》1963年第10辑，第59页。

早的一批近代产业工人，也随着继昌隆缫丝厂的创办成功而同时诞生。

陈启沅办厂，直接引入了近代工厂化管理模式。庞大的大锅炉、庞大的蒸汽炉和高高的烟筒以及清晨的汽笛声，成为“工厂”这个新事物的标志。工厂设“司理”（总经理）一人，陈启沅自己担任。设“司账”（会计）一人，设“外江”（采购）数人。管理人员和机器维修工实行固定工资制，缫丝女工实行计件工资制。继昌隆制定了详尽的管理奖惩和劳动分配激励制度，职工除了工资之外，有月度和年度的花红。另外，每半月有勤工奖，奖励无缺勤迟到早退并出品平稳者。在质量控制上，设立明暗两组质量巡查员，除了在现场明巡之外，更设有暗窗随机监察每个工位是否存在超额搭茧的行为。一经发现，马上对该工位的缫丝成品中取样烘干称重核实，超重三分之一，则以违规操作造成丝身粗劣论罚。这种把品质管控落实到生产环节中，而且以量化的测量数据说话的质量管理思想，放在150余年后的今天，一点都不落伍。继昌隆缫丝厂投产后，还陆续安装设备，增设丝釜，不到一年，增至三百缫丝位①。当时继昌隆缫丝厂出产的生丝，称为“厂丝”“洋庄丝”，同传统的土丝（又名七里丝）比较，在丝色、捻度（打较）、条干、匀度、理绪、净度、装束成形等方面，都大为优胜，较之法国所产无多逊色。而所产生丝多数外销，价格比土丝也高出三分之一。

由于“厂丝”畅销，价格好、利润高，吸引很多人来探访学艺，陈启沅对来咨询、求教的人，皆热情无私地予以介绍和传授。建厂后的头三年，到继昌隆缫丝厂学艺的达1000多人。仿继昌隆模样而设立的缫丝厂有4家。到1881年，江浦司一带就有机器缫丝厂10家。光绪十三年（1887）顺德的机器缫丝厂已经有42家，这个数字约占当时全省机器缫丝厂的90%以上。顺德容桂当时较大型的机器缫丝厂有：成栈、忠栈、奇纶、新兴、西亚和、粤经、广昌、忠信和、忠信恒、东亚和、永昌成、颂维亨、颂维坤、协三才、大和生、桂洲新兴等10多家。1911年，顺德县的机器缫丝厂在142家以上，其中乐从最多，有37家，大良16家，龙江15家，勒流10家。1912年北京农工商部公布的《第一次农商统计表》统计得出的数字，顺德从事缫丝业的工人已经达到了6万人之多。经济专家汪敬虞指出：“一个行业集中这么多的现代产业工

① 宣统《南海县志》卷二十一。

图9-2-2 陈启沅设计蒸汽缫丝机器模型（南海区博物馆提供）

图9-2-3 西樵简村绮亭陈公祠，今为陈启沅纪念馆（南海区博物馆提供）

人，是十分值得注意的现象。人们研究中国工人阶级的产生和发展，总是首先提到上海、天津等大城市。事实上，19世纪末，上海现代工业中的工人还不到五万，天津则不足五千，而顺德一县竟然超过这两个数字，实在不容忽视。”①

当时在上海，英商怡和洋行等外商已设立了机器缫丝厂。然而这批外资厂无一例外都是直接全套引进国外设备技术乃至管理人员，它们的开办与关闭，对中国民族工业的发展关系不大。

而陈启沅与继昌隆，却打开了珠江三角洲机器缫丝业的潘多拉盒子。继昌隆开办后，以其生产效率和生丝质量无可辩驳的优势，引来各地缫丝厂竞相效仿，机器缫丝蔚然成风。清末民初时，南海、顺德一带缫丝业一路高歌猛进，丝厂规模不断扩大。1926年，珠江三角洲有丝厂202家，丝车95605

① 吕唐军：《佛山纺织史》，广东人民出版社2017年版，第91—94页。

部。成为珠江三角洲丝绸发展史上最为辉煌的时期。[①]

由此看来，陈启沅开创继昌隆的一小步，却是中国民族机器工业发展史上的一大步。陈启沅和他的继昌隆，因缘际会，担当起中国近代化工业拓荒者的角色。这民族工业自强自立的第一步由佛山匠人跨出，并不偶然。因为这里延绵千载的工匠文化，不但有一种潜心于技的造物情愫，更有放眼世界的胸怀。正因为如此，在那个新旧时代的分水岭上，才会恰恰是佛山匠人，首先以开放的姿态，拥抱机器大生产时代来临，谱写出中国工匠文化的新篇章。

二、招雨田的商业版图

招雨田，以字行，是清末佛山镇郊南海石头乡人，年少贫贱，14岁乘坐内地桅船到香港，受雇于店家。虽薪酬甚微，仍“劳苦勤俭”，店主器重，遂支助“百十金”，与之“合伙开创祥和号，是为经商发轫之始”。创业后招雨田苦心经营，逐渐推广，遂在南洋各埠陆续创立100多家商号。以香港“广茂泰”商号为总机关。史称：“港埠之广茂泰，其最著者。掌握一隅，目营四海，人皆奇之。支店既多，以香港广茂泰为总机关，身任督理兼祥和号务垂八十年。铺规整肃，日行之事及外埠往来信件，必日日清结。危坐无倦容，数十年如一日。其精力过人有足称者。且亿则屡中。”[②]招雨田发财后寓居于佛山镇东华里，其对东华里多所建设。又倡建香港东华医院，担任首任总理。三次倡建香港大学，捐助巨款。对南海中校也是“前后捐助不赀”。乙卯（1915）水灾，筹赈动用2万余金。其余善举，莫不以身先之。宣统朝时得授五品同知衔。民国四年（1915），大总统给以四等嘉禾章。七年（1918），奖给褒状，并给“好行其德”匾额。[③]

三、梁定荣与广德泰轮舶公司

梁定荣，号伯田，佛山堡一百十八图九甲梁镇华的次子。梁定荣性格

① 《佛山纺织史》，第96页。

② 民国《佛山忠义乡志（校注本）》卷十四《人物志八》，第713—714页。

③ 民国《佛山忠义乡志（校注本）》卷十四《人物志八》，第723—724页。

真挚，原本好读书。但青年时苦于家计，改就商业。“时互市大开，外人麇至。惟我国狃于故步，风气犹塞。”梁定荣独自游历海外各埠，“提倡工商矿业，欧人啧啧异之”。梁定荣从投资交通工具入手。清代岭南去京师绝远，士子来游与商贾懋迁北上者，皆取道韶州，出江西，再涉江逾淮，横渡黄河以抵燕赵。道途绵亘，数月不达，行旅病之。梁定荣于是集资创立“广德泰轮船公司”，购置海轮，开辟由粤直走天津的航道，“一时行海者蚁附焉”，商业大为成功。梁定荣眼界开阔，不忘国耻，曾教育子孙说：“读书在明理识世务，无论士商均当勋学，亦藉为道德之基。科学乃新知之钥，愿尔曹不忘国学，兼采新知。”还说：“国以人而积，人人自致其力，乃可以兴国。今中外交通，商战日剧，我国人若不高瞻远瞩，争自濯磨，则民贫而国亦敝矣。”其子梁国照，服贾天津。孙子梁赉奎，宣统间游美归，廷试授职编修，民国历任农林部参事、农林次长。人咸谓世德之报。[①]

四、简照南与南洋兄弟烟草公司[②]

简照南（1870—1922），原名耀登，字肇章，广东南海县黎涌乡人（现佛山澜石黎涌简地）。

南海黎涌乡是状元之乡（出了状元简文会和伦文叙）。简照南出身贫苦，少年帮母亲印茶煲为生。17岁那年到香港谋生，在其叔父简铭石开设的“巨隆号”瓷器店学做生意。1893年，18岁的弟弟简玉阶随兄到日本开拓商业，兄弟俩同心协力经营土产杂货，继而经营瓷器兼布匹批发的“东盛泰”商号。

当时的中国香烟市场被英美烟草公司霸占，为抗议美国歧视华侨的措施，中国国内抵制美货，简照南看到商机，遂萌发了创办民族烟厂的意念。简照南专心研究香烟制作逾年，掌握了制烟的核心技术。于光绪三十二年（1906）在香港发起集资，创办南洋烟草公司。简氏兄弟把仅有的10万大洋，全部投入创办卷烟厂。推出中国各族人民喜闻乐见的而又吉祥的名字

① 民国《佛山忠义乡志（校注本）》卷十四《人物志八》，第725—726页。

② 罗一星：《简照南与南洋兄弟烟草公司》，载《广州工商经济史料》，广东人民出版社1986版。

"飞马""双喜"等作为卷烟的牌号，深受人们欢迎，有力冲击了英美烟商的垄断势力。至今"红双喜"香烟，仍然是国人喜爱的香烟品牌。1909年3月，公司更名为""南洋兄弟烟草公司"，以香港为总部，在南洋开拓支店。同时开设卷烟厂于上海、武汉、广州；在河南许昌、山东潍坊、安徽刘府设收烟、焙烟厂，制烟工人总数达万人；销售分公司则星罗棋布于国内各省通商大埠和南洋群岛。1915年，简照南向香港当局正式登记为股份有限公司，增订章程，招人投资，共享其利。同时注册移设总公司于上海，规模益大。1919年五四运动爆发，当年10月1日，简照南适时北上，亦在北平开设分厂。新的南洋兄弟烟草公司注册资本增至1500万，公司进入全盛时代，同时在河南许昌、山东潍坊建立烟叶原料基地，在全国10多个大城市和东南亚各埠建立销售网络。①南洋兄弟烟草公司声气所及，足与英美烟草公司相抗衡，南洋兄弟烟草公司成为支撑中国民族实业发展的脊梁。

简照南在佛山镇栅下铺创办的南洋兄弟烟草公司竹嘴厂（佛山竹嘴厂），设在栅下天后庙，1916年冬开办。创办者吴仲文、简照南、简玉阶、简英甫。专用机器制造纸卷烟所用竹嘴，"商务亦盛"。厂区占地10亩，工人700余人。厂区内有南苑一所，池亭林石咸备，为员工游息之所。②此外，还开设了宝兴锡纸厂。

简照南商业成功后，爱国初心不改，"国家恒倚为缓急。每举一事，捐输动以巨万计"。其荦荦大者，如捐赈乙卯年（1915）珠江三角洲大水灾，简照南在广州捐出巨资和数十万斤大米，以公司名义主动组织省内赈灾机构，特派出公司"大南洋"号货船，专责运送大米，救济佛山、石湾、澜石及附近四乡灾民。还捐赈直、鲁、豫、晋、湘、鄂、秦、陇、苏、浙、滇、黔等省偏灾。1921年，简照南兄弟捐资建造上海复旦大学教学大楼，命名简公堂；又捐助南开大学、武昌大学、暨南中学校、市北公学，资送欧美留学；创设族学、女学、孤儿教育院、贫民教养院等，至于修谱、建祠、资助各社团者，不胜枚举。清廷赐简照南御书匾额、民国大总统晋给一等大绶嘉禾章。

---

① 佛山炎黄文化研究室、佛山市政协文教体卫委员会编：《佛山历史人物录》第二卷，花城出版社2004年版，第316—323页。

② 民国《佛山忠义乡志》卷六《实业志》。

简照南的商业成就，为佛山镇人所敬重，并为之立传。[1]简照南的操行，在东南亚华侨中广为称颂。简照南兄弟是中国民族烟草工业的开创者和奠基人，是中国近代出类拔萃的华侨实业家。

1922年10月，年仅53岁的简照南在上海寓所病终。讣闻中外，同声悼叹。

图9-2-4 简照南（佛山市规划城建档案馆提供）

图9-2-5 南洋兄弟烟草公司切烟部老照片（南海区博物馆提供）

图9-2-6 栅下天后庙。曾为南洋兄弟烟草公司佛山烟嘴厂地址

图9-2-7 中国南洋兄弟烟草公司广告画（赠送）（佛山市规划城建档案馆提供）

① 民国《佛山忠义乡志（校注本）》卷十四《人物志八》，第725—726页。

五、佛山巧明火柴厂

卫省轩，原籍肇庆，世居佛山。19世纪下半叶，卫省轩到香港做工，发现火柴最早从东洋输入，人们称为“洋火”。一擦即燃，十分方便。于是萌生了在佛山制造的想法。他东渡日本学习“洋火”制造技术。于1879年回国，在佛山文昌沙创办巧明火柴厂，不久迁到缸瓦栏。“多用机器制作。工人执业，如切纸、染药，各有专职。制火柴盒多用女工，附近敦厚乡妇女多业此者。每成盒一千工值一角。亦女子家庭副业之一种也。”[①]开始时工厂规模很小，全靠手工操作，每天产量只有10多竹笠（每笠1200小盒）。以后迁到广州，与广州火柴厂合并，业务遂发展起来。由于该厂袭用日本大阪火柴株式会社的“舞龙牌”商标，所以被误认为是日资厂，实际上完全是民族资本经营的。到1908年卖给另一旅日华侨黄寿铭，才吸收日资，成为中日合资企业。

佛山巧明火柴厂创办不到10年，广州又开设文明阁火柴局。到了19世纪90年代，火柴业如雨后春笋般发展。1898年，在广州石围塘，又创办了义和火柴厂，投资1万元，年产安全火柴6万箱。以后继起的有广州市河南芳村的太和火柴厂，马涌桥的吉祥火柴厂，番禺县的振兴、广中兴火柴厂等。以上各厂，拥有工人1400人。火柴业迅速发展的主要原因是：（1）投资少，经济受益快；（2）火柴是生活必需品，需要量大，产品不愁销售；（3）可以吸收女工和童工，劳动力十分低廉。

佛山巧明火柴厂是我国民族制造业的第一间火柴厂，对挽回利权、发展民族工业，起到了不可低估的作用。[②]

---

① 民国《佛山忠义乡志（校注本）》卷十四《人物志八》，第206页。

② 佛山市地方志编纂委员会办公室编：《佛山史话》，中山大学出版社1990年版，第47页。

第三节　近代佛山杰出人物

一、康有为与万木草堂

康有为（1858—1927），南海县北银塘乡苏村人，原名祖诒，字广厦。从小既受封建传统教育，又受广东人民反抗外国资本主义侵略、早期维新思想和西学的影响。1874年，他读到《瀛寰志略》、地球图，“知万国之故，地球之理”。1875年，康有为从学于岭南儒学大师朱次琦。1878年冬，21岁的康有为离开了教育他3年的朱次琦，来到西樵山三湖书院修学2年，积极为后来的戊戌维新运动做充分的理论准备，探索变法图强之路，并在后来发动了轰轰烈烈的“戊戌变法”，为此，三湖书院也素有“戊戌摇篮”之称。1879年以后，康有为到过香港、上海游历，目睹资本主义的

图9-3-1　康有为

图9-3-2　三湖书院（南海区博物馆提供）

图9-3-3　康有为出生地（延香老屋）（南海区博物馆提供）

物质文明，开始阅读一些介绍西方社会政治制度和自然科学的书籍，感到西方资本主义国家“治国有法度”，比中国封建制度优越。从此，他改变过去的看法，大讲西学，产生了学习西方资本主义、改革国家现状、致国家于富强的维新变法思想。

1888年，康有为痛感中法战争后的民族危机，利用在北京参加顺天乡试的机会，第一次写了5000字的上皇帝书，提出“变成法、通下情、慎左右”，以挽救危局的建议。这次上书因无人敢代呈递，未能送到皇帝手中，但却在爱国人士中传诵。

1891年以后，康有为在广州创设“万木草堂”，收徒讲学，培养维新变法人才，研究维新变法理论。“万木草堂”一反旧式书院的传统，从教学内容到教学方法都有重大的改革。在教学内容上，他既讲孔学、理学、史学，又讲西学，引导学生关心国家大事，学以致用。学生们除了读中国古书外，还要读大量介绍西方社会政治学说和自然科学的书籍，如江南制造局关于声、光、化、电等科学的译著百数十种及容闳、严复和外国传教士的译本。无考试制度，只根据“功课簿”来了解学生造诣的深浅。学生不分年级，由旧学生中推举出几个学长带领新生学习。1894年后，康有为多在外，先后由学长梁启超、徐勤、王镜如等代为主持教学。在万木草堂的几年，康有为写了《新学伪经考》《孔子改制考》《长兴学记》《春秋董氏学》及《南海康先生口说》等重要著作。这些著述，都是在陈千秋、梁启超等协助下完成的。从1891年至1898年，万木草堂的学生加上康有为在桂林讲学时的学生及各地来拜门的学生共约千人。

《新学伪经考》《孔子改制考》在当时影响很大，奠定了维新变法的理论基础。甲午战争后，康有为把他的变法思想进一步发展为政治实践，从而领导了一场资产阶级维新运动。

此外，康有为还于1885年开始撰写《人类公理》一书，阐述其早期大同思想，后经充实，于1901—1902年改写成《大同书》初稿。遗憾的是，他虽著有此书，然“秘不以示人，亦从不以此义教学者”①，所以在当时的社会上并未产生影响。

---

① 梁启超：《清代学术概论》，载《饮冰室合集·专集》之三十四，第60页。

戊戌维新运动时期，维新派为了制造和扩大宣传维新变法的舆论，培养维新人才，团聚和组织一支从事维新事业的骨干力量，十分重视组织学会，兴办新式学堂，出版报刊。“百日维新”前，广东出现了一批维新派组织的学会、学堂和报刊。强学会被查封后，康有为召集旅京的广东籍人士20多人，于1898年1月5日在北京南海馆成立粤学会。省内有研讨和宣传维新思想的圣学会①、公理学会、群学会、显学会、东文学社，有学习和推广西方农业新法的农学会，还有改良封建旧俗、提倡社会新风的戒缠足会、戒鸦片烟会。在广州设立了时敏学堂，读“时务之书”，讲求“天算地舆格致之学”，以培养为中国雪殊耻”的人才。还有逊业小学堂。1897年，潘衍桐、黎国廉、朱蒉荪、康伟奇在广州创办、主编《岭学报》旬刊，刊登了不少介绍西方政治及自然科学的译文。次年4月，该报又附设日报《岭海报》，由陈庆材、区宝庆任主笔，以介绍新学和报道维新变法消息为主要内容。维新派于1897年2月22日在澳门创办《知新报》，实际工作由何廷光主持。主要撰稿人有梁启超、何树龄、徐勤、刘桢麟、韩文举、吴恒炜、陈继俨、王觉任等。初为五日刊，后改为旬刊、半月刊。发行点在国内有40多个，在国外有10多个，影响较大。

在政治上，《知新报》宣传伸民权、实行君主立宪。该报还登载维新派有关变法的奏折，报道各地推行新政的情况。它的宣传，对唤起人们救亡图存的爱国激情，推动资产阶级维新运动，起了积极的进步作用。因此，澳门《知新报》与上海《时务报》、湖南《湘学报》成为鼎足而三的维新派重要喉舌。②

二、近代广东第一位光学科学家邹伯奇

邹伯奇（1819—1869），字特夫，南海县泌冲乡人。他精通天文、数学、物理、地理和光学仪器制作等，主要成就为光学、天文学和数学。

近代摄形术是1889年法国人路易·若克·达盖尔发明的，1846年始传入

---

① 圣学会设于桂林，广州、梧州有分会。

② 以上参阅《简明广东史》（特选本），第468—472页。

广东，但仅供外国侵略者在广东沿海搜集情报之用，不许传给中国人。邹伯奇在法国摄影术传入广东的前两年，已独立研制成摄影器。足可称为“豪杰之士”[①]。

几何光学，古代称为“格术”。北宋沈括说：“阳燧照物皆倒，中间有碍故也，算家谓之格术。”[②]所谓“格术”，就是研究光线通过焦点成倒像的原理的一种方法。这种几何光学，在宋代以后便失传了。邹伯奇根据沈括的记载，反复实验，写成了《格术补》，以补格术的空白。该书分析了反射镜、凸透镜、透镜组等成像的规律，还谈到眼镜、望远镜、显微镜等的光学原理。

早在1835年邹伯奇16岁时，他便根据沈括的记载，研究了光线的折射作用，“与阳倒形，实为一理”[③]。1844年，他“用镜取火，忽悟其能摄诸形色也”[④]。于是，使制作了一部摄影器，并成功地拍摄照片。

在天文学方面，邹伯奇也卓有成就。他制造了一部“七政仪”[⑤]。“七政”指日、月和水、金、火、木、土五大行星。他用“七政仪”证明地球和各大行星绕太阳运行，驳斥了封建顽固派的“天动地静说”。1854年，又制作“天球仪”。在此之前，他绘制和撰写了《甲寅恒星表》《赤道星图》和《黄道星图》三部天文学著作。

在数学方面，邹伯奇造诣也很深，是被誉为“算术称首”的数学家[⑥]，著有《乘方捷术》《对数尺记》等代数论文。在物理学方面，撰有《磬求重心术》《求重心说》等力学著作。

邹伯奇是一位唯物主义者。他反对“天人感应”的唯心主义天命论，认为“天人不相知”[⑦]。认为“以《周易》卦次序，推世运之治，此最为无理”，“况四千余年，而周六十四卦既同，值此外则治乱必同则未闻”[⑧]。这

---

① 梁启超：《中国近三百年学术史》，《饮冰室合集·专集》之75。
② （宋）沈括撰：《梦溪笔谈全编》第三卷《辨证一》，读者出版社2019年版，第54页。
③ 《邹征君遗书·摄形之器记》。按：“阳燧”，指利用太阳光聚光取火的器具。
④ 《邹征君遗书，摄影之器记》。
⑤ “七政仪”今存广州博物馆。
⑥ 陈璞：《邹征君遗书·序》，载《邹征君遗书》，手稿，广州市历史博物馆藏。
⑦ 《邹征君遗书·存稿·读非国语》。
⑧ 《邹征君遗书·存稿·答友人问黄石斋三易洞玑》。

种反对封建迷信的思想，在当时是很有进步意义的。

1865年，郭嵩焘任广东巡抚，十分器重邹伯奇的才学，曾请他主持广东地图绘制局工作。1866年，郭嵩焘上书同治帝，极力推荐邹伯奇，建议聘请他到同文馆教书[①]。他以病推辞，3年后病逝。传世有《邹征君遗书》。[②]

图9-3-4　邹伯奇（本人照片）（南海区博物馆提供）

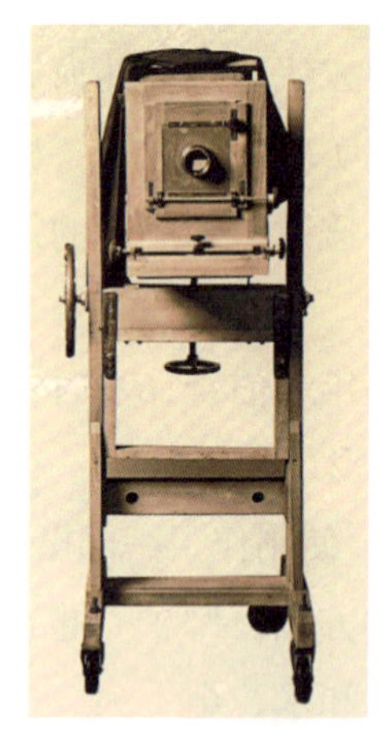
图9-3-5　邹伯奇发明的照相机（南海区博物馆提供）

三、爱国思想家朱次琦

图9-3-6　朱次琦（南海区博物馆提供）

朱次琦（1807—1881），南海九江人，世称“九江先生”。1847年（清道光二十七年）中进士，出任山西襄陵知县，颇有政声，后辞官回家。1858年以后，一直在九江礼山草堂讲学。康有为、简朝亮等都是他的学生。在学术上，他反对汉学和宋学的门户之见；在教育上，他很注意学生的道德品质修养，提出“惇行孝弟，崇尚气节，变化气质，检点威仪”四点要求，以达到诚心、谨慎、克己、力行规范。他

① 《郭嵩焘奏稿·保举实学人员疏》，岳麓书社1983年版。

② 以上参阅《简明广东史》（特选本），第435—436页。

勉励学生上进，为国效力，做到“经世致用”。著作有《宋辽金元明五史征实录》《国朝名臣言行录》等多种。临终前自焚其著作，仅有《朱九江先生集》10卷传世。

朱次琦是一位关心百姓疾苦、热爱祖国的思想家。青年时在家乡领导抗御洪水，誉满乡里。鸦片战争期间，他反对投降派卖国，曾写诗痛斥琦善的卖国罪行：“卖国通番贼，天津起祸胎。乱离民似草，远近炮如雷。江海含冤气，烽烟逐劫灰。楼船诸将帅，何日得生回？”[①]1875年英国借“马嘉理案”，强迫清政府订立《烟台条约》和遣使到英国道歉。朱次琦对此十分愤慨，斥责李鸿章等“先自屈辱，损中国之威，长夷虏之气”[②]的卖国行为。他的爱国思想对康有为、简朝亮等有很大的影响。

朱次琦和陈澧，并称“岭南两大儒”，是近代广东著名的经学大师、教育家和爱国思想家。[③]

图9-3-7 朱九江先生纪念堂

四、招子庸与《粤讴》

《粤讴》是广州方言的演唱文学，创始于道光年间，招子庸便是最早的作者。

---

① （清）朱九江：《鸦片战争纪事诗稿墨迹》。

② （清）简朝亮：《朱九江先生年谱·光绪二年》。

③ 以上参阅《简明广东史》（特选本），第437—438页。

招子庸（1798—1846），字铭山，南海县横沙村人。举人出身，曾在山东潍县等地当过县令，后罢官归里，从事说唱文学创作，在木鱼、南音等说唱形式的基础上，创造出一种新的民间说唱文学体裁——粤讴。1828年（清道光八年）结集出版，为最早的《粤讴》集，以后屡经翻刻，影响很大。招子庸的《粤讴》有三个特点：一是从木鱼、南音翻出新意，既保留原来能说能唱、音乐性强的特点，又添以文学辞藻，成为雅俗共赏的说唱文学；二是曲调沉郁，词意凄婉，如泣如诉，令人一唱三叹；三是突破押韵用典的旧格式，程式自由，比兴灵活。最著名的要算《解心事》。它把“官门”比作“地狱”，反映了作者对现实的不满。由于《解心事》广为传唱，所以《粤讴》又称《解心》。《吊秋喜》也很著名。秋喜是一珠江名妓，倾心招子庸，后为鸨母迫害投江自尽。招子庸同情她的悲惨遭遇，在曲中倾注了沉痛哀伤之情，因而使《吊秋喜》风靡珠江，流行一时。

郑振铎对招子庸《粤讴》的评价很高，他说，《粤讴》“好语如珠，即不懂鸣语者读之也为之神移”，他甚至把《解心事》称为“格言诗”[①]。1904年，英人金文泰把《粤讴》译成英文，题为《广州情歌》，远播欧洲。他把《粤讴》与希伯来民歌并列，认为其具有不朽的文学价值。

毋庸讳言，招子庸的《粤讴》，多为描写男女爱情悲剧之作。但是，他开创的这一文学形式，后来被作为反帝反封建斗争的宣传武器，招子庸还创作了《颠地鬼》《义律鬼》《颂林制军》等谴责帝国主义侵略者和歌颂林则徐“报国精忠”的作品，使《粤讴》冲出士大夫的娱情悦性的小圈子，在民主革命的广阔天地中获得新生。[②]

五、吴趼人与《二十年目睹之怪现状》

吴趼人（1866—1910），广东省南海县佛山镇人，原名沃尧，字小允，又字茧人，后改趼人，自署“我佛山人”。吴趼人是我国清末文坛上的风云人物，较早的职业小说家，他的《二十年目睹之怪现状》与李宝嘉的《官场现形记》，被鲁迅称为清末谴责小说的杰出代表作。

---

① 郑振铎：《中国俗文学史》下册，作家出版社1954年版，第453—454页。

② 以上参阅《简明广东史》（特选本），第439—440页。

吴趼人的曾祖父吴荣光，是道光年间的湖南巡抚、署理湖广总督。吴家是清代佛山镇三大家族之首。祖父莘畬，官至工部员外郎。父允吉，官至浙江候补巡检。到吴趼人时这个官僚家庭已经中落。

吴趼人十七八岁时到上海谋生，曾当过抄写员，并常常为报纸撰写小品文。清光绪二十八年（1902）梁启超在日本横滨创办《新小说》杂志，吴趼人光绪二十九年（1903）开始给《新小说》投稿，先后有《电术奇谈》《九命奇冤》《二十年目睹之怪现状》等发表，其中《二十年目睹之怪现状》更是轰动一时，名气渐大。清光绪三十二年（1906），吴趼人同周桂笙等人创办《月月小说》杂志，任主笔，撰写了《劫余灰》《发财秘诀》《上海游骖录》等。

吴趼人擅长写长篇小说，他的小说针砭时弊、讽刺辛辣，其中《二十年目睹之怪现状》是他的代表作。这篇著名的谴责小说，以“九死一生”为主人公，写他在20年中耳闻目睹的无数怪现象，给我们揭露了一幅行将崩溃的清王朝画面。作品涉及的领域甚广，但重点在官场，包括政治、军事及外交等方面。其怪现状大体有三个方面：一是官场贪污受贿、营私舞弊。作者尖锐指出，做官的秘诀，除了钱财物品贿买才得升高，要学会“卑污苟浅”，不怕难为地去巴结；要把良心放在一边，用杀人不见血的手段去弄钱。例如江苏总督竟将全省的县名写在手折上，注明钱数，多至两三万元，到处兜揽，公开卖官；闽浙总督送给朝中太监9万两银子的礼，便调任两广总督。二是封建官僚衣冠禽兽的丑行。作者的伯父身为官宦，可是他竟趁作者丧父之机，侵吞他弟弟之家产，置孤儿寡妇于不顾，自己去养娼妓。一个候补道台竟让妻子为道台按摩，以谋升迁，等等。三是封建官僚畏敌如虎，卖国投降。中法战争时，南洋水师驭远舰管带看见海平线上一缕浓烟，疑为法舰，竟放水门自行将舰凿沉，乘舢板逃命，谎报“仓卒遇敌，致被击沉”。中日战争尚未开战，就致书日方，乞降求生。一个外国人花40元要强买庐山，总理衙门一位大臣给江西巡抚信说：“台湾一省，朝廷尚送给日本，何况区区牯岭，所值几何，何苦不送？”书中几个正面人物，虽对现实不满，但寄托于改良主义。作者不敢触及当时的政治制度和官场的根本问题，反映了改良主义的思想局限。

《恨海》是吴趼人的得意之作，影响也较大，共十回，曾拍成电影，由当时著名演员欧阳予倩主演，并改编为话剧和地方戏上演。吴趼人在《新小说》杂志中自述："吾前著《恨海》，仅十日而稿脱，未尝自审一过，即持以付广智书局，出版后偶取阅之，至悲惨处，辄自堕泪，亦不解当时何以下笔也。"吴趼人的最后绝笔是《情变》，未完稿而病逝。

吴趼人性格滑稽诙谐，出语惊人，不肯随大流、人云亦云。写诗不太求工整。吴有两枚自用章，一枚刻"嗜好与俗殊酸咸"，另一枚刻"不肯人云亦云"，即可为证。

吴趼人曾担任《汉报》笔政。《汉报》是美国人在武汉创办的。当时发生了反对美帝国主义的"华工禁约"事件，东南沿海的人民奋起抗争，吴趼人支持华侨的斗争，毅然辞掉《汉报》笔政以抵制美国，支持在美华工。一次，上海的一间日本酒家陈列古书画，以招揽名流雅士。吴趼人与周桂笙同往，入门时侍应要他们按日式礼节，脱鞋而进。吴趼人眉头猛皱说："我宁愿牺牲眼福，也不就岛人（日本人）。"于是转身愤然回去。

宣统二年九月十九日（1910年10月21日），吴趼人在上海逝世。他的朋友沈悦庵立刻寄钱资助葬礼，附寄挽吴趼人诗："语不惊人死不辞，卖文海上病难支。李南亭后吴南海，容易伤生笔一枝。伯道无儿志未舒，衔悲寡鹄复何如。佛山晴翠浓如昔，谁访筠清馆里书。"（筠清馆，是吴荣光藏书之处）。周桂笙主持其丧事，许多朋友亦纷纷解囊相助。追悼会场设在吴趼人创办的广志小学。追悼会上，远近几百人慕名前来吊唁。吴趼人墓在上海市宝山县大场广肇山庄，山庄内有一处"南海先生友公墓"，其中有个墓碑上刻有"佛山吴趼人之墓"。①

① 参阅《佛山史话》，第212—217页。

第十章

民国时期的佛山

民国时期，佛山籍人士如梁士诒、康有为、詹天佑等，对中国的历史进程产生过重要的影响；谭平山、邓培、罗登贤、黄甦、陈铁军等，对中国革命亦有不可磨灭的贡献。陈济棠主政广东时期，佛山的社会经济得到发展，尤其是缫丝业和制糖业的兴盛，是民国时期佛山工业的亮点。同时，佛山的各类手工业也作为清代繁荣的余绪而存在发展。民国时期，佛山的现代工业和新式教育开始起步，而传统社会文化如村庄祠堂、各类信俗、武馆武术、跌打中医、舞龙舞狮、茶楼饮食、自梳女群、疍家风情、佛山方言等，也有各自的存在发展空间，形成了颇具佛山特色的民国社会风貌。

1903年，广三铁路建成通车，加快了佛山城乡的生活节奏。20世纪30—40年代，“广游二支队”与“珠江纵队”的浴血奋战，迎来了佛山地区的抗战胜利和全面解放。

第一节　民国时期佛山的政治

一、民国时期的行政区划

1911年10月，辛亥革命爆发。武昌起义后，南方各省纷纷独立以示响应，广东在11月10日也宣布独立，并由胡汉民出任“广东军政府”都督。随着清代皇帝宣布“逊位”，清王朝被中华民国取代。

民国初年，广东军政府基本稳定了广东的政局。1913年3月，国民党的宋教仁被刺杀，孙中山乃发动“二次革命”并以广东为基地开展“护法运动”。7月，广东都督陈炯明宣布独立，讨伐袁世凯，但在8月便告失败。

1913年7月，袁世凯免去胡汉民、陈炯明两都督后，任命龙济光为广东宣抚使，并令其镇压革命党人。龙济光率“济军”[①]从梧州攻入广州。从1913年8月开始，广东省有三年的时间处在龙济光的统治下，在这期间，有袁世凯在北京的“中华帝国”的梦碎，也有龙济光对袁世凯复辟的响应。龙济光的“济军”有四个旅，其中一个旅就驻防在佛山镇。龙济光对广东的统治乏善可陈，在1914年3月，龙济光军在顺德县上淇、良教等地“清乡”，还严重残害了当地百姓。同年11月，中华革命党人在佛山发起过对龙济光军的攻防战。

1916年7月6日，北京政府任广西军阀陆荣廷为广东督军。陆荣廷从佛山打进广州，结束了龙济光在广东的三年统治。桂系军阀在广东统治了五年，对广东民众大肆搜刮。而且，还有纵兵残害民众的事件。1920年，桂军在三水县芦苞某乡强奸了全村妇女，四十岁以下均不能免。[②]直到1920年10月，粤军将桂军打跑。1920年11月，陈炯明任广东省省长兼粤军总司令。

进入民国后，广东军政府废除了原来清代的府、州、厅的建制，将全省划分为六个道，原来清代的广州府和肇庆府归入“粤海道”。道以下设县，

---

① 原清代广西边防军起义反清后效忠于龙济光个人的军队，遂有此称。

② 蒋祖缘、方志钦主编：《简明广东史》，广东人民出版社1993年版，第669页。

“粤海道”除广州外，还包括有南海、顺德、三水、高明四县。其时，行政上四县为并列关系，佛山镇则仍在南海县属下。民国初年的道治设“观察使”，后改为“道尹”。道署分置内务、财政、教育、实业四科。县的行政长官称“知事”，县内也相应与道而分置四科。另在县设置县议事会，设正副议长各一人。

在1936年的政区调整中，南海、顺德、三水属广东第一行政督察区，高明属第三行政督察区。抗战胜利后，1947年，南海、顺德、三水为省府直接督察区，高明则属第一专署行政督察区。

民国时期南海县的县府反复迁移，开始县署设在广州市。1912年南海县署从广州迁往佛山镇，民国《佛山忠义乡志》载：“壬子中华民国元年，移南海县治于佛山旧都司署。”[①]不久又迁回广州原址。1924年，设立佛山市政厅，三年后撤销。1934年，改名佛山特别区，属下六个乡公所。相比于南海县，其他三县比较固定，顺德县的县城在大良镇；高明县的县城在明城镇；三水县的县城原在河口镇（抗战时被炸毁，抗战胜利后迁往西南镇）。1937年8月26日，南海县署正式迁回佛山走马路（今福宁路）兆祥黄公祠办公。1938年10月26日，佛山沦陷，南海县政府撤至九江西岸银坑村。1944年9月9日，西岸乡沦陷，南海县政府又先后迁高明、高要和新兴。光复后，1945年8月21日，南海县政府从新兴迁回佛山，接收伪政权及其所属机关，并继续在兆祥黄公祠办公。[②]

二、民国初年佛山籍人士的社会活动

民国虽然只有38年时间，但有多位佛山籍人士在中国的政治舞台上作出精彩亮相，其中，有三水籍的梁士诒出任中华民国总理，这是佛山籍人士有史以来最高行政职务；有南海籍的詹天佑为中国铁路建设的努力；有高明籍的谭平山在中国共产党和中国国民党的最高层活动；有南海籍的陈铁军举行“刑场上的婚礼”；有工人运动的杰出领袖邓培、罗登贤；有中

① 民国《佛山忠义乡志（校注本）》卷三《建置志》，第129页。

② 南海县地方志编纂委员会办公室：《南海县建置志》，广东人民出版社1995年版，第82页。

国工农红军的高级将领黄甦等。此外，还有陈香梅、傅秉常、李应林、岑仲勉、麦礼谦、冯夏威、江孔殷、梁厚甫、霍芝庭[①]等佛山籍人士的社会活动。

（一）梁士诒

梁士诒（1869—1933），祖籍三水县白坭镇岗头村。光绪二十年（1894）中二甲第十五名进士，任翰林院编修。光绪二十九年（1903）6月，清廷诏开经济特科。梁士诒首场点为一等第一，然终于落第。后得直隶总督袁世凯聘其任北洋编书局总办，协助议藏约全权大臣唐绍仪[②]与英国签订《续订藏议条约》[③]。在清代末年，梁士诒是清廷的邮传部铁路总局局长和交通银行帮理。1911年10月武昌起义爆发后，南方各省纷纷响应，清王朝摇摇欲坠。清廷请袁世凯复出，先是任命袁世凯为湖广总督兼钦差大臣，随后又任其为“内阁总理大臣”。袁世凯组阁时，就任用梁士诒为邮传部大臣。

在逼清帝逊位和逼孙中山辞去中华民国临时大总统过程中，梁士诒为袁世凯出力甚悬，因而在袁世凯任第二届临时大总统后，出任总统府秘书长兼任交通银行总理。其后，梁士诒在协助袁世凯挫败孙中山等人发起的“二次革命”及平息南方诸省反袁的过程中，也立下汗马之劳。袁世凯成为正式大总统后，梁士诒出任财政部次长代理部务。在袁世凯称帝过程中，梁士诒亦成为帝制派中坚。袁世凯病亡后，国民政府惩治帝制策划操办者，将杨度、梁士诒等八人列为祸首，梁士诒遂逃往香港避难。1918年2月，国民政府宣布对梁士诒等三人免予追究。同年6月，梁士诒被选为交通银行董事会董事长。1919年12月，任国务总理，成为民国期间佛山籍人士出任最高行政长官者。但旋因胶济铁路事件，于次年1月托病请假，5月避走日本，成为中华民国的短命总理之一。之后，梁士诒仍参与了许多的政治活动并在抗日中发挥积极作用。1933年4月，梁士诒病逝于上海。

---

① 陈香梅，是美国援华将军陈立德的夫人；傅秉常，是中华民国驻苏联大使；李应林，是岭南大学校长；岑仲勉，是历史学家；麦礼谦，是旅美历史学家；冯夏威，是旅美侨领；江孔殷，是士绅；梁厚甫，是旅美评论家；霍芝庭，是士绅。

② 广东香山人。

③ 此约确认了中国对西藏拥有的领土主权。

梁士诒虽然出身农家，但政治意识敏锐，理财能力很强，在民国初年的中国政界上层中，有“财神爷”之称。

（二）康有为

康有为（1858—1927），祖籍南海县丹灶镇苏村。在晚清时期，他发动的“公车上书”和主导的“戊戌变法”，是中国“变法图强”的最强音。变法失败后，康有为流亡海外。辛亥革命后，康有为于1913年以母丧归国。袁世凯曾邀请康有为去北京参政，但他没有答应，而是移居上海，办《不忍》杂志，主张“以孔子为国教”。1916年3月，康有为电请袁世凯退洪宪皇帝位。3月22日，袁世凯在各种压力下，宣布取消“中华帝国”，恢复中华民国。6月袁世凯去世后，康有为又致电大总统黎元洪，再提其“以孔子为大教，编入宪法”的主张。

袁世凯死后，中华民国的政治舞台陷入了群龙无首的状态。1917年5月，黎元洪总统与段祺瑞总理之间发生了“府院之争”。在国际上，英美等支持黎元洪、冯国璋，日本支持段祺瑞。黎元洪将段祺瑞免职，段祺瑞则令属下各省督军宣布独立。黎元洪乃电召安徽督军张勋入京调停。1917年6月，张勋率五千辫子军北上，进入北京后，宣布为清王朝复辟，再请溥仪登基。

在这场政治闹剧中，康有为积极参与。在张勋进京前，康有为曾在张家住有半年，可以说是张勋复辟的谋划者之一。张勋复辟后，康有为被任命为新王朝的“功德院”副院长，并为复辟起草诏书，在其中提出了九条施政纲领。但张勋复辟仅十二天即告失败，康有为亦遭通缉，乃潜逃上海，后隐居茅山。

1919年，五四运动爆发，康有为发表《请诛国贼救学生电》。1923年，康有为迁居青岛。1924年，溥仪被冯玉祥逐出紫禁城后，康有为曾往天津溥仪居住的静园探望。直到晚年，康有为仍然宣称忠于清王朝。1927年，康有为在青岛去世。

康有为毕生信奉孔子儒家学说，致力于将儒家学说改造为可以适应现代社会的国教。出版于1913年的《新学伪经考》，是康有为在民国时期的主要学术著作。

（三）詹天佑

詹天佑（1861—1919），祖籍徽州，从其曾祖父辈起詹家迁至广州府南海县，詹天佑出生并入籍南海县。1872年，11岁的詹天佑成为清廷派出的首批幼童赴美留学三十人之一。

图10-1-1 詹天佑本人照（南海区博物馆提供）

图10-1-2 京张铁路工程人员集体照（南海区博物馆提供）

1878年，詹天佑考入耶鲁大学土木工程系，主修铁路工程。学成回国后，成为中国首位铁路总工程师。清代末年，詹天佑负责修建了京张铁路等工程。京张铁路是中国第一条全部由中国人自资筹建、自行设计、自行施工、自主营运的铁路。在京张铁路的建设过程中，詹天佑的“竖井开凿法”和“人”字形线路，是世界铁路建设史上的创新之举。进入民国后，詹天佑在中国铁路的建设上继续发挥作用。1912年7月，詹天佑任粤汉铁路会办，12月，任汉粤川铁路会办，1917年，任交通部铁路技术委员会会长。1919年4月，詹天佑因心力衰竭逝世。

詹天佑是我国近代科学技术的先驱者之一，中华铁路第一人，民国前期最具国际知名度的中国人之一，有“中国铁路之父”之称。周恩来曾高度评价说詹天佑是“中国人

图10-1-3 京张铁路通车仪式照（南海区博物馆提供）

的光荣”！[1]詹天佑也是佛山人的光荣!

三、佛山商团事件

1924年下半年，在广州和佛山发生了一起所谓的“商团事件”。

清王朝覆亡后，1912年，驻在广州沙面的英国汇丰银行的华人经理陈廉伯[2]等人就联络广州商人组成了一个“商团”，并得到北京中华民国临时政府的持械批准。到1924年初，商团成员由初始的一千五百人增至五万人，其中在广州有一万三千人，其余在佛山等地。1924年7月，商团向英国南利洋行购买了大批枪械，8月运进广州时，被国民党政府扣押。商团要求归还被扣押的枪械，孙中山拒绝交还，并下令通缉已逃亡香港的商团司令陈廉伯。广州商团副司令兼佛山商团司令陈恭受发动广州商人罢市以示抗议。同时，英国驻广州总领事也向国民党广东政府发出“最后通牒”。10月10日，在广州西濠口发生了商团与纪念双十节游行群众冲突、死伤百人的“双十惨案”。孙中山决心“戡乱”，在10月15日调动湘军和粤军，迅速镇压了这次“商团叛乱”。

佛山既非军事重镇，亦非县城，纯粹是由工商业而发展起来的城市，城市保卫亦需自行解决。清王朝灭亡后的民国初年，社会动荡，“佛山，岭南巨镇也，商贾辐辏。……逮民国元年，佛山文武四衙俱废”。[3]于是佛山商人建立商团以自保。民国《佛山忠义乡志》记载：“佛山商团，宣统年间开办，公所在三界通衢，另有分团公所四间，公推梁鼐伯为团长，王仲弗继之。至民国十年，再举黄颂陶为团长，公所迁往豆豉巷万寿宫。现在团友三百余人，各领长枪一支，随时召集操练，操场在大基头育婴堂对面。民国十年创建，遇有盗警、火警、水灾，均出队保护，频年亦著有劳勋云。”[4]

① 中国铁道学会、铁道部科学技术馆编：《詹天佑逝世七十周年　京张铁路通车八十周年纪念活动专辑》，中国铁道出版社1991年版，第43页。

② 南海籍的中国第一个民族实业家陈启沅的孙子。

③ 民国《佛山忠义乡志（校注本）》卷三《建置志》，第129页。又：“时武汉兵变，民军起，乐从土匪假其名号入佛山。”民国《佛山忠义乡志（校注本）》卷十一《乡事志》，第478页。

④ 民国《佛山忠义乡志（校注本）》卷三《建置志》，第125页。

孙中山二次护法战争失败后得以收复广东，依靠的是湘军和滇军的力量，滇军后驻扎在佛山，对佛山本地商人多有骚扰，因此佛山商团对与滇军关系密切的孙中山多有不满。另一方面，谭平山等共产党人指派王寒烬、梁复燃在佛山组织理发、建筑、制饼、服装、制鞋等行业工会并成立工会联合会，与商人对抗，当孙中山以“联共”作为国民党的新政策时，使商团对孙中山更加反感。这些与佛山商团参与广州商团叛乱不无关系。商团叛乱失败后，佛山商团的武装力量被瓦解，然而佛山镇士绅管理社会的职能依然得到保存。

四、陈济棠时期

1929年4月，在“蒋桂战争”中，桂系失利，桂军也退出了广东。1930年5月，蒋介石与冯玉祥、阎锡山发生“中原大战”，粤军①军长陈济棠将非嫡系的三个师北调供蒋作战，遂独掌广东军政大权。1931年“九一八”事变发生，陈济棠被国民政府任命为广州绥靖公署主任兼第八路军总指挥，成为广东的实际领导人，直到1936年。

陈济棠主政广东时期，除了经济发展外，城市乡村建设、交通、教育文化等各个方面都有全面的提升。这一时期，南海、顺德、三水、高明各县的社会经济发展也呈现较好态势。陈济棠对广东省的经济发展、民生建设“确有建树”。②

陈济棠还十分宽容地允许赌业的发展，在广州河南划出区域开设赌场。佛山石头霍氏家族的霍芝庭先是在广州南华路一带开馆设赌，接着将赌场开设至洪德路以及沿江路一直到海珠桥一带。陈济棠主粤时期，霍芝庭几乎垄断了整个广东赌业，在其鼎盛时期，每年盈利达两千万银圆。他的承饷占全省赌饷的七成，约占全省财政税收的四分之一。1932年和1933年底，广东省银行两次发生挤兑，都由霍芝庭支持广东省银行平息挤兑。霍芝庭在关键时刻帮助陈济棠稳定金融、稳定政局，使陈济棠对霍芝庭十分感激，并让霍芝

① 国民革命军第四军。

② 邓小平同志的评价，转引自肖自力：《陈济棠》，广东人民出版社2002年版，第350—351页。

庭的儿子霍宝材出任了广东省银行的副行长。[①]

1936年6月，陈济棠与桂系联合反蒋，将三十万两广军队改称为“中华民国国民革命军抗日救国西南联军”，史称“两广事变”。但“两广事变”很快就被蒋介石所瓦解，7月，陈济棠通电下野，逃亡香港。陈济棠的原第一军军长余汉谋反陈投蒋，继任为第四路军总司令，黄慕松任广东省政府主席，广东遂为蒋介石所控制。

第二节 中共佛山组织创建与佛山籍共产党员的革命活动[②]

中国共产党在广东的组织，是在上海共产主义小组创始人陈独秀和共产国际代表指导和参与下，经过长期努力而创建起来的。佛山地区先进分子积极参与了广东党组织的创建工作，并在其中作出重要贡献。

一、中共广东组织的创建

广东的党组织，经历了广东“共产党”、广州共产主义小组和中共广东支部几个发展阶段，逐渐形成比较定型的组织。

（一）广东“共产党”

1920年7月，参加过五四运动的谭平山、陈公博、谭植棠等从北京大学毕业后回到广州任教。他们经常深入青年群众中宣传五四运动的革命精神，传播马克思主义。该年10月20日，谭平山、陈公博、谭植棠等创办了《广东群报》，由陈公博任总编辑，谭平山编新闻版，谭植棠编副刊，谭天度负责组稿及征求订户等工作。该报在传播新文化、新思想，宣传社会主义，启发和

① 杜国彪：《霍芝庭其人其事》，载《佛山文史资料选辑》卷三。

② 本节参阅张群：《南粤星火：中共佛山早期党组织的创建和革命活动》，广东人民出版社2021年版，第81—239页。

提高工人阶级觉悟等方面，发挥了重要作用。

1920年11月，广州社会主义青年团在广东省高等师范学校举行成立大会，公开宣告成立。佛山镇的王寒烬、梁复燃到广州参加了这个组织。广州社会主义青年团以研究社会主义，并采用直接行动的方法，以达至改造社会的目的为宗旨。然而，由于团内社会主义者与无政府主义者的信仰和主张不一致，矛盾日益尖锐，广州社会主义青年团于1921年4月自行解散。

1920年8—9月间，共产国际代表维经斯基派米诺尔和别斯林到广州开展组织“革命局”的工作，并与无政府主义者梁冰弦、区声白、刘石心（刘师复的胞弟）等人共同成立了广东“共产党”，由米诺尔、别斯林和7名无政府主义者担任党的执行委员，并创办了向工人宣传革命道理的通俗刊物《劳动者》周刊。由于观点不一致，谭平山、陈公博、谭植棠等人拒绝参加这个组织。

（二）广州共产主义小组

1920年12月，应广东省省长兼粤军总司令陈炯明邀请，陈独秀到粤任广东省教育行政委员会委员长。陈独秀约见谭平山、陈公博、谭植棠等人，与他们商议建立广东共产党组织问题。陈独秀又与广东“共产党”成员联系，研究党的组织问题，还将自己起草的党纲提交他们讨论。无政府主义者反对在“党纲”中写上实行“无产阶级专政”的条文。经过争论，陈独秀等人认为必须与无政府主义划清界限；而无政府主义者也认为“无产阶级专政”的理论与他们的基本观点相悖，遂宣告退出共产党组织。

1921年春，广州共产主义小组成立，活动地点在广东省教育行政委员会所办的广东宣讲员养成所[①]。成员有陈独秀、谭平山、陈公博、谭植棠、沈玄庐、袁振英、李季、米诺尔和别斯林，一共9人。由陈独秀（后谭平山）任书记，陈公博负责组织工作，谭植棠负责宣传工作，定《广东群报》为广东党组织的机关报。这是中国共产党在广东的早期组织。

广州共产主义小组主要活动：一是成立了马克思主义研究会，有会员80多人，其中有阮啸仙、刘尔嵩、周其鉴等人。二是通过广东省教育行政委员会创办的宣讲员养成所，培养宣传马克思主义和开展群众运动的基层干部，学员有五六十人，陈公博任所长，谭平山、谭植棠等人为宣讲员。“共和工

① 地址在广州高第街素波巷红楼。

党”负责人郑苍生介绍王寒烬、梁复燃、郭植生等7位“共和工党”党员给陈公博。7人被安排到宣讲员养成所学习，结业后参加注音字母教导团工作。三是通过广东省教育行政委员会创办的注音字母教导团，由陈独秀等人授课，在讲解注音字母的同时讲授马克思主义原理，学员100多人，多数是广州的中小学教师。该组织是广州共产主义小组宣传马克思主义的重要阵地之一。四是举办广州机器工人补习学校，学习内容有国语、常识、三民主义，社会科学和共产主义等知识。谭天度、黄裕谦任班主任，冯菊坡任教员。五是创办俄语学校，由米诺尔及其夫人任俄语教员，向学员讲授马克思主义原理、俄国概况和世界平民文学等课程。

广州共产主义小组成立后，《广东群报》被明确规定为党组织的机关报，这是中国共产党创立时期出现的第一份大型地方党报。在陈独秀指导下，《广东群报》积极传播马克思主义，批判无政府主义，宣扬社会革命，并对工人运动进行指导。

（三）中共广东支部的成立

1921年7月23日至8月初，中国共产党第一次全国代表大会在上海举行。上海、北京、广州、武汉、长沙、济南和旅日共产主义小组共派13名代表出席大会，代表全国50多名党员。大会通过了中国共产党党纲，确定党的名称是中国共产党，并规定了党的社会主义和共产主义的奋斗目标。大会选举成立了以陈独秀为书记的中央局。

中共一大后，陈公博回到广州。广东党组织由谭平山主持，在宣讲员养成所召开党员大会，听取陈公博关于党的一大精神传达。会议还邀请了一些党外先进分子参加。这次大会宣告：中国共产党广东支部正式成立。谭平山为书记，陈公博负责组织，谭植棠负责宣传。大会还宣布吸收与会的先进分子入党。会上谭平山向大家宣布：“现在我们大家都成为共产党员了。”[①] 中共广东支部的成员共有谭平山、陈公博、谭植棠、阮啸仙、林祖涵（林伯渠）、刘尔崧、张善铭、杨匏安、冯菊坡、梁复燃、黄裕谦、郭植生、陈适曦、王寒烬、罗绮园、周其鉴等19人。到1922年6月中共二大前夕，广东党组

① 梁复燃：《广东党组织成立一些情况的回忆》（1962年3月—1964年5月），原件存中共广东省委党史研究委员会办公室。

织共有党员32人，于是便成立了中共广东区执行委员会（简称广东区委或粤区委）。从此，广东人民的革命斗争进入了新的历史时期。

二、中共佛山组、佛山支部、顺德支部、南海支部的创建和活动

（一）王寒烬、梁复燃回佛山镇建立工人俱乐部、工人联合会

早在1921年春，广州共产主义小组成立后谭平山即布置王寒烬、梁复燃回佛山镇开展工人运动。王寒烬、梁复燃回到佛山后联系到土木建筑工人、鸿胜馆的教头钱维方，首先在土木建筑工人中进行宣传组织工作。然后在佛山理发、织造、制饼等行业中进行发动工作。他俩办起了工人夜校向学员宣传马克思主义，培养了梁桂华、黎燕南、凌汝东等工人骨干分子。并在理发工人中进行串联，酝酿组织工会。1921年春，佛山理发工会在孔圣会（今佛山市禅城区山紫市场附近）首先成立，由梁桂华任会长，会员600多人。广州共产主义小组成员谭平山、陈公博参加了大会。广州无政府主义者也派人参加。谭平山在会上的讲话得到绝大多数与会者的热烈赞成。佛山理发工会是佛山地区第一个由中国共产党领导的工会组织，为之后各行各业工会的建立，起到了示范和推动作用。

1921年3月13日，王寒烬、梁复燃组织佛山镇布厂的织布工人举行罢工，要求增加工资。当时佛山镇的麒麟街、居仁里、朝市街一带布厂林立，约八成居民家有织机，仅麒麟街就设有80多家织布小厂、各号布机达1万台。①织布工人不顾“兴仁织布工会”的阻挠，坚持罢工10余天，直到3月23日资方答应加薪。②这是广东党组织在佛山地区组织的最早的工人罢工斗争之一。1921年6月，佛山土木建筑工会在佛山通花街成立，会长钱维方，有成员1500多人。

中共一大后，中共广东支部派出此时已成为共产党员的王寒烬、梁复燃具体领导佛山镇的工人运动，并负责在佛山镇发展共产党员，建立党、团组

① 梁冠球：《佛山土布业的兴替》，载中国人民政治协商会议佛山市委员会编：《佛山文史资料选辑》卷一，广东人民出版社2018年版，第94—95页。

② 《广东群报》1921年3月24日、5月5日。

织。王寒烬、梁复燃在佛山镇快子路博施药酒店二楼组成佛山工人俱乐部、串联各行各业的工人参加。参加俱乐部的工人每晚到博施药酒店二楼聚会，由梁复燃介绍俄国十月革命的情况，介绍《共产党宣言》《共产主义ABC》等书刊内容。1922年初，俱乐部成员有钱维方、梁桂华、黎燕南、凌汝东、梁敬熙、黄江、陈雄志、欧阳峰、任达华等38人。[①]这些人后来成为佛山工人运动的骨干力量。经过佛山工人俱乐部成员的串联发动，1922年，佛山制饼工会、唐洋革履工会、描联工会、西竹工会等行业工会相继成立。

1922年秋，经广东省工会联合会批准，佛山工会联合会（简称佛山工联会）在莺冈黄家祠成立，主任钱维方，副主任任达华。佛山工联会下属有理发工会（主任梁桂华）、土木建筑工会（主任钱维方）、唐洋革履工会（主任任达华）、制饼工会（主任欧阳峰）、描联工会（主任黄江）和西竹工会等基层工会。

佛山工联会的成立，标志着佛山工人阶级已经组织起来，成为重要的政治力量；佛山的工人运动也在中国共产党的领导下，发展成为各行业联合起来的有组织的斗争，并向经济斗争与政治斗争相结合的方向发展。

（二）中共佛山组、广东社会主义青年团佛山分团成立

广东青年团组织，起于1920年8月在上海团组织的发起下酝酿和组建的广州社会主义青年团。五四运动后，谭平山、陈公博等通过老乡、同学的关系，结识了一批五四运动中涌现出来的热心于社会主义的先进青年，如王寒烬、梁复燃、郭植生、杨鲍安、冯菊坡、阮啸仙、刘尔嵩、周其鉴、张善铭等一批优秀青年学生，共10多人，并在他们当中开始进行建团工作。

梁复燃回忆说："一九二〇年十月间，谭平山召集梁复燃、刘觉非、陈卓生、陈俊生、梁铁志、郭植生和王寒烬等七人，在广州邓瑞仁家开会，会上宣布成立小组（当时没有命名），之后谭平山每周都主持'小组'开会一次，有时陈公博、谭植棠、陈达材也参加。"[②]这个"小组"，就是当时的广州社会主义青年团组织。至11月，与无政府主义者的"互助团"合并，正

① 陈雄志：《佛山工运的片断回忆》，载《佛山文史资料选辑》卷一，广东人民出版社2018年版，第26、38页。

② 梁复燃：《广东党的组织成立前后的一些情况》，载《"一大"前后》（二），人民出版社1980年版，第457页。

式成立了广州社会主义青年团，并制定《章程》，成立干事局，选举谭平山等为职员，以广州永汉北路19号二楼为通讯处。团的宗旨是："研究社会主义，并采用直接行动的方法，以达改造社会的目的。"①

中共一大后，重视青年团的建设并从青年团员之中吸收先进分子入党。1921年11月，上海社会主义青年团正式恢复工作，即担负起直接领导创建全国性的社会主义青年团的工作。谭平山响应党中央的号召，并接受"上海总团的委托，再在粤组织分团"②。自此，重建广东社会主义青年团的工作，在中共广东支部的领导之下正式展开。

广东青年团的重新组建是在1921年12月，名为"广东社会主义青年团"。1921年12月，谭平山把陈公博、谭植棠、马菊坡、梁复燃、王寒烬、阮啸仙、杨匏安、刘尔嵩、周其鉴等一批已经入党的老团员联络组织起来作为核心，先行联络同志。1922年3月初，广州市就有团员400余人，包括学生、工人、军人等。1922年2月19日，广东社会主义青年团开始公开对外办事，团机关刊物《青年周刊》亦于2月26日创刊、公开发行。并派人去肇庆、佛山（镇）、梧州、新会、东莞、蕉岭等地组织分团。

根据中共广东支部和劳动组合书记部南方分部关于着重在广州、佛山（镇）等地发动和支持工人运动的指示精神，筹建佛山（镇）分团工作由谭平山亲自部署，王寒烬、梁复燃具体实施。王寒烬、梁复燃把发展工会组织和发展团员的工作结合在一起进行，把他们亲手建立起来的佛山土木建筑工会和理发工会中的2000多名会员发展为社会主义青年团团员。③

1922年1月，共产国际召开远东各民族代表大会和远东革命青年代表大会，要求中国派一批青年到苏联参加大会。党中央派了二三十名社会主义青年团团员去莫斯科。④广东团员有冯菊坡、王寒烬两人。⑤王寒烬去苏联参加大会后，梁复燃完成了佛山分团的筹建工作。

---

① 《广州社会主义青年团之组织》，载《广东群报》1921年1月27日。

② 《谭平山答词》，载《青年周刊》第四号（1922年3月22日）。

③ 曾建昭、陈善光：《广东社会主义青年团的成立及其主要活动》，共青团中央青运史研究室编：《中国社会主义青年团创建问题论文集》，内部资料，1984年。

④ 李达：《中国共产党的发起和第一次第二次代表大会经过的回忆》（1955年8月2日），载《"一大"前后》（二），人民出版社1980年版，第6页。

⑤ 据梁复燃、谭竹山回忆，并参见《青年周刊》第四号第三版（1922年3月22日）。

1922年3月14日，广东社会主义青年团成立暨马克思纪念大会在广州东园隆重召开，赴会者3000余人。谭平山向与会者致答词，答词中肯定了佛山（镇）分团的筹建工作。佛山理发工会及部分团员在会上表演了武术。1922年3月19日，广东社会主义青年团在广州素波巷召开第一次团员全体讨论会，议案有团组织大纲及总则、社会主义讨论会章程等共9项。冯菊坡、王寒烬刚自莫斯科归来，在会上介绍俄国共产党政策及其国民实况。

据张群研究，广东社会主义青年团佛山分团正式成立时间为1922年4—5月间。负责人是梁复燃，团员2000余人。这些团员由泥水、做木、理发等行业员工为主；年龄最大45岁，最小16岁。[①]

1922年5月5日至10日，中国社会主义青年团第一次全国大会在广州东园举行。这次大会有25名团员代表，来自全国15个团的地方组织，代表着当时的5000多名团员。梁复燃和谭平山、陈公博、谭植棠一起代表广东团组织出席了这次代表大会。[②]大会之后，广东团组织指派王寒烬、梁复燃负责佛山团组织工作。

1922年6月，陈炯明叛变孙中山，刚刚成立的广东社会主义青年团工作陷于困境，处于半秘密状态，佛山地方团也在无形中解散。此时奉命回佛山镇从事工运的王寒烬、梁复燃不再用团员的身份公开活动。1922年秋，在佛山镇莺冈街黄家祠成立的佛山工会联合会成为两人领导工人阶级开展合法斗争的阵地。

1922年下半年，王寒烬、梁复燃先后介绍梁桂华、钱维方两人加入中国共产党，并经广东区委批准，在同年成立了中共佛山组[③]，成员有王寒烬、梁复燃、梁桂华、钱维方4人，隶属广东区委。自此，佛山镇的工人、农民运动和青年、妇女运动，在中共佛山组的领导下蓬勃开展。

中共佛山组成立后，王寒烬、梁复燃、梁桂华、钱维方等党员发挥佛山

① 《广东社会主义青年团佛山分团劳工委员会会员名册》1—5册，载中共档案馆、广东省档案馆编：《广东革命历史文献汇编（一九二三年至一九二六年）》，内部资料，1982年，第29—122页。

② 赵朴：《中国社会主义青年团第一次全国代表大会》，载《青运史研究》1981年第1期。

③ 按中共二大《党章》规定，组是党的基层组织。1923年7月中共三大党章把“组”改称“小组”，其建立的条件改为“五人至十人”。

工会联合会作用，为争取和维护工人权益，与资方作斗争。1922年12月，在梁桂华领导下，理发工会600多名工人举行了全行业罢工。资方勾结反动的兴义武馆教头招锡出头，在长兴街一带围殴理发工会的骨干和工人。工联会主任钱维方闻讯，立即带领工人纠察队和鸿胜馆成员赶到，将暴徒击溃。资方不得不接受工人的要求——利润分配比例：资方占53%，工人占47%。这是佛山工人第一次有组织的经济斗争的胜利。鞋业资方慑于工人联合斗争的力量，也不得不接受了唐洋革履工会工人提出的条件。接着，建筑、描联、西竹等行业工会工人的经济斗争均取得胜利。建筑工人的工资由原来每天6角增至9角；描联业工人迫使资方签订了劳资合约，改善了待遇；西竹业工人待遇也相应得到改善。

此时，佛山镇商团和商会对工人的罢工进行破坏，诬告描联工会伍大光等7名工人为“劫匪”，逮捕入狱。佛山工会联合会将此事报告给国民党左派领袖廖仲恺，得到廖仲恺帮助，省长公署秘书协同梁复燃、钱维方等到南海县政府据实交涉，南海县于1923年元旦释放了被押工人和代表。[①]当日，佛山工会联合会发动所属基层工会的工人到火车站迎接，沿途燃放鞭炮，庆祝工人阶级的斗争胜利。

1923年8月，在中共佛山组的领导下，佛山制饼工会的400多工人，向资方提出参加示威游行集会和提工资的要求。同时决定由罢工工人组织制饼合作工场进行生产，以摆脱资方控制和维持工人的生活。这个工场得到佛山工会联合会各工会的支持，筹得资金3000多元，以制饼工会会址孖祠堂作工场开始生产月饼，全体罢工的工人分别负责制作和推销，为防资方刁难，资方最后只得接受工人提出的要求，将工人每月工资增至12—16元，还允许工人参加示威游行。制饼工人的斗争终于在中秋节后取得了胜利。

1927年4月15日，国民党右派在广州发动四一五反革命政变，中共佛山支部遭到严重破坏。

（三）中共顺德（县）支部、南海县支部的成立

1924年1月，中国社会主义青年团顺德支部成立，部址设在大良北门高社巷3号，由李民智任书记，成员有郭竹朋、罗溢、罗享，隶属团广东区委领

---

① 陈雄志：《佛山工运的片断回忆》，载《佛山文史资料选辑》卷一，第32页。

导。青年团顺德支部成立后，首先在青年工人、农民中开展活动。2月，顺德大良青年工人俱乐部成立，旋又改称青年工农俱乐部，成为青年团顺德支部的外围组织。

为了加强对顺德团组织的指导，2月10日至19日，团广东区委委员长阮啸仙前往东莞、新会、顺德、香港等地指导团的工作。同年3月，团中央召开执委会扩大会议，专门就青年团顺德支部的工作作出具体指示。根据团中央执委会的指示，青年团顺德支部将主要精力用于促进工农运动方面，推动工农运动发展。3月中旬，在青年团顺德支部推动下，顺德各工会团体与农民组织在旧工会会所联合举行工农代表联席会议，决议成立顺德工农联合所（顺德工农联合会），订出组织章程。[①]

4月1日，大良镇的酒楼茶室工人提出增加工资、改善待遇等要求，遭到拒绝。在青年团顺德支部的领导下，酒楼工人立即举行罢工斗争。共产党员刘尔嵩闻讯即动员广州“新学生社”和海味、粮食、理发、海员等各业工人募捐现金和调拨物资到大良镇，支持和声援大良酒楼茶室工人的罢工斗争。斗争坚持了4个月，终取得胜利。大良镇的酒楼茶室工人斗争的胜利，推动了纸业、油业、制饼业、绸缎布匹业、鞋业、杂货业、木业、缝衣业、金银首饰业、当铺业、香料业、锦纶丝织业等19个行业工会的相继建立。

1924年5月21日至6月1日，李民智参加了在广州召开的团广东区第二次代表大会，并向大会作报告。大会通过的《顺德报告决议案》对顺德县的工、农、妇、学运作了部署，提出“顺德农民运动应以容奇、黄连、勒流为中心”，“扩大青年工农俱乐部到乡去”。[②]7月，青年团顺德支部有10余人。青年工农俱乐部发展有会员24人。[③]

在革命斗争实践中，青年团顺德支部的许多团员得到锻炼，思想表现日趋成熟。1924年上半年，龙乃武、罗享、郭竹朋3人首先转为共产党员，继而李伯廉、李民智、郭新、卢达云亦被批准转为共产党员。由于当时广东

① 《广州民国日报》1924年3月15日。

② 《团粤区第二次代表大会决议案》，载中央档案馆、广东省档案馆编：《广东革命历史文件汇集（一九二二年至一九二四年）》，内部资料，1982年，第437—438页。

③ 《团粤区委报告（第三号）》，载《广东革命历史文件汇集（一九二二年至一九二四年）》，第471—472页。

党、团组织相互关系密不可分，许多活动都是共同开展，李民智等人入党后，因当时顺德县尚未成立党支部，故仍留在青年团顺德支部内，以党员和团员身份同时兼任党、团工作的领导人，继续领导日益兴起的顺德工人运动。

1924年冬，中共中央派陈延年到广东理顺党、团组织。11月14日，中共广东区委和团粤区执委召开的省党团联席会议提出对鹤山、广宁、顺德、新会、东莞、香港等地党、团组织“从实际上整理”的问题，并作出相关决议。根据这次会议的精神，顺德的中共党员、中国社会主义青年团团员开始分开设立支部。

1924年11月，中共顺德支部（县）正式成立，机关驻地在大良北门高社巷3号旁边的梯云里6号，李民智任支部书记（兼任青年团顺德支部书记），成员有龙乃武、郭竹朋、罗享、郭新、卢达云、李伯廉等8人。紧接着，在大良云路乡率先成立了云路党小组，组长为郭竹朋，成员有郭新、梁潮英、梁兴有等。随后，新地、新隆、西滘陆续在工农运动发展的基础上成立党小组。中共顺德县支部与中共新会县、广宁县、鹤山县支部是广东省最早建立的4个县支部。

1927年初，中共花县原支部书记、农民运动特派员陈道周被调到南海县工作，领导南海县农民运动及发展党组织。他到显纲村东庄张公祠内的农民义校做老师，以教师身份掩护，发展党组织，开展农民运动。不久，在显纲村成立中共南海县支部，由陈道周任书记，支部隶属广东区委。

中共佛山组、中共顺德县支部、中共南海县支部的相继成立，是马克思主义在佛山地区广泛传播，并且日渐与工农运动、青年学生运动相结合的结果，在佛山地区新民主主义革命发展史上，具有重大的意义。

（四）佛山镇工人运动与各县农民运动的开展

自1920年7月起至1927年3月，中国共产党党员、中国社会主义青年团团员在南海（含佛山镇）、顺德等地开展的活动，点燃了佛山各地工人运动和农民运动的星星之火。

1926年5月17日，在中共广东区委的领导下，由中华全国总工会、广东省农民协会、广东全省教育会、广州总商会、广东全省商会联合会及自由职业者共同发起成立广东农工商学联合会。苏兆征、邓中夏、李立三等担任该会领导工作。这个以中国共产党党员为中坚的团体，积极开展维护民众切身利益的斗争，很快取得民众信任[①]。9月1日，为中国共产党党员所掌握的国民党佛山市党部召开民众大会，发起成立佛山市农工商学界联合会。由各团体选出委员11名：佛山市工人代表会陈应刚、张云峰；南海县第四区农会吴勤、冼海；佛山市教育会郑营枝、黄霞赤；佛山市商民协会梁敬熙、卢伯宪；国民党佛山市党部王寒烬、钱维方；中共广东区委军事动员委员会代表关元庄。[②]12月1日，佛山市民团局成立，“随即招募团军，并议定聘请第五军团长黄相，兼任该市民团团长”[③]。在佛山市的汾水铺、大基头铺，民众纷纷筹办民团自卫。但至1927年4月广州四一五反革命政变前，佛山市民团尚未办起来。

1926年12月，中共广东区委派梁新枝接任佛山支部书记，公开身份是佛山市工代会书记。[④]陈宝经改任支部宣传委员，陈应刚任支部组织委员。支部所在地设于工代会会址大魁堂，秘密开会和存放文件的地方则是在陈宝经的家中。支部党员有钱维方、任达华、张云峰、陈乐三、钟苇等，后来又发展了梁敬熙、陈超娴（女）等入党。支部的主要任务是整顿工会组织、教育工人并积蓄力量与反动派作斗争。中共佛山支部成立后，佛山工代会农民协会、商民协会、学生会等群众组织在党的领导下得到健全和发展。从1927年初开始，中共佛山支部首先着手整顿工会组织。当时，佛山工代会属下有20多个基层工会，会员有几千人[⑤]。中共佛山支部决定开办工人夜校，由梁新枝、陈宝经任教员，培养一批工人作为整顿工会的骨干力量。夜校开设共产主义理论基础知识课程，学习工人阶级领导革命的道理。学习为期两个月，有50多名工会骨干参加。学员结业后，中共佛山支部以这批学员为骨干，组织成立了佛山市工人纠察队，由陈应刚任队长，有队员120多名。中共佛山支

---

① 张太雷：《广东人民此后应有之觉悟》，载《人民周刊》1926年第14期。

② 黄任华：《梁敬熙烈士生平事迹》，载中国人民政治协商会议佛山市委员会编：《佛山文史资料选辑》卷二，广东人民出版社2018年版，第215页。

③ 《佛山市民团局定期成立》，载《广州民国日报》1926年11月27日。

④ 梁新枝：《我到佛山工作的情况》，1982年2月，原件存中共佛山市委党史研究室，编号：D6-16。

⑤ 一种说法是：到1927年国民党右派在广州发动四一五反革命政变前，佛山工代会属下的基层工会有103个，会员达3.5万多人。

部还设法掌握报纸，于同年2月21日由佛山工农商各团体联合捐资接办《佛山商报》，更名为《农工商学报》，由梁敬熙担任主编。该报主要刊登社会新闻，报道工农运动和国民革命运动的消息，还积极宣传马克思主义，曾登载《浅谈社会主义》等文章。

1924年春，邓熙农[①]受党组织的指派，回家乡三水县从事革命活动。邓熙农奔走于白泥坪、青岐、阁尾、木棉、河口、横涌等村镇，深入理发、碾谷、烟丝、染扇、起落货等行业的工人中去，鼓动工人组织工会，团结起来才有力量，才能做天下的主人；宣传共产党是为人民谋利益的政党，将来的世界必定实行共产主义等革命道理。他还时常到码头、公园、学校等行人众多的地方发表演说，广泛宣传孙中山的新三民主义，宣传共产党人反帝反封建的主张，号召大家团结起来革命。在邓熙农的努力下，三水工人运动有了一定的发展。1925年，邓熙农到三水西区青岐乡阁尾村，以教师身份为掩护坚持革命。他更加耐心细致和谨慎地深入工人、农民群众中开展工作，从思想和组织上为发展工农运动、创建三水农会和革命工会打下了基础。当时，从广西罗城县来三水做工的韦瑞珍（韦一平，么佬族）、韦明秀在邓熙农的影响下，积极投身革命，于同年5月由邓熙农介绍加入了中国共产党。不久，韦瑞珍、韦明秀二人被调离三水开展革命工作。[②]

早在1920年，作为中共广东早期组织创建者、领导者的谭平山（七社村人）、谭植棠（豪基村人）、谭天度（七社村人）在广州从事革命活动时，就把《向导》《广东群报》《劳动和妇女》革命刊物等寄回高明，积极介绍世界各国工人阶级的斗争消息和俄国十月革命的情况及经验，宣扬社会主义

---

① 邓熙农（1901—1930），出生在三水金本云塘村一个富裕家庭，1919—1922年就读广州政法学堂期间，深受俄国十月革命和五四运动的影响，逐步接受了马克思主义，开始树立社会主义能够救中国的理想信念，毕业后先到上海进行革命活动，翌年返回广州参加中国共产党，成为广东较早的共产党员之一。

② 韦明秀后来参加了叶挺率领的国民革命军第四军独立团，1926年5月在北伐战争中于湖南牺牲；韦一平后来参加了1929年12月的百色起义，并加入中国工农红军，1934年任永新县苏维埃军事部部长、湘赣军区动员部部长，参加了第三至第五次反“围剿”斗争，抗日战争爆发后任新四军驻吉安办事处主任兼中心县委宣传部部长，并积极开展抗日民族统一战线工作，1941年后任中共苏中区第三地委书记兼军分区政委、第一地委书记兼新四军六师十八旅政委，率领根据地军民多次粉碎日、伪军大规模“扫荡”，1945年奉命挥师北上，在泰兴天星港附近因沉船而与同船的指战员一同遇难。

思潮，使高明成为西江地区最早接受共产党人创办的刊物、最早直接传播马克思主义的县份。[①]谭平山等人还利用回家乡探亲的机会，以恳亲会、联欢会等形式向工农群众和进步青年宣传马克思主义，鼓动工农革命。在其影响下，豪基村人谭毅夫[②]、谭权等一批有志青年走上了革命的道路。第一次国共合作实现后，为适应工农运动发展形势的需要，中国国民党中央执行委员会在广州创办了农民运动讲习所，培养农民运动干部。从1924年7月到1926年9月，广州农民运动讲习所共举办六届学员班。其间，谭平山经常以国民党中央执行委员会常务委员、中央组织部部长身份为学员授课。谭植棠被聘为第一、第二、第三届教员和第四届班主任。谭天度也曾任农民运动讲习所教员。高明进步青年麦均林、谭其聪、谭葵谦等人参加了第二届学员班。结业后，除谭葵谦留在谭平山处工作外，谭其聪等被派往东莞开展农民运动。

1924年8月，在广州念书及参加革命活动的知识分子阮贞元回到高明开展农民运动，成为高明农民运动的拓荒者和主要领导人。阮贞元是高明县合水蛇塘村人，出身于农民家庭，阮贞元回到高明后，首先在合水一带进行反帝反封建的宣传活动，宣扬民主革命思想，教育和号召农民团结起来，有组织地参加工农革命运动。他在蛇塘村找贫苦农民促膝谈心，介绍国共合作后工农运动发展的形势。在阮贞元的宣传鼓动下，当地农民纷纷要求参加农会。1925年3—4月间，高明县第一个农民协会——合水蛇塘村农民协会成立，并举行群众大会，农民会址设在村内的三进祠后正厅。成立当天，三进祠后的正厅墙上挂起犁头旗和蛇塘农民协会会旗，墙周围还贴上标语口号。参加农民协会的会员神采奕奕、群情振奋。阮贞元在会上讲话，高兴地说：“我们蛇塘村农民协会成立了，大家要团结一致。今后合水地区各村也要成立农会。我们还要团结各村的农民。我们要打倒帝国主义、打倒军阀、打倒

① 中共肇庆市委党史研究室编：《中共西江地区党史（1919.5—1949.10）》，中共党史出版社2001年版，第20—21页。

② 谭毅夫（1904—1928），又名建勋，广东高明明城人。1922年考入广东高师附属中学读书。1923年加入社会主义青年团，1924年转为中国共产党党员，1925年从事广州工人运动，奉命组建广州铜铁工会，出任石井兵工厂训育员等，1926年接任广州手车夫工会主席，当选为中共广东区委工运委员，1927年4月在广州四一五反革命政变中被捕，1928年2月被杀害。

土豪劣绅和贪官污吏，反对地主豪绅压迫农民，实行耕者有其田。”[①]蛇塘村农民协会共有成员7人，主任为阮贞元，副主任为阮光，委员有阮庆仔、阮其、阮登长、陈生、罗洪，成立初期有会员60多人。会后，蛇塘农民协会组织群众示威游行。农民为第一次有了自己的组织而欢庆。当队伍经过合水坪时，口号声震动了整个镇，偏僻的山村顿时掀起了一股高呼革命口号的浪潮。蛇塘农民协会成立后，开展了夺取神会公尝财产、反抗土豪劣绅、反对苛捐杂税、反对高利贷、要求减租等方面的斗争。1925年底，会员发展到160多人。

1926年5月，西江地区十四县（含高要、四会、广宁、德庆、郁南、封川、开建、新兴、云浮、罗定、鹤山、高明、开平、恩平县）农民运动特派员在广宁县召开会议，由广东省农民协会执委会委员兼任广东省农会驻西江办事处主任周其鉴主持。高明县由阮贞元出席。会议主要学习广宁县农民运动在组织农会的同时建立农民武装（自卫军）的经验。

广宁会议后，阮贞元回到高明，率先在蛇塘成立了农民自卫军，以阮光为队长、阮庆仔为副队长，共有队员80多人，其中20多人配备了武器。农民自卫军的建立，为保卫农民运动成果发挥了重要的作用。

三、南昌起义与谭平山在其中的作用

国共合作后，广州成为国共两党的革命基地。1924年9月，第二次直奉战争爆发，10月，直系将领冯玉祥在北京发动政变，囚禁了曹锟，然后电请孙中山北上北京共商国是。孙中山到北京后，在1925年3月病逝。

1925年6月，在广州的国民党中央执行委员会全体会议决定：改组大元帅府为“国民政府”；建国军和“党军”改称“国民革命军”。1926年6月，国民党中央执行委员会发出《国民革命军出师北伐宣言》。7月1日，宣布“中华民国国民政府”成立，汪精卫为主席委员。9月，北伐正式开始。在北伐过程中，广东民众积极支援，在佛山，广三铁路的工会会员参加了铁路运输

① 《蛇塘村农协的成立》，载中共高明市委党史研究室编：《高明党史资料》（第一辑），内部资料，2000年，第165—166页。

队，随军北伐。在西江水路，则有上万的农民帮助北伐军运送物资。北伐战争仅用了9个月的时间，就打下了武汉、上海和南京。

但北伐军刚刚取得初步胜利，国民党就决定清除在国民党内的共产党。1927年4月12日，蒋介石在上海进行“清党”。随后，广东的国民党党部也开始对共产党进行“清党”，派军警对中华全国总工会广州办事处、省港罢工委员会、广州工代会、海员工会、铁路工会以及广东省农民协会等进行查封。7月15日，武汉的国民党亦决定“分共”，史称“七一五事变”。

谭平山是中国共产党广东支部组织的主要创建人之一。1926年12月5日，在共产国际第二十七次会议上，谭平山当选为共产国际中国委员会主席；1927年4月27日，谭平山在中共五大上被选为中央委员、中央政治局委员。第一次国共合作时期，谭平山担任国民党中央执行委员会常委兼组织部部长。1927年3月，国民党中央继续选举他为国民党中央执行委员会常务委员、政治委员兼农政部部长。他为帮助孙中山改造国民党实现国共合作，作出了重大贡献。①

“七一五事变”发生时，武汉政府在政府各部门和军队驱逐共产党人，同时，解聘共产国际中国代表鲍罗廷的顾问职位。根据鲍罗廷的指示，谭平山、苏兆征辞去农政部部长、劳工部部长之职，并发表《谭平山、苏兆征辞职书》②。

面对国民党右派对革命的背叛及对共产党人的杀害，共产国际和中共中央决定进行武装反抗。1927年7月上旬，根据共产国际的指示，中共中央进行改组，成立了由张国焘、周恩来、李立三、李维汉、张太雷五人组成的中央临时常务委员会，停止了陈独秀的领导职务。

1927年7月中旬，中共中央制定了在湘、鄂、粤、赣四省发动秋收起义的计划。为此，把聚集在武汉的共产党员派往各地掌握武装。将从事军队工作的中共党员集中到南昌、九江一带，并联合以张发奎为总指挥的第二方面军

---

① 中国中共党史人物研究会编：《中共党史人物传》第六十六卷，中国人民大学出版社2017年版，第130页；《中华文史资料文库》第十一卷《军政人物编·谭平山事略》，中国文史出版社1996年版，第2850页。

② 《中华文史资料文库》第十一卷《军政人物编·谭平山事略》，第2851页。

南下广东，南下建立新的革命根据地，实行土地革命。当时，中国共产党掌握和影响的武装力量主要有叶挺十一军里的两个师以及张发奎第四军的两个团，贺龙率领的第二十军，朱德领导的第三军军官教育团，以及中央政治军校武汉分校，武昌农民运动讲习所农政训练班、广东农军等革命武装。7月19日，中共中央改组后的临时中央派谭平山、李立三、邓中夏、恽代英等从武汉来到九江。[①]

在南昌起义的领导和策划工作中，谭平山发挥了至关重要的作用。谭平山主持召开的两次九江会议，确定了起义的政治纲领、军事行动和政权组织以及地点、时间、人员等具体方案。

7月20日，谭平山召集李立三、邓中夏、叶挺、聂荣臻等人召开了第一次会议。[②]会上分析了张发奎的立场和当时的形势，认为应该抛弃依张（发奎）之政策，而发动一个独立军事行动。这次会议“决定在军事上赶快集中南昌，运动二十军（贺龙部）与我们一致，实行在南昌暴动”的计划。会后李立三、邓中夏上庐山向瞿秋白、鲍罗廷汇报，得到“完全赞同”。

7月23日，谭平山召集李立三、恽代英、邓中夏等举行了第二次九江会议，会议连续开了两天。会议决定：军事方面，“军队于二十八日以前集中南昌，二十八日晚举行暴动”；政治方面，“组织中国国民党革命委员会为集政权、党权、军权之最高机关，以反对宁汉政府中央党部，继承国民党正统”，并详细研究了起义计划、政纲、宣言等。[③]会议决定征求中共中央的同意。

与此同时，谭平山在动员贺龙加入起义的过程中发挥了关键性的作用。7月23日，贺龙率二十军来到九江。谭平山即刻会见了贺龙，将举行南昌起义的计划告诉他，动员贺龙加入起义，贺龙“表示甚为热烈”[④]，坚决支持和参加起义。当时贺龙表示说：“谭先生放心吧，共产党怎么说，我就怎么

---

① 《中共党史人物传》第六十六卷，第132页。

② 叶挺：《南昌暴动至潮汕的失败（摘要）》，载中央档案馆编：《南昌起义（资料选辑）》，中共中央党史1981年版，第80页。

③ 李立三：《八一革命之经过与教训》，载《南昌起义（资料选辑）》，第28—29页。

④ 李立三：《八一革命之经过与教训》，载《南昌起义（资料选辑）》，第28页。

干。”谭平山握着贺龙的手说：“贺军长，共产党永远忘不了你！”①

7月24日中共中央常委开会，对在南昌举行暴动的计划“中央常委和国际代表都表示赞同”②，并决定周恩来任南昌起义前敌委员会（简称前委会）书记前往九江、南昌。叶挺当时报告说：“周恩来与恽代英同志奉党令由汉口来南昌，与谭平山、叶挺、聂荣臻等负责主持我们的军队及党的指挥，并由谭平山、韩麟符等负责召集国民党的左派中央执行委员及各省党部负责代表，准备组织国民党政治及常务机关。”③

7月26日，谭平山、李立三、恽代英与贺龙、叶挺的部队一起开往南昌。

7月27日，周恩来在南昌江西大旅社成立前委会并召开第一次会议，谭平山、李立三、恽代英、彭湃、贺龙、叶挺等参加会议，④讨论领导发动起义事宜。当时因准备不及，前委会决定把暴动时间推迟到7月30日晚举行。⑤

7月26日中共中央常委决定派时任常委的张国焘前往南昌参与起义的领导和决策。⑥张国焘从武汉出发后，29日在九江给南昌起义前委会发去两封电报，“暴动宜慎重，无论如何候我到再决定”⑦。谭平山、周恩来与前委会其他成员商议后果断决定：暴动决不能停止，继续进行一切准备工作。⑧

7月30日凌晨，张国焘到达南昌，随即召开前委会会议。⑨会上张国焘提出：中央意见是以慎重为宜，共产国际电报指示如有成功把握，可举行暴动，否则不可动。并要将在军队中的共产党员退出，派到各地农民中去。谭平山、周恩来、恽代英、李立三、彭湃都一致反对张国焘的意见，指出当时已经有近百人知道要举行起义，一旦起义不能及时举行，则可能面临仗还未

---

① 刘秉荣：《贺龙传》，人民出版社2018年版，第80页。

② 南昌八一起义纪念馆编：《南昌起义·大事记》，中共党史出版社1987年版，第518页。

③ 叶挺：《南昌暴动至潮汕的失败（摘要）》，载《南昌起义（资料选辑）》，第80页。

④ 王健英：《中国共产党组织史资料汇编·领导机构沿革和成员名录》，红旗出版社1983年版，第80页。

⑤ 《南昌起义·大事记》，第518页。

⑥ 《南昌起义·大事记》，第518页。

⑦ 张国焘：《我的回忆》第二册，东方出版社1998年版，第294页。

⑧ 李立三：《八一革命之经过与教训》，载《南昌起义（资料选辑）》，第29页。

⑨ 叶挺：《南昌暴动至潮汕的失败（摘要）》，载《南昌起义（资料选辑）》，第81页。

打就要牺牲的危急形势。[①]在当时的会上，谭平山与张国焘争吵得非常激烈。当张国焘说到贺龙的革命性比张发奎“还要差得多”时，谭平山拍案骂道：“混蛋，我不允许你这样污蔑贺龙！”[②]但由于张国焘当时有代表中共中央和共产国际的双重身份，因此会议决定将原定当天要举行的起义推迟举行。7月31日早晨，张国焘、谭平山、周恩来、贺龙、叶挺等人继续召开会议。最后会议以表决的形式，决定在次日举行起义。[③]

1927年8月1日凌晨2时，贺龙率领的国民革命军第二十军、叶挺率领的国民革命军第十一军和朱德率领的国民革命军第九军一部，共2万余国民革命军将士在南昌举行武装起义。经过几个小时的战斗，歼灭敌人1万多人，武装起义宣告胜利结束。

8月1日上午9点，谭平山以国民党中央执行委员会党务委员名义，在江西原省政府西花厅，主持召开了有国民党中央委员、各省委、特别市、海外党部等代表组成的联席会议。会议选举产生了新的革命组织——中国国民党革命委员会。

革命委员会主席团共有宋庆龄、邓演达、谭平山、张发奎、贺龙、郭沫若、恽代英7人[④]，由于宋庆龄、邓演达等人都不在南昌，因此主席团排名第三的谭平山成为实际负责人。8月2日下午1时，在南昌贡院举行了“革命委员会委员就职盛典”，李立三任司仪。谭平山代表革命委员会致答词说：“这个革命委员会，就是革命的新的领导机关，一切党务、政治、军事……都隶属于委员会指导之下。”[⑤]李立三报告提到：“暴动第二日即成立革命委员会，在革命委员会之下，组织参谋团支持军事计划。”[⑥]革命委员会成立当日，在《南昌民国日报》发布了《中央委员宣言》。此宣言由谭平山起

① ［英］迪克·威尔逊著，李维周等译：《周恩来传》，中共中央党校出版社1989年版，第142页。

② 刘秉荣：《贺龙传》，人民出版社2018年版，第84—85页。

③ 中共中央文献研究室编：《周恩来传（1898—1949）》，人民出版社1989年版，第144—145页。

④ 中共广东省委党史资料征集委员会、中国国民党革命委员会广东省委员会、中共佛山市委党史研究室：《谭平山研究史料》，广东人民出版社1989年版，第270页。

⑤ 南昌八一起义纪念馆编：《南昌起义·革命委员会委员就职盛典记》，中共党史出版社1987年版，第18—22页。

⑥ 李立三：《八一革命之经过与教训》，载《南昌起义（资料选辑）》，第30页。

草，经前委改定。这是一篇声讨蒋、汪的檄文。同日联席会议还通过了《中央委员各省区特别市海外各党部代表联席会议宣言》（简称《联席会议宣言》），[①]它用国民党左派的名义，以孙中山的三民主义和三大政策为基础，分别提出内容一致的政纲，这个纲领不仅反映了国民党左派人士的愿望，也体现了中国共产党人关于组织统一战线，进行民主革命的主张。8月2日，谭平山与宋庆龄、邓演达、贺龙、郭沫若、恽代英等人以中国国民党革命委员会主席团的名义，发布《中国国民党革命委员会令》[②]，任命革命委员会负责人和国民革命军第九、第二十军领导人。

据叶挺所写的报告提到："谭平山用中央执委名义召集中央执委及各省党部左派分子开联席会议，承认特别委员会的处置。并组织革命委员会执行党务及政务，谭平山为委员长，以贺龙、叶挺为军事委员会委员、周恩来亦为军事执行委员，刘伯承为参谋长，以恽代英、林祖涵、郭沫若等，担负政务、财政等工作。"[③]亦即当时谭平山是南昌起义时的最高行政长官。在张国焘的回忆录里也提到谭平山在南昌起义的最高领导地位："南昌暴动发动以后，谭平山被推为中国国民党革命委员会委员长，而且贺龙是他提携起来的，中共的前敌委员会似乎也可由他来领导，通过前敌委员会更可指挥叶挺等重要军人，一切似都如愿以偿，是以他曾摆过领袖的架子。"[④]

当时在南昌的周边，有国民党武汉政府的朱培德的第五方面军的第三军、第六军、第九军和张发奎的第二方面军。南昌起义发生后，南京和武汉的反动派调集兵力向南昌进攻。8月3日，谭平山率领革命委员会所属机关工作人员，撤离南昌，随军南下。8月3—5日，南昌起义的部队分批撤出南昌，南昌人民以深切的依恋送别起义军。8月27日，南昌起义部队南下攻克瑞金城后，谭平山与周逸群介绍贺龙加入中国共产党。9月10日，南昌起义部队在长汀成立国民政府，谭平山被任命为国民政府委员会委员长。谭平山向起义人

① 南昌八一起义纪念馆编：《南昌起义》，中共党史出版社1987年版，第13—18页。

② 《谭平山研究史料》，第260页。

③ 叶挺：《南昌暴动至潮汕的失败》，载《谭平山研究史料》，第286页；《中国国民党革命委员会成员表》，载《谭平山研究史料》，第270页。

④ 张国焘：《我的回忆》第二册，东方出版社1998年版，第294页。

员做了一次关于土地革命的报告。[①]

当起义军沿抚河南下撤至进贤县时，第十师师长蔡廷锴率部脱离起义军，折向赣东北。对于蔡廷锴的背叛，刘伯承认为，此为南昌起义“后来失败的一种原因”[②]。9月底，起义军主力在揭阳县白石和普宁县流沙与国民党东路军激战后失利。10月初，部队大部分溃散。南昌起义时的2万余人，此时仅剩800余人，在朱德率领下，转战闽粤赣湘边，后于1928年4月到达井冈山，与毛泽东领导的湘赣边界秋收起义部队会合。10月4日，谭平山出席在普宁流沙召开的南昌起义领导人会议，会议决定南下的起义队伍分散撤离潮汕。10月7日，谭平山与吴玉章、李立三等到达海丰，10月10日从惠来县甲子港乘船往香港，旋转至澳门。[③]恽代英则与张国焘、周恩来、叶挺等转移至香港，周恩来途中还曾发烧到不省人事。[④]

1928年初，谭平山从澳门返回上海，寻找党的组织，获悉已被中共中央临时政治局开除了党籍。谭平山要求复议，遭到拒绝。对于谭平山被开除党籍一事，1944年3月周恩来在延安中央党校作报告谈到谭平山被开除党籍的原因时说：“是张国焘反对南昌起义，谭平山对一位师长说，张国焘若反对起义就把他杀掉。当时我任前委书记，这位师长来征求我的意见，我说党内斗争不能这样做。后来有人把这事告诉了共产国际代表，共产国际代表就决定把谭平山开除了。今天看来，这个处分是不完全妥当的。”[⑤]其实，反对举行南昌起义，不但是代表当时中共中央的张国焘的意见，更主要是来自共产国际的意见，所以，在追责的过程中，南昌起义失败的责任，就由主要的发起者谭平山来背负了。谭平山被开除党籍，周恩来则获党内警告处分。

南昌起义，是中国共产党建立自己武装的第一次勇敢尝试。中华人民共

① 《中共党史人物传》第六十六卷，第132—134页。

② 刘伯承：《南昌暴动始末记》，载中国人民解放军军事学院编：《刘伯承军事文选》，战士出版社1982年版，第5页。

③ 《中共党史人物传》第六十六卷，第134页。

④ 《周恩来传（1898—1949）》，第155页。

⑤ 周恩来：《关于党的“六大”的研究》，载《周恩来选集》上卷，人民出版社1980年版，第173页。

和国的十大开国元帅，有七位参加了南昌起义，人民军队由此诞生并成长壮大。谭平山后来评价南昌起义说，“过去中央采取妥协政策，只有八一南昌起义，才算真正把领导权掌握起来，从而开创了我党和中国革命的一个新时期。因此它可以和十月革命相比。”[①]周恩来也说：“八一起义在共产党领导下，向国民党反动派打响了第一枪，这在大方向上是对的。”[②]

谭平山在南昌起义中，主持召开了最初两次会议并参加了之后所有重要会议的决策，做了争取党外武装力量参加起义的重要工作，起草并制定了一系列纲领性文件，召开了全国性代表大会，并担任革命委员会主席；同时对张国焘的右倾路线进行了无畏批判。作为南昌起义的主要组织者和领导者，谭平山在南昌起义中所表现出的优秀策划能力、不凡的政治眼光和无畏勇气，为中国共产党掌握和建立武装力量作出了重要贡献。

南昌起义，可谓虽败犹荣！南昌起义缔造者和参与者们为创建工农武装所具备的胸襟和勇气，所作出的牺牲和贡献，必将彪炳史册！

附记：《中共党史人物传·谭平山》评要：

谭平山是中国共产党早期党员，广州共产党早期组织的主要创建人之一。第一次国共合作时期，担任国民党中央执行委员会常委兼组织部部长。他为帮助孙中山改造国民党实现国共合作，做出了重大贡献。大革命失败后，参加领导了南昌起义，任革命委员会主席。南昌起义失败后，受到了错误的党纪处分，在党外，他仍坚持革命立场，做了大量有益的革命工作，后恢复党籍。建国后，历任中国人民政治协商会议筹备委员会常务委员、中央人民政府委员、人民监察委员会主任、全国人民代表大会常务委员会委员。[③]

---

① 转引自徐佳佳：《谭平山与南昌起义》，载《团结报》2022年7月28日。

② 《周恩来传（1898—1949）》，第155—156页。

③ 《中共党史人物传》第六十六卷，第120页。

四、广州起义与陈铁军烈士

南昌起义失败后，在国民党内部的蒋、汪政治势力之间，粤、桂军阀之间也出现了激烈的斗争。到1927年11月，在广东出现了有利于起义的迹象，中国共产党遂发动了“广州起义”。广州起义，可以说是南昌起义的继续，是中国共产党对国民党背叛革命的第二次愤怒的武装反击。

南昌起义后，中共中央8月7日在湖北汉口召开了紧急会议，确定了土地革命和武装反抗国民党反动派的总方针。选举出新的政治局委员9人，其中瞿秋白、苏兆征、李维汉为政治局常委；候补委员有邓中夏、周恩来、毛泽东、张太雷等7人。“八七会议”是中国革命由大革命失败到土地革命战争兴起的历史性转变的标志。

“八七会议”后，张太雷赴任广东省委书记，准备在广州市和广东省各地发动工人、农民举行暴动，配合南昌起义军夺取广东政权，并决定成立广州、西江和北江暴动委员会。1927年11月，粤桂军阀发生武装冲突，中共中央认为两广军阀争夺广东地盘的冲突，实际上是工农群众革命潮流的高涨。根据这一判断，中共广东省委制定了《广东工作计划决议案》，准备“坚决地扩大工农群众在城市、在乡村中的暴动，煽动兵士在战争中哗变和反抗，并急速使这些暴动会合而成为总暴动，以取得广东全省政权，建立工农兵代表会议的统治”。[①]

11月26日，张太雷从香港返回广州，决定乘张发奎在广州兵力薄弱的有利时机，组织共产党所掌握的第四军教导团和警卫团一部以及工农武装，举行武装起义，并成立了以张太雷为委员长，黄平、周文雍为委员的革命军事委员会，负责领导起义。会后，张太雷等人到教导团和警卫团中进行起义的动员与组织工作，并着手组织与训练工人赤卫队，将工人赤卫队编成7个联队和2个敢死队，周文雍同时为工人赤卫队的总指挥。

12月6日，中共广东省委在张太雷主持下召开紧急会议，会议决定于12月12日举行起义。在起义前夕，张发奎对起义的计划有所察觉，准备解散教

① 《广东工作计划决议案》，载中共中央文献研究室中央档案馆编：《建党以来重要文献选编（一九二一——一九四九）》第四册，中央文献出版社2011年版，第691页。

导团，在广州实行戒严，并调其远离广州的主力部队赶回广州。在此紧急关头，中共广东省委决定提前于11日凌晨举行起义。

从12月11日3时许起，起义经过4个多小时的战斗，除第四军军部、军械库和第四军第十二师后方办事处之外，珠江以北市区的国民党军、保安队和警察武装均被消灭。当日上午，广州市苏维埃政府成员和工农兵执行委员会举行第一次会议，宣告广州市苏维埃政府成立，苏兆征为主席。会后发布了《广州苏维埃宣言》《告民众书》以及有关的法令。南海农民赤卫军第一团和第二团（吴勤任团长），则因广州起义失败得过快而没有及时参与。

广州起义爆发后，国民党广东省政府主席陈公博及张发奎等人逃到驻珠江南岸海幢寺第五军军部。12月12日，张发奎所部三个师和李福林第五军的一部分向广州反攻，起义主要领导人张太雷牺牲，起义军余部包括叶挺、叶剑英、聂荣臻、徐向前等千余人于12月13日凌晨撤出广州。未及撤离的起义军和工人赤卫队，惨遭杀害者达5000余人。

广州起义虽然在短短的两天就失败了，但它是中国共产党在面对国民党背叛时举行的三大起义之一，具有积极的历史意义。在广州起义中，许多佛山籍人士投身其中，如高明籍的谭泉、区显、谭毅夫、黎汝高、曾国钧等，都曾积极投身广州起义，有的在广州起义的战斗中牺牲，有的在后来血雨腥风的地下斗争中被杀害。而佛山镇的陈铁军的事迹最为感人。

陈铁军（1904—1928），女，原名陈燮君，祖籍台山，出生长大在南海县佛山镇，其父为华侨糖商。1924年秋，陈燮君考入广东大学文学院预科，入学后改名为陈铁军。1926年4月，加入中国共产党，1927年10月，受党组织的安排，扮成党内同志周文雍的妻子，并参加了广州起义。1928年1月，被叛徒出卖，陈铁军与周文雍同时被捕，被国民党军阀判处死刑。同年2月，在广州红花岗刑场行刑前，他们宣布在刑场举行婚礼。这一“刑场上的婚礼”，悲壮至甚！

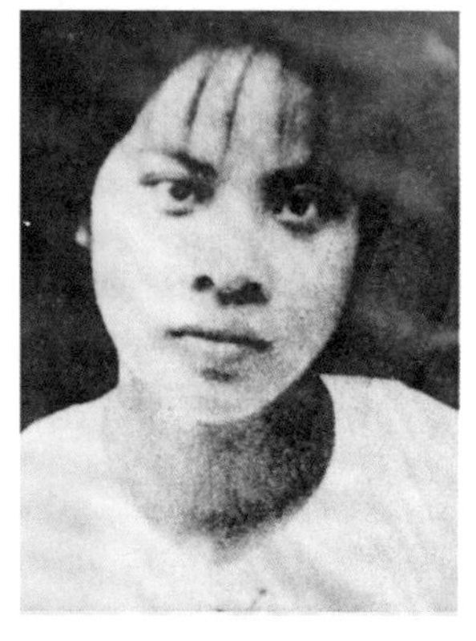

图10-2-1　陈铁军（南海区博物馆提供）

图10-2-2　陈铁军故居（禅城区博物馆提供）

五、工运领袖与红军将领

中国共产党是工人阶级的政党，在中国共产党的早期活动中，组织工人运动是一项重要内容，包括毛泽东、刘少奇等人在安源煤矿发动的工人运动。佛山籍的中国共产党人在早期的工人运动中也有杰出表现，其佼佼者是三水籍的邓培和南海籍的罗登贤。

（一）邓培

图10-2-3　邓培（三水区博物馆提供）

邓培（1883—1927），三水西南镇石湖洲邓关村人。14岁时跟随亲戚到天津机械厂当学徒。辛亥革命前，参加过同盟会。1921年5月，加入中国共产党，是中共一大前的最早的共产党人之一。1922年1月，到苏联莫斯科出席第三国际远东各国共产党及民族革命团体第一次代表大会，会议期间，邓培在克里姆林宫受到列宁的接见。同年7月，邓培回国列席中国共产党第二次全国代表大会。1923年6月，出席中国共产党第三次全国代表大会，当选为中央执行委员会候补委员。1924年2月，在北京召开的全国铁路工人代表大会上，当选为全国铁路总工会执行委员会委员长。1925年1月，出席中国共产党第四次全国代表大会，继续当选为中央执行委员会候补委员。中共四大以后，任中共中央驻唐山特派代表兼中共唐山地委书记。1927年4月，在全国铁路总工会广东办事处被军阀逮捕，不久遭秘密杀害。

（二）罗登贤

罗登贤（1905—1933），南海南庄紫洞格巷村人，幼年赴港打工，1925年入党，参加和领导了省港大罢工，曾任中共香港市委常委、广东省委常委。1927年参加广州起义，在中共六大上被选为中央委员和中央政治局候补委员。1928年任中共江苏省委书记，递补为政治局委员。1929年任中共广东省委书记、中共中央南方局书记、中华全国总工会党团书记。1931年往东北任中共满洲省委书记兼组织部部长，为东北抗日联军的建立奠定了基础。1932年6月，在中共临时中央的北方会议上遭受“左”倾路线的错误批判，会后被撤销省委书记职务。12月调回上海，任中华全国总工会上海执行局书记。1933年2月，由于叛徒告密被捕，8月在南京雨花台被国民党反动派杀害。

（三）黄甦

由工人运动参加工农红军并成为高级将领的佛山籍人士，当推南海籍的黄甦。黄甦（1908—1935），又名黄苏，1925年6月在香港参加省港大罢工，10月参加中国共产党。1927年参加广州起义，任赤卫队敢死队队长。1928年任香港摩托车职工总会书记，中共香港市委组织部组长、广东省委委员、中共广东省委候补常委。1929年3月任中共广东省委常委。1930年末到达闽西革命根据地，参加中国工农红军，任红十二军政委，第三十四师政委，中华苏维埃共和国中央政府第一、第二届中央执行委员，福建省工农苏维埃委员等职。中共六届四中全会补选为中央委员。1934年参加长征，任红八军团政委，红一军团一师政委，陕甘支队第二、第五大队政委。1935年11月在直罗镇战役中牺牲。

六、“广游二支队”与“珠江纵队”

1937年7月7日，卢沟桥事变发生，日本发动了全面侵华战争。1938年11月，日军以7万兵力占领广州，余汉谋的5万粤军一触即溃。

广州沦陷后，南海县、顺德县、三水县也相继沦陷。南海在西江西岸有一块“飞地”，名西岸乡，与高明县接壤，在抗战开始直到1944年9月都没有沦陷，国民政府的南海县政府在抗战期间就一直设置于此。

（一）广游二支队

广东国民政府的党政军总部均迁往粤北，广州市政府则迁往广宁。广州市市长曾养甫在广宁成立了广州游击司令部，把吴勤在佛山自行成立的“抗日义勇队”收编为广州市区游击第二支队，简称“广游二支队”。吴勤积极配合中共广东省委，在广游二支队内部成立了不公开的中共支部，刘向东为支部书记。

早在1938年5月，中共广东省委就成立了中共南海顺德工作委员会[①]，书记范志远，委员黄万吉、林锵云。随后，南顺工委在南海县成立了7个党支部，在顺德县成立了5个党支部，12个支部共有党员百余人。但南顺工委在南海、顺德沦陷后，与广东省委失去了联系，书记范志远带领大部分党员撤到了开平，留下林锵云等在顺德的龙眼、众涌等村落筹建抗日武装。到1939年2月，在顺德县城大良镇的蓬莱小学成立了“顺德抗日游击队”，同时取得了“广游二支队特务中队”的番号，队伍有30余人。

1940年3月，汪伪国民政府在南京成立，1940年4月，汪伪国民政府行政院任命陈公博兼任广东省省长。随后，南海、顺德、三水、高明各县均出现伪县政府和伪乡公所。换言之，在抗战时期的大部分时间里，佛山处在汪伪政权的管治之下。

1940年6月，中共广东省委决定成立中共南番中顺中心县委，罗范群为县委书记，统一领导南海、顺德、番禺、中山的党组织和抗日武装。同年9月，中心县委为了把广游二支队整顿成为中共绝对领导的人民抗日武装，以原顺德抗日游击队为基础，成立了由中国共产党直接领导的广游二支队独立第一

① 简称南顺工委。

中队，并在当年11月，建立起了以顺德西海[1]为中心的抗日基地。

1941年10月17日，以四十旅旅长李辅群[2]为首的驻番禺、顺德地区的汪伪军队2000多人向西海发动进攻，结果，被广游二支队击败，死200余人，被俘110人，而广游二支队仅1伤1亡。此役为“西海大捷”。5天后，10月22日，日军1000多人，在三架飞机的掩护下，从广州出发往西海“扫荡”，在战斗中双方互有伤亡。日军在占领西海后并无所获，乃于当晚撤回广州。

1941年12月8日，日本偷袭美国太平洋上的珍珠港，太平洋战争爆发。12月25日，广游二支队司令吴勤发表《为日英美开战敬告各武装团队各界同胞书》，表示：“本队始终执行抗战、团结、爱民的主张，不怕一切艰难险阻，誓死抗战到底！并与团结抗战的武装与同胞共同奋斗到底！”[3]

1942年5月7日，吴勤与妻子及警卫员在陈村河道被伪军伏击身亡。吴勤牺牲后，中心县委宣布以林锵云代任广游二支队司令。广游二支队撤离了西海，一部分到了中山，大部分[4]撤到南海与三水交界区域。

吴勤（1895—1942），祖籍东莞，1895年11月出生于南海县第四区南浦村[5]。大革命时期曾为孙中山卫士，1924年5月组建过南海县南浦乡农团，同年8月下旬，参加了广州农民运动讲习所第二届学习，后由谭平山、罗绮园介绍加入了中国共产党。1927年11月，中共广东省委组织广州起义，起义前夕，中共南海县委组建了南海农民赤卫军第一团和第二团，吴勤任第二团团长。广州起义失败后，吴勤转移到香港，后再转到南洋，失去了与中共组织的关系。抗战爆发后，1937年底，吴勤回到广州，被国民政府委任为广东省民众自卫团统率委员会上校督导员。在广州沦陷次日，1938年10月22日，吴勤在南海成立了“抗日义勇队”，后被国民政府广州市政府收编为“广游二支队”。吴勤没有恢复其共产党员的党籍，但取得了与共产党的联系，在南海、顺德地域共同开展抗日斗争直到遇伏身亡。

1943年3月，鉴于形势的严峻，中共广东省临时委员会决定将游击区的领

---

① 今顺德区北滘镇西海村。

② 俗名：李塱鸡。

③ 《珠江纵队史》编写组编著：《珠江纵队史》，广东人民出版社1990年版，第88—89页。

④ 约300人。

⑤ 今属佛山市禅城区。

导与秘密党的领导分开，禁止横向的联系。撤销中共南番中顺中心县委，成立中共南番中顺临时工作委员会，书记仍为罗范群。后又撤销中共南番中顺临时工作委员会，成立中共珠江特别委员会，书记梁嘉。同时，成立南番中顺游击区指挥部，指挥林锵云、政治委员罗范群，成立南海人民抗日独立中队，中队长黄平。1944年7月，南海中队扩编为南三大队。

1944年，世界反法西斯战争进入战略反攻阶段。7月5日，中共中央军事委员会发出了《关于华南根据地工作的指示》，寄望“英美在太平洋上继续作战的胜利，一旦接近中国南方海岸，实行对日反攻时，则我华南根据地，将成为一支重要力量”①。8月31日，中共广东军政委员会决定将南番中顺游击区的武装力量成立为中区纵队。10月1日，纵队正式成立，林锵云为司令员、罗范群为政治委员。部队人数达到2700人。

1944年冬，广东人民抗日游击队中区纵队一部进入高明皂幕山和老香山建立抗日游击根据地。根据中共广东省临委的指示，中区纵队与新会、鹤山、台山、高明的部分游击队合编为广东人民抗日解放军，司令员梁鸿钧、政委罗范群。

（二）珠江纵队

1945年1月15日，中区纵队改编为珠江纵队，司令部设在中山县五桂山里的槟榔山村，司令员林锵云，政治委员梁嘉，副司令员谢斌，参谋长周伯明，政治部主任刘向东。珠江纵队下设两个支队、一个独立大队。在番禺、顺德地区的部队为第二支队，在南海、三水地区的部队为独立第三大队。

珠江纵队在其《广东人民抗日游击队珠江纵队成立宣言》中宣告：“我们广东人民抗日游击队珠江纵队是珠江三角洲人民的子弟兵，我们当中有各抗日党派与各阶层人士，我们当中包括三角洲各县许多单位的抗日武装——广州市区游击第二支队林锵云部、中山人民抗日义勇大队欧初部等。五年以来我们坚持敌后抗战，支撑起三角洲敌后的抗日局面，而且坚决执行了抗日民族统一战线政策，屡次配合友军作战，帮助友军发展，取得了不少开明的友军和我们精诚合作。”在宣言中，珠江纵队还公布了过往五年取得的战果：“我们广游二支队的健儿已经挺进到广州市郊、河南与佛山、大良、市

① 《珠江纵队史》，第156—157页。

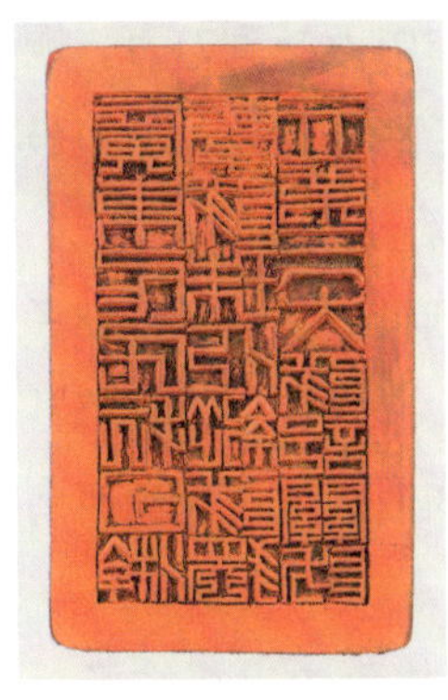

◀图10-2-4　广东人民抗日游击队珠江纵队独立第三大队关防章（1）（南海区博物馆提供）

▶图10-2-5　广东人民抗日游击队珠江纵队独立第三大队关防章（2）（南海区博物馆提供）

桥的周围。著名的西海大战，歼灭与瓦解敌伪一千三百余人，两次袭击新造与攻陷李塱鸡老巢市桥，给敌伪以严重威胁；禺南植地庄反‘扫荡’胜利给南、番、顺人民以极大鼓舞和信心；我们中山人民抗日义勇大队粉碎敌人无数次残酷‘扫荡’，控制了伶仃洋的西岸，收复了孙中山先生的故乡翠亨、南朗、翠微、横门，无数次的出击，获得伟大胜利，使敌伪为之丧胆。”[①]

1945年3月，中共中央决定将中共广东省临委与军政委合并为广东区党委，珠江纵队挺进到西江地区。7月15日，中共中央军委向广东区党委发出指示，指出：“你们今后发展的主要方向是向粤北、赣南、湘南的五岭山区，建立湘粤赣桂边（以五岭为中心）根据地，迎接八路军南下部队，合力创造华南新阵地，配合华北、华中我军，进行对日反攻作战，并于日寇消灭后，能够对付国民党必然发动的内战。”[②]遵照中央的指示，珠江纵队在8月战略转移到了粤北，归北挺临时联合支队指挥。

七、迎接佛山解放

1945年8月15日，日本正式宣布投降，世界反法西斯战争胜利结束。在日本和南京汪伪政府管制下的南海、顺德、三水三县，经历了7年的沦陷时期，

① 中共广东省委党史研究委员会办公室、中共佛山市委党史办公室、佛山市档案馆编：《珠江纵队史料》，内部资料，1985年，第2—3页。

② 《珠江纵队史》，第220页。

其间人民生活在水深火热之中。三县的人口锐减，南海从101万减到71万，顺德从84万减到37万，三水从23万减到16万。农业萎缩、工商业凋敝、城镇破坏，人民流离失所。高明县在抗日战争期间基本上没有沦陷。

抗战胜利后，国民政府南海、顺德、三水三县的县政府也于1945年的8—9月间返回。8月22日，南海县政府从新兴县迁回到佛山镇；9月12日，顺德县政府从鹤山县迁回到大良镇；9月初，三水县政府也从六和镇蒲坑村迁到西南镇[①]。1947年9月，宋子文出任广东省政府主席。

内战爆发后，因广东远离国共决战的主战场，不受战争的直接波及。“国军”原驻广东的新一军、第四十六军、第五十二军、第六十三军、第六十四军[②]几乎全部北调。佛山各阶层人民也参与了全国性的“反内战、反饥饿、反迫害”运动。中共在高明县的党组织在1947年成立了一支“高明县穷人求生队”，队员100多人，15人配有枪支，以反抗国民政府“征兵、征粮、征税”的所谓“三征”；1947年5月，佛山公记隆丝织厂工人罢工；1947年南海县立师范学校员工罢教。

1947年1月，中共中央香港分局成立，5月，中共中央任命方方为书记、尹林平为副书记，领导华南地区党的工作。把华南地区划分为粤桂边、粤桂湘边、粤赣湘边、闽粤边、琼崖、粤中、滇桂黔边7个战略单位。1948年3月，中共中央香港分局成立了中共珠江三角洲地方工作委员会，下设有南海特派员、顺德特派员、三水特派员。1948年12月，中共中央香港分局制定了《华南人民当前行动纲领》，提出了迎接和配合南下解放大军、推翻蒋介石政权、解放全华南的十大纲领。1949年3月，中共粤湘赣边区党委撤销中共珠江三角洲地区工作委员会，设立中共珠江三角洲地区委员会（简称珠江地委，地委书记黄佳，任职时间1949年3月至1949年9月；刘向东，任职时间1949年10月至1949年11月），下设有中山县委，顺德县、番禺县工委，南海县、三水县及中山县三、八、九区特派员。4月下旬到5月初，珠江地委在顺德县容奇镇乌泥塘召开地委扩大会议，制定了《珠江三角洲地委关于当前形势和今后工作方针的指示》，确定其后的工作方针是：“到处放点，到处生

---

① 原县城河口镇被日军飞机轰炸损毁严重。

② 其一五九师驻佛山镇。

根，发动群众反‘三征’，发展人民武装，发展党，打好游击战争基础，准备起义，迎接三角洲解放。”①

1949年1月，蒋介石宣布“暂行引退”，由副总统李宗仁代理总统职务。同时，广东省主席也由薛岳代替了宋子文。1949年4月，中国人民解放军渡过长江，占领南京。5月8日，代总统李宗仁抵达广州，国民政府也随之迁到广州，总统府设在市郊的石牌。其时，“国军”尚有40万兵力布置在粤桂两省，其中第三十二军、第五十军驻扎在广州。广州警备区设有两个大队，第一大队设在佛山，第二大队设在广州河南。

1949年8月1日，中共中央决定调整和加强中共中央华南分局的领导，任命叶剑英为华南分局第一书记、张云逸为第二书记，方方为第三书记。8月21日，中共华南分局交给珠江三角洲地区党组织储备公粮千吨、动员7万民工支援解放军等10项任务。其时，中国人民解放军2个军约共30万的大军已临近“国军”的南岭防线。

1949年9月3日，叶剑英抵达江西赣州，与中国人民解放军第二野战军第四兵团司令员兼政委陈赓，第四野战军十五兵团司令员邓华、政委赖传珠，两广纵队司令员曾生、政委雷经天召开了讨论解放广东计划的作战会议。会议根据中共中央对两广实行“大迂回、大包围、大歼灭”的战略，制定了具体作战方案和行动路线。9月28日，叶剑英与陈赓联名签发了解放广东的《广州外围作战命令》。10月2日，解放广东战役正式打响。

1949年10月14日，解放军解放广州，当晚，解放军四野十五兵团四十四军一三一师进入南海县佛山镇，次日，南海县解放。10月15日，解放军二野第四兵团十四军的四十师攻打三水的芦苞镇、河口镇和西南镇，次日，“国军”一〇三师近五千人在西南镇起义，向解放军投诚，三水县解放。10月18日，解放军四十师及四十一师在粤中纵队第六支队的配合下，从三水渡过西江进入高明县富湾镇及明城镇，高明县解放。10月28日，由粤赣湘边纵队独立第一团解放了顺德县。四县解放后，随即成立了各县的军事管制委员会。而根据“赣州会议”的决定，佛山镇从南海县分出，撤镇为市，由中国人民

① 张群：《南粤黎明——佛山一九四九年前后》，广东人民出版社2019年版，第54—55页。

解放军广州军事管制委员会直接领导，在佛山市设立“佛山军管会”，主任谭甫仁[①]，10月31日佛山市人民政府成立。

第三节 民国时期佛山的社会经济

进入民国后，因佛山远离中国的政治中心，所以最高层的政治变动对佛山的社会经济影响没有产生即时性的影响。第一次世界大战期间和其后，随着世界市场的需求，佛山的传统手工业有一定的发展，到陈济棠主政广东，佛山的社会经济亦随大势有所振兴，如有公路建设的全面铺开、顺德糖厂的兴建等。日据汪伪政权统治期间，百业凋零。而在抗战胜利后，工商各业皆得复苏，持续到新中国的来临。

一、农业与水利

（一）农业

佛山的农业在民国的几十年里，大致延续了明清以来的基本格局。

农业仍然以水稻种植为主，同时种植有麦、豆、粟等旱粮。据民国《佛山忠义乡志》记载：“乡田皆两熟。早谷有：早白、秋香、飞天黏。晚谷有：油黏、禁风雪及糯。惟黏多糯少……至薯、芋等物只供佐膳，不以充粮。土性不甚宜于麦。惟荞麦则近时冬耕有种者也。”[②]顺德和南海两县的蚕桑和甘蔗，则随着缫丝业和榨糖业的兴衰而出现了结构性的变化。农户畜牧业所畜养的牲畜，仍为猪牛羊、鸡鸭鹅。一般的农户，会养几头猪、一群鸡。在西江边，还有农户专业养鸭和养鹅。在淡水养殖业中，南海九江的鱼花养殖业是珠江三角洲淡水养殖的基础。顺德和南海的塘鱼生产，为全广东省之最。而在著名的“桑基鱼塘”及“蔗基鱼塘”的生态农业模式中，还有

① 四十四军副政委兼政治部主任。

② 民国《佛山忠义乡志（校注本）》卷六《实业志》，第200页。

以猪粪喂鱼的一环。鱼塘所养的鱼，宋以前以鲤鱼为主，明清时期已发展出鳙、鲢、鲩、鲮这“四大家鱼”，进入民国后，“四大家鱼”普遍为当地民众所食用。经济价值较高的水果，有荔枝、龙眼、大蕉子、橘、柚、橙、桃、柑、李、杨桃等。南海靠近广州、佛山的地方，种菜、种花业持续有所发展，“蔬有雍菜、莴苣、芥、葱、韭、蒜、苋、薯、芋、姜。又有枸杞、水芹、旱芹、菠、蕿、白菜、萝卜、桐蒿、莙荙、豆芽菜、冬瓜、黄瓜、苦瓜、丝瓜、节瓜。各常菜，皆与各乡同”。花卉培植业也在广佛城郊展开，“花有夜合、鹰爪、杜鹃、树兰、山茶、绯桃、碧桃、夹竹桃、铁树。以上木本。兰蕙、百合、玉簪、金凤、鹤顶、百子莲。以上草本。多含笑、佛桑、芙蓉、月桂、马樱丹。以上木本。玫瑰、蔷薇、素馨、茉莉。以上藤本。莲、菊、鸡冠、雁来红。以上草本”。“卉品有绿芸、锦屏风、凤尾、宜男、知羞、吉利、虎耳之属。”[①]

至于农时，到民国时期已定型为：“孟春，种芋于畦中。修蚕具。仲春，犁田、播种，培桑株，种姜、葛、瓜、甘蔗之属。去芋畦草，施粪灰。或藏小薯于畦中。季春，耙田，分秧、除草。芋秀茂，再施粪肥。蓄水于塘以养鱼。桑叶盛，蚕事兴。孟夏，早禾秀，除草粪田，或下烟梗以除虫。雨少则车水以灌之，雨多则排水以泻之。首造之蚕上箔。瓜次第熟。甘蔗长设栏以护之。仲夏，早稻结实，有收获者，称夏至白。犁下泽田，播晚稻种。季夏，早稻登场，耙田待莳晚禾。种薯。孟秋，分晚稻秧，去田及薯畦之草。仲秋，除草，施肥，灌田如孟夏，收姜、芋。季秋，晚禾结实，以次收获。末造蚕成茧，种萝卜。孟冬，晚禾收毕，犁其田以受空气。储稻草以为薪。仲冬，伐老桑，植新桑，收薯、葛、拔甘蔗，锄田种蔬。季冬，农事毕，暇则预粪其田，并修农具，以备春耕。竭塘取鱼，取塘泥培桑基。”[②]一年四季的农作场景，由此可以想见。

民国时期，特别是在陈济棠主政广东时期，在考虑发展经济的时候，都比较重视对农业和农村的振兴。陈济棠在制定《广东省三年施政计划》的同时，还制定了一个《救济广东农村计划》。在工业化的考虑中，还充分地、

① 民国《佛山忠义乡志（校注本）》卷六《实业志》，第200—202页。

② 民国《佛山忠义乡志（校注本）》卷六《实业志》，第204页。

整体地顾及农业和农村的发展，并在品种改良方面下了大功夫来促进农业的进步。1931年，广东省政府颁布了《广东各县农业推广处章程》，佛山各县都成立了“农业推广处”，确立以“普及农业科学知识，应用农业科学技能，以增进农业生产，改善农民生活，及贯彻推广地方农业”为其目的。[①]政府以及农业科研部门的成果，通过“农业推广处”，将农业科技推广到稻作、蚕桑和甘蔗的种植农户处。

1. 稻作

在民国时期，广东农业提高粮食产量的着力点是选育稻谷种植的良种。1914—1920年间，广东农业科技界筛选出亩产量在400斤以上的品种有24个，450斤以上的品种有7个，同时向农家推广。广东大学（今中山大学）农科学院以丁颖为首的稻作研究团队，还在南海等地开设稻作试验场。从1930年开始，试验场以委托试验或赠种的方式鼓励农民试种，经由农民试种一两年发现新品种效果良好后，再按种子价发售给农民。1930—1936年间，靠近广州的南海农户都从中受益。1933年，试验场还在广州河南的琶洲设立了一个优良谷种繁殖场，供南海、顺德等珠江三角洲各县的农业推广处领用。按照1936年的估算，水稻新品种普遍要比传统品种提高产量10%—30%。[②]

由于大量种植经济作物，顺德的粮食（水稻）种植面积较少，到民国末年，全县水稻种植面积仅有10万亩左右，为全县耕地面积的六分之一，民众口粮的大部分须从外地购入。而因为缺粮，在民国末期，顺德农民还会把塘水抽干，在鱼塘上种水稻以保障自家的食粮，顺德人称“塘底禾”。对这种“塘底禾”，农科人员往往会向农民推荐采用耐水浸的“湖广早11”等品种。

2. 蚕桑

“桑基鱼塘”，是顺德和南海从明清延续到民国的典型的生态农业模式。所谓“桑基”，就是在鱼塘的塘基上种桑养茧。

清末民初，缫丝工业的发展有力地拉动了蚕桑业的发展，尤以顺德为

---

① 摘自《广东各县农业推广处章程》，广东建设厅发行，1931年，转引自吴建新：《民国广东的农业与环境》，中国农业出版社2011年版，第95页。

② 《民国广东的农业与环境》，第154页。

著。顺德一地的生丝出口，便占了全省的八成。由此，种桑养茧的面积也随之大幅度增加，1921年，顺德的桑地种植业达到40万亩的高水平，为全县耕地的六成。[①]到1925年，顺德的桑地面积还增加到66.5万亩，占全县耕地的七成。[②]1929年，世界性的经济危机爆发，国际丝绸市场也急速萎缩，至1932年，顺德的蚕农有九成亏本。

为了努力维系蚕业的生产，广东省政府掀起了一个蚕丝品种改良运动，在陈济棠的“三年施政计划”中，蚕丝改造是施政重点之一。广东省政府专门拟定了《改良广东蚕丝五年计划书》，同时，1933年，广东省蚕丝改良局调整了原来将蚕桑业北移的计划，转为在顺德设立一个蚕丝改良总区及在顺德、南海和中山设立10个分区。同时，在顺德容奇和南海九江设立了2个原种繁殖场、在南海官山设立了1个蚕种制造场，这些原种繁殖场和蚕种制造场培养出许多的良种蚕种向顺德、南海等地蚕农推广。陈济棠本人还出资8000元，在顺德伦教黎村设立了以他自己的字命名的“伯南中心示范蚕区”。

这些举措，对稳住顺德的蚕桑业及缫丝业颇有作用。然而，丝绸价格的跌落已是大势所趋，到1936年，顺德的桑地面积减至27万亩，到民国末年，还减至10万亩。[③]

3. 甘蔗

甘蔗种植业的大发展，是民国时期佛山农业产业结构变化的一个最大亮点，而其产生，是直接源自榨糖工业的带动。陈济棠在制定《广东省三年施政计划》之时，听取了冯锐以榨糖业来带动整个工农业经济的意见，由政府主导建设现代化的大型糖厂，同时引导农民配合糖厂的需要来种植甘蔗。在甘蔗品种和栽培技术上，政府和农科部门密切配合，帮助农民顺利地种蔗获利。

为了提高甘蔗的产量、质量及适应机器榨糖的需要，广东省建设厅农林局设置了4个优良蔗种繁殖场，其中一个就在顺德陈村，提供了10余种国外优

① 《珠江三角洲农业志》，第329—334页。

② 《佛山桑基鱼塘史》，第67页。

③ 《珠江三角洲农业志》，第329—334页。

良蔗种供农民种植。民国时期在顺德、南海普遍栽种的甘蔗品种，主要是粗茎多糖的爪哇种的POJ2725。此外，还有爪哇种的POJ2878、POJ2883以及来自印度、夏威夷等地的品种。顺德糖厂除自设甘蔗种植场外，还采取贷款植蔗法，贷款给农民种蔗，在榨季由糖厂定价收购甘蔗。

当甘蔗的蔗叶长到一定高度时，要将其剥落，土语称“拆壳”，甘蔗叶[①]切碎后可以喂鱼，鱼塘的泥土仍然可以壅蔗，这又形成了一种新的生态农业循环。原先的一部分“桑基鱼塘”顺利地变为“蔗基鱼塘”。

比较而言，顺德的农民还是比较喜欢种桑养蚕，因为蚕桑业更能充分利用家庭劳动力，且桑树低矮，利于间种豆类、薯类和各种蔬菜。但毕竟市场不由人，顺德的农民只能根据市场的需求来种桑或种蔗，腾挪于桑蔗之间。

（二）水利

珠江三角洲之所以能够成为人类繁衍生息的地方，首先就是因为可以沿着珠江两岸修筑堤坝，在河网中建设家园。宋代在珠江三角洲建设的堤坝，在志史中已有大量记载，历元、明、清三代，到了民国时期，佛山四县内的堤坝建设基本成型。尤其是南海县和顺德县，实际上就是由一个一个的“围”组成的河网结构。如佛山镇，就处在存院围内。而在河网结构中，又会构建出“大围”，如在2020年入选世界第七批灌溉工程遗产名录的桑园围，就是地跨南海、顺德两区，沿西江及北江大堤而建，堤坝长度64.84公里，围内面积达265.4平方公里的大围，围内又有无数的小围。

堤坝是河网地区农业及人民生命财产的保护者，每年洪水到来，即当地民众所谓的“西水大”时，各个围的农民都会自行组织上堤进行防洪。民间自发组织的护堤组织有“修基公所”“围董会”等，平时会组织每年的“岁修”，一有洪水，则成为本围的防洪指挥部。

在西江和北江的上游沿岸，多秃山荒岭。据20世纪30年代初的调查，“北江地区，所有山岭，大半无林木存在”。西江流域，除鼎湖山有较大面积的原始次生林外，“其余各处，不独无林，且多不毛也”。[②]由于河

---

① 蔗壳。

② 《民国广东的农业与环境》，第55—57页。

岸植被稀疏，水土流失严重，致使北江和西江的河道淤沙沉积、河床低浅。而历朝历代的统治者们，并没有对珠江三角洲的水利生态进行过重大维护。

进入民国，广东省的省级水利部门开始建立。1914年秋，成立“广东治河处”；1929年，该处改为“广东治河委员会”；1936年，改为“广东水利局”①。这些部门，负责重要河段堤防和水闸的修筑维护、决口的堵复、险段的加固等工程建设。如在20年代中期，建筑了三水的芦苞水闸，加固了顺德的华南围和容奇围、高明的“要明十三围”等。

芦苞水闸，是佛山民国时期所修建的最大的一个水利工程。三水县芦苞镇，地处北江进入珠江三角洲的咽喉要处，明代的时候，海潮亦可上达至此。芦苞涌，是北江在芦苞向东通往广州的已经干涸的旧水道，而一旦洪水到来，下游泄洪不及，则洪水会冲破芦苞涌堤围，从芦苞涌直扑广州。1915年发生的“乙卯大水灾”，就是这样的情况。在这次水灾后，1918年，广东治河处使用“关余”②100万两白银筹建芦苞水闸。芦苞水闸以防御1915年型洪水为标准，由瑞典工程师负责设计施工。项目在1921年动工，并在1923年完成。芦苞水闸是民国时期佛山乃至广东省应用近代水利技术修建的第一个大型防洪工程。芦苞水闸的建成，不但使广州再无北江水患，且使花县、三水、南海一带20万亩的农田得到改良。

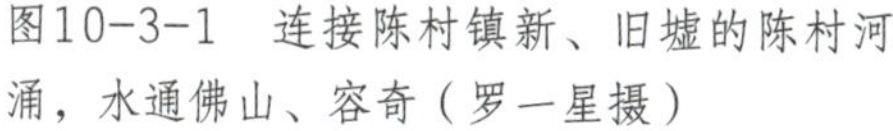
图10-3-1　连接陈村镇新、旧墟的陈村河涌，水通佛山、容奇（罗一星摄）

图10-3-2　民国年间建造的陈村镇新墟（罗一星摄）

① 后又改名为“珠江水利局”。

② 关税中扣除偿付外债、赔款及海关款后的剩余款。

河道疏浚也是水利工程的一个重要环节，而且河道疏浚还是堤坝修筑成本的五倍。民国时期佛山河道疏浚最大的工程是顺德陈村水道的疏浚。1932年，广东省成立了“陈村疏河委员会”，花费了129万元对陈村河道进行疏浚。陈村新墟因此兴旺起来。

但总的来说，在民国年间，各类政府几年一换，因而并没有在珠江流域建立起完整的水利体系的管理，对汛情也没有检测和通报制度，没有形成一个全区域的防洪体系，各个“围”都只能靠各自为战，“水来土挡”作自保。

（三）水患：乙卯年大水灾

尽管建设有堤坝，但是水患还是时有发生。在民国的38年间，佛山有记录的水灾就达32次，较大的水灾有5次，特别是在1915年发生的“乙卯大水灾”，为珠江流域有记载以来最大的一次水患。对于洪水的到来，最可怕的是：前期上游大雨、西江水和北江水又同时到达峰期、当时本地持续大雨加海潮拱托的三者叠加。而在乙卯年，这种情况出现了。

1915年（农历乙卯年）7月，整个珠江流域连降大雨。珠江上游的西江和北江均出现有记录的最大洪水峰值，西江在梧州记录的洪峰流量为54500立方米/秒，北江在横石记录的洪峰流量为21000立方米/秒。7月9日，北江水冲崩三水县的榕塞围，同日，西江水连破高要、四会的堤围，直逼南海县。7月10日至11日，南海、顺德堤围全线崩决或淹没。

洪水淹浸了三水、南海和顺德超过100万亩的禾田和鱼塘，早稻颗粒无收，塘鱼随水而去。城乡居民“水浸门楣”，无处安身，淹死、饿死者不计其数。乙卯年水灾为珠江有史以来最大的自然灾害，亦为佛山有史以来最大的自然灾害。史称“连年水灾，乙卯尤甚，全粤十堤九陷，为数十年未睹巨浸”①。在佛山镇，据民国《佛山忠义乡志》记载：“乙卯四年（1915）五月，大富围西北连缺六口，自五丈至十余丈不等。张槎、岳庙缺口宽至二十六丈。洪涛倒泻，水平祖庙门首，镇内未淹者仅十数街。”②当时大水骤至，镇街瞬间被淹，居民仓皇走避，露宿街头，惨情不堪言状。佛山义仓立

① 民国《佛山忠义乡志（校注本）》卷二《水利志》，第92页。

② 民国《佛山忠义乡志（校注本）》卷二《水利志》，第91页。

即开仓赈济。[①]

乙卯水灾后，在1924年、1931年、1947年和1948年，佛山也都发生过严重的水灾，不同程度地给佛山的民众造成生命财产的损失。

二、工业

在民国的38年间，缫丝业、纱绸业、糖业和酒业，是佛山主要的工业。

（一）缫丝业

南海、顺德地处珠三角腹地，“桑基—鱼塘”构成了良性循环的农业生态，而在此之上的工业，为缫丝业。缫丝业，即从蚕中提取出蚕丝，原来是手工操作，清代后期，南海西樵简村人陈启沅开办了“继昌隆缫丝厂”，成为中国第一个机器缫丝的工业企业。从19世纪70年代开始，仅用了十几年，当时广东的机器缫丝比例就已经超过了90%。不仅如此，在实现缎丝近代化机器大生产的基础上，广东在生丝品质的改良上也是走在全国前列的。20世纪初，广东首先接受美国丝业商团的建议实行生丝改良，生产出适合美国市场需要的新式括丝，从而比国内其他地区抢先占领了美国这个世界最大的生丝消费市场。就在粤丝改良的当年，广东生丝由于在美国市场上大受欢迎，出口量远远超出其他省份和地区。[②]

到了民国时期，缫丝工业在南海、顺德已具规模。第一次世界大战期间，棉花、羊毛成为军需品，在国际市场上衣料缺乏，丝价亦随之走高，销路日畅。1919年，顺德的丝商在葛岸瑞栈丝厂率先推行日本复式缫丝技术，提高了生丝的质量和产量。其时机器缫丝厂的设备已全是当地制造，如蒸汽发动机出自乐从，缫丝釜出自石湾，蒸汽锅炉则采自广州。顺德各乡出口生丝较著名品牌有“甘竹丝”“黄连丝”“杏坛丝”“葛岸丝”“桂洲丝”和南海县的“九江丝”等10余种。其中容奇的“永昌成”“颂维亨”和“广昌”等字号的丝以品质优良著称，曾获巴拿马国际博览会奖项。[③]

在南海县，自陈启沅开办继昌隆机器缫丝厂后，附近村庄群起效仿，纷

① 民国《佛山忠义乡志（校注本）》卷十一《乡事志》，第482页。

② 《佛山纺织史》，第71页。

③ 《珠江三角洲农业志》，第351页。

纷开办大型缫丝厂。据不完全统计，1922年南海县机器缫丝厂共有35家。主要集中在西樵山一带蚕桑业兴旺地区。①

顺德县缫丝业后来居上，1881—1911年时顺德县有86家缫丝厂，1924年发展为131家，几乎每个大村落都有缫丝厂。②1926年，是顺德缫丝业的全盛时期，全县机器缫丝工厂发展至135家，每厂有缫丝车400—500台，最多者达765台，雇用工人6万余人。同时还有脚力缫丝厂200余家，雇用工人6000余人。③民国初期，顺德县成为广东机器缫丝业的中心，其兴衰足以影响粤省经济命脉。

自从1843年“五口通商”后，广州生丝出口量被各口分割而严重下降。直到1872年机器缫丝工业首先在广东兴起，佛山地区再获先机，广州出口的机制生丝在数量和价值上逐渐超过上海。民国初年，广州开始出现赶超上海

图10-3-3　20世纪20年代佛山顺德容桂民营丝厂的缫丝车间（佛山市档案馆藏）

图10-3-4　今日运茧船队（西樵镇宣传文体旅游办公室提供）

① 《珠江三角洲农业志》，第340—342页。

② ［美］考活、布士维著，黄泽普译：《南中国丝业调查报告书》，载《广东岭南农科大学布告》第十三号，1925年，第10—11页。

③ ［美］霍华德、巴士韦尔合著，刘士贤选译：《华南蚕丝业之调查》，内部资料，1981年，第85页。

之势。尤其在1918年粤丝改良得见成效后，广州超越上海而成为全国生丝出口第一商埠。1912年至1924年，广东生丝出口53.6942万担，占全国生丝出口总量的三分之一以上；广东生丝出口价值为4亿多关两，占全国生丝出口总价值的37.64%。[①]其中的1922年，广东生丝出口价值占全国生丝出口总值近44%。[②]

第一次世界大战爆发后，国际生丝市场旺盛，珠江三角洲生丝在国际市场上所向披靡，输出量激增，价格不断攀升。1920年，广东14、16号生丝每担价格1175港币，1924年增至2096港币（最高达2400港币），4年间价格翻了两倍。[③]顺德的容奇镇是当时蚕丝和生丝的交易中心，每日有丝艇运输生丝到广州，回程则运回银钱，故有“一船丝运出，一船白银归”的说法。[④]

但在20世纪20年代末30年代初的世界性经济危机中，佛山的缫丝业受到了重大打击，据统计，1932年顺德丝厂失业工人约有36480人，因蚕造失收而失业58871人，其他连带失业者12430人。[⑤]

1933年，广东蚕丝改良局在顺德设置蚕丝改良总区，其工作重点在顺德，辐射南海、中山、番禺等蚕区。除了在农业方面帮扶种桑养蚕业以外，对缫丝业也同时进行帮扶。广东省建设厅原在大良有一个“改良缫丝场”[⑥]，设立蚕丝改良总区后划归总区管理。在20世纪30年代的蚕丝复兴运动中，顺德出现桑基鱼塘和蔗基鱼塘并存的情况，不但使基塘这一农业生态模式发生了自清代以来的重大变化，而且使桑基上的耕作栽培制度从单一的桑树连作向桑蔗轮作过渡。总体而言，在此次世界性经济危机中，佛山的缫丝业并没有被打垮，而是随着国际市场的起伏而沉沉浮浮，始终是佛山近代经济的支柱产业。

1938年11月，珠江三角洲沦陷，蚕丝业生产无法正常进行，各乡运往佛山镇的丝绸制品往往在途中被劫，各地丝厂只得停工避险。而日商三井、三

---

① 《蚕丝报导》第1卷第3、4期，1929年；转引自《珠江三角洲农业志》，第331页。

② 《佛山纺织史》，第110页。

③ 国外贸易委员会：《广东工商业——丝》，《国外贸易丛刊》，1934年；转引自《珠江三角洲农业志》，第329页。

④ 《珠江三角洲农业志》，第332页。

⑤ 顺德市地方志编纂委员会：《顺德县志》，中华书局1996年版，第185页。

⑥ 原名“第二缫丝厂”。

菱洋行乘机在广州、佛山抢购存丝，转售欧美市场。1942年，珠江三角洲一带缫丝厂几乎全部关闭。[①]

（二）丝织业

珠江三角洲丝织品生产根据国内外市场的需求而变化，种类繁多，20世纪20年代，主要产品是纱绸，其他绸和缎等丝织品次之。1922—1926年，珠江三角洲蚕业发展全盛之时，有大小丝织厂数千家，丝织机3万余台，丝织业工人（包括织造纱绸、茧绸、绸巾、制线和晒莨）2万多人，年产纱绸200万—250万匹。多数丝织厂同时兼作晒莨，有晒地500余场，日产纱绸1万匹。[②]

民国年间蚕丝改良总区在顺德伦教设立了改良丝织厂，又名“顺德丝织示范工厂”；在南海的民乐，则设立“南海丝织示范工厂”。这些示范工厂，利用新式机器代民间的小丝织厂做织造前的准备，如整经、整纬、并纱、络纱等，以提高丝织的效率和质量。在顺德的广东丝织厂，采用改良总区的“碧交蚕”所生产出的丝，质量标准达到了国际AAA等级，为“粤丝优良空前纪录”。[③]在佛山镇内，丝织业的基地在水巷[④]北侧的任围。任围之得名，乃因为清代后期任伟、任应两位丝织业大亨在此以丝织业立业建大屋。延至民国，任围仍是任氏的中心居所。

纱绸是对生纱所做的进一步的深加工产品，是丝织品的主要产品。纱绸以生丝为原料织出后，经晒莨加工，成为莨纱绸。莨纱绸又名薯莨纱、香云纱，是由白坯纱经过晒莨而成。所谓“晒莨”，是以白坯纱用广东特有植物薯莨的汁水浸染，再用珠三角地区特有的富含多种矿物质的河涌淤泥覆盖，进行日晒等加工。其生产工艺的流程有浸莨水、晾晒、洒莨水、封莨水、煮练、卷绸、过泥、洗涤、晒干、摊雾、拉幅、整装等10多道工序，其中的“过泥”，是染整中最为关键的工序，须把灰黑色的纯净河泥搅成糊状，薄敷于经多次莨水浸泡的绸面，让薯莨中的单宁与河泥中的铁离子发生化学反

① 《佛山纺织史》，第113—114页。

② 《南中国丝业调查报告书》，载《广东岭南农科大学布告》第十三号，1925年，第10—11页。

③ 《民国广东的农业与环境》，第193页。

④ 今名燎原路。

应而把绸面染成黑色或褐色，此项操作还要在夜间进行，以免因阳光照射而把底面也染黑。整个晒莨加工的操作规程十分严格且繁复，一个生产流程大约需要15天。

莨纱绸由于穿着走路会沙沙作响，最初叫“响云纱”，出现于清光绪年间。张心泰《粤游小识》载：“近年又以此草（薯莨）染酱色，织为衣裤著之，闻綷縩声。广人无论牙郎、马走、黄童、白叟，无不著之，取其轻便。”[①]香云纱具有质地柔软、凉爽宜人、不沾皮肤、不易褶皱、易洗快干、色深耐脏且带有金属和珍珠般光泽等特点，还具有贮存或穿着时间越长越柔软、亮泽、舒适的优点。是适合热带、亚热带地区的上好夏季衣料，深受广东及南洋一带的消费者喜爱。后因其谐音叫作“香云纱”。

抗战时期，佛山的纱绸业仍得到发展，但此时佛山纱绸业为日本人所垄断控制，成为他们获利的工具。

第二次世界大战结束以后，人造丝在西方大量生产，其售价较真丝低廉得多，欧美各主要用丝国，逐渐以人造丝代替桑蚕土丝生产绸缎，广东丝绸业受到严重打击，至1949年，佛山多数晒莨厂已濒临破产，仅剩50余家。

图10-3-5　香云纱“铁木丝织手拉机”（南海区博物馆提供）

图10-3-6　香云纱工场（顺德区博物馆提供）

（三）糖业

陈济棠在主政广东时期提出了发展广东经济的《广东省三年施政计划》，设立了以制糖工业作为龙头带动整个经济发展的战略目标，使这一时

① 《粤游小识》卷四。

期广东的经济发展至历史的最高水平，顺德、南海各县也深受其惠。

糖，早在汉代，就是广东运往朝廷的贡品，经宋一直延续到明清，制糖业还成为广东三大手工业之一。但产糖地多在番禺、东莞、增城和阳江一带，历史上佛山四县没有大规模种蔗及产生制糖手工业。但顺德、南海的土壤和气候条件很适合种植甘蔗。陈济棠时代，国际市场的糖需求量大，糖业有利可图。如前所述，陈济棠在制定《广东省三年施政计划》之时，听取了冯锐以榨糖业来带动整个工农业经济的意见，由政府主导建设现代化的大型糖厂。广东省政府在珠江三角洲地区设立了四大机器糖厂，其中，顺德糖厂始建于1934年，投资330万元，设备来自捷克，生产片糖、白砂糖等产品。顺德糖厂是当时中国第一家大规模的机械化甘蔗制糖企业。其生产量为月产糖1000吨。恰好当时缫丝业萎靡，顺德、南海的桑农就转桑为蔗，配合了机器糖厂对甘蔗的需要。抗战期间，顺德在南京伪国民政府的管辖下，顺德糖厂是广东6家机器糖厂中唯一能正常生产的一家。抗战胜利后不久进入解放战争时期，顺德糖厂仍能保持生产。在1949年榨季，117天的榨季，公榨蔗12.35万吨。首次达到了该厂的设计生产水平。[①]

抗战期间因其他大型机器糖厂没有生产，还刺激了小型糖厂的兴起。据当时的统计，在顺德、三水和高明，就有小型糖厂160余家。[②]在顺德，蔗糖

图10-3-7　顺德糖厂制糖车间外观（顺德区博物馆提供）

图10-3-8　顺德糖厂桔水罐（顺德区博物馆提供）

---

① 曾棣华等：《顺德糖厂今昔》，载《顺德文史》1989年第18期。

② 《佛山桑基鱼塘史》，第75页。

业成为继缫丝业之后的第二大工业经济。

（四）米酒业

佛山的粮食主产为水稻，珠江水为优质饮用水，因而用珠江水酿制的米酒，就成为佛山人饮食生活中的一个重要组成部分。佛山是广东最大的谷米集中地，也是广东最大的酒产地。明中期以后到清中期以前，佛山经济兴起，本应对酒有大量需求，但恰在明中叶至清前期，官府对酒实行禁制以保证粮食安全。明弘治年间，广州酒税官撤销，地方官员被赋予责任对大型酒坊进行限制。清代中前期，更实行禁酒政策。到清道光年间，广东才可在"无碍民食，日用所需"的条件下公开造酒并贩卖。在民国时期实行酒税制度，造酒合法化。在1935年，民国政府财政部还制订了一个《各地因灾禁酿办法会呈行政院鉴核施行》，下令各地不得自行颁布禁酒令。因而，佛山的米酒业也获得正常的发展。

图10-3-9　陈太吉酒庄"丰太洞"（广东石湾酒厂提供）

民国年间，佛山镇内制酒作坊有三四十家。有名气者首推人和悦号酒庄。①

图10-3-10　民国石湾陈太吉广告

在石湾，最鼎盛时有20多家酿酒庄，到1949年，仍存有16家。②其中最著名的是创立于道光十年（1830）的陈太吉酒庄。1914年，陈太吉酒庄第四代传人陈道富接掌经营后，扩张经营到广州，在广州河南洪德路和南鳌洲设有4条蒸酒甑，日产量也从600斤增加到3600斤，工厂的设施有分栈蒸煮房、储酒房、装酒

① 民国《佛山忠义乡志（校注本）》卷六《实业志》，第209页。
② 《佛山酒文化史》，第181页。

房、米仓等，陈太吉酒庄的作坊和店铺之盛，被誉为“占了半条石湾街”。在广州的销售店铺，除了洪德路和南鳌洲外，还有汉民路、第十甫路和海珠路等。抗日战争期间，陈太吉酒庄生意一落千丈，抗日战争胜利后始有所恢复。

在南海的九江镇，民国初年有良乡友隆兴酒庄较为驰名。20世纪30年代，以良乡双蒸酒为代表的九江米酒行销省港澳和南洋各埠，盛极一时。[①]直到中华人民共和国成立前，九江镇仍有永德兴、利农等20多家酿酒作坊。[②]

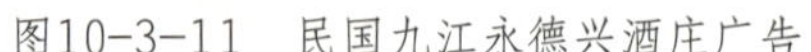
图10-3-11　民国九江永德兴酒庄广告

图10-3-12　民国九江源丰和酒饼厂广告

三、手工业

铸造、锻造、陶瓷、中成药、食品、土布、纸伞、刺绣等传统的佛山镇手工业，都主要起源于明清，经历民国，而传承到现代。

（一）铸造业

佛山镇的铸造业，在16—18世纪达至鼎盛，成为明清两代的“帝国铁都”。但随着西方列强打开了清王朝的大门，凡是与西方工业相对的中国传统工业行业，皆渐失立足之地。铸造业，属于钢铁业，是工业社会的支柱行业，所以佛山的铸造业在清代后期逐渐衰败。

进入民国，佛山铸造业仅有铁镬行、铸铜器行、铸砧行、机器铁坯行、

① 《佛山酒文化史》，第191页。

② 中国人民政治协商会议佛山市委员会编：《佛山文史资料选辑》卷三，广东人民出版社2018年版，第134—135页。

铁砖行五行[①]。除了2尺铁锅尚有国内外需求，铸造仍然如旧外，过去足以支撑铸造业兴旺的大炮、大钟、大鼎、大镬、大铜像等大制作已然不再。到20世纪20年代中期，惠州镬和四会坑镬的上市又使佛山铁锅深受打击。由于惠州镬和四会坑镬用冷模方法生产，轻薄光滑，亦不易爆裂，平均售价不及佛山铁锅一半，所以在国内市场迅速挤掉了佛山铁锅。佛山铁锅仅能保住在四邑地区和东南亚的市场而惨淡经营。[②]

20世纪30年代前期，随着陈济棠时期广东经济的发展，佛山的铸铁业也有所发展，1933年佛山的铸铁业作坊有32家。但好景不长，在动荡的环境中几年之内又纷纷倒闭，到1938年后汪伪政权统治时，佛山的铸铁业作坊仅剩下5家。抗日战争胜利后到中华人民共和国成立前，佛山铸铁业仅有4家在营业。[③]

铸铜业的境况与铸铁业大致相仿。到了民国时期，佛山的铸铜业有10余家，其产品有家用铜器、机件铜器、钟鼎铜器和一字铜器四大类，此外，还有铜锁、铜钮、铜箔、铜线等。到汪伪政权统治时期，铸铜业的作坊店铺基本倒闭。抗日战争胜利后，也只有个别店铺恢复。[④]

（二）锻造业

在佛山冶铁业中，与铸造业相匹配的是锻造业，在粤语中称“炒铁”。所谓“炒”，即反复锻打的形象化描述。传统手工业的铸造，在冶炼铁矿石时因炉温不足，会产出一种低碳且易氧化的粉状“海绵铁”，须手工将其锻打、拌灰至够塑性，然后打制成器物。

佛山炒铁业在明清时期十分发达，延至民国，仍有多个“行头”存在，如铁线行、铁钉行、土针行，拆铁行、打刀行、打剪铰行以及农具铁行等行头，[⑤]从业工人也以万计。

炒铁行业以唐代的尉迟敬德为祖师，在佛山镇新安街的“鄂国公庙”[⑥]，

① 民国《佛山忠义乡志（校注本）》卷六《实业志》，第204—213页。

② 《佛山文史资料选辑》卷一，第89—92页。

③ 《佛山文史资料选辑》卷三，第34—46页。

④ 《佛山文史资料选辑》卷一，第29—33页。

⑤ 民国《佛山忠义乡志（校注本）》卷六《实业志》，第204—213页。

⑥ 尉迟敬德被唐王朝封为“鄂国公”，见民国《佛山忠义乡志（校注本）》卷八《祠祀志二·群庙》，第309页。

据说是炒铁行业公产，清代多次扩建维修。行业祭祀祖师、收徒谢师、行业聚会等，皆在庙内进行。鄂国公庙是佛山市至今唯一幸存的古代手工业行业神明崇拜的建筑遗存，现为佛山市级文物保护单位。①

（三）陶瓷业

自1895年中日甲午战争后，中国沦为半殖民地半封建社会，日本陶瓷产品大量涌入中国市场，石湾陶瓷业受到严重排挤，窑业急剧衰落。原来107座龙窑陆续倒闭，剩下的勉强维持生产。1928年，石湾窑业产值300万元，1929年200万元，1936年只有不到90万元。②当时情况“货无销路，工人无工作失业者达四五千人以上，其数目之多，为石湾前所未有也”③。1938年10月25日，日军占领石湾，封锁东平河。次日，日军在陶师庙前屠杀100多石湾居民，石湾人纷纷逃亡粤北、广西。此后八年沦陷期间，石湾陶业一蹶不振。1945年抗日战争胜利时，石湾只剩龙窑17座，工人1000多人，产值20万。至1949年，陶业户仅存300户，陶业从业者2834人。④

民国时期虽然陶瓷业整体衰落，但石湾陶人坚守本业，改良生产技术，开创新行业，在逆境中继续前行。

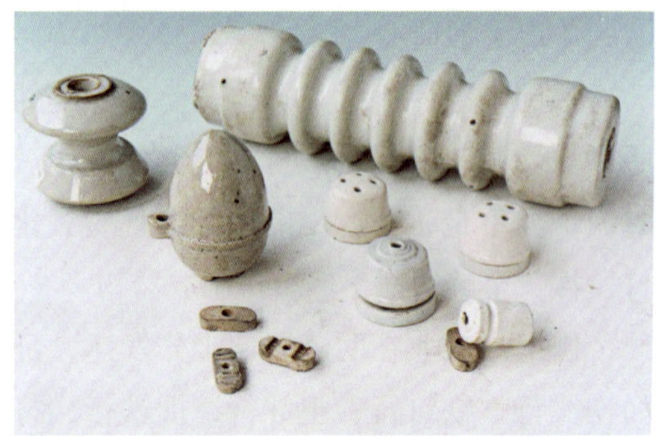

图10-3-13　石湾电具行产品（广东石湾陶瓷博物馆提供）

1915年，石湾人吴超，“首创电灯、电线、电钟等瓷质器具，凡百余种，为电具行之开创人。其出品为省市政府采用，风行一时”⑤。电具行开发生产了瓷质电具、耐酸陶瓷生产设备。民国年间，佛山园林建筑陶瓷、洁具、沙漏芯、电瓷等近代工业

---

① 《佛山文史资料选辑》卷三，第111—113页。

② 《本省石湾陶业境况》，载《广东建设》1930年第5卷第6期。

③ 贯之：《广东省陶瓷业之改进方针》，载《新广东月刊》1936年第40、41期合刊。

④ 此段参阅周彝馨、吕唐军：《石湾窑文化研究》，中山大学出版社2014年版，第52页。

⑤ 李景康：《石湾陶业考》，载《广东文物》（下），广东人民出版社2013年版，第1025页。

用陶瓷数百种产品，通过香港及其他“洋庄”转销东南亚和欧美等地，销路甚广。旺季时，常有几十个外销“庄口”（客商）到佛山订货。①

1921年，上利亚厂在石湾下窑龙沙上埠创立。其前身为泰记店，创始人为陈辉、陈渭岩、陈日。陈日去世后，上利亚厂由其子陈富主理。陈富具有创新精神，与陈渭岩参与了广州裕华真记陶业公司的筹办，并任该公司的陶艺工程师。广州裕华真记陶业公司承接了广州中山纪念堂宝石蓝琉璃瓦大瓦顶工程，制造商是上利亚厂。产品包括“瓦筒五万件、瓦片五万件、蒲面套五千件、檐口瓦五千，的仔五千个、瓦脊及天狗大小共数”，“俱用国旗之蓝油色为定”。②全部在石湾窑场生产。1931年，广州中山纪念堂落成，当时被誉为亚洲最大会堂式建筑。除了瓦顶，上利亚厂还烧制了两只巨型宝蓝色陶鼎，安放在中山纪念堂大堂两侧。③

随着广东城镇建设“西关化”的风行，佛山陶瓷业生产的“花脊”再度盛行。花脊，即陶瓷烧制而成的人物故事、祥瑞动物、花鸟虫鱼等，安装在屋脊、墙壁、门窗和亭台楼阁上，使建筑具有观赏性和艺术性。当时有文如璧、美玉、宝玉、吴奇玉、钧玉等著名商号。花脊分为正脊和看脊两种。

图10-3-14　广州中山纪念堂主会堂上的蓝色琉璃瓦面，全部由佛山上利亚陶瓷厂制造

① 佛山市对外贸易局编：《佛山市对外贸易志》，广东科技出版社1988年版，第41页。

② 《孙中山先生纪念堂筹备委员会与裕华真记陶业有限公司合约》，广州中山纪念堂陈列展（2023年11月）。

③ 参阅《石湾陶塑史》，第115—117页。

图10-3-15　广州中山纪念堂大门上的蓝色琉璃瓦，亦由佛山上利亚陶瓷厂制造

正脊为正殿的屋脊，双面装饰，看脊是庑廊顶脊，单面装饰。花脊的人物题材多取自历史故事和神话故事，如“哪吒闹海”“六国封侯”“夜战马超”“郭子仪祝寿”“罗通扫北”“穆桂英挂帅”等；花鸟题材则有“龙凤呈祥”“丹凤朝阳”“如意吉祥”等。①

民国时期，佛山美术陶瓷进入独立发展阶段。随着陈渭岩、潘玉书、霍津等一批工匠大师的出现，美术陶瓷从原来建筑物的装饰品变为单件陶瓷艺术作品。陈渭岩是石湾魁龙里人，生长于晚清，然其成为佛山陶艺的奠基人，已是在民国初年。1912年，实业家刘星桥在广州成立了广东陶业公司，聘请陈渭岩为工程师，精制陶艺产品出口销售。1915年，广东陶业公司倒闭，陈渭岩携徒弟潘玉书等人转到裕华陶瓷公司。裕华陶瓷公司当时生意兴旺，还请到岭南画派著名画家高剑父为艺术指导。

陈渭岩在裕华陶瓷公司开始了融汇中西，将传统的浪漫主义与西方的写实主义相结合的艺术创作，创作出《素胎拾蚬壳的小孩》《昭君出塞》《孟

① 《佛山文史资料选辑》卷一，150—152页。

图10-3-16　民国潘玉书作《踏雪寻梅》（广东石湾陶瓷博物馆提供）

图10-3-17　民国霍津作《牛》（广东石湾陶瓷博物馆提供）

图10-3-18　民国刘佐潮作《木鱼罗汉》（广东石湾陶瓷博物馆提供）

浩然》等作品。陈渭岩在1926年55岁时病逝，是近代佛山陶艺的奠基人。

潘玉书是南海九江河清乡人，陈渭岩的徒弟。潘玉书在裕华陶瓷公司工作期间，亦深受高剑父影响，他比陈渭岩更大胆地吸收了西洋雕塑艺术的表现手法。潘玉书的《贵妃醉酒》《大乔小乔》《太白醉酒》《钟馗》和《虬髯公》为其五大名作。

此外，在民国期间，霍津的牛，区乾的猫、羊、鹌鹑，廖坚和陈雄的“山公”，都成为佛山美陶的优秀作品。所谓的“山公”，是指美术陶瓷中的微雕，发轫于晚清，盛行在民国，作品为配置在石山盆景里的亭台楼阁以及人物和动物等。“石湾公仔”，成为民国时期佛山陶瓷的通称。[①]

（四）中成药业

佛山镇中成药在明清时期十分发达，中成药的制作与销售，皆以商号为单位，集治疗、熟药及成药于一身，往往是前铺后厂的格局。佛山生产的中成药多以祛湿和跌打为治疗方向，产品的剂型有膏、丹、丸、散、片、酒、油、水、茶9个，品种有上千个。[②]进入民国后，虽然已过其鼎盛期，但佛山镇中成药业随着其老店的长期积淀和新店的崛起，出现了多家百年以上的老字号和畅销海内外的中成药品牌。

据民国《佛山忠义乡志》记载，民国十二年（1923）佛山镇有18家出产

---

① 《佛山文史资料选辑》卷二，第226—252页。

② 《佛山文史资料选辑》卷二，第357—383页。

著名产品的中成药铺[1]，如铺址在走马路以蜡丸著名的黄恒庵蜡丸馆、铺址在早市以抱龙丸著名的梁仲弘药丸铺、铺址在汾宁里以卫生丸著名的刘诒斋药丸铺、铺址在汾宁里以药酒著名的冯了性药酒铺，这四家是佛山镇创始时间最早的中成药铺，此时均是百年老店，它们的产品深得两广民众认可。冯了性药酒铺在1931年又扩建装修，继续经营其跌打膏药和跌打风湿药酒。

另一方面，清末民初时佛山中成药新品牌异军突起，新药迭出。始创于清咸丰年间（1851—1861）的黄祥华，祖铺原在祖庙大街文明里，在广州开设总店，产品万应如意油销流岭南和南洋各地。始创于光绪年间、祖铺在祖庙大街的李众胜堂，产品保济丸行销两广、湘闽、沪津以及南洋美加各埠，1910年在广州设立分行，1917年在香港设立分行，1930年在上海设立总代理处。保济丸成为华南地区和东南亚民众喜爱的常用药。

图10-3-19 黄祥华万应如意油广州总店

民国年间，佛山镇还有马百良的“百胜散”、源吉林的“甘和茶”、朱炳昌的“甘露茶”、钱日佳的“太平茶”、迁善堂的“盐蛇

图10-3-20 民国时期李众胜堂制药工场

① 民国《佛山忠义乡志（校注本）》卷六《实业志》，第210页。

散”、芝兰轩的“平安油”、敬寿阁的“万灵茶”、林治平的“戒烟丸”等著名品牌。[①]此外，创立于民国时期的著名药号和产品还有：甘露园的安宫牛黄丸、紫雪丹，民生药房的茅根精、民生油、烂肉油，叶茂枝的叶茂枝凉茶，李广海的伤科跌打丸，蛇王满的二蛇胆川贝末，寿春园的橄榄茶，陈家济的肾脏之友，黄颂昌的午时茶，邝杏林的发冷水，吴可宽的眼药等。而冯了性、马百良、黄祥华等，则同时在广佛两地发展。[②]

佛山中成药主要行销岭南及海外（特别是东南亚）的华人社区，也有在中国北方得以畅销的，如冯了性药酒行销全国；人和堂的蜡丸畅销于山西、陕西、河南、河北及绥远五省。20世纪30年代，保滋堂丸散除销往新马泰，还远销秘鲁、古巴、旧金山和澳大利亚。源吉林甘和茶年销150万盒，其中外销占45%，西贡和新加坡的咖啡馆也有甘和茶售卖。后起的李广海跌打药酒，则风行省港澳。据史志记载：1935—1937年，敬寿阁午时茶出口5330箱，梁家园少林膏药出口19.2万张，源吉林甘和茶出口6600箱。[③]

凉茶在广东古已有之，文献有记载最早在元代，到清代后期至民国时期，凉茶铺已是通街遍布。故此，广佛有“广东三件宝：烧鹅、荔枝、凉茶铺”的民谚流行。生草药，是指未被本草收录的可入药植物。据民国时期南海人萧步丹的《岭南采药录》所记载，广东出产生草药有近700种之多。而将生草药善加利用的，莫过于广东盛行的凉茶。正如《岭南采药录》所言：“凡患癍痧，用金樱根一两，苦地胆一两，煎服二三次，奇效。”[④]佛山源吉林甘和茶，就是用生草药泡制的，创始于清末，盛行于民国。

佛山凉茶最出名的黄振龙凉茶，创始于20世纪30年代的三水芦苞镇，黄振龙凉茶以“精处妙方扶正气，细熬金露济苍生”为宗旨，从民国延续至今，其产品有癍痧凉茶、金银露、茅根竹蔗水、酸梅汤、菊花雪梨茶、罗汉果五花茶、参菊茶、椰子汁、火麻仁、鲜榨蔗汁清咽茶、秘制龟苓膏、芦荟龟苓膏、珍珠龟苓膏、灵芝龟苓膏、人参田七龟苓膏等20余种。其中癍痧凉茶是黄振龙凉茶独创的一个品种，其主要的适应症有痰多燥咳、胸膈饱沸、

① 民国《佛山忠义乡志（校注本）》卷六《实业志》，第210页。

② 《佛山文史资料选辑》卷一，第110—113页。

③ 佛山市对外贸易局编：《佛山市对外贸易志》，广东科技出版社1988年版，第43页。

④ 郑洪、陈凯佳主编：《佛山中医药文化》，广东人民出版社2016年版，第67页。

火毒牙痛、风热眼痛、湿热肚痛、瘀痧热毒、咽喉肿痛、四时感冒、周身骨痛等，功效显著，至今在广佛城乡仍深受欢迎。

1938年10月，珠三角沦陷，佛山成药业受到沉重打击。1945年8月抗日战争胜利后，佛山成药业略有复苏，出口恢复，甘和茶出口约达40万盒。但因资金短缺，连年亏本，企业破产颓势难以扭转，直到中华人民共和国成立才获得新生。①

（五）食品业

佛山人讲究吃，粤语谓之“识食”。明清时期经济发达，“有钱佬”在饮食方面逐渐讲究。而在烹调中，运用不同的酱料给不同的菜肴“提鲜”，尤为关键。因此民众对酱料的需求日益增多，从而推动酱料的生产和供应呈现规模化的发展态势。

柱侯酱，是晚清时期佛山镇三品楼酒家的厨师梁柱侯所发明，用面粉发酵加老豉、芝麻、糖、油等调制而成，在烹调肉类时，只要加入这种酱料，味道就“宁舍不同”，遂有柱侯鸡、柱侯鸭、柱侯鹅、柱侯鳝、柱侯脷（猪舌）等菜色出现。民国时期佛山镇各个酱园和作坊皆仿制柱侯酱，产量达数10万斤，除在南海、顺德畅销外，还销往广州、香港等广府文化饮食圈。

而在佛山酱油类生产作坊中，最著名者为“佛山酱园”，源自清代。民国年间佛山酱油产品出口海外，1935—1937年间，出口豉油王3000吨。②经过民国的传承，成为今天海天酱油厂的前身。

除了酱油、酱料这些大宗商品外，佛山的得心斋扎蹄、合记盲公饼等食品生产，在民国时期都有一定的规模，民国《佛山忠义乡志》记载：“饼食行，用面粉、糖、油及各种果仁

图10-3-21　民国佛山“秘制盲公饼”商标（佛山市博物馆藏）

① 《佛山市对外贸易志》，第43页。

② 《佛山市对外贸易志》，第44页。

等制成。以薄脆饼及鹤园社、合记号之盲公饼为最有名。乡人恒以馈送外乡戚友。其余各饼销行内地四乡。制饼师工值颇厚云。”[①]如合记盲公饼在1933年至1936年的记录，日产量就达到2万多斤。[②]

（六）土布业

早在清朝的道光、咸丰年间，就有客家的兴宁人在佛山开设土布的布庄，有黄宏昌、刘俊盛等10家，并有一个兴宁土布的行会馆，名宏业堂。在清代，佛山有织绸绫业，绸绫主要用作锦袍、官服、寿袍等。进入民国后，绸绫销路萎缩，佛山的绸绫业也随之萎缩，于是，原有的织机就都基本上转为织土布，且因能织花纹布，又比客家布略胜一筹。据民国《佛山忠义乡志》记载："至民国初年，（丝织）机房闭歇者十之六七。及甲寅，因欧战影响，洋布腾贵，于是用仿造东洋机织土布者有六七十家。近每年出口达六十万圆。"[③]

民国时期佛山的土布作坊，大多是家庭作坊，一家人操作织机两三台，一日织布数丈，即可使一个家庭的生活有着落。其扩展，则是放外机，出钱购织机放在别家委托其织布，付加工费。而少数形成规模生产的，本作坊内亦只有十来台织机，外放织机的数量却可达上百台。如"广经纶"号就放外机有300台。

1914年，第一次世界大战的爆发使英国进口棉纱锐减，棉纺织业开始用上海纱和日本纱。

1920年左右，南海县人周雨耕把上沙通津坊联昌花纱店（开设于民国初年）迁入市内交通更方便的汾流街（即今永安路）营业。"由于佛山有织造土布店家百余间，多数是小型厂店，资金不大。周雨耕采取赊销形式拉拢这些土布店，小厂贪其赊销，虽稍贵一点，亦乐于与周雨耕交易。因此本市中、小布厂的用纱，大部分由周雨耕经营。他购进的花纱直接在上海办庄订购，成本比别家花纱店要低。因此在这几年间，联昌花纱店的利润大增。至日寇侵华前周雨耕已成为佛山的巨富了。"[④]民国十年（1921），当时佛山

① 民国《佛山忠义乡志（校注本）》卷六《实业志》，第209页。

② 《佛山文史资料选辑》卷一，第136—144页。

③ 民国《佛山忠义乡志（校注本）》卷六《实业志》，第207页。

④ 《佛山纺织史》，第75页。

镇内（现禅城区）栅下铺开有祥利织造厂，为南洋烟草公司的创办人之一的简照南妻潘杏浓创办，该厂应为当时佛山镇第一家机械化织造厂，有女工200人。按用工规模，此厂的纺织机台数应至少过百。①

民国初年，兴宁、梅县、五华、龙川等地客家人陆续到南海开织布厂，产品称为客家布，以耐穿着著称。与此同时，清末绸绫行衰落后纷纷转织棉布，所用织机为绸绫织机改造而成。

1912年10月，冯康恕、冯雪耕投资7万元在九江开设“永新火力机器织造厂”，为南海县棉纺织业最早使用机械动力的织布厂。自此，平洲、夏教、官窑、大沥、丹灶、小瑭等地相继办起布厂。1929年，仅叠滘乡年产布品就达到了3.6万匹。1932—1936年是南海县棉纺织手工业发展的鼎盛期，当时有一定规模的布厂有：叠滘乡——致祥新、福安胜、广纶昌、旷兴隆；夏教乡——妙纶、宏益、平民、成记；平洲乡——巧经纶、纬经纶、公栈；官窑乡——广祥兴、南经、永康、粤民。②

第一次世界大战爆发后，国际衣料短缺，佛山土布的销路也大增，1921年全国兴起抵制日货、振兴国货运动，佛山土布更加旺销。到1929年开始的世界性的经济危机爆发，佛山土布也面临困境，佛山布庄倒闭的就有大成昌、兆经、明新等家。

1935年，国民政府实行白银收归国有政策，物价上升，佛山土布生产又发展起来。1935年官窑乡“广祥兴”布厂拥有手烧锅炉1台，柴油发电机2台，日本丰田织布机40台，电动铁木布机110台，以及蒸汽加热染色、蒸汽干布、电动烫布等完整的纺织染整设备，是当时佛山境内较具规模的机械化生产的染织厂。用上海棉纱织生产出珠线帆布、电光布、细竹纱布以及各种提花布。每天销售额达到200—300匹。其中龙头细布销往广州“永艳色”布庄，而色织格布、呢布、珠线

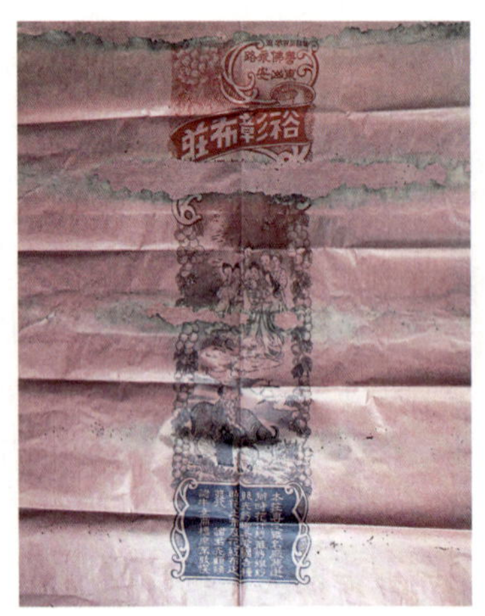

图10-3-22 民国佛山裕彰布庄广告（佛山市博物馆藏）

① 《佛山纺织史》，第77页。

② 《佛山纺织史》，第76页。

帆布等则销往“荣记祥”布庄。在日寇侵华时期，该厂被迫停业。除了将丰田布机和部分染织设备藏起避过此劫外，其他木制机械全数被毁。抗日战争胜利后该厂迁至广州河南，改名“永艳色”。①

据志书记载，1935—1938年，佛山土布出口4万匹。②

但到1938年沦陷，佛山的土布业就基本上只剩下一些家庭作坊在勉强维持。③1943年，日军侵略导致佛山大部分布厂倒闭。当时日本侵略者对佛山实行统一配售棉纱，导致当时棉纱价格暴升，一扎20支棉纱就可以兑700斤大米。④

抗战胜利后，佛山的土布业又一度繁荣。原来的世界纺织业大国如英国、日本等皆因战争而使纺织业受挫，而全世界对布料的需求又甚殷，于是佛山土布业成为佛山战后仍能发展的行业，维持到新中国的到来。

佛山的毛巾制造业的发展与棉织业相关联。清光绪二十年（1894），陈春泉在南海里水创办捷兴毛巾厂，之后，大小毛巾工场以至家庭织造户迅速兴起，民国二十四至二十六年间（1935—1937），里水墟和麻奢墟，以及沈村、丰冈、河村、赤山等乡村织户林立。日本侵华时期，由于原料、市场俱被切断，大多数毛巾工场不得不停产。抗战胜利后，毛巾业迅速恢复，并于1947年前后超过战前水平，仅粗具规模的独资经营厂家即有公兴、联艺等10多家，地域从里水扩展到官窑、松岗、大沥、盐步等区。赖此维生者不下3000人，有毛巾织机1000多台。但从1948年起因受金融动荡、市场混乱的沉重打击，生产迅速下跌，至1949年9月，从业人员不满1000人，织机减少大半。

捷兴毛巾厂即南海毛巾厂前身，在中华老字号——南海毛巾厂（现佛山市南海毛巾有限公司）的企业档案里，创始人一栏中，依旧写着“陈春泉”。因陈春泉带动一方的业绩，后人誉其为“里水陈启沅”。⑤

（七）麻织业

南海县的麻纺织工业主要分布在九江镇。早在清道光十五年（1835）的

---

① 《佛山纺织史》，第76、80页。

② 《佛山市对外贸易志》，第42页。

③ 《佛山文史资料选辑》卷一，第93—99页。

④ 《佛山纺织史》，第76页。

⑤ 《佛山纺织史》，第78—79页。

《南海县志》就有“鱼池布——用以取鱼花者，沙头产者尤良”的记载。九江镇地处西江沿岸，淡水养殖业资源丰富，鱼塘面积占总耕地面积的60%。九江鱼花自明末清初一直享有盛名，而捕养鱼花和养殖淡水鱼，需要大量使用各种网具，因而九江地区以生产渔网具为主的麻纺织业，就随着淡水养殖业的需要而兴盛起来。至民国初年，麻纺织业的生产最为兴盛，九江镇和镇附近的上东、下东、南方、大谷等乡村，从事麻纺织手工业生产的有6000多户，12000余人。

民国十三年（1924），华侨胡波、冯安枝和留日学生朱绷行在九江镇内合资兴办“九江炼麻制纱厂”（厂址设在九江镇儒林东街），厂房250平方米，有100人，电动制麻机20台，发电机1台和其他制麻等设备，生产织麻布用的麻，全部出口。这间厂是县内第一家使用电力和机器生产的麻纺纱厂，但于1927年5月发生火灾，厂房设备均被烧毁。

麻纺织品主要通过专营商店以及墟市进行销售，据调查，1920—1937年间，九江镇有5家专营麻纺织品的商店，店号为永隆、洪泰、耀利、成泰、成德。这些商店购买青麻后，以发外加工的形式发给九江镇及附近乡村的麻纺织手工业户，织成麻布出售。1938年，南海县沦陷，淡水养殖业严重不景气，麻纺织业的原料来源基本被截断，生产陷于停顿状态，直至1945年后，麻纺织生产才得以逐渐恢复。①

（八）刺绣业

广绣是中国四大名绣之一，广绣又以佛山为著。在清代中期，佛山镇内已设有行业会馆，名“锦绣堂”，供奉华光大帝。进入民国时期，佛山镇有刺绣的商号近20家。佛山刺绣以产品分为两大类，生产经营神功会景产品的，集中在朝观里，有大德、永泰等；生产经营嫁娶寿袍的，集中在长兴街，有福兴隆、锦隆等。而生产嫁娶寿

图10-3-23　近代织绣屏（佛山市博物馆藏）

① 《佛山纺织史》，第120—121页。

袍的，又有专营出口不做内销的，如福兴隆、梁合隆，就专做碟垫、杯垫、餐巾、台巾等，销往美国、加拿大和东南亚的华人社区。

佛山刺绣以男工绣品为最精，作品以屏画、人物、鸟兽为主。而发外加工的，则全为南海各乡的农村妇女，民国时期最盛时，人数多达4000人。汪伪政权统治期间，佛山刺绣业亦随大局萎靡，而在抗战胜利后，内外的销售都有所恢复。[①]

（九）木雕业

木雕，是在木头上雕刻各种各样的人物、动物、植物、诗文等，用于房屋装饰或成独立的工艺品，此手艺与佛山陶瓷公仔、剪纸等手工，有异曲同工之妙。佛山的木雕业在清代达到鼎盛，产品主要是建筑饰件和红木家具。祖庙的多次维修扩建，梁园、清晖园、碧江金楼等庄园豪宅的兴建和装饰，都让木雕工匠们扮演了重要角色。清末民初，佛山木雕业仍然繁盛，民国《佛山忠义乡志》有雕花行、饼印行、台椅行等行业记载[②]。清末民初著名的木雕店号有成利、黄广华、聚利等，著名的木雕艺人有何律、植灶、何成等。

光绪二十五年（1899）祖庙大修时，委托本镇木雕行制作了两个金碧辉煌的大神案。祖庙正殿漆金木雕神案，由佛山镇商业行会之一的平码行“光裕堂”敬奉。平码行是经营粮油杂食的批发商号，专门代理外地运销佛山的粮油销售，规模颇大。承制正殿神案的是佛山承龙街著名木雕作坊成利店。

图10-3-24　祖庙前殿漆金木雕神案，清光绪二十五年（1899）黄广华店造（佛山市祖庙博物馆藏）

图10-3-25　碧江赋鹤楼的贴金木雕门窗（清末民初）

① 《佛山文史资料选辑》卷三，第341—344页。

② 民国《佛山忠义乡志（校注本）》卷六《实业志》，第214—215页。

祖庙前殿漆金木雕神案，由银行业“如意堂”敬奉。承制前殿神案的是佛山镇承龙街黄广华店。两神案均雕刻了多组古代人物故事，是集思想性和艺术性于一体的佛山木雕珍品。

民国年间，佛山的木雕产品不仅行销广佛一带，还远销到东南亚。1919年，合成店向安南出口600对樟木白身镂空浮雕挣角，上雕有梅竹、石榴、松鹤等，当地华侨用在商店门面当装饰。1924年，又向新加坡出口一批樟木镂空雕镜架300件。①

佛山的宅院，多为砖木结构，都需要大量的木雕来进行装饰，因而只要经济繁盛，建屋者多，木雕便有市场。但随着佛山经济走向衰弱，木雕业亦趋于式微。1925—1931年期间，较大的木雕行如成利、友昌、盛泰、张恒昌等纷纷倒闭。1932年，最大的木雕行黄广华倒闭。在抗日战争期间，佛山镇仅剩合成和泰隆两家而已。抗日战争胜利后，据统计，整个佛山镇木雕工匠仅存4人。②

（十）木版年画和安南画

清末民初，佛山有锦云、永吉堂、何现、伍万安堂、德华、衍堂敬、怡雅堂、钟德安、生昌、合源、和茂、万源、泰安、有昌、有信、源昌、永盛、永茂昌等著名年画生产和销售店铺。到1949年前，佛山生产木版年画较著名的作坊有冯均记、广兴、广生、周添、长生、楠记、吴三兴、李保记等10余家。店铺集中在福禄里一带，从业者1000多人。③据程宜的研究，从清代至民国时期，佛山地区从事木版年画生产销售的作坊和店铺，确知其名号的超过60家。④

清末至20世纪30年代，佛山生产专供出口越南为主，包括柬埔寨、老挝等东南亚国家的木版年画，俗称“安南画”。“安南画”始创于清光绪年间开设于佛山镇衙前街的“义和”纸店，试销安南成功后，于光绪二十二年（1896）改名“季华斋”。民国七年（1918），“协德”承顶了“季华斋”

① 《佛山市对外贸易志》，第44页。

② 刘东编著：《佛山木雕》，世界图书出版广东有限公司2013年版，第15页。

③ 林明体：《佛山木版年画》，载中国人民政治协商会议广东省佛山市委员会文史资料委员会编：《佛山文史资料》第九辑，内部资料，1989年，第80页。

④ 《佛山木版年画历史与文化》，第138页。

安南画木版；不久，冯伯苗的“冯华隆”又承顶了安南画木版，“冯华隆”遂成为安南画生产销售的著名店铺，从业人员有300多人。[①]据志书记载，安南画“于民国22年（1933）间，外销颇好。每年出口约15万张/1.3万两白银。一般销往越南、柬埔寨。民国26年（1937），因关税太重，业主无法维持生产，安南画的出口从此停止”[②]。安南画大约流行东南亚30年。

（十一）纸伞业

广东多雨，因而雨伞为民众生活必备。佛山纸伞的主要原料根植于岭南，有来自西江的桐油，广州萝岗的柿胶，四会、清远的鸭脚木、石斑木，韶关、南雄的竹子等。

佛山纸伞业起始于清代后期，而到1930年前后生意最旺。当时的佛山镇内和深村[③]，共有大小作坊170余家，工人4000多人，日产纸伞达1.2万把，远销全省各地及东南亚诸国。1930年，年产量356万把，品质优良。佛山纸伞具有防瘴气的作用，为东南亚各国居民喜用，声誉日高，出口占80%。1935年至1937年，每年出口纸伞267万把。[④]汪伪政权统治时期，由于日本纸伞大量涌入，佛山纸伞业几乎全行停业。但在抗日战争胜利后，佛山纸伞业又起死回生，到1946年底，已复业及开业的作坊又有220余家，工人3000人，日产纸伞万支。[⑤]

（十二）金银箔业

金属制品也是佛山著名的手工艺品。佛山金箔、银箔打制始于元末明初，已有600多年历史。佛山金箔主要用于制药、复制刺绣线、装饰神像等用途，清末民初也远销欧美。银箔主要用于祭祀用品，内销遍及全国，外销至东南亚各国如印度尼西亚、菲律宾、马来西亚、文莱和东帝汶等地。1935—1937年，金、银箔出口270万张。1938年10月珠江三角洲沦陷后全面衰落。抗日战争胜利后虽有出口，但由于洋货大量输入，佛山的金、银箔生产遂一蹶不振。[⑥]

---

① 冯炎：《经营“安南画”的回忆》，《佛山文史资料选辑》卷一，第182—183页；参阅《佛山木版年画历史与文化》，第128—130页。

② 《佛山市对外贸易志》，第44页。

③ 以深村为主。

④ 《佛山市对外贸易志》，第44页。

⑤ 林明体：《纸伞业》，载《佛山文史资料选辑》卷三，第336—337页。

⑥ 《佛山市对外贸易志》，第42页。

（十三）牙刷业

清咸丰十年（1860），制造牙刷技术传入佛山，当时国内只有广州和佛山两地生产牙刷，而佛山牙刷则以物美价廉居于首位。佛山牙刷其毛牢固，誉称为“一毛不拔”。民国十六年（1927）是佛山牙刷业的兴旺时期，年产牙刷700万支以上，出口占60%，行销港澳、东南亚诸埠。广受追捧，供不应求。20世纪30年代后，由于生产设备更新迟缓，牙刷产品质量开始落后于广州。1935—1937年，佛山牙刷仍有216万支出口。抗战爆发后，原料和出口中断，牙刷业衰落，从此无法复兴。①

此外，佛山还有剪纸、爆竹、灯色（秋色）制作等手工业，从明清开始，经过民国，到中华人民共和国成立后再获发展。在佛山镇内，民国时期的工厂还有工艺厂、南洋兄弟烟草公司竹嘴厂、光华电灯公司、协兴电料瓷器公司、巧明火柴厂等。

四、交通运输

（一）水上交通

光绪二十三年（1897），三水及广西梧州开始对外国通商。光绪二十四年（1898），清政府颁布《内港行轮章程》，进一步将全国的内港对外开放。西江水道成为将整个大西南与香港，进而与世界沟通的交通要道。

在民国时期，佛山的交通运输，仍以航运为主。从湖南、江西走北江来的货物，由于“五口通商”后长江航运的开放而日渐减少。但经西江西上广西、贵州的盐以及从云贵高原和广西东下的木材、米谷和矿产品，则到民国时期依然持续不断。此类大宗商品的运输，使西江航运业在民国时期保持繁盛。西江水深，从梧州到出海口，可以通航载重上百吨的轮船，如当时在西江上行驶的英轮“龙山号”和“龙江号”，载重为176吨。在西江航运水道上，三水河口，顺德容奇、甘竹，南海九江，是重要的航运停泊点。行驶在西江河道上的轮船，以外国尤其是英国轮船为主，据1911年的统计，进出三

① 《佛山市对外贸易志》，第43页。

水的英国轮船占总数的39.4%，吨位数占总数的51.2%。[①]

在客运方面，进入民国后，在佛山水道上开辟的航线就有广州—佛山、广州—陈村等。而长途线路经过佛山的码头站点就有河口、西南、大良、龙山、龙江、容奇、桂洲、勒流、甘竹等。经营这些内河客运的，主要还是民营的航运公司。据《广东航运史》的研究，在南海县的地方志上，其记录的20世纪初南海县的水上客运状况为："往香港、澳门夜火轮船10艘，往肇庆日轮船拖渡、夜轮船拖渡各2艘，往香山石岐轮拖2艘，往新昌、荻海轮拖2艘，往清远轮拖2艘，往龙江轮拖2艘，往大良轮拖2艘，往小布、平步轮拖2艘，往沙湾、市桥轮拖2艘，往陈村单行小轮船。"[②]这种状况，在民国初年基本上得到维持。

在河道航运的管理上，"民国初年改邮传为交通部，设航政司，各直省立航政局。广东初改交通司，后更名航政局，其职掌则凡有轮船、帆船、乡渡及内河小船，均需赴局注册、领照，按其等次，年纳牌费始准开行。各繁盛商埠均设有航政分局，南番顺陈村航政分局设于佛山"[③]。

从清代至民国前期，佛山至广州的河面上有一些装修华丽的艇只，名为"紫洞艇"，却非作商业交通之用。在清代初年，有佛山紫洞乡人麦耀千，在广东布政司衙门为官。其往返广州与紫洞之间的私家艇装修十分豪华，艇上可设宴数桌。后有人仿造之，作为游艇呈现在广州大沙头及荔枝湾一带。佛山则有"南浦客舟"作为民国时期的佛山八景之一。

图10-3-26　花艇，又名紫洞艇。始于明代，盛于清初（采自广东省博物馆编：《广州百年沧桑》，花城出版社2003年版，第130页）

① 《广东航运史》（近代部分），第67页。

② 《广东航运史》（近代部分），第99页。

③ 民国《佛山忠义乡志（校注本）》卷三《建置志》，第127—128页。

在民国时期，南海、顺德、三水为珠江三角洲的河网地区，民众的交通，仍以“搭艇”为便，即以船艇作为交通工具。经营船艇作营生者，为以船艇为家的水上居民，通称“疍家”。许多的农家都有艇只，作为农作或出行之用。有些农家艇是所谓的“屎艇”，专门到广州、佛山接收市民粪便作农肥，不作他用。

（二）公路

广东的公路建设开始于20世纪20年代。1921年，广东省政府颁布了《广东全省公路处拟订各属民办普通车路暂行章程》和《广东全省公路处暂行修筑公路建筑法则》，开始了全省范围的公路建设。1926年，制订了广东省省道的四大干线。其中南路干线的第四支线为由佛山经顺德、新会至台山；第五支线由顺德经中山至澳门。因佛山四县的河网太密，需要建桥太多，因而在广东省第一阶段的公路建设方面基本上没有实施。

到南京国民政府建立后，广东的政局也进入一个平稳的局面。1929年，陈铭枢任广东省政府主席后，决定加快公路建设，出台了《广东公路规程》《建筑公路收用土地暂行章程》《征工办法》《公路建筑法规》等法规。1931年6月陈济棠管治广东后，于1932年6月出台《修正广东公路规程》，此为民国时期广东公路建设的完整法规。

陈济棠时代提出的《广东省三年施政计划》就包括有：广南公路，由石围塘经五眼桥至大沥，沿禅炭公路至佛山，长20里；三南公路，由三水县城河口镇起至西南镇，长10里；南顺中公路，由乐从镇起经顺德县城至中山县城，长122里；四三公路，由三水县城至四会县城，长60里；禅炭公路，由佛山起至南海炭步，长60里；丹佛公路，由丹灶起至佛山，长34里；樵北公路，由简村起至南岸，长45里；三水至广西公路，全长372里。以上公路皆由地方负责筹筑。可以说，在陈济棠时代，佛山的公路网络基本上已建设起来。

陈济棠执政时期，广东省政府意图在后来的珠江大桥地方建“西南大桥”将广佛联通，但开工之后只修建了4个桥墩，大桥没有建成。而整个佛山由于河网分割，没有桥梁和汽车轮渡，所以许多公路线路为河流分断。如从佛山到江门，走公路就要分成6段。

在抗战时期，汪伪广东省政府修筑了佛山至滘口22.9公里和佛山至九江

38.6公里的公路。抗日战争胜利后，广东省政府于1946年1月颁行了《广东省公路修复及行车办法》。但其后解放战争又起，使广东及佛山的公路建设处于停顿。

（三）广三铁路[①]与三水海关

甲午战争的失败，极大震动了清政府朝野。面对列强的觊觎，为防利权流失，铁路建设作为推动国家发展的“实政”之首，被提上议事日程。1896年9月，清政府建立铁路总公司，并由该公司主持修建粤汉铁路。粤汉铁路南起广州、北达武汉，将中国富庶的长江流域和珠江流域连接起来。广三铁路为粤汉铁路支线，也是粤汉铁路中最早修筑完成、最早营运的一段。

1898年1月，清朝廷正式批准自主兴建粤汉铁路的奏请，1898年4月，清政府与美国华美合兴公司签订《粤汉铁路借款合同》，约定中国向合兴公司借款4000万美元，年息5厘，9折，期限50年，铁路由美方代修。1900年7月，清政府又与华美合兴公司签订《粤汉铁路借款续约》，约定铁路修成后贷款期内，由美方代为管理，每年分余利二成，有效期50年。该续约决定先修筑粤汉铁路“省三支线”（广三铁路）。

1901年11月省三支线开始兴建，1903年完工建成，当年底举行了盛大的通车典礼，由两广总督岑春煊主持。1903年11月15日，省三支线由广州到佛山一段正式通车运营。1904年9月26日，省三支线（广州石围塘至三水河口）全线通车。广三铁路全长48.9公里，始自广州珠江南岸的石围塘车站，经三眼桥、佛山、小塘，终点至三水县城河口。全程设19个站，计有西濠口、黄沙、石围塘、五眼桥、三眼桥、邵边、谭边、奇槎、点头、横滘、佛山、街边、罗村、上柏、小塘、狮山、走马营、西南、三水。

1905年，因合兴公司资产有限，再无力承揽粤汉铁路的建设工程，又违规将三分之二股份转让给比利时资本巨头。清政府遂与美国合兴公司签署《收回粤汉铁路美国合兴公司售让合同》，清政府以675万美元的“补偿费”赎回粤汉铁路的修筑与管理权。

1906年4月26日，商办广东粤汉铁路有限总公司成立，设在广州西关宝华

① 本节广三铁路的有关内容，参阅欧阳湘、曾向花：《广三铁路史稿》，广东人民出版社2021年版。

中约。郑观应为首任总办，1909—1913年，詹天佑继任总办兼总工程师。这是广三铁路的商办时期。

1913年，北洋政府推动铁路国有政策，粤汉铁路的湘、鄂段由商办赎回国有。省三支线改称“广三铁路”。广三铁路由交通部、广东省合办，归交通部支持，并在石围塘设广三铁路局。

自1905年广三铁路收回自办后，全年运载旅客的数量很快就超过300万人，每日平均运送旅客达万人以上。1914—1917年，全年运载旅客的数量超过400万人。据统计，广三铁路1912—1921年间，每天有22次列车往返广州石围塘与佛山之间。每月运载旅客320790人次，车费收入约70920元，货运收入每月约1350元。1921年4月，广三铁路营业收入14万元，为历年之最。民国《佛山忠义乡志》总编纂冼宝榦称赞说：“惟各国铁路名家多论列广三铁路

图10-3-27　1901年，美商华美合兴公司承建广三铁路，1903年建成（采自广东省博物馆编：《广州百年沧桑》，花城出版社2003年版，第97页）

图10-3-28　广三铁路沿线的水塔（采自广东省博物馆编：《广州百年沧桑》，花城出版社2003年版，第97页）

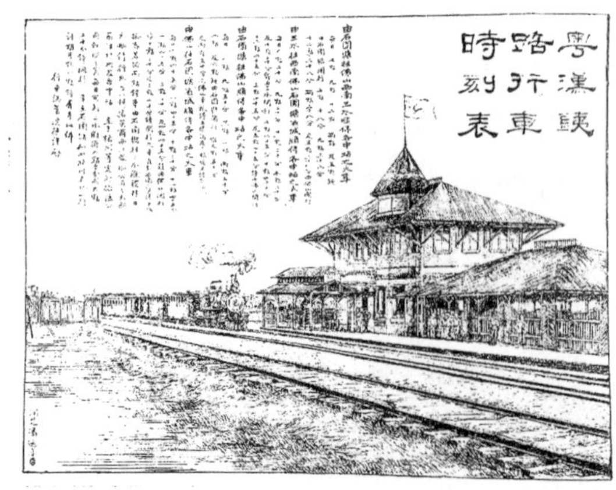

图10-3-29　1906年粤汉铁路（广三铁路）行车时刻表（采自广东省立中山图书馆编：《旧报新闻——清末民初画报中的广东》上，岭南美术出版社2012年版，第391页）

由省城至佛山一段，路线最短而收入最丰，为世界铁路之冠。苟加以改良，将不知如何优胜矣！”①

1938年广州沦陷后，广三铁路被拆除。1945年抗战胜利后，广三铁路于1946年9月修复通车。但开行班次少、行车速度慢、慢班车开行时间提早，呈现运营全面衰败的景象。

民国年间，广三铁路与西、北江航运连接，是广东中心区域通向粤西、粤北的水陆联运大动脉通道。它不仅提高了佛山镇至省城的交通便利度，也对南海县西北片及三水县的发展，起到了良好作用，特别是对广三铁路终点的三水县城河口镇的经济发展来说，尤为显著。北江、西江上游的货物经水路运输到此，然后由铁路转运到省港一线，河口亦因此在民国前期兴盛一时。

三水海关是晚清时期英国在中国建立的早期海关之一。清光绪二十三年（1897），英国与清政府签订《中英续议缅甸条约》，清政府开放云南腾冲、思茅，广西梧州，广东三水为通商口岸，开放江门、甘竹、肇庆、德庆四处为停泊口岸。并允许英国在这些口岸设立领事馆和海关。同年，英国在三水旧县城河口、三江汇流处设立三水海关税务司公署（俗称三水关）。

鸦片战争后，中国海关失去关税自主权，实行外籍税务司专断的半殖民地海关行政人事制度。从1861年起，广州副税务司英人赫德任总税务司，一直管理中国海关近半个世纪。1927年南京国民政府成立后，并未实质改变海关外籍税务司制度。

三水海关大楼始建于清光绪二十五年（1899），建成于清宣统元年（1909）。三水海关大楼位于旧县城河口的北江岸边，高4层，气势雄伟。海关大楼作为货物进出关口，往往是繁华聚集之地。来往货船直接开到海关大楼一楼，完税开闸，货物放行。民国年间，从河口出口的大多是中国的丝绸、茶叶、花生油、纺织土布等，而进口的大多是洋火、煤油、洋布等。

1949年中华人民共和国成立，延续了95年的以外籍税务司为主宰的海关制度，宣告结束。

三水海关大楼至今仍保存良好，它见证了百年以来半殖民地海关的历史。

---

① 民国《佛山忠义乡志（校注本）》卷三《建置志》，第127页。

图10-3-30　始建于清光绪二十五年（1899）的三水河口海关大楼（罗一星摄）

图10-3-31　西江边旧海关大楼前的码头遗址（罗一星摄）

第四节　民国时期佛山的教育文化

一、教育

清代末年，科举废除，新式教育在民国兴起，佛山镇也不例外。《佛山忠义乡志》记载：“光绪季年，遵部章改书院为学堂。自是各学相继而起，或官立，或私立，皆以毕业为期限。”[①]如佛山书院，改为佛山学堂，办高、

① 民国《佛山忠义乡志（校注本）》卷五《教育志》，第151页。

初等小学。民国初年，南海督学局也附设于此。后将初等小学移除，专办高等小学，民国五年（1916）后，高等小学也停办，改为南海县立第一师范讲习所，仿照省立师范讲习所办理。据《佛山忠义乡志》的记载，民国初年佛山镇内的其他各公立小学有南海县立第三高等小学、佛山镇立第一国民学校等6所，民立小学有时济小学等8所，女校有汾仪女学校等5所，义学则有简易识字学塾等14所。同时，佛山镇内仍有传统私塾100多家。[①]

民国年间，工商业主纷纷投建新式学校。1919年，南洋兄弟烟草公司的简照南将位于石湾下窑浈阳大街的祖居拆除，同时购置周边土地（水部下街至水部上街），面积扩大至数百平方米，兴办一所小学。1920年小学落成，定为“母训女学校”，以纪念病故的母亲。1922年，简照南、简玉阶、简英甫三兄弟创办了南洋竹嘴厂义学，地址在佛山镇栅下铺果栏街。聘请吴仲文为司理，袁心恪为教员。据《南洋竹嘴厂立学记》记载：“塾师袁心恪者，毕业师范，品学为乡里重，聘为教授。”南洋竹嘴厂义学定额百人，实招学生百余人。均不收学费。学校一切开支由竹嘴厂负担。[②]1932年，南海县最著名的石门中学，亦由民间企业家捐资建设而成。[③]

与此同时，外国教会也在佛山镇开办了几所颇具规模的学校。民国三年（1914），基督教循道会在佛山镇文昌沙尾设立了华英学校，兼办中学、高等小学和高小预科。此外，佛山镇内还有外国人开办的学校如华英国民学校、培德学校、公理学校、树德女学校等学校。[④]

二、粤剧

粤剧发源于清雍正年间的佛山，在清咸丰年间粤剧艺人李文茂呼应太平天国运动遭清廷镇压后，粤剧戏班亦遭禁绝。直到清末，始得解封。

到民国，粤剧再有重大发展，并在20世纪20年代以广州—佛山为中心形成现代粤剧。当时一流戏班是来往于广州、香港之间的“省港大班”，在

① 民国《佛山忠义乡志（校注本）》卷五《教育志》，第155—166页。

② 民国《佛山忠义乡志（校注本）》卷五《教育志》，第162—163页。

③ 主要是当时从事薯莨工商业的商人。

④ 民国《佛山忠义乡志（校注本）》卷五《教育志》，第164—165页。

佛山多为二流的“过山班”，以下乡演出为主。因要下乡演出，佛山的戏班往往以船为家，亦称“红船”。而各戏班每年都要在六七月间进行重组，重新组班后的首场演出，必在祖庙的戏台举行，在此演出成功后再上红船下乡演出。

在演唱上，民国时的粤剧吸收了许多的本地歌谣杂曲，并将舞台官话改为粤语与官话并用，发声以真嗓代替假嗓，唱腔由低线改为高线，旋律则由粗到细、由疏到密。民国时期佛山籍粤剧名家主要有：编剧黄鲁逸、陈卓莹、望江南等；演员姜魂侠、千里驹、白驹荣、新珠、冯镜华、马师曾、薛觉先、林超群等。粤剧的剧目，以佛山镇“大康年剧团”为例，有《唐三藏出世》《刘备白马跳檀溪》《樊梨花罪子》《诸葛亮火烧博望》等数十个剧目以及粤语方言剧《双懵仔怕老婆》《仔嫁老豆》《大光棍骗小光棍》等。[1]

观看粤剧，俗称睇大戏（睇，粤语读tai），是民国年间佛山民众的一大乐趣。民国三十六年（1947）《南海日报》一则祖庙戏台的专栏报道称：“每年呢个咁上下时候，就会有百爷公拖埋个孙来呢处睇戏，往日每逢一年好景，晚造收成时，就争住系呢度演戏，唔同往日，一个仙都唔收，搞到乡下四周围都来看戏。”[2]

祖庙的戏台名为万福台，乃是佛山粤剧的殿堂级戏台。前述红船下乡前要先来此接受检阅，而在一年四季，万福台都是演出不断。在万福台看粤剧，是这样的一幅情景：有钱人携眷安坐于两侧的包厢，台前观众或坐或站，小贩则穿梭在观众之中叫卖食品或土特产。观众或为剧情感动而擦拭眼泪，又或有为武生的打斗

图10-4-1　万福台神诞演剧（近代）

① 《佛山文史资料选辑》卷一，第167—168页、253—256页。

② 《佛山文史资料选辑》卷一，第147页。

而叫好助威。粤剧为佛山民众带来的精神享受，可以想见。

三、武馆武术

明清时期佛山为“四大名镇”和“四大聚”之一，工商业的繁盛积聚了大量社会财富，也培育出众多富商大贾。财产和富商的存在，容易引来盗贼的劫掠。然而，佛山既非政治中心，亦非军事中心，甚至连县城都不是，因而朝廷在此没有军事保护力，富商大贾们必须出钱出力以自保。历史上，佛山乡绅明代时与黄萧养、清代时与海盗张保仔的对抗，是非常成功的。家家有习武之人，铺铺有自保之法。这种历史传统，是佛山习武风气形成的主要社会因素和文化背景。民国《佛山忠义乡志》称：“论曰：乡之壮丁，尝勇于自卫矣。当明景泰时，破强贼，如骁劲之师，非有训练之素也，非有将弁之督也，又非有城池之可恃也，徒以忠义激发，父兄为帅，子弟为卒徒，一鼓而贼惧，再鼓而贼伤，三鼓而贼走矣。执干戈以平寇难，岂必隶名于戎籍哉！”[①]尚武之风和保镖职业的需求，吸引着全国武林高手汇聚于此。在清代，佛山实际上已经成为南派武术的中心。

清中叶前，以洪、刘、蔡、李、莫五大名拳影响较大。进入民国，则以洪拳、蔡李佛拳、精武会和咏春拳为著。

民国时，洪拳在佛山及南海四乡有多个武馆拳社承传其法脉。有能者如林世荣等，已涉足省城及香港，其徒众拓展到东南亚及旧金山等地授艺。黄飞鸿，清咸丰六年（1856）出生于南海西樵，自幼随父练武，熟习洪拳并创立出虎鹤双形拳以及工字伏虎拳、虎鹤双形拳、铁线拳、五形拳等。黄飞鸿的拳法既有佛家拳的凌厉攻势，又有洪家拳的严密守势，在南拳中亦逞一时之雄。黄飞鸿在广州开设“宝芝林”药店，既经营跌打医术，又传授武术狮艺。黄飞鸿于1925年在广州去世。

图10-4-2 黄飞鸿

① 民国《佛山忠义乡志（校注本）》卷三《建置志》，第116页。

蔡李佛拳则在民国时期成为佛山最大武术流派。张炎于咸丰元年（1851）在佛山创办鸿胜馆，为当时中国最大的武馆。到了陈盛主持鸿胜馆的1921年前后，是鸿胜馆最盛时期，佛山镇内共有13家大小分馆。以1925年6月24日关帝诞聚会的陈盛弟子名册为据，实名者有3000多人。鸿胜馆所教武术，以清末来自广西八排山的青草和尚的内外八卦拳为主。内外八卦拳原有一千零八十个“点”，陈盛将其简化并分为三套拳法：长拳、平拳和扣打。一般的弟子，只学习“外家拳”，真正登堂入室者，方可学到“内家拳”。而八卦拳精要的小易筋经、穿莲佩剑、中阴插手、两肋锤、缠丝马、险死还生马等绝技，皆在“内家拳”内。鸿胜馆扎根于社会基层，在历次社会变革中，许多骨干走在了前列。早在辛亥革命时期，就有李苏领导的一支光复佛山的队伍。大革命时期，有钱维芳参加工人运动、吴勤参加农民运动。而吴勤组织抗日游击队，最早参加的200人，都是鸿胜馆的弟子。鸿胜馆在大革命失败后停止了活动；到1937年6月，鸿胜馆又再恢复；但到1938年10月佛山沦陷前，鸿胜馆又再关闭；抗日战争胜利后，鸿胜馆再恢复。而后海外弟子在香港、南洋及美洲等地均设有分馆进行传播。①

图10-4-3　鸿胜馆

清代末年，霍元甲在上海建精武体操学校。民国二年（1913），精武体操学校改名为精武体育会，并逐步发展为全国性的以武术为主的体育组织。

---

① 《广东武术史》，第67—72页。

图10-4-4　佛山精武体育会会址（佛山市规划城建档案局提供）

1924年，佛山市精武体育会成立，其会员多为工商、医学、教学等界别人士。之后直到佛山沦陷于日寇前，佛山市精武会对佛山武术运动的推广起了积极的作用。这段时间里，中央精武会派出各种流派的武术教师前来教授武术功法，有鹰爪派、螳螂派、长江派、黄沙派以及陈式太极、吴式太极、杨式太极、孙式太极等，以“不许预闻政治，尤不争门户长短”为宗旨，以德智体三育，培养智仁勇之人为依归，并配合文化、摄影、教育等新派内容，强调体育救国，甚得市民认可。[①]佛山市精武会之翘楚者，如任孝安、梁敦远、李佩弦等，亦为后来佛山武术界之中坚力量。精武会编的精武十套流行于市面，岭南派画家黄少强等创办《佛山精武月刊》有20余期。1926年，精武拳术在佛山被定为国操，教育界纷纷响应。1935年，获批在中山公园处筹建一座大礼堂，为国内罕见。惜日据时期被日寇占作粮仓，自此会务未能恢复。[②]

图10-4-5　梁赞画像

咏春拳在清末的佛山得以发扬光大。清代末年，梁赞在佛山快子街经营“赞生堂”药材店。梁赞武艺高强，且精通医术，开始在佛山传授咏春拳。到民国初年，梁赞传授的弟子陈华顺继承衣钵，在佛山桑园叶家宗祠设馆授徒。成名的弟

① 《广东武术史》，第67—72页。

② 《佛山文史资料选辑》卷一，第196—201页。

图10-4-6 叶问

子有吴小鲁、吴仲素及叶问等，其中，叶问担当起传播咏春拳的历史使命。

叶问，出生于清末的1893年，成长于民国年间。陈华顺在佛山桑园叶家宗祠设馆时，叶问得近水楼台之利被陈华顺收为弟子。咏春拳在民国时期尚不显名，其主要原因是咏春拳法比较复杂，教授学费高昂，因而一般人付不起学费。能付得起的，都是富家子弟。所以，在民国时期，佛山人称咏春拳为“少爷拳”。但也有个别例外，叶问后来收郭富为徒，就是看中了郭富的练武资质。日据时期和抗日战争胜利后，叶问在佛山教拳，名声未显。[①]叶问后来移居香港，20世纪50年代在香港设馆教授咏春拳，收弟子李小龙。李小龙后来移民美国，成为弘扬中国武术的杰出人物。随着李小龙、叶问等人影视题材的广泛宣传，咏春拳由佛山流行至世界各地。

▲图10-4-7 叶问纪念馆

►图10-4-8 顺德均安李小龙祖居

① 《佛山文史资料选辑》卷一，第202—212页。

除鸿胜馆和精武会外，粤剧戏班也是武术聚集传播的重要渠道。“红船弟子”中的靓少佳、梁荫棠等，是粤剧里的武生，实际上也是“打得之人”，红船的“木人桩”与多派武术的技艺亦有关系，但毕竟武生是在舞台上的表演，真正的习武之人将其视为“花拳绣腿”，亦不为奇。

20世纪30年代，南海籍的林世荣写了《工字伏虎拳》《铁线拳》和《虎鹤双形拳》等洪拳的武术专业书籍，开创了拳术套路写作之先河。此外，还有不少关于佛山武术的武侠小说，如笔名为“我是山人”在民国末年出版的《佛山赞先生》和《洪熙官大闹峨眉山》等。

四、舞狮、舞龙、扒龙船

佛山镇是商业都会，武馆众多，武馆多设有“狮会”。佛山大型庆会如北帝巡游、秋色巡游都有狮队随行；平时各铺商店开张，也要醒狮助兴；故舞狮活动有深厚的群众基础。佛山民间武术的兴起，推动了群众舞狮活动的发展。清末民初，佛山黄飞鸿武术高强、狮艺盖世。他将武功的身形步法揉入舞狮技法中，舞时依照鼓点，疾徐有劲，威风八面。黄飞鸿擅长飞铊采高青，飞铊采用武术绳标（一根长绳栓有一棱尖铁锤）。采青时飞铊从狮口飞出，缠住悬挂高处的青，然后回青入狮口，其难度之高，无出其右者。还有攀竹梯采青、采蟹青等技法，开创了南狮技艺的先河，被誉为南派醒狮的一代宗师。[①]

图10-4-9　黄飞鸿狮艺武术馆

① 本节参阅《佛山武术史略》，第354—355页。

佛山镇除咏春派的梁赞武馆和少林派梁世苏武馆外，其余的所有武馆包括鸿胜武馆、陈盛武馆、悦安堂武馆等，都设有“狮会”。佛山的南派醒狮技艺，有高桩、武术梅花桩等技艺融合其中，如舞出有飞铊采青、狮子出洞、狮子滚球、狮子采灵芝、狮子上楼台、狮子吐球等“狮艺”。在民国时期的农村，舞狮也相当盛行，如南海南庄紫南村头村和隆庆村的“醒狮”、三水乐平独树岗村的“中秋醒狮”和芦苞长岐村的舞狮，都各具特色。

图10-4-10　高青（南海区博物馆提供）

图10-4-11　南海醒师——桩上采青照片（南海区博物馆提供）

舞龙，则是佛山镇在迎神赛会的会景巡行和秋色巡行的必备表演。在民国时期，佛山镇所舞之“龙”主要有五种：一是“火龙”，又称“草龙”[①]；二是“金龙”[②]；三是“银龙”[③]；四是“旱龙”[④]；五是“龙船”[⑤]。“龙”的形状各种各样，舞龙的技艺也是各有千秋。民国时期佛山的舞龙技艺有“蛰龙出海”“玩鲤戏水”“飞跃禹门”“蟾宫戏月”“银河弄珠”等。在夜间巡行时，舞龙队伍里还有“鲤鱼灯”“日牌灯”“月牌灯”“龙珠”等灯饰配合。锣鼓等打击乐器也根据气氛有不同的表演。

---

① 用胶笋壳做。

② 用木、竹做，外表涂成金色。

③ 外表涂成银色。

④ 又名“飞龙”。

⑤ 又称“陆地行舟”。

图10-4-12　舞龙。左为高塔盘造型，右为蝴蝶花造型（南海区博物馆提供）

图10-4-13　八字舞龙（南海区博物馆提供）

民国时期，佛山没有政府组织的大型全民性体育活动，而以一条村为主体与邻村“结契”的龙舟竞渡①，就成为佛山水乡农民的体育狂欢节。每年端午前后，是各乡举行龙舟竞渡的日子。南海、顺德的许多村庄，能够成为龙船“扒手”的，都是本村最精壮的男子。龙船一般长二三十米，平时沉于优质水田之底，以防木质腐朽。每年举行扒龙舟活动前夕，都有“起龙”仪式，把龙船从水田下挖出，然后清洁船头、船尾、船身，上漆翻新。在举行“扒龙船”活动当天天未亮时，装上龙头龙尾，然后进行“采青”。天亮后，龙船盛装打扮，在河涌来回游弋表演，称为“游龙”。次日，结契的龙船相聚竞渡，而所有的村民皆围观为本村的龙船打气。比赛完毕，龙船船员

◀图10-4-14　起龙（南海区博物馆提供）

▼图10-4-15　九江扒龙舟（南海区博物馆提供）

① 俗称“扒龙船”。

还会互到村里拜访，请吃龙船饭。晚餐后，结契龙船在河涌里划行，互相送别，俗称“送契”。扒龙船活动一般会持续几天，结束后，复将龙船沉埋于水田底下，来年再玩。“扒龙船”在民国时比较出名的村落有：南海盐步回龙村、大沥叠滘村、平洲庄头村、平洲上海村和九江的所有村落，顺德勒流的龙眼村和龙江的所有村落。

在佛山镇，民众的集体性娱乐主要有三月三的北帝诞巡游、中秋的秋色巡游和元宵节的“行通济”。这些活动，盛行于明清两朝的太平时期。由于民国几十年间，政权几年一易，社会动荡不安，所以这类活动的规模不大、次数不多。民国十二年（1923）编写的民国《佛山忠义乡志》，也不见有这些活动在民国初年的出演。但有历史照片显示，在民国仍有秋色的巡游。①

五、医疗

民国时期的佛山，中医依然是民众医疗的主要依靠。佛山各县，从清末行医到民国的著名中医师有梁龙章、黄恩荣、梁慕周、陈任枚等；民国时期著名的中医师有梁子居、古绍尧、谭次仲等；从民国行医到中华人民共和国成立后的著名中医师有刘赤选、谢泽霖、杨志仁、连可觉、王金石、萧步云、吴采南、冯德瑜等。这些中医师，医术高明、医德高尚，且各有专长。他们留下的论著和医案，既惠及佛山民众，亦对中医医学的发展和传承有所贡献。②

民国时期的佛山中医，既有通会的诊疗，也有专科的分类。医家所分，大致可分为伤寒、温病、妇儿科、眼科和外伤类。而在佛山，中医术最杰出的是骨伤类，而善医骨伤者，又多起自武术人家，民国时期，尤以梁氏及李氏为著。

梁财信医馆创立于清嘉庆年间，由梁财信设立于南海澜石墟。梁财信医馆专治跌打损伤，特别擅长驳骨。佛山有“梁财信驳骨，鸡脚换鸭脚”的俗谚。到梁氏第三代时，医馆每天有六张医台同时开诊。1914年，“梁财信医

---

① 参阅本书第八章第六节；参阅《佛山北帝文化与社会》，第173页。

② 《佛山中医药文化》，第76—236页。

馆”在省内开设的分馆计有：佛山镇四间，广州六间，香港三间，澳门、江门、容奇、大良、三水西南、韶关各一间。医馆制作的跌打丸、跌打膏药、跌打药酒功效卓著，销路极好，还远销到南洋和美洲，其商标品牌有日牌、松鹤牌等十几个，形成了成药产业。到第四代梁匡华、梁以庄时，他们不仅成为省港一带的跌打名医，还编著出版了一本《伤科讲义》。

李才干为佛山镇人，行医于清末，民国二年（1913）去世，其医馆名为“平恕堂”。李才干在跌打方面医术精湛，声名远播，其子李广海则为民国时期佛山跌打医师之最著者，更将其父的“平恕堂”改名为“李广海跌打医馆”。李广海与吴勤曾同时为武馆鸿胜馆的馆员，吴勤在抗战时期率领“广游二支队”抗日，有伤病员，多得李广海救治。其他的抗日武装有伤病员，亦得李广海的热忱救治。抗战胜利后，李广海在佛山镇再开“杏林馆”医馆，1947年牵头组织佛山的名老中医药专家成立了“灵兰医学研究社”，1949年被选为“南海县国医支馆”副馆长。

民国时期佛山的跌打名中医还有何竹林、霍耀池、李佩弦以及管氏的第三代传人管炎威、第四代传人管霈民等。

民国时期，西医在佛山也得到较大发展。西医院于清末光绪年间由英国循道公会的传教士医师查尔斯·云仁创办，到民国时成为整个佛山最大和最完备的一所西式医院。民国《佛山忠义乡志》记载：西医院“以广传医术、普济众生为宗旨。经费由英国耶苏教会拨给，只收药费，不受谢金。院内设有留医所，房屋整洁，服役亦周，人咸称便。……中医生多有从而就学者，以故镇内西医，日渐推广”。[1]1949年6月，伍学宗留学英

图10-4-16　佛山何竹林百灵膏商标（广州西关正骨博物馆藏）

① 民国《佛山忠义乡志（校注本）》卷七《慈善志》，第240页。

国归来，接任英国人卢约翰，成为佛山西医院第一位华人院长。

民国七年（1918）方便医院创立。方便医院由银行商董叶干臣、孔恺臣、吕达生、霍楚卿、曾寿眉、孔竹云、黄香生7人联合发起筹办。得到南洋兄弟烟草公司赠建洋楼2座，作为留医处。所建房舍，仿造广州城西方便医院。院内设中医和西医生各一人，病人所有看病吃药全予免费，甚至死者的施棺殓葬和捡拾婴孩等务，均由该院担任。至于赈灾救伤，不分畛域，均竭力赞襄。民国《佛山忠义乡志》称赞方便医院“方便贫民，更有加无已。洵善举也”[①]。

第五节　民国时期佛山的社会风貌

民国时期的38年间，世界发生过两次世界大战，国内也爆发过大规模的内战。但佛山基本上没有历经重大的战火劫难，所以基本上保存了明清以来的社会风貌。

一、村落、祠堂与庄园

（一）村落

佛山的农民和居民，祖先大多来自中原，因躲避战乱而南下迁徙至此，聚族而居，有一姓一村，也有几姓一村。佛山农村的村落，多数建于宋、明两代，建于清代的村落仅得10个，而进入民国，基本上没有新建的村落。[②]

民国时期保持得比较完好的村落，现有禅城区的湾华村、罗格孔家村紫南村头村；南海区的松塘村、碧云村、烟桥村、苏村；顺德区的逢简村、碧江村、龙眼村；三水区的大旗头村、长岐村、梅花村；高明区的榴村陆家、圆岗村、泽河村等。这些村落，都具有风水格局良好、环境优雅、建筑完

① 民国《佛山忠义乡志（校注本）》卷七《慈善志》，第238页。

② 朱雪梅、田继贤：《佛山古村落》，广东人民出版社2016年版，第15页。

图10-5-1 逢简水乡俯瞰（佛山市规划城建档案馆提供）

图10-5-2 清代大旗头村俯瞰图（三水区档案馆提供）

善、祠堂大观等特点。而一些经民国流传至今的非物质文化遗产，就保留在这些古村落中，如八音锣鼓，就保留在顺德杏坛的高赞村中；“文昌诞”和“华光诞”，保留在南庄罗格孔家村；“掘尾龙拜山”和“大军忌”，保留在顺

图10-5-3 西樵上金瓯松塘村

德杏坛逢简村；“跳火光”，保留在南海里水赤山村；“鱼灯会”，保留在顺德北滘的碧江村；“榴村行神”，保留在高明区的榴村陆家；等等。

此外，民国时期的古村落中，出现了一些中西结合的民国特色建筑，如南海狮山璜溪村的炮楼、小洋楼等。村落的民居，建于清以前的，多为一层，而新建于民国的，则多为两层或三层，人字形山墙，屋顶无脊饰。

（二）祠堂

祠堂文化，是中华农耕文化的重要组成部分。佛山人在其居住的城乡都有祠堂。祠堂是一族人祭祀祖先、聚会议事、婚嫁寿宴以及惩戒违规违法族人的地方，也是每一村落中最宏大的建筑。随着祠堂的存续，农村中家族的习俗传统得以不断延续。诸如家族的族谱续写、子弟的启蒙教育、获取功名者的奖励，均代代在祠堂举行。在革命年代，农会组织也以祠堂为址。

农村祠堂在村中的位置，会根据村落的地形地貌设计坐落在村口，或村落前排，或村落中央。祠堂的大小各有不同，小者只有百十平方米，大者则有数千平方米。岭南祠堂的建筑特色，一般为“三间两进一天井”布局，砖木结构，坤甸木做支柱，镬耳山墙，水磨青砖外墙、墙头彩绘壁画、博古屋脊、碌筒瓦琉璃瓦剪边、地面铺花岗岩条石等。祠堂的建筑材料多采上好的石料木料。佛山的祠堂一般都有祠产维持祠堂的开销，而且祠堂也是村中最大和最好的建筑物。

佛山的祠堂多在明清时期兴建。明嘉靖年间，明世宗准许民间联宗立庙，遂有各姓宗族建立祠堂。各县祠堂以顺德为最，粤谚有“顺德祠堂南海庙”的说法。在顺德县，就有始建于明代的右滩黄氏大宗祠、始建于明末清初的乐从镇沙边何氏大宗祠、始建于明代的杏坛镇逢简刘氏大宗祠、始建于明代的乐从镇路州黎氏大公祠、始建于明代的杏坛镇漱南伍公祠、始建于明代的龙山镇沙富张氏大宗祠。顺德之外，则有始

图10-5-4　沙边何氏大宗祠（顺德区博物馆提供）

建于明代的南海县澜石镇石头霍氏大宗祠、始建于明代的南海县平地黄氏大宗祠、始建于明代的三水县乐平镇胡氏大宗祠、始建于明代的高明县朗锦何公祠等祠堂，都经历了明清至民国时期，而保留至今。

图10-5-5　始建于明嘉靖九年（1530）、重建于2017年的沙富张氏大宗祠（顺德龙江农耕文化博物馆提供）

图10-5-6　平地黄氏大宗祠（南海区博物馆提供）

民国九年（1920），“黄祥华如意油”创始人黄大年（字兆祥）的兆祥黄公祠建成。[1]兆祥黄公祠位于石路铺水楼塘（今禅城区福宁路95号内），由其子黄国韬、黄宪韬率四代子孙为其父按清代祠堂形式兴建。兆祥黄公祠为四进院落四合院式平面布局，其主体建筑坐西向东，为三路四进，有门堂、拜亭、前殿、正殿、后殿。门堂高大，前檐装嵌漆金木雕；拜亭坐落在开阔的庭院当中；前殿、正殿进深各三间，装饰富丽堂皇；主体建筑两旁的厢房也是布置得舒适华丽。总占地面积3400平方米。是禅城区内现存规模最大、设置最完整和装饰最华丽的祠堂建筑群，位列佛山十大祠堂之首，具有较高的历史和艺术价值。2002年7月，兆祥黄公祠被定为广东省文物保护单位。

祠堂与祠堂文化，是民国时期佛山城乡一道亮丽的人文风景线。

① 民国《佛山忠义乡志（校注本）》卷九《氏族志》，第361页。

图10-5-7　兆祥黄公祠鸟瞰

（三）庄园

佛山城乡的著名庄园式建筑，从清代延续到民国的有梁园、清晖园、东华里和碧江金楼。

佛山梁园是“粤中四大名园”之一，是清代佛山大盐商梁玉成及其后人的私家园林的总称，由“十二石斋”“汾江草庐”“寒香馆”“群星草堂”等四组不同地点、特色各异的园林群体组成，夙以奇石姿态神妙、内涵丰富而名扬粤东。相传园中有奇石400余块，因此有“积石比书多”之美誉。梁园总体布局精妙，宅第、祠堂、园林浑然一体，形成一个居住环境良好，园林景观开阔的建筑空间体系。这种融入“聚族而居”生活习俗的造园手法，不仅在广东而且在国内也不多见。“粤东三子”之一的岭南诗人黄培芳曾给予“名园推最胜”之赞誉。其中尤以梁九图所筑“十二石斋”闻名粤东，该处

图10-5-8　梁园石舫韵桥湖心石组合

图10-5-9　梁园群星草堂正厅

图10-5-10　清晖园留芬阁

图10-5-11　清晖园六角亭（杨耀桐摄）

收藏纯黄蜡石12座。而梁九章所筑寒香馆则收藏了名家法帖85通。秀水、奇石、名帖堪称梁园三宝。当时士大夫皆以一睹梁氏兄弟所藏奇石为幸事。

清晖园位于佛山市顺德区大良镇华盖里，原为明万历丁未状元黄士俊宅第。有黄家祠、天章阁、灵阿之阁等建筑。清乾隆年间，为进士龙应时购得。其后又经其子孙龙廷槐、龙元任、龙景灿、龙诸慧前后五代人的多次修建。清末探花李文田与龙家是亲家，李文田在清晖园藏有几千册藏书和拓本。至民国初年，清晖园逐渐形成格局完整而又富有特色的岭南园林，拥有碧溪草堂、惜阴书屋、归寄庐、船厅等建筑景观。清晖园布局前疏后密，前低后高，既能吸取苏州园林艺术精华，又能因应岭南清幽的自然环境，以秀丽典雅见称。园内叠石假山，曲水流觞，曲径回廊，景趣盎然。银杏千秋，百龄龙眼，玉棠春瑞，沙柳飘扬。与佛山梁园、番禺余荫山房、东莞可园并称为“广东四大名园”。

东华里在今禅城区福贤路。是清中叶至民国佛山典型的富户住宅街区。东华里原名杨伍街，街内原有伍姓祠堂和书舍。乾隆以后两家衰落，房屋卖与他姓。改名“东华里”。道光年间，四川总督骆秉章对东华里北侧宅第大加修葺改造，使房舍更为整齐宏敞。此时东华里冠盖相望，不绝于里。同治年间，香港广茂泰富商招雨田迁入东华里，立即进行修筑，数年后，东华里面貌一新，街道整齐，街前段建立了招氏宗祠、招雨田祠、招氏敬加堂等建筑。街后段是三间两廊的住宅，分别排列在与街道垂直的小巷两旁，每边各有小巷4条，石砌路面，两旁房屋用水磨青砖砌墙，极为规整。东华里全长153米，现存祠堂、民居54座。街道十分宽敞通顺，两旁宅第门房高大雄伟，山墙状似锅耳的

图10-5-12 东华里

"镬耳屋"，集观赏与实用于一体。民国年间招雨田创建了香港东华医院，出任首任总理（东华医院与东华里同名，以示不忘乡梓）。又三次倡建香港大学，还给南海中学捐助巨款。1915年大水灾，招雨田捐赈2万余元。1919年国民政府内务部颁发给招雨田银质褒章，[①]东华里之名不胫而走。今天的东华里，与岭南天地近在咫尺，依然以岁月静好的氛围，融入新佛山的时代步伐。

碧江金楼，原名赋鹤楼，是顺德碧江苏氏大宅"职方第"中的藏书楼。碧江金楼古建筑群由金楼、泥楼、职方第、南山祠、见龙门、亦渔遗塾、慕堂祠、砖雕大照壁和三兴大宅等多座建筑物组成。道光二十三年（1843），曾任兵部职方司官员的苏丕文荣归故里，大兴土木营造出岭南豪宅——职方第，附建书楼赋鹤楼。晚清时苏丕文的孙子苏百诩，将藏书阁贴金改造，藏书阁的屏门、门坊、檐板、厅壁、天花藻井的木质雕饰均以真金镶贴，金碧辉煌。巧夺天工的金木作，几乎包罗了木雕艺术中的所有手法。木雕采用中国传统题材，也融入了外来艺术风格。碧江金楼集中了宅第、祠堂、书塾、书斋、园林等功能，保留了蚝壳墙、水磨砖、"镬耳山墙"等岭南特色的古建筑实物，是明清时期广府富庶人家的民居标本。

① 民国《佛山忠义乡志（校注本）》卷十四《人物志八》，第723—725页。

图10-5-13　碧江金楼古建筑群（佛山市规划城建档案馆提供）

图10-5-14　碧江金楼二楼的贴金木雕装饰（罗一星摄）

二、茶楼与粤菜

在佛山各处乡镇，茶楼都建立在中心街口。佛山人上茶楼“叹”“一盅两件”[①]，享受口福之乐兼作社交及谈生意，是生活最大乐趣之一。许多耄耋老人，只要能走动，就天天清晨到墟市茶楼饮茶，同时表示自己的存在感。从民国年间直到20世纪80年代，三水芦苞72村出生于光绪年间的乡村老人（俗称“光绪仔”），仍然保留着凡不到芦苞镇茶楼饮茶者，就被视为已经亡故的习俗。

（一）茶楼

茶楼是享受香茶美点之处，也是佛山城镇居民重要的生活场景。茶楼之盛，尤以佛山镇为代表。

民国《佛山忠义乡志》有载：“本乡茶、面、点心等物，其初由姑苏菜馆兼业之。”[②]看来，粤式点心甚至粤菜来源于苏菜的说法，其来有自。佛山镇由清代末年延伸到民国的茶楼主要有富文里的“富如楼”[③]、祖庙附近的“凤林楼”、大基尾的“颂升”、公正市的“协心”和“琼林居”等。到了民国，再开设有在升平街的“天海”“冠南”“冠芳”“新世界”“奇苑”“宫殿”“英聚”，在普君墟的“龙珍”“如珍”，在走马路的“福

① 品尝一壶茶水、两件食品。

② 民国《佛山忠义乡志（校注本）》卷六《实业志》，第211页。

③ 民国时改名“桃李园”。

华”“翠眉楼”，在石巷口的“龙泉”，在桑园街的“桃园居”，在上沙的“利南”“冠华”“鹿鸣”，在大基尾的“洞天一”，在文昌沙的“天一”等，茶楼可谓遍布佛山镇的每个角落。

一般的茶楼，经营早、午、晚三市。较大型的茶楼，则还经营酒菜宴会，这类的茶楼主要有“英聚”“一品升”“新世界”“三品楼”“天海”“如珍”“翠眉楼”等。大型茶楼菜色的用料，包括有鲍参翅肚等上乘食料，以适应高级食客的需要。此外，还炮制出具有自家特色的“招牌菜”，如“三品楼”的“柱侯鸡”、“翠眉楼”的甫鱼净面、“冠南楼”的叉烧包、“顺和隆”的灌汤包、“德昌楼”的油炸包等。而一般茶楼的食品则有虾饺、烧卖、肠粉、炒粉、松糕、芋角、粽子等，其品种和制作方法皆流传至今。[①]

佛山的茶楼不仅在城市，在一些大的农村乡镇也同样盛行。据民国的《龙山乡志》记载，龙山的茶楼众多，“士女云集，乐而忘返，其縻金钱不知几许”[②]。在顺德县城大良、陈村墟，三水县城河口、西南墟、芦苞墟，茶楼、茶居也非常兴盛。

（二）粤菜

粤菜之盛名，形成于民国。其中，佛山的贡献可与广州比肩。

佛山镇的柱侯鸡等名菜，使酱料在烹调中的作用得到重视；石湾鱼腐的制作，是对塘鱼食用的深化和细化；在广州、佛山经营茶楼的老板，有许多是南海张槎大富乡人，广佛两地茶楼冠以“如”字和“南”字，便都是由大富乡人经营，如“惠如”“富如”“冠南”“利南”等[③]。同时，大富、莲塘亦以出厨师闻名。20世纪80年代广东省书法家协会主席陈景舒就是祖籍莲塘乡人。他自小跟随做大厨的父亲在广州的茶楼跑腿，从写菜单起而最终成为书法名家。

在民国时期，顺德的粤菜出品就有均安烧猪、均安煎鱼饼、大良野鸡卷、大良蝴蚡、凤城鱼皮角等名菜。顺德出了众多在广州享有盛誉的厨师。

① 《佛山文史资料选辑》卷二，第250—251页。

② 民国《龙山乡志》卷三，民国刻本，第11页。

③ 《佛山文史资料选辑》卷一，第317—319页。

在20世纪二三十年代，顺德人谭杰南在广州就开设有陶陶居[①]、七妙斋和大同酒家，而在酒楼内主厨的，基本上就是来自顺德的厨师。顺德人崔强、黎和、王瑞和陆贞，在30年代，被誉为广东饮食业的“四大天王”。

佛山人的“识食”，还体现在“不时不食”的食习之中。

禾虫，大量生长在禾田的泥沙里。禾虫外形似粪虫，学名为疣吻沙虫，啮食禾根，为害虫。但其体内蛋白质丰富，烹调有方，便味道极佳，佛山水乡有民谣曰：“老公死，老公生，禾虫过造恨唔返。”即诙谐地认为老公死了可以再嫁，禾虫过了时间食不到，就会悔恨不已。禾虫一年有两造：初夏与仲秋。佛山水田区的农民，皆善捞禾虫，亦善烹饪，禾虫的生长对水质要求甚高，本身其实很干净，所以用清水洗净便可。添上油盐，禾虫就已成浆，再加榄角、陈皮、胡椒粉等搅拌，隔水蒸熟，就是营养美味的“炖禾虫”。此外，还有莲藕煲禾虫汤、禾虫栗子焖烧腩、禾虫焖柚皮、禾虫炒蛋等做法。

禾花雀，学名黄胸花鹀，是从西伯利亚飞过来过冬的候鸟，现在是国家一级重点保护野生动物，禁止捕食。而在民国时期，则被佛山农民视为害鸟。因为刚好在晚造禾抽穗扬花之际，这些候鸟飞抵，所以农民俗称其为禾花雀。又因其大量地啄食禾花，严重地影响水稻的收成，所以农民须设法将其捕杀。禾花雀飞达佛山区域时，肉尚丰满而骨未硬，可整只入口来轻松嚼食，佛山人又有“宁食天上四两，不食地下半斤”的食俗，更使禾花雀有了“天上人参”的美誉，而其中雀脑最“补”。民国时期，广三铁路上，每逢禾花雀时节，还有许多广州客专门坐火车到三水食禾花雀的。

蛇之被食用，古百越人已好之。至清末，南海大沥人吴满于1885年在广州桨栏路创办出“蛇王满”餐店，蛇食终于上了台面。而南海张槎乡江太史[②]创制的以蛇为主料的“龙虎斗”[③]，亦成民国时期粤菜之“肴王”。“秋风起矣，三蛇肥矣，食指动矣”之句，乃是民国时最成功的食家广告语之一，由此亦可知广佛人食蛇之好已深入人心。佛山人于入秋时食蛇，食疗滋补是第一目标。《本草纲目》载：蛇肉有透骨搜风、治骨节疼痛之功效。而佛山人

① 南海人康有为为其题写牌匾。

② 江孔殷。

③ 又称“豹狸烩三蛇”“龙虎凤大烩”。

相信，食蛇至少有六大功效：暖身御寒、祛除风湿、止制盗汗、添增津液、舒筋活络、消除疤痕。三蛇则是“过树榕”“饭铲头”“金脚带”三种蛇的合称，三种蛇一起烹制的“三蛇羹”，则同时兼有去头风、去腰风、去脚风的功效。到了秋天，冬眠前的蛇肉最肥，配以秋菊，当为最佳时令食品也！

（三）谭家菜

粤菜能够享誉全国，主要是民国时期在上海和北京闯出名堂，而佛山人在其中可谓贡献良多。谭家菜，是粤菜能够享誉全国的起点。同治十三年（1874），广东南海县人谭宗浚殿试中一甲二名进士[①]，授官翰林院，后任四川督学及江南副考官，家居北京西四羊肉胡同。谭宗浚与儿子谭瑑青酷爱烹调，又请得京师名厨，在清末，已做得美味家宴，尤以鱼翅和燕窝的炮制为著。更因宴请京师官僚而得激赞，乃成为中国餐饮界的首家高级私家会馆。清末民初，“谭家菜”从家宴变为对外营业。在京城获“食界无口不夸谭”的美誉。到了20世纪30年代更是名声大震，各界名流均以用“谭家菜”宴客为傲。粤菜因乃“谭家菜”而在京城及全国成名。

“五口通商”后，上海以其在长江流域的区位优势而迅速取代广州成为远东国际贸易的中心。同时也吸引了不少广州的买办和商人到上海营生。民国时期的居沪粤人，有四五十万之多。在上海的法租界里，有多家广东人开的粤菜馆且生意兴隆。其中广东南海人蔡建卿所创办的新雅粤菜馆最负盛名，其始建于1926年，民国后期李宗仁代总统还曾在此宴请各国各界贤达，其在上海餐饮界的地位不言而喻。

三、自梳女与红头巾

民国时期，顺德、南海以及整个珠江三角洲，有一个非常独特的人群——自梳女。过去女子出嫁，须由母亲束阁。而立志不嫁者则履行一定仪式自行束阁，谓之“自梳”，以示终身不嫁。久而久之，乃成风俗。顺德的自梳女在“梳起”仪式上会唱这样的歌谣：“一梳福，二梳寿，三梳自在，四梳清白，五梳坚心，六梳金兰姐妹相爱，七梳大吉大利，八梳无难无灾。”这“八梳”的期盼，反映出自梳女“梳起”的良好愿望，而“三从四

① 榜眼。

德”的礼教约束，也被冲破了。

自梳女有自己的服饰特点，喜欢在头上插有白玉兰花或者茉莉花为装饰。耳上多挂有耳环耳坠，女通常穿白衣黑裤。本村的族人也都认同自梳女的“梳起”行为，但“梳起”后亦永不得反悔，否则会遭族规严惩。而有“伤风败俗者”，甚至于会被族老“浸猪笼”处死。

自梳女普遍信仰观音。信观音，是佛山当时大部分妇女的信仰所在，是希望有一个善良的神灵对自己有所帮助。自梳女没有夫妻关系、婆媳关系的困扰，没有家庭矛盾的困扰，心境是相对平和的。在日常生活中就少了许多苦恼，在心灵上会更加愉悦。在没有可以“自己梳起”的地方，妇女要想得到这样的心灵的平静，就只能出家为尼为道。而佛山的自梳女们，则可以去上工赚钱，钱基本够自己用而且多数情况下花不完，衣食方面亦可随心所欲，心情自得其乐。有些做保姆的“妈姐”，还得到其抚育的孩子对其有如亲祖母一般的爱戴。

自梳女的出现，与缫丝业紧密关联。在晚清到民国初年，顺德一县缫丝工人就达6万多，其中大部分是女性，自梳女便在此时群体性出现。而后随着缫丝业的式微，特别是在20世纪30年代以后，新生的自梳女逐渐减少，原有的自梳女难以维生。而新加坡政府此时放开对女性打工移民的限制（限制男性打工移民），于是大部分自梳女便去东南亚和香港当住家女佣。据记载，1886年到1934年间，赴新加坡的自梳女，仅顺德县均安沙头村就有500多人。[①]在南洋的自梳女大多在富裕人家做佣工，带孩子、做家务。新加坡人称这

图10-5-15　1951年捐建冰玉堂的自梳女合影（顺德区博物馆提供）

① 叶汉明：《权力的次文化资源：自梳女与姊妹群体》，载马建钊等编：《华南婚姻制度与妇女地位》，广西民族出版社1994年版，第87页。

些妇女为“妈姐”。由于妈姐比较自律、干净、勤劳，会做饭，在家常菜的烹调方面，顺德籍妈姐素有养成，所以很受雇主的欢迎，薪水也不错。

学者们对民国时期的自梳女做过不少社会调查和研究，可知自梳女选择自梳的理由各式各样，有性格上喜欢自由的；有家穷而要在家照顾弟妹的；也有纯粹厌恶男人的。所谓的“金兰契”，即两个女人在一起居住的契约。自梳女在年轻的时候，或与家人同住，或自己租屋住。老年的自梳女，则结伙同居于“姑婆屋”中，以互相照顾，“姑婆屋”不允许男人入内。顺德均安沙头村至今仍然保留有一处“姑婆屋”，名叫“冰玉堂”。冰玉堂筹建于1948年，由工作在新加坡的400多位妈姐及已返回沙头村的100多位老妈姐筹资8万港币建成。冰玉堂占地面积达1000平方米，楼高两层，一楼是聚会及神位摆放的地方，二楼是卧室。如今冰玉堂已被辟为自梳女文化陈列馆，里面摆放了一些当年自梳女的手工作品、饰品、证书、照片等。

清末民初时，三水县也有妇女群体性到新加坡打工。尤其是乙卯年大水灾后，水灾最严重的芦苞地区大批妇女到新加坡谋生。这批到新加坡的三水籍妇女主要从事建筑行业的工作（担沙石）。由于都是户外作业，天气炎热，灰尘很大，水泥飞溅，这批妇女保持着头戴红头巾、身穿蓝衣服和围裙、脚穿轮胎鞋的醒目服饰，新加坡人称这些妇女为“红头巾”。红头巾是用一码三英尺的特殊红布缝制而成，上浆后折叠成方块包头，既遮阳挡雨，又防水泥缠住头发，还美观易辨。每人准备两块红头巾，交替使用。[①]这套行头，就是三水籍妇女的工作服，也是三水籍妇女的标志。

图10-5-16　活跃在新加坡建筑工地的红头巾（旧照片）（三水区博物馆提供）

当年到新加坡去当红头巾的三水妇女大致有三类：一是“失婚”的妇女，丈夫

① 吴彩容、［新加坡］林秋燕：《三水红头巾史略》，广东人民出版社2021年版，第114—118页。

图10-5-17　新加坡三水红头巾同乡会回乡探亲（三水区博物馆提供）

去世后家庭生活困难，到新加坡“揾食”的；二是“嫁错人”的妇女，丈夫好吃懒做，或吸食鸦片，于是逃离家庭的；三是“家贫未婚”的妇女，外出挣钱寄回娘家的。

1824年，新加坡正式沦为英属殖民地。其后英国政府对新加坡进行了长达117年的殖民统治。英属殖民政府大力开发新加坡，需要大量劳工，从中国吸纳廉价劳动力。三水县是水患频仍的地区，妇女自幼就参与修筑堤坝等重体力活，特别能吃苦。红头巾于是参与到新加坡城市建设的起步阶段，并贡献出自己的青春。1942年，英国学者米尔斯认为中国女性移民是开发半岛资源“最勤劳和最有用的”和“最有价值的阶层”。认为她们是参与当地建设的先锋，是新马诸国的先驱者和创造者，尤其是三水的红头巾被称为新加坡的建国一代。①

“红头巾”与“妈姐”都是清末民初移民新加坡、来自广东佛山农村贫穷家庭的妇女，都讲粤语，都是为了挣钱养家，都不结婚或再婚。不同之处，红头巾大多是已婚妇女，离家不嫁；妈姐是未婚妇女，梳起不嫁，组织性强，反对婚姻。红头巾做户外粗重工作；妈姐做家庭细致工作。

妈姐和红头巾，都是珠江三角洲年轻的女性群体，她们为了谋生冲破传统，背井离乡远渡重洋，是早期华侨中独立自强的女性群体，其艰苦奋斗、舍己为家的精神十分可贵。

① 《三水红头巾史略》，第628页。

四、疍家

在岭南开发史中，存在一个由江河湖海所哺育的人类群体——疍家[①]。他们分布于从浙江到海南岛的中国东南沿海带及沿海江河的出海河汊，“靠海吃海”。

（一）疍家由来

“疍”字，正史中一般作“蜑”，最早见于魏晋南北朝史籍。《晋书》记载，“冬十一月己酉，天门蜑贼攻郡，太守王匪死之”[②]。又《北史》也载，北周“天和初，信州蛮、蜑据江硖反叛”[③]。“蜑民”，乃为以船为居所的水边居民。

顾炎武《天下郡国利病书·广东》记载，秦时征服岭南，杀西瓯王，粤地土人“入丛薄中，与鱼鳖同，莫肯为秦用”。从东晋到明末清初，“广州南岸皆蛮疍杂居”。据著名历史学家及民俗学家、岭南大学校长陈序经所著《疍民的研究》记载，1933年广州珠江水面有疍家船艇2万余艘，人口6万多，约占当时广州城市人口的十分之一。民国时期佛山疍家船艇亦数以万计，遍布于南海、顺德、三水和高明的水域。三水的河口，是佛山疍家的主要汇集基地，民国时期的河口镇居民，亦大部分为疍民。“疍家”是陆地居民对水上居民的蔑称，历史上，疍家一直是一个备受歧视的社会群体。但是，水上居民不愿意被称为“疍民”或“疍家仔”之类，而是自称为“龙户”和“龙人”。[④]

因江海自然生长有大量水产品，所以在珠江及南海打鱼为生者古已有之，又因历朝历代的朝廷皆不管水上之民，所以，被官府通缉者、被仇家追杀者、反政府起义失败者，或如元末无法北归的蒙古人和色目人等，往往没入疍家，浪迹江海。从宋代到明代，疍家人不列入朝廷的户籍管理，陆地居民不允许疍家到岸上居住，疍家子弟不能参加科举，陆地居民不与疍家通

① “疍家”是历史上陆地居民对水上居民的蔑称。因其名称历史跨度很长，为免歧义，本书仍沿用此名称。

② 《晋书》卷九《帝纪第九·孝武帝纪·宁康二年》。

③ 王丙杰主编：《北史》卷二十八《列传第十六》，北京燕山出版社2010年版，第331页。

④ 陈序经：《疍民的研究》，商务印书馆1946年版，第10页。

婚。到清雍正年间，朝廷对疍家赦免，并设“水泊所”对疍民进行管理。到清末，“水泊所”转为“水巡总局”。进入民国，警察制度建立，疍民亦交由公安局的水上警察进行管理。

图10-5-18　疍民生活（三水芦苞）（三水区博物馆提供）

（二）疍家文化

早期的疍家，属于百越民族，千年以来，已同化于汉族。但其生活习俗与陆上居民仍有不一样之处，有自己独具特色的“疍家文化”。在疍家人的神宫中，常常画龙以祭，“自云龙种，籍称龙户，浮家泛宅，捕鱼而食。能辨水色，知龙所在”。以龙为图腾，是疍家人的基本信仰。佛山的疍家尤其信仰龙王和蛇精，也信观音菩萨，疍民中有“醒婆”和“南巫”，专事与鬼神沟通之责。疍民死后要到陆地安葬，亦深信风水命理。

清代以前，疍家一般在内部通婚，到民国后，有疍家女嫁到岸上，或疍家仔到岸上找个穷苦人娶到船上的情况。疍家人的“水上婚嫁”，已列入了国家非物质文化遗产目录。

疍家人的口音比较“白”，又称“水上话”，整个珠江水域的疍家话都相通且很靠近广州话，容易听懂。同时，疍民禁忌较多，如吃饭时饭桌上的

图10-5-19 疍家水上婚礼（三水大塘）（三水区博物馆提供）

图10-5-20 疍家人在江边宴请宾客（三水大塘）（三水区博物馆提供）

小鱼要整条夹起；大条的鱼不能翻转；饭碗不能丢到河里；有人落水不去施救[①]等。

历史上的疍家人没有受教育的机会，疍家人因而文化水平甚低，而疍家人的“咸水歌”，却成为疍家文化的主要体现。清代屈大均撰写的《广东新语·诗语·粤歌》有载：“疍人亦喜唱歌，婚夕两舟相合，男歌胜则牵女衣过舟也。”疍家的“咸水歌”从清代经过民国而流传到中华人民共和国成立后。“咸水歌”情真意切，绝大部分是打情骂俏的情歌，还有嫁前歌、水果歌等，每逢节假日、婚嫁日，疍家人都唱“咸水歌”以作乐。

疍家人漂于水上，水性之好，自不待言，甚至可“伏水三四日不死，如复如旧”[②]。疍家人的体态也有独特之处，疍家人“跣足”，即不穿鞋。脚趾五指岔开且长，是以利于在甲板上站稳。疍家人由于长年累月都只活动于船艇之内，很少走路，多坐着摇橹，在船艇内的挪动也多用臀部，因而不论男女，臀部的肌肉都比较发达。

历史上，疍家一直备受歧视，疍家的生活水准也比陆地居民贫穷。清代雍正皇帝体恤粤东疍民境况，发出上谕准许疍民上岸居住。“能建造房屋及搭棚栖身者，准其在近水村庄居住。与齐民一同编列甲户，以便稽查。”[③]进入民国，疍家的生活状况有所好转，也开始有少部分人在陆地上建棚居住。

① 此俗在中华人民共和国成立后逐渐放弃。

② 《疍民的研究》，第23页。

③ 《雍正硃谕》，转引自《疍民的研究》，第101—102页。

而在国民政府的通告中，已不用“疍家”“疍民”“疍户”这样的称谓，而是用“水上居民”以替代之。

在民国时期，疍家以船艇为家及营生工具，漂泊于水上靠捕捞水产品和交通营运为生。珠江水的有机质丰富，鱼虾肥美，在河里“捞虾捞鱼”，便不会“饿亲个肚”，所以疍家又有“珠疍”“鱼疍”“蚝疍”诸谓，“靠海食海”是也。

（三）疍家的历史作用

佛山为河网地带，民国时期的广三铁路只能解决小部分的运输问题，公路则刚开始修建，且无桥梁，所以公路运输系统尚未建立。可以说，在民国时期的佛山，整个交通运输完全仰赖水运，因而疍家在社会经济发展中肩负着重大的责任。从一些历史照片中，我们可以看见民国时期佛山西江和北江水面千帆争流的景象，而其船艇主人，就是疍家人。从湖南来的木材、从云南广西来的矿石，以及从湘、桂、黔、滇来的土特产，皆由疍家进行运输。长途的水路客运，有轮船公司，但围与围之间的摆渡，大部分仍由木船和小舟承担，而撑船者、摇橹者，仍然是疍家人。佛山人出行要“搭艇”，所搭之艇，便是疍家之艇。各主要的渡口，便是疍家船艇的聚集之处。在民国时期，广州的河南仍属南海，疍家的船艇摆渡在珠江两岸，非常热闹。三水河口，连接西江、北江与广三铁路的运输，疍家在码头的摆渡，也十分活跃。

根据民国时期广州市水上警察的分类[①]，疍家的船艇可分为：沙艇、货船、柴船、米船、捕鱼艇、装泥船、运盐船、运煤船、装灰船、运棺船、西瓜扁、河头船、轮船、乡艇、横水渡、车渡、运粪船、运尿艇、垃圾船、戏船、厨艇、四柱大艇、洋艇、紫洞艇、花艇[②]、福音船等。根据民国二十一年（1932）的统计，登记在广州的大小货船，有5000多艘。[③]厨艇、四柱大艇、洋艇、紫洞艇等为游河观赏饮宴用，天热时还用作水上旅馆。福音船则为传教士专用。登记的花艇也有33艘。由此可见，疍家之船艇，不但承担了整个社会的运输责任，而且还有文化传播、供人消遣和宗教传播的功能。

---

① 其时南海、顺德、三水与广州同属一道。

② 娼妓艇。

③ 《疍民的研究》，第122页。

总而言之，在民国时期，佛山的疍家以一个特殊的人类种群存在，其人口虽然没有进行过统计，但参照广州市的数据，佛山的疍民亦应占总人口的十分之一左右。疍家虽然处于较低的社会层面，但仍然在社会经济运行中担负其独特角色，仍可与陆地居民正常交往做生意，和谐相处，未见有重大矛盾发生。

五、民间信俗

民国时期，各种各样的民间信仰普遍存在于社会的各个角落。如前述，对祖先的崇拜，主要体现在祠堂，此外，还有对佛教、道教和对各行各业祖师的信仰和林林总总的民间神明崇拜。

佛山虽以佛为名，却非佛教圣地。到民国时期，在佛山镇，有塔坡寺、仁寿寺、德寿寺、三元寺，所谓“四大丛林”。其中的塔坡寺，始建于东晋，重建于清末，又名“经堂”，是民国时期佛山镇最大的寺庙。仁寿寺，始建于清顺治年间，到1935年重修，并于1938年由虚云大和尚主持开光仪式。新建后，寺内除4座主殿外，还有后殿、左右偏殿、龙华堂、方丈室、齐堂、客室以及僧舍99间。寺内的如意宝塔塔身为7层八角汉式塔，镶有藏文碑匾，塔内供有瓷制佛像10余尊，其中所供奉的陶制红绿度母佛像为石湾冠华陶窑作品，由石湾陶艺名家潘玉书手塑。历史上，仁寿寺曾出有纵堂、玉琳、祇园、慈云等高僧。仁寿寺重修时为密宗信徒捐建，后归于禅宗。到了民国末年，仁寿寺仅剩如意宝塔，其余三寺则俱已荒废。

图10-5-21　仁寿寺如意宝塔

佛山祖庙，为佛山最大的宗教道场，其所供奉的，就是道教的真武玄天上帝，俗称北帝。祖庙始建于北宋元丰年间，经历代大修，到民国时期，已成为一座大型且具有浓厚地方特色的庙宇建筑。每逢传统节假日，如春节、端午、中秋等，佛山镇及四乡民众都会到祖庙拜北帝祈福。而祖庙之所以被奉为佛山人的保护神庙，与明代的黄萧养之乱有关。有碑文记载："黄贼剿除后，乡无一人亡命，此见神明保障之功，赫赫威灵之助神灵显应，恩同再造者也。"[①]黄萧养败亡后，祖庙被明廷敕赐为"灵应祠"，明清两代祖庙被正式列入官祀。进入民国后，祖庙虽然没有朝廷官员来主持祭祀，但仍然是举行三月三北帝诞等大小醮会的民间信仰活动场所。

建于清宣统元年（1909）的佛山"尊孔会"，俗称"孔庙"。原有孔圣殿、办事所、招待室、亭子、荷池和庭园。孔圣殿坐东南向西北，面阔18.8米，进深16.61米，建筑面积330平方米。民国时期此处便成为佛山尊孔人士的聚集场所。现仅存孔圣殿。

在佛山镇内的各行各业，则在有其他宗教信仰的同时，恭拜其行业的祖师爷，如炒铁业拜鄂国公、刺绣业恭拜华光大帝等。而各式各样民间信仰的庙宇，则遍布佛山镇内的大街小巷，如丰宁铺的万真观和城隍庙、栅下铺的龙母庙、东头铺的关帝庙、山紫铺的南泉观音庙、明照铺的盘古庙、岳庙铺的武庙、福德铺的舍人庙、桥亭铺的南济观音庙、鹤园铺的洪皇庙、医灵铺的医灵庙、观音堂铺的南善观音庙、耆老铺的东岳庙、大基铺的帅府庙、汾水铺的太上庙、仙涌铺的关帝庙、富民铺的洪圣庙、社亭铺的药王庙、黄伞铺的孖庙[②]、真明铺的三圣庙、沙洛铺的将军庙、石路铺的花王庙等。

外国传教士在咸丰年间来佛山传教并建立了第一家教堂——走马路堂。1923年，基督教赉恩堂在佛山镇莲花路27号，占地面积500平方米，为美籍修女所倡建。民国十四年（1925），在中国的惠师礼教会改名为中华基督教循道公会，佛山信徒发展到500人，成为佛山最大的基督教公会。清末民初，相继活跃于佛山的基督教会还有佛山中华基督教伦敦会、公理会、神召会、金巴仑长老会、希伯仑会、安息日会、远东宣教会等，极一时之盛。

① 民国《佛山忠义乡志（校注本）》卷八《祠祀志一》，第257页。

② 天后、华光。

图10-5-22　基督教赉恩堂（佛山市规划城建档案馆提供）

佛山的天主教发展未如基督教，抗日战争前夕信徒最多时有200多人，抗日战争胜利后，维持在数十人之间。[①]在顺德容桂，则有始建于光绪二十七年（1901）、重建于1928年的四基天主教堂。

六、方言

粤语方言是汉语方言中最独特的方言之一，然而，它又是最接近周朝“雅语”的语言。经历秦、汉、唐以来的变迁，到宋代基本成型，元明清以后，粤语的变化较小，到了民国时期，粤语基本上成为我们现在所通用的粤语方言。粤语是南方方言里面保留中古汉语成分较多的一种，其中最突出的特色就是它较为完整地保留了中古汉语普遍存在的入声，其声母、韵母、声调与古汉语标准韵书《广韵》高度吻合。清代学者陈澧认为广州方言的音调合于隋唐韵书《切韵》，认为“千余年来中原之人徙居广州，今之广音，实隋唐时中原之音”。

广州话口音是粤语的公认标准口音。佛山的方言是广府粤语，内里又可大致再分佛山口音[②]、南海口音、顺德口音、三水口音和高明口音，其中顺德方言又可细分为五：大良话、陈村话、桂洲话、龙江话和均安话。由于

① 佛山市宗教事务局编：《佛山市宗教志》，内部资料，1990年，第41页。
② 佛山镇。

佛山紧邻广州，与东莞、肇庆、粤西相比，佛山话是最接近广州话的口音。但由于口音上的不同，本地人还是很容易听得出各种区别。乾隆《佛山忠义乡志》记载："乡去会城仅五十里，语相若而音乃顿殊，城清以急，乡重而迟。土籍操乡音，侨籍多操城音，或仍其故土音，久之亦习乡音。土籍亦有嫌乡音之近浊，变而从城音者。"①

佛山话与广州话的发音是有一些区别的：其一，凡声母为［t］的，都读为［h］，如"头"读为"侯"、"他"读为"虾"、"图"读为"豪"、"兔"读为"耗"、"唐"读为"航"、"天"读为"掀"、"通"读为"空"、"铁"读为"歇"等。广州人到佛山，主人说请你"饮鸡糠"，其实是请你"饮鸡汤"；主人称赞你的身体是"铜头铁臂"的话，会说你是"红猴歇［biː］"；主人说他"天天头痛"，会说"掀掀喉控"。其二，声母的［s］发成［x］，如"诗词"会读为"书厨"、"狮子"会读为"书煮"、"斯文"会读为"输文"。其三，韵母的［ou］发成［uː］，如"高"会读为"辜"。其四，韵母的［aːu］读为［ɛː］，如"包［baːu］"会读为"［bɛː］"。其五，韵母的［ei］读为［iː］，如"非礼"会读为"［fiː］礼"、"飞起"会读为"［fiːhi］"。其六，［zi］会读为［zhuː］，如"孩子"会读为"孩煮"、"事情"会读为"树情"等。

在实际交往中，这些口音的不同不会影响到彼此的交往，但却会显示出说话者是来自何方。正如翰林陈炎宗所言："音不同也，而侨土之相与无间。是则所以为大同者，固不在去取声口间欤！"②

① 乾隆《佛山忠义乡志》卷六《乡俗志》。

② 乾隆《佛山忠义乡志》卷六《乡俗志》。

结语

佛山的历史，始于西樵山的石器文明；佛山的地名，源于东晋佛教的东传；佛山的兴盛，得于明代佛山镇的崛起。明清时期，“天下四大镇”之一的佛山镇兴旺发达，使岭南商品经济后来居上，天下闻名。明代先后由南海县析出的顺德县、高明县和三水县，也在明代中叶后走上县域经济发展之路。佛山镇作为珠江三角洲商品经济发展的引擎，带动了各县农业经济商品化的转型发展，而各县尤其是顺德县农业商品经济和乡村墟市的快速发展，也助力了佛山镇制造业的全面发展和“天下四大镇”之一的繁荣。

佛山制造崛起的明清时期，是国内统一市场的形成时期。佛山制造生逢其时，建立了上下游通畅的产业体系。围绕主干行业，形成了规模效应和配套集群，进而形成街区和城市。清代佛山工匠的工艺水平一直领跑于国内同侪，傲视于东亚群工。西家行和集体品牌“李陈霍”，在更大工匠群体内保存了佛山制造的核心技术，同时传承了佛山工匠堪比御制的专业水准和敢为天下先的工匠文化基因。

同样是滨海城市，广州以外贸为主业，当“五口通商”后，外贸盈利的蛋糕被分薄，广州逐渐变为消费城市，一直到中华人民共和国成立。佛山坚守制造业为主业的发展传统，向海外学习机器制造文明，率先走上了近代化制造业的转型之路；同样是机器制造，江南多是官营制造和西方投资商开办的实业，而佛山多是民族资本投资开办的工厂，每一个机器厂房的成功落地，都带来一方相关行业的聚集发展。佛山不愧是中国第一代民族实业家诞生的摇篮。

佛山制造源远流长，于今为盛；佛山工匠守正开新，代代扬名。佛山能够进入“万亿俱乐部”，成为中国制造业名城，得益于一代又一代佛山工匠群体的创新精神。

一路走来我们看到，佛山制造以傲立天下的品牌和产品成果，长期礼赞着佛山工匠的守正创新；而佛山工匠也以非凡的群体智慧，不断为“佛山制造”加冕增辉。佛山，将在中国制造大市和广府文化基地的建设中继续勇毅前行，成为中国南方地区制造业的强大引擎，成为广府文化的核心基地，成为一代又一代工匠人才的聚集高地和生态乐园。从古到今，佛山一直站在文明续谱的桥头堡上。

后 记

郡邑有志，犹国之有史。元大德八年（1304）陈大震编纂《南海志》，这是目前已知的有关佛山地区最早的地方历史文献。明清至民国，地方官员与学者携手，先后编撰了《南海县志》7本、《顺德县志》6本、《高明县志》4本、《三水县志》4本，为明清时期岭南首邑的南海县、迅速崛起的顺德县、奋起直追的高明县和三水县，留下了较为完整的历史资料。

乾隆十七年（1752）广东解元、翰林院庶吉士陈炎宗总辑乾隆《佛山忠义乡志》，开创了佛山地区一流学者主持民间修志的先河；而嘉庆十年（1805）内阁中书温汝能纂修《龙山乡志》，道光十五年（1835）翰林院编修、书法金石名家吴荣光续辑道光《佛山忠义乡志》，光绪初年岭南名儒“九江先生”朱次琦倡修《九江乡志》，民国十二年（1923）进士冼宝榦总纂民国《佛山忠义乡志》，则传承了这一优良传统，为后世留下佛山城乡自明洪武元年（1368）年至民国十二年（1923）500余年的社会发展足迹。

以上这些历史资料的编辑出版，为佛山历史研究积淀了丰富素材。罗一星致力于佛山历史文化研究40年，出版研究佛山历史的学术专著6本，在国内外核心期刊发表研究佛山历史的论文30余篇，主编或参与编辑出版文库和丛书类历史著作多种。参与了《中国通史》和《清代全史》的编撰，参与了国家重点项目“明清广东社会经济”的研究。其1994年出版的《明清佛山经济发展与社会变迁》一书，是学术界第一本系统研究明清佛山社会经济与城市发展的学术专著，在国内外有较大影响。罗一星2021年出版的新著《帝国铁都：1127—1900年的佛山》一书，大量使用新发掘的明清宫中档案和官私文书资料，采用经济学、社会学、人类学的研究方法，与历史学的研究方法共冶一炉，深入挖掘了佛山“工商立市”的城市发展路径。对处于国内贸易和中西贸易核心节点的佛山进行更大范围、更深层次的考察，揭示了佛山在中国城市发展史上和世界贸易发展史上的地位。

2021年5月，佛山市文化广电旅游体育局与罗一星团队商讨编写《佛山简史》的可能性和现实意义。经过5个月的筹备，《佛山简史》编写组成立。编写一本既能全面反映各个历史节点的佛山文明发展，又能做到体例和内容详略得当、文字通俗易懂的简史，对每一个编写人员都是新的挑战。《佛山简史》编写组在2021年10月启动工作以来，编写人员共同讨论提纲难点，共同考察人文古迹，并到各博物馆调研，然后分头撰写，总体修改编纂。经过一年多的共同努力，在2022年12月底完成全稿。在编写过程中，佛山市文化广电旅游体育局组织全市各博物馆、档案馆配合编写组的调研工作，并提供了相关资料。

《佛山简史》初稿完成后，编写组得到广东省社会科学院研究员、广东历史学会会长李庆新，中山大学历史系教授章文钦，广东省社会科学院研究员王杰，华南师范大学历史文化学院教授陈长崎，广州市社会科学院研究员关汉华，广东省博物馆馆长肖海明等专家学者提出的宝贵评审意见；同时也得到广东省文物考古研究所研究员邱立诚、中共佛山市委党史研究室宣传教育科科长张群给出的中肯修改意见，谨此一并致以诚挚的感谢！

编写组在收集资料和编写过程中，得到佛山市博物馆、佛山市祖庙博物馆、佛山市规划城建档案馆、广东石湾陶瓷博物馆、南海区博物馆、顺德区博物馆、高明区博物馆、三水区博物馆、禅城区博物馆等单位的支持；广东人民出版社编辑对本书作出了许多专业性的修改工作，在此一并致以诚挚的谢忱！

特别感谢佛山市文化广电旅游体育局为《佛山简史》的编写和出版工作所给予的全力支持！特别感谢广州市东方实录研究院理事长陈晓军先生的长期支持和付出！谨此致以深深的谢意！

《佛山简史》编写组

2023年9月

话佛山史事

漫谈历史典故
追溯文化渊源

赏历史遗珍

佛山文物展示
图说沧桑故事

览古今佛山

俯瞰佛山全城
探知时代发展

观文物传奇

通过文物古籍
拓展历史见识

扫码云游

魅力佛山

感受历史温度 领略文化魅力